PREFACE

# 머리말



세계 1등 공 [illegible] 선도자로 도약하기 위해 노력하는 인천국제공항 [illegible] 을 채용할 예정이다. 채용절차는 「서류전형 → 필기전형 → 1차 면접 → 2차 면접 → 신원조사 및 신체검사 → 합격자 발표」 순서로 진행되며, 지원서 불성실 작성자 등을 제외한 서류전형 합격자에 한해 필기전형 응시 기회가 주어진다. 필기전형은 직업기초능력평가와 직무수행능력평가로 진행되고 직업기초능력평가의 경우 사무직과 관제직은 의사소통능력, 수리능력, 문제해결능력, 자원관리능력, 정보능력, 조직이해능력을, 기술직은 의사소통능력, 수리능력, 문제해결능력, 자원관리능력, 정보능력, 기술능력을 평가한다. 또한, 직무수행능력평가의 경우 지원한 분야별로 과목이 상이하므로 반드시 확정된 채용공고를 확인해야 한다.

인천국제공항공사 필기전형 합격을 위해 SD에듀에서는 인천국제공항공사 판매량 1위의 출간경험을 토대로 다음과 같은 특징을 가진 도서를 출간하였다.

## 도서의 특징

**❶ 기출복원문제를 통한 출제 유형 확인!**

- 2023년 주요 공기업 NCS 기출문제를 복원하여 공기업별 NCS 필기 유형을 파악할 수 있도록 하였다.
- 2023년 주요 공기업 전공 기출문제를 복원하여 공기업별 전공 출제 경향을 파악할 수 있도록 하였다.

**❷ 인천국제공항공사 필기전형 출제 영역 맞춤 문제를 통한 실력 상승!**

- 직업기초능력평가 출제유형분석&실전예제를 수록하여 유형별로 대비할 수 있도록 하였다.
- 직무수행능력평가(사무직) 적중예상문제를 수록하여 필기전형에 완벽히 대비할 수 있도록 하였다.

**❸ 최종점검 모의고사를 통한 완벽한 실전 대비!**

- 철저한 분석을 통해 실제 유형과 유사한 최종점검 모의고사를 수록하여 자신의 실력을 최종 점검할 수 있도록 하였다.

**❹ 다양한 콘텐츠로 최종 합격까지!**

- 인천국제공항공사 채용 가이드와 면접 기출질문을 수록하여 채용을 준비하는 데 부족함이 없도록 하였다.
- 온라인 모의고사를 무료로 제공하여 필기전형을 대비할 수 있도록 하였다.

---

끝으로 본 도서를 통해 인천국제공항공사 채용을 준비하는 모든 수험생 여러분이 합격의 기쁨을 누리기를 진심으로 기원한다.

**SDC**(Sidae Data Center) 씀

# 인천국제공항공사 이야기 INTRODUCE

## 미션

인천공항의 효율적 건설 · 관리 · 운영
세계적 공항전문기업 육성
항공운송 및 국민경제 발전에 이바지

## 비전

사람과 문화를 이어 미래로 나아갑니다
We Connect Lives, Cultures and the Future

## CORE VALUE

**도전**
Challenge
미래성장을 위한 창의와 혁신을 통해 끊임없는 도전 경주

**존중**
Respect
상호 존중을 바탕으로 국민과 세계인에게 사랑받는 공항 구현

**협력**
Cooperation
공항 생태계 내 협력적 신뢰관계 구축을 통한 조직 경쟁력 강화

**윤리**
Integrity
국민의 공기업으로서 윤리와 투명성을 통한 지속가능 성장 실현

## STRATEGY

| 사람과 삶의 가치 연계<br>Connect Lives | 문화 네트워크 구현<br>Connect Cultures | 미래 패러다임 혁신<br>Connect the Future |
|---|---|---|
| • 차세대 고객경험 혁신<br>• ESG 경영 고도화<br>• 무결점 안전 플랫폼<br>• 운항 / 공항 인프라 고도화 | • 글로벌 메가 허브<br>• 미래형 물류 플랫폼<br>• 융복합 문화 / 산업 벨트<br>• 스마트 문화공항 구현 | • 차세대 모빌리티<br>• 해외사업 영토 확장<br>• 미래 공항 확장<br>• 경영관리체계 혁신 |

## 인재상

**글로벌 가치창조형 인재**

**도전** — Active
비상을 위해 드넓은 활주로를 힘차게 달리는 도전의식을 가진 사람

**혁신** — Innovation
하늘 저 너머의 새로운 세상에 대한 무한한 호기심과 꿈을 가진 사람

**존중** — Respect
1등 공기업의 사명을 갖고 회사와 고객을 존중할 수 있는 사람

# 신입 채용 안내 INFORMATION

## 지원자격(공통)

❶ 학력 · 전공 · 연령 · 성별 · 경력 : 제한 없음

※ 단, 연령의 경우 채용 예정일 기준 공사 규정에 따른 정년 이내여야 함

❷ 공사 인사규정에 따른 임용 결격사유에 해당하지 않는 자

❸ 최종합격자 발표 이후 즉시 근무 가능한 자

❹ 병역 : 채용 예정일 기준 군필 또는 면제자

❺ 공인어학성적 : 다음 어학성적 기준 중 하나를 충족하는 자

- 영어 : TOEIC 800점 이상 또는 TOEFL-IBT 91점 이상 또는 TEPS 309점 이상
- 일본어 : JPT 800점 이상
- 중국어 : HSK 5급 210점 이상

## 필기전형

| 구분 | 전형내용 및 평가기준 | |
|---|---|---|
| 직업기초능력평가 (NCS) | 사무 | 의사소통능력, 수리능력, 문제해결능력, 자원관리능력, 정보능력, 조직이해능력 |
| | 기술 | 의사소통능력, 수리능력, 문제해결능력, 자원관리능력, 정보능력, 기술능력 |
| 직무수행능력평가 (전공) | 사무/기술 | 지원한 분야의 해당 전공과목 시험 |
| | 장애/보훈 | • 사무(경영학, 경제학, 행정학 중 택 1)<br>• 기술(6개 전공 중 해당 전공) |

## 면접전형

| 구분 | 전형내용 및 평가기준 | |
|---|---|---|
| 1차 면접 | 논술시험 | • 일반논술, 영어에세이 |
| | 직무역량면접 | • 내용 : 직무PT, 직무상황대처(Role Play), 영어<br>• 평가기준 : 문제해결능력, 지식, 직무수행능력 등 |
| 2차 면접 | 종합면접 | • 내용 : 입사지원서 및 인재상 기반 종합 질의응답<br>• 평가기준 : 의사소통능력, 대인관계능력, 열정, 인성 등 |

❖ 위 채용안내는 2023년 하반기 채용공고를 기준으로 작성하였으므로 세부사항은 확정된 채용공고를 확인하기 바랍니다.

# 2023 하반기 기출분석 ANALYSIS

**총평**

인천국제공항공사 필기전형은 난이도가 어려운 편이며, 시험 시간이 부족했다는 후기가 많았다. 특히 의사소통능력이나 자원관리능력의 경우 지문의 길이가 긴 문제가 다수 출제되었기 때문에 평소 시간을 배분하여 문제를 푸는 연습이 필요해 보인다. 또한 수리능력의 경우 도표 문제 위주로 출제되었으며, 시험 전반적으로 다양한 자료를 보고 계산하거나 분석하는 문제가 많이 출제되었으므로 자료 해석에 대한 연습을 해두는 것이 좋겠다.

## 의사소통능력

| 구분 | 내용 |
|---|---|
| 출제 특징 | • 긴 지문의 문제가 출제됨<br>• 공사 관련 지문이 출제됨 |
| 출제 키워드 | • 공항, 여객, 화물, 안면인식기술 등 |

## 수리능력

| 구분 | 내용 |
|---|---|
| 출제 특징 | • 도표 계산 문제가 출제됨 |
| 출제 키워드 | • 비율, 증감률 등 |

## 문제해결능력

| 구분 | 내용 |
|---|---|
| 출제 특징 | • 주어진 자료를 해석하는 문제가 출제됨 |
| 출제 키워드 | • 성과급, 부서배치 등 |

## 자원관리능력

| 구분 | 내용 |
|---|---|
| 출제 특징 | • 조건을 적용하는 문제가 출제됨 |
| 출제 키워드 | • 최단경로, 규칙 등 |

## 정보능력

| 구분 | 내용 |
|---|---|
| 출제 특징 | • 엑셀 문제가 출제됨 |
| 출제 키워드 | • 함수, 알고리즘, 비밀번호 등 |

# NCS 문제 유형 소개 NCS TYPES

## PSAT형

※ 다음은 K공단의 국내 출장비 지급 기준에 대한 자료이다. 이어지는 질문에 답하시오. **[15~16]**

〈국내 출장비 지급 기준〉

① 근무지로부터 편도 100km 미만의 출장은 공단 차량 이용을 원칙으로 하며, 다음 각호에 따라 "별표 1"에 해당하는 여비를 지급한다.

㉠ 일비

ⓐ 근무시간 4시간 이상 : 전액

ⓑ 근무시간 4시간 미만 : 1일분의 2분의 1

㉡ 식비 : 명령권자가 근무시간이 모두 소요되는 1일 출장으로 인정한 경우에는 1일분의 3분의 1 범위 내에서 지급

㉢ 숙박비 : 편도 50km 이상의 출장 중 출장일수가 2일 이상으로 숙박이 필요할 경우, 증빙자료 제출 시 숙박비 지급

② 제1항에도 불구하고 공단 차량을 이용할 수 없어 개인 소유 차량으로 업무를 수행한 경우에는 일비를 지급하지 않고 이사장이 따로 정하는 바에 따라 교통비를 지급한다.

③ 근무지로부터 100km 이상의 출장은 "별표 1"에 따라 교통비 및 일비는 전액을, 식비는 1일분의 3분의 2 해당액을 지급한다. 다만, 업무 형편상 숙박이 필요하다고 인정할 경우에는 출장기간에 대하여 숙박비, 일비, 식비 전액을 지급할 수 있다.

〈별표 1〉

| 구분 | 교통비 | | | | 일비<br>(1일) | 숙박비<br>(1박) | 식비<br>(1일) |
|---|---|---|---|---|---|---|---|
| | 철도임 | 선임 | 항공임 | 자동차임 | | | |
| 임원 및 본부장 | 1등급 | 1등급 | 실비 | 실비 | 30,000원 | 실비 | 45,000원 |
| 1, 2급 부서장 | 1등급 | 2등급 | 실비 | 실비 | 25,000원 | 실비 | 35,000원 |
| 2, 3, 4급 부장 | 1등급 | 2등급 | 실비 | 실비 | 20,000원 | 실비 | 30,000원 |
| 4급 이하 팀원 | 2등급 | 2등급 | 실비 | 실비 | 20,000원 | 실비 | 30,000원 |

1. 교통비는 실비를 기준으로 하되, 실비 정산은 국토해양부장관 또는 특별시장·광역시장·도지사·특별자치도지사 등이 인허한 요금을 기준으로 한다.
2. 선임 구분표 중 1등급 해당자는 특등, 2등급 해당자는 1등을 적용한다.
3. 철도임 구분표 중 1등급은 고속철도 특실, 2등급은 고속철도 일반실을 적용한다.
4. 임원 및 본부장의 식비가 위 정액을 초과하였을 경우 실비를 지급할 수 있다.
5. 운임 및 숙박비의 할인이 가능한 경우에는 할인 요금으로 지급한다.
6. 자동차임 실비 지급은 연료비와 실제 통행료를 지급한다.
   (연료비)=[여행거리(km)]×(유가)÷(연비)
7. 임원 및 본부장을 제외한 직원의 숙박비는 70,000원을 한도로 실비를 정산할 수 있다.

**특징** ▸ 대부분 의사소통능력, 수리능력, 문제해결능력을 중심으로 출제(일부 기업의 경우 자원관리능력, 조직이해능력을 출제)
▸ 자료에 대한 추론 및 해석 능력을 요구

**대행사** ▸ 엑스퍼트컨설팅, 커리어넷, 태드솔루션, 한국행동과학연구소(행과연), 휴노 등

## 모듈형

| 대인관계능력

**60** 다음 자료는 갈등해결을 위한 6단계 프로세스이다. 3단계에 해당하는 대화의 예로 가장 적절한 것은?

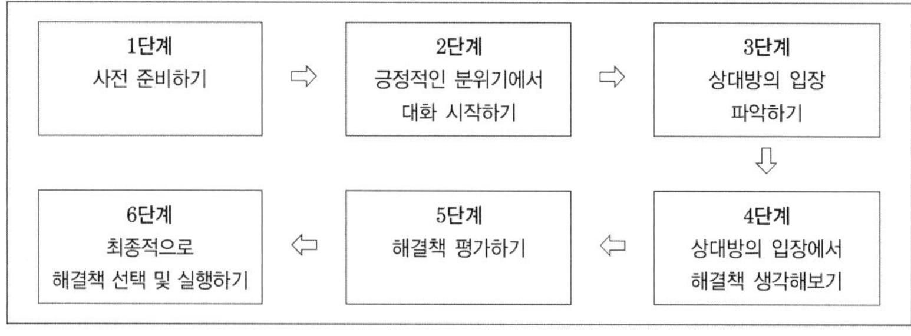


① 그럼 A씨의 생각대로 진행해 보시죠.

**특징**
- 이론 및 개념을 활용하여 푸는 유형
- 채용 기업 및 직무에 따라 NCS 직업기초능력평가 10개 영역 중 선발하여 출제
- 기업의 특성을 고려한 직무 관련 문제를 출제
- 주어진 상황에 대한 판단 및 이론 적용을 요구

**대행사**
- 인트로맨, 휴스테이션, ORP연구소 등

## 피듈형(PSAT형 + 모듈형)

| 문제해결능력

**60** P회사는 직원 20명에게 나눠 줄 추석 선물 품목을 조사하였다. 다음은 유통업체별 품목 가격과 직원들의 품목 선호도를 나타낸 자료이다. 이를 참고하여 P회사에서 구매하는 물품과 업체를 바르게 연결한 것은?

〈업체별 품목 금액〉

| 구분 | | 1세트당 가격 | 혜택 |
|---|---|---|---|
| A업체 | 돼지고기 | 37,000원 | 10세트 이상 주문 시 배송 무료 |
| | 건어물 | 25,000원 | |
| B업체 | 소고기 | 62,000원 | 20세트 주문 시 10% 할인 |
| | 참치 | 31,000원 | |
| C업체 | 스팸 | 47,000원 | 50만 원 이상 주문 시 배송 무료 |
| | 김 | 15,000원 | |

〈구성원 품목 선호도〉

**특징**
- 기초 및 응용 모듈을 구분하여 푸는 유형
- 기초인지모듈과 응용업무모듈로 구분하여 출제
- PSAT형보다 난도가 낮은 편
- 유형이 정형화되어 있고, 유사한 유형의 문제를 세트로 출제

**대행사**
- 사람인, 스카우트, 인크루트, 커리어케어, 트리피, 한국사회능력개발원 등

# 주요 공기업 적중 문제 TEST CHECK

## 인천국제공항공사

### 단어 연상 ▶ 키워드

**01** 다음 9개의 단어 중 3개의 단어를 통해 연상할 수 있는 단어로 가장 적절한 것은?

| 유세 | 성화 | 물 |
|---|---|---|
| 경품 | 토끼 | 투표 |
| 후보 | 포환 | 공 |

① 동물
② 경주
③ 선거
④ 달리기
⑤ 수영

### 주제 찾기 ▶ 유형

※ 다음 글의 주제로 가장 적절한 것을 고르시오. [1~2]

**01**

20 대 80 법칙, 2 대 8 법칙으로 불리기도 하는 파레토 법칙은 전체 결과의 80%가 전체 원인의 20%에서 일어나는 현상을 가리킨다. 결국 크게 수익이 되는 것은 20%의 상품군, 그리고 20%의 구매자이기 때문에 이들에게 많은 역량을 집중할 필요가 있다는 것으로, 이른바 선택과 집중이라는 경영학의 기본 개념으로 자리 잡아 왔다.
하지만 파레토 법칙은 현상에 붙은 이름일 뿐 법칙의 필연성을 설명하진 않으며, 그 적용이 쉬운 만큼 내부의 개연성을 명확하게 파악하지 않으면 오용될 여지가 다분하다는 문제점을 지니고 있다. 예컨대 상위권 성적을 지닌 20%의 학생을 한 그룹으로 모아놓는다고 해서 그들의 80%가 갑작스레 공부를 중단하진 않을 것이며, 20%의 고객이 80%의 매출에 기여하므로 백화점 찾는 80%의 고객들을 홀대해도 된다는 비약으로 이어질 수 있기 때문이다.

① 파레토 법칙은 80%의 고객을 경원시하는 법칙이다.
② 파레토 법칙을 함부로 여러 사례에 적용해서는 안 된다.
③ 파레토 법칙은 20%의 주요 구매자를 찾아내는 데 유효한 법칙이다.
④ 파레토 법칙은 보다 효율적인 판매 전략을 세우는 데 도움을 준다.
⑤ 파레토 법칙을 제외하면 전반적인 사례를 분석하는 데 용이해진다.

## 코레일 한국철도공사 사무직

**이산화탄소 ▶ 키워드**

**13** 다음은 온실가스 총 배출량에 대한 자료이다. 이에 대한 설명으로 옳지 않은 것은?

〈온실가스 총 배출량〉

(단위 : $CO_2$ eq.)

| 구분 | 2016년 | 2017년 | 2018년 | 2019년 | 2020년 | 2021년 | 2022년 |
|---|---|---|---|---|---|---|---|
| 총 배출량 | 592.1 | 596.5 | 681.8 | 685.9 | 695.2 | 689.1 | 690.2 |
| 에너지 | 505.3 | 512.2 | 593.4 | 596.1 | 605.1 | 597.7 | 601.0 |
| 산업공정 | 50.1 | 47.2 | 51.7 | 52.6 | 52.8 | 55.2 | 52.2 |
| 농업 | 21.2 | 21.7 | 21.2 | 21.5 | 21.4 | 20.8 | 20.6 |
| 폐기물 | 15.5 | 15.4 | 15.5 | 15.7 | 15.9 | 15.4 | 16.4 |
| LULUCF | −57.3 | −54.5 | −48.5 | −44.7 | −42.7 | −42.4 | −44.4 |
| 순 배출량 | 534.8 | 542.0 | 633.3 | 641.2 | 652.5 | 646.7 | 645.8 |
| 총 배출량 증감률(%) | 2.3 | 0.7 | 14.3 | 0.6 | 1.4 | −0.9 | 0.2 |

※ $CO_2$ eq. : 이산화탄소 등가를 뜻하는 단위로, 온실가스 종류별 지구온난화 기여도를 수치로 표현한 지구온난화지수(GWP; Global Warming Potential)를 곱한 이산화탄소 환산량

※ LULUCF(Land Use, Land Use Change, Forestry) : 인간이 토지 이용에 따라 변화하게 되는 온실가스의 증감

※ (순 배출량)=(총 배출량)+(LULUCF)

## 코레일 한국철도공사 기술직

**글의 제목 ▶ 유형**

**02** K일보에 근무 중인 A기자는 나들이가 많은 요즘 자동차 사고를 예방하고자 다음과 같은 기사를 작성하였다. 기사의 제목으로 가장 적절한 것은?

예전에 비해 많은 사람이 안전띠를 착용하지만, 우리나라의 안전띠 착용률은 여전히 매우 낮다. 2013년 일본과 독일에서 조사한 승용차 앞좌석 안전띠 착용률은 각각 98%와 97%를 기록했다. 하지만 같은 해 우리나라는 84.4%에 머물렀다. 특히 뒷좌석 안전띠 착용률은 19.4%로 OECD 국가 중 최하위에 머물렀다.

지난 4월 13일, 자동차안전연구원에서 '부적절한 안전띠 착용 위험성 실차 충돌시험'을 실시했다. 국내에서 처음 시행한 이번 시험은 안전띠 착용 상태에서 안전띠를 느슨하게 풀어주는 장치 사용(성인, 운전석), 안전띠 미착용 상태에서 안전띠를 느슨하게 풀어주는 장치 사용(성인, 운전석), 뒷좌석에 놀이방 매트 설치 및 안전띠와 카시트 모두 미착용(어린이, 뒷좌석) 총 세 가지 상황으로 실시했다.

성인 인체모형 2조와 3세 어린이 인체모형 1조를 활용해 승용 자동차가 시속 56km로 고정 벽에 정면충돌하도록 했다. 충돌시험 결과 놀랍게도 안전띠의 부적절한 사용은 중상 가능성이 최대 99.9%로 안전띠를 제대로 착용했을 때보다 최대 9배 높게 나타났다.

세 가지 상황별로 살펴 보자. 먼저 안전띠를 느슨하게 풀어주는 장치를 사용할 경우이다. 중상 가능성은 49.7%로, 올바른 안전띠 착용보다 약 5배 높게 나타났다. 느슨해진 안전띠로 인해 차량 충돌 시 탑승객을 효과적으로 구속하지 못하기 때문이다. 그리고 안전띠 경고음 차단 클립을 사용한 경우에는 중상 가능성이 80.3%로 더욱 높아졌다. 에어백이 충격 일부를 흡수하기는 하지만 머리는 앞면 창유리에, 가슴은 크래시 패드에 심하게 부딪친 결과이다. 마지막으로 뒷좌석 놀이방 매트 위에 있던 3세 어린이 인체 모형은 중상 가능성이 99.9%로, 생명에 치명적 위험을 초래하는 것으로 나타났다. 어린이 인체모형은 자동차 충격 때문에 튕겨 나가 앞좌석 등받이와 심하게 부딪쳤고, 안전띠와 카시트를 착용한 경우보다 머리 중상 가능성이 99.9%, 가슴 중상 가능성이 93.9% 이상 높았다.

또 안전띠를 제대로 착용하지 않으면 에어백의 효과도 줄어든다는 사실을 알 수 있었다. 안전띠를 정상적으

# 주요 공기업 적중 문제 TEST CHECK

## LH 한국토지주택공사

**청약 ▶ 키워드** 2023년 적중

**71** 다음은 청약가점제의 청약가점 기준을 나타낸 자료이다. 이를 참고할 때 청약가점이 가장 높은 것은?

〈청약가점 기준표〉

(단위 : 점)

| 가점항목 | 가점상한 | 가점 구분 | 점수 | 가점 구분 | 점수 |
|---|---|---|---|---|---|
| 무주택 기간 ① | 32 | 1년 미만 | 2 | 8년 이상 9년 미만 | 18 |
| | | 1년 이상 2년 미만 | 4 | 9년 이상 10년 미만 | 20 |
| | | 2년 이상 3년 미만 | 6 | 10년 이상 11년 미만 | 22 |
| | | 3년 이상 4년 미만 | 8 | 11년 이상 12년 미만 | 24 |
| | | 4년 이상 5년 미만 | 10 | 12년 이상 13년 미만 | 26 |
| | | 5년 이상 6년 미만 | 12 | 13년 이상 14년 미만 | 28 |
| | | 6년 이상 7년 미만 | 14 | 14년 이상 15년 미만 | 30 |
| | | 7년 이상 8년 미만 | 16 | 15년 이상 | 32 |
| 부양 가족 수 ② | 35 | 0명 | 5 | 4명 | 25 |
| | | 1명 | 10 | 5명 | 30 |
| | | 2명 | 15 | 6명 이상 | 35 |
| | | 3명 | 20 | – | – |
| | | 6개월 미만 | 1 | 8년 이상 9년 미만 | 10 |
| | | 6개월 이상 1년 미만 | 2 | 9년 이상 10년 미만 | 11 |

**신혼부부 ▶ 키워드** 2023년 적중

**66** 다음은 L공사의 신혼부부 매입임대주택Ⅰ 예비입주자 모집공고에 대한 자료이다. 이를 토대로 할 때, 신혼부부 매입임대주택Ⅰ 입주자격을 갖추지 못한 사람은?

〈신혼부부 매입임대주택Ⅰ 예비입주자 모집공고〉

신혼부부 매입임대주택Ⅰ은 L공사에서 매입한 주택을 개·보수하여 신혼부부 등을 대상으로 시중 시제 30~40% 수준으로 임대하는 주택입니다.

〈신혼부부 매입임대주택Ⅰ 입주자격〉

공고일 기준 현재 무주택세대구성원으로서 아래의 자격 중 하나에 해당하고, 해당 세대의 월평균 소득이 전년도 도시근로자 가구당 월평균소득의 70%(배우자가 소득이 있는 경우에는 90%) 이하이고, 국민임대자산 기준을 충족(총자산 28,800만 원, 자동차 2,468만 원 이하)하는 신혼부부, 예비신혼부부, 한부모 가족, 유자녀 혼인가구

① 신혼부부 : 공고일 기준 현재 혼인 7년 이내(2015.10.31. ~ 2022.10.30.)인 사람
② 예비신혼부부 : 공고일 기준 현재 혼인 예정인 사람으로서 입주일(2023.10.01.) 전일까지 혼인신고를 하는 사람
③ 한부모 가족 : 만 6세 이하 자녀를 둔 모자가족 또는 부자가족(2015.10.31. 이후 출생한 자녀 및 태아)
④ 유자녀 혼인가구 : 만 6세 이하 자녀가 있는 혼인가구(2015.10.31. 이후 출생한 자녀 및 태아)

• 무주택 세대 구성원 : 세대구성원 전원이 주택을 소유하고 있지 않은 세대의 구성원을 의미함

| 세대구성원 | 비고 |
|---|---|
| • 신청자 및 배우자 | 세대 분리되어 있는 배우자도 포함 |
| • 신청자 직계존속<br>• 배우자 직계존속 | 신청자의 주민등록표등본에 등재되어 있거나 세대 분리된 신청자 배우자의 주민등록표등본에 등재되어 있는 사람에 한함 |

## 도로교통공단

**층수 ▶ 키워드**

**34** H공사는 6층 건물의 모든 층을 사용하고 있으며, 건물에는 기획부, 인사 교육부, 서비스개선부, 연구・개발부, 해외사업부, 디자인부가 층별로 위치하고 있다. 다음 〈조건〉을 참고할 때 항상 옳은 것은?(단, 6개의 부서는 서로 다른 층에 위치하며, 3층 이하에 위치한 부서의 직원은 출근 시 반드시 계단을 이용해야 한다)

> **조건**
> - 기획부의 문대리는 해외사업부의 이주임보다 높은 층에 근무한다.
> - 인사교육부는 서비스개선부와 해외사업부 사이에 위치한다.
> - 디자인부의 김대리는 오늘 아침 엘리베이터에서 서비스개선부의 조대리를 만났다.
> - 6개의 부서 중 건물의 옥상과 가장 가까이에 위치한 부서는 연구・개발부이다.
> - 연구・개발부의 오사원이 인사교육부 박차장에게 휴가 신청서를 제출하기 위해서는 4개의 층을 내려와야 한다.
> - 건물 1층에는 회사에서 운영하는 커피숍이 함께 있다.

① 출근 시 엘리베이터를 탄 디자인부의 김대리는 5층에서 내린다.
② 디자인부의 김대리가 서비스개선부의 조대리보다 먼저 엘리베이터에서 내린다.
③ 인사교육부와 커피숍은 같은 층에 위치한다.
④ 기획부의 문대리는 출근 시 반드시 계단을 이용해야 한다.

**경청 ▶ 키워드**

**01** 다음 〈보기〉의 갑 ~ 정 네 사람 중 올바른 경청 방법을 보인 사람을 모두 고르면?

> **보기**
> - 자신의 잘못에 대해 상사가 나무라자 갑은 고개를 숙이고 바닥만 응시하다가 상사의 말이 다 끝나자 잘못하였다고 말하였다.
> - 을은 후배가 자신의 생각에 반대하는 의견을 말하자 다리를 꼬고 앉아 후배가 말하는 내내 계속하여 쳐다봤다.
> - 병은 바쁘게 일하는 나머지 동료직원이 다가와 도움을 요청한 소리를 제대로 못 들어 동료직원에게 상체를 기울여 다시 말해 줄 것을 요청하였다.
> - 회사 주가가 연일 하락해 심란한 나머지 자리에 앉지 못하는 대표 정에게 직원이 면담을 요청하자 정은 자리에 앉았다.

① 갑, 을　　② 갑, 병
③ 을, 병　　④ 병, 정

# 도서 200% 활용하기 STRUCTURES

## 1 기출복원문제로 출제 경향 파악

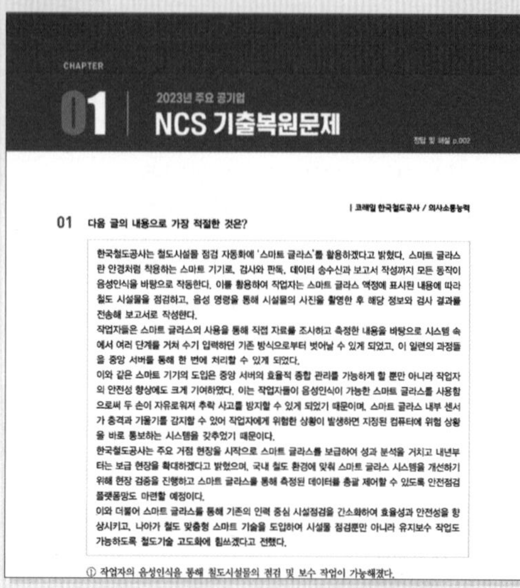

CHAPTER

01 2023년 주요 공기업 NCS 기출복원문제

정답 및 해설 p.002

| 코레일 한국철도공사 / 의사소통능력

01 다음 글의 내용으로 가장 적절한 것은?

한국철도공사는 철도시설물 점검 자동화에 '스마트 글라스'를 활용하겠다고 밝혔다. 스마트 글라스란 안경처럼 착용하는 스마트 기기로, 검사와 판독, 데이터 송수신과 보고서 작성까지 모든 동작이 음성인식을 바탕으로 작동한다. 이를 활용하여 작업자는 스마트 글라스 액정에 표시된 내용에 따라 철도 시설물을 점검하고, 음성 명령을 통해 시설물의 사진을 촬영한 후 해당 정보와 검사 결과를 전송해 보고서로 작성한다.
작업자들은 스마트 글라스의 사용을 통해 직접 자료를 조사하고 측정한 내용을 바탕으로 시스템 속에서 여러 단계를 거쳐 수기 입력하던 기존 방식으로부터 벗어날 수 있게 되었고, 이 일련의 과정들을 중앙 서버를 통해 한 번에 처리할 수 있게 되었다.
이와 같은 스마트 기기의 도입은 중앙 서버의 효율적 종합 관리를 가능하게 할 뿐만 아니라 작업자의 안전성 향상에도 크게 기여하였다. 이는 작업자들이 음성인식이 가능한 스마트 글라스를 사용함으로써 두 손이 자유로워져 추락 사고를 방지할 수 있게 되었기 때문이며, 스마트 글라스 내부 센서가 충격과 기울기를 감지할 수 있어 작업자에게 위험한 상황이 발생하면 지정된 컴퓨터에 위험 상황을 바로 통보하는 시스템을 갖추었기 때문이다.
한국철도공사는 주요 거점 현장을 시작으로 스마트 글라스를 보급하여 성과 분석을 거치고 내년부터는 보급 현장을 확대하겠다고 밝혔으며, 국내 철도 환경에 맞춰 스마트 글라스 시스템을 개선하기 위해 현장 검증을 진행하고 스마트 글라스를 통해 측정된 데이터를 총괄 제어할 수 있도록 안전점검 플랫폼망도 마련할 예정이다.
이와 더불어 스마트 글라스를 통해 기존의 인력 중심 시설점검을 간소화하여 효율성과 안전성을 향상시키고, 나아가 철도 맞춤형 스마트 기술을 도입하여 시설물 점검뿐만 아니라 유지보수 작업도 가능하도록 철도기술 고도화에 힘쓰겠다고 전했다.

① 작업자의 음성인식을 통해 철도시설물의 점검 및 보수 작업이 가능해졌다.

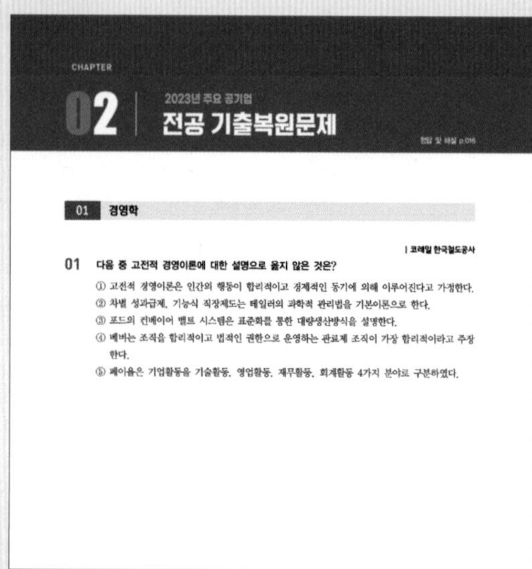

CHAPTER

02 2023년 주요 공기업 전공 기출복원문제

정답 및 해설 p.016

01 경영학

| 코레일 한국철도공사

01 다음 중 고전적 경영이론에 대한 설명으로 옳지 않은 것은?

① 고전적 경영이론은 인간의 행동이 합리적이고 경제적인 동기에 의해 이루어진다고 가정한다.
② 차별 성과급제, 기능식 직장제도는 테일러의 과학적 관리법을 기본이론으로 한다.
③ 포드의 컨베이어 벨트 시스템은 표준화를 통한 대량생산방식을 설명한다.
④ 베버는 조직을 합리적이고 법적인 권한으로 운영하는 관료제 조직이 가장 합리적이라고 주장한다.
⑤ 페이욜은 기업활동을 기술활동, 영업활동, 재무활동, 회계활동 4가지 분야로 구분하였다.

- 2023년 주요 공기업 NCS 기출문제를 복원하여 공기업별 NCS 필기 유형을 파악할 수 있도록 하였다.
- 2023년 주요 공기업 전공 기출문제를 복원하여 공기업별 전공 출제 경향을 파악할 수 있도록 하였다.

## 2 출제유형분석 + 유형별 실전예제로 필기전형 완벽 대비

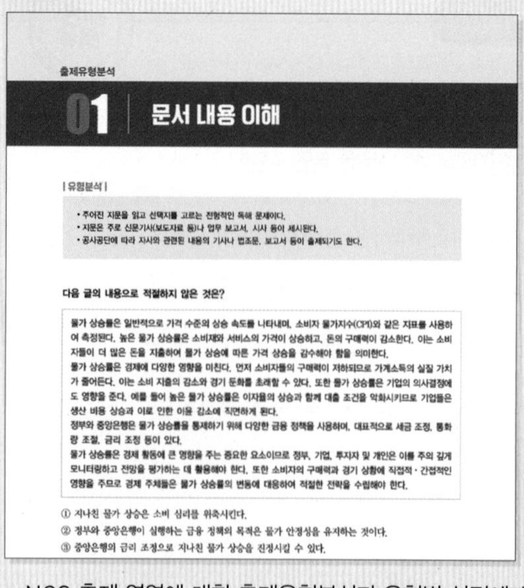

출제유형분석

01 문서 내용 이해

| 유형분석 |

- 주어진 지문을 읽고 선택지를 고르는 전형적인 독해 문제이다.
- 지문은 주로 신문기사(보도자료 등)나 업무 보고서, 시사 등이 제시된다.
- 공사공단에 따라 자사와 관련된 내용의 기사나 법조문, 보고서 등이 출제되기도 한다.

다음 글의 내용으로 적절하지 않은 것은?

물가 상승률은 일반적으로 가격 수준의 상승 속도를 나타내며, 소비자 물가지수(CPI)와 같은 지표를 사용하여 측정된다. 높은 물가 상승률은 소비재와 서비스의 가격이 상승하고, 돈의 구매력이 감소한다. 이는 소비자들이 더 많은 돈을 지출하여 물가 상승에 따른 가격 상승을 감수해야 함을 의미한다.
물가 상승률은 경제에 다양한 영향을 미친다. 먼저 소비자들의 구매력이 저하되므로 가계소득의 실질 가치가 줄어든다. 이는 소비 지출의 감소와 경기 둔화를 초래할 수 있다. 또한 물가 상승률은 기업의 의사결정에도 영향을 준다. 예를 들어 높은 물가 상승률은 이자율의 상승과 함께 대출 조건을 악화시키므로 기업들은 생산 비용 상승과 이로 인한 이윤 감소에 직면하게 된다.
정부와 중앙은행은 물가 상승률을 통제하기 위해 다양한 금융 정책을 사용하여, 대표적으로 세금 조정, 통화량 조절, 금리 조정 등이 있다.
물가 상승률은 경제 활동에 큰 영향을 주는 중요한 요소이므로 정부, 기업, 투자자 및 개인은 이를 주의 깊게 모니터링하고 전망을 평가하는 데 활용해야 한다. 또한 소비자의 구매력과 경기 상황에 직접적·간접적인 영향을 주므로 경제 주체들은 물가 상승률의 변동에 대응하여 적절한 전략을 수립해야 한다.

① 지나친 물가 상승은 소비 심리를 위축시킨다.
② 정부와 중앙은행이 실행하는 금융 정책의 목적은 물가 안정성을 유지하는 것이다.
③ 중앙은행의 금리 조정으로 지나친 물가 상승을 진정시킬 수 있다.

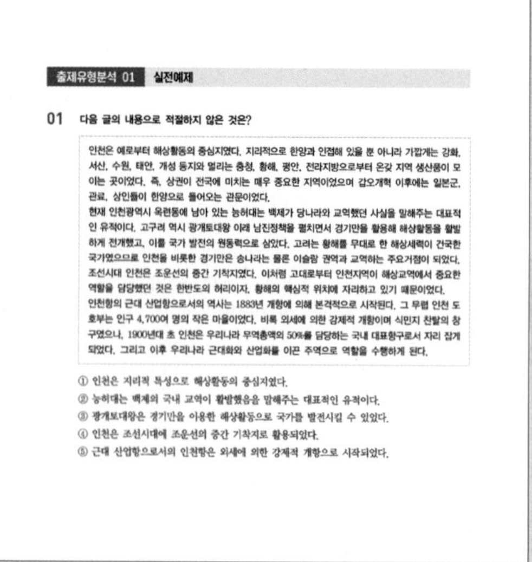

출제유형분석 01 실전예제

01 다음 글의 내용으로 적절하지 않은 것은?

인천은 예로부터 해상활동의 중심지였다. 지리적으로 한양과 인접해 있을 뿐 아니라 가깝게는 강화, 서산, 수원, 태안, 개성 등지와 멀리는 충청, 황해, 평안, 전라지방으로부터 온갖 지역 생산품이 모이는 곳이었다. 즉, 상권이 전국에 미치는 매우 중요한 지역이었으며 갑오개혁 이후에는 일본군, 관료, 상인들이 한양으로 들어오는 관문이었다.
현재 인천광역시 옥련동에 남아 있는 능허대는 백제가 당나라와 교역했던 사실을 말해주는 대표적인 유적이다. 고구려 역시 광개토대왕 이래 남진정책을 펼치면서 경기만을 활용해 해상활동을 활발하게 전개했고, 이를 국가 발전의 원동력으로 삼았다. 고려는 황해를 무대로 한 해상세력이 건국한 국가였으므로 인천을 비롯한 경기만은 송나라는 물론 이슬람 권역과 교역하는 주요거점이 되었다. 조선시대 인천은 조운선의 중간 기착지였다. 이처럼 고대로부터 인천지역이 해상교역에서 중요한 역할을 담당했던 것은 한반도의 허리이자, 황해의 핵심적 위치에 자리하고 있기 때문이었다.
인천항의 근대 산업항으로서의 역사는 1883년 개항에 의해 본격적으로 시작된다. 그 무렵 인천 도호부는 인구 4,700여 명의 작은 마을이었다. 비록 외세에 의한 강제적 개항이며 식민지 찬탈의 창구였으나, 1900년대 초 인천은 우리나라 무역총액의 50%를 담당하는 국내 대표항구로서 자리 잡게 되었다. 그리고 이후 우리나라 근대화와 산업화를 이끈 주역으로 역할을 수행하게 된다.

① 인천은 지리적 특성으로 해상활동의 중심지였다.
② 능허대는 백제의 국내 교역이 활발했음을 말해주는 대표적인 유적이다.
③ 광개토대왕은 경기만을 이용한 해상활동으로 국가를 발전시킬 수 있었다.
④ 인천은 조선시대에 조운선의 중간 기착지로 활용되었다.
⑤ 근대 산업항으로서의 인천항은 외세에 의한 강제적 개항으로 시작되었다.

- NCS 출제 영역에 대한 출제유형분석과 유형별 실전예제를 수록하여 NCS 문제에 대한 접근 전략을 익히고 점검할 수 있도록 하였다.
- 직무수행능력평가(사무직) 적중예상문제를 수록하여 전공까지 효과적으로 학습할 수 있도록 하였다.

## 3 최종점검 모의고사 + OMR을 활용한 실전 연습

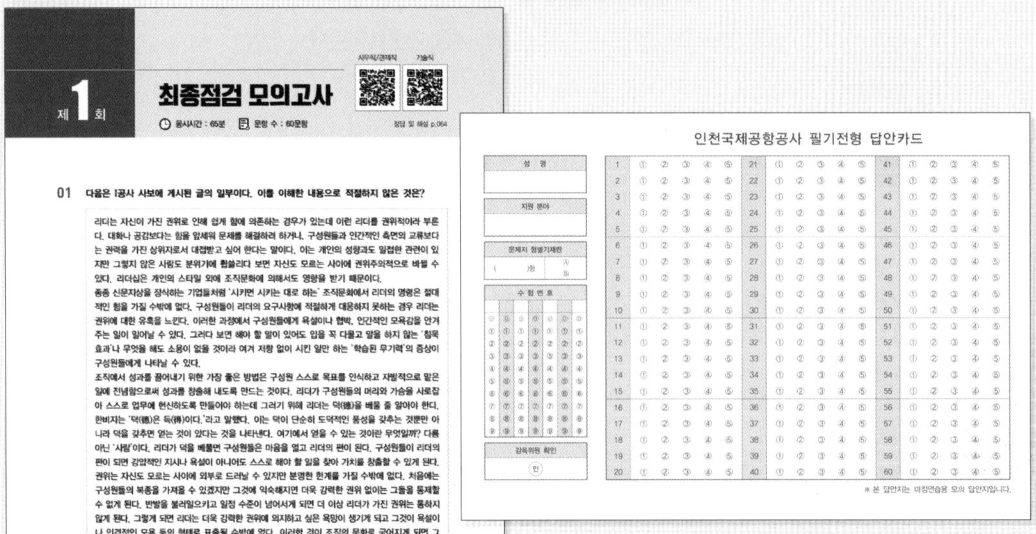

제 1 회

최종점검 모의고사

사무직/관제직 기술직

응시시간 : 65분 문항 수 : 60문항

정답 및 해설 p.064

01 다음은 I공사 사보에 게시된 글의 일부이다. 이를 이해한 내용으로 적절하지 않은 것은?

리더는 자신이 가진 권위로 인해 쉽게 힘에 의존하는 경우가 있는데 이런 리더를 권위적이라 부른다. 대화나 공감보다는 힘을 앞세워 문제를 해결하려 하거나, 구성원들과 인간적인 측면의 교류보다는 권력을 가진 상위자로서 대접받고 싶어 한다는 말이다. 이는 개인의 성향과도 밀접한 관련이 있지만 그렇지 않은 사람도 분위기에 휩쓸리다 보면 자신도 모르는 사이에 권위주의적으로 바뀔 수 있다. 리더십은 개인의 스타일 외에 조직문화에 의해서도 영향을 받기 때문이다.

종종 신문지상을 장식하는 기업들처럼 '시키면 시키는 대로 하는' 조직문화에서 리더의 명령은 절대적인 힘을 가질 수밖에 없다. 구성원들이 리더의 요구사항에 적절하게 대응하지 못하는 경우 리더는 권위에 대한 유혹을 느낀다. 이러한 과정에서 구성원들에게 욕설이나 협박, 인간적인 모욕감을 안겨주는 일이 일어날 수 있다. 그러다 보면 해야 할 말이 있어도 입을 꼭 다물고 말을 하지 않는 '침묵효과'나 무엇을 해도 소용이 없을 것이라 여겨 저항 없이 시킨 일만 하는 '학습된 무기력'의 증상이 구성원들에게 나타날 수 있다.

조직에서 성과를 끌어내기 위한 가장 좋은 방법은 구성원 스스로 목표를 인식하고 자발적으로 맡은 일에 전념함으로써 성과를 창출해 내도록 만드는 것이다. 리더가 구성원들의 머리와 가슴을 사로잡아 스스로 업무에 헌신하도록 만들어야 하는데 그러기 위해 리더는 덕(德)을 베풀 줄 알아야 한다. 한비자는 '덕(德)은 득(得)이다.'라고 말했다. 이는 덕이 단순히 도덕적인 품성을 갖추는 것뿐만 아니라 덕을 갖추면 얻는 것이 있다는 것을 나타낸다. 여기에서 얻을 수 있는 것이란 무엇일까? 다름 아닌 '사람'이다. 리더가 덕을 베풀면 구성원들은 마음을 열고 리더의 편이 된다. 구성원들이 리더의 편이 되면 강압적인 지시나 욕설이 아니어도 스스로 해야 할 일을 찾아 가치를 창출할 수 있게 된다. 권위는 자신도 모르는 사이에 외부로 드러날 수 있지만 분명한 한계를 가질 수밖에 없다. 처음에는 구성원들의 복종을 가져올 수 있겠지만 그것에 익숙해지면 더욱 강력한 권위 없이는 그들을 통제할 수 없게 된다. 반발을 불러일으키고 일정 수준이 넘어서게 되면 더 이상 리더가 가진 권위는 통하지 않게 된다. 그렇게 되면 리더는 더욱 강력한 권위에 의지하고 싶은 욕망이 생기게 되고 그것이 욕설이나 인격적인 모욕 등의 형태로 표출될 수밖에 없다. 이러한 것이 조직의 문화로 굳어지게 되면 그

인천국제공항공사 필기전형 답안카드

성 명

지원 분야

문제지 형별기재란

수 험 번 호

감독위원 확인

※ 본 답안지는 마킹연습용 모의 답안지입니다.

▸ 최종점검 모의고사와 OMR 답안카드를 수록하여 실제로 시험을 보는 것처럼 최종 마무리 연습을 할 수 있도록 하였다.
▸ 모바일 OMR 답안채점/성적분석 서비스를 통해 필기전형에 대비할 수 있도록 하였다.

## 4 인성검사부터 면접까지 한 권으로 최종 마무리

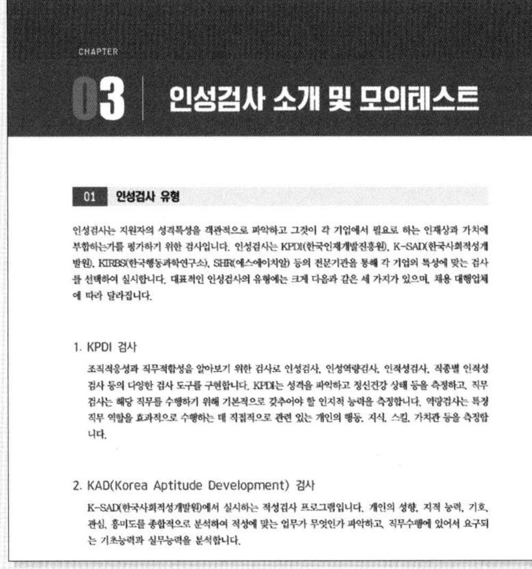

CHAPTER 03 인성검사 소개 및 모의테스트

01 인성검사 유형

인성검사는 지원자의 성격특성을 객관적으로 파악하고 그것이 각 기업에서 필요로 하는 인재상과 가치에 부합하는가를 평가하기 위한 검사입니다. 인성검사는 KPDI(한국인재개발진흥원), K-SAD(한국사회적성개발원), KIRBS(한국행동과학연구소), SHR(에스에이치알) 등의 전문기관을 통해 각 기업의 특성에 맞는 검사를 선택하여 실시합니다. 대표적인 인성검사의 유형에는 크게 다음과 같은 세 가지가 있으며, 채용 대행업체에 따라 달라집니다.

1. KPDI 검사

조직적응성과 직무적합성을 알아보기 위한 검사로 인성검사, 인성역량검사, 인적성검사, 직종별 인적성검사 등의 다양한 검사 도구를 구현합니다. KPDI는 성격을 파악하고 정신건강 상태 등을 측정하고, 직무검사는 해당 직무를 수행하기 위해 기본적으로 갖추어야 할 인지적 능력을 측정합니다. 역량검사는 특정 직무 역할을 효과적으로 수행하는 데 직접적으로 관련 있는 개인의 행동, 지식, 스킬, 가치관 등을 측정합니다.

2. KAD(Korea Aptitude Development) 검사

K-SAD(한국사회적성개발원)에서 실시하는 적성검사 프로그램입니다. 개인의 성향, 지적 능력, 기호, 관심, 흥미도를 종합적으로 분석하여 적성에 맞는 업무가 무엇인가 파악하고, 직무수행에 있어서 요구되는 기초능력과 실무능력을 분석합니다.

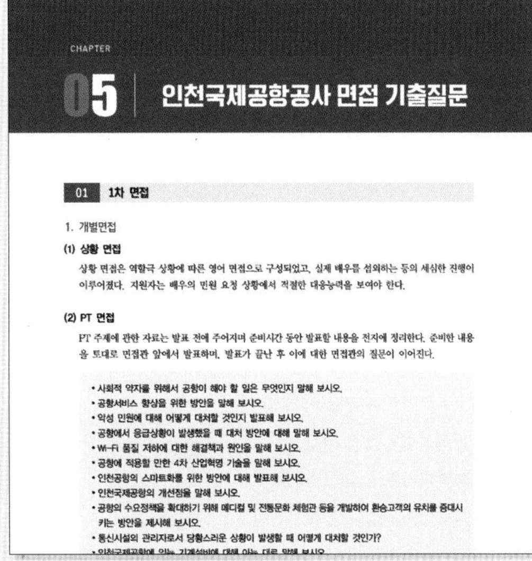

CHAPTER 05 인천국제공항공사 면접 기출질문

01 1차 면접

1. 개별면접

(1) 상황 면접

상황 면접은 역할극 상황에 따른 영어 면접으로 구성되었고, 실제 배우를 섭외하는 등의 세심한 진행이 이루어졌다. 지원자는 배우의 민원 요청 상황에서 적절한 대응능력을 보여야 한다.

(2) PT 면접

PT 주제에 관한 자료는 발표 전에 주어지며 준비시간 동안 발표할 내용을 전지에 정리한다. 준비한 내용을 토대로 면접관 앞에서 발표하며, 발표가 끝난 후 이에 대한 면접관의 질문이 이어진다.

- 사회적 약자를 위해서 공항이 해야 할 일은 무엇인지 말해 보시오.
- 공항서비스 향상을 위한 방안을 말해 보시오.
- 악성 민원에 대해 어떻게 대처할 것인지 발표해 보시오.
- 공항에서 응급상황이 발생했을 때 대처 방안에 대해 말해 보시오.
- Wi-Fi 품질 저하에 대한 해결책과 원인을 말해 보시오.
- 공항에 적용할 만한 4차 산업혁명 기술을 말해 보시오.
- 인천공항의 스마트화를 위한 방안에 대해 발표해 보시오.
- 인천국제공항의 개선점을 말해 보시오.
- 공항의 수요정책을 확대하기 위해 메디컬 및 전통문화 체험관 등을 개발하여 환승고객의 유치를 증대시키는 방안을 제시해 보시오.
- 통신시설의 관리자로서 당황스러운 상황이 발생할 때 어떻게 대처할 것인가?

▸ 인성검사 모의테스트를 수록하여 인성검사 유형 및 문항을 확인할 수 있도록 하였다.
▸ 인천국제공항공사 면접 기출질문을 통해 실제 면접에서 나오는 질문을 미리 파악하고 연습할 수 있도록 하였다.

# 이 책의 차례 CONTENTS

## Add+ 특별부록



## PART 1 직업기초능력평가



## PART 2 직무수행능력평가



## PART 3 최종점검 모의고사



## PART 4 채용 가이드



## 별 책 정답 및 해설

# Add+

# 특별부록



※ 기출복원문제는 수험생들의 후기를 통해 SD에듀에서 복원한 문제로 실제 문제와 다소 차이가 있을 수 있으며, 본 저작물의 무단전재 및 복제를 금합니다.

CHAPTER

# 01 2023년 주요 공기업 NCS 기출복원문제

정답 및 해설 p.002

| 코레일 한국철도공사 / 의사소통능력

**01** 다음 글의 내용으로 가장 적절한 것은?

> 한국철도공사는 철도시설물 점검 자동화에 '스마트 글라스'를 활용하겠다고 밝혔다. 스마트 글라스란 안경처럼 착용하는 스마트 기기로, 검사와 판독, 데이터 송수신과 보고서 작성까지 모든 동작이 음성인식을 바탕으로 작동한다. 이를 활용하여 작업자는 스마트 글라스 액정에 표시된 내용에 따라 철도 시설물을 점검하고, 음성 명령을 통해 시설물의 사진을 촬영한 후 해당 정보와 검사 결과를 전송해 보고서로 작성한다.
>
> 작업자들은 스마트 글라스의 사용을 통해 직접 자료를 조사하고 측정한 내용을 바탕으로 시스템 속에서 여러 단계를 거쳐 수기 입력하던 기존 방식으로부터 벗어날 수 있게 되었고, 이 일련의 과정들을 중앙 서버를 통해 한 번에 처리할 수 있게 되었다.
>
> 이와 같은 스마트 기기의 도입은 중앙 서버의 효율적 종합 관리를 가능하게 할 뿐만 아니라 작업자의 안전성 향상에도 크게 기여하였다. 이는 작업자들이 음성인식이 가능한 스마트 글라스를 사용함으로써 두 손이 자유로워져 추락 사고를 방지할 수 있게 되었기 때문이며, 스마트 글라스 내부 센서가 충격과 기울기를 감지할 수 있어 작업자에게 위험한 상황이 발생하면 지정된 컴퓨터에 위험 상황을 바로 통보하는 시스템을 갖추었기 때문이다.
>
> 한국철도공사는 주요 거점 현장을 시작으로 스마트 글라스를 보급하여 성과 분석을 거치고 내년부터는 보급 현장을 확대하겠다고 밝혔으며, 국내 철도 환경에 맞춰 스마트 글라스 시스템을 개선하기 위해 현장 검증을 진행하고 스마트 글라스를 통해 측정된 데이터를 총괄 제어할 수 있도록 안전점검 플랫폼망도 마련할 예정이다.
>
> 이와 더불어 스마트 글라스를 통해 기존의 인력 중심 시설점검을 간소화하여 효율성과 안전성을 향상시키고, 나아가 철도 맞춤형 스마트 기술을 도입하여 시설물 점검뿐만 아니라 유지보수 작업도 가능하도록 철도기술 고도화에 힘쓰겠다고 전했다.

① 작업자의 음성인식을 통해 철도시설물의 점검 및 보수 작업이 가능해졌다.
② 스마트 글라스의 도입으로 철도시설물 점검의 무인작업이 가능해졌다.
③ 스마트 글라스의 도입으로 철도시설물 점검 작업 시 안전사고 발생 횟수가 감소하였다.
④ 스마트 글라스의 도입으로 철도시설물 작업 시간 및 인력이 감소하고 있다.
⑤ 스마트 글라스의 도입으로 작업자의 안전사고 발생을 바로 파악할 수 있게 되었다.

## 02 다음 글에 대한 설명으로 적절하지 않은 것은?

> 2016년 4월 27일 오전 7시 20분경 임실역에서 익산으로 향하던 열차가 전기 공급 중단으로 멈추는 사고가 발생해 약 50여 분간 열차 운행이 중단되었다. 바로 전차선에 지어진 까치집 때문이었는데, 까치가 집을 지을 때 사용하는 젖은 나뭇가지나 철사 등이 전선과 닿거나 차로에 떨어져 합선과 단전을 일으킨 것이다.
>
> 비록 이번 사고는 단전에서 끝났지만, 고압 전류가 흐르는 전차선인 만큼 철사와 젖은 나뭇가지만으로도 자칫하면 폭발사고로 이어질 우려가 있다. 지난 5년간 까치집으로 인한 단전사고는 한 해 평균 3 ~ 4건 발생해 왔으며, 한국철도공사는 사고방지를 위해 까치집 방지 설비를 설치하고 설비가 없는 구간은 작업자가 육안으로 까치집 생성 여부를 확인해 제거하고 있는데, 이렇게 제거해 온 까치집 수가 연평균 8,000개에 달한다. 하지만 까치집은 빠르면 불과 4시간 만에 완성되어 작업자들에게 큰 곤욕을 주고 있다.
>
> 이에 한국철도공사는 전차선로 주변 까치집 제거의 효율성과 신속성을 높이기 위해 인공지능(AI)과 사물인터넷(IoT) 등 첨단 기술을 활용하기에 이르렀다. 열차 운전실에 영상 장비를 설치해 달리는 열차에서 전차선을 촬영한 화상 정보를 인공지능으로 분석함으로써 까치집 등의 위험 요인을 찾아 해당 위치와 현장 이미지를 작업자에게 실시간으로 전송하는 '실시간 까치집 자동 검출 시스템'을 개발한 것이다. 하지만 시속 150km로 빠르게 달리는 열차에서 까치집 등의 위험 요인을 실시간으로 판단해 전송하는 것이다 보니 그 정확도는 65%에 불과했다.
>
> 이에 한국철도공사는 전차선과 까치집을 정확하게 식별하기 위해 인공지능이 스스로 학습하는 '딥러닝' 방식을 도입했고, 전차선을 구성하는 복잡한 구조 및 까치집과 유사한 형태를 빅데이터로 분석해 이미지를 구분하는 학습을 실시한 결과 까치집 검출 정확도는 95%까지 상승했다. 또한 해당 이미지를 실시간 문자메시지로 작업자에게 전송해 위험 요소와 위치를 인지시켜 현장에 적용할 수 있다는 사실도 확인했다. 현재는 이와 더불어 정기열차가 운행하지 않거나 작업자가 접근하기 쉽지 않은 차량 정비 시설 등에 드론을 띄워 전차선의 까치집을 발견 및 제거하는 기술도 시범 운영하고 있다.

① 인공지능도 학습을 통해 그 정확도를 향상시킬 수 있다.

② 빠른 속도에서 인공지능의 사물 식별 정확도는 낮아진다.

③ 사람의 접근이 불가능한 곳에 위치한 까치집의 제거도 가능해졌다.

④ 까치집 자동 검출 시스템을 통해 실시간으로 까치집 제거가 가능해졌다.

⑤ 인공지능 등의 스마트 기술 도입으로 까치집 생성의 감소를 기대할 수 있다.

| 코레일 한국철도공사 / 의사소통능력

**03** 다음 글을 이해한 내용으로 적절하지 않은 것은?

> 열차 내에서의 범죄가 급격하게 증가함에 따라 한국철도공사는 열차 내 범죄 예방과 안전 확보를 위해 2023년까지 현재 운행하고 있는 열차의 모든 객실에 CCTV를 설치하고, 모든 열차 승무원에게 바디캠을 지급하겠다고 밝혔다.
> CCTV는 열차 종류에 따라 운전실에서 비상시 실시간으로 상황을 파악할 수 있는 '네트워크 방식'과 각 객실에서의 영상을 저장하는 '개별 독립 방식'이라는 2가지 방식으로 사용 및 설치가 진행될 예정이며, 객실에는 사각지대를 없애기 위해 4대가량의 CCTV가 설치된다. 이 중 2대는 휴대 물품 도난 방지 등을 위해 휴대 물품 보관대 주변에 위치하게 된다.
> 이에 따라 한국철도공사는 CCTV 제품 품평회를 가져 제품의 형태와 색상, 재질 등에 대한 의견을 나누고 각 제품이 실제로 열차 운행 시 진동과 충격 등에 적합한지 시험을 거친 후 도입할 예정이다.

① 현재는 모든 열차의 객실 전부에 CCTV가 설치되어 있진 않을 것이다.
② 과거에 비해 승무원에 대한 승객의 범죄행위 증거 취득이 유리해질 것이다.
③ CCTV 설치를 통해 인적 피해와 물적 피해 모두 예방할 수 있을 것이다.
④ CCTV 설치를 통해 실시간으로 모든 객실을 모니터링할 수 있을 것이다.
⑤ CCTV의 내구성뿐만 아니라 외적인 디자인도 제품 선택에 영향을 줄 수 있을 것이다.

| 코레일 한국철도공사 / 수리능력

**04** 작년 K대학교에 재학 중인 학생 수는 6,800명이고 남학생과 여학생의 비는 8 : 9였다. 올해 남학생과 여학생의 비가 12 : 13만큼 줄어들어 7 : 8이 되었다고 할 때, 올해 K대학교의 전체 재학생 수는?

① 4,440명
② 4,560명
③ 4,680명
④ 4,800명
⑤ 4,920명

**05** 다음 자료에 대한 설명으로 가장 적절한 것은?

• KTX 마일리지 적립
- KTX 이용 시 결제금액의 5%가 기본 마일리지로 적립됩니다.
- 더블적립(×2) 열차로 지정된 열차는 추가로 5%가 적립됩니다(결제금액의 총 10%).
  ※ 더블적립 열차는 홈페이지 및 코레일톡 애플리케이션에서만 승차권 구매 가능
- 선불형 교통카드 Rail+(레일플러스)로 승차권을 결제하는 경우 1% 보너스 적립도 제공되어 최대 11% 적립이 가능합니다.
- 마일리지를 적립받고자 하는 회원은 승차권을 발급받기 전에 코레일 멤버십카드 제시 또는 회원번호 및 비밀번호 등을 입력해야 합니다.
- 해당 열차 출발 후에는 마일리지를 적립받을 수 없습니다.

• 회원 등급 구분

| 구분 | 등급 조건 | 제공 혜택 |
|---|---|---|
| VVIP | • 반기별 승차권 구입 시 적립하는 마일리지가 8만 점 이상인 고객 또는 기준일부터 1년간 16만 점 이상 고객 중 매년 반기 익월 선정 | • 비즈니스 회원 혜택 기본 제공<br>• KTX 특실 무료 업그레이드 쿠폰 6매 제공<br>• 승차권 나중에 결제하기 서비스 (열차 출발 3시간 전까지) |
| VIP | • 반기별 승차권 구입 시 적립하는 마일리지가 4만 점 이상인 고객 또는 기준일부터 1년간 8만 점 이상 고객 중 매년 반기 익월 선정 | • 비즈니스 회원 혜택 기본 제공<br>• KTX 특실 무료 업그레이드 쿠폰 2매 제공 |
| 비즈니스 | • 철도 회원으로 가입한 고객 중 최근 1년간 온라인에서 로그인한 기록이 있거나, 회원으로 구매실적이 있는 고객 | • 마일리지 적립 및 사용 가능<br>• 회원 전용 프로모션 참가 가능<br>• 열차 할인상품 이용 등 기본서비스와 멤버십 제휴서비스 등 부가서비스 이용 |
| 패밀리 | • 철도 회원으로 가입한 고객 중 최근 1년간 온라인에서 로그인한 기록이 없거나, 회원으로 구매실적이 없는 고객 | • 멤버십 제휴서비스 및 코레일 멤버십 라운지 이용 등의 부가서비스 이용 제한<br>• 휴면 회원으로 분류 시 별도 관리하며, 본인 인증 절차로 비즈니스 회원으로 전환 가능 |

- 마일리지는 열차 승차 다음날 적립되며, 지연료를 마일리지로 적립하신 실적은 등급 산정에 포함되지 않습니다.
- KTX 특실 무료 업그레이드 쿠폰 유효기간은 6개월이며, 반기별 익월 10일 이내에 지급됩니다.
- 실적의 연간 적립 기준일은 7월 지급의 경우 전년도 7월 1일부터 당해 연도 6월 30일까지 실적이며, 1월 지급은 전년도 1월 1일부터 전년도 12월 31일까지의 실적입니다.
- 코레일에서 지정한 추석 및 설 명절 특별수송기간의 승차권은 실적 적립 대상에서 제외됩니다.
- 회원 등급 조건 및 제공 혜택은 사전 공지 없이 변경될 수 있습니다.
- 승차권 나중에 결제하기 서비스는 총 편도 2건 이내에서 제공되며, 3회 자동 취소 발생(열차 출발 전 3시간 내 미결제) 시 서비스가 중지됩니다. 리무진+승차권 결합 발권은 2건으로 간주되며, 정기권, 특가상품 등은 나중에 결제하기 서비스 대상에서 제외됩니다.

① 코레일에서 운행하는 모든 열차는 이용 때마다 결제금액의 최소 5%가 KTX 마일리지로 적립된다.
② 회원 등급이 높아져도 열차 탑승 시 적립되는 마일리지는 동일하다.
③ 비즈니스 등급은 기업회원을 구분하는 명칭이다.
④ 6개월간 마일리지 4만 점을 적립하더라도 VIP 등급을 부여받지 못할 수 있다.
⑤ 회원 등급이 높아도 승차권을 정가보다 저렴하게 구매할 수 있는 방법은 없다.

※ 다음 자료를 보고 이어지는 질문에 답하시오. **[6~8]**

〈2023년 한국의 국립공원 기념주화 예약 접수〉

• 우리나라 자연환경의 아름다움과 생태 보전의 중요성을 널리 알리기 위해 K공사는 한국의 국립공원 기념주화 3종(설악산, 치악산, 월출산)을 발행할 예정임
• 예약 접수일 : 3월 2일(목) ~ 3월 17일(금)
• 배부 시기 : 2023년 4월 28일(금)부터 예약자가 신청한 방법으로 배부
• 기념주화 상세

| 화종 | 앞면 | 뒷면 |
|---|---|---|
| 은화Ⅰ – 설악산 | 한국의 국립공원 · 설악산 / 2023 · 한국은행 · 오만원 | Korean National Parks · Seoraksan / 2023 · BANK OF KOREA · 50000 WON |
| 은화Ⅱ – 치악산 | 한국의 국립공원 · 치악산 / 2023 · 한국은행 · 오만원 | Korean National Parks · Chiaksan / 2023 · BANK OF KOREA · 50000 WON |
| 은화Ⅲ – 월출산 | 한국의 국립공원 · 월출산 / 2023 · 한국은행 · 오만원 | Korean National Parks · Wolchulsan / 2023 · BANK OF KOREA · 50000 WON |

• 발행량 : 화종별 10,000장씩 총 30,000장
• 신청 수량 : 단품 및 3종 세트로 구분되며 단품과 세트에 중복신청 가능
  – 단품 : 1인당 화종별 최대 3장
  – 3종 세트 : 1인당 최대 3세트
• 판매 가격 : 액면금액에 판매 부대비용(케이스, 포장비, 위탁판매수수료 등)을 부가한 가격
  – 단품 : 각 63,000원(액면가 50,000원+케이스 등 부대비용 13,000원)
  – 3종 세트 : 186,000원(액면가 150,000원+케이스 등 부대비용 36,000원)
• 접수 기관 : 우리은행, 농협은행, K공사
• 예약 방법 : 창구 및 인터넷 접수
  – 창구 접수
    신분증[주민등록증, 운전면허증, 여권(내국인), 외국인등록증(외국인)]을 지참하고 우리·농협은행 영업점을 방문하여 신청
  – 인터넷 접수
    ① 우리·농협은행의 계좌를 보유한 고객은 개시일 9시부터 마감일 23시까지 홈페이지에서 신청
    ② K공사 온라인 쇼핑몰에서는 가상계좌 방식으로 개시일 9시부터 마감일 23시까지 신청
• 구입 시 유의사항
  – 수령자 및 수령지 등 접수 정보가 중복될 경우 단품별 10장, 3종 세트 10세트만 추첨 명단에 등록
  – 비정상적인 경로나 방법으로 접수할 경우 당첨을 취소하거나 배송을 제한

| 코레일 한국철도공사 / 문제해결능력

## 06 다음 중 한국의 국립공원 기념주화 발행 사업의 내용으로 옳은 것은?

① 국민들을 대상으로 예약 판매를 실시하며, 외국인에게는 판매하지 않는다.
② 1인당 구매 가능한 최대 주화 수는 10장이다.
③ 기념주화를 구입하기 위해서는 우리·농협은행 계좌를 사전에 개설해 두어야 한다.
④ 사전예약을 받은 뒤, 예약 주문량에 맞추어 제한된 수량만 생산한다.
⑤ K공사를 통한 예약 접수는 온라인에서만 가능하다.

| 코레일 한국철도공사 / 문제해결능력

## 07 외국인 A씨는 이번에 발행되는 기념주화를 예약 주문하려고 한다. 다음 상황을 참고했을 때 A씨가 기념주화 구매 예약을 할 수 있는 방법으로 옳은 것은?

〈외국인 A씨의 상황〉

- A씨는 국내 거주 외국인으로 등록된 사람이다.
- A씨의 명의로 국내은행에 개설된 계좌는 총 2개로, 신한은행, 한국씨티은행에 1개씩이다.
- A씨는 우리은행이나 농협은행과는 거래이력이 없다.

① 여권을 지참하고 우리은행이나 농협은행 지점을 방문한다.
② K공사 온라인 쇼핑몰에서 신용카드를 사용한다.
③ 계좌를 보유한 신한은행이나 한국씨티은행의 홈페이지를 통해 신청한다.
④ 외국인등록증을 지참하고 우리은행이나 농협은행 지점을 방문한다.
⑤ 우리은행이나 농협은행의 홈페이지에서 신청한다.

| 코레일 한국철도공사 / 문제해결능력

## 08 다음은 기념주화를 예약한 5명의 신청내역이다. 이 중 가장 많은 금액을 지불한 사람의 구매 금액은?

(단위 : 세트, 장)

| 구매자 | 3종 세트 | 단품 | | |
|---|---|---|---|---|
| | | 은화Ⅰ - 설악산 | 은화Ⅱ - 치악산 | 은화Ⅲ - 월출산 |
| A | 2 | 1 | - | - |
| B | - | 2 | 3 | 3 |
| C | 2 | 1 | 1 | - |
| D | 3 | - | - | - |
| E | 1 | - | 2 | 2 |

① 558,000원　② 561,000원
③ 563,000원　④ 564,000원
⑤ 567,000원

※ 다음 글을 읽고 이어지는 질문에 답하시오. [9~10]

척추는 신체를 지탱하고, 뇌로부터 이어지는 중추신경인 척수를 보호하는 중요한 뼈 구조물이다. 보통 사람들은 허리에 심한 통증이 느껴지면 허리디스크(추간판탈출증)를 떠올리는데, 디스크 이외에도 통증을 유발하는 척추 질환은 다양하다. 특히 노인 인구가 증가하면서 척추관협착증(요추관협착증)의 발병 또한 늘어나고 있다. 허리디스크와 척추관협착증은 사람들이 혼동하기 쉬운 척추 질환으로, 발병 원인과 치료법이 다르기 때문에 두 질환의 차이를 이해하고 통증 발생 시 질환에 맞춰 적절하게 대응할 필요가 있다.

허리디스크는 척추 뼈 사이에 쿠션처럼 완충 역할을 해주는 디스크(추간판)에 문제가 생겨 발생한다. 디스크는 찐득찐득한 수핵과 이를 둘러싸는 섬유륜으로 구성되는데, 나이가 들어 탄력이 떨어지거나, 젊은 나이에도 급격한 충격에 의해서 섬유륜에 균열이 생기면 속의 수핵이 빠져나오면서 주변 신경을 압박하거나 염증을 유발한다. 허리디스크가 발병하면 초기에는 허리 통증으로 시작되어 점차 허벅지에서 발까지 찌릿하게 저리는 방사통을 유발하고, 디스크에서 수핵이 흘러나오는 상황이기 때문에 허리를 굽히거나 앉아 있으면 디스크에 가해지는 압력이 높아져 통증이 더욱 심해진다. 허리디스크는 통증이 심한 질환이지만, 흘러나온 수핵은 대부분 대식세포에 의해 제거되고, 자연치유가 가능하기 때문에 병원에서는 주로 통증을 줄이고, 안정을 취하는 방법으로 보존치료를 진행한다. 하지만 염증이 심해져 중앙 척수를 건드리게 되면 하반신 마비 등의 증세가 나타날 수 있는데, 이러한 경우에는 탈출된 디스크 조각을 물리적으로 제거하는 수술이 필요하다.

반면, 척추관협착증은 대표적인 척추 퇴행성 질환으로, 주변 인대(황색 인대)가 척추관을 압박하여 발생한다. 척추관은 척추 가운데 신경 다발이 지나갈 수 있도록 속이 빈 공간인데, 나이가 들면서 척추가 흔들리게 되면 흔들리는 척추를 붙들기 위해 인대가 점차 두꺼워지고, 척추 뼈에 변형이 생겨 결과적으로 척추관이 좁아지게 된다. 이렇게 오랜 기간 동안 변형된 척추 뼈와 인대가 척추관 속의 신경을 눌러 발생하는 것이 척추관협착증이다. 척추관 속의 신경이 눌리게 되면 통증과 함께 저리거나 당기게 되어 보행이 힘들어지며, 지속적으로 압박받을 경우 척추 신경이 경색되어 하반신 마비 증세로 악화될 수 있다. 일반적으로 서 있을 경우보다 허리를 구부렸을 때 척추관이 더 넓어지므로 허리디스크 환자와 달리 앉아 있을 때 통증이 완화된다. 척추관협착증은 자연치유가 되지 않고 척추관이 다시 넓어지지 않으므로 발병 초기를 제외하면 일반적으로 변형된 부분을 제거하는 수술을 하게 된다.

이와 같이 허리디스크와 척추관협착증은 똑같이 허리 통증을 유발하지만 원인과 증상, 치료법이 서로 상이하다. 비교적 고령인 60대 이상의 사람이 만성적으로 서 있을 때 통증이 나타난다면 ___㉠___을/를 의심해야 하며, 비교적 젊은 20 ~ 50대의 사람이 앉아 있을 때 통증이 급작스럽게 나타날 때는 ___㉡___을/를 의심해야 한다. 척추는 우리의 몸을 지탱하는 중요한 골격이며, 신경계와 밀접한 관련이 있으므로 통증이 발생한다면 자신의 몸 상태를 잘 파악하고, 초기에 치료를 받는 것이 중요하다.

| 국민건강보험공단 / 의사소통능력

**09** 다음 중 윗글의 내용으로 적절하지 않은 것은?

① 일반적으로 허리디스크는 척추관협착증에 비해 급작스럽게 증상이 나타난다.
② 허리디스크는 서 있을 때 통증이 더 심해진다.
③ 허리디스크에 비해 척추관협착증은 외과적 수술 빈도가 높다.
④ 허리디스크와 척추관협착증 모두 증세가 심해지면 하반신 마비의 가능성이 있다.

**10** 다음 중 빈칸 ㉠과 ㉡에 들어갈 단어가 바르게 연결된 것은?

| | ㉠ | ㉡ |
|---|---|---|
| ① | 허리디스크 | 추간판탈출증 |
| ② | 허리디스크 | 척추관협착증 |
| ③ | 척추관협착증 | 요추관협착증 |
| ④ | 척추관협착증 | 허리디스크 |



**11** 다음 문단을 논리적 순서대로 바르게 나열한 것은?

(가) 주장애관리는 장애정도가 심한 장애인이 의원뿐만 아니라 병원 및 종합병원급에서 장애 유형별 전문의에게 전문적인 장애관리를 받을 수 있는 서비스이다. 이전에는 대상 관리 유형이 지체장애, 시각장애, 뇌병변장애로 제한되어 있었으나, 3단계부터는 지적장애, 정신장애, 자폐성 장애까지 확대되어 더 많은 중증장애인들이 장애관리를 받을 수 있게 되었다.

(나) 이와 같이 3단계 장애인 건강주치의 시범사업은 기존 1·2단계 시범사업보다 더욱 확대되어 많은 중증장애인들의 참여를 예상하고 있다. 장애인 건강주치의 시범사업에 신청하기 위해서는 국민건강보험공단 홈페이지의 건강IN에서 장애인 건강주치의 의료기관을 찾은 후 해당 의료기관에 방문하여 장애인 건강주치의 이용 신청사실 통지서를 작성하면 신청할 수 있다.

(다) 장애인 건강주치의 제도가 제공하는 서비스는 일반건강관리, 주(主)장애관리, 통합관리로 나누어진다. 일반건강관리 서비스는 모든 유형의 중증장애인이 만성질환 등 전반적인 건강관리를 받을 수 있는 서비스로, 의원급에서 원하는 의사를 선택하여 참여할 수 있다. 1·2단계까지의 사업에서는 만성질환관리를 위해 장애인 본인이 검사비용의 30%를 부담해야 했지만, 3단계부터는 본인부담금 없이 질환별 검사바우처로 제공한다.

(라) 마지막으로 통합관리는 일반건강관리와 주장애관리를 동시에 받을 수 있는 서비스로, 동네에 있는 의원급 의료기관에 속한 지체·뇌병변·시각·지적·정신·자폐성 장애를 진단하는 전문의가 주장애관리와 만성질환관리를 모두 제공한다. 이 3가지 서비스들은 거동이 불편한 환자를 위해 의사나 간호사가 직접 집으로 방문하는 방문 서비스를 제공하고 있으며 기존까지는 연 12회였으나, 3단계 시범사업부터 연 18회로 증대되었다.

(마) 보건복지부와 국민건강보험공단은 2021년 9월부터 3단계 장애인 건강주치의 시범사업을 진행하였다. 장애인 건강주치의 제도는 중증장애인이 인근 지역에서 주치의로 등록 신청한 의사 중 원하는 의사를 선택하여 장애로 인한 건강문제, 만성질환 등 건강상태를 포괄적이고 지속적으로 관리 받을 수 있는 제도로, 2018년 5월 1단계 시범사업을 시작으로 2단계 시범사업까지 완료되었다.

① (다) – (마) – (가) – (나) – (라)
② (다) – (가) – (라) – (마) – (나)
③ (마) – (가) – (라) – (나) – (다)
④ (마) – (다) – (가) – (라) – (나)

| 국민건강보험공단 / 수리능력

**12** 다음은 K지역의 연도별 건강보험금 부과액 및 징수액에 대한 자료이다. 직장가입자 건강보험금 징수율이 가장 높은 해와 지역가입자의 건강보험금 징수율이 가장 높은 해를 바르게 짝지은 것은?

〈건강보험금 부과액 및 징수액〉

(단위 : 백만 원)

| 구분 | | 2019년 | 2020년 | 2021년 | 2022년 |
|---|---|---|---|---|---|
| 직장가입자 | 부과액 | 6,706,712 | 5,087,163 | 7,763,135 | 8,376,138 |
| | 징수액 | 6,698,187 | 4,898,775 | 7,536,187 | 8,368,972 |
| 지역가입자 | 부과액 | 923,663 | 1,003,637 | 1,256,137 | 1,178,572 |
| | 징수액 | 886,396 | 973,681 | 1,138,763 | 1,058,943 |

※ $(\text{징수율})=\frac{(\text{징수액})}{(\text{부과액})}\times 100$

| | 직장가입자 | 지역가입자 |
|---|---|---|
| ① | 2022년 | 2020년 |
| ② | 2022년 | 2019년 |
| ③ | 2021년 | 2020년 |
| ④ | 2021년 | 2019년 |

| 국민건강보험공단 / 수리능력

**13** 다음은 K병원의 하루 평균 이뇨제, 지사제, 진통제 사용량에 대한 자료이다. 이에 대한 설명으로 옳지 않은 것은?

〈하루 평균 이뇨제, 지사제, 진통제 사용량〉

| 구분 | 2018년 | 2019년 | 2020년 | 2021년 | 2022년 | 1인 1일 투여량 |
|---|---|---|---|---|---|---|
| 이뇨제 | 3,000mL | 3,480mL | 3,360mL | 4,200mL | 3,720mL | 60mL/일 |
| 지사제 | 30정 | 42정 | 48정 | 40정 | 44정 | 2정/일 |
| 진통제 | 6,720mg | 6,960mg | 6,840mg | 7,200mg | 7,080mg | 60mg/일 |

※ 모든 의약품은 1인 1일 투여량을 준수하여 투여했다.

① 전년 대비 2022년 사용량 감소율이 가장 큰 의약품은 이뇨제이다.

② 5년 동안 지사제를 투여한 환자 수의 평균은 18명 이상이다.

③ 이뇨제 사용량은 증가와 감소를 반복하였다.

④ 매년 진통제를 투여한 환자 수는 이뇨제를 투여한 환자 수의 2배 이하이다.

**14** 다음은 분기별 상급병원, 종합병원, 요양병원의 보건인력 현황에 대한 자료이다. 분기별 전체 보건인력 중 전체 사회복지사 인력의 비율로 옳지 않은 것은?

〈상급병원, 종합병원, 요양병원의 보건인력 현황〉

(단위 : 명)

| 구분 | | 2022년 3분기 | 2022년 4분기 | 2023년 1분기 | 2023년 2분기 |
|---|---|---|---|---|---|
| 상급병원 | 의사 | 20,002 | 21,073 | 22,735 | 24,871 |
| | 약사 | 2,351 | 2,468 | 2,526 | 2,280 |
| | 사회복지사 | 391 | 385 | 370 | 375 |
| 종합병원 | 의사 | 32,765 | 33,084 | 34,778 | 33,071 |
| | 약사 | 1,941 | 1,988 | 2,001 | 2,006 |
| | 사회복지사 | 670 | 695 | 700 | 720 |
| 요양병원 | 의사 | 19,382 | 19,503 | 19,761 | 19,982 |
| | 약사 | 1,439 | 1,484 | 1,501 | 1,540 |
| | 사회복지사 | 1,887 | 1,902 | 1,864 | 1,862 |
| 합계 | | 80,828 | 82,582 | 86,236 | 86,707 |

※ 보건인력은 의사, 약사, 사회복지사 인력 모두를 포함한다.

① 2022년 3분기 : 약 3.65%
② 2022년 4분기 : 약 3.61%
③ 2023년 1분기 : 약 3.88%
④ 2023년 2분기 : 약 3.41%

**15** 다음은 건강생활실천지원금제에 대한 자료이다. 〈보기〉의 신청자 중 예방형과 관리형에 해당하는 사람을 바르게 분류한 것은?

〈건강생활실천지원금제〉

• 사업설명 : 참여자 스스로 실천한 건강생활 노력 및 건강개선 결과에 따라 지원금을 지급하는 제도

• 시범지역

| 지역 | 예방형 | 관리형 |
|---|---|---|
| 서울 | 노원구 | 중랑구 |
| 경기・인천 | 안산시, 부천시 | 인천 부평구, 남양주시, 고양일산(동구, 서구) |
| 충청권 | 대전 대덕구, 충주시, 충남 청양군(부여군) | 대전 동구 |
| 전라권 | 광주 광산구, 전남 완도군, 전주시(완주군) | 광주 서구, 순천시 |
| 경상권 | 부산 중구, 대구 남구, 김해시, 대구 달성군 | 대구 동구, 부산 북구 |
| 강원・제주권 | 원주시, 제주시 | 원주시 |

• 참여대상 : 주민등록상 주소지가 시범지역에 해당되는 사람 중 아래에 해당하는 사람

| 구분 | 조건 |
|---|---|
| 예방형 | 만 20～64세인 건강보험 가입자(피부양자 포함) 중 국민건강보험공단에서 주관하는 일반건강검진 결과 건강관리가 필요한 사람* |
| 관리형 | 고혈압・당뇨병 환자 |

* 건강관리가 필요한 사람 : 다음에 모두 해당하거나 ①, ② 또는 ①, ③에 해당하는 사람

① 체질량지수(BMI) 25kg/$m^2$ 이상

② 수축기 혈압 120mmHg 이상 또는 이완기 혈압 80mmHg 이상

③ 공복혈당 100mg/dL 이상

**보기**

| 신청자 | 주민등록상 주소지 | 체질량지수 | 수축기 혈압 / 이완기 혈압 | 공복혈당 | 기저질환 |
|---|---|---|---|---|---|
| A | 서울 강북구 | 22kg/$m^2$ | 117mmHg / 78mmHg | 128mg/dL | – |
| B | 서울 중랑구 | 28kg/$m^2$ | 125mmHg / 85mmHg | 95mg/dL | – |
| C | 경기 안산시 | 26kg/$m^2$ | 142mmHg / 92mmHg | 99mg/dL | 고혈압 |
| D | 인천 부평구 | 23kg/$m^2$ | 145mmHg / 95mmHg | 107mg/dL | 고혈압 |
| E | 광주 광산구 | 28kg/$m^2$ | 119mmHg / 78mmHg | 135mg/dL | 당뇨병 |
| F | 광주 북구 | 26kg/$m^2$ | 116mmHg / 89mmHg | 144mg/dL | 당뇨병 |
| G | 부산 북구 | 27kg/$m^2$ | 118mmHg / 75mmHg | 132mg/dL | 당뇨병 |
| H | 강원 철원군 | 28kg/$m^2$ | 143mmHg / 96mmHg | 115mg/dL | 고혈압 |
| I | 제주 제주시 | 24kg/$m^2$ | 129mmHg / 83mmHg | 108mg/dL | – |

※ 단, 모든 신청자는 만 20～64세이며, 건강보험에 가입하였다.

| | 예방형 | 관리형 | | 예방형 | 관리형 |
|---|---|---|---|---|---|
| ① | A, E | C, D | ② | B, E | F, I |
| ③ | C, E | D, G | ④ | F, I | C, H |

**16** K동에서는 임신한 주민에게 출산장려금을 지원하고자 한다. 출산장려금 지급 기준 및 K동에 거주하는 임산부에 대한 정보가 다음과 같을 때, 출산장려금을 가장 먼저 받을 수 있는 사람은?

〈K동 출산장려금 지급 기준〉

- 출산장려금 지급액은 모두 같으나, 지급 시기는 모두 다르다.
- 지급 순서 기준은 임신일, 자녀 수, 소득 수준 순서이다.
- 임신일이 길수록, 자녀가 많을수록, 소득 수준이 낮을수록 먼저 받는다(단, 자녀는 만 19세 미만의 아동 및 청소년으로 제한한다).
- 임신일, 자녀 수, 소득 수준이 모두 같으면 같은 날에 지급한다.

〈K동 거주 임산부 정보〉

| 임산부 | 임신일 | 자녀 | 소득 수준 |
|---|---|---|---|
| A | 150일 | 만 1세 | 하 |
| B | 200일 | 만 3세 | 상 |
| C | 100일 | 만 10세, 만 6세, 만 5세, 만 4세 | 상 |
| D | 200일 | 만 7세, 만 5세, 만 3세 | 중 |
| E | 200일 | 만 20세, 만 16세, 만 14세, 만 10세 | 상 |

① A임산부　　② B임산부
③ D임산부　　④ E임산부

**17** 다음 글의 주제로 가장 적절한 것은?

현재 우리나라의 진료비 지불제도 중 가장 주도적으로 시행되는 지불제도는 행위별수가제이다. 행위별수가제는 의료기관에서 의료인이 제공한 의료서비스(행위, 약제, 치료 재료 등)에 대해 서비스별로 가격(수가)을 정하여 사용량과 가격에 의해 진료비를 지불하는 제도로, 의료보험 도입 당시부터 채택하고 있는 지불제도이다. 그러나 최근 관련 전문가들로부터 이러한 지불제도를 개선해야 한다는 목소리가 많이 나오고 있다.

조사에 의하면 우리나라의 국민의료비를 증대시키는 주요 원인은 고령화로 인한 진료비 증가와 행위별수가제로 인한 비용의 무한 증식이다. 현재 우리나라의 국민의료비는 OECD 회원국 중 최상위를 기록하고 있으며 앞으로 더욱 심화될 것으로 예측된다. 특히 행위별수가제는 의료행위를 할수록 지불되는 진료비가 증가하므로 CT, MRI 등 영상검사를 중심으로 의료 남용이나 과다 이용 문제가 발생하고 있고, 병원의 이익 증대를 위하여 환자에게는 의료비 부담을, 의사에게는 업무 부담을, 건강보험에는 재정 부담을 증대시키고 있다.

이러한 행위별수가제의 문제점을 개선하기 위해 일부 질병군에서는 환자가 입원해서 퇴원할 때까지 발생하는 진료에 대하여 질병마다 미리 정해진 금액을 내는 제도인 포괄수가제를 시행 중이며, 요양병원, 보건기관에서는 입원 환자의 질병, 기능 상태에 따라 입원 1일당 정액수가를 적용하는 정액수가제를 병행하여 실시하고 있지만 비용 산정의 경직성, 의사 비용과 병원 비용의 비분리 등 여러 가지 문제점이 있어 현실적으로 효과를 내지 못하고 있다는 지적이 나오고 있다.

기획재정부와 보건복지부는 시간이 지날수록 건강보험 적자가 계속 증대되어 머지않아 고갈될 위기에 있다고 발표하였다. 당장 행위별수가제를 전면적으로 폐지할 수는 없으므로 기존의 다른 수가제의 문제점을 개선하여 확대하는 등 의료비 지불방식의 다변화가 구조적으로 진행되어야 할 것이다.

① 신포괄수가제의 정의
② 행위별수가제의 한계점
③ 의료비 지불제도의 역할
④ 건강보험의 재정 상황
⑤ 다양한 의료비 지불제도 소개

| 건강보험심사평가원 / 의사소통능력

**18** **다음 중 제시된 단어와 그 뜻이 바르게 연결되지 않은 것은?**

① 당위(當爲) : 마땅히 그렇게 하거나 되어야 하는 것
② 구상(求償) : 자연적인 재해나 사회적인 피해를 당하여 어려운 처지에 있는 사람을 도와줌
③ 명문(明文) : 글로 명백히 기록된 문구 또는 그런 조문
④ 유기(遺棄) : 어떤 사람이 종래의 보호를 거부하여 그를 보호받지 못하는 상태에 두는 일
⑤ 추계(推計) : 일부를 가지고 전체를 미루어 계산함

| 건강보험심사평가원 / 수리능력

**19** **질량이 2kg인 공을 지표면으로부터 높이가 50cm인 지점에서 지표면을 향해 수직으로 4m/s의 속력으로 던져 공이 튀어 올랐다. 다음 〈조건〉을 보고 가장 높은 지점에서 공의 위치에너지를 구하면?(단, 에너지 손실은 없으며, 중력가속도는 $10m/s^2$으로 가정한다)**

조건

- (운동에너지)=$\left[\frac{1}{2}\times(\text{질량})\times(\text{속력})^2\right]$J
- (위치에너지)=[(질량)×(중력가속도)×(높이)]J
- (역학적 에너지)=[(운동에너지)+(위치에너지)]J
- 에너지 손실이 없다면 역학적 에너지는 어떠한 경우에도 변하지 않는다.
- 공이 지표면에 도달할 때 위치에너지는 0이고, 운동에너지는 역학적 에너지와 같다.
- 공이 튀어 오른 후 가장 높은 지점에서 운동에너지는 0이고, 위치에너지는 역학적 에너지와 같다.
- 운동에너지와 위치에너지를 구하는 식에 대입하는 질량의 단위는 kg, 속력의 단위는 m/s, 중력가속도의 단위는 $m/s^2$, 높이의 단위는 m이다.

① 26J
② 28J
③ 30J
④ 32J
⑤ 34J

| 건강보험심사평가원 / 수리능력

## 20

A부장이 시속 200km의 속력으로 달리는 기차로 1시간 30분 걸리는 출장지에 자가용을 타고 출장을 갔다. 시속 60km의 속력으로 가고 있는데, 속력을 유지한 채 가면 약속시간보다 1시간 늦게 도착할 수 있어 도중에 시속 90km의 속력으로 달려 약속시간보다 30분 일찍 도착하였다. A부장이 시속 90km의 속력으로 달린 거리는?(단, 달리는 동안 속력은 시속 60km로 달리는 도중에 시속 90km로 바뀌는 경우를 제외하고는 그 속력을 유지하는 것으로 가정한다)

① 180km　② 210km
③ 240km　④ 270km
⑤ 300km

| 건강보험심사평가원 / 수리능력

## 21

S공장은 어떤 상품을 원가에 23%의 이익을 남겨 판매하였으나, 잘 팔리지 않아 판매가에서 1,300원 할인하여 판매하였다. 이때 얻은 이익이 원가의 10%일 때, 상품의 원가는?

① 10,000원　② 11,500원
③ 13,000원　④ 14,500원
⑤ 16,000원

| 건강보험심사평가원 / 수리능력

## 22

A～G 7명은 일렬로 배치된 의자에 다음 〈조건〉과 같이 앉는다. 이때 가능한 경우의 수는?

**조건**

- A는 양 끝에 앉지 않는다.
- G는 가운데에 앉는다.
- B는 G의 바로 옆에 앉는다.

① 60가지　② 72가지
③ 144가지　④ 288가지
⑤ 366가지

ㅣ건강보험심사평가원 / 수리능력

**23** **S유치원에 다니는 아이 11명의 키는 평균 113cm이다. 키가 107cm인 유치원생이 유치원을 나가게 되어 유치원생이 10명이 되었을 때, 남은 유치원생 10명의 평균 키는?**

① 113cm
② 113.6cm
③ 114.2cm
④ 114.8cm
⑤ 115.4cm

ㅣ서울교통공사 / 의사소통능력

**24** **다음 글과 같이 한자어 및 외래어를 순화한 내용으로 적절하지 않은 것은?**

> 열차를 타다 보면 한 번쯤은 다음과 같은 안내방송을 들어 봤을 것이다.
> "○○역 인근 '공중사상사고' 발생으로 KTX 열차가 지연되고 있습니다."
> 이때 들리는 안내방송 중 한자어인 '공중사상사고'를 한 번에 알아듣기란 일반적으로 쉽지 않다. 실제로 S교통공사 관계자는 승객들로부터 안내방송 문구가 적절하지 않다는 지적을 받아 왔다고 밝혔으며, 이에 S교통공사는 국토교통부와 협의를 거쳐 보다 이해하기 쉬운 안내방송을 전달하기 위해 문구를 바꾸는 작업에 착수하기로 결정하였다고 전했다.
> 우선 가장 먼저 수정하기로 한 것은 한자어 및 외래어로 표기된 철도 용어이다. 그중 대표적인 것이 '공중사상사고'이다. S교통공사 관계자는 이를 '일반인의 사상사고'나 '열차 운행 중 인명사고' 등과 같이 이해하기 쉬운 말로 바꿀 예정이라고 밝혔다. 이 외에도 열차 지연 예상 시간, 사고복구 현황 등 열차 내 안내방송을 승객에게 좀 더 알기 쉽고 상세하게 전달할 것이라고 전했다.

① 열차 시격 → 배차 간격
② 전차선 단전 → 선로 전기 공급 중단
③ 우회수송 → 우측 선로로의 변경
④ 핸드레일(Handrail) → 안전손잡이
⑤ 키스 앤 라이드(Kiss and Ride) → 환승정차구역

**25** 다음 글에서 언급되지 않은 내용은?

> 전 세계적인 과제로 탄소중립이 대두되자 친환경적 운송수단인 철도가 주목받고 있다. 특히 국제에너지기구는 철도를 에너지 효율이 가장 높은 운송 수단으로 꼽으며, 철도 수송을 확대하면 세계 수송 부문에서 온실가스 배출량이 그렇지 않을 때보다 약 6억 톤이 줄어들 수 있다고 하였다.
> 특히 철도의 에너지 소비량은 도로의 22분의 1이고, 온실가스 배출량은 9분의 1에 불과해, 탄소배출이 높은 도로 운행의 수요를 친환경 수단인 철도로 전환한다면 수송 부문 총배출량이 획기적으로 감소될 것이라 전망하고 있다.
> 이에 발맞춰 우리나라의 S철도공단도 '녹색교통'인 철도 중심 교통체계를 구축하기 위해 박차를 가하고 있으며, 정부 역시 '2050 탄소중립 실현' 목표에 발맞춰 저탄소 철도 인프라 건설·관리로 탄소를 지속적으로 감축하고자 노력하고 있다.
> S철도공단은 철도 인프라 생애주기 관점에서 탄소를 감축하기 위해 먼저 철도 건설 단계에서부터 친환경·저탄소 자재를 적용해 탄소 배출을 줄이고 있다. 실제로 중앙선 안동 ~ 영천 간 궤도 설계 당시 철근 대신에 저탄소 자재인 유리섬유 보강근을 콘크리트 궤도에 적용했으며, 이를 통한 탄소 감축효과는 약 6,000톤으로 추정된다. 이 밖에도 저탄소 철도 건축물 구축을 위해 2025년부터 모든 철도건축물을 에너지 자립률 60% 이상(3등급)으로 설계하기로 결정했으며, 도심의 철도 용지는 지자체와 협업을 통해 도심 속 철길 숲 등 탄소 흡수원이자 지역민의 휴식처로 철도부지 특성에 맞게 조성되고 있다.
> S철도공단은 이와 같은 철도로의 수송 전환으로 약 20%의 탄소 감축 목표를 내세웠으며, 이를 위해서는 정부의 노력도 필요하다고 강조하였다. 특히 수송 수단 간 공정한 가격 경쟁이 이루어질 수 있도록 도로 차량에 집중된 보조금 제도를 화물차의 탄소배출을 줄이기 위한 철도 전환교통 보조금으로 확대하는 등 실질적인 방안의 필요성을 제기하고 있다.

① 녹색교통으로 철도 수송이 대두된 배경
② 철도 수송 확대를 통해 기대할 수 있는 효과
③ 국내의 탄소 감축 방안이 적용된 설계 사례
④ 정부의 철도 중심 교통체계 구축을 위해 시행된 조치
⑤ S철도공단의 철도 중심 교통체계 구축을 위한 방안

**26** 다음 글의 주제로 가장 적절한 것은?

지난 5월 아이슬란드에 각종 파이프와 열교환기, 화학물질 저장탱크, 압축기로 이루어져 있는 '조지 올라 재생가능 메탄올 공장'이 등장했다. 이곳은 이산화탄소로 메탄올을 만드는 첨단 시설로, 과거 2011년 아이슬란드 기업 '카본리사이클링인터내셔널(CRI)'이 탄소 포집・활용(CCU) 기술의 실험을 위해서 지은 곳이다.
이곳에서는 인근 지열발전소에서 발생하는 적은 양의 이산화탄소($CO_2$)를 포집한 뒤 물을 분해해 조달한 수소($H_2$)와 결합시켜 재생 메탄올($CH_3OH$)을 제조하였으며, 이때 필요한 열과 냉각수 역시 지열발전소의 부산물을 이용했다. 이렇게 만들어진 메탄올은 자동차, 선박, 항공 연료는 물론 플라스틱 제조 원료로 활용되는 등 여러 곳에서 활용되었다.
하지만 이렇게 메탄올을 만드는 것이 미래 원료 문제의 근본적인 해결책이 될 수는 없었다. 왜냐하면 메탄올이 만드는 에너지보다 메탄올을 만드는 데 들어가는 에너지가 더 필요하다는 문제점에 더하여 액화천연가스(LNG)를 메탄올로 변환할 경우 이전보다 오히려 탄소배출량이 증가하고, 탄소배출량을 감소시키기 위해서는 태양광과 에너지 저장장치를 활용해 메탄올 제조에 필요한 에너지를 모두 조달해야만 하기 때문이다.
또한 탄소를 포집해 지하에 영구 저장하는 탄소포집 저장방식과 달리, 탄소를 포집해 만든 연료나 제품은 사용 중에 탄소를 다시 배출할 가능성이 있어 이에 대한 논의가 분분한 상황이다.

① 탄소 재활용의 득과 실
② 재생 에너지 메탄올의 다양한 활용
③ 지열발전소에서 탄생한 재활용 원료
④ 탄소 재활용을 통한 미래 원료의 개발
⑤ 미래의 에너지 원료로 주목받는 재활용 원료, 메탄올

| 서울교통공사 / 수리능력

**27** 다음은 A ~ C철도사의 연도별 차량 수 및 승차인원에 대한 자료이다. 이에 대한 설명으로 옳지 않은 것은?

〈철도사별 차량 수 및 승차인원〉

| 구분 | 2020년 | | | 2021년 | | | 2022년 | | |
|---|---|---|---|---|---|---|---|---|---|
| 철도사 | A | B | C | A | B | C | A | B | C |
| 차량 수(량) | 2,751 | 103 | 185 | 2,731 | 111 | 185 | 2,710 | 113 | 185 |
| 승차인원(천 명 / 년) | 775,386 | 26,350 | 35,650 | 768,776 | 24,746 | 33,130 | 755,376 | 23,686 | 34,179 |

① C철도사가 운영하는 차량 수는 변동이 없다.
② 3년간 전체 승차인원 중 A철도사 철도를 이용하는 승차인원의 비율이 가장 높다.
③ A ~ C철도사의 철도를 이용하는 연간 전체 승차인원 수는 매년 감소하였다.
④ 3년간 차량 1량당 연간 평균 승차인원 수는 B철도사가 가장 적다.
⑤ C철도사의 차량 1량당 연간 승차인원 수는 200천 명 미만이다.

| 한국산업인력공단 / 수리능력

**28** 다음은 A ~ H국의 연도별 석유 생산량에 대한 자료이다. 이에 대한 설명으로 옳은 것은?

〈연도별 석유 생산량〉

(단위 : bbl/day)

| 국가 | 2018년 | 2019년 | 2020년 | 2021년 | 2022년 |
|---|---|---|---|---|---|
| A | 10,356,185 | 10,387,665 | 10,430,235 | 10,487,336 | 10,556,259 |
| B | 8,251,052 | 8,297,702 | 8,310,856 | 8,356,337 | 8,567,173 |
| C | 4,102,396 | 4,123,963 | 4,137,857 | 4,156,121 | 4,025,936 |
| D | 5,321,753 | 5,370,256 | 5,393,104 | 5,386,239 | 5,422,103 |
| E | 258,963 | 273,819 | 298,351 | 303,875 | 335,371 |
| F | 2,874,632 | 2,633,087 | 2,601,813 | 2,538,776 | 2,480,221 |
| G | 1,312,561 | 1,335,089 | 1,305,176 | 1,325,182 | 1,336,597 |
| H | 100,731 | 101,586 | 102,856 | 103,756 | 104,902 |

① 석유 생산량이 매년 증가한 국가의 수는 6개이다.
② 2018년 대비 2022년에 석유 생산량 증가량이 가장 많은 국가는 A이다.
③ 매년 E국가의 석유 생산량은 H국가 석유 생산량의 3배 미만이다.
④ 연도별 석유 생산량 상위 2개 국가의 생산량 차이는 매년 감소한다.
⑤ 2018년 대비 2022년에 석유 생산량 감소율이 가장 큰 국가는 F이다.

**29** A씨는 최근 승진한 공무원 친구에게 선물로 개당 12만 원인 수석을 보내고자 한다. 다음 부정청탁 및 금품 등 수수의 금지에 관한 법률에 따라 선물을 보낼 때, 최대한 많이 보낼 수 있는 수석의 수는?(단, A씨는 공무원인 친구와 직무 연관성이 없는 일반인이며, 선물은 한 번만 보낸다)

> **금품 등의 수수 금지(부정청탁 및 금품 등 수수의 금지에 관한 법률 제8조 제1항)**
> 공직자 등은 직무 관련 여부 및 기부·후원·증여 등 그 명목에 관계없이 동일인으로부터 1회에 100만 원 또는 매 회계연도에 300만 원을 초과하는 금품 등을 받거나 요구 또는 약속해서는 아니 된다.

① 7개
② 8개
③ 9개
④ 10개
⑤ 11개



**30** S대리는 업무 진행을 위해 본사에서 거래처로 외근을 가고자 한다. 본사에서 거래처까지 가는 길이 다음과 같을 때, 본사에서 출발하여 C와 G를 거쳐 거래처로 간다면 S대리의 최소 이동거리는?(단, 어떤 곳을 먼저 가도 무관하다)

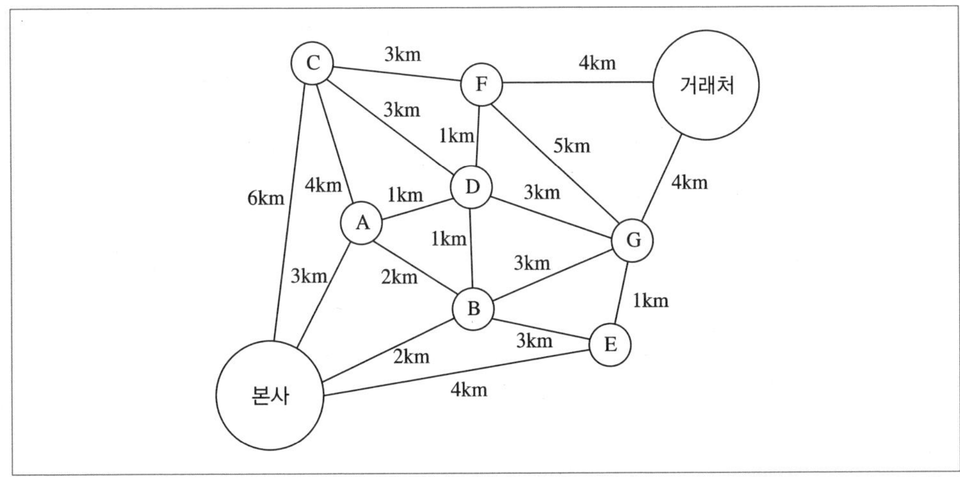


① 8km
② 9km
③ 13km
④ 16km
⑤ 18km

**31** 총무부에 근무하는 A사원이 각 부서에 필요한 사무용품을 조사한 결과, 볼펜 30자루, 수정테이프 8개, 연필 20자루, 지우개 5개가 필요하다고 한다. 다음 〈조건〉에 따라 비품을 구매할 때, 지불할 수 있는 가장 저렴한 금액은?(단, 필요한 비품 수를 초과하여 구매할 수 있고, 지불하는 금액은 배송료를 포함한다)

조건

- 볼펜, 수정테이프, 연필, 지우개의 판매 금액은 다음과 같다(단, 모든 품목은 낱개로 판매한다).

| 품목 | 가격(원/1EA) | 비고 |
|---|---|---|
| 볼펜 | 1,000 | 20자루 이상 구매 시 개당 200원 할인 |
| 수정테이프 | 2,500 | 10개 이상 구매 시 개당 1,000원 할인 |
| 연필 | 400 | 12자루 이상 구매 시 연필 전체 가격의 25% 할인 |
| 지우개 | 300 | 10개 이상 구매 시 개당 100원 할인 |

- 품목당 할인을 적용한 금액의 합이 3만 원을 초과할 경우, 전체 금액의 10% 할인이 추가로 적용된다.
- 전체 금액의 10% 할인 적용 전 금액이 5만 원 초과 시 배송료는 무료이다.
- 전체 금액의 10% 할인 적용 전 금액이 5만 원 이하 시 배송료 5,000원이 별도로 적용된다.

① 51,500원
② 51,350원
③ 46,350원
④ 45,090원
⑤ 42,370원

**32** S사는 개발 상품 매출 순이익에 기여한 직원에게 성과급을 지급하고자 한다. 기여도에 따른 성과급 지급 기준과 〈보기〉를 참고하여 성과급을 차등지급할 때, 가장 많은 성과급을 지급받는 직원은? (단, 팀장에게 지급하는 성과급은 기준 금액의 1.2배이다)

〈기여도에 따른 성과급 지급 기준〉

| 매출 순이익 | 개발 기여도 | | | |
|---|---|---|---|---|
| | 1% 이상 5% 미만 | 5% 이상 10% 미만 | 10% 이상 20% 미만 | 20% 이상 |
| 1천만 원 미만 | – | – | 매출 순이익의 1% | 매출 순이익의 2% |
| 1천만 원 이상 3천만 원 미만 | 5만 원 | 매출 순이익의 1% | 매출 순이익의 2% | 매출 순이익의 5% |
| 3천만 원 이상 5천만 원 미만 | 매출 순이익의 1% | 매출 순이익의 2% | 매출 순이익의 3% | 매출 순이익의 5% |
| 5천만 원 이상 1억 원 미만 | 매출 순이익의 1% | 매출 순이익의 3% | 매출 순이익의 5% | 매출 순이익의 7.5% |
| 1억 원 이상 | 매출 순이익의 1% | 매출 순이익의 3% | 매출 순이익의 5% | 매출 순이익의 10% |

보기

| 직원 | 직책 | 매출 순이익 | 개발 기여도 |
|---|---|---|---|
| A | 팀장 | 4,000만 원 | 25% |
| B | 팀장 | 2,500만 원 | 12% |
| C | 팀원 | 1억 2,500만 원 | 3% |
| D | 팀원 | 7,500만 원 | 7% |
| E | 팀원 | 800만 원 | 6% |

① A
② B
③ C
④ D
⑤ E

**33** 다음은 S시의 학교폭력 상담 및 신고 건수에 대한 자료이다. 이에 대한 설명으로 옳지 않은 것은?

〈학교폭력 상담 및 신고 건수〉

(단위 : 건)

| 구분 | 2022년 7월 | 2022년 8월 | 2022년 9월 | 2022년 10월 | 2022년 11월 | 2022년 12월 |
|---|---|---|---|---|---|---|
| 상담 | 977 | 805 | 3,009 | 2,526 | 1,007 | 871 |
| 상담 누계 | 977 | 1,782 | 4,791 | 7,317 | 8,324 | 9,195 |
| 신고 | 486 | 443 | 1,501 | 804 | 506 | 496 |
| 신고 누계 | 486 | 929 | 2,430 | 3,234 | 3,740 | 4,236 |
| 구분 | 2023년 1월 | 2023년 2월 | 2023년 3월 | 2023년 4월 | 2023년 5월 | 2023년 6월 |
| 상담 | ( ) | ( ) | 4,370 | 3,620 | 1,004 | 905 |
| 상담 누계 | 9,652 | 10,109 | 14,479 | 18,099 | 19,103 | 20,008 |
| 신고 | 305 | 208 | 2,781 | 1,183 | 557 | 601 |
| 신고 누계 | 4,541 | 4,749 | 7,530 | ( ) | ( ) | ( ) |

① 2023년 1월과 2023년 2월의 학교폭력 상담 건수는 같다.

② 학교폭력 상담 건수와 신고 건수 모두 2023년 3월에 가장 많다.

③ 전월 대비 학교폭력 상담 건수가 가장 크게 감소한 월과 학교폭력 신고 건수가 가장 크게 감소한 월은 다르다.

④ 전월 대비 학교폭력 상담 건수가 증가한 월은 학교폭력 신고 건수도 같이 증가하였다.

⑤ 2023년 6월까지의 학교폭력 신고 누계 건수는 10,000건 이상이다.

**34** 다음은 5년 동안 발전원별 발전량 추이에 대한 자료이다. 이에 대한 설명으로 옳지 않은 것은?

〈2018 ~ 2022년 발전원별 발전량 추이〉

(단위 : GWh)

| 자원 | 2018년 | 2019년 | 2020년 | 2021년 | 2022년 |
|---|---|---|---|---|---|
| 원자력 | 127,004 | 138,795 | 140,806 | 155,360 | 179,216 |
| 석탄 | 247,670 | 226,571 | 221,730 | 200,165 | 198,367 |
| 가스 | 135,072 | 126,789 | 138,387 | 144,976 | 160,787 |
| 신재생 | 36,905 | 38,774 | 44,031 | 47,831 | 50,356 |
| 유류・양수 | 6,605 | 6,371 | 5,872 | 5,568 | 5,232 |
| 합계 | 553,256 | 537,300 | 550,826 | 553,900 | 593,958 |

① 매년 원자력 자원 발전량과 신재생 자원 발전량의 증감 추이는 같다.
② 석탄 자원 발전량의 전년 대비 감소폭이 가장 큰 해는 2021년이다.
③ 신재생 자원 발전량 대비 가스 자원 발전량이 가장 큰 해는 2018년이다.
④ 매년 유류・양수 자원 발전량은 전체 발전량의 1% 이상을 차지한다.
⑤ 전체 발전량의 전년 대비 증가폭이 가장 큰 해는 2022년이다.

| 한국가스공사 / 문제해결능력

**35** 다음 중 〈보기〉에 해당하는 문제해결방법이 바르게 연결된 것은?

보기

㉠ 중립적인 위치에서 그룹이 나아갈 방향과 주제에 대한 공감을 이룰 수 있도록 도와주어 깊이 있는 커뮤니케이션을 통해 문제점을 이해하고 창조적으로 해결하도록 지원하는 방법이다.
㉡ 상이한 문화적 토양을 가진 구성원이 사실과 원칙에 근거한 토론을 바탕으로 서로의 생각을 직설적인 논쟁이나 협상을 통해 의견을 조정하는 방법이다.
㉢ 구성원이 같은 문화적 토양을 가지고 서로를 이해하는 상황에서 권위나 공감에 의지하여 의견을 중재하고, 타협과 조정을 통해 해결을 도모하는 방법이다.

| | ㉠ | ㉡ | ㉢ |
|---|---|---|---|
| ① | 하드 어프로치 | 퍼실리테이션 | 소프트 어프로치 |
| ② | 퍼실리테이션 | 하드 어프로치 | 소프트 어프로치 |
| ③ | 소프트 어프로치 | 하드 어프로치 | 퍼실리테이션 |
| ④ | 퍼실리테이션 | 소프트 어프로치 | 하드 어프로치 |
| ⑤ | 하드 어프로치 | 소프트 어프로치 | 퍼실리테이션 |

| 한국가스공사 / 문제해결능력

**36** A～G 7명은 주말 여행지를 고르기 위해 투표를 진행하였다. 다음 〈조건〉과 같이 투표를 진행하였을 때, 투표를 하지 않은 사람을 모두 고르면?

조건

- D나 G 중 적어도 한 명이 투표하지 않으면, F는 투표한다.
- F가 투표하면, E는 투표하지 않는다.
- B나 E 중 적어도 한 명이 투표하지 않으면, A는 투표하지 않는다.
- A를 포함하여 투표한 사람은 모두 5명이다.

① B, E
② B, F
③ C, D
④ C, F
⑤ F, G

| 한국가스공사 / 정보능력

**37** 다음과 같이 G마트에서 파는 물건을 상품코드와 크기에 따라 엑셀 프로그램으로 정리하였다. 상품코드가 S3310897이고, 크기가 '중'인 물건의 가격을 구하는 함수로 옳은 것은?

| | A | B | C | D | E | F |
|---|---|---|---|---|---|---|
| 1 | | | | | | |
| 2 | | 상품코드 | 소 | 중 | 대 | |
| 3 | | S3001287 | 18,000 | 20,000 | 25,000 | |
| 4 | | S3001289 | 15,000 | 18,000 | 20,000 | |
| 5 | | S3001320 | 20,000 | 22,000 | 25,000 | |
| 6 | | S3310887 | 12,000 | 16,000 | 20,000 | |
| 7 | | S3310897 | 20,000 | 23,000 | 25,000 | |
| 8 | | S3311097 | 10,000 | 15,000 | 20,000 | |
| 9 | | | | | | |

① =HLOOKUP(S3310897,$B$2:$E$8,6,0)

② =HLOOKUP("S3310897",$B$2:$E$8,6,0)

③ =VLOOKUP("S3310897",$B$2:$E$8,2,0)

④ =VLOOKUP("S3310897",$B$2:$E$8,6,0)

⑤ =VLOOKUP("S3310897",$B$2:$E$8,3,0)

| 한국가스공사 / 정보능력

**38** 다음 중 Windows Game Bar 녹화 기능에 대한 설명으로 옳지 않은 것은?

① 〈Windows 로고 키〉+〈Alt〉+〈G〉를 통해 백그라운드 녹화 기능을 사용할 수 있다.

② 백그라운드 녹화 시간은 변경할 수 있다.

③ 녹화한 영상의 저장 위치는 변경할 수 없다.

④ 각 메뉴의 단축키는 본인이 원하는 키 조합에 맞추어 변경할 수 있다.

⑤ 게임 성능에 영향을 줄 수 있다.

※ 다음 글을 읽고 이어지는 질문에 답하시오. [39~41]

우리나라에서 500MW 규모 이상의 발전설비를 보유한 발전사업자(공급의무자)는 신재생에너지 공급의무화 제도(RPS; Renewable Portfolio Standard)에 의해 의무적으로 일정 비율 이상을 기존의 화석연료를 변환시켜 이용하거나 햇빛·물·지열·강수·생물유기체 등 재생 가능한 에너지를 변환시켜 이용하는 에너지인 신재생에너지로 발전해야 한다. 이에 따라 공급의무자는 매년 정해진 의무공급비율에 따라 신재생에너지를 사용하여 전기를 공급해야 하는데 의무공급비율은 매년 확대되고 있으므로 여기에 맞춰 태양광, 풍력 등 신재생에너지 발전설비를 추가로 건설하기에는 여러 가지 한계점이 있다. ___㉠___ 공급의무자는 의무공급비율을 외부 조달을 통해 충당하게 되는데 이를 인증하는 것이 신재생에너지 공급인증서(REC; Renewable Energy Certificates)이다. 공급의무자는 신재생에너지 발전사에서 판매하는 REC를 구매하는 것으로 의무공급비율을 달성하게 되며, 이를 이행하지 못할 경우 미이행 의무량만큼 해당 연도 평균 REC 거래가격의 1.5배 이내에서 과징금이 부과된다.

신재생에너지 공급자가 공급의무자에게 REC를 판매하기 위해서는 먼저 「신에너지 및 재생에너지 개발·이용·보급 촉진법(신재생에너지법)」 제12조의7에 따라 공급인증기관(에너지관리공단 신재생에너지센터, 한국전력거래소 등)으로부터 공급 사실을 증명하는 공급인증서를 신청해야 한다. 인증 신청을 받은 공급인증기관은 신재생에너지 공급자, 신재생에너지 종류별 공급량 및 공급기간, 인증서 유효기간을 명시한 공급인증서를 발급해 주는데, 여기서 공급인증서의 유효기간은 발급받은 날로부터 3년이며, 공급량은 발전방식에 따라 실제 공급량에 가중치를 곱해 표기한다. 이렇게 발급받은 REC는 공급인증기관이 개설한 거래시장인 한국전력거래소에서 거래할 수 있으며, 거래시장에서 공급의무자가 구매하여 의무공급량에 충당한 공급인증서는 효력을 상실하여 폐기하게 된다.

RPS 제도를 통한 REC 거래는 최근 더욱 확대되고 있다. 시행 초기에는 전력거래소에서 신재생에너지 공급자와 공급의무자 간 REC를 거래하였으나, 2021년 8월 이후 에너지관리공단에서 운영하는 REC 거래시장을 통해 한국형 RE100에 동참하는 일반기업들도 신재생에너지 공급자로부터 REC를 구매할 수 있게 되었고 여기서 구매한 REC는 기업의 온실가스 감축실적으로 인정되어 인센티브 등 다양한 혜택을 받을 수 있게 된다.

| 한국남동발전 / 의사소통능력

## 39 다음 중 윗글의 내용으로 적절하지 않은 것은?

① 공급의무자는 의무공급비율 달성을 위해 반드시 신재생에너지 발전설비를 건설해야 한다.

② REC 거래를 위해서는 먼저 공급인증기관으로부터 인증서를 받아야 한다.

③ 일반기업도 REC 구매를 통해 온실가스 감축실적을 인정받을 수 있다.

④ REC에 명시된 공급량은 실제 공급량과 다를 수 있다.

| 한국남동발전 / 의사소통능력

**40** 다음 중 빈칸 ㉠에 들어갈 접속부사로 가장 적절한 것은?

① 한편　　② 그러나
③ 그러므로　　④ 예컨대

| 한국남동발전 / 자원관리능력

**41** 다음 자료를 토대로 신재생에너지법상 바르게 거래된 것은?

〈REC 거래내역〉

(거래일 : 2023년 10월 12일)

| 설비명 | 에너지원 | 인증서 발급일 | 판매처 | 거래시장 운영소 |
|---|---|---|---|---|
| A발전소 | 풍력 | 2020.10.06 | E기업 | 에너지관리공단 |
| B발전소 | 천연가스 | 2022.10.12 | F발전 | 한국전력거래소 |
| C발전소 | 태양광 | 2020.10.24 | G발전 | 한국전력거래소 |
| D발전소 | 수력 | 2021.04.20 | H기업 | 한국전력거래소 |

① A발전소　　② B발전소
③ C발전소　　④ D발전소

※ 다음 기사를 읽고 이어지는 질문에 답하시오. [42~43]

N전력공사가 밝힌 에너지 공급비중을 살펴보면 2022년 우리나라의 발전비중 중 가장 높은 것은 석탄(32.51%)이고, 두 번째는 액화천연가스(27.52%) 즉 LNG 발전이다. LNG의 경우 석탄에 비해 탄소 배출량이 적어 화석연료와 신재생에너지의 전환단계인 교량 에너지로서 최근 크게 비중이 늘었지만, 여전히 많은 양의 탄소를 배출한다는 문제점이 있다. 지구 온난화 완화를 위해 어떻게든 탄소 배출량을 줄여야 하는 상황에서 이에 대한 현실적인 대안으로 수소혼소 발전이 주목받고 있다. ___(가)___
수소혼소 발전이란 기존의 화석연료인 LNG와 친환경에너지인 수소를 혼합 연소하여 발전하는 방식이다. 수소는 지구에서 9번째로 풍부하여 고갈될 염려가 없고, 연소 시 탄소를 배출하지 않는 친환경에너지이다. 발열량 또한 1kg당 142MJ로, 다른 에너지원에 비해 월등이 높아 같은 양으로 훨씬 많은 에너지를 생산할 수 있다. ___(나)___
그러나 수소를 발전 연료로서 그대로 사용하기에는 여러 가지 문제점이 있다. 수소는 LNG에 비해 7 ~ 8배 빠르게 연소되므로 제어에 실패하면 가스 터빈에서 급격하게 발생한 화염이 역화하여 폭발할 가능성이 있다. 또한 높은 온도로 연소되므로 그만큼 공기 중의 질소와 반응하여 많은 질소산화물(NOx)을 발생시키는데, 이는 미세먼지와 함께 대기오염의 주요 원인이 된다. 마지막으로 연료로 사용할 만큼 정제된 수소를 얻기 위해서는 물을 전기분해해야 하는데, 여기에는 많은 전력이 들어가므로 수소 생산 단가가 높아진다는 단점이 있다. ___(다)___
이러한 수소의 문제점을 해결하기 위한 대안이 바로 수소혼소 발전이다. 인프라적인 측면에서 기존의 LNG 발전설비를 활용할 수 있기 때문에 수소혼소 발전은 친환경에너지로 전환하는 사회적·경제적 충격을 완화할 수 있다. 또한 수소를 혼입하는 비율이 많아질수록 그만큼 LNG를 대체하게 되므로 기술발전으로 인해 혼입하는 수소의 비중이 높아질수록 발전으로 인한 탄소의 발생을 줄일 수 있다. 아직 많은 기술적·경제적 문제점이 남아있지만, 세계의 많은 나라들은 탄소 배출량 저감을 위해 수소혼소 발전 기술에 적극적으로 뛰어들고 있다. 우리나라 또한 2024년 세종시에 수소혼소 발전이 가능한 열병합발전소가 들어설 예정이며, 한화, 포스코 등 많은 기업들이 수소혼소 발전 실현을 위해 사업을 추진하고 있다. ___(라)___

| 한국남동발전 / 의사소통능력

## 42 다음 중 윗글의 내용으로 적절하지 않은 것은?

① 수소혼소 발전은 기존 LNG 발전설비를 활용할 수 있다.
② 수소를 연소할 때에도 공해물질은 발생한다.
③ 수소혼소 발전은 탄소를 배출하지 않는 발전 기술이다.
④ 수소혼소 발전에서 수소를 더 많이 혼입할수록 탄소 배출량은 줄어든다.

| 한국남동발전 / 의사소통능력

## 43 다음 중 〈보기〉의 문장이 들어갈 위치로 가장 적절한 곳은?

보기

따라서 수소는 우리나라의 2050 탄소중립을 실현하기 위한 최적의 에너지원이라 할 수 있다.

① (가)　　② (나)
③ (다)　　④ (라)

**44** 다음은 N사의 비품 구매 신청 기준이다. 부서별 비품 수량 현황을 참고하여 비품을 신청해야 할 때, 비품 신청 수량이 바르게 연결되지 않은 부서는?

〈비품 구매 신청 기준〉

| 비품 | 연필 | 지우개 | 볼펜 | 수정액 | 테이프 |
|---|---|---|---|---|---|
| 최소 수량 | 30자루 | 45개 | 60자루 | 30개 | 20개 |

- 팀별 비품 보유 수량이 비품 구매 신청 기준 이하일 때, 해당 비품을 신청할 수 있다.
- 각 비품의 신청 가능한 개수는 최소 수량에서 부족한 수량 이상 최소 보유 수량의 2배 이하이다.

예 연필 20자루, 지우개 50개, 볼펜 50자루, 수정액 40개, 테이프 30개가 있다면 지우개, 수정액, 테이프는 신청할 수 없고, 연필은 10자루 이상 60자루 이하, 볼펜은 10자루 이상 120자루 이하를 신청할 수 있다.

〈N사 부서별 비품 수량 현황〉

| 팀 \ 비품 | 연필 | 지우개 | 볼펜 | 수정액 | 테이프 |
|---|---|---|---|---|---|
| 총무팀 | 15자루 | 30개 | 20자루 | 15개 | 40개 |
| 연구개발팀 | 45자루 | 60개 | 50자루 | 20개 | 30개 |
| 마케팅홍보팀 | 40자루 | 40개 | 15자루 | 5개 | 10개 |
| 인사팀 | 25자루 | 50개 | 80자루 | 50개 | 5개 |

| | 팀 | 연필 | 지우개 | 볼펜 | 수정액 | 테이프 |
|---|---|---|---|---|---|---|
| ① | 총무팀 | 15자루 | 15개 | 40자루 | 15개 | 0개 |
| ② | 연구개발팀 | 0자루 | 0개 | 100자루 | 20개 | 0개 |
| ③ | 마케팅홍보팀 | 20자루 | 10개 | 50자루 | 50개 | 40개 |
| ④ | 인사팀 | 45자루 | 0개 | 0자루 | 0개 | 30개 |

※ 다음은 N사 인근의 지하철 노선도 및 관련 정보이다. 이어지는 질문에 답하시오. [45~47]

〈N사 인근 지하철 노선도〉

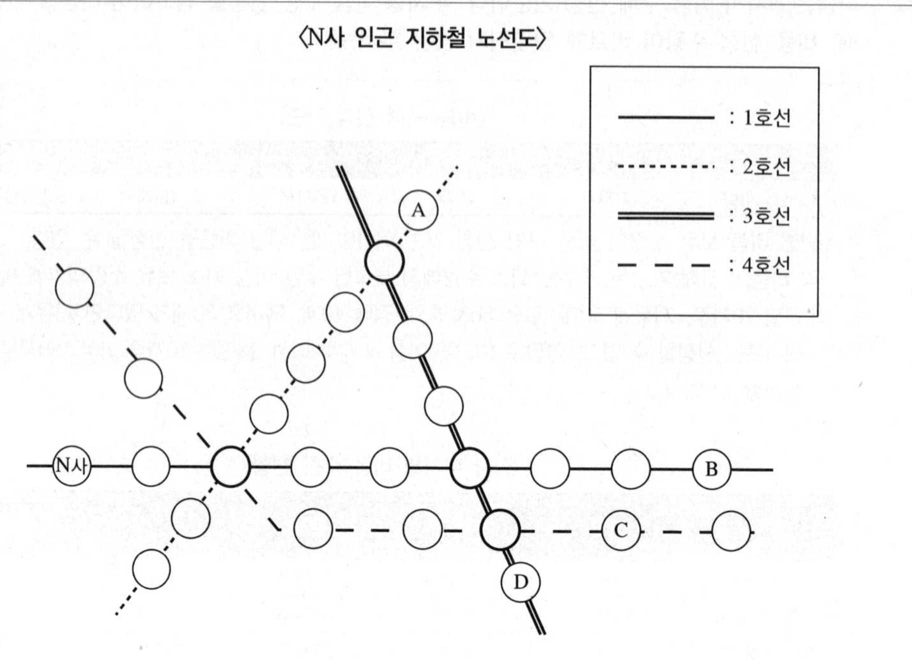


〈N사 인근 지하철 관련 정보〉

• 역간 거리 및 부과요금은 다음과 같다.

| 열차 | 역간 거리 | 기본요금 | 거리비례 추가요금 |
|---|---|---|---|
| 1호선 | 900m | 1,200원 | 5km 초과 시 500m마다 50원 추가 |
| 2호선 | 950m | 1,500원 | 5km 초과 시 1km마다 100원 추가 |
| 3호선 | 1,000m | 1,800원 | 5km 초과 시 500m마다 100원 추가 |
| 4호선 | 1,300m | 2,000원 | 5km 초과 시 1.5km마다 150원 추가 |

• 모든 노선에서 다음 역으로 이동하는 데 걸리는 시간은 2분이다.
• 모든 노선에서 환승하는 데 걸리는 시간은 3분이다.
• 기본요금이 더 비싼 열차로 환승할 때에는 부족한 기본요금을 추가로 부과하며, 기본요금이 더 저렴한 열차로 환승할 때에는 요금을 추가로 부과하거나 공제하지 않는다.
• 1회 이상 환승할 때의 거리비례 추가요금은 이용한 열차 중 기본요금이 가장 비싼 열차를 기준으로 적용한다.

예 1호선으로 3,600m 이동 후 3호선으로 환승하여 3,000m 더 이동했다면, 기본요금 및 거리비례 추가요금은 3호선 기준이 적용되어 1,800+300=2,100원이다.

| 한국남동발전 / 문제해결능력

**45** 다음 중 N사와 A지점을 왕복하는 데 걸리는 최소 이동시간은?

① 28분 ② 34분
③ 40분 ④ 46분

| 한국남동발전 / 문제해결능력

**46** 다음 중 N사로부터 이동거리가 가장 짧은 지점은?

① A지점 ② B지점
③ C지점 ④ D지점

| 한국남동발전 / 문제해결능력

**47** 다음 중 N사에서 이동하는 데 드는 비용이 가장 적은 지점은?

① A지점 ② B지점
③ C지점 ④ D지점

※ 다음 글을 읽고 이어지는 질문에 답하시오. [48~50]

SF 영화나 드라마에서만 나오던 3D 푸드 프린터를 통해 음식을 인쇄하여 소비하는 모습은 더 이상 먼 미래의 모습이 아니게 되었다. 2023년 3월 21일 미국의 컬럼비아 대학교에서는 3D 푸드 프린터와 땅콩버터, 누텔라, 딸기잼 등 7가지의 반죽형 식용 카트리지로 7겹 치즈케이크를 만들었다고 국제학술지 'NPJ 식품과학'에 소개하였다. (가) 특히 이 치즈케이크는 베이킹 기능이 있는 레이저와 식물성 원료를 사용한 비건식 식용 카트리지를 통해 만들어졌다. ㉠ 그래서 이번 발표는 대체육과 같은 다른 관련 산업에서도 많은 주목을 받게 되었다.
3D 푸드 프린터는 산업 현장에서 사용되는 일반적인 3D 프린터가 사용자가 원하는 대로 3차원의 물체를 만드는 것처럼 사람이 섭취할 수 있는 페이스트, 반죽, 분말 등을 카트리지로 사용하여 사용자가 원하는 디자인으로 압출·성형하여 음식을 만들어 내는 것이다. (나) 현재 3D 푸드 프린터는 산업용 3D 프린터처럼 페이스트를 층층이 쌓아서 만드는 FDM(Fused Deposition Modeling) 방식, 분말형태로 된 재료를 접착제로 굳혀 찍어내는 PBF(Powder Bed Fusion), 레이저로 굳혀 찍어내는 SLS(Selective Laser Sintering) 방식이 주로 사용된다.
(다) 3D 푸드 프린터는 아직 대중화되지 않았지만, 많은 장점을 가지고 있어 미래에 활용가치가 아주 높을 것으로 예상되고 있다. ㉡ 예를 들어 증가하는 노령인구에 맞춰 씹고 삼키는 것이 어려운 사람을 위해 질감과 맛을 조정하거나, 개인별로 필요한 영양소를 첨가하는 등 사용자의 건강관리를 수월하게 해 준다. ㉢ 또한 우주 등 음식을 조리하기 어려운 곳에서 평소 먹던 음식을 섭취할 수 있게 하는 등 활용도가 무궁무진하다. 특히 대체육 부분에서 주목받고 있는데, 3D 푸트 프린터로 육류를 제작하게 된다면 동물을 키우고 도살하여 고기를 얻는 것보다 환경오염을 줄일 수 있다. (라) 대체육은 식물성 원료를 소재로 하는 것이므로 일반적인 고기보다는 맛은 떨어지게 된다. 실제로 대체육 전문 기업인 리디파인 미트(Redefine Meat)에서는 대체육이 축산업에서 발생하는 일반 고기보다 환경오염을 95% 줄일 수 있다고 밝히고 있다.
㉣ 따라서 3D 푸드 프린터는 개발 초기 단계이므로 아직 개선해야 할 점이 많다. 가장 중요한 것은 맛이다. 3D 푸드 프린터에 들어가는 식용 카트리지의 주원료는 식물성 재료이므로 실제 음식의 맛을 내기까지는 아직 많은 노력이 필요하다. (마) 디자인의 영역도 간과할 수 없는데, 길쭉한 필라멘트(3D 프린터에 사용되는 플라스틱 줄) 모양으로 성형된 음식이 '인쇄'라는 인식과 함께 음식을 섭취하는 데 심리적인 거부감을 주는 것도 해결해야 하는 문제이다. ㉤ 게다가 현재 주로 사용하는 방식은 페이스트, 분말을 레이저나 압출로 성형하는 것이므로 만들 수 있는 요리의 종류가 매우 제한적이며, 전력 소모 또한 많다는 것도 해결해야 하는 문제이다.

| LH 한국토지주택공사 / 의사소통능력

**48** **다음 중 윗글의 내용에 대한 추론으로 적절하지 않은 것은?**

① 설탕 케이크 장식 제작은 SLS 방식의 3D 푸드 프린터가 적절하다.
② 3D 푸드 프린터는 식감 등으로 발생하는 편식을 줄일 수 있다.
③ 3D 푸드 프린터는 사용자 맞춤 식단을 제공할 수 있다.
④ 현재 3D 푸드 프린터로 제작된 음식은 거부감을 일으킬 수 있다.
⑤ 컬럼비아 대학교에서 만들어 낸 치즈케이크는 PBF 방식으로 제작되었다.

| LH 한국토지주택공사 / 의사소통능력

**49** **윗글의 (가) ~ (마) 중 삭제해야 할 문장으로 가장 적절한 것은?**

① (가)
② (나)
③ (다)
④ (라)
⑤ (마)

| LH 한국토지주택공사 / 의사소통능력

**50** **윗글의 접속부사 ㉠ ~ ㉤ 중 문맥상 적절하지 않은 것은?**

① ㉠
② ㉡
③ ㉢
④ ㉣
⑤ ㉤

CHAPTER

# 02 2023년 주요 공기업 전공 기출복원문제

정답 및 해설 p.016

## 01 경영학

| 코레일 한국철도공사

**01** 다음 중 고전적 경영이론에 대한 설명으로 옳지 않은 것은?

① 고전적 경영이론은 인간의 행동이 합리적이고 경제적인 동기에 의해 이루어진다고 가정한다.
② 차별 성과급제, 기능식 직장제도는 테일러의 과학적 관리법을 기본이론으로 한다.
③ 포드의 컨베이어 벨트 시스템은 표준화를 통한 대량생산방식을 설명한다.
④ 베버는 조직을 합리적이고 법적인 권한으로 운영하는 관료제 조직이 가장 합리적이라고 주장한다.
⑤ 페이욜은 기업활동을 기술활동, 영업활동, 재무활동, 회계활동 4가지 분야로 구분하였다.

| 코레일 한국철도공사

**02** 다음 중 광고의 소구 방법에 대한 설명으로 옳지 않은 것은?

① 감성적 소구는 브랜드에 대한 긍정적 느낌 등 이미지 향상을 목표로 하는 방법이다.
② 감성적 소구는 논리적인 자료 제시를 통해 높은 제품 이해도를 이끌어 낼 수 있다.
③ 유머 소구, 공포 소구 등이 감성적 소구 방법에 해당한다.
④ 이성적 소구는 정보제공형 광고에 사용하는 방법이다.
⑤ 이성적 소구는 구매 시 위험이 따르는 내구재나 신제품 등에 많이 활용된다.

| 코레일 한국철도공사

## 03 다음 〈보기〉 중 JIT시스템의 장점으로 옳지 않은 것을 모두 고르면?

보기

㉠ 현장 낭비 제거를 통한 생산성 향상
㉡ 다기능공 활용을 통한 작업자 노동부담 경감
㉢ 소 LOT 생산을 통한 재고율 감소
㉣ 단일 생산을 통한 설비 이용률 향상

① ㉠, ㉡
② ㉠, ㉢
③ ㉡, ㉢
④ ㉡, ㉣
⑤ ㉢, ㉣

| 코레일 한국철도공사

## 04 다음 중 마이클 포터의 가치사슬에 대한 설명으로 옳지 않은 것은?

① 가치사슬은 거시경제학을 기반으로 하는 분석 도구이다.
② 기업의 수행활동을 제품설계, 생산, 마케팅, 유통 등 개별적 활동으로 나눈다.
③ 구매, 제조, 물류, 판매, 서비스 등을 기업의 본원적 활동으로 정의한다.
④ 기술개발, 조달활동 등을 기업의 지원적 활동으로 정의한다.
⑤ 가치사슬에서 말하는 이윤은 수입에서 가치창출을 위해 발생한 모든 비용을 제외한 값이다.

| 코레일 한국철도공사

## 05 다음 중 주식회사의 특징으로 옳지 않은 것은?

① 구성원인 주주와 별개의 법인격이 부여된다.
② 주주는 회사에 대한 주식의 인수가액을 한도로 출자의무를 부담한다.
③ 주주는 자신이 보유한 지분을 자유롭게 양도할 수 있다.
④ 설립 시 발기인은 최소 2인 이상을 필요로 한다.
⑤ 소유와 경영을 분리하여 이사회로 경영권을 위임한다.

| 코레일 한국철도공사

## 06 다음 중 정가가 10,000원인 제품을 9,900원으로 판매하는 가격전략은 무엇인가?

① 명성가격
② 준거가격
③ 단수가격
④ 관습가격
⑤ 유인가격

| 서울교통공사

## 07 다음 중 주식 관련 상품에 대한 설명으로 옳지 않은 것은?

① ELS : 주가지수 또는 종목의 주가 움직임에 따라 수익률이 결정되며, 만기가 없는 증권이다.
② ELB : 채권, 양도성 예금증서 등 안전자산에 주로 투자하며, 원리금이 보장된다.
③ ELD : 수익률이 코스피200지수에 연동되는 예금으로, 주로 정기예금 형태로 판매한다.
④ ELT : ELS를 특정금전신탁 계좌에 편입하는 신탁상품으로, 투자자의 의사에 따라 운영한다.
⑤ ELF : ELS와 ELD의 중간 형태로, ELS를 기초 자산으로 하는 펀드를 말한다.

| 서울교통공사

## 08 다음 〈보기〉에 해당하는 재고유형은 무엇인가?

보기

- 불확실한 수요 변화에 대처하기 위한 재고로, 완충재고라고도 한다.
- 생산의 불확실성, 재료확보의 불확실성에 대비하여 보유하는 재고이다.
- 품절 또는 재고부족 상황에 대비함으로써 납기일을 준수하여 고객 신뢰도를 높일 수 있다.

① 파이프라인재고 ② 이동재고
③ 주기재고 ④ 예비재고
⑤ 안전재고

| 서울교통공사

## 09 다음 중 인사와 관련된 이론에 대한 설명으로 옳지 않은 것은?

① 허즈버그는 욕구를 동기요인과 위생요인으로 나누었으며, 동기요인에는 인정감, 성취, 성장 가능성, 승진, 책임감, 직무 자체가 해당되고, 위생요인에는 보수, 대인관계, 감독, 직무안정성, 근무환경, 회사의 정책 및 관리가 해당된다.
② 블룸은 동기 부여에 대해 기대이론을 적용하여 기대감, 적합성, 신뢰성을 통해 구성원의 직무에 대한 동기 부여를 결정한다고 주장하였다.
③ 매슬로는 욕구의 위계를 생리적 욕구, 안전의 욕구, 애정과 공감의 욕구, 존경의 욕구, 자아실현의 욕구로 나누어 단계별로 욕구가 작용한다고 설명하였다.
④ 맥그리거는 인간의 본성에 대해 부정적인 관점인 X이론과 긍정적인 관점인 Y이론이 있으며, 경영자는 조직목표 달성을 위해 근로자의 본성(X, Y)을 파악해야 한다고 주장하였다.
⑤ 로크는 인간이 합리적으로 행동한다는 가정하에 개인이 의식적으로 얻으려고 설정한 목표가 동기와 행동에 영향을 미친다고 주장하였다.

❙ 서울교통공사

**10** 다음 〈보기〉에 해당하는 마케팅 STP 단계는 무엇인가?

보기
- 서로 다른 욕구를 가지고 있는 다양한 고객들을 하나의 동질적인 고객집단으로 나눈다.
- 인구, 지역, 사회, 심리 등을 기준으로 활용한다.
- 전체시장을 동질적인 몇 개의 하위시장으로 구분하여 시장별로 차별화된 마케팅을 실행한다.

① 시장세분화 ② 시장매력도 평가
③ 표적시장 선정 ④ 포지셔닝
⑤ 재포지셔닝

❙ K-water 한국수자원공사

**11** 다음 K기업 재무회계 자료를 참고할 때, 기초부채를 계산하면 얼마인가?

- 기초자산 : 100억 원
- 기말자본 : 65억 원
- 총수익 : 35억 원
- 총비용 : 20억 원

① 35억 원 ② 40억 원
③ 50억 원 ④ 60억 원

❙ K-water 한국수자원공사

**12** 다음 중 ERG 이론에 대한 설명으로 옳지 않은 것은?

① 매슬로의 욕구 5단계설을 발전시켜 주장한 이론이다.
② 인간의 욕구를 중요도 순으로 계층화하여 정의하였다.
③ 인간의 욕구를 존재욕구, 관계욕구, 성장욕구의 3단계로 나누었다.
④ 상위에 있는 욕구를 충족시키지 못하면 하위에 있는 욕구는 더욱 크게 감소한다.

❙ K-water 한국수자원공사

**13** 다음 중 기업이 사업 다각화를 추진하는 목적으로 볼 수 없는 것은?

① 기업의 지속적인 성장 추구 ② 사업위험 분산
③ 유휴자원의 활용 ④ 기업의 수익성 강화

| K-water 한국수자원공사

**14** **다음 중 직무관리의 절차를 순서대로 바르게 나열한 것은?**

① 직무설계 → 직무분석 → 직무기술서 / 직무명세서 → 직무평가
② 직무설계 → 직무기술서 / 직무명세서 → 직무분석 → 직무평가
③ 직무분석 → 직무기술서 / 직무명세서 → 직무평가 → 직무설계
④ 직무분석 → 직무평가 → 직무기술서 / 직무명세서 → 직무설계

| 한국중부발전

**15** **다음 중 종단분석과 횡단분석의 비교가 옳지 않은 것은?**

| 구분 | 종단분석 | 횡단분석 |
|---|---|---|
| 방법 | 시간적 | 공간적 |
| 목표 | 특성이나 현상의 변화 | 집단의 특성 또는 차이 |
| 표본 규모 | 큼 | 작음 |
| 횟수 | 반복 | 1회 |

① 방법
② 목표
③ 표본 규모
④ 횟수

| 한국중부발전

**16** **다음 중 향후 채권이자율이 시장이자율보다 높아질 것으로 예상될 때 나타날 수 있는 현상으로 옳은 것은?**

① 별도의 이자 지급 없이 채권발행 시 이자금액을 공제하는 방식을 선호하게 된다.
② 1년 만기 은행채, 장기신용채 등의 발행이 늘어난다.
③ 만기에 가까워질수록 채권가격 상승에 따른 이익을 얻을 수 있다.
④ 채권가격이 액면가보다 높은 가격에 거래되는 할증채 발행이 증가한다.

| 한국서부발전

**17** **다음 중 BCG 매트릭스에 대한 설명으로 옳은 것은?**

① 스타(Star) 사업 : 높은 시장점유율로 현금창출은 양호하나, 성장 가능성은 낮은 사업이다.
② 현금젖소(Cash Cow) 사업 : 성장 가능성과 시장점유율이 모두 낮아 철수가 필요한 사업이다.
③ 개(Dog) 사업 : 성장 가능성과 시장점유율이 모두 높아서 계속 투자가 필요한 유망 사업이다.
④ 물음표(Question Mark) 사업 : 신규 사업 또는 현재 시장점유율은 낮으나, 향후 성장 가능성이 높은 사업이다.

| 한국서부발전

**18** **다음 중 인지부조화에 따른 행동 사례로 볼 수 없는 것은?**

① A는 흡연자지만 동료가 담배를 필 때마다 담배를 끊을 것을 권유한다.

② B는 다이어트를 결심하고 저녁을 먹지 않을 것이라 말했지만 저녁 대신 빵을 먹었다.

③ C는 E정당의 정책방향을 지지하지만 선거에서는 F정당의 후보에게 투표하였다.

④ D는 중간고사 시험을 망쳤지만 시험 난이도가 너무 어려워 당연한 결과라고 생각하였다.

| 한국서부발전

**19** **다음 중 기업이 해외에 진출하려고 할 때, 계약에 의한 진출 방식으로 볼 수 없는 것은?**

① 프랜차이즈

② 라이센스

③ M&A

④ 턴키

| 한국서부발전

**20** **다음 중 테일러의 과학적 관리법의 특징에 대한 설명으로 옳지 않은 것은?**

① 작업능률을 최대로 높이기 위하여 노동의 표준량을 정한다.

② 작업에 사용하는 도구 등을 개별 용도에 따라 다양하게 제작하여 성과를 높인다.

③ 작업량에 따라 임금을 차등하여 지급한다.

④ 관리에 대한 전문화를 통해 노동자의 태업을 사전에 방지한다.

## 02 경제학

| 서울교통공사

**01** 다음 중 수요의 가격탄력성에 대한 설명으로 옳지 않은 것은?

① 수요의 가격탄력성은 가격의 변화에 따른 수요의 변화를 의미한다.
② 분모는 상품 가격의 변화량을 상품 가격으로 나눈 값이다.
③ 대체재가 많을수록 수요의 가격탄력성은 탄력적이다.
④ 가격이 1% 상승할 때 수요가 2% 감소하였으면 수요의 가격탄력성은 2이다.
⑤ 가격탄력성이 0보다 크면 탄력적이라고 할 수 있다.

| 서울교통공사

**02** 다음 중 대표적인 물가지수인 GDP 디플레이터를 구하는 계산식으로 옳은 것은?

① (실질 GDP)÷(명목 GDP)×100
② (명목 GDP)÷(실질 GDP)×100
③ (실질 GDP)+(명목 GDP)÷2
④ (명목 GDP)−(실질 GDP)÷2
⑤ (실질 GDP)÷(명목 GDP)×2

| 서울교통공사

**03** 다음 〈조건〉을 참고할 때, 한계소비성향(MPC) 변화에 따른 현재 소비자들의 소비 변화폭은?

조건

- 기존 소비자들의 연간 소득은 3,000만 원이며, 한계소비성향은 0.6을 나타내었다.
- 현재 소비자들의 연간 소득은 4,000만 원이며, 한계소비성향은 0.7을 나타내었다.

① 700
② 1,100
③ 1,800
④ 2,500
⑤ 3,700

| 한국가스기술공사

**04** 다음 〈보기〉의 빈칸에 들어갈 단어가 바르게 나열된 것은?

보기

- 환율이 ___㉠___하면 순수출이 증가한다.
- 국내이자율이 높아지면 환율은 ___㉡___한다.
- 국내물가가 오르면 환율은 ___㉢___한다.

| | ㉠ | ㉡ | ㉢ |
|---|---|---|---|
| ① | 하락 | 상승 | 하락 |
| ② | 하락 | 상승 | 상승 |
| ③ | 하락 | 하락 | 하락 |
| ④ | 상승 | 하락 | 상승 |
| ⑤ | 상승 | 하락 | 하락 |

| 한국가스기술공사

**05** 다음 중 독점적 경쟁시장에 대한 설명으로 옳지 않은 것은?

① 독점적 경쟁시장은 완전경쟁시장과 독점시장의 중간 형태이다.
② 대체성이 높은 제품의 공급자가 시장에 다수 존재한다.
③ 시장진입과 퇴출이 자유롭다.
④ 독점적 경쟁기업의 수요곡선은 우하향하는 형태를 나타낸다.
⑤ 가격경쟁이 비가격경쟁보다 활발히 진행된다.

| 한국가스기술공사

**06** 다음 중 고전학파와 케인스학파에 대한 설명으로 옳지 않은 것은?

① 케인스학파는 경기가 침체할 경우, 정부의 적극적 개입이 바람직하지 않다고 주장하였다.
② 고전학파는 임금이 매우 신축적이어서 노동시장이 항상 균형상태에 이르게 된다고 주장하였다.
③ 케인스학파는 저축과 투자가 국민총생산의 변화를 통해 같아지게 된다고 주장하였다.
④ 고전학파는 실물경제와 화폐를 분리하여 설명한다.
⑤ 케인스학파는 단기적으로 화폐의 중립성이 성립하지 않는다고 주장하였다.

| 한국가스기술공사

## 07 다음 중 〈보기〉의 사례에서 나타나는 현상으로 옳은 것은?

보기

- 물은 사용 가치가 크지만 교환 가치가 작은 반면, 다이아몬드는 사용 가치가 작지만 교환 가치는 크게 나타난다.
- 한계효용이 작을수록 교환 가치가 작으며, 한계효용이 클수록 교환 가치가 크다.

① 매몰비용의 오류
② 감각적 소비
③ 보이지 않는 손
④ 가치의 역설
⑤ 희소성

| 한국가스기술공사

## 08 다음 〈조건〉을 따를 때, 실업률은 얼마인가?

조건

- 생산가능인구 : 50,000명
- 취업자 : 20,000명
- 실업자 : 5,000명

① 10%
② 15%
③ 20%
④ 25%
⑤ 30%

| 한국중부발전

## 09 J기업이 다음 〈조건〉과 같이 생산량을 늘린다고 할 때, 한계비용은 얼마인가?

조건

- J기업의 제품 1단위당 노동가격은 4, 자본가격은 6이다.
- J기업은 제품 생산량을 50개에서 100개로 늘리려고 한다.
- 평균비용 $P=2L+K+\frac{100}{Q}$ ($L$ : 노동가격, $K$ : 자본가격, $Q$ : 생산량)

① 10
② 12
③ 14
④ 16

| 한국서부발전

**10** 다음은 A국과 B국이 노트북 1대와 TV 1대를 생산하는 데 필요한 작업 시간을 나타낸 자료이다. A국과 B국의 비교우위에 대한 설명으로 옳은 것은?

| 구분 | 노트북 | TV |
| --- | --- | --- |
| A국 | 6시간 | 8시간 |
| B국 | 10시간 | 8시간 |

① A국이 노트북, TV 생산 모두 비교우위에 있다.
② B국이 노트북, TV 생산 모두 비교우위에 있다.
③ A국은 노트북 생산, B국은 TV 생산에 비교우위가 있다.
④ A국은 TV 생산, B국은 노트북 생산에 비교우위가 있다.

| 한국서부발전

**11** 다음 중 다이내믹 프라이싱에 대한 설명으로 옳지 않은 것은?

① 동일한 제품과 서비스에 대한 가격을 시장 상황에 따라 변화시켜 적용하는 전략이다.
② 호텔, 항공 등의 가격을 성수기 때 인상하고, 비수기 때 인하하는 것이 대표적인 예이다.
③ 기업은 소비자별 맞춤형 가격을 통해 수익을 극대화할 수 있다.
④ 소비자 후생이 증가해 소비자의 만족도가 높아진다.

| 한국서부발전

**12** 다음 〈보기〉 중 빅맥 지수에 대한 설명으로 옳은 것을 모두 고르면?

보기

㉠ 빅맥 지수를 최초로 고안한 나라는 미국이다.
㉡ 각 나라의 물가수준을 비교하기 위해 고안된 지수로, 구매력 평가설을 근거로 한다.
㉢ 맥도날드 빅맥 가격을 기준으로 한 이유는 전 세계에서 가장 동질적으로 판매되고 있는 상품이기 때문이다.
㉣ 빅맥 지수를 구할 때 빅맥 가격은 제품 가격과 서비스 가격의 합으로 계산한다.

① ㉠, ㉡
② ㉠, ㉢
③ ㉡, ㉢
④ ㉡, ㉣

**| 한국서부발전**

**13** **다음 중 확장적 통화정책의 영향으로 옳은 것은?**

① 건강보험료가 인상되어 정부의 세금 수입이 늘어난다.
② 이자율이 하락하고, 소비 및 투자가 감소한다.
③ 이자율이 상승하고, 환율이 하락한다.
④ 은행이 채무불이행 위험을 줄이기 위해 더 높은 이자율과 담보 비율을 요구한다.

**| 한국서부발전**

**14** **다음 중 노동의 수요공급곡선에 대한 설명으로 옳지 않은 것은?**

① 노동 수요는 파생수요라는 점에서 재화시장의 수요와 차이가 있다.
② 상품 가격이 상승하면 노동 수요곡선은 오른쪽으로 이동한다.
③ 토지, 설비 등이 부족하면 노동 수요곡선은 오른쪽으로 이동한다.
④ 노동에 대한 인식이 긍정적으로 변화하면 노동 공급곡선은 오른쪽으로 이동한다.

**| 한국서부발전**

**15** **다음 〈조건〉에 따라 S씨가 할 수 있는 최선의 선택은?**

> 조건
> - S씨는 퇴근 후 운동을 할 계획으로 헬스, 수영, 자전거, 달리기 중 하나를 고르려고 한다.
> - 각 운동이 주는 만족도(이득)는 헬스 5만 원, 수영 7만 원, 자전거 8만 원, 달리기 4만 원이다.
> - 각 운동에 소요되는 비용은 헬스 3만 원, 수영 2만 원, 자전거 5만 원, 달리기 3만 원이다.

① 헬스 ② 수영
③ 자전거 ④ 달리기

## 03 행정학

| K-water 한국수자원공사

**01** **다음 중 정책참여자에 대한 설명으로 옳지 않은 것은?**

① 의회와 지방자치단체는 모두 공식적 참여자에 해당된다.
② 정당과 NGO는 비공식적 참여자에 해당된다.
③ 사회구조가 복잡해진 현대에는 공식적 참여자의 중요도가 상승하였다.
④ 사회적 의사결정에서 정부의 역할이 줄어들수록 비공식적 참여자의 중요도가 높아진다.

| K-water 한국수자원공사

**02** **다음 중 정책문제에 대한 설명으로 옳지 않은 것은?**

① 정책문제는 정책결정의 대상으로, 공적인 성격이 강하고 공익성을 추구하는 성향을 갖는다.
② 주로 가치판단의 문제를 포함하고 있어 계량화가 난해하다.
③ 정책문제 해결의 주요 주체는 정부이다.
④ 기업경영에서의 의사결정에 비해 고려사항이 단순하다.

| K-water 한국수자원공사

**03** **다음 중 회사모형의 특징에 대한 설명으로 옳은 것은?**

① 사이어트와 드로어가 주장한 모형으로, 조직의 의사결정 방식에 대해 설명하는 이론이다.
② 합리적 결정과 점증적 결정이 누적 및 혼합되어 의사결정이 이루어진다고 본다.
③ 조직들 간의 연결성이 강하지 않은 경우를 전제로 하고 있다.
④ 정책결정 단계를 초정책결정 단계, 정책결정 단계, 후정책결정 단계로 구분하여 설명한다.

| K-water 한국수자원공사

**04** 다음 〈보기〉 중 블라우와 스콧이 주장한 조직 유형에 대한 설명으로 옳지 않은 것을 모두 고르면?

보기

ㄱ. 호혜조직의 1차적 수혜자는 조직 내 의사결정의 참여를 보장받는 구성원이며, 은행, 유통업체 등이 해당된다.
ㄴ. 사업조직의 1차적 수혜자는 조직의 소유자이며, 이들의 주목적은 이윤 추구이다.
ㄷ. 봉사조직의 1차적 수혜자는 이들을 지원하는 후원조직으로, 서비스 제공을 위한 인프라 및 자금조달을 지원한다.
ㄹ. 공공조직의 1차적 수혜자는 공공서비스의 수혜자인 일반대중이며, 경찰, 소방서, 군대 등이 공공조직에 해당된다.

① ㄱ, ㄴ
② ㄱ, ㄷ
③ ㄴ, ㄷ
④ ㄷ, ㄹ

| K-water 한국수자원공사

**05** 다음 중 우리나라 직위분류제의 구조에 대한 설명으로 옳지 않은 것은?

① 직군 : 직위분류제의 구조 중 가장 상위의 구분 단위이다.
② 직위 : 개인에게 부여되는 직무와 책임이다.
③ 직류 : 동일 직렬 내 직무가 동일한 것이다.
④ 직렬 : 일반적으로 해당 구성원 간 동일한 보수 체계를 적용받는 구분이다.

| K-water 한국수자원공사

**06** 다음 중 엽관주의와 실적주의에 대한 설명으로 옳지 않은 것은?

① 공공조직에서 엽관주의적 인사가 이루어질 시 조직구성원들의 신분이 불안정해진다는 단점이 있다.
② 엽관주의와 실적주의 모두 조직 수반에 대한 정치적 정합성보다 정치적 중립성 확보가 강조된다.
③ 민주주의적 평등 이념의 실현을 위해서는 엽관주의보다 실적주의가 유리하다.
④ 미국의 경우, 엽관주의의 폐단에 대한 대안으로 펜들턴 법의 제정에 따라 인사행정에 실적주의가 도입되었다.

| K-water 한국수자원공사

## 07 다음 〈보기〉 중 지방세에 대한 설명으로 옳은 것을 모두 고르면?

보기

ㄱ. 재산세는 시군세에 포함된다.
ㄴ. 도세는 보통세와 목적세로 구분된다.
ㄷ. 취득세는 도세에 포함된다.

① ㄱ ② ㄴ
③ ㄱ, ㄷ ④ ㄱ, ㄴ, ㄷ

| 한국가스기술공사

## 08 다음 중 행정지도에 대한 설명으로 옳은 것은?

① 상대방의 임의적 협력 또는 동의하에 일정 행정질서의 형성을 달성하기 위한 권력적 사실행위이다.
② 행정 강제와 같이 강제력을 갖는 행위이다.
③ 행정환경 변화에 대해 신속한 적용이 어렵다.
④ 분쟁의 가능성이 낮다는 장점이 있다.
⑤ 강제력 있는 행위로, 통한 상대방의 행위에 대해 행정주체는 감독권한을 갖는다.

| 한국가스기술공사

## 09 다음 중 시장실패에 따른 정부의 대응에 대한 설명으로 옳지 않은 것은?

① 공공재에 대한 무임승차 현상 발생 시 정부는 공적공급을 통해 해결할 수 있다.
② 외부효과가 발생할 때는 규제를 통한 부정적 외부효과 제한만이 문제를 해결할 수 있다.
③ 정보의 비대칭 발생 시 공적규제를 통해 사회주체 간 정보격차를 완화할 수 있다.
④ 불완전경쟁 문제를 해결하기 위해서는 공적규제를 시행하는 것이 효과적이다.
⑤ 자연독점에 따른 시장실패 발생 시 정부에 의한 공급뿐만 아니라 규제를 통해서도 해결할 수 있다.

| 한국가스기술공사

## 10 다음 중 정책네트워크에 대한 설명으로 옳지 않은 것은?

① 하위정부모형은 의회 상임위원회, 정부관료, 이익집단에 의해 정책적 의사결정이 이루어진다고 본다.
② 이슈네트워크는 참여자의 범위에 제한을 두지 않아 개방적 의견수렴이 가능하다.
③ 정책공동체는 동일한 목표를 공유하는 사회주체들에 의해 정책적 의사결정이 이루어진다.
④ 정책공동체는 일정 기준을 충족하는 주체에 한해 정책네트워크 참여가 가능하다.
⑤ 정책공동체의 경우 하위정부모형에 비해 정책참여자의 범위가 더 제한적이다.

| 한국가스기술공사

**11** 다음 중 발생주의 회계의 특징으로 옳은 것은?

① 현금의 유출입 발생 시 회계 장부에 기록하는 방법을 의미한다.
② 실질적 거래의 발생을 회계처리에 정확히 반영할 수 있다는 장점이 있다.
③ 회계연도 내 경영활동과 성과에 대해 정확히 측정하기 어렵다는 한계가 있다.
④ 재화나 용역의 인수 및 인도 시점을 기준으로 장부에 기입한다.
⑤ 수익과 비용이 대응되지 않는다는 한계가 있다.

| 한국가스기술공사

**12** 다음 〈보기〉 중 맥그리거(D. McGregor)의 인간관에 대한 설명으로 옳지 않은 것을 모두 고르면?

보기

ㄱ. X이론은 부정적이고 수동적인 인간관에 근거하고 있고, Y이론은 긍정적이고 적극적인 인간관에 근거하고 있다.
ㄴ. X이론에서는 보상과 처벌을 통한 통제보다는 직원들에 대한 조언과 격려에 의한 경영전략을 강조하였다.
ㄷ. Y이론에서는 자율적 통제를 강조하는 경영전략을 제시하였다.
ㄹ. X이론의 적용을 위한 대안으로 권한의 위임 및 분권화, 직무 확대 등을 제시했다.

① ㄱ, ㄴ
② ㄱ, ㄷ
③ ㄴ, ㄷ
④ ㄴ, ㄹ
⑤ ㄷ, ㄹ

| 한국중부발전

**13** 다음 중 대한민국 중앙정부의 인사조직형태에 대한 설명으로 옳지 않은 것은?

① 독립합의형 인사기관은 일반적으로 일반행정부처에서 분리되어 있으며, 독립적 지위를 가진 합의체의 형태를 갖는다.
② 비독립단독형 인사기관은 독립합의형 인사기관에 비해 의사결정이 신속하다는 특징이 있다.
③ 독립합의형 인사기관의 경우 비독립단독형 인사기관에 비해 책임소재가 불분명하다는 특징이 있다.
④ 실적주의의 인사행정을 위해서는 독립합의형보다 비독립단독형 인사조직이 적절하다.

| 한국중부발전

**14** 다음 〈보기〉 중 정부실패의 원인으로 옳지 않은 것을 모두 고르면?

보기

㉠ 정부가 민간주체보다 정보에 대한 접근성이 높아서 발생한다.
㉡ 공공부문의 불완전경쟁으로 인해 발생한다.
㉢ 정부행정이 사회적 필요에 비해 장기적 관점에서 추진되어 발생한다.
㉣ 정부의 공급은 공공재라는 성격을 가지기 때문에 발생한다.

① ㉠, ㉡
② ㉠, ㉢
③ ㉡, ㉢
④ ㉡, ㉣

| 한국중부발전

**15** 다음 〈보기〉의 행정의 가치 중 수단적 가치가 아닌 것을 모두 고르면?

보기

㉠ 공익
㉡ 자유
㉢ 합법성
㉣ 민주성
㉤ 복지

① ㉠, ㉡, ㉣
② ㉠, ㉡, ㉤
③ ㉠, ㉢, ㉣
④ ㉠, ㉣, ㉤

| 한국중부발전

**16** 다음 중 신공공관리론과 뉴거버넌스에 대한 설명으로 옳은 것은?

① 신공공관리론은 정부실패를 지적하며 등장한 이론으로, 민간에 대한 충분한 정보력을 갖춘 크고 완전한 정부를 추구한다.
② 뉴거버넌스는 정부가 사회의 문제해결을 주도하여 민간 주체들의 적극적 참여를 유도하는 것을 추구한다.
③ 영국의 대처주의, 미국의 레이거노믹스는 모두 신공공관리론에 토대를 둔 정치기조이다.
④ 뉴거버넌스는 민영화, 민간위탁을 통한 서비스의 공급을 지향한다.

| 한국중부발전

**17** **다음 중 지방의회에 대한 설명으로 옳지 않은 것은?**

① 지방의회는 재적위원 3분의 2 이상의 출석으로 개의한다.
② 지방의회는 지방자치단체에 대해 연 1회 행정감사를 실시한다.
③ 지방자치단체에 대한 행정조사를 실시하기 위해서는 의원 3분의 1 이상의 발의가 필요하다.
④ 지방의회는 매년 2회 정례회를 개최한다.

| 한국동서발전

**18** **다음 중 사물인터넷을 사용하지 않은 경우는?**

① 스마트 팜 시스템을 도입하여 작물 재배의 과정을 최적화, 효율화한다.
② 비상전력체계를 이용하여 재난 및 재해 등 위기상황으로 전력 차단 시 동력을 복원한다.
③ 커넥티드 카를 이용하여 차량 관리 및 운행 현황 모니터링을 자동화한다.
④ 스마트홈 기술을 이용하여 가정 내 조명, 에어컨 등을 원격 제어한다.

| 한국동서발전

**19** **다음 〈보기〉 중 수평적 인사이동에 해당하지 않는 것을 모두 고르면?**

보기

ㄱ. 강임　　ㄴ. 승진
ㄷ. 전보　　ㄹ. 전직

① ㄱ, ㄴ　　② ㄱ, ㄷ
③ ㄴ, ㄷ　　④ ㄷ, ㄹ

| 한국동서발전

**20** **다음 〈보기〉 중 유료 요금제에 해당하지 않는 것을 모두 고르면?**

보기

ㄱ. 국가지정문화재 관람료
ㄴ. 상하수도 요금
ㄷ. 국립공원 입장료

① ㄱ　　② ㄷ
③ ㄱ, ㄴ　　④ ㄴ, ㄷ

# PART 1

# 직업기초능력평가

CHAPTER 01

# 의사소통능력

## 합격 Cheat Key

의사소통능력은 평가하지 않는 공사·공단이 없을 만큼 필기시험에서 중요도가 높은 영역으로, 세부 유형은 문서 이해, 문서 작성, 의사 표현, 경청, 기초 외국어로 나눌 수 있다. 문서 이해·문서 작성과 같은 지문에 대한 주제 찾기, 내용 일치 문제의 출제 비중이 높으며, 문서의 특성을 파악하는 문제도 출제되고 있다.

### 1 문제에서 요구하는 바를 먼저 파악하라!

의사소통능력에서 가장 중요한 것은 제한된 시간 안에 빠르고 정확하게 답을 찾아내는 것이다. 의사소통능력에서는 지문이 아니라 문제가 주인공이므로 지문을 보기 전에 문제를 먼저 파악해야 하며, 문제에 따라 전략적으로 빠르게 풀어내는 연습을 해야 한다.

### 2 잠재되어 있는 언어 능력을 발휘하라!

세상에 글은 많고 우리가 학습할 수 있는 시간은 한정적이다. 이를 극복할 수 있는 방법은 다양한 글을 접하는 것이다. 실제 시험장에서 어떤 내용의 지문이 나올지 아무도 예측할 수 없으므로 평소에 신문, 소설, 보고서 등 여러 글을 접하는 것이 필요하다.

### 3 상황을 가정하라!

업무 수행에 있어 상황에 따른 언어 표현은 중요하다. 같은 말이라도 상황에 따라 다르게 해석될 수 있기 때문이다. 그런 의미에서 자신의 의견을 효과적으로 전달할 수 있는 능력을 평가하는 것이다. 업무를 수행하면서 발생할 수 있는 여러 상황을 가정하고 그에 따른 올바른 언어표현을 정리하는 것이 필요하다.

### 4 말하는 이의 입장에서 생각하라!

잘 듣는 것 또한 하나의 능력이다. 상대방의 이야기에 귀 기울이고 공감하는 태도는 업무를 수행하는 관계 속에서 필요한 요소이다. 그런 의미에서 다양한 상황에서 듣는 능력을 평가하는 것이다. 말하는 이가 요구하는 듣는 이의 태도를 파악하고, 이에 따른 판단을 할 수 있도록 언제나 말하는 사람의 입장이 되는 연습이 필요하다.

# 01 문서 내용 이해

**| 유형분석 |**

- 주어진 지문을 읽고 선택지를 고르는 전형적인 독해 문제이다.
- 지문은 주로 신문기사(보도자료 등)나 업무 보고서, 시사 등이 제시된다.
- 공사공단에 따라 자사와 관련된 내용의 기사나 법조문, 보고서 등이 출제되기도 한다.

**다음 글의 내용으로 적절하지 않은 것은?**

물가 상승률은 일반적으로 가격 수준의 상승 속도를 나타내며, 소비자 물가지수(CPI)와 같은 지표를 사용하여 측정된다. 높은 물가 상승률은 소비재와 서비스의 가격이 상승하고, 돈의 구매력이 감소한다. 이는 소비자들이 더 많은 돈을 지출하여 물가 상승에 따른 가격 상승을 감수해야 함을 의미한다.

물가 상승률은 경제에 다양한 영향을 미친다. 먼저 소비자들의 구매력이 저하되므로 가계소득의 실질 가치가 줄어든다. 이는 소비 지출의 감소와 경기 둔화를 초래할 수 있다. 또한 물가 상승률은 기업의 의사결정에도 영향을 준다. 예를 들어 높은 물가 상승률은 이자율의 상승과 함께 대출 조건을 악화시키므로 기업들은 생산 비용 상승과 이로 인한 이윤 감소에 직면하게 된다.

정부와 중앙은행은 물가 상승률을 통제하기 위해 다양한 금융 정책을 사용하며, 대표적으로 세금 조정, 통화량 조절, 금리 조정 등이 있다.

물가 상승률은 경제 활동에 큰 영향을 주는 중요한 요소이므로 정부, 기업, 투자자 및 개인은 이를 주의 깊게 모니터링하고 전망을 평가하는 데 활용해야 한다. 또한 소비자의 구매력과 경기 상황에 직접적·간접적인 영향을 주므로 경제 주체들은 물가 상승률의 변동에 대응하여 적절한 전략을 수립해야 한다.

① 지나친 물가 상승은 소비 심리를 위축시킨다.
② 정부와 중앙은행이 실행하는 금융 정책의 목적은 물가 안정성을 유지하는 것이다.
③ 중앙은행의 금리 조정으로 지나친 물가 상승을 진정시킬 수 있다.
④ 소비재와 서비스의 가격이 상승하므로 기업의 입장에서는 물가 상승률이 커질수록 이득이다.

정답 ④

높은 물가 상승률은 이자율의 상승과 함께 대출 조건을 악화시키므로 기업들은 생산 비용 상승과 이로 인한 이윤 감소에 직면하게 된다.

**풀이 전략!**

주어진 선택지에서 키워드를 체크한 후, 지문의 내용과 비교해 가면서 내용의 일치 유무를 빠르게 판단한다.

## 출제유형분석 01 실전예제

**01** 다음 글의 내용으로 적절하지 않은 것은?

> 인천은 예로부터 해상활동의 중심지였다. 지리적으로 한양과 인접해 있을 뿐 아니라 가깝게는 강화, 서산, 수원, 태안, 개성 등지와 멀리는 충청, 황해, 평안, 전라지방으로부터 온갖 지역 생산품이 모이는 곳이었다. 즉, 상권이 전국에 미치는 매우 중요한 지역이었으며 갑오개혁 이후에는 일본군, 관료, 상인들이 한양으로 들어오는 관문이었다.
> 현재 인천광역시 옥련동에 남아 있는 능허대는 백제가 당나라와 교역했던 사실을 말해주는 대표적인 유적이다. 고구려 역시 광개토대왕 이래 남진정책을 펼치면서 경기만을 활용해 해상활동을 활발하게 전개했고, 이를 국가 발전의 원동력으로 삼았다. 고려는 황해를 무대로 한 해상세력이 건국한 국가였으므로 인천을 비롯한 경기만은 송나라는 물론 이슬람 권역과 교역하는 주요거점이 되었다. 조선시대 인천은 조운선의 중간 기착지였다. 이처럼 고대로부터 인천지역이 해상교역에서 중요한 역할을 담당했던 것은 한반도의 허리이자, 황해의 핵심적 위치에 자리하고 있기 때문이었다.
> 인천항의 근대 산업항으로서의 역사는 1883년 개항에 의해 본격적으로 시작된다. 그 무렵 인천 도호부는 인구 4,700여 명의 작은 마을이었다. 비록 외세에 의한 강제적 개항이며 식민지 찬탈의 창구였으나, 1900년대 초 인천은 우리나라 무역총액의 50%를 담당하는 국내 대표항구로서 자리 잡게 되었다. 그리고 이후 우리나라 근대화와 산업화를 이끈 주역으로 역할을 수행하게 된다.

① 인천은 지리적 특성으로 해상활동의 중심지였다.
② 능허대는 백제의 국내 교역이 활발했음을 말해주는 대표적인 유적이다.
③ 광개토대왕은 경기만을 이용한 해상활동으로 국가를 발전시킬 수 있었다.
④ 인천은 조선시대에 조운선의 중간 기착지로 활용되었다.
⑤ 근대 산업항으로서의 인천항은 외세에 의한 강제적 개항으로 시작되었다.

PART 1

**02** 다음 중 통합환경 관리제도에 대한 설명으로 가장 적절한 것은?

> **효율적으로 환경오염을 막는 방법**
>
> 올해 1월부터 시행 중인 '통합환경 관리제도'는 최신 과학기술에 기반을 둔 스마트한 대책으로 평가받고 있다. 대기, 수질, 토양 등 개별적으로 이루어지던 관리 방식을 하나로 통합해 환경오염물질이 다른 분야로 전이되는 것을 막는 것이다. 유럽연합을 비롯해 세계 각국에서 운영하는 효율적인 환경수단을 우리나라의 현실과 특성에 맞게 설계한 점도 특징이다.
>
> 관리방식의 통합이 가져온 변화는 크다. 먼저 대기배출시설, 수질오염배출시설 등 총 10종에 이르는 인허가는 통합허가 1종으로 줄었고, 관련 서류도 통합환경 허가시스템을 통해 온라인으로 간편하게 제출할 수 있다. 사업장별로 지역 맞춤형 허가기준을 부여해 5 ~ 8년마다 주기적으로 검토하며 단속과 적발 위주였던 사후관리가 정밀점검과 기술 진단 방식으로 전환됐다. 또한, 통합환경관리 운영을 위한 참고문서인 최적가용기법(BREF)을 보급해 사업장이 자발적으로 환경관리와 관련 허가에 사용할 수 있도록 돕는다.
>
> I공단은 환경전문심사원으로 지정돼 통합환경 계획서 검토, 통합관리사업장 현장 확인 및 오염물질 배출 여부 확인 등 제도가 원활하게 시행되도록 지원할 계획이다. 통합환경 관리제도와 통합환경 허가시스템에 관한 문의가 있다면 통합허가 지원센터에서 상담 받을 수 있다. 환경을 종합적으로 관리하면서 환경을 개선하고 자원을 효율적으로 이용할 수 있는 통합환경 관리제도에 많은 기업이 자발적으로 참여함으로써, 환경과 산업의 상생이 실현되고 있다.

① 통합환경 관리제도는 통합적으로 이루어지던 관리 방식을 대기, 수질, 토양으로 분리해 환경오염물질이 다른 분야로 전이되는 것을 막기 위해 만들어졌다.

② 관리방식의 통합은 총 10종에 이르는 인허가를 3종으로 줄였다.

③ 통합허가 관련 서류는 온라인으로도 제출할 수 있다.

④ 사업장별로 업종 맞춤형 허가기준을 부여해 10년마다 주기적으로 검토한다.

⑤ 사업장에 최적가용기법을 보급해 사업장이 공공기관을 통해 환경관리 교육을 받을 수 있도록 한다.

## 03 다음 글을 이해한 내용으로 가장 적절한 것은?

개인의 합리성과 사회의 합리성은 병행할 수 있을까? 이 문제와 관련하여 고전 경제학에서는 개인이 합리적으로 행동하면 사회 전체적으로도 합리적인 결과를 얻을 수 있다고 말한다. 물론 여기에서 '합리성'이란 여러 가지 가능한 대안 가운데 효용의 극대화를 추구하는 방향으로 선택을 한다는 의미의 경제적 합리성을 의미한다. 따라서 개인이 최대한 자신의 이익에 충실하면 모든 자원이 효율적으로 분배되어 사회적으로도 이익이 극대화된다는 것이 고전 경제학의 주장이다.

그러나 개인의 합리적 선택이 반드시 사회적인 합리성으로 연결되지 못한다는 주장도 만만치 않다. 이른바 '죄수의 딜레마' 이론에서는 서로 의사소통을 할 수 없도록 격리된 두 용의자가 각각의 수준에서 가장 합리적으로 내린 선택이 오히려 집합적인 결과에서는 두 사람 모두에게 비합리적인 결과를 초래할 수 있다고 설명하고 있다. 즉, 다른 사람을 고려하지 않고 자신의 이익만을 추구하는 개인적 차원의 합리성만을 강조하면, 오히려 사회 전체적으로는 비합리적인 결과를 초래할 수 있다는 것이다. 죄수의 딜레마 이론을 지지하는 쪽에서는 심각한 환경오염 등 우리 사회에 존재하는 문제의 대부분을 이 이론으로 설명한다.

일부 경제학자들은 이러한 주장에 대하여 강하게 반발한다. 그들은 죄수의 딜레마 현상이 보편적인 현상이라면, 우리 주위에서 흔히 발견할 수 있는 협동은 어떻게 설명할 수 있느냐고 반문한다. 사실 우리 주위를 돌아보면, 사람들은 의외로 약간의 손해를 감수하더라도 협동을 하는 모습을 곧잘 보여주곤 한다. 그들은 이런 행동들도 합리성을 들어 설명한다. 안면이 있는 사이에서는 오히려 상대방과 협조를 하는 행동이 장기적으로는 이익이 된다는 것을 알기 때문에 협동을 한다는 것이다. 즉, 협동도 크게 보아 개인적 차원의 합리적 선택이 집합적으로 나타난 결과로 보는 것이다.

그러나 이런 해명에도 불구하고 우리 주변에서는 각종 난개발이 도처에서 자행되고 있으며, 환경오염은 이제 전 지구적으로 만연해 있는 것이 엄연한 현실이다. 자기 집 부근에 도로나 공원이 생기기를 원하면서도 정작 그 비용은 부담하려고 하지 않는다든지, 남에게 해를 끼치는 일인 줄 뻔히 알면서도 쓰레기를 무단 투기하는 등의 행위를 서슴지 않고 한다. '합리적인 개인'이 '비합리적인 사회'를 초래하고 있는 것이다.

그렇다면 죄수의 딜레마와 같은 현상을 극복하고 사회적인 합리성을 확보할 수 있는 방안은 무엇인가? 그것은 개인적으로는 도덕심을 고취하고, 사회적으로는 의사소통 과정을 원활하게 하는 것이라고 할 수 있다. 개인들이 자신의 욕망을 적절하게 통제하고 남을 배려하는 태도를 지니면 죄수의 딜레마 같은 현상에 빠지지 않고도 개인의 합리성을 추구할 수 있을 것이다. 아울러 서로 간의 원활한 의사소통을 통해 공감의 폭을 넓히고 신뢰감을 형성하며, 적절한 의사수렴 과정을 거친다면 개인의 합리성이 보다 쉽게 사회적 합리성으로 이어지는 길이 열릴 것이다.

① 사회의 이익은 개인의 이익을 모두 합한 것이다.
② 사람들은 이기심보다 협동심이 더 강하다.
③ 사회가 기계라면 사회를 이루는 개인은 그 기계의 부속품일 수밖에 없다.
④ 전체 사회를 위해 개인의 희생은 감수할 수밖에 없다.
⑤ 사회적 합리성을 위해서는 개인의 노력만으로는 안 된다.

## 04 다음 글을 읽고 온실가스 · 에너지 목표관리제에 대한 설명으로 적절하지 않은 것을 〈보기〉에서 모두 고르면?

I공사는 지구온난화에 대비하는 전 세계의 흐름에 발맞춰 2010년부터 '온실가스 · 에너지 목표관리제'를 운영하고 있다. 2030년까지 국가온실가스 배출전망치(BAU) 대비 37%를 줄이는 것이 목표이다. I공사는 온실가스를 많이 배출하고 에너지 소비가 큰 업체를 매년 관리대상 업체로 지정한다. 또한 온실가스 감축, 에너지 절약 및 이용 효율과 같은 목표를 설정하고 목표 범위 이내로 온실가스 배출량과 에너지 소비량을 줄이도록 지속해서 관리한다.

관리대상으로 지정된 업체는 온실가스 · 에너지에 대한 명세서, 목표이행 계획서 및 이행실적보고서를 매년 제출해야 한다. 별도의 검증기관은 명세서가 정확히 작성됐는지 확인하며 관리업체가 목표를 달성하지 못했을 경우 정부는 과태료를 부과한다. 또한 중앙행정기관, 지자체, 공공기관 등 공공부문에서 소유하거나 임차해 사용하는 건물 및 차량에도 온실가스 · 에너지 목표관리제가 적용된다. 공공부문 역시 2030년까지 온실가스를 30% 이상 줄여야 하는 것이 목표이며, 더욱 효과적으로 감축 계획을 이행할 수 있도록 온실가스 감축 기술 진단 및 전문컨설팅, 담당자 역량강화 교육 서비스를 지원해 온실가스를 줄이도록 독려하고 있다.

현재 온실가스 · 에너지 목표관리대상은 총 358개, 공공부문 대상기관은 824개 등으로 해마다 느는 추세이다. 민 · 관이 한마음 한뜻이 되어 지구온난화에 대비한 힘찬 발걸음을 시작한 것이 지구의 온도가 1℃ 내려가는 그날이 머잖아 찾아올 것이라 기대되는 이유이다.

**보기**

㉠ 기업체뿐만 아니라 공공부문에서도 온실가스 · 에너지 목표관리제를 적용한다.
㉡ 온실가스 감축 계획을 효과적으로 진행할 수 있도록 전문적인 교육을 했다.
㉢ 온실가스를 많이 배출하고 에너지 소비가 가장 많이 줄어든 업체를 매년 관리대상 업체로 지정한다.
㉣ 공공부문은 2030년까지 온실가스를 37% 이상 줄이는 것을 목표로 하고 있다.
㉤ 관리대상으로 지정된 업체는 목표이행 계획서를 제출해야 하며, 미달성한 경우 상부 업체는 과태료를 부과한다.

① ㉠, ㉡, ㉢
② ㉠, ㉢, ㉣
③ ㉡, ㉢, ㉤
④ ㉡, ㉣, ㉤
⑤ ㉢, ㉣, ㉤

## 05 다음 글을 읽고 눈 건강을 위한 행동으로 가장 적절한 것은?

**눈의 건조가 시력저하를 부른다?**

세상을 보는 창인 '눈'은 사계절 중 특히 봄에 건강을 위협받기 쉽다. 건조한 날씨와 더불어 꽃가루, 황사 먼지 등이 우리 눈에 악영향을 끼치기 때문이다. 그 예로 들 수 있는 것이 눈의 건조증이다. 눈이 건조해지면 눈이 쉽게 피로하고 충혈되는 증상이 나타난다. 그리고 여기에 더해 시력이 떨어지는 일이 일어나기도 한다.

우리는 가까운 사물을 볼 때 눈을 잘 깜빡거리지 않는 경향이 있다. 이런 경향은 TV화면, 컴퓨터, 스마트폰 등에 집중할 때 더 심해진다. 이 경우 눈의 건조는 더욱 심해질 수밖에 없다. 그렇다면 어떻게 해야 할까? 수시로 수분을 섭취하고 눈을 자주 깜빡이면서 눈의 건조를 막으려는 노력을 해야 한다. 또 1시간에 한 번 2 ~ 3분씩 눈을 감은 상태에서 눈동자를 굴리는 것도 눈 근육 발달에 도움을 주어 시력 저하를 막을 수 있다. 가벼운 온찜질로 눈의 피로를 풀어주는 것도 좋은 방법이다.

**컴퓨터 화면 증후군 예방법**

미국 안과의사협회와 코넬 대학은 컴퓨터 화면 증후군을 '컴퓨터 가까이에서 일하거나 컴퓨터를 사용하는 동안 올바른 작업 환경에서 일하지 못해서 눈과 시력에 생기는 여러 가지 증상'이라고 정의한다. 최근 컴퓨터 화면 증후군이 점점 더 많아지고 있는 가운데 미국 안과의사협회에서는 컴퓨터 화면 증후군 예방법을 내놓았다. 가장 필요한 것은 눈에 휴식을 주는 것이다. 1시간에 5 ~ 10분 정도 눈을 쉬어 주는 것이 눈 건강에 도움이 된다고 한다. 또한 시력은 평생 변하므로 시력이 좋은 사람이라도 정기적인 안과 검사를 통해 시력 교정을 해주어야 하며, 노안이 시작되는 사람은 컴퓨터 사용을 위한 작업용 안경을 맞추는 것이 좋다. 또한 업무 시간 내 연속적인 컴퓨터 작업을 피해 전화 걸기, 고객 접대처럼 눈에 무리가 가지 않는 일을 하는 것이 좋으며, 야간작업을 할 때는 실내 전체 조명은 어둡게 하고 부분 조명을 사용하면 서로 다른 빛 방향으로 시력이 증진된다. 컴퓨터를 자주 사용하는 사람은 보호 필터를 설치하고 모니터의 글씨를 크게 하여 눈이 뚫어지게 집중하는 것을 피하는 것이 좋다.

**눈 건강을 위한 영양소**

칼슘은 뼈와 치아뿐 아니라 인체 조직의 회복을 돕는 데에도 작용한다. 특히 눈을 깜빡이는 근육의 힘이나 염증을 치료하는 데 탁월한 효과를 보인다. 눈과 관련된 영양소 중 가장 많이 알려진 것은 바로 비타민 A다. 야맹증과 안구건조증, 결막염에 효과가 좋으며 비타민 A와 관련된 복합체 중 하나인 카로티노이드는 망막과 황반의 구성 성분으로, 노안으로 시력이 감퇴되는 것을 막아 준다. 비타민 C는 피로 회복에 도움을 주고 백내장 발병률을 떨어뜨리며, 루틴은 눈 건강을 위한 항염 작용에 도움이 된다. 특히 혈행을 개선해 주는 효과가 탁월한 오메가 3는 망막의 구성 성분으로, 나이가 들수록 퇴화하는 망막 세포의 손상을 막아 주고, 비타민 B는 눈 신경 세포의 물질 대사를 활발하게 만들어 시신경을 튼튼하고 건강하게 해준다.

① 가까운 사물을 볼 때 눈을 잘 깜빡거리지 않는다.

② 시력이 1.5 이상이면 2년에 한 번 안과 검진을 받는다.

③ 비타민 A와 C는 다량 섭취하면 눈 건강에 좋지 않으니 소량만 섭취한다.

④ 야간작업 시 실내 전체 조명은 어둡게 하고 부분 조명을 사용한다.

⑤ 컴퓨터를 자주 사용할 때는 모니터의 글씨 크기를 작게 하여 동공의 확장을 유도한다.

# 02 주제 · 제목 찾기

**| 유형분석 |**

- 주어진 지문을 파악하여 전달하고자 하는 핵심 주제를 고르는 문제이다.
- 정보를 종합하고 중요한 내용을 구별하는 능력이 필요하다.
- 설명문부터 주장, 반박문까지 다양한 성격의 지문이 제시되므로 글의 성격별 특징을 알아두는 것이 좋다.

**다음 글의 주제로 가장 적절한 것은?**

멸균이란 곰팡이, 세균, 박테리아, 바이러스 등 모든 미생물을 사멸시켜 무균 상태로 만드는 것을 의미한다. 멸균 방법에는 물리적, 화학적 방법이 있으며, 멸균 대상의 특성에 따라 적절한 멸균 방법을 선택하여 실시할 수 있다. 먼저 물리적 멸균법에는 열이나 화학약품을 사용하지 않고 여과기를 이용하여 세균을 제거하는 여과법, 병원체를 불에 태워 없애는 소각법, 100℃에서 10 ~ 20분간 물품을 끓이는 자비소독법, 미생물을 자외선에 직접 노출시키는 자외선 소독법, 160 ~ 170℃의 열에서 1 ~ 2시간 동안 건열 멸균기를 사용하는 건열법, 포화된 고압증기 형태의 습열로 미생물을 파괴시키는 고압증기 멸균법 등이 있다. 다음으로 화학적 멸균법은 화학약품이나 가스를 사용하여 미생물을 파괴하거나 성장을 억제하는 방법으로, E.O 가스, 알코올, 염소 등 여러 가지 화학약품이 사용된다.

① 멸균의 중요성
② 뛰어난 멸균 효과
③ 다양한 멸균 방법
④ 멸균 시 발생할 수 있는 부작용
⑤ 멸균 시 사용하는 약품의 종류

**정답** ③

제시문에서는 멸균에 대해 언급하며, 멸균 방법을 물리적·화학적으로 구분하여 다양한 멸균 방법에 대해 설명하고 있다. 따라서 글의 주제로는 ③이 가장 적절하다.

**풀이 전략!**

'결국', '즉', '그런데', '그러나', '그러므로' 등의 접속어 뒤에 주제가 드러나는 경우가 많다는 것에 주의하면서 지문을 읽는다.

## 출제유형분석 02 실전예제

**01** 다음 글의 주제로 가장 적절한 것은?

동양 사상이라 해서 언어와 개념을 무조건 무시하는 것은 결코 아니다. 만약 그렇다면 동양 사상은 경전이나 저술을 통해 언어화되지 않고 순전히 침묵 속에서 전수되어 왔을 것이다. 물론 이것은 사실이 아니다. 동양 사상도 끊임없이 언어적으로 다듬어져 왔으며 논리적으로 전개되어 왔다. 흔히 동양 사상은 신비주의적이라고 말하지만, 이것은 동양 사상의 한 면만을 특정 지우는 것이지 결코 동양의 철인(哲人)들이 사상을 전개함에 있어 논리를 무시했다거나 항시 어떤 신비적인 체험에 호소해서 자신의 주장들을 폈다는 것을 뜻하지는 않는다. 그러나 역시 동양 사상은 신비주의적임에 틀림없다. 거기서는 지고(至高)의 진리란 언제나 언어화될 수 없는 어떤 신비한 체험의 경지임이 늘 강조되어 왔기 때문이다. 최고의 진리는 언어 이전, 혹은 언어 이후의 무언(無言)의 진리이다. 엉뚱하게 들리겠지만, 동양 사상의 정수(精髓)는 말로써 말이 필요 없는 경지를 가리키려는 데에 있다고 해도 과언이 아니다. 말이 스스로를 부정하고 초월하는 경지를 나타내도록 사용된 것이다. 언어로써 언어를 초월하는 경지를 나타내고자 하는 것이야말로 동양 철학이 지닌 가장 특징적인 정신이다. 동양에서는 인식의 주체를 심(心)이라는 매우 애매하면서도 포괄적인 말로 이해해 왔다. 심(心)은 물(物)과 항시 자연스러운 교류를 하고 있으며, 이성은 단지 심(心)의 일면일 뿐인 것이다. 동양은 이성의 오만이라는 것을 모른다. 지고의 진리, 인간을 살리고 자유롭게 하는 생동적 진리는 언어적 지성을 넘어선다는 의식이 있었기 때문일 것이다. 언어는 언제나 마음을 못 따르며 둘 사이에는 항시 괴리가 있다는 생각이 동양인들의 의식 저변에 깔려 있는 것이다.

① 동양 사상은 신비주의적인 요소가 많다.
② 언어와 개념을 무시하면 동양 사상을 이해할 수 없다.
③ 동양 사상은 언어적 지식을 초월하는 진리를 추구한다.
④ 인식의 주체를 심(心)으로 표현하는 동양 사상은 이성적이라 할 수 없다.
⑤ 동양 사상에서는 언어는 마음을 따르므로 진리는 마음속에 있다고 주장한다.

**02** 다음 글의 제목으로 가장 적절한 것은?

우리는 처음 만난 사람의 외모를 보고, 그를 어떤 방식으로 대우해야 할지를 결정할 때가 많다. 그가 여자인지 남자인지, 얼굴색이 흰지 검은지, 나이가 많은지 적은지 혹은 그의 스타일이 조금은 상류층의 모습을 띠고 있는지 아니면 너무나 흔해서 별 특징이 드러나 보이지 않는 외모를 하고 있는지 등을 통해 그들과 나의 차이를 재빨리 감지한다. 일단 감지가 되면 우리는 둘 사이의 지위 차이를 인식하고 우리가 알고 있는 방식으로 그를 대하게 된다. 한 개인이 특정 집단에 속한다는 것은 단순히 다른 집단의 사람과 다르다는 것뿐만 아니라, 그 집단이 다른 집단보다는 지위가 높거나 우월하다는 믿음을 갖게 한다. 모든 인간은 평등하다는 우리의 신념에도 불구하고 왜 인간들 사이의 이러한 위계화(位階化)를 당연한 것으로 받아들일까? 위계화란 특정 부류의 사람들은 자원과 권력을 소유하고 다른 부류의 사람들은 낮은 사회적 지위를 갖게 되는 사회적이며 문화적인 체계이다. 다음으로 이러한 불평등이 어떠한 방식으로 경험되고 조직화되는지를 살펴보기로 하자.
인간이 불평등을 경험하게 되는 방식은 여러 측면으로 나눌 수 있다. 산업 사회에서의 불평등은 계층과 계급의 차이를 통해서 정당화되는데, 이는 재산, 생산 수단의 소유 여부, 학력, 집안 배경 등등의 요소들의 결합에 의해 사람들 사이의 위계를 만들어 낸다. 또한 모든 사회에서 인간은 태어날 때부터 얻게 되는 인종, 성, 종족 등의 생득적 특성과 나이를 통해 불평등을 경험한다. 이러한 특성들은 단순히 생물학적인 차이를 지칭하는 것이 아니라, 개인의 열등성과 우등성을 가늠하게 만드는 사회적 개념이 되곤 한다.
한편 불평등이 재생산되는 다양한 사회적 기제들이 때로는 관습이나 전통이라는 이름 아래 특정 사회의 본질적인 문화적 특성으로 간주되고 당연시되는 경우가 많다. 불평등은 체계적으로 조직되고 개인에 의해 경험됨으로써 문화의 주요 부분이 되었고, 그 결과 같은 문화권 내의 구성원들 사이에 권력 차이와 그에 따른 폭력이나 비인간적인 행위들이 자연스럽게 수용될 때가 많다.
문화 인류학자들은 사회 집단의 차이와 불평등, 사회의 관습 또는 전통이라고 얘기되는 문화 현상에 대해 어떤 입장을 취해야 할지 고민을 한다. 문화 인류학자가 이러한 문화 현상은 고유한 역사적 산물이므로 나름대로 가치를 지닌다는 입장만을 반복하거나 단순히 관찰자로서의 입장에 안주한다면, 이러한 차별의 형태를 제거하는 데 도움을 줄 수 없다. 실제로 문화 인류학 연구는 기존의 권력관계를 유지시켜주는 다양한 문화적 이데올로기를 분석하고, 인간 간의 차이가 우등성과 열등성을 구분하는 지표가 아니라 동등한 다름일 뿐이라는 것을 일깨우는 데 기여해 왔다.

① 차이와 불평등
② 차이의 감지 능력
③ 문화 인류학의 역사
④ 위계화의 개념과 구조
⑤ 관습과 전통의 계승과 창조

## 03 다음 기사의 제목으로 적절하지 않은 것은?

> 대・중소기업 간 동반성장을 위한 '상생'이 산업계의 화두로 조명 받고 있다. 4차 산업혁명 시대 도래 등 글로벌 시장에서의 경쟁이 날로 치열해지는 상황에서 대기업과 중소기업이 힘을 합쳐야 살아남을 수 있다는 위기감이 상생의 중요성을 부각하고 있다고 분석된다. 재계 관계자는 "그동안 반도체, 자동차 등 제조업에서 세계적인 경쟁력을 갖출 수 있었던 배경에는 대기업과 협력업체 간 상생의 역할이 컸다."며 "고속 성장기를 지나 지속 가능한 구조로 한 단계 더 도약하기 위해 상생경영이 중요하다."라고 강조했다.
>
> 우리 기업들은 협력사의 경쟁력 향상이 곧 기업의 성장으로 이어질 것으로 보고 2・3차 중소 협력업체들과의 상생경영에 힘쓰고 있다. 단순히 갑을 관계에서 대기업을 서포트 해야 하는 존재가 아니라 상호 발전을 위한 동반자라는 인식이 자리 잡고 있다는 분석이다. 이에 따라 협력사들에 대한 지원도 거래대금 현금 지급 등 1차원적인 지원 방식에서 벗어나 경영 노하우 전수, 기술 이전 등을 통한 '상생 생태계' 구축에 도움을 주는 방향으로 초점이 맞춰지는 추세다.
>
> 특히 최근에는 상생 협력이 대기업이 중소기업에 주는 일시적인 시혜 차원의 문제가 아니라 경쟁에서 살아남기 위한 생존 문제와 직결된다는 인식이 강하다. 협약을 통해 협력업체를 지원해 준 대기업이 업체의 기술력 향상으로 더 큰 이득으로 보상받고 이를 통해 우리 산업의 경쟁력이 강화된다는 것이다.
>
> 경제 전문가는 "대・중소기업 간의 상생 협력이 강제 수단이 아니라 문화적으로 자리 잡아야 할 시기"라며 "대기업, 특히 오너 중심의 대기업들도 단기적인 수익이 아닌 장기적인 시각에서 질적 평가를 통해 협력업체의 경쟁력을 키울 방안을 고민해야 한다."라고 강조했다.
>
> 이와 관련해 국내 주요 기업들은 대기업보다 연구개발(R&D) 인력과 관련 노하우가 부족한 협력사들을 위해 각종 노하우를 전수하는 프로그램을 운영 중이다. S전자는 협력사들에 기술 노하우를 전수하기 위해 경영관리 제조 개발 품질 등 해당 전문 분야에서 20년 이상 노하우를 가진 S전자 임원과 부장급 100여 명으로 '상생컨설팅팀'을 구성했다. 지난해부터는 해외에 진출한 국내 협력사에도 노하우를 전수하고 있다.

① 지속 가능한 구조를 위한 상생 협력의 중요성
② 상생경영, 함께 가야 멀리 간다.
③ 대기업과 중소기업, 상호 발전을 위한 동반자로
④ 시혜적 차원에서의 대기업 지원의 중요성
⑤ 동반성장을 위한 상생의 중요성

# 03 문단 나열

**| 유형분석 |**

- 각 문단의 내용을 파악하고 논리적 순서에 맞게 배열하는 복합적인 문제이다.
- 전체적인 글의 흐름을 이해하는 것이 중요하며, 각 문장의 지시어나 접속어에 주의한다.

**다음 문단을 논리적 순서대로 바르게 나열한 것은?**

(가) 여기에 반해 동양에서는 보름달에 좋은 이미지를 부여한다. 예를 들어, 우리나라의 처녀귀신이나 도깨비는 달빛이 흐린 그믐 무렵에나 활동하는 것이다. 그런데 최근에는 동서양의 개념이 마구 뒤섞여 보름달을 배경으로 악마의 상징인 늑대가 우는 광경이 동양의 영화에 나오기도 한다.

(나) 동양에서 달은 '음(陰)'의 기운을, 해는 '양(陽)'의 기운을 상징한다는 통념이 자리를 잡았다. 그래서 달을 '태음', 해를 '태양'이라고 불렀다. 동양에서는 해와 달의 크기가 같은 덕에 음과 양도 동등한 자격을 갖춘다. 즉, 음과 양은 어느 하나가 좋고 다른 하나는 나쁜 것이 아니라 서로 보완하는 관계를 이루는 것이다.

(다) 옛날부터 형성된 이러한 동서양 간의 차이는 오늘날까지 영향을 끼치고 있다. 동양에서는 달이 밝으면 달맞이를 하는데, 서양에서는 달맞이를 자살 행위처럼 여기고 있다. 특히 보름달은 서양인들에게 거의 공포의 상징과 같은 존재이다. 예를 들어, 13일의 금요일에 보름달이 뜨게 되면 사람들이 외출조차 꺼린다.

(라) 하지만 서양의 경우는 다르다. 서양에서 낮은 신이, 밤은 악마가 지배한다는 통념이 자리를 잡았다. 따라서 밤의 상징인 달에 좋지 않은 이미지를 부여하게 되었다. 이는 해와 달의 명칭을 보면 알 수 있다. 라틴어로 해를 'Sol', 달을 'Luna'라고 하는데 정신병을 뜻하는 단어 'Lunacy'의 어원이 바로 'Luna'이다.

① (가) – (나) – (라) – (다)
② (나) – (라) – (가) – (다)
③ (나) – (라) – (다) – (가)
④ (나) – (다) – (가) – (라)
⑤ (다) – (나) – (라) – (가)

정답 ③

제시문은 동양과 서양에서 서로 다른 의미를 부여하고 있는 달에 대해 설명하고 있는 글이다. 따라서 (나) 동양에서 나타나는 해와 달의 의미 → (라) 동양과 상반되는 서양에서의 해와 달의 의미 → (다) 최근까지 지속되고 있는 달에 대한 서양의 부정적 의미 → (가) 동양에서의 변화된 달의 이미지의 순서대로 나열하는 것이 적절하다.

**풀이 전략!**

상대적으로 시간이 부족하다고 느낄 때는 선택지를 참고하여 문장의 순서를 생각해 본다.

## 출제유형분석 03 실전예제

※ 다음 문단을 순서대로 바르게 나열한 것을 고르시오. [1~2]

**01**

(가) 친환경 농업은 최소한의 농약과 화학비료만을 사용하거나 전혀 사용하지 않은 농산물을 일컫는다. 친환경 농산물이 각광받는 이유는 우리가 먹고 마시는 것들이 우리네 건강과 직결되기 때문이다.

(나) 사실상 병충해를 막고 수확량을 늘리는 데 있어, 농약은 전 세계에 걸쳐 관행적으로 사용됐다. 깨끗이 씻어도 쌀에 남아있는 잔류농약을 완전히 제거하기는 어렵다. 잔류농약은 아토피와 각종 알레르기를 유발한다. 또한 출산율을 저하하고 유전자 변이의 원인이 되기도 한다. 특히 제초제 성분이 체내에 들어올 경우, 면역체계에 치명적인 손상을 일으킨다.

(다) 미국 환경보호청은 제초제 성분의 60%를 발암물질로 규정했다. 결국 더 많은 농산물을 재배하기 위한 농약과 제초제 사용이 오히려 인체에 치명적인 피해를 줄지 모를 '잠재적 위험요인'으로 자리매김한 셈이다.

① (가) – (나) – (다)
② (가) – (다) – (나)
③ (나) – (다) – (가)
④ (다) – (가) – (나)
⑤ (다) – (나) – (가)

**02**

(가) 상품의 가격은 기본적으로 수요와 공급의 힘으로 결정된다. 시장에 참여하고 있는 경제 주체들은 자신이 가진 정보를 기초로 하여 수요와 공급을 결정한다.

(나) 이런 경우에는 상품의 가격이 우리의 상식으로는 도저히 이해하기 힘든 수준까지 일시적으로 뛰어오르는 현상이 나타날 가능성이 있다. 이런 현상은 특히 투기의 대상이 되는 자산의 경우 자주 나타나는데, 우리는 이를 '거품 현상'이라고 부른다.

(다) 그러나 현실에서는 사람들이 서로 다른 정보를 갖고 시장에 참여하는 경우가 많다. 어떤 사람은 특정한 정보를 갖고 있는데 거래 상대방은 그 정보를 갖고 있지 못한 경우도 있다.

(라) 일반적으로 거품 현상이란 것은 어떤 상품, 자산의 가격이 지속해서 급격히 상승하는 현상을 가리킨다. 이와 같은 지속적인 가격 상승이 일어나는 이유는 애초에 발생한 가격 상승이 추가적인 가격 상승의 기대로 이어져 투기 바람이 형성되기 때문이다.

(마) 이들이 똑같은 정보를 함께 갖고 있으며 이 정보가 아주 틀린 것이 아닌 한, 상품의 가격은 어떤 기본적인 수준에서 크게 벗어나지 않을 것이라고 예상할 수 있다.

① (가) – (다) – (나) – (라) – (마)
② (가) – (마) – (다) – (나) – (라)
③ (라) – (가) – (다) – (나) – (마)
④ (라) – (다) – (가) – (나) – (마)
⑤ (마) – (가) – (다) – (라) – (나)

# 04 추론하기

**| 유형분석 |**

- 주어진 지문을 바탕으로 도출할 수 있는 내용을 찾는 문제이다.
- 선택지의 내용을 정확하게 확인하고 지문의 정보와 비교하여 추론하는 능력이 필요하다.

**다음 글을 읽고 추론한 내용으로 적절하지 않은 것은?**

1977년 개관한 퐁피두 센터의 정식명칭은 국립 조르주 퐁피두 예술문화 센터로, 공공정보기관(BPI), 공업창작센터(CCI), 음악·음향의 탐구와 조정연구소(IRCAM), 파리 국립 근현대 미술관(MNAM) 등이 있는 종합 문화예술 공간이다. 퐁피두라는 이름은 이 센터의 창설에 힘을 기울인 조르주 퐁피두 대통령의 이름을 딴 것이다.

1969년 당시 대통령이었던 퐁피두는 파리의 중심지에 미술관이면서 동시에 조형예술과 음악, 영화, 서적 그리고 모든 창조적 활동의 중심이 될 수 있는 문화 복합센터를 지어 프랑스 미술을 더욱 발전시키고자 했다. 요즘 미술관들은 미술관의 이러한 복합적인 기능과 역할을 인식하고 변화를 시도하는 곳이 많다. 미술관은 더 이상 전시만 보는 곳이 아니라 식사도 하고 영화도 보고 강연도 들을 수 있는 곳으로, 대중과의 거리 좁히기를 시도하고 있는 것도 그리 특별한 일은 아니다. 그러나 이미 40년 전에 21세기 미술관의 기능과 역할을 미리 내다볼 줄 아는 혜안을 가지고 설립된 퐁피두 미술관은 프랑스가 왜 문화강국이라 불리는지를 알 수 있게 해준다.

① 퐁피두 미술관의 모습은 기존 미술관의 모습과 다를 것이다.
② 퐁피두 미술관을 찾는 사람들의 목적은 다양할 것이다.
③ 퐁피두 미술관은 전통적인 예술작품들을 선호할 것이다.
④ 퐁피두 미술관은 파격적인 예술작품들을 배척하지 않을 것이다.
⑤ 퐁피두 미술관은 현대 미술관의 선구자라는 자긍심을 가지고 있을 것이다.

정답 ③

제시문에 따르면 퐁피두 미술관은 모든 창조적 활동을 위한 공간이므로, 퐁피두가 전통적인 예술작품을 선호할 것이라는 내용은 추론할 수 없다.

**풀이 전략!**

주어진 지문이 어떠한 내용을 다루고 있는지 파악한 후 선택지의 키워드를 확실하게 체크하고, 지문의 정보에서 도출할 수 있는 내용을 찾는다.

## 출제유형분석 04 실전예제

**01** 다음 글에서 추론할 수 없는 것은?

> 언뜻 보아서는 살쾡이와 고양이를 구별하기 힘들다. 살쾡이가 고양잇과의 포유동물이어서 고양이와 흡사하기 때문이다. 그래서인지 '살쾡이'란 단어는 '고양이'와 연관이 있다. '살쾡이'의 '쾡이'가 '괭이'와 연관이 있는데, '괭이'는 '고양이'의 준말이기 때문이다.
>
> '살쾡이'는 원래 '삵'에 '괭이'가 붙어서 만들어진 단어이다. '삵'은 그 자체로 살쾡이를 뜻하는 단어였다. 살쾡이의 모습이 고양이와 비슷해도 단어 '삵'은 '고양이'와는 아무런 연관이 없다. 그런데도 '삵'에 고양이를 뜻하는 '괭이'가 덧붙게 되었다. 그렇다고 '살쾡이'가 '삵과 고양이', 즉 '살쾡이와 고양이'란 의미를 가지는 것은 아니다. 단지 '삵'에 비해 '살쾡이'가 후대에 생겨난 단어일 뿐이다. '호랑이'란 단어도 이런 식으로 생겨났다. '호랑이'는 '호(虎, 범)'와 '랑(狼, 이리)'으로 구성되어 있으면서도 '호랑이와 이리'란 뜻을 가진 것이 아니라 그 뜻은 역시 '범'인 것이다.
>
> '살쾡이'는 '삵'과 '괭이'가 합쳐져 만들어진 단어이기 때문에 '삵괭이' 또는 '삭괭이'로도 말하는 지역이 있으며, '삵'의 'ㄱ' 때문에 뒤의 '괭이'가 된소리인 '꽹이'가 되어 '삭꽹이' 또는 '살꽹이'로 말하는 지역도 있다. 그리고 '삵'에 거센소리가 발생하여 '살쾡이'로 발음하는 지역도 있다. 주로 서울 지역에서 '살쾡이'로 발음하기 때문에 '살쾡이'를 표준어로 삼았다. 반면에 북한의 사전에서는 '살쾡이'를 찾을 수 없고 '살괭이'만 찾을 수 있다. 남한에서 '살괭이'를 '살쾡이'의 방언으로 처리한 것과는 다르다.

① '호랑이'는 '호(虎, 범)'보다 나중에 형성되었다.

② 두 단어가 합쳐져 하나의 대상을 지시할 수 있다.

③ '살쾡이'가 남·북한 사전 모두에 실려 있는 것은 아니다.

④ '살쾡이'는 가장 광범위하게 사용되기 때문에 표준어로 정해졌다.

⑤ '살쾡이'의 방언이 다양하게 나타나는 것은 지역의 발음 차이 때문이다.

PART 1

**02** 다음 '철학의 여인'의 논지를 따를 때, ㉠으로 적절한 것을 〈보기〉에서 모두 고르면?

다음은 철학의 여인이 비탄에 잠긴 보에티우스에게 건네는 말이다.
"나는 이제 네 병의 원인을 알겠구나. 이제 네 병의 원인을 알게 되었으니 ㉠ 너의 건강을 회복할 방법을 찾을 수 있게 되었다. 그 방법은 병의 원인이 되는 잘못된 생각을 바로잡아 주는 것이다. 너는 너의 모든 소유물을 박탈당했고, 사악한 자들이 행복을 누리게 되었으며, 네 운명의 결과가 불의하게도 제멋대로 바뀌었다는 생각으로 비탄에 빠져 있다. 그런데 그런 생각은 잘못된 전제에서 비롯된 것이다. 네가 눈물을 흘리며 너 자신이 추방당하고 너의 모든 소유물을 박탈당했다고 생각하는 것은 행운이 네게서 떠났다고 슬퍼하는 것과 다름없는데, 그것은 네가 운명의 본모습을 모르기 때문이다. 그리고 사악한 자들이 행복을 가졌다고 생각하는 것이나 사악한 자가 선한 자보다 더 행복을 누린다고 한탄하는 것은 네가 실로 만물의 목적이 무엇인지 모르고 있기 때문이다. 다시 말해 만물의 궁극적인 목적이 선을 지향하는 데 있다는 것을 모르고 있기 때문이다. 또한, 너는 세상이 어떤 통치 원리에 의해 다스려지는지 잊어버렸기 때문에 제멋대로 흘러가는 것이라고 믿고 있다. 그러나 만물의 목적에 따르면 악은 결코 선을 이길 수 없으며, 사악한 자들이 행복할 수는 없다. 따라서 세상은 결국에는 불의가 아닌 정의에 의해 다스려지게 된다. 그럼에도 불구하고 너는 세상의 통치 원리가 정의와는 거리가 멀다고 믿고 있다. 이는 그저 병의 원인일 뿐 아니라 죽음에 이르는 원인이 되기도 한다. 그러나 다행스럽게도 자연은 너를 완전히 버리지는 않았다. 이제 너의 건강을 회복할 작은 불씨가 생명의 불길로 타올랐으니 너는 조금도 두려워할 필요가 없다."

보기

ㄱ. 만물의 궁극적인 목적이 선을 지향하는 데 있다는 것을 아는 것
ㄴ. 세상이 제멋대로 흘러가는 것이 아니라 정의에 의해 다스려진다는 것을 깨닫는 것
ㄷ. 자신이 박탈당했다고 여기는 모든 것, 즉 재산, 품위, 권좌, 명성 등을 되찾을 방도를 아는 것

① ㄱ
② ㄴ
③ ㄱ, ㄴ
④ ㄴ, ㄷ
⑤ ㄱ, ㄴ, ㄷ

**03** 다음 중 (가)와 (나)의 예시로 적절하지 않은 것은?

사회적 관계에 있어서 상호주의란 '행위자 갑이 을에게 베푼 바와 같이 을도 갑에게 똑같이 행하라.'라는 행위 준칙을 의미한다. 상호주의의 원형은 '눈에는 눈, 이에는 이'로 표현되는 탈리오의 법칙에서 발견된다. 그것은 일견 피해자의 손실에 상응하는 가해자의 처벌을 정당화한다는 점에서 가혹하고 엄격한 성격을 드러낸다. 만약 상대방의 밥그릇을 빼앗았다면 자신의 밥그릇도 미련 없이 내주어야 하는 것이다. 그러나 탈리오 법칙은 온건하고도 합리적인 속성을 동시에 함축하고 있다. 왜냐하면 누가 자신의 밥그릇을 발로 찼을 경우 보복의 대상은 밥그릇으로 제한되어야지 밥상 전체를 뒤엎는 것으로 확대될 수 없기 때문이다. 이러한 일대일 방식의 상호주의를 (가) 대칭적 상호주의라 부른다. 하지만 엄밀한 의미의 대칭적 상호주의는 우리의 실제 일상생활에서 별로 흔하지 않다. 오히려 '되로 주고 말로 받거나, 말로 주고 되로 받는' 교환 관계가 더 일반적이다. 이를 대칭적 상호주의와 대비하여 (나) 비대칭적 상호주의라 일컫는다.
그렇다면 교환되는 내용이 양과 질의 측면에서 정확한 대등성을 결여하고 있음에도 불구하고, 교환에 참여하는 당사자들 사이에 비대칭적 상호주의가 성행하는 이유는 무엇인가? 그것은 셈에 밝은 이른바 '경제적 인간(Homo Economicus)'들에게 있어서 선호나 기호 및 자원이 다양하기 때문이다. 말하자면 교환에 임하는 행위자들이 각인각색인 까닭에 비대칭적 상호주의가 현실적으로 통용될 수밖에 없으며, 어떤 의미에서는 그것만이 그들에게 상호 이익을 보장할 수 있는 것이다.

① (가) : A국과 B국 군대는 접경지역에서 포로를 5명씩 맞교환했다.
② (가) : 오늘 우리 아이를 옆집에서 맡아주는 대신 다음에 옆집 아이를 하루 맡아주기로 했다.
③ (가) : 동생이 내 발을 밟아서 볼을 꼬집어 주었다.
④ (나) : 필기노트를 빌려준 친구에게 고맙다고 밥을 샀다.
⑤ (나) : 옆집 사람이 우리 집 대문을 막고 차를 세웠기 때문에 타이어에 펑크를 냈다.

**04** 다음 글을 토대로 〈보기〉를 해석한 내용으로 적절하지 않은 것은?

가스는 통상적으로 연료로 사용되는 기체를 의미하며, 우리 생활에는 도시가스 등이 밀접해 있다. 우리나라는 천연가스 중 LNG를 도시가스로 많이 사용한다. 천연가스는 가솔린이나 LPG에 비해 열량이 높은 청정에너지를 가지고 있지만 기체 상태이기 때문에 부피가 커서 충전과 운반, 보관 등이 어렵다. 이에 따라 가솔린이나 디젤보다 자원으로의 사용이 늦어졌으나, 20세기에 LNG를 만드는 기술이 개발되면서 상용화되었다.
천연가스는 어떻게 변환했는지에 따라 또 공급 방식에 따라 종류가 달라진다. 먼저 PNG(Pipeline Natural Gas)는 천연가스 채굴 지역에서 소비 지역까지 배관을 통해 가스를 기체 상태로 이동시켜 사용하는 것으로, CNG나 LNG보다 경제성이 좋으나 배관을 직접 연결할 수 없는 지정학적 위치상 우리나라에서는 사용되지 않고 있다.
LNG(Liquefied Natural Gas)는 천연가스의 주성분인 메탄을 영하 16℃로 냉각해 액체 상태로 만드는 것으로, 부피가 약 600배로 압축된 상태이다. 무색의 투명한 액체로 공해물질이 거의 없고 열량이 높아 우수한 연료이다. 초저온 탱크가 필요하기 때문에 운행거리가 긴 시외버스나 대형 화물차에 사용된다.
CNG(Compressed Natural Gas)는 가정이나 공장 등에서 사용되는 LNG를 자동차 연료용으로 변환한 것으로, LNG를 상온에서 기화시킨 후 약 200기압으로 압축해서 만든다. LNG보다 부피가 3배 정도 커서 1회 충전 시 운행 거리가 짧기 때문에 장거리 화물차 등에는 잘 사용되지 않는다. 하지만 LNG보다 냉각과 단열 장치에 필요한 비용이 절감되어 더 경제적이다. 주로 시내버스용으로 사용되며, 서울의 시내버스는 대부분 CNG 버스이다.
우리가 흔히 사용하는 LPG(Liquefied Petroleum Gas)는 천연가스와는 다른 액화석유가스로, 프로판과 부탄을 상온에서 가압하여 액화한 것을 말한다. 차량용, 가정용, 공업용 등 다양하게 활용할 수 있으며, 가스통 형태로 공급되기도 한다. 에너지가 크고 쉽게 액화할 수 있으나 공기보다 무겁고 물보다 가벼워 누출 시 폭발 위험성이 크다.

**보기**

최근 들어 환경이 중요해지면서 석유가스보다는 천연가스의 사용이 많아지고 있을 뿐 아니라 점점 더 중요해지고 있다. 많은 차들이 CNG 차로 전환되고 있으며, 가정에는 도시가스가 보급되고 있다. 우리나라는 위로 북한이 있어 배관을 연결할 수 없기 때문에 유럽 등의 국가처럼 러시아의 천연가스를 공급받는 것이 어려워 다른 종류를 이용하고 있다. 폭발 위험성이 큰 천연가스는 줄이려고 하고 있지만 아직 다양한 분야에서 사용되고 있다. 천연가스는 변화하는 방법에 따라 여러 종류로 나눠지며, 천연가스를 자원화하기 시작한 역사가 오래된 편은 아니다.

① PNG, CNG, LNG 등은 친환경적이다.
② 남북이 통일된다면 PNG를 활용할 수 있다.
③ CNG는 천연가스보다 부피가 작고, CNG로 전환된 차들 중 시내버스가 대표적이다.
④ 천연가스는 변환 방법에 따라 종류와 쓰임이 다르다.
⑤ 폭발 위험성이 큰 것은 가정용으로 사용하지 않는다.

**05** **다음 글을 읽고 추론한 내용으로 적절하지 않은 것은?**

20세기 후반 학계에서 자유에 대한 논의를 본격화한 장본인은 바로 벌린이었다. 벌린의 주장은 지금까지 서양 사상사에서 자유는 간섭과 방해의 부재라는 의미의 '소극적 자유'와 공동체에의 참여를 통한 자아실현이라는 의미의 '적극적 자유', 이 두 가지 개념으로 정의되어 왔는데, 그 중 전자만이 진정한 자유라고 할 수 있다는 것이다. 진정한 자유는 사적인 욕망을 억제하고 이성적 삶을 통해 공동체에 적극적으로 참여함으로써 공동체의 공동 자아와 일치되는 자아를 형성할 때 비로소 가능하다는 주장은 결국 개인의 사적 자유를 침해하는 전제로 이어질 수밖에 없다는 것이다. 소극적 자유가 침해받을 수 없는 배타적 사적 영역을 확보해야 하는 개인으로서의 인간을 강조하는 근대적 인간관과 관련된 것이라면, 적극적 자유는 공동체의 구성원으로서의 공적 행위와 윤리를 실천해야 하는 공민으로서의 인간을 강조하는 고대적 인간관과 관련이 있다.

스키너는 간섭의 부재가 곧 자유를 의미하지는 않는다고 주장했다. 예를 들어, 인자한 주인 밑에서 일하는 노예는 간섭 없이 살아갈 수 있지만 자유롭다고는 할 수 없다. 왜냐하면 노예는 주인의 재량에 종속되어 언제라도 그의 자의적 지배를 받을 수 있기 때문이다. 즉, 자유는 간섭의 부재로만 규정되어서는 안 되고, 더 본질적으로는 종속 혹은 지배의 부재로 규정되어야 한다는 것이다. 왕의 대권이 존재하면 그가 국민을 예종(隷從)의 상태로 몰아넣을 수 있기 때문에 왕정 아래에 있는 국민은 자유롭지 못하다.

자유를 지속적으로 누릴 수 있는지 없는지가 어떤 타인의 자의적 의지에 달려 있다면 현재 사실상 자유를 마음껏 누리고 있다고 해도, 그 사람은 자유인이 아니다. 또한 권리와 자유를 행사할 수 있는 역량이 타인의 의지에 종속되지 않아야 한다. 인간 개개인의 육체가 자신의 의지대로 무엇을 할 수 있거나 혹은 하지 않을 수 있을 때 비로소 자유로운 것처럼, 국민과 국가의 조직체도 그것이 원하는 목표를 실현하기 위해 그 의지에 따라 권력을 행사하는 데 제약받지 않을 때 비로소 자유롭다고 할 수 있다.

① 스키너의 주장에 따르면 개인의 자유와 공동선은 양립 불가능하다.

② 벌린의 주장에 따르면 전제군주의 통치 아래에서도 그가 신민을 자유롭게 내버려 두면 자유가 확보된다고 말할 수 있다.

③ 벌린의 주장에 따르면 적극적 자유론은 공동체 안에서의 자아실현이라는 미명하에 개인에 대한 통제와 억압을 정당화한다.

④ 스키너의 주장에 따르면 자유는 시민이 국가의 입법과 정책결정 과정에 평등하게 참여할 수 있을 때 확보될 수 있다.

⑤ 스키너의 주장에 따르면 개인의 자유를 최대화하기 위해 공동체가 요구하는 사회적 의무를 간섭으로 생각해서는 안 된다.

PART 1

CHAPTER 02

# 수리능력

## 합격 Cheat Key

수리능력은 사칙 연산 · 통계 · 확률의 의미를 정확하게 이해하고 이를 업무에 적용하는 능력으로, 기초 연산과 기초 통계, 도표 분석 및 작성의 문제 유형으로 출제된다. 수리능력 역시 채택하지 않는 공사 · 공단이 거의 없을 만큼 필기시험에서 중요도가 높은 영역이다.

특히, 난이도가 높은 공사 · 공단의 시험에서는 도표 분석, 즉 자료 해석 유형의 문제가 많이 출제되고 있고, 응용 수리 역시 꾸준히 출제하는 공사 · 공단이 많기 때문에 기초 연산과 기초 통계에 대한 공식의 암기와 자료 해석 능력을 기를 수 있는 꾸준한 연습이 필요하다.

### 1 응용 수리의 공식은 반드시 암기하라!

응용 수리는 공사 · 공단마다 출제되는 문제는 다르지만, 사용되는 공식은 비슷한 경우가 많으므로 자주 출제되는 공식을 반드시 암기하여야 한다. 문제에서 묻는 것을 정확하게 파악하여 그에 맞는 공식을 적절하게 적용하는 꾸준한 노력과 공식을 암기하는 연습이 필요하다.

## 2 자료의 해석은 자료에서 즉시 확인할 수 있는 지문부터 확인하라!

수리능력 중 도표 분석, 즉 자료 해석 능력은 많은 시간을 필요로 하는 문제가 출제되므로, 증가·감소 추이와 같이 눈으로 확인이 가능한 지문을 먼저 확인한 후 복잡한 계산이 필요한 지문을 확인하는 방법으로 문제를 풀이한다면 시간을 조금이라도 아낄 수 있다. 또한, 여러 가지 보기가 주어진 문제 역시 지문을 잘 확인하고 문제를 풀이한다면 불필요한 계산을 생략할 수 있으므로 항상 지문부터 확인하는 습관을 들여야 한다.

## 3 도표 작성에서 지문에 작성된 도표의 제목을 반드시 확인하라!

도표 작성은 하나의 자료 혹은 보고서와 같은 수치가 표현된 자료를 도표로 작성하는 형식으로 출제되는데, 대체로 표보다는 그래프를 작성하는 형태로 많이 출제된다. 지문을 살펴보면 각 지문에서 주어진 도표에도 소제목이 있는 경우가 대부분이다. 이때, 자료의 수치와 도표의 제목이 일치하지 않는 경우 함정이 존재하는 문제일 가능성이 높으므로 도표의 제목을 반드시 확인하는 것이 중요하다.

# 01 응용 수리

**| 유형분석 |**

- 문제에서 제공하는 정보를 파악한 뒤, 사칙연산을 활용하여 계산하는 전형적인 수리문제이다.
- 문제를 풀기 위한 정보가 산재되어 있는 경우가 많으므로 주어진 조건 등을 꼼꼼히 확인해야 한다.

**세희네 가족의 올해 휴가비용은 작년 대비 교통비는 15%, 숙박비는 24% 증가하였고, 전체 휴가비용은 20% 증가하였다. 작년 전체 휴가비용이 36만 원일 때, 올해 숙박비는?(단, 전체 휴가비는 교통비와 숙박비의 합이다)**

① 160,000원
② 184,000원
③ 200,000원
④ 248,000원
⑤ 268,000원

정답 ④

작년 교통비를 $x$원, 숙박비를 $y$원이라 하자.

$1.15x+1.24y=1.2(x+y)$ … ㉠

$x+y=36$ … ㉡

㉠과 ㉡을 연립하면 $x=16$, $y=20$이다.

따라서 올해 숙박비는 $20\times1.24=24.8$만 원이다.

**풀이 전략!**

문제에서 묻는 바를 정확하게 확인한 후, 필요한 조건 또는 정보를 구분하여 신속하게 풀어 나간다. 단, 계산에 착오가 생기지 않도록 유의한다.

## 출제유형분석 01 실전예제

**01** 장난감 A기차와 B기차가 4cm/s의 일정한 속력으로 달리고 있다. A기차가 12초, B기차는 15초에 0.3m 길이의 터널을 완전히 지났을 때, A기차와 B기차의 길이의 합은 얼마인가?

① 46cm
② 47cm
③ 48cm
④ 49cm
⑤ 50cm

**02** 빨간색 카드에는 숫자 2, 3, 4가 적혀 있고 흰색 카드에는 숫자 1, 7, 9가 적혀 있다. 빨간색은 1번, 흰색은 2번을 임의로 뽑아 선택한 숫자로 세 자리 수를 만들 때, 만들 수 있는 가장 큰 수와 가장 작은 수의 차이는 얼마인가?(단, 흰색 카드는 한 장씩 뽑으며, 뽑은 카드는 다시 넣는다)

① 662
② 750
③ 880
④ 882
⑤ 940

**03** 수영장에 물을 가득 채울 때 수도관 A로는 6시간, B로는 4시간이 걸린다. A, B 두 수도관을 모두 사용하여 수영장에 물을 가득 채우는 데 걸리는 시간은?

① 2시간
② 2시간 12분
③ 2시간 24분
④ 2시간 36분
⑤ 2시간 48분

**04** 농도가 14%인 A설탕물이 300g, 18%인 B설탕물이 200g, 12%인 C설탕물이 150g 있다. A와 B설탕물을 합친 후 100g의 물을 더 넣고, 여기에 C설탕물을 합친 후 200g만 남기고 버렸다. 이때, 마지막 200g 설탕물에 녹아 있는 설탕의 질량은?

① 25.6g
② 28.7g
③ 30.8g
④ 32.6g
⑤ 34.8g

# 02 도표 계산

**| 유형분석 |**

- 문제에 주어진 도표를 분석하여 계산하는 문제이다.
- 주로 그래프와 표로 제시되며, 경영·경제·산업 등과 관련된 최신 이슈를 많이 다룬다.
- 자료 간의 증감률·합계·차이 등을 자주 묻는다.

**다음 자료를 근거로 할 때, 하루 동안 고용할 수 있는 최대 인원은?**

| 총예산 | 본예산 | 500,000원 |
|---|---|---|
| | 예비비 | 100,000원 |
| 인건비 | 1인당 수당 | 50,000원 |
| | 산재보험료 | (수당)×0.504% |
| | 고용보험료 | (수당)×1.3% |

① 10명　　② 11명

③ 12명　　④ 13명

정답 ②

- (1인당 하루 인건비)=(1인당 수당)+(산재보험료)+(고용보험료)
  =50,000+50,000×0.504%+50,000×1.3%
  =50,000+252+650=50,902원
- (하루에 고용할 수 있는 인원수)=[(본예산)+(예비비)]÷(하루 1인당 인건비)
  =600,000÷50,902≒11.8

따라서 하루 동안 고용할 수 있는 최대 인원은 11명이다.

**풀이 전략!**

계산을 위해 필요한 정보를 도표에서 확인하도록 하며, 복잡한 계산을 하기 전에 조건을 꼼꼼하게 확인하여 실수를 줄일 수 있도록 한다.

## 출제유형분석 02 실전예제

**01** I기업은 창고업체를 통해 다음 세 제품군을 보관하고 있다. 제품군에 대한 정보를 참고할 때, 다음 〈조건〉에 따라 I기업이 보관료로 지급해야 할 총금액은 얼마인가?

| 구분 | 매출액(억 원) | 용량 | |
|---|---|---|---|
| | | 용적(CUBIC) | 무게(톤) |
| A제품군 | 300 | 3,000 | 200 |
| B제품군 | 200 | 2,000 | 300 |
| C제품군 | 100 | 5,000 | 500 |

조건

- A제품군은 매출액의 1%를 보관료로 지급한다.
- B제품군은 1CUBIC당 20,000원의 보관료를 지급한다.
- C제품군은 1톤당 80,000원의 보관료를 지급한다.

① 3억 2천만 원
② 3억 4천만 원
③ 3억 6천만 원
④ 3억 8천만 원
⑤ 4억 원

**02** 다음은 매년 해외·국내여행 평균횟수에 대해 연령대별 50명씩 설문조사한 결과이다. 빈칸에 들어갈 수치로 옳은 것은?(단, 각 수치는 매년 일정한 규칙으로 변화한다)

〈연령대별 해외·국내여행 평균횟수〉

(단위 : 회)

| 구분 | 2017년 | 2018년 | 2019년 | 2020년 | 2021년 | 2022년 |
|---|---|---|---|---|---|---|
| 20대 | 35.9 | 35.2 | 40.7 | 42.2 | 38.4 | 37.0 |
| 30대 | 22.3 | 21.6 | 24.8 | 22.6 | 20.9 | 24.1 |
| 40대 | 19.2 | 24.0 | 23.7 | 20.4 | 24.8 | 22.9 |
| 50대 | 27.6 | 28.8 | 30.0 | 31.2 | | 33.6 |
| 60대 이상 | 30.4 | 30.8 | 28.2 | 27.3 | 24.3 | 29.4 |

① 32.4
② 33.1
③ 34.2
④ 34.5
⑤ 35.1

**03** 다음은 소나무재선충병 발생지역에 대한 자료이다. 이를 토대로 계산할 때, 고사한 소나무 수가 가장 많은 발생지역은?

〈소나무재선충병 발생지역별 소나무 수〉

(단위 : 천 그루)

| 발생지역 | 소나무 수 |
|---|---|
| 거제 | 1,590 |
| 경주 | 2,981 |
| 제주 | 1,201 |
| 청도 | 279 |
| 포항 | 2,312 |

〈소나무재선충병 발생지역별 감염률 및 고사율〉

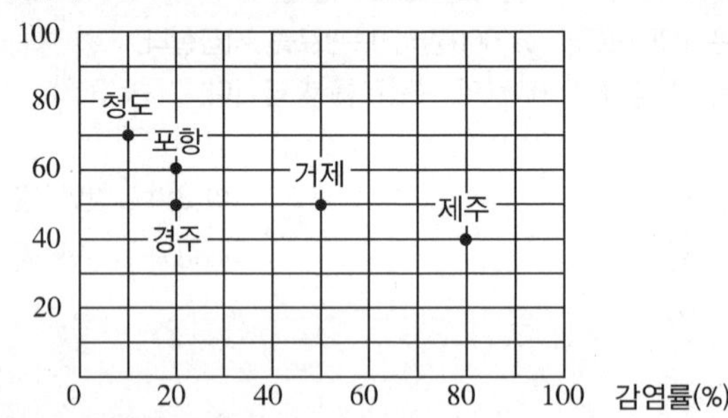


• $[\text{감염률}(\%)]=\frac{(\text{발생지역의 감염된 소나무 수})}{(\text{발생지역의 소나무 수})}\times 100$

• $[\text{고사율}(\%)]=\frac{(\text{발생지역의 고사한 소나무 수})}{(\text{발생지역의 감염된 소나무 수})}\times 100$

① 거제 ② 경주

③ 제주 ④ 청도

⑤ 포항

**04** 서울에서 사는 L씨는 휴일에 가족들과 경기도 맛집에 가기 위해 오후 3시에 집 앞으로 중형 콜택시를 불렀다. 집에서 맛집까지의 거리는 12.56km이며, 집에서 맛집으로 출발하여 4.64km를 이동하면 경기도에 진입한다. 맛집에 도착할 때까지 신호로 인해 택시가 멈췄던 시간은 8분이며, 택시의 속력은 이동 시 항상 60km/h 이상이었다. 다음 자료를 참고할 때, L씨가 지불하게 될 택시요금은 얼마인가?(단, 콜택시의 예약 비용은 없으며, 신호로 인한 멈춘 시간은 모두 경기도 진입 후이다)

〈서울시 택시요금 계산표〉

| 구분 | | | 신고요금 |
|---|---|---|---|
| 중형택시 | 주간 | 기본요금 | 2km까지 3,800원 |
| | | 거리요금 | 100원당 132m |
| | | 시간요금 | 100원당 30초 |
| | 심야 | 기본요금 | 2km까지 4,600원 |
| | | 거리요금 | 120원당 132m |
| | | 시간요금 | 120원당 30초 |
| | 공통사항 | | – 시간·거리 부분 동시 병산(15.33km/h 미만 시)<br>– 시계외 할증 20%<br>– 심야(00:00 ~ 04:00)할증 20%<br>– 심야·시계외 중복할증 40% |

※ '시간요금'이란 속력이 15.33km/h 미만이거나 멈춰있을 때 적용된다.

※ 서울시에서 다른 지역으로 진입 후 시계외 할증(심야 거리 및 시간요금)이 적용된다.

① 13,800원 ② 14,000원

③ 14,220원 ④ 14,500원

⑤ 14,920원

# 03 자료 이해

**| 유형분석 |**

- 제시된 표를 분석하여 선택지의 정답 유무를 판단하는 문제이다.
- 표의 수치 등을 통해 변화량이나 증감률, 비중 등을 비교하여 판단하는 문제가 자주 출제된다.
- 지원하고자 하는 공사공단의 산업과 관련된 자료 등이 문제의 자료로 많이 다뤄진다.

**다음은 도시폐기물량 상위 10개국의 도시폐기물량지수와 한국의 도시폐기물량을 나타낸 자료이다. 이에 대한 설명으로 옳은 것을 〈보기〉에서 모두 고르면?**

〈도시폐기물량 상위 10개국의 도시폐기물량지수〉

| 순위 | 2020년 | | 2021년 | | 2022년 | | 2023년 | |
|---|---|---|---|---|---|---|---|---|
| | 국가 | 지수 | 국가 | 지수 | 국가 | 지수 | 국가 | 지수 |
| 1 | 미국 | 12.05 | 미국 | 11.94 | 미국 | 12.72 | 미국 | 12.73 |
| 2 | 러시아 | 3.40 | 러시아 | 3.60 | 러시아 | 3.87 | 러시아 | 4.51 |
| 3 | 독일 | 2.54 | 브라질 | 2.85 | 브라질 | 2.97 | 브라질 | 3.24 |
| 4 | 일본 | 2.53 | 독일 | 2.61 | 독일 | 2.81 | 독일 | 2.78 |
| 5 | 멕시코 | 1.98 | 일본 | 2.49 | 일본 | 2.54 | 일본 | 2.53 |
| 6 | 프랑스 | 1.83 | 멕시코 | 2.06 | 멕시코 | 2.30 | 멕시코 | 2.35 |
| 7 | 영국 | 1.76 | 프랑스 | 1.86 | 프랑스 | 1.96 | 프랑스 | 1.91 |
| 8 | 이탈리아 | 1.71 | 영국 | 1.75 | 이탈리아 | 1.76 | 터키 | 1.72 |
| 9 | 터키 | 1.50 | 이탈리아 | 1.73 | 영국 | 1.74 | 영국 | 1.70 |
| 10 | 스페인 | 1.33 | 터키 | 1.63 | 터키 | 1.73 | 이탈리아 | 1.40 |

※ $(\text{도시폐기물량지수})=\frac{(\text{해당 연도 해당 국가의 도시폐기물량})}{(\text{해당 연도 한국의 도시폐기물량})}$

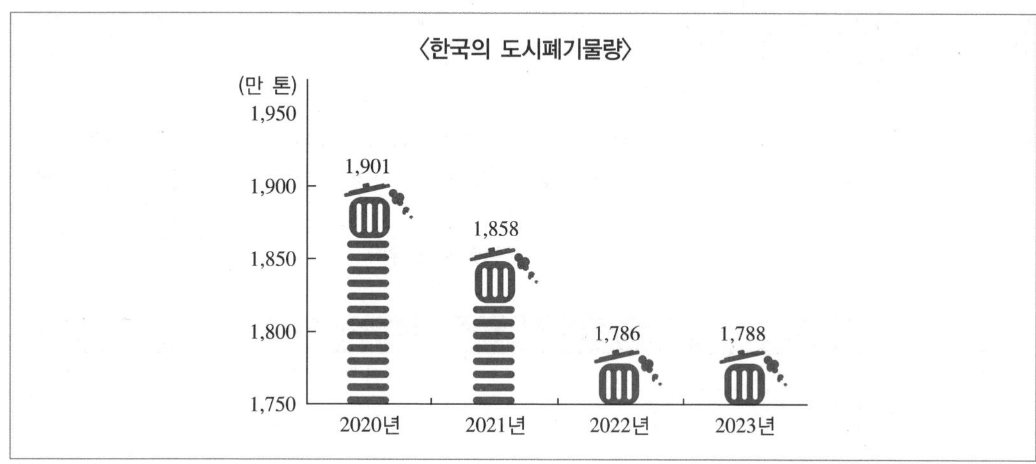


**보기**

㉠ 2023년 도시폐기물량은 미국이 일본의 4배 이상이다.
㉡ 2022년 러시아의 도시폐기물량은 8,000만 톤 이상이다.
㉢ 2023년 스페인의 도시폐기물량은 2020년에 비해 감소하였다.
㉣ 영국의 도시폐기물량은 터키의 도시폐기물량보다 매년 많다.

① ㉠, ㉢
② ㉠, ㉣
③ ㉡, ㉢
④ ㉢, ㉣

**정답** ①

㉠ 제시된 자료의 각주에 의해 같은 해의 각국의 도시폐기물량지수는 그 해 한국의 도시폐기물량을 기준해 도출된다. 즉, 같은 해의 여러 국가의 도시폐기물량을 비교할 때 도시폐기물량지수로도 비교가 가능하다. 2023년 미국과 일본의 도시폐기물량지수는 각각 12.73, 2.53이다. 2.53×4=10.12<12.73이므로 옳은 설명이다.

㉢ 2020년 한국의 도시폐기물량은 1,901만 톤이므로 2020년 스페인의 도시폐기물량은 1,901×1.33=2,528.33만 톤이다. 도시폐기물량 상위 10개국의 도시폐기물량지수 자료를 보면 2023년 스페인의 도시폐기물량지수는 상위 10개국에 포함되지 않았음을 확인할 수 있다. 즉, 스페인의 도시폐기물량은 도시폐기물량지수 10위인 이탈리아의 도시폐기물량보다 적다. 2023년 한국의 도시폐기물량은 1,788만 톤이므로 이탈리아의 도시폐기물량은 1,788×1.40=2,503.2만 톤이다. 즉, 2023년 이탈리아의 도시폐기물량은 2020년 스페인의 도시폐기물량보다 적다. 따라서 2023년 스페인의 도시폐기물량은 2020년에 비해 감소했다.

**오답분석**

㉡ 2022년 한국의 도시폐기물량은 1,786만 톤이므로 2022년 러시아의 도시폐기물량은 1,786×3.87=6,911.82만 톤이다.
㉣ 2023년의 경우 터키의 도시폐기물량지수는 영국보다 높다. 따라서 2023년 영국의 도시폐기물량은 터키의 도시폐기물량보다 적다.

**풀이 전략!**

평소 변화량이나 증감률, 비중 등을 구하는 공식을 알아두고 있어야 하며, 지원하는 공사공단과 관련된 자료나 관련 산업에 대한 자료 등을 확인하여 비교하는 연습 등을 한다.

PART 1

## 출제유형분석 03 실전예제

**01** I공사에서는 업무효율을 높이기 위해 근무여건 개선방안에 대하여 논의하고자 한다. 귀하는 논의 자료를 위하여 전 직원의 야간근무 현황을 조사하였다. 이에 대한 설명으로 옳지 않은 것은?

〈야간근무 현황(주 단위)〉

(단위 : 일, 시간)

| 구분 | 임원 | 부장 | 과장 | 대리 | 사원 |
|---|---|---|---|---|---|
| 평균 야간근무 빈도 | 1.2 | 2.2 | 2.4 | 1.8 | 1.4 |
| 평균 야간근무 시간 | 1.8 | 3.3 | 4.8 | 6.3 | 4.2 |

※ 60분의 $\frac{2}{3}$ 이상을 채울 시 1시간으로 야간근무 수당을 계산한다.

① 과장은 한 주에 평균적으로 2.4일 정도 야간근무를 한다.
② 전 직원의 주 평균 야간근무 빈도는 1.8일이다.
③ 사원은 한 주 동안 평균 4시간 12분 정도 야간근무를 하고 있다.
④ 1회 야간근무 시 평균적으로 가장 긴 시간 동안 일하는 직원은 대리이다.
⑤ 야간근무 수당이 시간당 10,000원이라면 과장은 주 평균 50,000원을 받는다.

**02** 다음은 어느 해 개최된 올림픽에 참가한 6개국의 성적이다. 이에 대한 설명으로 옳지 않은 것은?

(단위 : 개)

| 국가 | 참가선수(명) | 금메달 | 은메달 | 동메달 | 메달 합계 |
|---|---|---|---|---|---|
| A | 240 | 4 | 28 | 57 | 89 |
| B | 261 | 2 | 35 | 68 | 105 |
| C | 323 | 0 | 41 | 108 | 149 |
| D | 274 | 1 | 37 | 74 | 112 |
| E | 248 | 3 | 32 | 64 | 99 |
| F | 229 | 5 | 19 | 60 | 84 |

① 획득한 금메달 수가 많은 국가일수록 은메달 수는 적었다.
② 금메달을 획득하지 못한 국가가 가장 많은 메달을 획득했다.
③ 참가선수의 수가 많은 국가일수록 획득한 동메달 수도 많았다.
④ 획득한 메달의 합계가 큰 국가일수록 참가선수의 수도 많았다.
⑤ 참가선수가 가장 적은 국가의 메달 합계는 전체 6위이다.

**03** I기업의 연구소에서는 신소재 물질을 개발하고 있다. 최근 새롭게 연구하고 있는 4가지 물질의 농도 측정을 위해 A～D연구기관에 검사를 의뢰하였다. 측정결과가 다음과 같을 때, 이를 이해한 내용으로 옳지 않은 것은?

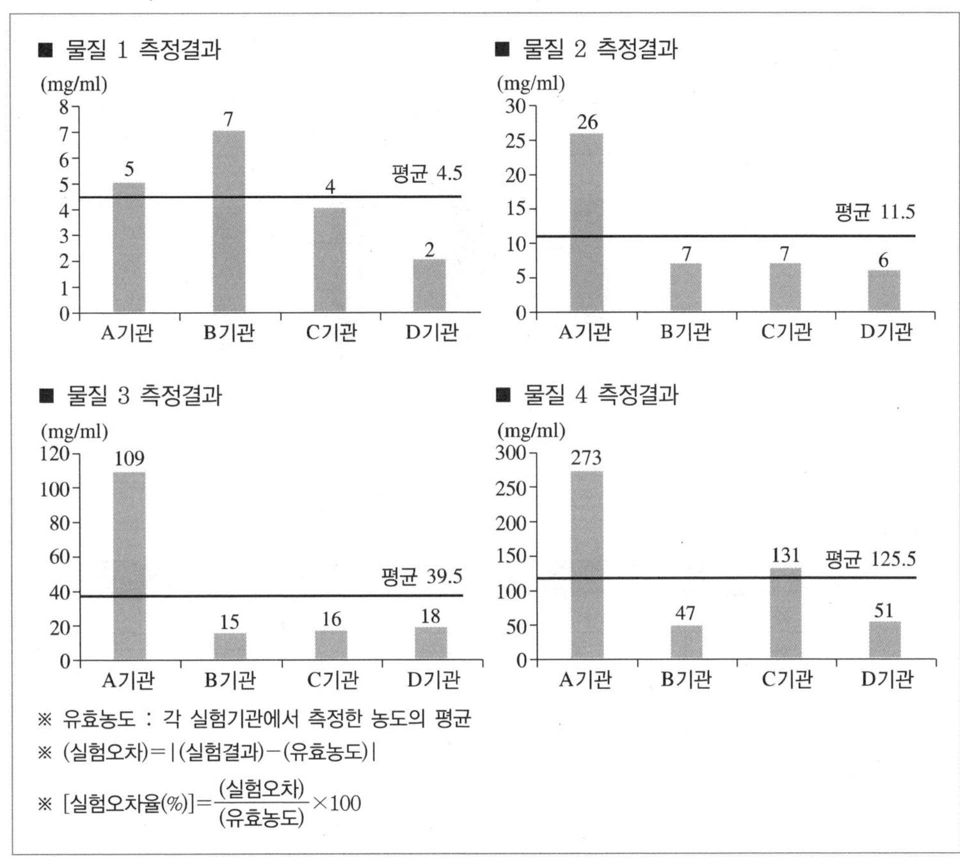


※ 유효농도 : 각 실험기관에서 측정한 농도의 평균

※ (실험오차)=|(실험결과)−(유효농도)|

※ [실험오차율(%)]=$\frac{(실험오차)}{(유효농도)}\times 100$

① 물질 1에 대한 B기관과 D기관의 실험오차율은 동일하다.

② 물질 3에 대한 실험오차율은 A기관이 가장 크다.

③ 물질 1에 대한 B기관의 실험오차율은 물질 2에 대한 A기관의 실험오차율보다 작다.

④ 물질 2에 대한 A기관의 실험오차율은 물질 2에 대한 나머지 기관의 실험오차율 합보다 작다.

⑤ A기관의 실험 결과를 제외하면, 4개 물질의 유효농도 값은 A기관의 결괏값을 제외하기 전보다 작아진다.

**04** 다음은 국민권익위원회에서 발표한 행정기관들의 고충민원 접수처리 현황이다. 〈보기〉 중 이에 대한 설명으로 옳은 것을 모두 고르면?(단, 소수점 셋째 자리에서 반올림한다)

〈고충민원 접수처리 현황〉

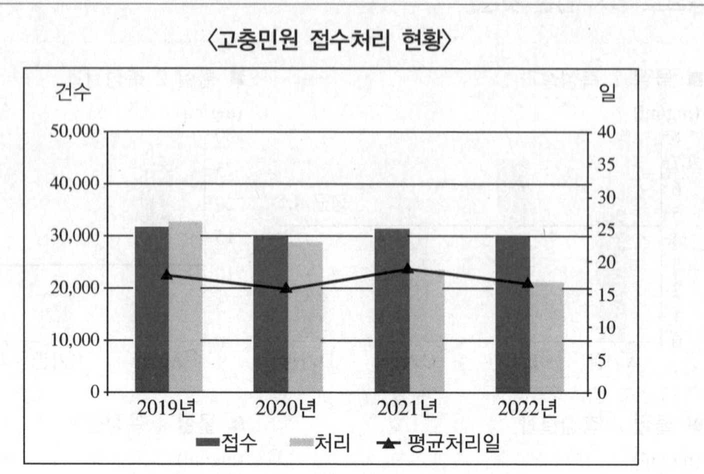


〈고충민원 접수처리 항목별 세부현황〉

(단위 : 건, 일)

| 구분 | | 2019년 | 2020년 | 2021년 | 2022년 |
|---|---|---|---|---|---|
| 접수 | | 31,681 | 30,038 | 31,308 | 30,252 |
| 처리 | | 32,737 | 28,744 | 23,573 | 21,080 |
| 인용 | 시정권고 | 277 | 257 | 205 | 212 |
| | 제도개선 | 0 | 0 | 0 | 0 |
| | 의견표명 | 467 | 474 | 346 | 252 |
| | 조정합의 | 2,923 | 2,764 | 2,644 | 2,567 |
| | 소계 | 3,667 | 3,495 | 3,195 | 3,031 |
| 단순안내 | | 12,396 | 12,378 | 10,212 | 9,845 |
| 기타처리 | | 16,674 | 12,871 | 10,166 | 8,204 |
| 평균처리일 | | 18 | 16 | 19 | 17 |

보기

ㄱ. 기타처리 건수의 전년 대비 감소율은 매년 증가하였다.
ㄴ. 처리 건수 중 인용 건수 비율은 2022년이 2019년에 비해 3%p 이상 높다.
ㄷ. 처리 건수 대비 조정합의 건수의 비율은 2020년이 2021년보다 높다.
ㄹ. 평균처리일이 짧은 해일수록 조정합의 건수 대비 의견표명 건수 비율이 높다.

① ㄱ
② ㄴ
③ ㄱ, ㄷ
④ ㄴ, ㄹ
⑤ ㄴ, ㄷ, ㄹ

**05** 다음은 어느 학원의 A～E강사의 시급과 수강생 만족도에 대한 자료이다. 이에 대한 설명으로 옳은 것은?

〈강사의 시급 및 수강생 만족도〉

(단위 : 원, 점)

| 구분 | 2021년 | | 2022년 | |
|---|---|---|---|---|
| | 시급 | 수강생 만족도 | 시급 | 수강생 만족도 |
| A강사 | 50,000 | 4.6 | 55,000 | 4.1 |
| B강사 | 45,000 | 3.5 | 45,000 | 4.2 |
| C강사 | 52,000 | (　) | 54,600 | 4.8 |
| D강사 | 54,000 | 4.9 | 59,400 | 4.4 |
| E강사 | 48,000 | 3.2 | (　　) | 3.5 |

〈수강생 만족도 점수별 시급 인상률〉

| 수강생 만족도 | 인상률 |
|---|---|
| 4.5점 이상 | 10% 인상 |
| 4.0점 이상 4.5점 미만 | 5% 인상 |
| 3.0점 이상 4.0점 미만 | 동결 |
| 3.0점 미만 | 5% 인하 |

※ 다음 연도 시급의 인상률은 당해 연도 시급 대비 당해 연도 수강생 만족도에 따라 결정된다.

※ 강사가 받을 수 있는 시급은 최대 60,000원이다.

① E강사의 2022년 시급은 45,600원이다.

② 2023년 시급은 D강사가 C강사보다 높다.

③ 2022년과 2023년의 시급 차이가 가장 큰 강사는 C이다.

④ C강사의 2021년 수강생 만족도 점수는 4.5점 이상이다.

⑤ 2023년 A강사와 B강사의 시급 차이는 10,000원이다.



PART 1

**06** 다음은 6개 광종의 위험도와 경제성 점수에 대한 자료이다. 분류기준을 이용하여 광종을 분류할 때, 〈보기〉 중 옳은 것을 모두 고르면?

〈6개 광종의 위험도와 경제성 점수〉

(단위 : 점)

| 구분 | 금광 | 은광 | 동광 | 연광 | 아연광 | 철광 |
|---|---|---|---|---|---|---|
| 위험도 | 2.5 | 4.0 | 2.5 | 2.7 | 3.0 | 3.5 |
| 경제성 | 3.0 | 3.5 | 2.5 | 2.7 | 3.5 | 4.0 |

〈분류기준〉

위험도와 경제성 점수가 모두 3.0점을 초과하면 비축필요광종으로 분류하고, 위험도와 경제성 점수 중 하나는 3.0점 초과, 다른 하나는 2.5점 초과 3.0점 이하인 경우에는 주시광종으로 분류하며, 그 외는 비축제외광종으로 분류한다.

보기

㉠ 주시광종으로 분류되는 광종은 1종류이다.
㉡ 비축필요광종으로 분류되는 광종은 은광, 아연광, 철광이다.
㉢ 모든 광종의 위험도와 경제성 점수가 현재보다 각각 20% 증가하면, 비축필요광종으로 분류되는 광종은 4종류가 된다.
㉣ 주시광종 분류기준을 위험도와 경제성 점수 중 하나는 3.0점 초과, 다른 하나는 2.5점 이상 3.0점 이하로 변경한다면, 금광과 아연광은 주시광종으로 분류된다.

① ㉠, ㉢
② ㉠, ㉣
③ ㉢, ㉣
④ ㉠, ㉡, ㉢
⑤ ㉡, ㉢, ㉣

## 07 다음은 I국에서 2022년에 채용한 공무원 인원에 대한 자료이다. 이에 대한 〈보기〉의 설명 중 옳은 것을 모두 고르면?

〈I국의 2022년 공무원 채용 인원〉

(단위 : 명)

| 구분 | 공개경쟁채용 | 경력경쟁채용 | 합계 |
|---|---|---|---|
| 고위공무원 | – | 73 | 73 |
| 3급 | – | 17 | 17 |
| 4급 | – | 99 | 99 |
| 5급 | 296 | 205 | 501 |
| 6급 | – | 193 | 193 |
| 7급 | 639 | 509 | 1,148 |
| 8급 | – | 481 | 481 |
| 9급 | 3,000 | 1,466 | 4,466 |
| 연구직 | 17 | 357 | 374 |
| 지도직 | – | 3 | 3 |
| 우정직 | – | 599 | 599 |
| 전문경력관 | – | 104 | 104 |
| 전문임기제 | – | 241 | 241 |
| 한시임기제 | – | 743 | 743 |
| 합계 | 3,952 | 5,090 | 9,042 |

※ 채용방식은 공개경쟁채용과 경력경쟁채용으로만 이루어진다.

※ 공무원 구분은 자료에 제시된 것으로 한정된다.

**보기**

㉠ 2022년에 공개경쟁채용을 통해 채용이 이루어진 직렬은 총 4개이다.

㉡ 2022년 우정직 채용 인원은 7급 채용 인원의 절반 이상이다.

㉢ 2022년에 공개경쟁채용을 통해 채용이 이루어진 직렬은 공개경쟁채용 인원이 경력경쟁채용 인원보다 많다.

㉣ 2023년부터 9급 공개경쟁채용 인원을 해마다 전년 대비 10%씩 늘리고 그 외 나머지 채용 인원은 2022년과 같게 유지하여 채용한다면, 2024년 전체 공무원 채용 인원 중 9급 공개경쟁채용 인원의 비중은 40% 이하가 된다.

① ㉠, ㉡  ② ㉠, ㉢

③ ㉢, ㉣  ④ ㉠, ㉡, ㉣

⑤ ㉡, ㉢, ㉣

CHAPTER 03

# 문제해결능력

## 합격 Cheat Key

문제해결능력은 업무를 수행하면서 여러 가지 문제 상황이 발생하였을 때, 창의적이고 논리적인 사고를 통하여 이를 올바르게 인식하고 적절히 해결하는 능력으로, 하위 능력에는 사고력과 문제처리능력이 있다.

문제해결능력은 NCS 기반 채용을 진행하는 대다수의 공사·공단에서 채택하고 있으며, 다양한 자료와 함께 출제되는 경우가 많아 어렵게 느껴질 수 있다. 특히, 난이도가 높은 문제로 자주 출제되기 때문에 다른 영역보다 더 많은 노력이 필요할 수는 있지만 그렇기에 차별화를 할 수 있는 득점 영역이므로 포기하지 말고 꾸준하게 노력해야 한다.

### 1 질문의 의도를 정확하게 파악하라!

문제해결능력은 문제에서 무엇을 묻고 있는지 정확하게 파악하여 먼저 풀이 방향을 설정하는 것이 가장 효율적인 방법이다. 특히, 조건이 주어지고 답을 찾는 창의적·분석적인 문제가 주로 출제되고 있기 때문에 처음에 정확한 풀이 방향이 설정되지 않는다면 문제를 제대로 풀지 못하게 되므로 첫 번째로 출제 의도 파악에 집중해야 한다.

## 2 중요한 정보는 반드시 표시하라!

출제 의도를 정확히 파악하기 위해서는 문제의 중요한 정보를 반드시 표시하거나 메모하여 하나의 조건, 단서도 잊고 넘어가는 일이 없도록 해야 한다. 실제 시험에서는 시간의 압박과 긴장감으로 정보를 잘못 적용하거나 잊어버리는 실수가 많이 발생하므로 사전에 충분한 연습이 필요하다.

## 3 반복 풀이를 통해 취약 유형을 파악하라!

문제해결능력은 특히 시간관리가 중요한 영역이다. 따라서 정해진 시간 안에 고득점을 할 수 있는 효율적인 문제 풀이 방법을 찾아야 한다. 이때, 반복적인 문제 풀이를 통해 자신이 취약한 유형을 파악하는 것이 중요하다. 정확하게 풀 수 있는 문제부터 빠르게 풀고 취약한 유형은 나중에 푸는 효율적인 문제 풀이를 통해 최대한 고득점을 맞는 것이 중요하다.

# 01 명제

**| 유형분석 |**

- 주어진 문장을 토대로 논리적으로 추론하여 참 또는 거짓을 구분하는 문제이다.
- 대체로 연역추론을 활용한 명제 문제가 출제된다.
- 자료를 제시하고 새로운 결과나 자료에 주어지지 않은 내용을 추론해 가는 형식의 문제가 출제된다.

**I공사는 공휴일 세미나 진행을 위해 인근의 가게 A ~ F에서 필요한 물품을 구매하고자 한다. 다음 〈조건〉을 참고할 때, 공휴일에 영업하는 가게의 수는?**

조건

- C는 공휴일에 영업하지 않는다.
- B가 공휴일에 영업하지 않으면, C와 E는 공휴일에 영업한다.
- E 또는 F가 영업하지 않는 날이면, D는 영업한다.
- B가 공휴일에 영업하면, A와 E는 공휴일에 영업하지 않는다.
- B와 F 중 한 곳만 공휴일에 영업한다.

① 2곳
② 3곳
③ 4곳
④ 5곳
⑤ 6곳

정답 ①

주어진 조건을 순서대로 논리 기호화하면 다음과 같다.

- 첫 번째 조건 : ~C
- 두 번째 조건 : ~B → (C ∧ E)
- 세 번째 조건 : (~E ∨ ~F) → D
- 네 번째 조건 : B → (~A ∧ ~E)

첫 번째 조건이 참이므로 두 번째 조건의 대우[(~C ∨ ~E) → B]에 따라 B는 공휴일에 영업한다. 이때 네 번째 조건에 따라 A와 E는 영업하지 않고, 다섯 번째 조건에 따라 F도 영업하지 않는다. 마지막으로 세 번째 조건에 따라 D는 영업한다. 따라서 공휴일에 영업하는 가게는 B와 D 2곳이다.

**풀이 전략!**

명제와 관련한 기본적인 논법에 대해서는 미리 학습해 두며, 이를 바탕으로 각 문장에 있는 핵심단어 또는 문구를 기호화하여 정리한 후, 선택지와 비교하여 참 또는 거짓을 판단한다.

## 출제유형분석 01 실전예제

**01** **다음 〈조건〉을 통해 얻을 수 있는 결론으로 옳은 것은?**

> 조건
> - 재현이가 춤을 추면 서현이나 지훈이가 춤을 춘다.
> - 재현이가 춤을 추지 않으면 종열이가 춤을 춘다.
> - 종열이가 춤을 추지 않으면 지훈이도 춤을 추지 않는다.
> - 종열이는 춤을 추지 않았다.

① 재현이만 춤을 추었다.
② 서현이만 춤을 추었다.
③ 지훈이만 춤을 추었다.
④ 재현이와 지훈이 모두 춤을 추었다.
⑤ 재현이와 서현이 모두 춤을 추었다.

**02** **I공사 사원 A～D는 올해 중국, 일본, 프랑스, 독일 중 각기 다른 국가 한 곳에 해외 파견을 떠나게 되었다. 이들은 영어, 중국어, 일본어, 프랑스어, 독일어 중 1개 이상의 외국어를 능통하게 할 수 있다. 다음 〈조건〉을 따를 때 알 수 있는 내용으로 옳은 것은?**

> 조건
> - 일본, 독일, 프랑스로 해외 파견을 떠나는 사원은 해당 국가의 언어를 능통하게 한다.
> - 중국, 프랑스로 해외 파견을 떠나는 사원은 영어도 능통하게 한다.
> - 일본어, 프랑스어, 독일어를 능통하게 하는 사원은 각각 1명이다.
> - 사원 4명 중 영어가 능통한 사원은 3명이며, 중국어가 능통한 사원은 2명이다.
> - A는 영어와 독일어를 능통하게 한다.
> - C가 능통하게 할 수 있는 외국어는 중국어와 일본어뿐이다.
> - B가 능통하게 할 수 있는 외국어 중 한 개는 C와 겹친다.

① A는 세 개의 외국어를 능통하게 할 수 있다.
② B는 두 개의 외국어를 능통하게 할 수 있다.
③ C는 중국에 파견 근무를 떠난다.
④ D가 어느 국가로 파견 근무를 떠나는지 알 수 없다.
⑤ A와 C가 능통하게 할 수 있는 외국어 중 한 개는 동일하다.

# 02 규칙 적용

**| 유형분석 |**

- 주어진 상황과 규칙을 종합적으로 활용하여 풀어 가는 문제이다.
- 일정, 비용, 순서 등 다양한 내용을 다루고 있어 유형을 한 가지로 단일화하기 어렵다.

**갑은 다음 규칙을 참고하여 알파벳 단어를 숫자로 변환하고자 한다. 〈보기〉의 ㉠~㉣ 단어에서 알파벳 Z에 해당하는 자연수들을 모두 더한 값은?**

〈규칙〉

① 알파벳 'A'부터 'Z'까지 순서대로 자연수를 부여한다.
  예 A=2라고 하면 B=3, C=4, D=5이다.
② 단어의 음절에 같은 알파벳이 연속되는 경우 ①에서 부여한 숫자를 알파벳이 연속되는 횟수만큼 거듭제곱한다.
  예 A=2이고 단어가 'AABB'이면 AA는 '$2^2$'이고, BB는 '$3^2$'이므로 '49'로 적는다.

보기

㉠ AAABBCC는 10000001020110404로 변환된다.
㉡ CDFE는 3465로 변환된다.
㉢ PJJYZZ는 1712126729로 변환된다.
㉣ QQTSR은 625282726으로 변환된다.

① 154
② 176
③ 199
④ 212
⑤ 234

정답 ④

㉠ A=100, B=101, C=102이다. 따라서 Z=125이다.
㉡ C=3, D=4, E=5, F=6이다. 따라서 Z=26이다.
㉢ P가 17임을 볼 때, J=11, Y=26, Z=27이다.
㉣ Q=25, R=26, S=27, T=28이다. 따라서 Z=34이다.
따라서 해당하는 Z값을 모두 더하면 125+26+27+34=212이다.

**풀이 전략!**

문제에 제시된 조건이나 규칙을 정확히 파악한 후, 선택지나 상황에 적용하여 문제를 풀어 나간다.

## 출제유형분석 02 실전예제

**01** S제품을 운송하는 A씨는 업무상 편의를 위해 고객의 주문 내역을 임의의 기호로 기록하고 있다. 다음과 같은 주문전화가 왔을 때, A씨가 기록한 기호로 옳은 것은?

〈임의기호〉

| 구분 | | | | |
|---|---|---|---|---|
| 재료 | 연강 | 고강도강 | 초고강도강 | 후열처리강 |
| | MS | HSS | AHSS | PHTS |
| 판매량 | 낱개 | 1묶음 | 1box | 1set |
| | 01 | 10 | 11 | 00 |
| 지역 | 서울 | 경기남부 | 경기북부 | 인천 |
| | E | S | N | W |
| 윤활유 사용 | 청정작용 | 냉각작용 | 윤활작용 | 밀폐작용 |
| | P | C | I | S |
| 용도 | 베어링 | 스프링 | 타이어코드 | 기계구조 |
| | SB | SS | ST | SM |

※ A씨는 [재료] – [판매량] – [지역] – [윤활유 사용] – [용도]의 순서로 기호를 기록한다.

〈주문전화〉

B씨 : 어이~ A씨. 나야, 나. 인천 지점에서 같이 일했던 B. 내가 필요한 것이 있어서 전화했어. 일단 서울 지점의 C씨가 스프링으로 사용할 제품이 필요하다고 하는데 한 박스 정도면 될 것 같아. 이전에 주문했던 대로 연강에 윤활용으로 윤활유를 사용한 제품으로 부탁하네. 나는 이번에 경기도 남쪽으로 가는데 거기에 있는 내 사무실 알지? 거기로 초고강도강 타이어코드용으로 1세트 보내 줘. 튼실한 걸로 밀폐용 윤활유 사용해서 부탁해. 저번에 냉각용으로 사용한 제품은 생각보다 좋진 않았어.

① MS11EISB, AHSS00SSST

② MS11EISS, AHSS00SSST

③ MS11EISS, HSS00SSST

④ MS11WISS, AHSS10SSST

⑤ MS11EISS, AHSS00SCST

PART 1

※ 다음 자료를 보고 이어지는 질문에 답하시오. **[2~4]**

〈블랙박스 시리얼 번호 체계〉

| 개발사 | | 제품 | | 메모리 용량 | | 제조연월 | | | | 일련번호 | PCB버전 |
|---|---|---|---|---|---|---|---|---|---|---|---|
| 값 | 의미 | 값 | 의미 | 값 | 의미 | 값 | 의미 | 값 | 의미 | 값 | 값 |
| A | 아리스 | BD | 블랙박스 | 1 | 4GB | A | 2019년 | 1～9 | 1～9월 | 00001 | 1 |
| S | 성진 | BL | LCD 블랙박스 | 2 | 8GB | B | 2020년 | O | 10월 | 00002 | 2 |
| B | 백경 | BP | IPS 블랙박스 | 3 | 16GB | C | 2021년 | N | 11월 | … | 3 |
| C | 천호 | BE | LED 블랙박스 | 4 | 32GB | D | 2022년 | D | 12월 | 09999 | |
| M | 미강테크 | | | | | E | 2023년 | | | | |

※ 예시 : ABD2B6000101 → 아리스 블랙박스, 8GB, 2020년 6월 생산, 10번째 모델, PCB 1번째 버전

〈A/S 접수 현황〉

| 분류 1 | 분류 2 | 분류 3 | 분류 4 |
|---|---|---|---|
| ABD1A2001092 | MBE2E3001243 | SBP3CD012083 | ABD4B3007042 |
| BBD1DD000132 | MBP2CO120202 | CBE3C4000643 | SBE4D5101483 |
| SBD1D9000082 | ABE2D0001063 | BBD3B6000761 | MBP4C6000263 |
| ABE1C6100121 | CBL2C3010213 | ABP3D8010063 | BBE4DN020473 |
| CBP1C6001202 | SBD2B9001501 | CBL3S8005402 | BBL4C5020163 |
| CBL1BN000192 | SBP2C5000843 | SBD3B1004803 | CBP4D6100023 |
| MBD1A2012081 | BBL2BO010012 | MBE3E4010803 | SBE4E4001613 |
| MBE1DB001403 | CBD2B3000183 | MBL3C1010203 | ABE4DO010843 |

**02** A/S가 접수되면 수리를 위해 각 제품을 해당 제조사로 전달한다. 그런데 제품 시리얼 번호를 확인하는 과정에서 조회되지 않는 번호가 있다는 것을 발견하였다. 다음 중 총 몇 개의 시리얼 번호가 잘못 기록되었는가?

① 6개
② 7개
③ 8개
④ 9개
⑤ 10개

**03** A/S가 접수된 제품 중 2019～2020년도에 생산된 제품에 대해 무상으로 블루투스 기능을 추가해 주는 이벤트를 진행하고 있다. A/S 접수가 된 블랙박스 중에서 이벤트에 해당하는 제품은 모두 몇 개인가?

① 6개
② 7개
③ 8개
④ 9개
⑤ 10개

**04** 당사의 제품을 구매한 고객이 A/S를 접수하면, 상담원은 제품 시리얼 번호를 확인하여 기록해 두고 있다. 제품 시리얼 번호는 특정 기준에 의해 분류하여 기록하고 있는데, 다음 중 그 기준은 무엇인가?

① 개발사
② 제품
③ 메모리 용량
④ 제조년월
⑤ PCB버전



**05** 다음 〈조건〉을 근거로 〈보기〉를 계산한 값은?

**조건**

연산자 A, B, C, D는 다음과 같이 정의한다.

- A : 좌우에 있는 두 수를 더한다. 단, 더한 값이 10 미만이면 좌우에 있는 두 수를 곱한다.
- B : 좌우에 있는 두 수 가운데 큰 수에서 작은 수를 뺀다. 단, 두 수가 같거나 뺀 값이 10 미만이면 두 수를 곱한다.
- C : 좌우에 있는 두 수를 곱한다. 단, 곱한 값이 10 미만이면 좌우에 있는 두 수를 더한다.
- D : 좌우에 있는 두 수 가운데 큰 수를 작은 수로 나눈다. 단, 두 수가 같거나 나눈 값이 10 미만이면 두 수를 곱한다.

※ 연산은 '( )', '[ ]'의 순으로 한다.

**보기**

[(1 A 5) B (3 C 4)] D 6

① 10
② 12
③ 90
④ 210
⑤ 360

# 03 자료 해석

**| 유형분석 |**

- 주어진 자료를 해석하고 활용하여 풀어가는 문제이다.
- 꼼꼼하고 분석적인 접근이 필요한 다양한 자료들이 출제된다.

**다음 중 정수장 수질검사 현황에 대해 바르게 설명한 사람은?**

〈정수장 수질검사 현황〉

| 급수 지역 | 항목 | | | | | | 검사결과 | |
|---|---|---|---|---|---|---|---|---|
| | 일반세균 100 이하 (CFU/mL) | 대장균 불검출 (수/100mL) | NH3-N 0.5 이하 (mg/L) | 잔류염소 4.0 이하 (mg/L) | 구리 1 이하 (mg/L) | 망간 0.05 이하 (mg/L) | 적합 | 기준 초과 |
| 함평읍 | 0 | 불검출 | 불검출 | 0.14 | 0.045 | 불검출 | 적합 | 없음 |
| 이삼읍 | 0 | 불검출 | 불검출 | 0.27 | 불검출 | 불검출 | 적합 | 없음 |
| 학교면 | 0 | 불검출 | 불검출 | 0.13 | 0.028 | 불검출 | 적합 | 없음 |
| 엄다면 | 0 | 불검출 | 불검출 | 0.16 | 0.011 | 불검출 | 적합 | 없음 |
| 나산면 | 0 | 불검출 | 불검출 | 0.12 | 불검출 | 불검출 | 적합 | 없음 |

① A사원 : 함평읍의 잔류염소는 가장 낮은 수치를 보였고, 기준치에 적합하네.
② B사원 : 모든 급수지역에서 일반세균이 나오지 않았어.
③ C사원 : 기준치를 초과한 곳은 없었지만 적합하지 않은 지역은 있어.
④ D사원 : 대장균과 구리가 검출되면 부적합 판정을 받는구나.
⑤ E사원 : 구리가 검출되지 않은 지역은 세 곳이야.

정답 ②

오답분석

① 잔류염소에서 가장 낮은 수치를 보인 지역은 나산면(0.12)이고, 함평읍(0.14)은 세 번째로 낮다.
③ 기준치를 초과한 곳도 없고, 모두 적합 판정을 받았다.
④ 항평읍과 학교면, 엄다면은 구리가 검출되었지만 적합 판정을 받았다.
⑤ 구리가 검출되지 않은 지역은 이삼읍과 나산면으로 두 곳이다.

**풀이 전략!**

문제 해결을 위해 필요한 정보가 무엇인지 먼저 파악한 후, 제시된 자료를 분석적으로 읽고 해석한다.

## 출제유형분석 03 실전예제

**01** **다음 글과 상황을 근거로 판단할 때, 출장을 함께 갈 수 있는 직원들의 조합으로 가능한 것은?**

I공사 B지사에서는 12월 11일 회계감사 관련 서류 제출을 위해 본사로 출장을 가야 한다. 오전 8시 정각 출발이 확정되어 있으며, 출발 후 B지사에 복귀하기까지 총 8시간이 소요된다. 단, 비가 오는 경우 1시간이 추가로 소요된다.

- 출장인원 중 한 명이 직접 운전하여야 하며, '운전면허 1종 보통' 소지자만 운전할 수 있다.
- 출장시간에 사내 업무가 겹치는 경우에는 출장을 갈 수 없다.
- 출장인원 중 부상자가 포함되어 있는 경우, 서류 박스 운반 지연으로 인해 30분이 추가로 소요된다.
- 차장은 책임자로서 출장인원에 적어도 한 명은 포함되어야 한다.
- 주어진 조건 외에는 고려하지 않는다.

〈상황〉

- 12월 11일은 하루 종일 비가 온다.
- 12월 11일 당직 근무는 17시 10분에 시작한다.

| 직원 | 직급 | 운전면허 | 건강상태 | 출장 당일 사내 업무 |
|---|---|---|---|---|
| 갑 | 차장 | 1종 보통 | 부상 | 없음 |
| 을 | 차장 | 2종 보통 | 건강 | 17시 15분 계약업체 면담 |
| 병 | 과장 | 없음 | 건강 | 17시 35분 관리팀과 회의 |
| 정 | 과장 | 1종 보통 | 건강 | 당직 근무 |
| 무 | 대리 | 2종 보통 | 건강 | 없음 |

① 갑, 을, 병　② 갑, 병, 정

③ 을, 병, 무　④ 을, 정, 무

⑤ 병, 정, 무

※ 다음 자료를 보고 이어지는 질문에 답하시오. **[2~3]**

〈사회통합프로그램 소개〉

Ⅰ. 과정 및 이수시간(2023년 12월 현재)

| 구분 | 0단계 | 1단계 | 2단계 | 3단계 | 4단계 | 5단계 |
|---|---|---|---|---|---|---|
| 과정 | 한국어와 한국문화 | | | | | 한국사회의 이해 |
| | 기초 | 초급 1 | 초급 2 | 중급 1 | 중급 2 | |
| 이수시간 | 15시간 | 100시간 | 100시간 | 100시간 | 100시간 | 50시간 |
| 사전평가 | 구술 3점 미만<br>(지필점수 무관) | 3 ~ 20점 | 21 ~ 40점 | 41 ~ 60점 | 61 ~ 80점 | 81 ~ 100점 |

Ⅱ. 사전평가

1. 평가 대상 : 사회통합프로그램 참여 신청자는 모두 응시해야 함
2. 평가 내용 : 한국어능력 등 기본소양 정도
3. 평가 장소 : 관할 출입국에서 지정하는 별도 장소
4. 평가 방법 : 필기시험(45) 및 구술시험(5) 등 총 50문항

가. 필기시험(45문항, 90점)

- 문항 수는 총 45문항으로 객관식(43), 단답형 주관식(2)
- 시험시간은 총 50분
- 답안지는 OMR카드를 사용함

나. 구술시험(5문항, 10점)

- 문항 수는 총 5문항으로 읽기, 이해하기, 대화하기, 듣고 말하기 등으로 구성
- 시험시간은 총 10분

※ 사전평가일로부터 6개월 이내에 교육에 참여하지 않은 경우 해당 평가는 무효가 되며, 다시 사전 평가에 응시하여 단계배정을 다시 받아야만 교육 참여 가능 → 이 경우에는 재시험 기회가 추가로 부여되지 않음(평가 결과에 불만이 있더라도 재시험을 신청할 수 없음)

※ 사회통합프로그램의 '0단계(한국어 기초)'부터 참여하기를 희망하는 경우에 한해 사전평가를 면제받을 수 있습니다. 사전평가를 면제받고자 할 경우에는 사회통합프로그램 참여신청 화면의 '사전평가 응시여부'에 '아니오'를 체크하셔야 합니다.

Ⅲ. 참여 시 참고사항

1. 참여 도중 출산, 치료, 가사 등 불가피한 사유로 30일 이상 계속 참여가 불가능할 경우 참여자는 사유발생일로부터 15일 이내에 사회통합정보망(마이페이지)을 통해 이수정지 신청을 해야 함 → 이 경우 사유 종료 후 과거 이수사항 및 이수시간이 계속 승계되어 해당 과정에 참여할 수 있으며, 이수정지 후 2년 이상 재등록하지 않을 경우 직권제적 대상이 되므로, 계속 참여 의사가 있는 경우에는 2년 이내에 재등록해야 함
2. 참여 도중 30일 이상 무단으로 결석할 경우 제적 조치하고, 이 경우에는 해당단계에서 이미 이수한 사항은 모두 무효 처리함

**02** 다음 〈보기〉에서 2023년 12월에 같은 강의를 듣는 사람을 바르게 짝지은 것은?

보기

ㄱ. 사전평가에서 구술 10점, 필기 30점을 받은 A씨
ㄴ. 사전평가에서 구술 2점, 필기 40점을 받은 B씨
ㄷ. 1년 전 초급 1 과정을 30시간 들은 후 이수정지 신청을 한 후 재등록한 C씨
ㄹ. 사전평가에 응시하지 않겠다고 의사를 표시한 후 참여를 신청한 D씨

① ㄱ, ㄴ
② ㄱ, ㄷ
③ ㄴ, ㄷ
④ ㄴ, ㄹ
⑤ ㄷ, ㄹ

PART 1

**03** A사원은 온라인 상담게시판에 올라와 있는 한 고객의 상담문의를 읽었다. 문의내용에 따라 고객이 다음 단계에 이수해야 할 과정과 이수시간을 바르게 연결한 것은?

| 고객 상담 게시판 | |
|---|---|
| [1 : 1 상담요청] 제목 : 이수 과목 관련 문의드립니다. | 2023-12-01 |
| 안녕하세요. 2022년 6월에 한국어와 한국문화 초급 2 과정을 수료한 후, 중급 1 과정을 30시간 듣다가 출산 때문에 이수정지 신청을 했었습니다. 다음 달부터 다시 프로그램에 참여하고자 하는데, 어떤 과정을 몇 시간 더 들어야 하나요? 답변 부탁드립니다. | |

| | 과정 | 이수시간 |
|---|---|---|
| ① | 기초 | 15시간 |
| ② | 초급 2 | 70시간 |
| ③ | 초급 2 | 100시간 |
| ④ | 중급 1 | 70시간 |
| ⑤ | 중급 1 | 100시간 |

**04** 다음은 국민행복카드에 대한 자료이다. 〈보기〉 중 국민행복카드에 대한 설명으로 옳지 않은 것을 모두 고르면?

• 국민행복카드
'보육료', '유아학비', '건강보험 임신 · 출산 진료비 지원', '청소년산모 임신 · 출산 의료비 지원' 및 '사회서비스 전자바우처' 등 정부의 여러 바우처 지원을 공동으로 이용할 수 있는 통합카드입니다. 어린이집 · 유치원 어디서나 사용이 가능합니다.

• 발급방법
[온라인]
- 보조금 신청 : 정부 보조금을 신청하면 어린이집 보육료와 유치원 유아학비 인증이 가능합니다.
- 보조금 신청서 작성 및 제출 : 복지로 홈페이지
- 카드 발급 : 5개 제휴카드사 중 원하시는 카드사를 선택해 발급받으시면 됩니다.
  ※ 연회비는 무료
- 카드 발급처 : 복지로 홈페이지, 임신육아종합포털 아이사랑, 5개 제휴카드사 홈페이지

[오프라인]
- 보조금 신청 : 정부 보조금을 신청하면 어린이집 보육료와 유치원 유아학비 인증이 가능합니다.
- 보조금 신청서 작성 및 제출 : 읍면동 주민센터
- 카드 발급 : 5개 제휴카드사 중 원하는 카드사를 선택해 발급받으시면 됩니다.
  ※ 연회비는 무료
- 카드 발급처 : 읍면동 주민센터, 해당 카드사 지점
  ※ 어린이집 ↔ 유치원으로 기관 변경 시에는 복지로 또는 읍면동 주민센터에서 반드시 보육료 · 유아학비 자격변경 신청이 필요

**보기**

ㄱ. 국민행복카드 신청을 위한 보육료 및 학비 인증을 위해서는 별도 절차 없이 정부 보조금 신청을 하면 된다.
ㄴ. 온라인이나 오프라인 둘 중 어떤 발급경로를 선택하더라도 연회비는 무료이다.
ㄷ. 국민행복카드 신청을 위한 보조금 신청서는 읍면동 주민센터, 복지로 혹은 카드사의 홈페이지에서 작성할 수 있으며 작성처에 제출하면 된다.
ㄹ. 오프라인으로 신청한 경우, 카드를 발급받기 위해서는 읍면동 주민센터 혹은 전국 은행 지점을 방문하여야 한다.

① ㄱ, ㄴ
② ㄱ, ㄷ
③ ㄴ, ㄷ
④ ㄴ, ㄹ
⑤ ㄷ, ㄹ

**05** I공사에서 새로운 기계를 구매하기 위해 검토 중이라는 소문을 B회사 영업사원인 귀하가 입수했다. I공사 구매 담당자는 공사 방침에 따라 실속(가격)이 최우선이며 그다음이 품격(디자인)이고 구매하려는 기계의 제작사들이 비슷한 기술력을 가지고 있기 때문에 성능은 다 같다고 생각하고 있다. 따라서 사후관리(A/S)를 성능보다 우선시하고 있다고 한다. 귀하는 오늘 경쟁사와 자사 기계에 대한 종합 평가서를 참고하여 I공사의 구매 담당자를 설득시킬 계획이다. 다음 중 귀하가 할 수 있는 설명으로 적절하지 않은 것은?

〈종합 평가서〉

| 구분 | A사 | B사 | C사 | D사 | E사 | F사 |
|---|---|---|---|---|---|---|
| 성능(높은 순) | 1 | 4 | 2 | 3 | 6 | 5 |
| 디자인(평가가 좋은 순) | 3 | 1 | 2 | 4 | 5 | 6 |
| 가격(낮은 순) | 1 | 3 | 5 | 6 | 4 | 2 |
| A/S 특징(신속하고 철저한 순) | 6 | 2 | 5 | 3 | 1 | 4 |

※ 숫자는 순위를 나타낸다.

① A사 제품은 가격은 가장 저렴하나 A/S가 늦고 철저하지 않습니다. 우리 제품을 사면 제품 구매 비용은 A사보다 많이 들어가나 몇 년 운용을 해보면 실제 A/S 지체 비용으로 인한 손실액이 A사보다 적기 때문에 실제로 이익입니다.

② C사 제품보다는 우리 회사 제품이 가격이나 디자인 면에서 우수하고 A/S 또한 빠르고 정확하기 때문에 비교할 바가 안 됩니다. 성능이 우리 것보다 조금 낫다고는 하나 사실 이 기계의 성능은 서로 비슷하기 때문에 우리 회사 제품이 월등하다고 볼 수 있습니다.

③ D사 제품은 먼저 가격에서나 디자인 그리고 A/S에서 우리 제품을 따라올 수 없습니다. 성능도 엇비슷하기 때문에 결코 우리 회사 제품과 견줄 것이 못 됩니다.

④ E사 제품은 A/S 면에서 가장 좋은 평가를 받고 있으나 성능 면에서 가장 뒤처지기 때문에 고려할 가치가 없습니다. 특히 A/S가 잘되어 있다면 오히려 성능이 뒤떨어져서 일어나는 사인이기 때문에 재고할 가치가 없습니다.

⑤ F사 제품은 우리 회사 제품보다 가격은 저렴하지만 A/S나 디자인 면에서 우리 제품이 더 좋은 평가를 받고 있으므로 우리 회사 제품이 더 뛰어납니다.

CHAPTER 04

# 자원관리능력

## 합격 Cheat Key

자원관리능력은 현재 NCS 기반 채용을 진행하는 많은 공사·공단에서 핵심영역으로 자리 잡아, 일부를 제외한 대부분의 시험에서 출제되고 있다.

세부 유형은 비용 계산, 해외파견 지원금 계산, 주문 제작 단가 계산, 일정 조율, 일정 선정, 행사 대여 장소 선정, 최단거리 구하기, 시차 계산, 소요시간 구하기, 해외파견 근무 기준에 부합하는 또는 부합하지 않는 직원 고르기 등으로 나눌 수 있다.

### 1 시차를 먼저 계산하라!

시간 자원 관리의 대표유형 중 시차를 계산하여 일정에 맞는 항공권을 구입하거나 회의시간을 구하는 문제에서는 각각의 나라 시간을 한국 시간으로 전부 바꾸어 계산하는 것이 편리하다. 조건에 맞는 나라들의 시간을 전부 한국 시간으로 바꾸고 한국 시간과의 시차만 더하거나 빼면 시간을 단축하여 풀 수 있다.

### 2 선택지를 잘 활용하라!

계산을 해서 값을 요구하는 문제 유형에서는 선택지를 먼저 본 후 자리 수가 몇 단위로 끝나는지 확인해야 한다. 예를 들어 412,300원, 426,700원, 434,100원인 선택지가 있다고 할 때, 제시된 조건에서 100원 단위로 나올 수 있는 항목을 찾아 그 항목만 계산하는 방법이 있다. 또한, 일일이 계산하는 문제가 많다. 예를 들어 640,000원, 720,000원, 810,000원 등의 수를 이용해 푸는 문제가 있다고 할 때, 만 원 단위를 절사하고 계산하여 64, 72, 81처럼 요약하는 방법이 있다.

## 3 최적의 값을 구하는 문제인지 파악하라!

물적 자원 관리의 대표유형에서는 제한된 자원 내에서 최대의 만족 또는 이익을 얻을 수 있는 방법을 강구하는 문제가 출제된다. 이때, 구하고자 하는 값을 $x$, $y$로 정하고 연립방정식을 이용해 $x$, $y$ 값을 구한다. 최소 비용으로 목표생산량을 달성하기 위한 업무 및 인력 할당, 정해진 시간 내에 최대 이윤을 낼 수 있는 업체 선정, 정해진 인력으로 효율적 업무 배치 등을 구하는 문제에서 사용되는 방법이다.

## 4 각 평가항목을 비교하라!

인적 자원 관리의 대표유형에서는 각 평가항목을 비교하여 기준에 적합한 인물을 고르거나, 저렴한 업체를 선정하거나, 총점이 높은 업체를 선정하는 문제가 출제된다. 이런 유형은 평가항목에서 가격이나 점수 차이에 영향을 많이 미치는 항목을 찾아 $1 \sim 2$개의 선택지를 삭제하고, 남은 $3 \sim 4$개의 선택지만 계산하여 시간을 단축할 수 있다.

# 01 시간 계획

**| 유형분석 |**

- 시간 자원과 관련된 다양한 정보를 활용하여 풀어 가는 유형이다.
- 대체로 교통편 정보나 국가별 시차 정보가 제공되며, 이를 근거로 '현지 도착시간 또는 약속된 시간 내에 도착하기 위한 방안'을 고르는 문제가 출제된다.

**해외영업부 A대리는 B부장과 함께 샌프란시스코에 출장을 가게 되었다. 샌프란시스코의 시각은 한국보다 16시간 느리고, 비행시간은 10시간 25분일 때 샌프란시스코 현지 시각으로 11월 17일 오전 10시 35분에 도착하는 비행기를 타려면 한국 시각으로 인천공항에 몇 시까지 도착해야 하는가?**

| 구분 | 날짜 | 출발 시각 | 비행 시간 | 날짜 | 도착 시각 |
|---|---|---|---|---|---|
| 인천 → 샌프란시스코 | 11월 17일 | | 10시간 25분 | 11월 17일 | 10:35 |
| 샌프란시스코 → 인천 | 11월 21일 | 17:30 | 12시간 55분 | 11월 22일 | 22:25 |

※ 단, 비행기 출발 한 시간 전에 공항에 도착해 티켓팅을 해야 한다.

① 12:10
② 13:10
③ 14:10
④ 15:10
⑤ 16:10

정답 ④

인천에서 샌프란시스코까지 비행 시간은 10시간 25분이므로, 샌프란시스코 도착 시각에서 거슬러 올라가면 샌프란시스코 시각으로 00시 10분에 출발한 것이 된다. 이때 한국은 샌프란시스코보다 16시간 빠르기 때문에 한국 시각으로는 16시 10분에 출발한 것이다. 하지만 비행기 티켓팅을 위해 출발 한 시간 전에 인천공항에 도착해야 하므로 15시 10분까지 공항에 가야 한다.

**풀이 전략!**

문제에서 묻는 것을 정확히 파악한다. 특히 제한사항에 대해서는 빠짐없이 확인해 두어야 한다. 이후 제시된 정보(시차 등)에서 필요한 것을 선별하여 문제를 풀어 간다.

## 출제유형분석 01 실전예제

**01** 다음은 I공사의 4월 일정이다. I공사 직원들은 본사에서 주관하는 윤리교육 8시간을 이번 달 안에 모두 이수해야 한다. 이 윤리교육은 일주일에 2회씩 같은 요일 오전에 1시간 동안 진행되고, 각 지사의 일정에 맞춰 요일을 지정할 수 있다. I공사 직원들은 어떤 요일에 윤리교육을 수강해야 하는가?

〈4월 일정표〉

| 월 | 화 | 수 | 목 | 금 | 토 | 일 |
|---|---|---|---|---|---|---|
| | 1 | 2 | 3 | 4 | 5 | 6 |
| 7 | 8 | 9 | 10 | 11 | 12 | 13 |
| 14<br>최과장 연차 | 15 | 16 | 17 | 18 | 19 | 20 |
| 21 | 22 | 23 | 24 | 25<br>오후<br>김대리 반차 | 26 | 27 |
| 28 | 29<br>오전<br>성대리 외근 | 30 | | | | |

〈I공사 행사일정〉

- 4월 3일 오전 : 본사 회장 방문
- 4월 7일 오후~4월 8일 오전 : 1박 2일 전사 워크숍
- 4월 30일 오전 : 임원진 간담회 개최

① 월, 수
② 화, 목
③ 수, 목
④ 수, 금
⑤ 목, 금

※ I공사 신성장기술본부에서 근무하는 K부장은 적도기니로 출장을 가려고 한다. 다음 자료를 참고하여 이어지는 질문에 답하시오. **[2~3]**

〈경유지, 도착지 현지시각〉

| 국가(도시) | 현지시각 |
|---|---|
| 한국(인천) | 2023. 08. 05 AM 08:40 |
| 중국(광저우) | 2023. 08. 05 AM 07:40 |
| 에티오피아(아디스아바바) | 2023. 08. 05 AM 02:40 |
| 적도기니(말라보) | 2023. 08. 05 AM 00:40 |

〈경로별 비행시간〉

| 비행경로 | 비행시간 |
|---|---|
| 인천 → 광저우 | 3시간 50분 |
| 광저우 → 아디스아바바 | 11시간 10분 |
| 아디스아바바 → 말라보 | 5시간 55분 |

〈경유지별 경유시간〉

| 경유지 | 경유시간 |
|---|---|
| 광저우 | 4시간 55분 |
| 아디스아바바 | 6시간 10분 |

**02** K부장은 2023년 8월 5일 오전 8시 40분 인천에서 비행기를 타고 적도기니로 출장을 가려고 한다. K부장이 두 번째 경유지인 아디스아바바에 도착하는 현지 날짜 및 시각으로 옳은 것은?

① 2023. 08. 05 PM 10:35
② 2023. 08. 05 PM 11:35
③ 2023. 08. 06 AM 00:35
④ 2023. 08. 06 AM 01:35
⑤ 2023. 08. 06 AM 02:40

**03** 기상악화로 인하여 광저우에서 출발하는 아디스아바바행 비행기가 2시간 지연출발하였다고 한다. 이때, 총 소요 시간과 적도기니에 도착하는 현지 날짜 및 시각으로 옳은 것은?

| | 총 소요 시간 | 현지 날짜 및 시각 |
|---|---|---|
| ① | 31시간 | 2023. 08. 06 AM 07:40 |
| ② | 32시간 | 2023. 08. 06 AM 08:40 |
| ③ | 33시간 | 2023. 08. 06 AM 09:40 |
| ④ | 34시간 | 2023. 08. 06 AM 10:40 |
| ⑤ | 36시간 | 2023. 08. 06 AM 10:50 |

**04** 해외지사에서 근무 중인 직원들 중 업무성과가 우수한 직원을 선발하여 국내로 초청하고자 한다. 다음 자료를 토대로 할 때, 각국 직원들을 국내에 도착하는 순서대로 바르게 나열한 것은?

〈해외지사별 직원들의 비행 스케줄〉

| 출발지 | 출발지 기준 이륙시각 | 비행시간<br>(출발지 → 대한민국) |
|---|---|---|
| 독일(뮌헨) | 2023년 10월 25일(수) 오후 04:20 | 11시간 30분 |
| 인도(뉴델리) | 2023년 10월 25일(수) 오후 10:10 | 8시간 30분 |
| 미국(뉴욕) | 2023년 10월 25일(수) 오전 07:40 | 14시간 |

〈동일 시점에서의 국가별 현지시각〉

| 국가(도시) | 현지시각 |
|---|---|
| 대한민국(서울) | 2023년 10월 25일(수) 오전 06:20 |
| 독일(뮌헨) | 2023년 10월 24일(화) 오후 11:20 |
| 인도(뉴델리) | 2023년 10월 25일(수) 오전 03:50 |
| 미국(뉴욕) | 2023년 10월 24일(화) 오후 05:20 |

① 인도 – 독일 – 미국
② 인도 – 미국 – 독일
③ 미국 – 독일 – 인도
④ 미국 – 인도 – 독일
⑤ 독일 – 미국 – 인도

# 02 비용 계산

**| 유형분석 |**

- 예산 자원과 관련된 다양한 정보를 활용하여 풀어 가는 문제이다.
- 대체로 한정된 예산 내에서 수행할 수 있는 업무 및 예산 가격을 묻는 문제가 출제된다.

**연봉 실수령액을 구하는 식이 〈보기〉와 같을 때, 연봉이 3,480만 원인 A씨의 연간 실수령액은?(단, 원 단위는 절사한다)**

보기

- (연봉 실수령액)=(월 실수령액)×12
- (월 실수령액)=(월 급여)−[(국민연금)+(건강보험료)+(고용보험료)+(장기요양보험료)+(소득세)+(지방세)]
- (국민연금)=(월 급여)×4.5%
- (건강보험료)=(월 급여)×3.12%
- (고용보험료)=(월 급여)×0.65%
- (장기요양보험료)=(건강보험료)×7.38%
- (소득세)=68,000원
- (지방세)=(소득세)×10%

① 30,944,400원
② 31,078,000원
③ 31,203,200원
④ 32,150,800원
⑤ 32,497,600원

정답 ①

A씨의 월 급여는 3,480÷12=290만 원이다.
국민연금, 건강보험료, 고용보험료를 제외한 금액을 계산하면
290만 원−[290만 원×(0.045+0.0312+0.0065)]
→ 290만 원−(290만 원×0.0827) → 290만 원−239,830=2,660,170원
- 장기요양보험료 : (290만 원×0.0312)×0.0738≒6,670원(∵ 원 단위 이하 절사)
- 지방세 : 68,000×0.1=6,800원

따라서 A씨의 월 실수령액은 2,660,170−(6,670+68,000+6,800)=2,578,700원이고,
연 실수령액은 2,578,700×12=30,944,400원이다.

**풀이 전략!**

제한사항인 예산을 고려하여 문제에서 묻는 것을 정확히 파악한 후, 제시된 정보에서 필요한 것을 선별하여 문제를 풀어 간다.

## 출제유형분석 02 실전예제

**01** I공사 인재개발원에서 근무하는 L사원은 IT전략실의 K주임에게 대관 문의를 받았다. 문의내용과 인재개발원 대관안내 자료를 참고할 때, K주임에게 안내할 대관료는 얼마인가?(단, IT전략실은 IT기획처, IT개발처, IT운영처 3부서로 이루어져 있다)

> K주임 : 안녕하세요. IT전략실 IT운영처에서 근무하는 K주임입니다. 다름이 아니라 다음 달 첫째 주 토요일에 인재개발원에서 IT전략실 세미나 행사를 진행하려고 하는데, 대관료 안내를 받으려고 연락드렸습니다. IT기획처와 IT개발처는 같은 곳에서 세미나를 진행하고, IT운영처는 별도로 진행하려고 하는데, 면적이 가장 큰 교육시설과 면적이 2번째로 작은 교육시설을 각각 3시간씩 대관하고 싶습니다.
> 세미나가 끝난 후에는 친목도모를 위한 레크리에이션 행사를 3시간 진행하려고 하는데, 다목적홀, 이벤트홀, 체육관 중 가장 저렴한 가격으로 이용할 수 있는 곳을 대관했으면 좋겠습니다. 이렇게 했을 때 대관료는 얼마일까요?

〈I공사 인재개발원 대관안내〉

| 구분 | | 면적 | 대관료(원) | | 비고 |
|---|---|---|---|---|---|
| | | | 기본사용료 | 1시간당 추가사용료 | |
| 교육시설 | 강의실(대) | 177.81m$^2$ | 129,000 | 64,500 | • 기본 2시간 사용 원칙<br>• 토, 일, 공휴일 : 전체 금액의 10% 할증 |
| | 강의실(중) | 89.27m$^2$ | 65,000 | 32,500 | |
| | 강의실(소) | 59.48m$^2$ | 44,000 | 22,000 | |
| | 세미나실 | 132.51m$^2$ | 110,000 | 55,000 | |
| 다목적홀 | | 492.25m$^2$ | 585,000 | 195,000 | • 기본 3시간 사용 원칙<br>• 토, 일, 공휴일 10% 할증<br>• 토, 일, 공휴일 이벤트홀 휴관 |
| 이벤트홀 | | 273.42m$^2$ | 330,000 | 110,000 | |
| 체육관(5층) | | 479.95m$^2$ | 122,000 | 61,000 | • 기본 2시간 사용 원칙 |

① 463,810원
② 473,630원
③ 483,450원
④ 493,270원
⑤ 503,100원

**02** 다음 자료를 보고 K사원이 2024년 1월 출장여비로 받을 수 있는 총액을 바르게 구한 것은?

〈출장여비 계산기준〉

- 출장여비는 출장수당과 교통비의 합으로 계산한다.
- 출장수당의 경우 업무추진비 사용 시 1만 원을 차감하며, 교통비의 경우 법인차량 사용 시 1만 원을 차감한다.

〈출장지별 출장여비〉

| 출장지 | 출장수당 | 교통비 |
|---|---|---|
| I시 | 10,000원 | 20,000원 |
| I시 이외 | 20,000원 | 30,000원 |

※ I시 이외 지역으로 출장을 갈 경우 13시 이후 출장 시작 또는 15시 이전 출장 종료 시 출장수당에서 1만 원 차감된다.

〈K사원의 2023년 1월 출장내역〉

| 출장일 | 출장지 | 출장 시작 및 종료 시각 | 비고 |
|---|---|---|---|
| 1월 8일 | I시 | 14 ~ 16시 | 법인차량 사용 |
| 1월 16일 | S시 | 14 ~ 18시 | – |
| 1월 19일 | B시 | 09 ~ 16시 | 업무추진비 사용 |

① 6만 원
② 7만 원
③ 8만 원
④ 9만 원
⑤ 10만 원

**03** I컨벤션에서 회의실 예약업무를 담당하고 있는 K씨는 2주 전 B기업으로부터 오전 10시 ~ 낮 12시에 35명, 오후 1시 ~ 오후 4시에 10명이 이용할 수 있는 회의실 예약문의를 받았다. K씨는 회의실 예약 설명서를 B기업으로 보냈고 B기업은 자료를 바탕으로 회의실을 선택하여 결제했다. 하지만 이용일 4일 전 B기업이 오후 회의실 사용을 취소했을 때, 〈조건〉을 참고하여 B기업이 환불받게 될 금액은 얼마인가?(단, 회의에서는 노트북과 빔프로젝터를 이용하며, 부대장비 대여료도 환불규칙에 포함된다)

〈회의실 사용료(VAT 포함)〉

| 회의실 | 수용 인원(명) | 면적($m^2$) | 기본임대료(원) | | 추가임대료(원) | |
|---|---|---|---|---|---|---|
| | | | 기본시간 | 임대료 | 추가시간 | 임대료 |
| 대회의실 | 90 | 184 | 2시간 | 240,000 | 시간당 | 120,000 |
| 별실 | 36 | 149 | | 400,000 | | 200,000 |
| 세미나 1 | 21 | 43 | | 136,000 | | 68,000 |
| 세미나 2 | | | | | | |
| 세미나 3 | 10 | 19 | | 74,000 | | 37,000 |
| 세미나 4 | 16 | 36 | | 110,000 | | 55,000 |
| 세미나 5 | 8 | 15 | | 62,000 | | 31,000 |

〈부대장비 대여료(VAT 포함)〉

| 장비명 | 사용료(원) | | | | |
|---|---|---|---|---|---|
| | 1시간 | 2시간 | 3시간 | 4시간 | 5시간 |
| 노트북 | 10,000 | 10,000 | 20,000 | 20,000 | 30,000 |
| 빔프로젝터 | 30,000 | 30,000 | 50,000 | 50,000 | 70,000 |

조건

- 기본임대 시간은 2시간이며, 1시간 단위로 연장할 수 있습니다.
- 예약 시 최소 인원은 수용 인원의 $\frac{1}{2}$ 이상이어야 합니다.
- 예약 가능한 회의실 중 비용이 저렴한 쪽을 선택해야 합니다.

〈환불규칙〉

- 결제완료 후 계약을 취소하시는 경우 다음과 같이 취소수수료가 발생합니다.
  - 이용일 기준 7일 이전 : 취소수수료 없음
  - 이용일 기준 6 ~ 3일 이전 : 취소수수료 10%
  - 이용일 기준 2 ~ 1일 이전 : 취소수수료 50%
  - 이용일 당일 : 환불 불가
- 회의실에는 음식물을 반입하실 수 없습니다.
- 이용일 7일 전까지(7일 이내 예약 시에는 금일 중) 결제해야 합니다.
- 결제변경은 해당 회의실 이용시간 전까지 가능합니다.

① 162,900원
② 183,600원
③ 211,500원
④ 246,600원
⑤ 387,000원

# 03 | 품목 확정

**| 유형분석 |**

- 물적 자원과 관련된 다양한 정보를 활용하여 풀어 가는 문제이다.
- 주로 공정도 · 제품 · 시설 등에 대한 가격 · 특징 · 시간 정보가 제시되며, 이를 종합적으로 고려하는 문제가 출제된다.

**I공사에서 근무하는 김대리는 사내시험에서 2점짜리 문제를 8개, 3점짜리 문제를 10개, 5점짜리 문제를 6개를 맞혀 총 76점을 맞았다. 최대리가 맞은 문제의 개수의 총합은 몇 개인가?**

〈사내시험 규정〉

문항 수 : 43문제

만점 : 141점

- 2점짜리 문항은 3점짜리 문항 수보다 12문제 적다.
- 5점짜리 문항 수는 3점짜리 문항 수의 절반이다.

---

- 최대리가 맞은 2점짜리 문제의 개수는 김대리와 동일하다.
- 최대리의 점수는 총 38점이다.

① 14개
② 15개
③ 16개
④ 17개
⑤ 18개

정답 ①

최대리는 2점짜리 문제를 김대리가 맞은 개수만큼 맞았으므로 8개, 즉 16점을 획득했다. 최대리가 맞은 3점짜리와 5점짜리 문제를 합하면 38−16=22점이 나와야 한다. 3점과 5점의 합으로 22가 나오기 위해서는 3점짜리는 4문제, 5점짜리는 2문제를 맞아야 한다.

따라서 최대리가 맞은 문제의 총개수는 8개(2점짜리)+4개(3점짜리)+2개(5점짜리)=14개이다.

**풀이 전략!**

문제에서 묻고자 하는 바를 정확히 파악하는 것이 중요하다. 문제에서 제시한 물적 자원의 정보를 문제의 의도에 맞게 선별하면서 풀어 간다.

## 출제유형분석 03 실전예제

**01** I공사 기획전략처 문화홍보부 A대리는 부서 출장 일정에 맞춰 업무 시 사용할 렌터카를 대여하려고 한다. 다음 자료를 참고하여 A대리가 일정에 사용할 렌터카로 옳은 것은?

〈문화홍보부 출장 일정〉

| 일자 | 내용 | 인원 | 짐 무게 |
|---|---|---|---|
| 2023－08－08 | 보령화력 3부두 방문 | 2명 | 6kg |
| 2023－08－09 | 임금피크제 도입 관련 세미나 참여 | 3명 | 3kg |
| 2023－08－10 | 신서천화력 건설사업 | 5명 | － |
| 2023－08－11 | 햇빛새싹발전소(학교태양광) 발전사업 대상지 방문 | 3명 | 3kg |
| 2023－08－12 | 제주 LNG복합 건설사업 관련 좌담회 | 8명 | 2kg |
| 2023－08－15 | I그린파워 제철 부생가스 발전사업 관련 미팅 | 10명 | 3kg |
| 2023－08－16 | 방만경영 개선 이행실적 발표회 | 4명 | 1kg |
| 2023－08－17 | 보령항로 준설공사현장 방문 | 3명 | 2kg |
| 2023－08－18 | 보령 본사 방문 | 4명 | 6kg |

※ 짐 무게 3kg당 탑승인원 1명으로 취급한다.

〈렌터카 요금 안내〉

| 구분 | 요금 | 유류 | 최대 탑승인원 |
|---|---|---|---|
| A렌터카 | 45,000원 | 경유 | 4명 |
| B렌터카 | 60,000원 | 휘발유 | 5명 |
| C렌터카 | 55,000원 | LPG | 8명 |
| D렌터카 | 55,000원 | 경유 | 6명 |

※ 렌터카 선정 시 가격을 가장 우선으로 하고, 최대 탑승인원을 다음으로 한다.
※ 8월 1～12일까지는 여름휴가 할인행사로 휘발유 차량을 30% 할인한다.

**보내는 이** : A대리
안녕하십니까, 문화홍보부 A대리입니다.
금주 문화홍보부에서 참여하는 햇빛새싹발전소 발전사업 대상지 방문과 차주 보령 본사 방문에 관련된 정보를 첨부합니다. 해당 사항 확인해 주시기 바랍니다. 감사합니다.

**받는 이** : 문화홍보부

① A렌터카, B렌터카
② A렌터카, D렌터카
③ B렌터카, C렌터카
④ B렌터카, D렌터카
⑤ C렌터카, D렌터카

**02** I공사는 구내식당 기자재의 납품업체를 선정하고자 한다. 다음 선정 조건과 입찰업체 정보를 참고하여 업체를 선정할 때, 가장 적절한 업체는?

〈선정 조건〉

- 선정 방식
  선정점수가 가장 높은 업체를 선정한다. 선정점수는 납품품질 점수, 가격 경쟁력 점수, 직원규모 점수에 가중치를 반영해 합산한 값을 의미한다. 선정점수가 가장 높은 업체가 2개 이상일 경우, 가격 경쟁력 점수가 더 높은 업체를 선정한다.
- 납품품질 점수
  업체별 납품품질 등급에 따라 다음 표와 같이 점수를 부여한다.

| 구분 | 최상 | 상 | 중 | 하 | 최하 |
|---|---|---|---|---|---|
| 점수 | 100점 | 90점 | 80점 | 70점 | 60점 |

- 가격 경쟁력 점수
  업체별 납품가격 총액 수준에 따라 다음 표와 같이 점수를 부여한다.

| 구분 | 2억 원 미만 | 2억 원 이상<br>2억 5천만 원 미만 | 2억 5천만 원 이상<br>3억 원 미만 | 3억 원 이상 |
|---|---|---|---|---|
| 점수 | 100점 | 90점 | 80점 | 70점 |

- 직원규모 점수
  업체별 직원규모에 따라 다음 표와 같이 점수를 부여한다.

| 구분 | 50명 미만 | 50명 이상<br>100명 미만 | 100명 이상<br>200명 미만 | 200명 이상 |
|---|---|---|---|---|
| 점수 | 70점 | 80점 | 90점 | 100점 |

- 가중치
  납품품질 점수, 가격 경쟁력 점수, 직원규모 점수는 다음 표에 따라 각각 가중치를 부여한다.

| 구분 | 납품품질 점수 | 가격 경쟁력 점수 | 직원규모 점수 | 합계 |
|---|---|---|---|---|
| 가중치 | 40 | 30 | 30 | 100 |

〈입찰업체 정보〉

| 구분 | 납품품질 | 납품가격 총액(원) | 직원규모(명) |
|---|---|---|---|
| A업체 | 상 | 2억 | 125 |
| B업체 | 중 | 1억 7,000만 | 141 |
| C업체 | 하 | 1억 9,500만 | 91 |
| D업체 | 최상 | 3억 2,000만 | 98 |
| E업체 | 상 | 2억 6,000만 | 210 |

① A업체
② B업체
③ C업체
④ D업체
⑤ E업체

## 03 다음은 여권 발급 등에 대한 수수료를 안내하는 자료이다. 이를 참고하여 담당자가 A씨에게 안내할 여권과 발급수수료의 총액으로 옳은 것은?



〈여권 발급 등에 대한 수수료〉

(단위 : 원)

| 종류 | 구분 | | | 여권 발급 수수료 | | 국제교류기여금 | 합계 |
|---|---|---|---|---|---|---|---|
| 전자여권, 사진전사식 여권 | 복수여권 (거주여권 포함) | 10년 이내 (18세 이상) | | 48면 | 38,000 | 15,000 | 53,000 |
| | | | | 24면 | 35,000 | | 50,000 |
| | | 5년 (18세 미만) | 8세 이상 | 48면 | 33,000 | 12,000 | 45,000 |
| | | | | 24면 | 30,000 | | 42,000 |
| | | | 8세 미만 | 48면 | 33,000 | – | 33,000 |
| | | | | 24면 | 30,000 | | 30,000 |
| | 단수여권 | 1년 이내 | | 15,000 | | 5,000 | 20,000 |
| 사진부착식 여권 | 단수여권 | 1년 이내 | | 10,000 | | 5,000 | 15,000 |
| 기타 | 여행 증명서 | 사진부착식 | | 5,000 | | 2,000 | 7,000 |
| | 기재사항 변경 | | | 5,000 | | – | 5,000 |
| | 여권 사실 증명 | | | 1,000 | | – | 1,000 |

※ 단수여권 : 1회에 한해 해외로 출국할 수 있는 여권으로, 단수여권을 사용할 수 없는 국가로는 모리셔스, 바하마, 아랍에미리트, 아이슬란드, 아이티, 아프가니스탄, 카타르, 케냐 등이 있다.

※ 복수여권 : 유효기간(최대 10년) 내에 자유롭게 입국, 출국이 가능한 여권이다.

※ 사진부착식 여권은 긴급한 사유 등 예외적인 경우만 발급이 가능하다.

A씨 : 안녕하세요, 여권 발급수수료 문의로 연락드렸습니다.
제가 이번에 처음 여권을 발급받으려고 하는데, 최대한 발급수수료가 적은 여권으로 발급받고 싶습니다.

담당자 : 성인이신가요? 어떤 국가로 언제 여행을 가실 예정이신지요?

A씨 : 성인이며 터키로 여행을 갈 예정입니다. 1년 2개월쯤 뒤에 여행을 갈 예정인데 미리 준비하려고요.

담당자 : 고객님의 정보상 가장 적절한 것은 ___A___이며, 총금액은 ___B___입니다.

| | A | B |
|---|---|---|
| ① | 단수여권 | 20,000원 |
| ② | 복수여권 10년 이내(48면) | 53,000원 |
| ③ | 복수여권 10년 이내(24면) | 50,000원 |
| ④ | 복수여권 5년(8세 이상, 48면) | 45,000원 |
| ⑤ | 복수여권 5년(8세 이상, 24면) | 42,000원 |

# 04 인원 선발

**| 유형분석 |**

- 인적 자원과 관련된 다양한 정보를 활용하여 풀어 가는 문제이다.
- 주로 근무명단, 휴무일, 업무할당 등의 주제로 다양한 정보를 활용하여 종합적으로 풀어 가는 문제가 출제된다.

**어느 버스회사에서 (가)시에서 (나)시를 연결하는 버스 노선을 개통하기 위해 새로운 버스를 구매하려고 한다. 다음 〈조건〉과 같이 노선을 운행하려고 할 때, 최소 몇 대의 버스를 구매해야 하며 이때 필요한 운전사는 최소 몇 명인가?**

조건

1) 새 노선의 왕복 시간 평균은 2시간이다(승하차 시간을 포함).
2) 배차시간은 15분 간격이다.
3) 운전사의 휴식시간은 매 왕복 후 30분씩이다.
4) 첫차는 05시 정각에, 막차는 23시에 (가)시를 출발한다.
5) 모든 차는 (가)시에 도착하자마자 (나)시로 곧바로 출발하는 것을 원칙으로 한다.
   즉, (가)시에 도착하는 시간이 바로 (나)시로 출발하는 시간이다.
6) 모든 차는 (가)시에서 출발해서 (가)시로 복귀한다.

| | 버스 | 운전사 |
|---|---|---|
| ① | 6대 | 8명 |
| ② | 8대 | 10명 |
| ③ | 10대 | 12명 |
| ④ | 12대 | 14명 |
| ⑤ | 14대 | 16명 |

정답 ②

왕복 시간이 2시간, 배차 간격이 15분이라면 첫차가 재투입되는 데 필요한 앞차의 수는 첫차를 포함해서 8대이다(∵ 15분×8대=2시간이므로 8대 버스가 운행된 이후 9번째에 첫차 재투입 가능).

운전사는 왕복 후 30분의 휴식을 취해야 하므로 첫차를 운전했던 운전사는 2시간 30분 뒤에 운전을 시작할 수 있다. 따라서 8대의 버스로 운행하더라도 운전자는 150분 동안 운행되는 버스 150÷15=10대를 운전하기 위해서는 10명의 운전사가 필요하다.

**풀이 전략!**

문제에서 신입사원 채용이나 인력배치 등의 주제가 출제될 경우에는 주어진 규정 혹은 규칙을 꼼꼼히 확인하여야 한다. 이를 근거로 각 선택지가 어긋나지 않는지 검토하며 문제를 풀어 간다.

## 출제유형분석 04 실전예제

**01** I공사에서는 A～N직원 중 면접위원을 선발하고자 한다. 면접위원의 구성 조건이 다음과 같을 때, 적절하지 않은 것은?

〈면접위원 구성 조건〉

- 면접관은 총 6명으로 구성한다.
- 이사 이상의 직급으로 50% 이상 구성해야 한다.
- 인사팀을 제외한 모든 부서는 두 명 이상 선출할 수 없고, 인사팀은 반드시 두 명을 포함한다.
- 모든 면접위원의 입사 후 경력은 3년 이상으로 한다.

| 직원 | 직급 | 부서 | 입사 후 경력 |
|---|---|---|---|
| A | 대리 | 인사팀 | 2년 |
| B | 과장 | 경영지원팀 | 5년 |
| C | 이사 | 인사팀 | 8년 |
| D | 과장 | 인사팀 | 3년 |
| E | 사원 | 홍보팀 | 6개월 |
| F | 과장 | 홍보팀 | 2년 |
| G | 이사 | 고객지원팀 | 13년 |
| H | 사원 | 경영지원 | 5개월 |
| I | 이사 | 고객지원팀 | 2년 |
| J | 과장 | 영업팀 | 4년 |
| K | 대리 | 홍보팀 | 4년 |
| L | 사원 | 홍보팀 | 2년 |
| M | 과장 | 개발팀 | 3년 |
| N | 이사 | 개발팀 | 8년 |

① L사원은 면접위원으로 선출될 수 없다.
② N이사는 반드시 면접위원으로 선출된다.
③ B과장이 면접위원으로 선출됐다면 K대리도 선출된다.
④ 과장은 두 명 이상 선출되었다.
⑤ 모든 부서에서 면접위원이 선출될 수는 없다.

## 02 I구청은 주민들의 정보화 교육을 위해 정보화 교실을 동별로 시행하고 있고, 주민들은 각자 일정에 맞춰 정보화 교육을 수강하려고 한다. 다음 중 개인 일정상 신청과목을 수강할 수 없는 사람은?(단, 하루라도 수강을 빠진다면 수강이 불가능하다)

〈정보화 교육 일정표〉

| 교육날짜 | 교육시간 | 장소 | 과정명 | 장소 | 과정명 |
|---|---|---|---|---|---|
| 화, 목 | 09:30 ~ 12:00 | A동 | 인터넷 활용하기 | C동 | 스마트한 클라우드 활용 |
| | 13:00 ~ 15:30 | | 그래픽 초급 픽슬러 에디터 | | 스마트폰 SNS 활용 |
| | 15:40 ~ 18:10 | | ITQ한글2010(실전반) | | – |
| 수, 금 | 09:30 ~ 12:00 | | 한글 문서 활용하기 | | Windows10 활용하기 |
| | 13:00 ~ 15:30 | | 스마트폰 / 탭 / 패드(기본앱) | | 스마트한 클라우드 활용 |
| | 15:40 ~ 18:10 | | 컴퓨터 기초(윈도우 및 인터넷) | | – |
| 월 | 09:30 ~ 15:30 | | 포토샵 기초 | | 사진 편집하기 |
| 화 ~ 금 | 09:30 ~ 12:00 | B동 | 그래픽 편집 달인 되기 | D동 | 한글 시작하기 |
| | 13:00 ~ 15:30 | | 한글 활용 작품 만들기 | | 사진 편집하기 |
| | 15:40 ~ 18:10 | | – | | 엑셀 시작하기 |
| 월 | 09:30 ~ 15:30 | | Windows10 활용하기 | | 스마트폰 사진 편집 & 앱 배우기 |

〈개인 일정 및 신청과목〉

| 구분 | 개인 일정 | 신청과목 |
|---|---|---|
| D동의 홍길동 씨 | • 매주 월 ~ 금 08:00 ~ 15:00 편의점 아르바이트<br>• 매주 월 16:00 ~ 18:00 음악학원 수강 | 엑셀 시작하기 |
| A동의 이몽룡 씨 | • 매주 화, 수, 목 09:00 ~ 18:00 학원 강의<br>• 매주 월 16:00 ~ 20:00 배드민턴 동호회 활동 | 포토샵 기초 |
| C동의 성춘향 씨 | • 매주 수, 금 17:00 ~ 22:00 호프집 아르바이트<br>• 매주 월 10:00 ~ 12:00 과외 | 스마트한 클라우드 활용 |
| B동의 변학도 씨 | • 매주 월, 화 08:00 ~ 15:00 카페 아르바이트<br>• 매주 수, 목 18:00 ~ 20:00 요리학원 수강 | 그래픽 편집 달인 되기 |

① 홍길동 씨
② 이몽룡 씨
③ 성춘향 씨
④ 변학도 씨
⑤ 없음

**03** I공사 인사부의 P사원은 직원들의 근무평정 업무를 수행하고 있다. 다음 가점평정 기준표를 참고했을 때, P사원이 K과장에게 부여해야 할 가점은?

〈가점평정 기준표〉

| 구분 | | 내용 | 가점 | 인정 범위 | 비고 |
|---|---|---|---|---|---|
| 근무경력 | | 본부 근무 1개월(본부, 연구원, 인재개발원 또는 정부부처 파견근무기간 포함) | 0.03점<br>(최대 1.8점) | 1.8점 | 동일 근무기간 중 다른 근무경력 가점과 원거리, 장거리 및 특수지 |
| | | 지역본부 근무 1개월(지역본부 파견근무기간 포함) | 0.015점<br>(최대 0.9점) | 1.8점 | 가점이 중복될 경우, 원거리, 장거리 및 특수지 근무 가점은 1/2만 인정 |
| | | 원거리 근무 1개월 | 0.035점<br>(최대 0.84점) | | |
| | | 장거리 근무 1개월 | 0.025점<br>(최대 0.6점) | | |
| | | 특수지 근무 1개월 | 0.02점<br>(최대 0.48점) | | |
| 내부평가 | | 내부평가결과 최상위 10% | 월 0.012점 | 0.5점 | 현 직급에 누적됨<br>(승진 후 소멸) |
| | | 내부평가결과 차상위 10% | 월 0.01점 | | |
| 제안 | 제안상 결정 시 | 금상 | 0.25점 | 0.5점 | 수상 당시 직급에 한정함 |
| | | 은상 | 0.15점 | | |
| | | 동상 | 0.1점 | | |
| | 시행 결과 평가 | 탁월 | 0.25점 | 0.5점 | 제안상 수상 당시 직급에 한정함 |
| | | 우수 | 0.15점 | | |

〈K과장 가점평정 사항〉

- 입사 후 36개월 동안 본부에서 연구원으로 근무
- 지역본부에서 24개월 동안 근무
  - 지역본부에서 24개월 동안 근무 중 특수지에서 12개월 동안 파견근무
- 본부로 복귀 후 현재까지 총 23개월 근무
- 팀장(직급 : 과장)으로 승진 후 현재까지 업무 수행 중
  - 내부평가결과 최상위 10% 총 12회
  - 내부평가결과 차상위 10% 총 6회
  - 금상 2회, 은상 1회, 동상 1회 수상
  - 시행결과평가 탁월 2회, 우수 1회

① 3.284점
② 3.454점
③ 3.604점
④ 3.854점
⑤ 3.974점

CHAPTER 05

# 정보능력

## 합격 Cheat Key

정보능력은 업무를 수행함에 있어 기본적인 컴퓨터를 활용하여 필요한 정보를 수집, 분석, 활용하는 능력을 의미한다. 또한 업무와 관련된 정보를 수집하고, 이를 분석하여 의미 있는 정보를 얻는 능력이다. 국가직무능력표준에 따르면 정보능력의 세부 유형은 컴퓨터 활용·정보 처리로 나눌 수 있다.

### 1 평소에 컴퓨터 활용 스킬을 튼튼이 익혀라!

윈도우(OS)에서 어떠한 설정을 할 수 있는지, 응용프로그램(엑셀 등)에서 어떠한 기능을 활용할 수 있는지를 평소에 직접 사용해 본다면 문제를 보다 수월하게 해결할 수 있다. 여건이 된다면 컴퓨터 활용 능력에 관련된 자격증 공부를 하는 것도 이론과 실무를 익히는 데 도움이 될 것이다.

### 2 문제의 규칙을 찾는 연습을 하라!

일반적으로 코드체계나 시스템 논리체계를 제공하고 이를 분석하여 문제를 해결하는 유형이 출제된다. 이러한 문제는 문제해결능력과 같은 맥락으로 규칙을 파악하여 접근하는 방식으로 연습이 필요하다.

## 3 현재 보고 있는 그 문제에 집중하라!

정보능력의 모든 것을 공부하려고 한다면 양이 너무나 방대하다. 그렇기 때문에 수험서에서 본인이 현재 보고 있는 문제들을 집중적으로 공부하고 기억하려고 해야 한다. 그러나 엑셀의 함수 수식, 연산자 등 암기를 필요로 하는 부분들은 필수적으로 암기를 해서 출제가 되었을 때 오답률을 낮출 수 있도록 한다.

## 4 사진 · 그림을 기억하라!

컴퓨터 활용 능력을 파악하는 영역이다 보니 컴퓨터 속 옵션, 기능, 설정 등의 사진 · 그림이 문제에 같이 나오는 경우들이 있다. 그런 부분들은 직접 컴퓨터를 통해서 하나하나 확인을 하면서 공부한다면 더 기억에 잘 남게 된다. 조금 귀찮더라도 한 번씩 클릭하면서 확인을 해보도록 한다.

# 01 정보 이해

**| 유형분석 |**

- 정보능력 전반에 대한 이해를 확인하는 문제이다.
- 정보능력 이론이나 새로운 정보 기술에 대한 문제가 자주 출제된다.

**다음 중 정보의 가공 및 활용에 대한 설명으로 옳지 않은 것은?**

① 정보는 원형태 그대로 혹은 가공하여 활용할 수 있다.

② 수집된 정보를 가공하여 다른 형태로 재표현하는 방법도 가능하다.

③ 정적정보의 경우, 이용한 이후에도 장래활용을 위해 정리하여 보존한다.

④ 비디오테이프에 저장된 영상정보는 동적정보에 해당한다.

⑤ 동적정보는 입수하여 처리 후에는 해당 정보를 즉시 폐기해도 된다.

정답 ④

저장매체에 저장된 자료는 시간이 지나도 언제든지 동일한 형태로 재생이 가능하므로 정적정보에 해당한다.

오답분석

① 정보는 원래 형태 그대로 활용하거나, 분석, 정리 등 가공하여 활용할 수 있다.

② 정보를 가공하는 것뿐 아니라 일정한 형태로 재표현하는 것도 가능하다.

③ 시의성이 사라지면 정보의 가치가 떨어지는 동적정보와 달리 정적정보의 경우, 이용 후에도 장래에 활용을 하기 위해 정리하여 보존하는 것이 좋다.

⑤ 동적정보의 특징은 입수 후 처리한 경우에는 폐기하여도 된다는 것이다. 오히려 시간의 경과에 따라 시의성이 점점 떨어지는 동적정보를 축적하는 것은 비효율적이다.

**풀이 전략!**

자주 출제되는 정보능력 이론을 확인하고, 확실하게 암기해야 한다. 특히 새로운 정보 기술이나 컴퓨터 전반에 대해 관심을 가지는 것이 좋다.

## 출제유형분석 01 실전예제

**01 다음 중 빈칸에 들어갈 용어로 가장 적절한 것은?**

> 기업이 경쟁우위를 확보하기 위하여 구축, 이용하는 정시시스템이다. 기존의 정보시스템이 기업 내 업무의 합리화나 효율화에 역점을 두었던 것에 반하여, 기업이 경쟁에서 승리하여 살아남기 위한 필수적인 시스템이라는 뜻에서 ________________(이)라고 한다. 그 요건으로는 경쟁 우위의 확보, 신규 사업의 창출이나 상권의 확대, 업계 구조의 변혁 등을 들 수 있다. 실례로는 금융 기관의 대규모 온라인시스템, 항공 회사의 좌석예약시스템, 슈퍼마켓(체인점) 등에서의 판매시점관리(POS)를 들 수 있다. 최근에는 대외지향적인 전략시스템뿐만 아니라 기업 구조의 재구축을 위한 업무 재설계(BPR)와 같이 경영 전략을 수립하여 그에 맞는 정보시스템을 재구축하는 접근 방식을 채용하고 있다.

① 비지니스 프로세스 관리(BPM; Business Process Management)
② 전사적자원관리(ERP; Enterprise Resource Planning)
③ 경영정보시스템(MIS; Management Information System)
④ 전략정보시스템(SIS; Strategic Information System)
⑤ 의사결정지원시스템(DSS; Decision Support System)

**02 다음은 데이터베이스에 대한 설명이다. 빈칸 ㉠, ㉡에 들어갈 말을 순서대로 바르게 나열한 것은?**

> 파일시스템에서 하나의 파일은 독립적이고 어떤 업무를 처리하는 데 필요한 모든 정보를 가지고 있다. 파일도 데이터의 집합이므로 데이터베이스라고 볼 수도 있으나 일반적으로 데이터베이스라 함은 ___㉠___을 의미한다. 따라서 사용자는 여러 개의 파일에 있는 정보를 한 번에 검색해 볼 수 있다. 데이터베이스 관리시스템은 데이터와 파일, 그들의 관계 등을 생성하고, 유지하고 검색할 수 있게 해 주는 소프트웨어이다. 반면에 파일관리시스템은 ___㉡___에 대해서 생성, 유지, 검색을 할 수 있는 소프트웨어이다.

| | ㉠ | ㉡ |
|---|---|---|
| ① | 여러 개의 연관된 파일 | 한 번에 한 개의 파일 |
| ② | 여러 개의 연관된 파일 | 한 번에 복수의 파일 |
| ③ | 여러 개의 독립된 파일 | 한 번에 복수의 파일 |
| ④ | 여러 개의 독립된 파일 | 한 번에 한 개의 파일 |
| ⑤ | 여러 개의 독립된 파일 | 여러 개의 연관된 파일 |

PART 1

# 02 엑셀 함수

**| 유형분석 |**

- 컴퓨터 활용과 관련된 상황에서 문제를 해결하기 위한 행동이 무엇인지 묻는 문제이다.
- 주로 업무수행 중에 많이 활용되는 대표적인 엑셀 함수(COUNTIF, ROUND, MAX, SUM, COUNT, AVERAGE …)가 출제된다.
- 종종 엑셀시트를 제시하여 각 셀에 들어갈 함수식이 무엇인지 고르는 문제가 출제되기도 한다.

**다음 시트에서 판매수량과 추가판매의 합계를 구하기 위해서 [B6] 셀에 들어갈 수식으로 옳은 것은?**

| | A | B | C |
|---|---|---|---|
| 1 | 일자 | 판매수량 | 추가판매 |
| 2 | 06월19일 | 30 | 8 |
| 3 | 06월20일 | 48 | |
| 4 | 06월21일 | 44 | |
| 5 | 06월22일 | 42 | 12 |
| 6 | 합계 | 184 | |

① =SUM(B2,C2,C5)
② =LEN(B2:B5, 3)
③ =COUNTIF(B2:B5,">=12")
④ =SUM(B2:B5)
⑤ =SUM(B2:B5,C2,C5)

정답 ⑤

「=SUM(합계를 구할 처음 셀:합계를 구할 마지막 셀)」으로 표시해야 한다. 판매수량과 추가판매를 더하는 것은 비연속적인 셀을 더하는 것이므로 연속하는 영역을 입력하고 ','로 구분해 준 다음 영역을 다시 지정해야 한다. 따라서 [B6] 셀에 작성해야 할 수식으로는 「=SUM(B2:B5,C2,C5)」이 옳다.

**풀이 전략!**

제시된 상황에서 사용할 엑셀 함수가 무엇인지 파악한 후, 선택지에서 적절한 함수식을 골라 식을 만들어야 한다. 평소 대표적으로 문제에 자주 출제되는 몇몇 엑셀 함수를 익혀두면 풀이시간을 단축할 수 있다.

## 출제유형분석 02 실전예제

**01** 다음 워크시트의 [A1:E9] 영역에서 고급 필터를 실행하여 영어점수가 평균을 초과하거나 성명의 두 번째 문자가 '영'인 데이터를 추출하고자 한다. ㉮와 ㉯에 입력할 내용으로 옳은 것은?

| | A | B | C | D | E | F | G | H |
|---|---|---|---|---|---|---|---|---|
| 1 | 성명 | 반 | 국어 | 영어 | 수학 | | 영어 | 성명 |
| 2 | 강동식 | 1 | 81 | 89 | 99 | | ㉮ | |
| 3 | 남궁영 | 2 | 88 | 75 | 85 | | | ㉯ |
| 4 | 강영주 | 2 | 90 | 88 | 92 | | | |
| 5 | 이동수 | 1 | 86 | 93 | 90 | | | |
| 6 | 박영민 | 2 | 75 | 91 | 84 | | | |
| 7 | 윤영미래 | 1 | 88 | 80 | 73 | | | |
| 8 | 이순영 | 1 | 100 | 84 | 96 | | | |
| 9 | 명지오 | 2 | 95 | 75 | 88 | | | |

| | ㉮ | ㉯ |
|---|---|---|
| ① | =D2>AVERAGE(D2:D9) | ="=?영*" |
| ② | =D2>AVERAGE(D2:D9) | ="=*영?" |
| ③ | =D2>AVERAGE($D$2:$D$9) | ="=?영*" |
| ④ | =D2>AVERAGE($D$2:$D$9) | ="=*영?" |
| ⑤ | =D2>AVERAGE($A$2:$E$9) | ="=*영*" |

**02** 다음 중 함수식에 대한 결괏값으로 옳지 않은 것은?

| | 함수식 | 결괏값 |
|---|---|---|
| ① | =TRIM("1/4분기 수익") | 1/4분기 수익 |
| ② | =SEARCH("세","세금 명세서",3) | 5 |
| ③ | =PROPER("republic of korea") | REPUBLIC OF KOREA |
| ④ | =LOWER("Republic of Korea") | republic of korea |
| ⑤ | =MOD(18,-4) | -2 |

## 03 다음 워크시트를 참조하여 작성한 수식 「=INDEX(B2:D9,2,3)」의 결괏값은?

| | A | B | C | D |
|---|---|---|---|---|
| 1 | 코드 | 정가 | 판매수량 | 판매가격 |
| 2 | L-001 | 25,400 | 503 | 12,776,000 |
| 3 | D-001 | 23,200 | 1,000 | 23,200,000 |
| 4 | D-002 | 19,500 | 805 | 15,698,000 |
| 5 | C-001 | 28,000 | 3,500 | 98,000,000 |
| 6 | C-002 | 20,000 | 6,000 | 96,000,000 |
| 7 | L-002 | 24,000 | 750 | 18,000,000 |
| 8 | L-003 | 26,500 | 935 | 24,778,000 |
| 9 | D-003 | 22,000 | 850 | 18,700,000 |

① 805
② 1,000
③ 19,500
④ 12,776,000
⑤ 23,200,000

## 04 다음은 I사의 일일판매내역이다. (가) 셀에 〈보기〉와 같은 함수를 입력했을 때 나타나는 값으로 옳은 것은?

| | A | B | C | D |
|---|---|---|---|---|
| 1 | | | | (가) |
| 2 | | | | |
| 3 | 제품이름 | 단가 | 수량 | 할인적용 |
| 4 | I소스 | 200 | 5 | 90% |
| 5 | I아이스크림 | 100 | 3 | 90% |
| 6 | I맥주 | 150 | 2 | 90% |
| 7 | I커피 | 300 | 1 | 90% |
| 8 | I캔디 | 200 | 2 | 90% |
| 9 | I조림 | 100 | 3 | 90% |
| 10 | I과자 | 50 | 6 | 90% |

보기

=SUMPRODUCT(B4:B10,C4:C10,D4:D10)

① 2,610
② 2,700
③ 2,710
④ 2,900
⑤ 2,910

**05** 다음은 I사 영업팀의 실적을 정리한 파일이다. 고급 필터의 조건 범위를 [E1:G3] 영역으로 지정한 후 고급필터를 실행했을 때 나타나는 데이터에 대한 설명으로 옳은 것은?(단, [G3] 셀에는 「=C2 >=AVERAGE($C$2:$C$8)」가 입력되어 있다)

| | A | B | C | D | E | F | G |
|---|---|---|---|---|---|---|---|
| 1 | 부서 | 사원 | 실적 | | 부서 | 사원 | 식 |
| 2 | 영업2팀 | 최지원 | 250,000 | | 영업1팀 | *수 | |
| 3 | 영업1팀 | 김창수 | 200,000 | | 영업2팀 | | TRUE |
| 4 | 영업1팀 | 김홍인 | 200,000 | | | | |
| 5 | 영업2팀 | 홍상진 | 170,000 | | | | |
| 6 | 영업1팀 | 홍상수 | 150,000 | | | | |
| 7 | 영업1팀 | 김성민 | 120,000 | | | | |
| 8 | 영업2팀 | 황준하 | 100,000 | | | | |

① 부서가 '영업1팀'이고 이름이 '수'로 끝나거나, 부서가 '영업2팀'이고 실적이 평균 이상인 데이터

② 부서가 '영업1팀'이거나 이름이 '수'로 끝나고, 부서가 '영업2팀'이거나 실적이 평균 이상인 데이터

③ 부서가 '영업1팀'이고 이름이 '수'로 끝나거나, 부서가 '영업2팀'이고 실적의 평균이 250,000 이상인 데이터

④ 부서가 '영업1팀'이거나 이름이 '수'로 끝나고, 부서가 '영업2팀'이거나 실적의 평균이 250,000 이상인 데이터

⑤ 부서가 '영업1팀'이고 이름이 '수'로 끝나고, 부서가 '영업2팀'이고 실적의 평균이 250,000 이상인 데이터

# 03 프로그램 언어(코딩)

**| 유형분석 |**

- 프로그램의 실행 결과를 코딩을 통해 파악하여 이를 풀이하는 문제이다.
- 대체로 문제에서 규칙을 제공하고 있으며, 해당 규칙을 적용하여 새로운 코드번호를 만들거나 혹은 만들어진 코드번호를 해석하는 등의 문제가 출제된다.

**다음 C 프로그램의 실행 결과에서 p의 값으로 옳은 것은?**

```
#include <stdio.h>
int main()
{
    int x, y, p;
    x = 3;
    y = x++;
    printf("x = %d y = %d\n", x, y);
    x = 10;
    y = ++x;
    printf("x = %d y = %d\n", x, y);
    p = ++x++y++;
    printf("x = %d y = %d\n", x, y);
    printf("p = %d\n", p);
    return 0;
}
```

① p=22 ② p=23
③ p=24 ④ p=25

정답 ②

x값을 1 증가하여 x에 저장하고, 변경된 x값과 y값을 덧셈한 결과를 p에 저장한 후 y값을 1 증가하여 y에 저장한다.
따라서 x=10+1=11, y=x+1=12 → p=x+y=23이다.

**풀이 전략!**

문제에서 실행 프로그램 내용이 주어지면 핵심 키워드를 확인한다. 코딩 프로그램을 통해 요구되는 내용을 알아맞혀 정답 유무를 판단한다.

## 출제유형분석 03 실전예제

※ 다음 프로그램의 실행 결과로 옳은 것을 고르시오. [1~2]

**01**

```
#include <stdio.h>
void main() {
    int arr[10] = {1, 2, 3, 4, 5};
    int num = 10;
    int i;

    for (i = 0; i < 10; i++) {
      num += arr[i];
    }
    printf("%d₩n", num);
}
```

① 10
② 20
③ 25
④ 30
⑤ 55

**02**

```
#include <stdio.h>
int main()
{
    int sum = 0;
    int x;
    for(x = 1;x < = 100;x++)
       sum+=x;
    printf("1 + 2 + ··· + 100 = %d\n", sum);
      return 0;
 }
```

① 5010
② 5020
③ 5040
④ 5050
⑤ 6000

CHAPTER 06

# 조직이해능력

## 합격 Cheat Key

조직이해능력은 업무를 원활하게 수행하기 위해 조직의 체제와 경영을 이해하고 국제적인 추세를 이해하는 능력이다. 현재 많은 공사·공단에서 출제 비중을 높이고 있는 영역이기 때문에 미리 대비하는 것이 중요하다. 실제 업무 능력에서 조직이해능력을 요구하기 때문에 중요도는 점점 높아질 것이다.

세부 유형은 조직 체제 이해, 경영 이해, 업무 이해, 국제 감각으로 나눌 수 있다. 조직도를 제시하는 문제가 출제되거나 조직의 체계를 파악해 경영의 방향성을 예측하고, 업무의 우선순위를 파악하는 문제가 출제된다.

### 1 문제 속에 정답이 있다!

경력이 없는 경우 조직에 대한 이해가 낮을 수밖에 없다. 그러나 문제 자체가 실무적인 내용을 담고 있어도 문제 안에는 해결의 단서가 주어진다. 부담을 갖지 않고 접근하는 것이 중요하다.

### 2 경영·경제학원론 정도의 수준은 갖추도록 하라!

지원한 직군마다 차이는 있을 수 있으나, 경영·경제이론을 접목시킨 문제가 꾸준히 출제되고 있다. 따라서 기본적인 경영·경제이론은 익혀 둘 필요가 있다.

## 3 지원하는 공사 · 공단의 조직도를 파악하라!

출제되는 문제는 각 공사 · 공단의 세부내용일 경우가 많기 때문에 지원하는 공사 · 공단의 조직도를 파악해 두어야 한다. 조직이 운영되는 방법과 전략을 이해하고, 조직을 구성하는 체제를 파악하고 간다면 조직이해능력에서 조직도가 나올 때 단기간에 문제를 풀 수 있을 것이다.

## 4 실제 업무에서도 요구되므로 이론을 익혀라!

각 공사 · 공단의 직무 특성상 일부 영역에 중요도가 가중되는 경우가 있어서 많은 취업준비생들이 일부 영역에만 집중하지만, 실제 업무 능력에서 직업기초능력 10개 영역이 골고루 요구되는 경우가 많고, 현재는 필기시험에서도 조직이해능력을 출제하는 기관의 비중이 늘어나고 있기 때문에 미리 이론을 익혀 둔다면 모듈형 문제에서 고득점을 노릴 수 있다.

# 01 경영 전략

**| 유형분석 |**

- 경영전략에서 대표적으로 출제되는 문제는 마이클 포터(Michael Porter)의 본원적 경쟁전략이다.
- 경쟁전략의 기본적인 이해와 구조를 물어보는 문제가 자주 출제되므로 전략별 특징 및 개념에 대한 이론 학습이 요구된다.

**다음 중 마이클 포터(Michael E. Porter)의 본원적 경쟁전략에 대한 설명으로 가장 적절한 것은?**

① 해당 사업에서 경쟁우위를 확보하기 위한 전략이다.

② 집중화 전략에서는 대량생산을 통해 단위 원가를 낮추거나 새로운 생산기술을 개발할 필요가 있다고 본다.

③ 원가우위 전략에서는 연구개발이나 광고를 통하여 기술, 품질, 서비스 등을 개선할 필요가 있다고 본다.

④ 차별화 전략은 특정 산업을 대상으로 한다.

정답 ①

**마이클 포터(Michael E. Porter)의 본원적 경쟁전략**

- 원가우위 전략 : 원가절감을 통해 해당 산업에서 우위를 점하는 전략으로, 이를 위해서는 대량생산을 통해 단위 원가를 낮추거나 새로운 생산기술을 개발할 필요가 있다. 1970년대 우리나라의 섬유업체나 신발업체, 가발업체 등이 미국시장에 진출할 때 취한 전략이 여기에 해당한다.
- 차별화 전략 : 조직이 생산품이나 서비스를 차별화하여 고객에게 가치가 있고 독특하게 인식되도록 하는 전략이다. 이를 위해서는 연구개발이나 광고를 통하여 기술, 품질, 서비스, 브랜드 이미지를 개선할 필요가 있다.
- 집중화 전략 : 특정 시장이나 고객에게 한정된 전략으로, 원가우위나 차별화 전략이 산업 전체를 대상으로 하는 데 비해 집중화 전략은 특정 산업을 대상으로 한다. 즉, 경쟁조직들이 소홀히 하고 있는 한정된 시장을 원가우위나 차별화 전략을 써서 집중적으로 공략하는 방법이다.

**풀이 전략!**

대부분의 기업들은 마이클 포터의 본원적 경쟁전략을 사용하고 있다. 각 전략에 해당하는 대표적인 기업을 연결하고, 그들의 경영전략을 상기하며 문제를 풀어보도록 한다.

## 출제유형분석 01 실전예제

**01** **경영이 어떻게 이루어지냐에 따라 조직의 생사가 결정된다고 할 만큼 경영은 조직에 있어서 핵심이다. 다음 중 경영전략을 추진하는 과정에 대한 설명으로 적절하지 않은 것은?**

① 경영전략이 실행됨으로써 세웠던 목표에 대한 결과가 나오는데, 그것에 대한 평가 및 피드백 과정도 생략되어서는 안 된다.
② 환경분석을 할 때는 조직의 내부환경뿐만 아니라 외부환경에 대한 분석도 필수이다.
③ 전략목표는 비전과 미션으로 구분되는데, 둘 다 있어야 한다.
④ 경영전략은 조직전략, 사업전략, 부문전략으로 분류된다.
⑤ '환경분석 → 전략목표 설정 → 경영전략 도출 → 경영전략 실행 → 평가 및 피드백'의 과정을 거쳐 이루어진다.

PART 1

**02** **다음은 마이클 포터(Michael E. Porter)의 본원적 경쟁전략에 대한 설명이다. 빈칸 ㉠~㉢에 들어갈 용어가 바르게 연결된 것은?**

> 본원적 경쟁전략은 해당 사업에서 경쟁우위를 확보하기 위한 전략으로, ___㉠___ 전략, ___㉡___ 전략, ___㉢___ 전략으로 구분된다.
> ___㉠___ 전략은 원가절감을 통해 해당 산업에서 우위를 점하는 전략으로, 이를 위해서는 대량생산을 통해 단위 원가를 낮추거나 새로운 생산기술을 개발할 필요가 있다. 여기에는 70년대 우리나라의 섬유업체나 신발업체, 가발업체 등이 미국시장에 진출할 때 취한 전략이 해당한다.
> ___㉡___ 전략은 조직이 생산품이나 서비스를 ___㉡___하여 고객에게 가치가 있고 독특하게 인식되도록 하는 전략이다. ___㉡___ 전략을 활용하기 위해서는 연구개발이나 광고를 통하여 기술, 품질, 서비스, 브랜드이미지를 개선할 필요가 있다.
> ___㉢___ 전략은 특정 시장이나 고객에게 한정된 전략으로, ___㉠___나 ___㉡___ 전략이 산업전체를 대상으로 하는데 비해 ___㉢___ 전략은 특정 산업을 대상으로 한다. 즉, ___㉢___ 전략은 경쟁조직들이 소홀히 하고 있는 한정된 시장을 ___㉠___나 ___㉡___ 전략을 써서 집중적으로 공략하는 방법이다.

| | ㉠ | ㉡ | ㉢ |
|---|---|---|---|
| ① | 원가우위 | 차별화 | 집중화 |
| ② | 원가우위 | 집중화 | 차별화 |
| ③ | 차별화 | 집중화 | 원가우위 |
| ④ | 집중화 | 원가우위 | 차별화 |
| ⑤ | 집중화 | 차별화 | 원가우위 |

# 02 조직 구조

**| 유형분석 |**

- 조직 구조 유형에 대한 특징을 물어보는 문제가 자주 출제된다.
- 기계적 조직과 유기적 조직의 차이점과 사례 등을 숙지하고 있어야 한다.
- 조직 구조 형태에 따라 기능적 조직, 사업별 조직으로 구분하여 출제되기도 한다.

**다음 중 기계적 조직의 특징으로 옳은 것을 〈보기〉에서 모두 고르면?**

보기

㉠ 변화에 맞춰 쉽게 변할 수 있다.
㉡ 상하 간 의사소통이 공식적인 경로를 통해 이루어진다.
㉢ 대표적으로 사내 벤처팀, 프로젝트팀이 있다.
㉣ 구성원의 업무가 분명하게 규정되어 있다.
㉤ 다양한 규칙과 규제가 있다.

① ㉠, ㉡, ㉢
② ㉠, ㉣, ㉤
③ ㉡, ㉢, ㉣
④ ㉡, ㉣, ㉤
⑤ ㉢, ㉣, ㉤

정답 ④

오답분석

㉠·㉢ 유기적 조직에 대한 설명이다.

- 기계적 조직
  - 구성원의 업무가 분명하게 규정되어 있고, 많은 규칙과 규제가 있다.
  - 상하 간 의사소통이 공식적인 경로를 통해 이루어진다.
  - 대표적으로 군대, 정부, 공공기관 등이 있다.
- 유기적 조직
  - 업무가 고전되지 않아 업무 공유가 가능하다.
  - 규제나 통제의 정도가 낮아 변화에 맞춰 쉽게 변할 수 있다.
  - 대표적으로 권한위임을 받아 독자적으로 활동하는 사내 벤처팀, 특정한 과제 수행을 위해 조직된 프로젝트팀이 있다.

**풀이 전략!**

조직 구조는 유형에 따라 기계적 조직과 유기적 조직으로 나눌 수 있다. 기계적 조직과 유기적 조직은 서로 상반된 특징을 가지고 있으며, 기계적 조직이 관료제의 특징과 비슷함을 파악하고 있다면, 이와 상반된 유기적 조직의 특징도 수월하게 파악할 수 있다.

## 출제유형분석 02 실전예제

**01** **다음 중 대학생인 지수의 일과를 통해 알 수 있는 사실로 가장 적절한 것은?**

> 지수는 화요일에 학교 수업, 아르바이트, 스터디, 봉사활동 등을 한다.
> 다음은 지수의 화요일 일과이다.
> • 지수는 오전 11시부터 오후 4시까지 수업이 있다.
> • 수업이 끝나고 학교 앞 프랜차이즈 카페에서 아르바이트를 3시간 동안 한다.
> • 아르바이트를 마친 후 NCS 공부를 하기 위해 스터디를 2시간 동안 한다.

① 비공식적이면서 소규모조직에서 3시간 있었다.
② 공식조직에서 9시간 있었다.
③ 비영리조직이면서 대규모조직에서 5시간 있었다.
④ 영리조직에서 2시간 있었다.
⑤ 비공식적이면서 비영리조직에서 3시간 있었다.

**02** **조직 구조의 형태 중 사업별 조직 구조는 제품이나 고객별로 부서를 구분한다. 다음 중 사업별 조직 구조의 형태로 적절하지 않은 것은?**

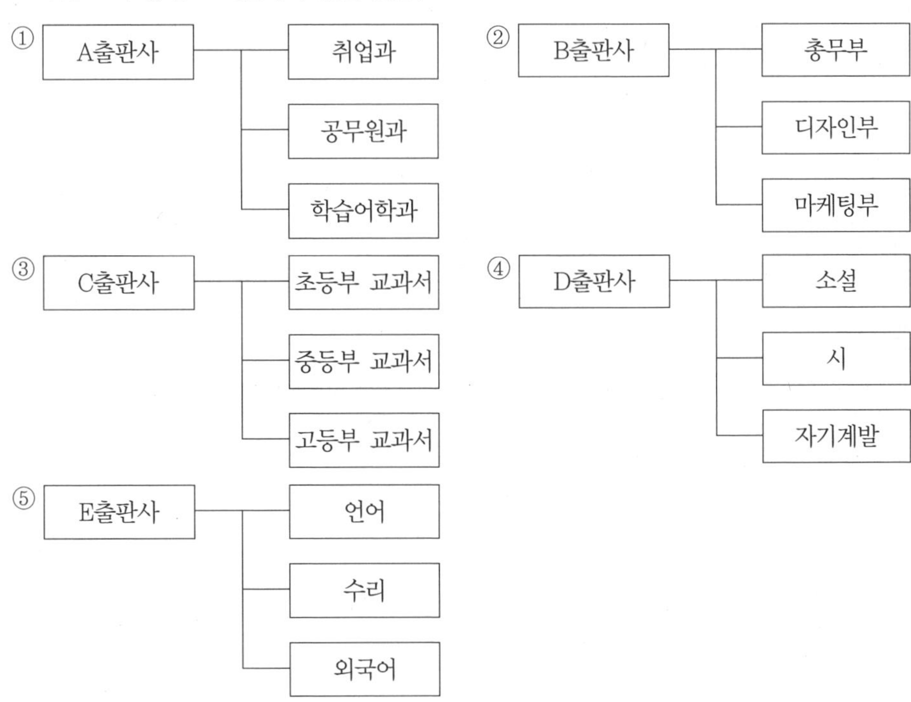

# 03 업무 종류

**| 유형분석 |**

- 부서별 주요 업무에 대해 묻는 문제이다.
- 부서별 특징과 담당 업무에 대한 이해가 필요하다.

**다음 상황에서 팀장의 지시를 적절히 수행하기 위하여 오대리가 거쳐야 할 부서명을 순서대로 바르게 나열한 것은?**

> 오대리, 내가 내일 출장 준비 때문에 무척 바빠서 그러는데 자네가 좀 도와줘야 할 것 같군. 우선 박비서한테 가서 오후 사장님 회의 자료를 좀 가져다 주게나. 오는 길에 지난주 기자단 간담회 자료 정리가 되었는지 확인해 보고 완료됐으면 한 부 챙겨 오고. 다음 주에 승진자 발표가 있을 것 같은데 우리 팀 승진 대상자 서류가 잘 전달되었는지 그것도 확인 좀 해 줘야겠어. 참, 오후에 바이어가 내방하기로 되어 있는데 공항 픽업 준비는 잘 해 두었지? 배차 예약 상황도 다시 한 번 점검해 봐야 할 거야. 그럼 수고 좀 해 주게.

① 기획팀 – 홍보팀 – 총무팀 – 경영관리팀
② 비서실 – 홍보팀 – 인사팀 – 총무팀
③ 인사팀 – 법무팀 – 총무팀 – 기획팀
④ 경영관리팀 – 법무팀 – 총무팀 – 인사팀
⑤ 회계팀 – 경영관리팀 – 인사팀 – 총무팀

정답 ②

우선 박비서에게 회의 자료를 받아와야 하므로 비서실을 들러야 한다. 다음으로 기자단 간담회는 대회 홍보 및 기자단 상대 업무를 맡은 홍보팀에서 자료를 정리할 것이므로 홍보팀을 거쳐야 한다. 또한, 승진자 인사 발표 소관 업무는 인사팀이 담당한다고 볼 수 있으며, 회사의 차량 배차에 대한 업무는 총무팀과 같은 지원부서의 업무로 보는 것이 적절하다.

**풀이 전략!**

> 조직은 목적의 달성을 위해 업무를 효과적으로 분배하고 처리할 수 있는 구조를 확립해야 한다. 조직의 목적이나 규모에 따라 업무의 종류는 다양하지만, 대부분의 조직에서는 총무, 인사, 기획, 회계, 영업으로 부서를 나누어 업무를 담당하고 있다. 따라서 5가지 업무 종류에 대해서는 미리 숙지해야 한다.

## 출제유형분석 03 실전예제

**01** 다음 중 주혜정 씨가 가장 마지막에 처리할 업무는?

> Henry Thomas의 부하직원 주혜정 씨는 Mr. Thomas와 국내 방송사 기자와의 인터뷰 일정을 최종 점검 중이다.
> 다음은 기자와의 통화내용이다.
> 주혜정 : 공진호 기자님 안녕하세요. 저는 Sun Capital의 주혜정입니다. Mr. Thomas와의 인터뷰 일정 확인 차 연락드립니다. 지금 통화 가능하세요?
> 공진호 : 네, 말씀하세요.
> 주혜정 : 인터뷰 예정일이 7월 10일 오후 2시인데 변동사항이 있는지 확인하고자 합니다.
> 공진호 : 네, 예정된 일정대로 진행 가능합니다. Sun Capital의 회의실에서 하기로 했죠?
> 주혜정 : 맞습니다. 인터뷰 준비 관련해서 저희 측에서 더 준비해야 하는 사항이 있나요?
> 공진호 : 카메라 기자와 함께 가니 회의실 공간이 좀 넓어야 하겠고, 회의실 배경이 좀 깔끔해야 할 텐데 준비가 가능할까요?

① 총무팀에 연락하여 인터뷰 당일 회의실 예약을 미리 해놓는다.
② 기자에게 인터뷰의 방영 일자를 확인하여 인터뷰 영상 내용을 자료로 보관하도록 한다.
③ 인터뷰 당일 Mr. Thomas의 점심 식사 약속은 될 수 있는 대로 피하도록 한다.
④ 인터뷰를 진행할 때 질문을 미리 정리해 놓는다.
⑤ 인터뷰 진행 시 통역이 필요한지 아닌지 확인하고, 질문지를 사전에 받아 Mr. Thomas에게 전달한다.

**02** 다음 〈보기〉 중 업무배정에 대한 설명으로 적절하지 않은 것을 모두 고르면?

> **보기**
> ㄱ. 조직의 업무는 반드시 사전에 직책에 따라 업무분장이 이루어진 대로 수행되어야 한다.
> ㄴ. 근속연수는 구성원 개인이 조직 내에서 책임을 수행하고 권한을 행사하는 기반이 된다.
> ㄷ. 동시간대에 수행하여야 하는 업무들은 하나의 업무로 통합하여 수행하는 것이 효율적이다.
> ㄹ. 직위에 따라 수행해야 할 일정 업무가 할당되고, 그 업무를 수행하는 데 필요한 권한과 책임이 부여된다.

① ㄱ, ㄴ
② ㄱ, ㄷ
③ ㄴ, ㄷ
④ ㄴ, ㄹ
⑤ ㄴ, ㄷ, ㄹ

**03** 직무 전결 규정상 전무이사가 전결인 '과장의 국내출장 건'의 결재를 시행하고자 한다. 박기수 전무이사가 해외출장으로 인해 부재중이어서 직무대행자인 최수영 상무이사가 결재하였다. 〈보기〉 중 적절하지 않은 것을 모두 고르면?

보기

ㄱ. 최수영 상무이사가 결재한 것은 전결이다.
ㄴ. 공문의 결재표 상에는 '과장 최경옥, 부장 김석호, 상무이사 전결, 전무이사 최수영'이라고 표시되어 있다.
ㄷ. 박기수 전무이사가 출장에서 돌아와서 해당 공문을 검토하는 것은 후결이다.
ㄹ. 전결사항은 부재중이더라도 돌아와서 후결을 하는 것이 원칙이다.

① ㄱ, ㄴ
② ㄱ, ㄹ
③ ㄱ, ㄴ, ㄹ
④ ㄴ, ㄷ, ㄹ
⑤ ㄱ, ㄴ, ㄷ, ㄹ

**04** 다음은 최팀장이 김사원에게 남긴 음성메시지이다. 김사원이 가장 먼저 처리해야 할 일로 옳은 것은?

지금 업무 때문에 밖에 나와 있는데, 전화를 안 받아서 음성메시지 남겨요. 내가 중요한 서류를 안 가져왔어요. 미안한데 점심시간에 서류 좀 갖다 줄 수 있어요? 아, 그리고 이팀장한테 퇴근 전에 전화 좀 달라고 해 줘요. 급한 건 아닌데 확인할 게 있어서 그래요. 나는 오늘 여기서 퇴근할 거니까 회사로 연락 오는 거 있으면 정리해서 오후에 알려 주고. 오전에 박과장이 문의사항이 있어서 방문하기로 했으니까 응대 잘 할 수 있도록 해요. 박과장이 문의한 사항은 관련 서류 정리해서 내 책상에 두었으니까 미리 읽어 보고 궁금한 사항 있으면 연락 주세요.

① 박과장 응대하기
② 최팀장에게 서류 갖다 주기
③ 회사로 온 연락 최팀장에게 알려 주기
④ 이팀장에게 전화달라고 전하기
⑤ 최팀장 책상의 서류 읽어 보기

**05** 다음은 I회사의 신제품 관련 회의가 끝난 후 작성된 회의록이다. 이를 이해한 내용으로 적절하지 않은 것은?

| 회의일시 | 2023.○.○ | 부서 | 홍보팀, 영업팀, 기획팀 |
|---|---|---|---|
| 참석자 | 홍보팀 팀장, 영업팀 팀장, 기획팀 팀장 | | |
| 회의안건 | 신제품 홍보 및 판매 방안 | | |
| 회의내용 | – 경쟁 업체와 차별화된 마케팅 전략 필요<br>– 적극적인 홍보 및 판매 전략 필요<br>– 대리점 실적 파악 및 소비자 반응 파악 필요<br>– 홍보팀 업무 증가에 따라 팀원 보충 필요 | | |
| 회의 결과 | – 홍보용 보도 자료 작성 및 홍보용 사은품 구매 요청<br>– 대리점별 신제품 판매량 조사 실시<br>– 마케팅 기획안 작성 및 공유<br>– 홍보팀 경력직 채용 공고 | | |

① 이번 회의안건은 여러 팀의 협업이 필요한 사안이다.

② 기획팀은 마케팅 기획안을 작성하고, 이를 다른 팀과 공유해야 한다.

③ 홍보팀 팀장은 경력직 채용 공고와 관련하여 인사팀에 업무협조를 요청해야 한다.

④ 대리점의 신제품 판매량 조사는 소비자들의 반응을 파악하기 위한 것이다.

⑤ 영업팀은 홍보용 보도 자료를 작성하고, 홍보용 사은품을 구매해야 한다.

CHAPTER 07

# 기술능력

## 합격 Cheat Key

기술능력은 업무를 수행함에 있어 도구, 장치 등을 포함하여 필요한 기술에 어떠한 것들이 있는지 이해하고, 실제 업무를 수행함에 있어 적절한 기술을 선택하여 적용하는 능력이다.

세부 유형은 기술 이해 · 기술 선택 · 기술 적용으로 나눌 수 있다. 제품설명서나 상황별 매뉴얼을 제시하는 문제 또는 명령어를 제시하고 규칙을 대입할 수 있는지 묻는 문제가 출제되기 때문에 이런 유형들을 공략할 수 있는 전략을 세워야 한다.

### 1 긴 지문이 출제될 때는 보기의 내용을 미리 보라!

기술능력에서 자주 출제되는 제품설명서나 상황별 매뉴얼을 제시하는 문제에서는 기술을 이해하고, 상황에 알맞은 원인 및 해결방안을 고르는 문제가 출제된다. 실제 시험장에서 문제를 풀 때는 시간적 여유가 없기 때문에 보기를 먼저 읽고, 그 다음 긴 지문을 보면서 동시에 보기와 일치하는 내용이 나오면 확인해 가면서 푸는 것이 좋다.

### 2 모듈형에도 대비하라!

모듈형 문제의 비중이 늘어나는 추세이므로 공기업을 준비하는 취업준비생이라면 모듈형 문제에 대비해야 한다. 기술능력의 모듈형 이론 부분을 학습하고 모듈형 문제를 풀어보고 여러 번 읽으며 이론을 확실히 익혀두면 실제 시험장에서 이론을 묻는 문제가 나왔을 때 단번에 답을 고를 수 있다.

### 3 전공 이론도 익혀 두어라!

지원하는 직렬의 전공 이론이 기술능력으로 출제되는 경우가 많기 때문에 전공 이론을 익혀두는 것이 좋다. 깊이 있는 지식을 묻는 문제가 아니더라도 출제되는 문제의 소재가 전공과 관련된 내용일 가능성이 크기 때문에 최소한 지원하는 직렬의 전공 용어는 확실히 익혀 두어야 한다.

### 4 쉽게 포기하지 말라!

직업기초능력에서 주요 영역이 아니면 소홀한 경우가 많다. 시험장에서 기술능력을 읽어보지도 않고 포기하는 경우가 많은데 차근차근 읽어보면 지문만 잘 읽어도 풀 수 있는 문제들이 출제되는 경우가 있다. 이론을 모르더라도 풀 수 있는 문제인지 파악해보자.

# 01 기술 이해

**| 유형분석 |**

- 업무수행에 필요한 기술의 개념 및 원리, 관련 용어에 대한 문제가 자주 출제된다.
- 기술 시스템의 개념과 발전 단계에 대한 문제가 출제되므로 각 단계의 순서와 그에 따른 특징을 숙지하여야 하며, 단계별로 요구되는 핵심 역할이 다름에 유의한다.

**다음 중 기술선택에 대한 설명으로 옳지 않은 것을 〈보기〉에서 모두 고르면?**

보기

ㄱ. 상향식 기술선택은 기술경영진과 기술기획자들의 분석을 통해 기업이 필요한 기술 및 기술수준을 결정하는 방식이다.
ㄴ. 하향식 기술선택은 전적으로 기술자들의 흥미 위주로 기술을 선택하여 고객의 요구사항과는 거리가 먼 제품이 개발될 수 있다.
ㄷ. 수요자 및 경쟁자의 변화와 기술 변화 등을 분석해야 한다.
ㄹ. 기술능력과 생산능력, 재무능력 등의 내부 역량을 고려하여 기술을 선택한다.
ㅁ. 기술선택 시 최신 기술로 진부화될 가능성이 적은 기술을 최우선순위로 결정한다.

① ㄱ, ㄴ, ㄹ
② ㄱ, ㄴ, ㅁ
③ ㄴ, ㄷ, ㄹ
④ ㄴ, ㄹ, ㅁ
⑤ ㄷ, ㄹ, ㅁ

정답 ②

ㄱ. 하향식 기술선택에 대한 설명이다.
ㄴ. 상향식 기술선택에 대한 설명이다.
ㅁ. 기술선택을 위한 우선순위는 다음과 같다.
① 제품의 성능이나 원가에 미치는 영향력이 큰 가술
② 기술을 활용한 제품의 매출과 이익 창출 잠재력이 큰 기술
③ 쉽게 구할 수 없는 기술
④ 기업 간 모방이 어려운 기술
⑤ 기업이 생산하는 제품 및 서비스에 보다 광범위하게 활용할 수 있는 기술
⑥ 최신 기술로 진부화될 가능성이 적은 기술

**풀이 전략!**

문제에 제시된 내용만으로는 풀이가 어려울 수 있으므로, 사전에 관련 기술 이론을 숙지하고 있어야 한다. 자주 출제되는 개념을 확실하게 암기하여 빠르게 문제를 풀 수 있도록 하는 것이 좋다.

## 출제유형분석 01 실전예제

**01** **다음은 기술선택에 대한 글이다. 이를 읽고 이해한 내용으로 적절하지 않은 것은?**

> 기술선택이란 기업이 어떤 기술에 대하여 외부로부터 도입하거나 또는 그 기술을 자체 개발하여 활용할 것인가를 결정하는 것이다. 기술을 선택하는 데에 대한 의사결정은 크게 다음과 같이 두 가지 방법으로 볼 수 있다.
> 먼저 상향식 기술선택(Bottom Up Approach)은 기업 전체 차원에서 필요한 기술에 대한 체계적인 분석이나 검토 없이 연구자나 엔지니어들이 자율적으로 기술을 선택하도록 하는 것이다.
> 다음으로 하향식 기술선택(Top Down Approach)은 기술경영진과 기술기획담당자들에 의한 체계적인 분석을 통해 기업이 획득해야 하는 대상기술과 목표기술수준을 결정하는 것이다.

① 상향식 기술선택은 기술자들의 창의적인 아이디어를 얻기 어려운 단점을 볼 수 있다.
② 하향식 기술선택은 먼저 기업이 직면하고 있는 외부환경과 보유 자원에 대한 분석을 통해 중장기적인 사업목표를 설정한다.
③ 상향식 기술선택은 시장의 고객들이 요구하는 제품이나 서비스를 개발하는 데 부적합한 기술이 선택될 수 있다.
④ 하향식 기술선택은 사업전략의 성공적인 수행을 위해 필요한 기술들을 열거하고, 각각의 기술에 대한 획득의 우선순위를 결정하는 것이다.
⑤ 상향식 기술선택은 경쟁기업과의 경쟁에서 승리할 수 없는 기술이 선택될 수 있다.

**02** **다음 뉴스 내용에서 볼 수 있는 기술경영자의 능력으로 옳은 것은?**

> 앵커 : 현재 국제 원유 값이 고공 행진을 계속하면서 석유자원에서 탈피하려는 기술 개발이 활발히 진행되고 있는데요. 석유자원을 대체하고 에너지의 효율성을 높일 수 있는 연구개발 현장을 이은경 기자가 소개합니다.
> 기자 : 네. 여기는 메탄올을 화학 산업에 많이 쓰이는 에틸렌과 프로필렌, 부탄 등의 경질 올레핀으로 만드는 공정 현장입니다. 석탄과 바이오매스, 천연가스를 원료로 만들어진 메탄올에서 촉매반응을 통해 경질 올레핀을 만들기 때문에 석유 의존도를 낮출 수 있는 기술로 볼 수 있는데요. 기존 석유 나프타 열분해 공정보다 수율이 높고, 섭씨 400도 이하에서 제조가 가능해 온실가스는 물론 에너지 비용을 50% 이상 줄일 수 있어 화제가 되고 있습니다.

① 빠르고 효과적으로 새로운 기술을 습득하고 기존의 기술에서 탈피하는 능력
② 기술 전문 인력을 운용할 수 있는 능력
③ 조직 내의 기술 이용을 수행할 수 있는 능력
④ 새로운 제품개발 시간을 단축할 수 있는 능력
⑤ 기술을 효과적으로 평가할 수 있는 능력

# 02 기술 적용

**| 유형분석 |**

- 주어진 자료를 해석하고 기술을 적용하여 풀어가는 문제이다.
- 자료 등을 읽고 제시된 문제 상황에 적절한 해결 방법을 찾는 문제가 자주 출제된다.
- 지문의 길이가 길고 복잡하므로, 문제에서 요구하는 정보를 놓치지 않도록 주의해야 한다.

**B사원은 다음 제품 설명서의 내용을 토대로 직원들을 위해 '사용 전 꼭 읽어야 할 사항'을 만들려고 한다. 이때, 작성할 내용으로 적절하지 않은 것은?**

[사용 전 알아두어야 할 사항]
1. 물통 또는 제품 내부에 절대 의류 외에 다른 물건을 넣지 마십시오.
2. 제품을 작동시키기 전 문이 제대로 닫혔는지 확인하십시오.
3. 필터는 제품 사용 전후로 반드시 청소해 주십시오.
4. 제품의 성능유지를 위해서 물통을 자주 비워주십시오.
5. 겨울철이거나 건조기가 설치된 곳의 기온이 낮을 경우 건조시간이 길어질 수 있습니다.
6. 과도한 건조물을 넣고 기계를 작동시키면 완벽하게 건조되지 않거나 의류에 구김이 생길 수 있습니다. 최대용량 5kg 이내로 의류를 넣어주십시오.
7. 가죽, 슬립, 전기담요, 마이크로 화이바 소재 의류, 이불, 동・식물성 충전재 사용 제품은 사용을 피해주십시오.

[동결 시 조치방법]
1. 온도가 낮아지게 되면 물통이나 호스가 얼 수 있습니다.
2. 동결 시 작동 화면에 'ER' 표시가 나타납니다. 이 경우 일시정지 버튼을 눌러 작동을 멈춰주세요.
3. 물통이 얼었다면, 물통을 꺼내 따뜻한 물에 20분 이상 담가주세요.
4. 호스가 얼었다면, 호스 안의 이물질을 모두 꺼내고, 호스를 따뜻한 물 또는 따뜻한 수건으로 20분 이상 녹여주세요.

① 사용 전후로 필터는 꼭 청소해 주세요.
② 건조기에 넣은 의류는 5kg 이내로 해 주세요.
③ 사용이 불가한 의류 제품 목록을 꼭 확인해 주세요.
④ 화면에 ER 표시가 떴을 때는 전원을 끄고 작동을 멈춰주세요.
⑤ 호스가 얼었다면, 호스를 따뜻한 물 또는 따뜻한 수건으로 20분 이상 녹여주세요.

정답 ④

제시문의 동결 시 조치방법에서는 화면에 'ER' 표시가 나타나면 전원 버튼이 아닌 일시정지 버튼을 눌러 작동을 멈추라고 설명하고 있다.

오답분석

① 필터는 제품 사용 전후로 반드시 청소해 주라고 설명하고 있다.
② 과도한 건조물을 넣고 기계를 작동시키면 완벽하게 건조되지 않거나 의류에 구김이 생길 수 있으니 최대용량 5kg 이내로 의류를 넣어주라고 설명하고 있다.
③ 건조기 사용이 불가한 제품 목록이 설명되어 있다.
⑤ 호스가 얼었다면, 호스 안의 이물질을 모두 꺼내고, 호스를 따뜻한 물 또는 따뜻한 수건으로 20분 이상 녹여주라고 설명하고 있다.

PART 1

**풀이 전략!**

문제에 제시된 자료 중 필요한 정보를 빠르게 파악하는 것이 중요하다. 질문을 먼저 읽고 문제 상황을 파악한 뒤 제시된 선택지를 하나씩 소거하며 문제를 푸는 것이 좋다.

## 출제유형분석 02 실전예제

※ 귀하는 사무실에서 사용 중인 기존 공유기에 새로운 공유기를 추가하여 무선 네트워크 환경을 개선하려고 한다. 다음 자료를 보고 이어지는 질문에 답하시오. **[1~2]**

〈공유기를 AP / 스위치(허브)로 변경하는 방법〉

**[안내]**

공유기 2대를 연결하기 위해서는 각각의 공유기가 다른 내부 IP를 사용하여야 하며, 이를 위해 스위치(허브)로 변경하고자 하는 공유기에 내부 IP 주소를 변경하고 DHCP 서버 기능을 중단해야 합니다.

**[절차요약]**

- 스위치(허브)로 변경하고자 하는 공유기의 내부 IP 주소 변경
- 스위치(허브)로 변경하고자 하는 공유기의 DHCP 서버 기능 중지
- 인터넷에 연결된 공유기에 스위치(허브)로 변경한 공유기를 연결

**[세부절차 설명]**

(1) 공유기의 내부 IP 주소 변경
- 공유기의 웹 설정화면에 접속하여 [관리도구] – [고급설정] – [네트워크관리] – [내부 네트워크 설정]을 클릭합니다.
- 내부 IP 주소의 끝자리를 임의적으로 변경한 후 [적용 후 시스템 다시 시작] 버튼을 클릭합니다.

(2) 공유기의 DHCP 서버 기능 중지
- 변경된 내부 IP 주소로 재접속 후 [관리도구] – [고급설정] – [네트워크관리] – [내부 네트워크 설정]을 클릭합니다.
- 하단의 [DHCP 서버 설정]을 [중지]로 체크한 후 [적용]을 클릭합니다.

(3) 스위치(허브)로 변경된 공유기의 연결

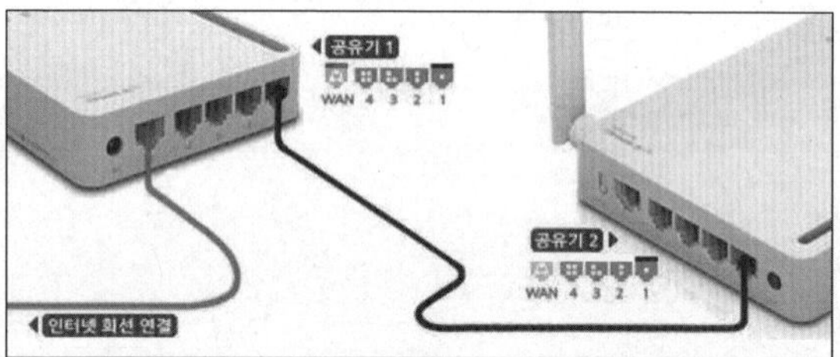


- 위의 그림과 같이 스위치로 변경된 〈공유기 2〉의 LAN 포트 1 ~ 4 중 하나를 원래 인터넷에 연결되어 있던 〈공유기 1〉의 LAN 포트 1 ~ 4 중 하나에 연결합니다.
- 〈공유기 2〉는 스위치로 동작하게 되므로 〈공유기 2〉의 WAN 포트에는 아무것도 연결하지 않습니다.

**[최종점검]**

이제 스위치(허브)로 변경된 공유기를 기존 공유기에 연결하는 모든 과정이 완료되었습니다. 설정이 완료된 상태에서 정상적으로 인터넷 연결이 되지 않는다면 상단 네트워크 〈공유기 1〉에서 IP 할당이 정상적으로 이루어지지 않는 경우입니다. 이와 같은 경우 PC에서 IP 갱신을 해야 하며 PC를 재부팅하거나 공유기를 재시작하시기 바랍니다.

[참고]

(1) Alpha3 / Alpha4의 경우는 간편설정이 가능하므로 (1) ~ (2) 과정을 쉽게 할 수 있습니다.
(2) 스위치(허브)로 변경되어 연결된 공유기가 무선 공유기로, 필요에 따라 무선 연결 설정이 필요한 경우 〈공유기 1〉 또는 〈공유기 2〉에 연결된 PC 어디에서나 〈공유기 2〉의 변경된 IP 주소를 인터넷 탐색기의 주소란에 입력하면 공유기 관리도구에 쉽게 접속할 수 있으며, 필요한 무선 설정을 진행할 수 있습니다.

[경고]

(1) 상단 공유기에도 "내부 네트워크에서 DHCP 서버 발견 시 공유기의 DHCP 서버 기능 중단" 설정이 되어 있을 경우 문제가 발생 할 수 있으므로 상단 공유기의 설정을 해제하시기 바랍니다.
(2) 일부 환경에서 공유기를 스위치(허브)로 변경한 후, UPNP 포트포워딩 기능이 실행 중이라면 네트워크 장애를 유발할 수 있으므로 해당 기능을 중단해 주시기 바랍니다.

PART 1

**01** **귀하는 새로운 공유기를 추가로 설치하기 전 판매업체에 문의하여 위와 같은 설명서를 전달받았다. 다음 중 설명서를 이해한 내용으로 적절하지 않은 것은?**

① 새로 구매한 공유기가 Alpha3 또는 Alpha4인지 먼저 확인한다.
② 기존 공유기와 새로운 공유기를 연결할 때, 새로운 공유기의 LAN 포트에 연결한다.
③ 기존에 있는 공유기의 내부 IP 주소와 새로운 공유기의 내부 IP 주소를 서로 다르게 설정한다.
④ 네트워크를 접속할 때 IP를 동적으로 할당받을 수 있도록 하는 DHCP 서버 기능을 활성화한다.
⑤ 설명서와 동일하게 설정한 뒤에도 인터넷이 정상적으로 작동하지 않을 경우에는 PC를 재부팅하거나 공유기를 재시작한다.

**02** **귀하는 설명서 내용을 토대로 새로운 공유기를 기존 공유기와 연결하고 설정을 마무리하였는데 제대로 작동하지 않았다. 귀하의 동료 중 IT기술 관련 능력이 뛰어난 A주임에게 문의를 한 결과 다음과 같은 답변을 받았을 때, 적절하지 않은 것은?**

① 기존 공유기와 새로운 공유기를 연결하는 LAN선이 제대로 연결되어 있지 않네요.
② PC에서 IP 갱신이 제대로 되지 않은 것 같습니다. 공유기와 PC 모두 재시작해보는 게 좋을 것 같습니다.
③ 새로운 공유기를 설정할 때, UPNP 포트포워딩 기능이 중단되어 있지 않아서 오작동을 일으킨 것 같아요. 중단되도록 설정하면 될 것 같습니다.
④ 기존 공유기에서 DHCP 서버가 발견될 경우 DHCP 서버 기능을 중단하도록 설정되어 있어서 오작동한 것 같아요. 해당 설정을 해제하면 될 것 같습니다.
⑤ 기존 공유기로부터 연결된 LAN선이 새로운 공유기에 LAN 포트에 연결되어 있네요. 이를 WAN 포트에 연결하면 될 것 같습니다.

※ I회사에서는 화장실의 청결을 위해 비데를 구매하고 화장실과 가까운 곳에 위치한 귀하에게 비데를 설치하도록 지시하였다. 다음은 비데를 설치하기 위해 참고할 제품 설명서의 일부이다. 이어지는 질문에 답하시오. **[3~4]**

〈설치방법〉

1) 비데 본체의 변좌와 변기의 앞면이 일치되도록 전후로 고정하십시오.
2) 비데용 급수호스를 정수필터와 비데 본체에 연결한 후 급수밸브를 열어 주십시오.
3) 전원을 연결하십시오(반드시 전용 콘센트를 사용하십시오).
4) 비데가 작동하는 소리가 들린다면 설치가 완료된 것입니다.

〈주의사항〉

- 전원은 반드시 AC220V에 연결하십시오(반드시 전용 콘센트를 사용하십시오).
- 변좌에 걸터앉지 말고 항상 중앙에 앉고, 변좌 위에 어떠한 것도 놓지 마십시오(착좌센서가 동작하지 않을 수도 있습니다).
- 정기적으로 수도필터와 정수필터를 청소 또는 교환해 주십시오.
- 급수밸브를 꼭 열어 주십시오.

〈A/S 신청 전 확인 사항〉

| 현상 | 원인 | 조치방법 |
|---|---|---|
| 물이 나오지 않을 경우 | 급수밸브가 잠김 | 매뉴얼을 참고하여 급수밸브를 열어 주세요. |
| | 정수필터가 막힘 | 매뉴얼을 참고하여 정수필터를 교체해 주세요(A/S상담실로 문의하세요). |
| | 본체 급수호스 등이 동결 | 더운물에 적신 천으로 급수호스 등의 동결부위를 녹여 주세요. |
| 기능 작동이 되지 않을 경우 | 수도필터가 막힘 | 흐르는 물에 수도필터를 닦아 주세요. |
| | 착좌센서 오류 | 착좌센서에서 의류, 물방울, 이물질 등을 치워 주세요. |
| 수압이 약할 경우 | 수도필터에 이물질이 낌 | 흐르는 물에 수도필터를 닦아 주세요. |
| | 본체의 호스가 꺾임 | 호스의 꺾인 부분을 펴 주세요. |
| 노즐이 나오지 않을 경우 | 착좌센서 오류 | 착좌센서에서 의류, 물방울, 이물질을 치워 주세요. |
| 본체가 흔들릴 경우 | 고정 볼트가 느슨해짐 | 고정 볼트를 다시 조여 주세요. |
| 비데가 작동하지 않을 경우 | 급수밸브가 잠김 | 매뉴얼을 참고하여 급수밸브를 열어 주세요. |
| | 급수호스의 연결문제 | 급수호스의 연결상태를 확인해 주세요. 계속 작동하지 않는다면 A/S상담실로 문의하세요. |
| 변기의 물이 샐 경우 | 급수호스가 느슨해짐 | 급수호스 연결부분을 조여 주세요. 계속 샐 경우 급수밸브를 잠근 후 A/S상담실로 문의하세요. |

**03** 귀하는 지시에 따라 비데를 설치하였다. 일주일이 지난 뒤, 동료 K사원으로부터 기능 작동이 되지 않는다는 사실을 접수하였다. 다음 중 귀하가 해당 문제점에 대한 원인을 파악하기 위해 확인해야 할 사항으로 가장 적절한 것은?

① 급수밸브의 잠김 여부
② 수도필터의 청결 상태
③ 정수필터의 청결 상태
④ 급수밸브의 연결 상태
⑤ 비데의 고정 여부



**04** 03번 문제에서 확인한 사항이 추가로 다른 문제를 일으킬 수 있는지 미리 점검하고자 할 때, 다음 중 가장 적절한 행동은?

① 수압이 약해졌는지 확인한다.
② 물이 나오지 않는지 확인한다.
③ 본체가 흔들리는지 확인한다.
④ 노즐이 나오지 않는지 확인한다.
⑤ 변기의 물이 새는지 확인한다.

아이들이 답이 있는 질문을 하기 시작하면 그들이 성장하고 있음을 알 수 있다.

-존 J. 플롬프-

# PART 2

# 직무수행능력평가

CHAPTER

# 01 경영학(사무직) 적중예상문제

정답 및 해설 p.050

**01** **다음 중 노동조합의 가입방법에 대한 설명으로 옳지 않은 것은?**

① 클로즈드 숍(Closed Shop) 제도는 기업에 속해 있는 근로자 전체가 노동조합에 가입해야 할 의무가 있는 제도이다.

② 클로즈드 숍(Closed Shop) 제도에서는 기업과 노동조합의 단체협약을 통하여 근로자의 채용・해고 등을 노동조합의 통제하에 둔다.

③ 유니언 숍(Union Shop) 제도에서 신규 채용된 근로자는 일정기간이 지나면 반드시 노동조합에 가입해야 한다.

④ 오픈 숍(Open Shop) 제도에서는 노동조합 가입여부가 고용 또는 해고의 조건이 되지 않는다.

⑤ 에이전시 숍(Agency Shop) 제도에서는 근로자들의 조합가입과 조합비 납부가 강제된다.

**02** **다음 중 직무확대에 대한 설명으로 옳지 않은 것은?**

① 한 직무에서 수행되는 과업의 수를 증가시키는 것을 말한다.

② 종업원으로 하여금 중심과업에 다른 관련 직무를 더하여 수행하게 함으로써 개인의 직무를 넓게 확대한다.

③ 기업이 직원들의 능력을 개발하고 여러 가지 업무를 할 수 있도록 하여 인적자원의 운용 효율을 증가시킨다.

④ 근로자가 스스로 직무를 계획하고 실행하여 일에 자부심과 책임감을 가지게끔 한다.

⑤ 다양한 업무를 진행하며 종업원의 능력이 개발되고 종합적인 시각을 가질 수 있다는 장점이 있다.

**03** **다음 중 소비자에게 제품의 가격이 낮게 책정되었다는 인식을 심어주기 위해 이용하는 가격설정방법은?**

① 단수가격(Odd Pricing)

② 준거가격(Reference Pricing)

③ 명성가격(Prestige Pricing)

④ 관습가격(Customary Pricing)

⑤ 기점가격(Basing – Point Pricing)

**04** 다음 중 투사효과에 대한 설명으로 옳은 것은?

① 평가자의 특성을 피평가자의 특성이라고 생각하여 잘못 판단하는 것이다.
② 하나의 영역에서 좋은 점수를 보이면 다른 영역도 잘할 것이라고 판단하는 것이다.
③ 최근에 좋은 업적을 냈더라도 과거의 실적이 좋지 않으면 나쁘게 평가하는 것이다.
④ 지원자의 한 특질을 보고 현혹되어 지원자를 제대로 평가하지 못하는 것이다.
⑤ 피평가자 간의 차이를 회피하기 위해 모든 피평가자를 유사하게 평가하는 것이다.



**05** 다음 중 액면가가 10,000원, 만기가 5년, 표면이자율이 0%인 순할인채 채권의 듀레이션은?

① 5년
② 6년
③ 7년
④ 8년
⑤ 9년

**06** 다음 중 슈퍼 리더십(Super Leadership)에 대한 설명으로 옳은 것은?

① 다른 사람이 스스로 자기 자신을 이끌어갈 수 있게 도와주는 리더십이다.
② 자기 스스로 리더가 되어 자기 자신을 이끌어가는 리더십이다.
③ 다른 사람을 섬기는 사람이 리더가 될 수 있다는 이론이다.
④ 명확한 목표, 권한, 책임, 지도를 제공해 맡은 일에 주인의식을 심어주는 리더십이다.
⑤ 구성원들의 가치관, 정서, 행동규범 등을 변화시켜 개인, 집단, 조직을 바람직한 방향으로 변혁시키는 리더십이다.

**07** 다음 〈보기〉가 설명하고 있는 조직 구조는?

> 보기
> • 수평적 분화에 중점을 두고 있다.
> • 각자의 전문분야에서 작업능률을 증대시킬 수 있다.
> • 생산, 회계, 인사, 영업, 총무 등의 기능을 나누고 각 기능을 담당할 부서단위로 조직된 구조이다.

① 기능 조직
② 사업부 조직
③ 매트릭스 조직
④ 수평적 조직
⑤ 네트워크 조직

**08** 다음 중 소비자가 특정 상품을 소비하면 자신이 그것을 소비하는 계층과 같은 부류라는 생각을 가지게 되는 효과는 무엇인가?

① 전시 효과
② 플라시보 효과
③ 파노플리 효과
④ 베블런 효과
⑤ 데킬라 효과

**09** 다음 중 자회사 주식의 일부 또는 전부를 소유해서 자회사 경영권을 지배하는 지주회사와 관련이 있는 기업결합은?

① 콘체른(Konzern)
② 카르텔(Cartel)
③ 트러스트(Trust)
④ 콤비나트(Kombinat)
⑤ 조인트 벤처(Joint Venture)

**10** I회사는 평균영업용자산과 영업이익을 이용하여 투자수익률(ROI)과 잔여이익(RI)을 산출하고 있다. I회사의 2023년 평균영업용자산은 ₩2,500,000이며, 투자수익률은 10%이다. I회사의 2023년 잔여이익이 ₩25,000이라면 최저필수수익률은?

① 8%
② 9%
③ 10%
④ 11%
⑤ 12%

**11** **다음 중 가격관리에 대한 설명으로 옳지 않은 것은?**

① 명성가격결정법은 가격이 높으면 품질이 좋을 것이라고 느끼는 효과를 이용하여 수요가 많은 수준에서 고급상품의 가격결정에 이용된다.
② 침투가격정책은 신제품을 도입하는 초기에 저가격을 설정하여 신속하게 시장에 침투하는 전략으로, 수요가 가격에 민감하지 않은 제품에 많이 사용한다.
③ 상층흡수가격정책은 신제품을 시장에 도입하는 초기에는 고소득층을 대상으로 높은 가격을 받고 그 뒤 차차 가격을 인하하여 저소득층에 침투하는 것이다.
④ 탄력가격정책은 한 기업의 제품이 여러 제품계열을 포함하는 경우 품질, 성능, 스타일에 따라 서로 다른 가격을 결정하는 것이다.
⑤ 고가격정책은 신제품을 개발한 기업들이 초기에 그 시장의 소득층으로부터 많은 이익을 얻기 위해 높은 가격을 설정하는 전략이다.



**12** **다음 중 자기자본비용에 대한 설명으로 옳은 것은?**

① 자기자본비용은 기업이 조달한 자기자본의 가치를 유지하기 위해 최대한 벌어들어야 하는 수익률이다.
② 새로운 투자안의 선택에 있어서도 투자수익률이 자기자본비용을 넘어서는 안 된다.
③ 기업이 주식발행을 통해 자금조달을 할 경우 자본이용의 대가로 얼마의 이용 지급료를 산정해야 하는지는 명확하다.
④ 위험프리미엄을 포함한 자기자본비용 계산 시 보통 자본자산가격결정모형(CAPM)을 이용한다.
⑤ CAPM을 사용하는 경우 베타와 증권시장선을 계산해서 미래의 증권시장선으로 사용하는데 이는 과거와는 다른 현상들이 미래에 발생하더라도 타당한 방법이다.

**13** **다음 중 균형성과표(BSC)의 4가지 성과측정 관점이 아닌 것은?**

① 재무관점
② 고객관점
③ 공급자관점
④ 학습 및 성장관점
⑤ 내부 프로세스관점

**14** 다음 중 델파이 기법에 대한 설명으로 옳지 않은 것은?

① 전문가들을 두 그룹으로 나누어 진행한다.
② 많은 전문가들의 의견을 취합하여 재조정 과정을 거친다.
③ 의사결정 및 의견개진 과정에서 타인의 압력이 배제된다.
④ 전문가들을 공식적으로 소집하여 한 장소에 모이게 할 필요가 없다.
⑤ 미래의 불확실성에 대한 의사결정 및 장기예측에 좋은 방법이다.

**15** 다음 설명에 해당하는 우리나라 상법상의 회사는 무엇인가?

• 유한책임사원으로만 구성된다.
• 청년 벤처 창업에 유리하다.
• 사적 영역을 폭넓게 인정한다.

① 합명회사
② 합자회사
③ 유한책임회사
④ 유한회사
⑤ 주식회사

**16** A씨는 차량을 200만 원에 구입하여 40만 원은 현금 지급하고 잔액은 외상으로 하였다. 다음 〈보기〉 중 거래결과로 옳은 것을 모두 고르면?

보기
ㄱ. 총자산 감소
ㄴ. 총자산 증가
ㄷ. 총부채 감소
ㄹ. 총부채 증가

① ㄱ, ㄷ
② ㄱ, ㄹ
③ ㄴ, ㄷ
④ ㄴ, ㄹ
⑤ ㄷ, ㄹ

**17** 다음 중 직무를 수행하는 데 필요한 기능, 능력, 자격 등 직무수행요건(인적요건)에 초점을 두어 작성한 직무분석의 결과물은 무엇인가?

① 직무명세서
② 직무표준서
③ 직무기술서
④ 직무지침서
⑤ 직무제안서

**18** A회사는 B회사를 합병하고 합병대가로 ₩30,000,000의 현금을 지급하였다. 합병 시점에서 B회사의 재무상태표상 자산총액은 ₩20,000,000이고 부채총액은 ₩11,000,000이다. B회사의 재무상태표상 장부금액은 토지를 제외하고는 공정가치와 같다. 토지는 장부상 ₩10,000,000으로 기록되어 있으나, 합병 시점에 공정가치는 ₩18,000,000인 것으로 평가되었다. 이 합병으로 A회사가 인식할 영업권은?

① ₩9,000,000
② ₩10,000,000
③ ₩13,000,000
④ ₩21,000,000
⑤ ₩23,000,000



**19** 다음 중 빈칸에 들어갈 용어로 옳은 것은?

| ________는 기업의 장래 인적자원의 수요를 예측하여, 기업전략의 실현에 필요한 인적자원을 확보하기 위해 실시하는 일련의 활동이다. |
|---|

① 회계관리
② 마케팅관리
③ 물류관리
④ 인적자원관리
⑤ 창고관리

**20** 다음 중 소비자의 구매의사결정 과정을 순서대로 바르게 나열한 것은?

① 문제인식 → 정보탐색 → 대안평가 → 구매 → 구매 후 행동
② 문제인식 → 대안평가 → 정보탐색 → 구매 → 구매 후 행동
③ 정보탐색 → 문제인식 → 대안평가 → 구매 → 구매 후 행동
④ 정보탐색 → 대안평가 → 문제인식 → 구매 → 구매 후 행동
⑤ 대안평가 → 정보탐색 → 문제인식 → 구매 → 구매 후 행동

CHAPTER

# 02 경제학(사무직) 적중예상문제

정답 및 해설 p.054

**01** **다음 중 리카도 대등정리(Ricardian Equivalence Theorem)에 대한 설명으로 옳은 것은?**

① 국채 발행을 통해 재원이 조달된 조세삭감은 소비에 영향을 미치지 않는다.
② 국채 발행이 증가하면 이자율이 하락한다.
③ 경기침체 시에는 조세 대신 국채 발행을 통한 확대재정정책이 더 효과적이다.
④ 소비이론 중 절대소득가설에 기초를 두고 있다.
⑤ 소비자들이 유동성제약에 직면해 있는 경우 이 이론의 설명력이 더 커진다.

**02** **다음 중 완전경쟁산업 내의 한 개별 기업에 대한 설명으로 옳지 않은 것은?**

① 한계수입은 시장가격과 일치한다.
② 이 개별 기업이 직면하는 수요곡선은 우하향한다.
③ 시장가격보다 높은 가격을 책정하면 시장점유율은 없다.
④ 이윤극대화 생산량에서는 시장가격과 한계비용이 일치한다.
⑤ 장기에 개별 기업은 장기평균비용의 최저점인 최적시설규모에서 재화를 생산하며, 정상이윤만 획득한다.

**03** **다음 중 고전학파와 케인스학파의 거시경제관에 대한 설명으로 옳지 않은 것은?**

① 고전학파는 공급이 수요를 창출한다고 보는 반면, 케인스학파는 수요가 공급을 창출한다고 본다.
② 고전학파는 화폐가 베일(Veil)에 불과하다고 보는 반면, 케인스학파는 화폐가 실물경제에 영향을 미친다고 본다.
③ 고전학파는 저축과 투자가 같아지는 과정에서 이자율이 중심적인 역할을 한다고 본 반면, 케인스학파는 국민소득이 중심적인 역할을 한다고 본다.
④ 고전학파는 실업문제 해소에 대해 케인스학파와 동일하게 재정정책이 금융정책보다 더 효과적이라고 본다.
⑤ 고전학파는 자발적인 실업만 존재한다고 보는 반면, 케인스학파는 비자발적 실업이 존재한다고 본다.

**04** 일반적인 형태의 수요곡선과 공급곡선을 가지는 재화 X의 가격이 상승하고 생산량이 감소하였다면 재화 X의 수요곡선과 공급곡선은 어떻게 이동한 것인가?

① 수요곡선이 하방이동하였다.
② 공급곡선이 하방이동하였다.
③ 수요곡선이 상방이동하였다.
④ 공급곡선이 상방이동하였다.
⑤ 수요곡선과 공급곡선이 동시에 하방이동하였다.

PART 2

**05** 다음 중 독점적 경쟁시장의 장기균형에 대한 설명으로 옳지 않은 것은?(단, $P$는 가격, $SAC$는 단기평균비용, $LAC$는 장기평균비용, $SMC$는 단기한계비용을 의미한다)

① $P=SAC$가 성립한다.
② $P=LAC$가 성립한다.
③ $P=SMC$가 성립한다.
④ 균형생산량은 $SAC$가 최소화되는 수준보다 작다.
⑤ 기업의 장기 초과이윤은 0이다.

**06** 다음은 A국과 B국의 경제에 대한 자료이다. A국의 실질환율과 수출량의 변화로 옳은 것은?

| 구분 | 2021년 | 2022년 |
|---|---|---|
| A국 통화로 표시한 B국 통화 1단위의 가치 | 1,000 | 1,150 |
| A국의 물가지수 | 100 | 107 |
| B국의 물가지수 | 100 | 103 |

| | 실질환율 | 수출량 | | 실질환율 | 수출량 |
|---|---|---|---|---|---|
| ① | 불변 | 감소 | ② | 11% 상승 | 증가 |
| ③ | 11% 하락 | 감소 | ④ | 19% 상승 | 증가 |
| ⑤ | 19% 하락 | 증가 | | | |

**07** 다음 중 디지털 카메라의 등장으로 기존의 필름산업이 쇠퇴하여 필름산업 종사자들이 일자리를 잃을 때 발생하는 실업은?

① 마찰적 실업
② 구조적 실업
③ 계절적 실업
④ 경기적 실업
⑤ 만성적 실업

**08** 중국과 인도 근로자 한 사람의 시간당 의복과 자동차 생산량은 다음과 같다. 리카도(D. Ricardo)의 비교우위이론에 따르면, 양국은 각각 어떤 제품을 수출하는가?

| 구분 | 의복(벌) | 자동차(대) |
|---|---|---|
| 중국 | 40 | 30 |
| 인도 | 20 | 10 |

| | 중국 | 인도 |
|---|---|---|
| ① | 의복 | 자동차 |
| ② | 자동차 | 의복 |
| ③ | 의복과 자동차 | 수출하지 않음 |
| ④ | 수출하지 않음 | 자동차와 의복 |
| ⑤ | 두 국가 모두 교역을 하지 않음 | |

**09** 다음은 기업 A와 기업 B의 광고 여부에 따른 보수행렬을 나타낸다. 내쉬균형에서 기업 A와 기업 B의 이윤은 각각 얼마인가?

| 구분 | | 기업 B의 광고 전략 | |
|---|---|---|---|
| | | 광고를 함 | 광고를 하지 않음 |
| 기업 A의 광고전략 | 광고를 함 | (55, 75) | (235, 45) |
| | 광고를 하지 않음 | (25, 115) | (165, 85) |

① (25, 75)
② (55, 75)
③ (55, 115)
④ (235, 45)
⑤ (235, 115)

**10** A근로자의 연봉이 올해 1,500만 원에서 1,650만 원으로 150만 원 인상되었다. 이 기간에 인플레이션율이 12%일 때, A근로자의 임금변동에 대한 설명으로 옳은 것은?

① 2% 명목임금 증가
② 2% 명목임금 감소
③ 2% 실질임금 증가
④ 2% 실질임금 감소
⑤ 4% 명목임금 증가

## 11 A국과 B국의 상황이 다음과 같을 경우 나타날 수 있는 경제현상이 아닌 것은?(단, 미 달러화로 결제하며, 각국의 환율은 달러 대비 자국 화폐의 가격으로 표시한다)

| | |
|---|---|
| A국 | • A국의 해외 유학생 수가 증가하고 있다.<br>• 외국인 관광객이 증가하고 있다. |
| B국 | • B국 기업의 해외 투자가 증가하고 있다.<br>• 외국의 투자자들이 투자자금을 회수하고 있다. |

① A국의 환율은 하락할 것이다.
② A국의 경상수지는 악화될 것이다.
③ B국이 생산하는 수출상품의 가격경쟁력이 높아질 것이다.
④ A국 국민이 B국으로 여행갈 경우 경비 부담이 증가할 것이다.
⑤ B국 국민들 중 환전하지 않은 환율 변동 전 달러를 보유하고 있는 사람은 이익을 얻게 될 것이다.

PART 2

## 12 다음 중 매일 마시는 물보다 다이아몬드의 가격이 비싸다는 사실을 통해 내릴 수 있는 결론으로 옳은 것은?

① 유용한 재화일수록 희소하다.
② 희소하지 않은 자원도 존재한다.
③ 희소하지 않지만 유용한 재화도 있다.
④ 재화의 사용가치가 높을수록 가격도 높아진다.
⑤ 재화의 가격은 희소성의 영향을 많이 받는다.

## 13 다음 상황과 관련이 있는 경제용어는 무엇인가?

> 지난 10여 년간 A국은 장기침체를 벗어나지 못하고 있다. 이에 대한 대책의 하나로 A국 정부는 극단적으로 이자율을 낮추고 사실상 제로금리정책을 시행하고 있으나, 투자 및 소비의 활성화 등 의도했던 수요확대 효과가 전혀 나타나지 않고 있다.

① 화폐 환상
② 유동성 함정
③ 구축 효과
④ J커브 효과
⑤ 피셔 방정식

**14** 다음 〈보기〉 중 애덤 스미스(Adam Smith)의 보상적 임금격차의 요인으로 옳은 것을 모두 고르면?

보기

ㄱ. 노동의 난이도
ㄴ. 작업의 쾌적도
ㄷ. 임금의 불안정성
ㄹ. 요구되는 교육훈련의 차이

① ㄱ, ㄴ
② ㄴ, ㄷ
③ ㄱ, ㄴ, ㄹ
④ ㄴ, ㄷ, ㄹ
⑤ ㄱ, ㄴ, ㄷ, ㄹ

**15** 다음 중 수요독점 노동시장에서 기업이 이윤을 극대화하기 위한 조건으로 옳은 것은?(단, 상품시장은 독점이고 생산에서 자본은 고정되어 있다)

① 한계비용과 임금이 일치한다.
② 한계비용과 평균수입이 일치한다.
③ 노동의 한계생산물가치와 임금이 일치한다.
④ 노동의 한계생산물가치와 한계노동비용이 일치한다.
⑤ 노동의 한계수입생산과 한계노동비용이 일치한다.

**16** 다음 중 유량(Flow) 변수가 아닌 것은?

① 반도체에 대한 수요량
② 쌀의 공급량
③ 국내총생산(GDP)
④ 핸드폰 수출량
⑤ 통화량

**17** 다음 중 경기종합지수에서 경기선행지수를 구성하는 변수가 아닌 것은?

① 광공업 생산지수
② 구인구직비율
③ 재고순환지표
④ 소비자기대지수
⑤ 수출입물가비율

## 18 다음 빈칸에 들어갈 경제 용어를 순서대로 바르게 나열한 것은?

> 구매력평가이론(Purchasing Power Parity Theory)은 모든 나라의 통화 한 단위의 구매력이 같도록 환율이 결정되어야 한다는 것이다. 구매력평가이론에 따르면 양국통화의 (가) 환율은 양국의 (나) 에 의해 결정되며, 구매력평가이론이 성립하면 (다) 환율은 불변한다.

| | (가) | (나) | (다) |
|---|---|---|---|
| ① | 실질 | 물가수준 | 명목 |
| ② | 명목 | 경상수지 | 실질 |
| ③ | 실질 | 경상수지 | 명목 |
| ④ | 명목 | 물가수준 | 실질 |
| ⑤ | 실질 | 자본수지 | 명목 |

PART 2

## 19 대학 졸업 후 구직활동을 꾸준히 해온 30대 초반의 A씨는 당분간 구직활동을 포기하기로 하였다. A씨와 같이 구직활동을 포기하는 사람이 많아지면 실업률과 고용률에 어떠한 변화가 생기는가?

① 실업률 상승, 고용률 하락
② 실업률 상승, 고용률 불변
③ 실업률 하락, 고용률 하락
④ 실업률 하락, 고용률 불변
⑤ 실업률 불변, 고용률 하락

## 20 다음 중 〈보기〉에 대한 분석으로 옳은 것을 모두 고르면?

> **보기**
>
> 우리나라에 거주 중인 광성이는 ㉠ 여름휴가를 앞두고 휴가 동안 발리로 서핑을 갈지, 빈 필하모닉 오케스트라의 3년 만의 내한 협주를 들으러 갈지 고민하다가 ㉡ 발리로 서핑을 갔다. 그러나 화산폭발의 위험이 있어 안전의 위협을 느끼고 ㉢ 환불이 불가능한 숙박비를 포기한 채 우리나라로 돌아왔다.

> ㄱ. ㉠의 고민은 광성이의 주관적 희소성 때문이다.
> ㄴ. ㉠의 고민을 할 때는 기회비용을 고려한다.
> ㄷ. ㉡의 기회비용은 빈 필하모닉 오케스트라 내한 협주이다.
> ㄹ. ㉡은 경제재이다.
> ㅁ. ㉢은 비합리적 선택 행위의 일면이다.

① ㄱ, ㄴ, ㄹ
② ㄴ, ㄷ, ㄹ
③ ㄴ, ㄷ, ㅁ
④ ㄱ, ㄴ, ㄷ, ㄹ
⑤ ㄱ, ㄴ, ㄷ, ㄹ, ㅁ

CHAPTER

# 03 행정학(사무직) 적중예상문제

정답 및 해설 p.058

**01 다음 중 직위분류제에 대한 설명으로 옳지 않은 것은?**

① 계급제가 사람의 자격과 능력을 기준으로 한 계급구조라면 직위분류제는 사람이 맡아서 수행하는 직무와 그 직무 수행에 수반되는 책임을 기준으로 분류한 직위구조이다.

② 직위분류제는 책임 명료화, 갈등 예방, 합리적 절차 수립을 돕는다는 장점이 있다.

③ 직무 수행의 책임도와 자격 요건이 다르지만, 직무의 종류가 유사해 동일한 보수를 지급할 수 있는 직위의 횡적 군을 등급이라고 한다.

④ 직위분류제는 인적자원 활용에 주는 제약이 크다는 비판을 받는다.

⑤ 직렬은 직무의 종류가 유사하고 그 책임과 곤란성의 정도가 상이한 직급의 군이다.

**02 다음 중 성과평가시스템으로서의 균형성과표(BSC; Balanced Score Card)에 대한 설명으로 옳지 않은 것은?**

① BSC는 추상성이 높은 비전에서부터 구체적인 성과지표로 이어지는 위계적인 체제를 가진다.

② 잘 개발된 BSC라 할지라도 조직구성원들에게 조직의 전략과 목적 달성에 필요한 성과가 무엇인지 알려주는 데 한계가 있기 때문에 조직전략의 해석지침으로는 적합하지 않다.

③ 내부 프로세스 관점의 대표적인 지표들로는 의사결정과정에의 시민참여, 적법절차, 조직 내 커뮤니케이션 구조 등이 있다.

④ BSC를 공공부분에 적용할 때 재무적 관점이라 함은 국민이 요구하는 수준의 공공서비스를 제공할 수 있는 재정자원을 확보하여야 한다는 측면을 포함하며, 지원시스템의 예산부분이 이에 해당한다.

⑤ BSC를 공공부문에 적용할 때는 고객, 즉 국민의 관점을 가장 중시한다.

**03** **다음 중 신공공관리론과 신공공서비스론의 특성에 대한 설명으로 옳지 않은 것은?**

① 신공공관리론은 경제적 합리성에 기반하는 반면에 신공공서비스론은 전략적 합리성에 기반한다.
② 신공공관리론은 기업가 정신을 강조하는 반면에 신공공서비스론은 사회적 기여와 봉사를 강조한다.
③ 신공공관리론의 대상이 고객이라면 신공공서비스론의 대상은 시민이다.
④ 신공공서비스론이 신공공관리론보다 지역공동체 활성화에 더 적합한 이론이다.
⑤ 신공공관리론이 신공공서비스론보다 행정책임의 복잡성을 중시하며 행정재량권을 강조한다.



**04** **다음 중 현행 행정규제기본법에서 규정하고 있는 내용으로 옳지 않은 것은?**

① 규제는 법률에 근거를 두어야 한다.
② 규제를 정하는 경우에도 그 본질적 내용을 침해하지 않도록 하여야 한다.
③ 규제의 존속기한은 원칙적으로 5년을 초과할 수 없다.
④ 심사기간의 연장이 불가피한 경우 규제개혁위원회의 결정으로 15일을 넘지 않는 범위에서 한 차례만 연장할 수 있다.
⑤ 규제개혁위원회는 위원장 1명을 포함한 20명 이상 25명 이하의 위원으로 구성한다.

**05** **다음 중 예산분류 방식의 특징에 대한 설명으로 옳은 것은?**

① 기능별 분류는 시민을 위한 분류라고도 하며, 행정수반의 사업계획 수립에 도움이 되지 않는다.
② 조직별 분류는 부처 예산의 전모를 파악할 수 있어 지출의 목적이나 예산의 성과 파악이 용이하다.
③ 품목별 분류는 사업의 지출 성과와 결과에 대한 측정이 곤란하다.
④ 경제 성질별 분류는 국민소득, 자본형성 등에 관한 정부활동의 효과를 파악하는 데 한계가 있다.
⑤ 품목별 분류는 예산집행기관의 재량을 확대하는 데 유용하다.

**06** **다음 중 공공부문 성과연봉제 보수체계 설계 시 성과급 비중을 설정하는 데 적용할 수 있는 동기부여 이론은?**

① 애덤스(Adams)의 형평성이론
② 허즈버그(Herzberg)의 욕구충족 이원론
③ 앨더퍼(Alderfer)의 ERG(존재, 관계, 성장) 이론
④ 매슬로(Maslow)의 욕구 5단계론
⑤ 해크만(Hackman)과 올드햄(Oldham)의 직무특성이론

**07** **다음 〈보기〉에서 행정통제에 대한 설명으로 옳은 것을 모두 고르면?**

보기

ㄱ. 행정통제는 통제시기의 적시성과 통제내용의 효율성이 고려되어야 한다.
ㄴ. 옴부즈만 제도는 공무원에 대한 국민의 책임 추궁의 창구 역할을 하며, 사법통제의 한계를 보완하는 제도이다.
ㄷ. 외부통제는 선거에 의한 통제와 이익집단에 의한 통제를 포함한다.
ㄹ. 입법통제는 합법성을 강조하므로 위법행정보다 부당행정이 많은 현대행정에서는 효율적인 통제가 어렵다.

① ㄱ, ㄴ
② ㄴ, ㄹ
③ ㄱ, ㄴ, ㄷ
④ ㄱ, ㄷ, ㄹ
⑤ ㄴ, ㄷ, ㄹ

**08** **다음 중 대표관료제에 대한 설명으로 옳지 않은 것은?**

① 대표관료제는 정부관료제가 그 사회의 인적 구성을 반영하도록 구성함으로써 관료제 내에 민주적 가치를 반영시키려는 의도에서 발달하였다.
② 크랜츠(Kranz)는 대표관료제의 개념을 비례대표로까지 확대하여 관료제 내의 출신 집단별 구성 비율이 총인구 구성 비율과 일치해야 할 뿐만 아니라 나아가 관료제 내의 모든 직무 분야와 계급의 구성 비율까지도 총인구 비율에 상응하게 분포되어 있어야 한다고 주장한다.
③ 대표관료제의 장점은 사회의 인구 구성적 특징을 반영하는 소극적 측면의 확보를 통해서 관료들이 출신 집단의 이익을 위해 적극적으로 행동하는 적극적인 측면을 자동적으로 확보하는 데 있다.
④ 대표관료제는 할당제를 강요하는 결과를 초래해 현대 인사행정의 기본 원칙인 실적주의를 훼손하고 행정능률을 저해할 수 있다는 비판을 받는다.
⑤ 우리나라의 양성평등채용목표제나 지역인재추천채용제는 관료제의 대표성을 제고하기 위해 도입된 제도로 볼 수 있다.

**09** **다음 중 신공공관리(NPM; New Public Management)와 뉴거버넌스의 특징에 대한 설명으로 옳지 않은 것은?**

① NPM이 정부 내부 관리의 문제를 다루는 반면, 뉴거버넌스는 시장 및 시민사회와의 관계에서 정부의 역할과 기능을 다룬다.
② 뉴거버넌스는 NPM에 비해 자원이나 프로그램 관리의 효율성보다 국가 차원에서의 민주적 대응성과 책임성을 강조한다.
③ NPM과 뉴거버넌스는 모두 방향잡기(Steering) 역할을 중시하며 NPM에서는 기업을 방향잡기의 중심에, 뉴거버넌스에서는 정부를 방향잡기의 중심에 놓는다.
④ 뉴거버넌스는 정부영역과 민간영역을 상호 배타적이고 경쟁적인 관계로 보지 않는다.
⑤ NPM은 경쟁과 계약을 강조하는 반면에 뉴거버넌스는 네트워크나 파트너십을 강조하고 신뢰를 바탕으로 한 상호존중을 중시한다.



**10** **다음 중 정책의제 설정에 대한 설명으로 옳지 않은 것은?**

① 일반적으로 정책의제는 정치성, 주관성, 동태성 등의 성격을 가진다.
② 정책대안이 아무리 훌륭하더라도 정책문제를 잘못 인지하고 채택하여 정책문제가 여전히 해결되지 않은 상태로 남아 있는 현상을 2종 오류라 한다.
③ 킹던(Kingdon)의 정책의 창 모형은 정책문제의 흐름, 정책대안의 흐름, 정치의 흐름이 어떤 계기로 서로 결합함으로써 새로운 정책의제로 형성되는 것을 말한다.
④ 콥(R. W. Cobb)과 엘더(C. D. Elder)의 이론에 의하면 정책의제 설정과정은 '사회문제 – 사회적 이슈 – 체제의제 – 제도의제'의 순서로 정책의제로 선택됨을 설명하고 있다.
⑤ 정책의제의 설정은 목표설정기능 및 적절한 정책수단을 선택하는 기능을 하고 있다.

**11** **다음 중 사회적 자본(Social Capital)에 대한 설명으로 옳지 않은 것은?**

① 사회 내 신뢰 강화를 통해 거래비용을 감소시킨다.
② 경제적 자본에 비해 형성 과정이 불투명하고 불확실하다.
③ 사회적 규범 또는 효과적인 사회적 제재력를 제공한다.
④ 동조성(Conformity)을 요구하면서 개인의 행동이나 사적 선택을 적극적으로 촉진시킨다.
⑤ 집단 결속력으로 인해 다른 집단과의 관계에 있어서 부정적 효과를 나타낼 수도 있다.

**12** **다음 〈보기〉의 (A)에 대한 설명으로 옳지 않은 것은?**

> 보기
>
> 일반적으로 규제의 주체는 당연히 정부이다. 그러나 예외적으로 규제의 주체가 정부가 아니라 피규제산업 또는 업계가 되는 경우가 있는데, 이를 ___(A)___라 한다.

① 규제기관이 행정력 부족으로 인하여 실질적으로 기업들의 규제순응여부를 추적·점검하기 어려운 경우에 (A)의 방법을 취할 수 있다.

② (A)는 피규제집단의 고도의 전문성을 기반으로 하기 때문에 소비자단체의 참여를 보장하는 직접규제이다.

③ 규제기관의 기술적 전문성이 피규제집단에 비해 현저히 낮을 경우 불가피하게 (A)에 의존하게 되는 경우도 존재한다.

④ 피규제집단은 여론 등이 자신들에게 불리하게 형성되어 자신들에 대한 규제의 요구가 거세질 경우 규제이슈를 선점하기 위하여 자발적으로 (A)를 시도하기도 한다.

⑤ (A)의 기준을 정하는 과정에서 영향력이 큰 기업들이 자신들에게 일방적으로 유리한 기준을 설정함으로써 공평성이 침해되는 경우가 발생할 수 있다.

**13** **다음 중 예산제도에 대한 설명으로 옳은 것을 〈보기〉에서 모두 고르면?**

> 보기
>
> ㄱ. 품목별 예산제도(LIBS) : 지출의 세부적인 사항에만 중점을 두므로 정부활동의 전체적인 상황을 알 수 없다.
>
> ㄴ. 성과주의 예산제도(PBS) : 예산배정 과정에서 필요사업량이 제시되지 않아서 사업계획과 예산을 연계할 수 없다.
>
> ㄷ. 기획예산제도(PPBS) : 모든 사업이 목표달성을 위해 유기적으로 연계되어 있어 부처 간의 경계를 뛰어넘는 자원배분의 합리화를 가져올 수 있다.
>
> ㄹ. 영기준예산제도(ZBB) : 모든 사업이나 대안을 총체적으로 분석하므로 시간이 많이 걸리고 노력이 과중할 뿐만 아니라 과도한 문서자료가 요구된다.
>
> ㅁ. 목표관리제도(MBO) : 예산결정 과정에 관리자의 참여가 어렵다는 점에서 집권적인 경향이 있다.

① ㄱ, ㄷ, ㄹ ② ㄱ, ㄷ, ㅁ

③ ㄴ, ㄷ, ㄹ ④ ㄱ, ㄴ, ㄹ, ㅁ

⑤ ㄴ, ㄷ, ㄹ, ㅁ

## 14 다음 중 갈등관리에 대한 설명으로 옳지 않은 것은?

① 갈등해소 방법으로는 문제해결, 상위 목표의 제시, 자원 증대, 태도 변화 훈련, 완화 등을 들 수 있다.

② 적절한 갈등을 조성하는 방법으로 의사전달 통로의 변경, 정보 전달 억제, 구조적 요인의 개편, 리더십 스타일 변경 등을 들 수 있다.

③ 1940년대 말을 기점으로 하여 1970년대 중반까지 널리 받아들여졌던 행태주의적 견해에 의하면 갈등이란 조직 내에서 필연적으로 발생하는 현상으로 보았다.

④ 마치(March)와 사이먼(Simon)은 개인적 갈등의 원인 및 형태를 비수락성, 비비교성, 불확실성으로 구분했다.

⑤ 유해한 갈등을 해소하기 위해 갈등상황이나 출처를 근본적으로 변동시키지 않고 거기에 적응하도록 하는 전략을 사용하기도 한다.

PART 2

## 15 다음 중 딜레마 이론에 대한 설명으로 옳은 것은?

① 정부활동의 기술적·경제적 합리성을 중시하고 정부가 시장의 힘을 활용하는 촉매자 역할을 한다는 점을 강조하는 이론이다.

② 전략적 합리성을 중시하고, 공유된 가치 창출을 위한 시민과 지역공동체 집단들 사이의 이익을 협상하고 중재하는 정부 역할을 강조하는 행정이론이다.

③ 정부신뢰를 강조하고, 정부신뢰가 정부와 시민의 협력을 증진시키며 정부의 효과성을 높이는 가장 중요한 요인이 된다고 주장하는 행정이론이다.

④ 시차를 두고 변화하는 사회현상을 발생시키는 주체들의 속성이나 행태의 연구가 행정이론 연구의 핵심이 된다고 주장하고, 이를 행정현상 연구에 적용하였다.

⑤ 상황의 특성, 대안의 성격, 결과가치의 비교평가, 행위자의 특성 등 상황이 야기되는 현실적 조건 하에서 대안의 선택 방법을 규명하는 것을 통해 행정이론 발전에 기여하였다.

## 16 다음 중 Cook과 Cambell이 분류한 정책타당도에 대한 설명으로 옳지 않은 것은?

① 내적 타당도는 정책수단과 정책효과 사이의 인과관계를 파악할 수 있게 한다.

② 외적 타당도는 정책이 다른 상황에서도 실험에서 발견된 효과들이 그대로 나타날 수 있는가이다.

③ 구성타당도(개념적 타당도)란 처리, 결과, 상황 등에 대한 이론적 구성요소들이 성공적으로 조직화된 정도를 말한다.

④ 결론타당도(통계적 타당도)란 정책실시와 영향의 관계에서 정확도를 의미한다.

⑤ 크리밍(Creaming) 효과, 호손(Hawthorne) 효과는 내적 타당도를 저해하는 요인이다.

**17** **정부는 공공서비스를 효율적으로 공급하기 위한 방법의 하나로서 민간위탁 방법을 사용하기도 한다. 다음 중 민간위탁 방식에 해당하지 않는 것은?**

① 면허방식
② 이용권(바우처) 방식
③ 보조금 방식
④ 책임경영 방식
⑤ 자조활동 방식

**18** **다음 중 예산성과금에 대한 설명으로 옳지 않은 것은?**

① 각 중앙관서의 장은 예산낭비신고센터를 설치・운영하여야 한다.
② 각 중앙관서의 장은 예산의 집행방법 또는 제도의 개선 등으로 인하여 수입이 증대되거나 지출이 절약된 때에는 이에 기여한 자에게 성과금을 지급할 수 있다.
③ 각 중앙관서의 장은 직권으로 성과금을 지급하거나 절약된 예산을 다른 사업에 사용할 수 있다.
④ 예산낭비신고, 예산절감과 관련된 제안을 받은 중앙관서의 장 또는 기금관리주체는 그 처리결과를 신고 또는 제안을 한 자에게 통지하여야 한다.
⑤ 예산낭비를 신고하거나 예산낭비 방지 방안을 제안한 일반 국민도 성과금을 받을 수 있다.

**19** **다음 중 국가재정법상 정부가 국회에 제출하는 예산안에 첨부해야 하는 서류가 아닌 것은?**

① 세입세출예산 총계표 및 순계표
② 세입세출예산사업별 설명서
③ 국고채무부담행위 설명서
④ 예산정원표와 예산안편성기준단가
⑤ 국가채무관리계획

**20** **다음 중 사이어트(R. Cyert)와 마치(J. March)가 주장한 회사모형(Firm Model)에 대한 설명으로 옳지 않은 것은?**

① 조직의 전체적 목표 달성의 극대화를 위하여 장기적 비전과 전략을 수립・집행한다.
② 조직 내 갈등의 완전한 해결은 불가능하며 타협적 준해결에 불과하다.
③ 정책결정능력의 한계로 인하여 관심이 가는 문제 중심으로 대안을 탐색한다.
④ 조직은 반복적인 의사결정의 경험을 통하여 결정의 수준이 개선되고 목표달성도가 높아진다.
⑤ 표준운영절차(SOP; Standard Operation Procedure)를 적극적으로 활용한다.

# PART 3

# 최종점검 모의고사

# 제1회
# 최종점검 모의고사

※ 인천국제공항공사 최종점검 모의고사는 채용공고를 기준으로 구성한 것으로 실제 시험과 다를 수 있습니다.

## ■ 취약영역 분석

| 번호 | O/× | 영역 |
|---|---|---|
| 01 | | 의사소통능력 |
| 02 | | |
| 03 | | |
| 04 | | 수리능력 |
| 05 | | |
| 06 | | |
| 07 | | 정보능력 |
| 08 | | 자원관리능력 |
| 09 | | |
| 10 | | 정보능력 |
| 11 | | 문제해결능력 |
| 12 | | |
| 13 | | |
| 14 | | 의사소통능력 |
| 15 | | |
| 16 | | |
| 17 | | 자원관리능력 |
| 18 | | 정보능력 |
| 19 | | |
| 20 | | 수리능력 |
| 21 | | |
| 22 | | |
| 23 | | 문제해결능력 |
| 24 | | 의사소통능력 |
| 25 | | |

| 번호 | O/× | 영역 |
|---|---|---|
| 26 | | 의사소통능력 |
| 27 | | 문제해결능력 |
| 28 | | 자원관리능력 |
| 29 | | |
| 30 | | |
| 31 | | 정보능력 |
| 32 | | |
| 33 | | 의사소통능력 |
| 34 | | |
| 35 | | 자원관리능력 |
| 36 | | 수리능력 |
| 37 | | 문제해결능력 |
| 38 | | |
| 39 | | 정보능력 |
| 40 | | |
| 41 | | 수리능력 |
| 42 | | |
| 43 | | 문제해결능력 |
| 44 | | |
| 45 | | |
| 46 | | 수리능력 |
| 47 | | 의사소통능력 |
| 48 | | 자원관리능력 |
| 49 | | |
| 50 | | |

| 번호 | O/× | 영역 |
|---|---|---|
| 51 | | 조직이해능력 / 기술능력 |
| 52 | | |
| 53 | | |
| 54 | | |
| 55 | | |
| 56 | | |
| 57 | | |
| 58 | | |
| 59 | | |
| 60 | | |

| 평가문항 | 60문항 | 평가시간 | 65분 |
|---|---|---|---|
| 시작시간 | : | 종료시간 | : |
| 취약영역 | | | |

사무직/관제직 기술직

# 제 1 회 최종점검 모의고사

응시시간 : 65분 문항 수 : 60문항

정답 및 해설 p.064

**01 다음은 I공사 사보에 게시된 글의 일부이다. 이를 이해한 내용으로 적절하지 않은 것은?**

> 리더는 자신이 가진 권위로 인해 쉽게 힘에 의존하는 경우가 있는데 이런 리더를 권위적이라 부른다. 대화나 공감보다는 힘을 앞세워 문제를 해결하려 하거나, 구성원들과 인간적인 측면의 교류보다는 권력을 가진 상위자로서 대접받고 싶어 한다는 말이다. 이는 개인의 성향과도 밀접한 관련이 있지만 그렇지 않은 사람도 분위기에 휩쓸리다 보면 자신도 모르는 사이에 권위주의적으로 바뀔 수 있다. 리더십은 개인의 스타일 외에 조직문화에 의해서도 영향을 받기 때문이다.
> 종종 신문지상을 장식하는 기업들처럼 '시키면 시키는 대로 하는' 조직문화에서 리더의 명령은 절대적인 힘을 가질 수밖에 없다. 구성원들이 리더의 요구사항에 적절하게 대응하지 못하는 경우 리더는 권위에 대한 유혹을 느낀다. 이러한 과정에서 구성원들에게 욕설이나 협박, 인간적인 모욕감을 안겨주는 일이 일어날 수 있다. 그러다 보면 해야 할 말이 있어도 입을 꼭 다물고 말을 하지 않는 '침묵효과'나 무엇을 해도 소용이 없을 것이라 여겨 저항 없이 시킨 일만 하는 '학습된 무기력'의 증상이 구성원들에게 나타날 수 있다.
> 조직에서 성과를 끌어내기 위한 가장 좋은 방법은 구성원 스스로 목표를 인식하고 자발적으로 맡은 일에 전념함으로써 성과를 창출해 내도록 만드는 것이다. 리더가 구성원들의 머리와 가슴을 사로잡아 스스로 업무에 헌신하도록 만들어야 하는데 그러기 위해 리더는 덕(德)을 베풀 줄 알아야 한다. 한비자는 '덕(德)은 득(得)이다.'라고 말했다. 이는 덕이 단순히 도덕적인 품성을 갖추는 것뿐만 아니라 덕을 갖추면 얻는 것이 있다는 것을 나타낸다. 여기에서 얻을 수 있는 것이란 무엇일까? 다름 아닌 '사람'이다. 리더가 덕을 베풀면 구성원들은 마음을 열고 리더의 편이 된다. 구성원들이 리더의 편이 되면 강압적인 지시나 욕설이 아니어도 스스로 해야 할 일을 찾아 가치를 창출할 수 있게 된다.
> 권위는 자신도 모르는 사이에 외부로 드러날 수 있지만 분명한 한계를 가질 수밖에 없다. 처음에는 구성원들의 복종을 가져올 수 있겠지만 그것에 익숙해지면 더욱 강력한 권위 없이는 그들을 통제할 수 없게 된다. 반발을 불러일으키고 일정 수준이 넘어서게 되면 더 이상 리더가 가진 권위는 통하지 않게 된다. 그렇게 되면 리더는 더욱 강력한 권위에 의지하고 싶은 욕망이 생기게 되고 그것이 욕설이나 인격적인 모욕 등의 형태로 표출될 수밖에 없다. 이러한 것이 조직의 문화로 굳어지게 되면 그 조직은 권위 없이 움직일 수 없는 비효율적인 집단이 되고 만다. 아이오와 대학의 연구에 따르면 권위적인 리더가 이끄는 조직의 생산성은 높은 편이지만 리더가 자리를 비우게 되면 생산성은 급격히 떨어진다고 한다. 그러므로 리더는 구성원을 다루는 데 권위를 제한적으로 사용하지 않으면 안 된다.

① 리더가 덕을 바탕으로 행동하면 이는 리더에 대한 충성으로 이어지게 된다.
② 권위적인 행동은 구성원들의 생산성을 떨어뜨리므로 하지 않아야 한다.
③ 리더의 강압적인 행동이나 욕설은 구성원들의 침묵과 학습된 무기력을 초래할 수 있다.
④ 덕으로 조직을 이끌면 구성원들로부터 긍정적인 감정을 얻게 된다.
⑤ 지속적으로 권위적인 행동을 하는 것은 구성원의 긴장을 야기하므로 좋지 않다.

## 02 다음 글의 서술상 특징으로 가장 적절한 것은?

법조문도 언어로 이루어진 것이기에, 원칙적으로 문구가 지닌 보편적인 의미에 맞춰 해석된다. 일상의 사례로 생각해 보자. "실내에 구두를 신고 들어가지 마시오."라는 팻말이 있는 집에서는 손님들이 당연히 글자 그대로 구두를 신고 실내에 들어가지 않는다. 그런데 팻말에 명시되지 않은 '실외'에서 구두를 신고 돌아다니는 것은 어떨까? 이에 대해서는 금지의 문구로 제한하지 않았기 때문에, 금지의 효력을 부여하지 않겠다는 의미로 당연하게 받아들인다. 이처럼 문구에서 명시하지 않은 상황에 대해서는 그 효력을 부여하지 않는다고 해석하는 방식을 '반대 해석'이라 한다.
그런데 팻말에는 운동화나 슬리퍼에 대해서는 쓰여 있지 않다. 하지만 누군가 운동화를 신고 마루로 올라가려 하면 집주인은 팻말을 가리키며 말릴 것이다. 이 경우에 '구두'라는 낱말은 본래 가진 뜻을 넘어 일반적인 신발이라는 의미로 확대된다. 이런 식으로 어떤 표현을 본래의 의미보다 넓혀 이해하는 것을 '확장 해석'이라 한다.

① 현실의 문제점을 분석하고 그 해결책을 제시한다.
② 비유의 방식을 통해 상대방의 논리를 반박하고 있다.
③ 일상의 사례를 통해 독자들의 이해를 돕고 있다.
④ 기존 견해를 비판하고 새로운 견해를 제시한다.
⑤ 하나의 현상을 여러 가지 관점에서 대조하고 비판한다.

PART 3

## 03 다음 글의 빈칸에 들어갈 문장으로 가장 적절한 것은?

____________________ 사람과 사람이 직접 얼굴을 맞대고 하는 접촉이 라디오나 텔레비전 등의 매체를 통한 접촉보다 결정적인 영향력을 미친다는 것이 일반적인 견해로 알려져 있다. 매체는 어떤 마음의 자세를 준비하게 하는 구실을 한다. 예를 들어 어떤 사람에게서 새 어형을 접했을 때 그것이 텔레비전에서 자주 듣던 것이면 더 쉽게 그쪽으로 마음의 문을 열게 된다. 하지만, 새 어형이 전파되는 것은 매체를 통해서보다 상면(相面)하는 사람과의 직접적인 접촉에 의해서라는 것이 더 일반적인 견해이다. 사람들은 한두 사람의 말만 듣고 언어 변화에 가담하지 않고 주위의 여러 사람이 다 같은 새 어형을 쓸 때 비로소 그것을 받아들이게 된다고 한다. 매체를 통해서 보다 자주 접촉하는 사람들을 통해 언어 변화가 진전된다는 사실은 언어 변화의 여러 면을 바로 이해하는 핵심적인 내용이라 해도 좋을 것이다.

① 언어 변화는 결국 접촉에 의해 진행되는 현상이다.
② 연령층으로 보면 대개 젊은 층이 언어 변화를 주도한다.
③ 접촉의 형식도 언어 변화에 영향을 미치는 요소로 지적되고 있다.
④ 매체의 발달이 언어 변화에 중요한 영향을 미치는 것으로 알려져 있다.
⑤ 언어 변화는 외부와의 접촉이 극히 제한되어 있는 곳일수록 그 속도가 느리다.

**04** 다음은 제54회 전국기능경기대회 지역별 결과에 대한 자료이다. 이에 대한 설명으로 옳은 것은?

〈제54회 전국기능경기대회 지역별 결과표〉

(단위 : 개)

| 상<br>지역 | 금메달 | 은메달 | 동메달 | 최우수상 | 우수상 | 장려상 |
|---|---|---|---|---|---|---|
| 합계(점) | 3,200 | 2,170 | 900 | 1,640 | 780 | 1,120 |
| 서울 | 2 | 5 | | 10 | | |
| 부산 | 9 | | 11 | 3 | 4 | |
| 대구 | 2 | | | | | 16 |
| 인천 | | | 1 | 2 | 15 | |
| 울산 | 3 | | | | 7 | 18 |
| 대전 | 7 | | 3 | 8 | | |
| 제주 | | 10 | | | | |
| 경기도 | 13 | 1 | | | | 22 |
| 경상도 | 4 | 8 | | 12 | | |
| 충청도 | | 7 | | 6 | | |

※ 합계는 전체 참가지역의 각 메달 및 상의 점수 합계이다.

① 메달 한 개당 점수는 금메달은 80점, 은메달은 70점, 동메달은 60점이다.
② 메달 및 상을 가장 많이 획득한 지역은 경상도이다.
③ 전국기능경기대회 결과표에서 메달 및 상 중 동메달의 개수가 가장 많다.
④ 울산 지역에서 획득한 메달 및 상의 총점은 800점이다.
⑤ 장려상을 획득한 지역 중 금・은・동메달 총개수가 가장 적은 지역은 대전이다.

**05** 민철이가 도서관을 향해 분속 50m로 걸어간 지 24분 후에 현민이가 자전거를 타고 분속 200m로 도서관을 향해 출발하여 학교 정문에서 만났다. 민철이가 도서관까지 가는 데 걸린 시간은?

① 31분
② 32분
③ 33분
④ 34분
⑤ 35분

**06** 다음은 2022년 9개 국가의 실질세 부담률에 대한 자료이다. 〈조건〉에 근거하여 (A) ~ (E)에 해당하는 국가를 순서대로 바르게 나열한 것은?

〈2022년 국가별 실질세 부담률〉

| 구분<br>국가 | 독신 가구 실질세 부담률(%) | | | 다자녀 가구 실질세 부담률(%) | 독신 가구와 다자녀 가구의 실질세 부담률 차이(%p) |
|---|---|---|---|---|---|
| | | 2012년 대비 증감(%p) | 전년 대비 증감(%p) | | |
| (A) | 55.3 | −0.20 | −0.28 | 40.5 | 14.8 |
| 일본 | 32.2 | 4.49 | 0.26 | 26.8 | 5.4 |
| (B) | 39.0 | −2.00 | −1.27 | 38.1 | 0.9 |
| (C) | 42.1 | 5.26 | 0.86 | 30.7 | 11.4 |
| 한국 | 21.9 | 4.59 | 0.19 | 19.6 | 2.3 |
| (D) | 31.6 | −0.23 | 0.05 | 18.8 | 12.8 |
| 멕시코 | 19.7 | 4.98 | 0.20 | 19.7 | 0.0 |
| (E) | 39.6 | 0.59 | −1.16 | 33.8 | 5.8 |
| 덴마크 | 36.4 | −2.36 | 0.21 | 26.0 | 10.4 |

**조건**

- 2022년 독신 가구와 다자녀 가구의 실질세 부담률 차이가 덴마크보다 큰 국가는 캐나다, 벨기에, 포르투갈이다.
- 2022년 독신 가구 실질세 부담률이 전년 대비 감소한 국가는 벨기에, 그리스, 스페인이다.
- 스페인의 2022년 독신 가구 실질세 부담률은 그리스의 2022년 독신 가구 실질세 부담률보다 높다.
- 2012년 대비 2022년 독신 가구 실질세 부담률이 가장 큰 폭으로 증가한 국가는 포르투갈이다.

| | (A) | (B) | (C) | (D) | (E) |
|---|---|---|---|---|---|
| ① | 벨기에 | 그리스 | 포르투갈 | 캐나다 | 스페인 |
| ② | 벨기에 | 스페인 | 캐나다 | 포르투갈 | 그리스 |
| ③ | 벨기에 | 스페인 | 포르투갈 | 캐나다 | 그리스 |
| ④ | 캐나다 | 그리스 | 스페인 | 포르투갈 | 벨기에 |
| ⑤ | 캐나다 | 스페인 | 포르투갈 | 벨기에 | 그리스 |

PART 3

**07** 다음 시트에서 [A2:A4] 영역의 데이터를 이용하여 [C2:C4] 영역처럼 표시하려고 할 때, [C2] 셀에 입력할 수식으로 옳은 것은?

| | A | B | C |
|---|---|---|---|
| 1 | 주소 | 사원 수 | 출신지 |
| 2 | 서귀포시 | 10 | 서귀포 |
| 3 | 여의도동 | 90 | 여의도 |
| 4 | 김포시 | 50 | 김포 |

① =LEFT(A2,LEN(A2)−1)
② =RIGHT(A2,LENGTH(A2))−1
③ =MID(A2,1,VALUE(A2))
④ =LEFT(A2,TRIM(A2))−1
⑤ =MID(A2,LENGTH(A3))

**08** I팀은 정기행사를 진행하기 위해 공연장을 대여하려 한다. I팀의 상황을 고려하여 공연장을 대여한다고 할 때, 총비용은 얼마인가?

〈공연장 대여비용〉

| 구분 | 공연 준비비 | 공연장 대여비 | 소품 대여비 | 보조진행요원 고용비 |
|---|---|---|---|---|
| 단가 | 50만 원 | 20만 원(1시간) | 5만 원(1세트) | 5만 원(1인, 1시간) |
| 할인 | 총비용 150만 원 이상 : 10% | 2시간 이상 : 3%<br>5시간 이상 : 10%<br>12시간 이상 : 20% | 3세트 : 4%<br>6세트 : 10%<br>10세트 : 25% | 2시간 이상 : 5%<br>4시간 이상 : 12%<br>8시간 이상 : 25% |

※ 할인은 품목마다 개별적으로 적용된다.

〈I팀 상황〉

A : 저희 총예산은 수입보다 많으면 안 됩니다. 티켓은 4만 원이고, 50명 정도 관람할 것으로 예상됩니다.
B : 공연은 2시간이고, 리허설 시간으로 2시간이 필요하며, 공연 준비 및 정리를 하려면 공연 앞뒤로 1시간씩은 필요합니다.
C : 소품은 공연 때 2세트 필요한데, 예비로 1세트 더 준비하도록 하죠.
D : 진행은 저희끼리 다 못하니까 주차장을 관리할 인원 1명을 고용해서 공연 시간 동안과 공연 앞뒤 1시간씩 공연장 주변을 정리하도록 합시다. 총예산이 모자라면 예비 소품 1세트 취소, 보조진행요원 미고용, 리허설 시간 1시간 축소 순서로 줄이도록 하죠.

① 1,800,000원
② 1,850,000원
③ 1,900,000원
④ 2,050,000원
⑤ 2,100,000원

**09** A와 B는 각각 해외에서 직구로 물품을 구매하였다. 해외 관세율이 다음과 같을 때, A와 B 중 관세를 더 많이 낸 사람과 그 금액을 바르게 짝지은 것은?

〈해외 관세율〉

(단위 : %)

| 품목 | 관세 | 부가세 |
|---|---|---|
| 책 | 5 | 5 |
| 유모차, 보행기 | 5 | 10 |
| 노트북 | 8 | 10 |
| 스킨, 로션 등 화장품 | 6.5 | 10 |
| 골프용품, 스포츠용 헬멧 | 8 | 10 |
| 향수 | 7 | 10 |
| 커튼 | 13 | 10 |
| 카메라 | 8 | 10 |
| 신발 | 13 | 10 |
| TV | 8 | 10 |
| 휴대폰 | 8 | 10 |

※ 향수·화장품의 경우 개별소비세 7%, 농어촌특별세 10%, 교육세 30%가 추가된다.

※ 100만 원 이상 전자제품(TV, 노트북, 카메라, 핸드폰 등)은 개별소비세 20%, 교육세 30%가 추가된다.

〈구매 품목〉

A : TV(110만 원), 화장품(5만 원), 휴대폰(60만 원), 스포츠용 헬멧(10만 원)

B : 책(10만 원), 카메라(80만 원), 노트북(110만 원), 신발(10만 원)

① A, 91.5만 원
② B, 90.5만 원
③ A, 94.5만 원
④ B, 92.5만 원
⑤ B, 93.5만 원

**10** 다음 중첩 반복문을 실행할 때 "Do all one can"이 출력되는 횟수는 총 몇 번인가?

```
#include <stdio.h>
int main()
{
   for (int i = 0; i < 4; i++)
    {
       for (int j = 0; j < 6; j++)
       {
          printf("Do all one can₩n");
       }
    }
return 0;
}
```

① 4번
② 6번
③ 12번
④ 18번
⑤ 24번

**11** A ~ D는 다음 〈조건〉에 따라 동물을 키우고 있다. 이를 토대로 추론한 내용으로 옳은 것은?

**조건**

- A는 개, C는 고양이, D는 닭을 키운다.
- B는 토끼를 키우지 않는다.
- A가 키우는 동물은 B도 키운다.
- A와 C는 같은 동물을 키우지 않는다.
- A, B, C, D 각각은 2종류 이상의 동물을 키운다.
- A, B, C, D는 개, 고양이, 토끼, 닭 이외의 동물은 키우지 않는다.

① B는 개를 키우지 않는다.
② B와 C가 공통으로 키우는 동물이 있다.
③ C는 키우지 않지만 D가 키우는 동물이 있다.
④ 3명이 공통으로 키우는 동물은 없다.
⑤ 3가지 종류의 동물을 키우는 사람은 없다.

※ 다음은 본부장 승진 대상자의 평가항목별 점수에 대한 자료이다. 이어지는 질문에 답하시오. **[12~13]**

〈본부장 승진 대상자 평가결과〉

(단위 : 점)

| 대상자 | 외국어능력 | 필기 | 면접 | 해외 및 격오지 근무경력 |
|---|---|---|---|---|
| A | 8 | 9 | 10 | 2년 |
| B | 9 | 8 | 8 | 1년 |
| C | 9 | 9 | 7 | 4년 |
| D | 10 | 8.5 | 8.5 | 5년 |
| E | 7 | 9 | 8.5 | 5년 |
| F | 8 | 7 | 10 | 4년 |
| G | 9 | 7 | 9 | 7년 |
| H | 9 | 10 | 8 | 3년 |
| I | 10 | 7.5 | 10 | 6년 |

PART 3

## 12 다음 〈조건〉에 따라 승진 대상자 2명을 선발한다고 할 때, 선발되는 직원을 바르게 짝지은 것은?

조건

- 외국어능력, 필기, 면접 점수를 합산해 총점이 가장 높은 대상자 2명을 선발한다.
- 총점이 동일한 경우 해외 및 격오지 근무경력이 많은 자를 우선 선발한다.
- 해외 및 격오지 근무경력 또한 동일할 경우 면접 점수가 높은 자를 우선 선발한다.

① A, H　② A, I
③ D, I　④ H, I
⑤ D, H

## 13 해외 및 격오지 근무자들을 우대하기 위해 〈조건〉을 다음과 같이 변경하였을 때, 선발되는 직원을 바르게 짝지은 것은?

조건

- 해외 및 격오지 근무경력이 4년 이상인 지원자만 선발한다.
- 해외 및 격오지 근무경력 1년당 1점으로 환산한다.
- 4개 항목의 총점이 높은 순서대로 선발하되, 총점이 동일한 경우 해외 및 격오지 근무경력이 높은 자를 우선 선발한다.
- 해외 및 격오지 근무경력 또한 같은 경우 면접 점수가 높은 자를 우선 선발한다.

① C, F　② D, G
③ D, I　④ E, I
⑤ G, I

※ 다음 글을 읽고 이어지는 질문에 답하시오. [14~15]

(가) 인류가 바람을 에너지원으로 사용한 지 1만 년이 넘었고, 풍차는 수천 년 전부터 사용되었다. 풍력발전이 시작된 지도 100년이 넘었지만, 그동안 전력 생산비용이 저렴하고 사용하기 편리한 화력발전에 밀려 빛을 보지 못하다가 최근 온실가스 배출 등의 환경오염 문제를 해결하는 대안인 신재생에너지로 주목받고 있다.

(나) 풍력발전은 바람의 운동에너지를 회전에너지로 변환하고, 발전기를 통해 전기에너지를 얻는 기술로, 공학자들은 계속적으로 높은 효율의 전기를 생산하기 위해 풍력발전시스템을 발전시켜 나가고 있다. 풍력발전시스템의 하나인 요우 시스템(Yaw System)은 바람에 따라 풍력발전기의 방향을 바꿔 회전날개가 항상 바람의 정면으로 향하게 하는 것이다. 또 다른 피치 시스템(Pitch System)은 비행기의 날개와 같이 바람에 따라 회전날개의 각도를 변화시킨다. 이 외에도 회전력을 잃지 않기 위해 직접 발전기에 연결하는 방식 등 다양한 방법을 활용한다. 또한 무게를 줄이면 높은 곳에 풍력발전기를 매달 수 있어 더욱 효율적인 발전이 가능해진다.

(다) 풍력발전기를 설치하는 위치도 중요하다. 풍력발전기의 출력은 풍속의 세제곱과 프로펠러 회전면적의 제곱에 비례한다. 풍속이 빠를수록, 프로펠러의 면적이 클수록 출력이 높아지는 것이다. 지상에서는 바람이 빠르지 않고, 바람도 일정하게 불지 않아 풍력발전의 출력을 높이는 데 한계가 있다. 따라서 풍력발전기는 최대 풍속이 아닌 최빈 풍속에 맞춰 설계된다. 이러한 한계를 극복하기 위해 고고도(High Altitude)의 하늘에 풍력발전기를 설치하려는 노력이 계속되고 있다.

(라) 그렇다면 어떻게 고고도풍(High Altitude Wind)을 이용할까? 방법은 비행선, 연 등에 발전기를 달아 하늘에 띄우는 것이다. 캐나다의 한 회사는 헬륨 가스 비행선에 발전기를 달아 공중에 떠 있는 발전기를 판매하고 있다. 이 발전기는 비행선에 있는 발전기가 바람에 의해 풍선이 회전하도록 만들어져 있으며, 회전하는 풍선이 발전기와 연결되어 있어 전기를 생산할 수 있다. 또 다른 회사는 이보다 작은 비행선 수십 대를 연결하여 바다 위에 띄우는 방식을 고안하고 있다. 서로 연결된 수십 대의 작은 비행선 앞에 풍차가 붙어 있어 발전할 수 있도록 되어 있다.

(마) 고고도풍을 이용한 풍력발전은 결국 대류권 상층부에 부는 초속 30m의 편서풍인 제트기류를 이용하게 될 것이다. 연구에 따르면 최대 초속 100m를 넘는 제트기류를 단 1%만 이용해도 미국에서 사용하는 전기에너지를 모두 충당할 수 있다고 한다. 우리나라 상공도 이 제트기류가 지나가기 때문에 이를 활용할 수 있다면 막대한 전기를 얻을 수 있을 것으로 전망된다.

**14** 다음 중 (가) 문단을 통해 추론할 수 있는 내용으로 적절하지 않은 것은?

① 풍력에너지는 인류에서 가장 오래된 에너지원이다.
② 화력발전은 풍력발전보다 전력 생산비용이 낮다.
③ 신재생에너지가 대두되면서 풍력발전이 새롭게 주목받고 있다.
④ 화력발전은 온실가스 배출 등 환경오염 문제를 일으킨다.
⑤ 신재생에너지는 환경오염 등의 문제를 줄일 수 있다.

## 15 다음 중 (가) ~ (마) 문단에 대한 주제로 적절하지 않은 것은?

① (가) : 환경오염 문제의 새로운 대안인 풍력발전
② (나) : 바람 에너지를 이용한 다양한 풍력발전시스템
③ (다) : 풍력발전기 설치 위치의 중요성
④ (라) : 고고도풍을 이용하는 기술의 한계
⑤ (마) : 제트기류를 활용한 풍력발전의 가능성



## 16 다음 글을 읽고 추론한 내용으로 가장 적절한 것은?

한 연구원이 어떤 실험을 계획하고 참가자들에게 이렇게 설명했다.
"여러분은 지금부터 둘씩 조를 지어 함께 일을 하게 됩니다. 여러분의 파트너는 다른 작업장에서 여러분과 똑같은 일을, 똑같은 노력을 기울여야 할 것입니다. 이번 실험에 대한 보수는 각 조당 5만 원입니다."
실험 참가자들이 작업을 마치자 연구원은 참가자들을 세 부류로 나누어 각각 2만 원, 2만 5천 원, 3만 원의 보수를 차등 지급하면서, 그들이 다른 작업장에서 파트너가 받은 액수를 제외한 나머지 보수를 받은 것으로 믿게 하였다.
그 후 연구원은 실험 참가자들에게 몇 가지 설문을 했다. '보수를 받고 난 후에 어떤 기분이 들었는지, 나누어 받은 돈이 공정하다고 생각하는지'를 묻는 것이었다. 연구원은 설문을 하기 전에 3만 원을 받은 참가자가 가장 행복할 것이라고 예상했다. 그런데 결과는 예상과 달랐다. 3만 원을 받은 사람은 2만 5천 원을 받은 사람보다 덜 행복해 했다. 자신이 과도하게 보상을 받아 부담을 느꼈기 때문이다. 2만 원을 받은 사람도 덜 행복해 한 것은 마찬가지였다. 받아야 할 만큼 충분히 받지 못했다고 생각했기 때문이다.

① 인간은 공평한 대우를 받을 때 더 행복해 한다.
② 인간은 남보다 능력을 더 인정받을 때 더 행복해 한다.
③ 인간은 타인과 협력할 때 더 행복해 한다.
④ 인간은 상대를 위해 자신의 몫을 양보했을 때 더 행복해 한다.
⑤ 인간은 자신이 설정한 목표를 달성했을 때 가장 행복해 한다.

**17** I공사의 총무팀 4명은 해외출장을 계획하고 있다. 총무팀은 출장지에서의 이동수단 한 가지를 결정하려고 한다. 〈조건〉을 통해 이동수단을 선택할 때, 총무팀이 최종적으로 선택하게 될 이동수단의 종류와 그 비용을 바르게 짝지은 것은?

조건

- 이동수단은 경제성, 용이성, 안전성의 총 3가지 요소를 고려하여 최종점수가 가장 높은 이동수단을 선택한다.
- 각 고려요소의 평가결과 '상' 등급을 받으면 3점을, '중' 등급을 받으면 2점을, '하' 등급을 받으면 1점을 부여한다. 단, 안전성을 중시하여 안전성 점수는 2배로 계산한다.
- 경제성은 이동수단별 최소비용이 적은 것부터 상, 중, 하로 평가한다.
- 각 고려요소의 평가점수를 합하여 최종점수를 구한다.

〈이동수단별 평가표〉

| 이동수단 | 경제성 | 용이성 | 안전성 |
|---|---|---|---|
| 렌터카 | ? | 상 | 하 |
| 택시 | ? | 중 | 중 |
| 대중교통 | ? | 하 | 중 |

〈이동수단별 비용계산식〉

| 이동수단 | 비용계산식 |
|---|---|
| 렌터카 | [(렌트비)+(유류비)]×(이용 일수)<br>• 1일 렌트비 : $50(4인승 차량)<br>• 1일 유류비 : $10(4인승 차량) |
| 택시 | [거리당 가격($1/마일)]×[이동거리(마일)]<br>※ 최대 4명까지 탑승 가능 |
| 대중교통 | [대중교통패스 3일권($40/인)]×(인원수) |

〈해외출장 일정〉

| 출장 일정 | 이동거리(마일) |
|---|---|
| 11월 1일 | 100 |
| 11월 2일 | 50 |
| 11월 3일 | 50 |

| | 이동수단 | 비용 |
|---|---|---|
| ① | 렌터카 | $180 |
| ② | 택시 | $200 |
| ③ | 택시 | $400 |
| ④ | 대중교통 | $140 |
| ⑤ | 대중교통 | $160 |

**18** 다음은 I주식회사의 공장별 1월 생산량 현황을 정리한 자료이다. 각 셀에 들어간 함수의 결괏값으로 옳지 않은 것은?

| | A | B | C | D | E | F |
|---|---|---|---|---|---|---|
| 1 | 〈I주식회사 공장 1월 생산량 현황〉 | | | | | |
| 2 | 구분 | 생산량 | 단가 | 금액 | 순위 | |
| 3 | | | | | 생산량 기준 | 금액 기준 |
| 4 | 안양공장 | 123,000 | 10 | 1,230,000 | | |
| 5 | 청주공장 | 90,000 | 15 | 1,350,000 | | |
| 6 | 제주공장 | 50,000 | 15 | 750,000 | | |
| 7 | 강원공장 | 110,000 | 11 | 1,210,000 | | |
| 8 | 진주공장 | 99,000 | 12 | 1,188,000 | | |
| 9 | 합계 | 472,000 | | 7,728,000 | | |

① F4 : =RANK(D4,D4:D8,1) → 4
② E4 : =RANK(B4,B4:B8,0) → 5
③ E6 : =RANK(B6,B4:B8,0) → 1
④ F8 : =RANK(D8,D4:D8,0) → 2
⑤ E8 : =RANK(B8,B4:B8,0) → 3

**19** 다음 중 함수식에 대한 결괏값으로 옳지 않은 것은?

| | 함수식 | 결괏값 |
|---|---|---|
| ① | =ODD(12) | 13 |
| ② | =EVEN(17) | 18 |
| ③ | =MOD(40, −6) | −2 |
| ④ | =POWER(6,3) | 18 |
| ⑤ | =QUOTIENT(19,6) | 3 |

PART 3

※ 다음은 우리나라 업종별 근로자 수 및 고령근로자 비율과 국가별 65세 이상 경제활동 참가율 현황에 대한 자료이다. 이어지는 질문에 답하시오. [20~21]

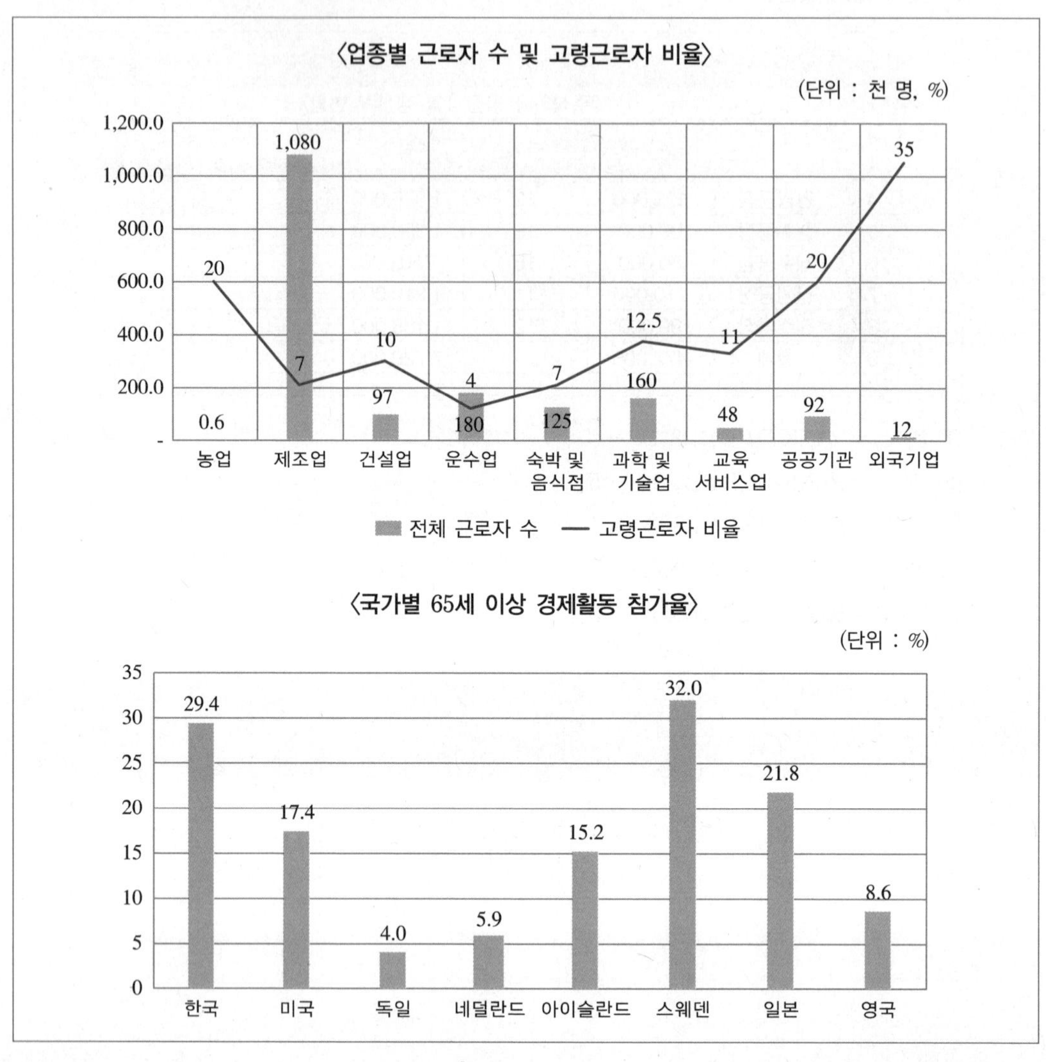

**20** 다음 중 우리나라 고령근로자 현황과 국가별 경제활동 참가율에 대한 설명으로 옳은 것은?

① 건설업에 종사하는 고령근로자 수는 외국기업에 종사하는 고령근로자 수의 3배 이상이다.
② 국가별 65세 이상 경제활동 조사 인구가 같을 경우 미국의 고령근로자 수는 영국 고령근로자 수의 2배 미만이다.
③ 모든 업종의 전체 근로자 수에서 제조업에 종사하는 전체 근로자 비율은 80% 이상이다.
④ 농업과 교육 서비스업, 공공기관에 종사하는 총 고령근로자 수는 과학 및 기술업에 종사하는 고령근로자 수보다 많다.
⑤ 독일, 네덜란드와 아이슬란드의 65세 이상 경제활동 참가율의 합은 한국의 65세 이상 경제활동 참가율의 90% 이상을 차지한다.

**21** 국가별 65세 이상 경제활동 참가조사 인구가 다음과 같을 때, (A), (B)에 들어갈 수가 바르게 짝지어진 것은?

〈국가별 65세 이상 경제활동 참가조사 인구〉

(단위 : 만 명)

| 구분 | 한국 | 미국 | 독일 | 네덜란드 | 아이슬란드 | 스웨덴 | 일본 | 영국 |
|---|---|---|---|---|---|---|---|---|
| 조사 인구 | 750 | 14,200 | 2,800 | 3,510 | 3,560 | 5,600 | 15,200 | 13,800 |
| 고령근로자 | (A) | 2,470.8 | 112 | 207.09 | 541.12 | (B) | 3,313.6 | 1,186.8 |

| | (A) | (B) |
|---|---|---|
| ① | 220.5 | 1,682 |
| ② | 220.5 | 1,792 |
| ③ | 230.5 | 1,792 |
| ④ | 230.5 | 1,682 |
| ⑤ | 300.5 | 1,984 |

**22** 다음은 I시의 가정용 수도요금 기준과 계산 방법에 대한 자료이다. I시의 주민 K씨는 자료를 이용하여 K씨 건물의 수도요금을 계산해 보고자 한다. K씨 건물의 2개월 수도 사용량이 $400m^3$, 세대수가 4세대, 계량기 구경이 20mm인 경우 요금총액은 얼마인가?

〈사용요금 요율표(1개월 기준)〉

| 구분 | 사용 구분($m^3$) | $m^3$당 단가(원) | 구분 | 사용 구분($m^3$) | $m^3$당 단가(원) |
|---|---|---|---|---|---|
| 상수도 | 0 이상 30 이하 | 360 | 하수도 | 0 이상 30 이하 | 360 |
| | 30 초과 50 이하 | 550 | | 30 초과 50 이하 | 850 |
| | 50 초과 | 790 | | 50 초과 | 1,290 |
| 물이용부담금 | $1m^3$당 | 170 | | 유출지하수 $1m^3$당 360원 | |

〈계량기 구경별 기본요금(1개월 기준)〉

| 구경(mm) | 요금(원) | 구경(mm) | 요금(원) | 구경(mm) | 요금(원) | 구경(mm) | 요금(원) |
|---|---|---|---|---|---|---|---|
| 15 | 1,080 | 40 | 16,000 | 100 | 89,000 | 250 | 375,000 |
| 20 | 3,000 | 50 | 25,000 | 125 | 143,000 | 300 | 465,000 |
| 25 | 5,200 | 65 | 38,900 | 150 | 195,000 | 350 | 565,000 |
| 32 | 9,400 | 75 | 52,300 | 200 | 277,000 | 400 | 615,000 |

〈요금총액 계산방법〉

| 구분 | 계산방법 |
|---|---|
| 상수도요금 : ①+②원(원 단위 절사) | ① (사용요금)=(1세대 1개월 요금)×(세대수)×(개월수)<br>② (기본요금)=(계량기 구경별 기본요금)×(개월수) |
| 하수도요금 : 원(원 단위 절사) | (하수도요금)=(1세대 1개월 요금)×(세대수)×(개월수) |
| 물이용부담금 : 원(원 단위 절사) | (물이용부담금)=(1세대 1개월 요금)×(세대수)×(개월수) |
| 요금총액 | (상수도요금)+(하수도요금)+(물이용부담금) |

※ [세대당 월평균 사용량($m^3$)]=[사용량($m^3$)]÷(개월수)÷(세대수)

※ (1세대 1개월 요금)=(세대당 월평균 사용량)×(요율)

※ 상수도 및 하수도 요율은 사용 구분별로 해당 구간의 요율을 적용한다.

예 세대당 월평균 사용량이 $60m^3$인 경우의 가정용 상수도요금
→ ($30m^3$×360원)+($20m^3$×550원)+($10m^3$×790원)

※ 물이용부담금 요율은 사용 구분 없이 $1m^3$당 170원을 적용한다.

① 470,800원
② 474,600원
③ 484,800원
④ 524,800원
⑤ 534,600원

**23** 다음은 I손해보험 보험금 청구 절차 안내문이다. 이를 토대로 고객들의 질문에 답변하려고 할 때, 적절하지 않은 것은?

〈보험금 청구 절차 안내문〉

| 단계 | 구분 | 내용 |
|---|---|---|
| Step 1 | 사고 접수 및 보험금 청구 | 피보험자, 가해자, 피해자가 사고발생 통보 및 보험금 청구를 합니다. 접수는 가까운 영업점에 관련 서류를 제출합니다. |
| Step 2 | 보상팀 및 보상담당자 지정 | 보상처리 담당자가 지정되어 고객님께 담당자의 성명, 연락처를 SMS로 전송해 드립니다. 자세한 보상 관련 문의사항은 보상처리 담당자에게 문의하시면 됩니다. |
| Step 3 | 손해사정법인 (현장확인자) | 보험금 지급여부 결정을 위해 사고현장조사를 합니다.<br>(병원 공인된 손해사정법인에게 조사업무를 위탁할 수 있음) |
| Step 4 | 보험금 심사 (심사자) | 보험금 지급 여부를 심사합니다. |
| Step 5 | 보험금 심사팀 | 보험금 지급 여부가 결정되면 피보험자 예금통장에 보험금이 입금됩니다. |

※ 3만 원 초과 10만 원 이하 소액통원의료비를 청구할 경우 보험금 청구서와 병원영수증, 질병분류기호(질병명)가 기재된 처방전만으로 접수가 가능합니다.

※ 의료기관에서는 환자가 요구할 경우 처방전 발급 시 질병분류기호(질병명)가 기재된 처방전 2부 발급이 가능합니다.

※ 온라인 접수 절차는 I손해보험 홈페이지에서 확인하실 수 있습니다.

① Q : 자전거를 타다가 팔을 다쳐서 병원비가 56,000원이 나왔습니다. 보험금을 청구하려고 하는데 제출할 서류는 어떻게 되나요?
A : 고객님의 의료비는 10만 원이 넘지 않는 관계로 보험금 청구서와 병원영수증, 진단서가 필요합니다.

② Q : 사고를 낸 당사자도 보험금을 청구할 수 있나요?
A : 네, 고객님. 사고의 가해자와 피해자 모두 보험금을 청구하실 수 있습니다.

③ Q : 사고 접수는 인터넷으로 접수가 가능한가요?
A : 네, 가능합니다. 자세한 접수 절차는 I손해보험 홈페이지에서 확인하실 수 있습니다.

④ Q : 질병분류기호가 기재된 처방전은 어떻게 발급하나요?
A : 처방전 발급 시 해당 의료기관에 질병분류기호를 포함해달라고 요청하시면 됩니다.

⑤ Q : 보험금은 언제쯤 지급받을 수 있을까요?
A : 보험금은 사고가 접수된 후에 사고현장을 조사하여 보험금 지급 여부를 심사한 다음 지급됩니다. 고객님마다 개인차가 있을 수 있으니 보다 정확한 사항은 보상처리 담당자에게 문의 바랍니다.

※ 다음 글을 읽고 이어지는 질문에 답하시오. [24~26]

가격의 변화가 인간의 주관성에 좌우되지 않고 객관적인 근거를 갖는다는 가설이 정통 경제 이론의 핵심이다. 이러한 정통 경제 이론의 입장에서 증권시장을 설명하는 기본 모델은 주가가 기업의 내재적 가치를 반영한다는 가설로부터 출발한다. 기본 모델에서는 기업이 존재하는 동안 이익을 창출할 수 있는 역량, 즉 기업의 내재적 가치를 자본의 가격으로 본다. 기업가는 이 내재적 가치를 보고 투자를 결정한다. 그런데 투자를 통해 거두어들일 수 있는 총이익, 즉 기본 가치를 측정하는 일은 매우 어렵다. 따라서 이익의 크기를 예측할 때 신뢰할 만한 계산과 정확한 판단이 중요하다.

증권시장은 바로 이 기본 가치에 대해 믿을 만한 예측을 제시할 수 있기 때문에 사회적 유용성을 갖는다. 증권시장은 주가를 통해 경제계에 필요한 정보를 제공하며 자본의 효율적인 배분을 가능하게 한다. 즉, 투자를 유익한 방향으로 유도해 자본이라는 소중한 자원을 낭비하지 않도록 만들어 경제 전체의 효율성까지 높여 준다. 이런 측면에서 볼 때 증권시장은 실물경제의 충실한 반영일 뿐 어떤 자율성도 갖지 않는다.

이러한 기본 모델의 관점은 대단히 논리적이지만 증권시장을 효율적으로 운영하는 방법에 대한 적절한 분석까지 제공하지는 못한다. 증권시장에서 주식의 가격과 그 기업의 기본 가치가 현격하게 차이가 나는 '투기적 거품 현상'이 발생하는 것을 볼 수 있는데, 이러한 현상은 기본 모델로는 설명할 수 없다. 실제로 증권시장에 종사하는 관계자들은 기본 모델이 이러한 가격 변화를 설명해 주지 못하기 때문에 무엇보다 증권시장 자체에 관심을 기울이고 증권시장을 절대적인 기준으로 삼는다.

여기에서 우리는 자기참조 모델을 생각해 볼 수 있다. 자기참조 모델의 중심 내용은 '사람들은 기업의 미래 가치를 읽을 목적으로 실물경제보다 증권시장에 주목하며 증권시장의 여론 변화를 예측하는 데 초점을 맞춘다.'는 것이다. 기본 모델에서 가격은 증권시장 밖의 객관적인 기준인 기본 가치를 근거로 하여 결정되지만, 자기참조 모델에서 가격은 증권시장에 참여한 사람들의 여론에 의해 결정된다. 따라서 투자자들은 증권시장 밖의 객관적인 기준을 분석하기보다는 다른 사람들의 생각을 꿰뚫어 보려고 안간힘을 다할 뿐이다. 기본 가치를 분석했을 때는 주가가 상승할 객관적인 근거가 없어도 투자자들은 증권시장의 여론에 따라 주식을 사는 것이 합리적이라고 생각한다. 이러한 이상한 합리성을 '모방'이라고 한다. 이런 모방 때문에 주가가 변덕스러운 등락을 보이기 쉽다.

그런데 하나의 의견이 투자자 전체의 관심을 꾸준히 끌 수 있는 기준적 해석으로 부각되면 이 '모방'도 안정을 유지할 수 있다. 모방을 통해서 합리적이라 인정되는 다수의 비전인 '묵계'가 제시되어 객관적 기준의 결여라는 단점을 극복한다.

따라서 사람들은 묵계를 통해 미래를 예측하고, 증권시장은 이러한 묵계를 조성하고 유지해 가면서 단순한 실물경제의 반영이 아닌 경제를 자율적으로 평가할 힘을 가질 수 있다.

## 24 다음 중 윗글의 논지 전개상 특징으로 가장 적절한 것은?

① 기업과 증권시장의 관계를 분석하고 있다.
② 증권시장의 개념을 단계적으로 규명하고 있다.
③ 사례 분석을 통해 정통 경제 이론의 한계를 지적하고 있다.
④ 주가 변화의 원리를 중심으로 다른 관점을 대비하고 있다.
⑤ 증권시장의 기능을 설명한 후 구체적 사례에 적용하고 있다.

PART 3

## 25 다음 중 윗글의 내용으로 적절하지 않은 것은?

① 증권시장은 객관적인 기준이 인간의 주관성보다 합리적임을 입증한다.
② 정통 경제 이론에서는 가격의 변화가 객관적인 근거를 갖는다고 본다.
③ 기본 모델의 관점은 주가가 자본의 효율적인 배분을 가능하게 한다고 본다.
④ 증권시장의 여론을 모방하려는 경향으로 인해 주가가 변덕스러운 등락을 보이기도 한다.
⑤ 기본 모델은 주가를 예측하기 위해 기업의 내재적 가치에 주목하지만, 자기참조 모델은 증권시장의 여론에 주목한다.

## 26 윗글을 바탕으로 할 때, 다음 빈칸에 들어갈 내용으로 가장 적절한 것은?

| 자기참조 모델에 따르면 증권시장은 ______________________ |
|---|

① 합리성과 효율성이라는 경제의 원리가 구현되는 공간이다.
② 기본 가치에 대해 객관적인 평가를 제공하는 금융시장이다.
③ 객관적인 미래 예측 정보를 적극적으로 활용하는 금융시장이다.
④ 기업의 주가와 기업의 내재적 가치를 일치시켜 나가는 공간이다.
⑤ 투자자들이 묵계를 통해 자본의 가격을 산출해 내는 제도적 장치이다.

**27** 같은 해에 입사한 동기 A～E는 모두 I공사 소속으로 서로 다른 부서에서 일하고 있다. 이들이 근무하는 부서와 해당 부서의 성과급은 다음 자료와 같다. 이를 참고할 때 항상 옳은 것은?

〈부서별 성과급〉

| 비서실 | 영업부 | 인사부 | 총무부 | 홍보부 |
|---|---|---|---|---|
| 60만 원 | 20만 원 | 40만 원 | 60만 원 | 60만 원 |

※ 각 사원은 모두 각 부서의 성과급을 동일하게 받는다.

〈부서배치 조건〉

- A는 성과급이 평균보다 적은 부서에서 일한다.
- B와 D의 성과급을 더하면 나머지 세 명의 성과급 합과 같다.
- C의 성과급은 총무부보다는 적지만 A보다는 많다.
- C와 D 중 한 사람은 비서실에서 일한다.
- E는 홍보부에서 일한다.

〈휴가 조건〉

- 영업부 직원은 비서실 직원보다 늦게 휴가를 가야 한다.
- 인사부 직원은 첫 번째 또는 제일 마지막으로 휴가를 가야 한다.
- B의 휴가 순서는 이들 중 세 번째이다.
- E는 휴가를 반납하고 성과급을 두 배로 받는다.

① A의 3개월 치 성과급은 C의 2개월 치 성과급보다 많다.
② C가 맨 먼저 휴가를 갈 경우, B가 맨 마지막으로 휴가를 가게 된다.
③ D가 C보다 성과급이 많다.
④ 휴가철이 끝난 직후, D와 E의 성과급 차이는 세 배이다.
⑤ B는 A보다 휴가를 먼저 출발한다.

**28** 자동차 회사에 근무하고 있는 P씨는 중국 공장에 점검차 방문하기 위해 교통편을 알아보고 있다. 내일 새벽 비행기를 타기 위한 여러 가지 방법 중 가장 적은 비용으로 공항에 도착하는 방법은?

〈숙박요금〉

| 구분 | 공항 근처 모텔 | 공항 픽업 호텔 | 회사 근처 모텔 |
|---|---|---|---|
| 요금 | 80,000원 | 100,000원 | 40,000원 |

〈대중교통 요금 및 소요 시간〉

| 구분 | 버스 | 택시 |
|---|---|---|
| 회사 → 공항 근처 모텔 | 20,000원 / 3시간 | 40,000원 / 1시간 30분 |
| 회사 → 공항 픽업 호텔 | 10,000원 / 1시간 | 20,000원 / 30분 |
| 회사 → 회사 근처 모텔 | 근거리이므로 무료 | |
| 공항 픽업 호텔 → 공항 | 무료 픽업 서비스 | |
| 공항 근처 모텔 → 공항 | | |
| 회사 근처 모텔 → 공항 | 20,000원 / 3시간 | 40,000원 / 1시간 30분 |

※ 소요 시간도 금액으로 계산한다(30분당 5,000원).

① 공항 근처 모텔로 버스 타고 이동 후 숙박

② 공항 픽업 호텔로 버스 타고 이동 후 숙박

③ 공항 픽업 호텔로 택시 타고 이동 후 숙박

④ 회사 근처 모텔에서 숙박 후 버스 타고 공항 이동

⑤ 회사 근처 모텔에서 숙박 후 택시 타고 공항 이동

PART 3

※ 다음은 재료비 상승에 따른 분기별 국내 철강사 수익 변동을 조사하기 위해 수집한 자료이다. 이어지는 질문에 답하시오. [29~30]

〈제품가격과 재료비에 따른 분기별 수익〉

(단위 : 천 원/톤)

| 구분 | 2021년 | 2022년 | | | |
|---|---|---|---|---|---|
| | 4분기 | 1분기 | 2분기 | 3분기 | 4분기 |
| 제품가격 | 627 | 597 | 687 | 578 | 559 |
| 재료비 | 178 | 177 | 191 | 190 | 268 |
| 수익 | 449 | 420 | 496 | 388 | 291 |

※ (제품가격)=(재료비)+(수익)

〈제품 1톤당 소요되는 재료〉

(단위 : 톤)

| 철광석 | 원료탄 | 철 스크랩 |
|---|---|---|
| 1.6 | 0.5 | 0.15 |

## 29 다음 중 자료에 대한 설명으로 옳은 것은?

① 수익은 지속해서 증가하고 있다.
② 모든 금액에서 2022년 4분기가 2021년 4분기보다 높다.
③ 재료비의 변화량과 수익의 변화량은 밀접한 관계가 있다.
④ 조사 기간에 수익이 가장 높을 때는 재료비가 가장 낮을 때이다.
⑤ 2022년 3분기에 이전 분기 대비 수익 변화량이 가장 큰 것으로 나타난다.

## 30 2023년 1분기에 재료당 단위가격이 철광석은 70,000원, 원료탄은 250,000원, 철 스크랩은 200,000원으로 예상된다는 보고를 받았다. 2023년 1분기의 수익을 2022년 4분기와 같게 유지한다면 제품가격은 얼마인가?

① 558,000원 ② 559,000원
③ 560,000원 ④ 578,000원
⑤ 597,000원

## 31 다음 프로그램의 실행 결과로 옳은 것은?

```
#include <stdio.h>
void main() {
  int a = 10;
  float b = 1.3;
  double c;
  c = a + b;
  printf("%.2lf", c);
}
```

① 11

② 11.3

③ 11.30

④ .30

⑤ .3

PART 3

## 32 다음 중 [D2] 셀에 수식 「=UPPER(TRIM(A2))&"KR"」을 입력했을 경우 결괏값은?

| | A | B | C | D |
|---|---|---|---|---|
| 1 | 도서코드 | 출판사 | 출판년도 | 변환도서코드 |
| 2 | mng-002 | 대한도서 | 2008 | |
| 3 | pay-523 | 믿음사 | 2009 | |
| 4 | mng-091 | 정일도서 | 2007 | |

① MNG-002-kr

② MNG-KR

③ MNG 002-KR

④ MNG-002-KR

⑤ MNG-002

## 33 다음 글의 내용으로 적절하지 않은 것은?

모든 동물들은 생리적 장치들이 제대로 작동하게 하기 위해서 체액의 농도를 어느 정도 일정하게 유지해야 한다. 이를 위해 수분의 획득과 손실의 균형을 조절하는 작용을 삼투 조절이라 한다. 동물은 서식지와 체액의 농도, 특히 염도 차이가 있을 경우, 삼투 현상에 따라 체내 수분의 획득과 손실이 발생하기 때문에, 이러한 상황에서 체액의 농도를 일정하게 유지하는 것은 중요한 생존 과제이다.
삼투 현상이란 반(半)투과성 막을 사이에 두고 농도가 다른 양쪽의 용액 중 농도가 낮은 쪽의 용매가 농도가 높은 쪽으로 옮겨 가는 현상이다. 소금물에서는 물에 녹아 있는 소금을 용질, 그 물을 용매라고 할 수 있는데, 반투과성 막의 양쪽에 농도가 다른 소금물이 있다면, 농도가 낮은 쪽의 물이 높은 쪽으로 이동하게 된다. 이때 양쪽의 농도가 같다면, 용매의 순이동은 없다.
동물들은 이러한 삼투 현상에 대응하여 수분 균형을 어떻게 유지하느냐에 따라 삼투 순응형과 삼투 조절형으로 분류된다. 먼저 삼투 순응형 동물은 모두 해수(海水) 동물로, 체액과 해수의 염분 농도, 즉 염도가 같기 때문에 수분의 순이동은 없다. 게나 홍합, 갯지네 등이 여기에 해당한다. 이와 달리 삼투 조절형 동물은 체액의 염도와 서식지의 염도가 달라 체액의 염도가 변하지 않도록 삼투 조절을 하며 살아간다.
삼투 조절형 동물 중 해수에 사는 대다수 어류의 체액은 해수에 비해 염도가 낮기 때문에 체액의 수분이 빠져나갈 수 있다. 이러한 동물들의 표피는 비투과성이지만, 아가미의 상피세포를 통해 물을 쉽게 빼앗길 수 있다. 따라서 이렇게 삼투 현상에 의해 빼앗긴 수분을 보충하기 위하여 이들은 계속 바닷물을 마신다. 이로 인해 이들의 창자에서는 바닷물의 70 ~ 80%가 혈관 속으로 흡수되는데, 이때 염분도 혈관 속으로 들어간다. 그러면 아가미의 상피 세포에 있는 염분 분비 세포를 작동시켜 과도해진 염분을 밖으로 내보낸다.
담수에 사는 동물들이 직면한 삼투 조절의 문제는 해수 동물과 정반대이다. 담수 동물의 체액은 담수에 비해 염도가 높기 때문에 아가미를 통해 수분이 계속 유입될 수 있다. 그래서 담수 동물들은 물을 거의 마시지 않고 많은 양의 오줌을 배출하여 문제를 해결하고 있다. 이들의 비투과성 표피는 수분의 유입을 막기 위한 것이다.
한편 육상에 사는 동물들 또한 다양한 경로를 통해 체내 수분이 밖으로 빠져나간다. 오줌, 대변, 피부, 가스교환 기관의 습한 표면 등을 통해 수분을 잃기 때문이다. 그래서 육상 동물들은 물을 마시거나 음식을 통해, 그리고 세포호흡으로 물을 생성하여 부족한 수분을 보충한다.

① 동물들은 체액의 농도가 크게 달라지면 생존하기 어렵다.
② 동물들이 삼투 현상에 대응하는 방법은 서로 다를 수 있다.
③ 동물의 체액과 서식지 물의 농도가 같으면 삼투 현상에 의한 수분의 순이동은 없다.
④ 담수 동물은 육상 동물과 마찬가지로 많은 양의 오줌을 배출하여 체내 수분을 일정하게 유지한다.
⑤ 육상 동물들은 세포호흡을 통해서도 수분을 보충할 수 있다.

## 34 다음 글의 빈칸 (가) ~ (다)에 들어갈 말을 〈보기〉에서 골라 순서대로 바르게 나열한 것은?

『정의론』을 통해 현대 영미 윤리학계에 정의에 대한 화두를 던진 사회철학자 '롤즈'는 전형적인 절차주의적 정의론자이다. 그는 정의로운 사회 체제에 대한 논의를 주도해 온 공리주의가 소수자 및 개인의 권리를 고려하지 못한다는 점에 주목하여 사회계약론적 토대하에 대안적 정의론을 정립하고자 하였다.

롤즈는 개인이 정의로운 제도하에서 자유롭게 자신들의 욕구를 추구하기 위해서는 ___(가)___ 등이 필요하며 이는 사회의 기본 구조를 통해서 최대한 공정하게 분배되어야 한다고 생각했다. 그리고 이를 실현할 수 있는 사회 체제에 대한 논의가 자유롭고 평등하며 합리적인 개인들이 모두 동의할 수 있는 원리들을 탐구하는 데에서 출발해야 한다고 보고 '원초적 상황'의 개념을 제시하였다.

'원초적 상황'은 정의로운 사회 체제의 기본 원칙들을 선택하는 합의 당사자들로 구성된 가설적 상황으로, 이들은 향후 헌법과 하위 규범들이 따라야 하는 가장 근본적인 원리들을 합의한다. '원초적 상황'에서 합의 당사자들은 ___(나)___ 등에 대한 정보를 모르는 상태에 놓이게 되는데 이를 '무지의 베일'이라고 한다. 단, 합의 당사자들은 ___(다)___와/과 같은 사회에 대한 일반적 지식을 알고 있으며, 공적으로 합의된 규칙을 준수하고, 합리적인 욕구를 추구할 수 있는 존재로 간주된다. 롤즈는 이러한 '무지의 베일' 상태에서 사회 체제의 기본 원칙들에 만장일치로 합의하는 것이 보장된다고 생각하였다. 또한 무지의 베일을 벗은 후에 겪을지도 모를 피해를 우려하여 합의 당사자들이 자신의 피해를 최소화할 수 있는 내용을 계약에 포함시킬 것으로 보았다.

위와 같은 원초적 상황을 전제로 합의 당사자들은 정의의 원칙들을 선택하게 된다. 제1원칙은 모든 사람이 다른 개인들의 자유와 양립 가능한 한도 내에서 '기본적 자유'에 대한 평등한 권리를 갖는다는 것인데, 이를 '자유의 원칙'이라고 한다. 여기서 롤즈가 말하는 '기본적 자유'는 양심과 사고 표현의 자유, 정치적 자유 등을 포함한다.

**보기**

㉠ 자신들의 사회적 계층, 성, 인종, 타고난 재능, 취향
㉡ 자유와 권리, 임금과 재산, 권한과 기회
㉢ 인간의 본성, 제도의 영향력

| | (가) | (나) | (다) |
|---|---|---|---|
| ① | ㉠ | ㉡ | ㉢ |
| ② | ㉠ | ㉢ | ㉡ |
| ③ | ㉡ | ㉢ | ㉠ |
| ④ | ㉡ | ㉠ | ㉢ |
| ⑤ | ㉢ | ㉠ | ㉡ |

PART 3

**35** 다음은 I공사의 당직 근무 규칙과 이번 주 당직 근무자들의 일정표이다. 당직 근무 규칙에 따라 이번 주에 당직 근무 일정을 추가해야 하는 사람으로 옳은 것은?

〈당직 근무 규칙〉

- 1일 당직 근무 최소 인원은 오전 1명, 오후 2명으로 총 3명이다.
- 1일 최대 6명을 넘길 수 없다.
- 같은 날 오전·오후 당직 근무는 서로 다른 사람이 해야 한다.
- 오전 또는 오후 당직을 모두 포함하여 당직 근무는 주당 3회 이상 5회 미만으로 해야 한다.

〈당직 근무 일정〉

| 성명 | 일정 | 성명 | 일정 |
|---|---|---|---|
| 공주원 | 월 오전 / 수 오후 / 목 오전 | 최민관 | 월 오후 / 화 오후 / 토 오전 / 일 오전 |
| 이지유 | 월 오후 / 화 오전 / 금 오전 / 일 오후 | 이영유 | 수 오전 / 화 오후 / 금 오후 / 토 오후 |
| 강리환 | 수 오전 / 목 오전 / 토 오후 | 지한준 | 월 오전 / 수 오후 / 금 오전 |
| 최유리 | 화 오전 / 목 오후 / 토 오후 | 강지공 | 수 오후 / 화 오후 / 금 오후 / 토 오전 |
| 이건율 | 목 오전 / 일 오전 | 김민정 | 월 오전 / 수 오후 / 토 오전 / 일 오후 |

① 공주원
② 이지유
③ 최유리
④ 지한준
⑤ 김민정

**36** 다음은 KTX 부정승차 적발 건수를 조사한 자료이다. 2016 ~ 2021년의 KTX 부정승차 적발 건수 평균은 70,000건이고, 2017 ~ 2022년의 평균은 65,000건이라고 할 때, 2022년 부정승차 적발 건수와 2016년 부정승차 적발 건수의 차이는 얼마인가?

〈KTX 부정승차 적발 건수〉

(단위 : 천 건)

| 구분 | 2016년 | 2017년 | 2018년 | 2019년 | 2020년 | 2021년 | 2022년 |
|---|---|---|---|---|---|---|---|
| 부정승차 건수 | | 65 | 70 | 82 | 62 | 67 | |

① 28,000건
② 29,000건
③ 30,000건
④ 31,000건
⑤ 32,000건

**37** A씨는 영업비밀 보호를 위해 자신의 컴퓨터 속 각 문서의 암호를 다음 규칙에 따라 만들었다. 파일 이름이 다음과 같을 때, 이 파일의 암호는 무엇인가?

〈규칙〉

1. 비밀번호 중 첫 번째 자리에는 파일 이름의 첫 문자가 한글일 경우 @, 영어일 경우 #, 숫자일 경우 *로 특수문자를 입력한다.
   → 고슴Dochi=@, haRAMY801=#, 1app루=*
2. 두 번째 자리에는 파일 이름의 총 자리 개수를 입력한다.
   → 고슴Dochi=@7, haRAMY801=#9, 1app루=*5
3. 세 번째 자리부터는 파일 이름 내에 숫자를 순서대로 입력한다. 숫자가 없을 경우 0을 두 번 입력한다.
   → 고슴Dochi=@700, haRAMY801=#9801, 1app루=*51
4. 그 다음 자리에는 파일 이름 중 한글이 있을 경우 초성만 순서대로 입력한다. 없다면 입력하지 않는다.
   → 고슴Dochi=@700ㄱㅅ, haRAMY801=#9801, 1app루=*51ㄹ
5. 그 다음 자리에는 파일 이름 중 영어가 있다면 뒤에 덧붙여 순서대로 입력하되, a, e, I, o, u만 'a=1, e=2, I=3, o=4, u=5'로 변형하여 입력한다(대문자·소문자 구분 없이 모두 소문자로 입력한다).
   → 고슴Dochi=@700ㄱㅅd4ch3, haRAMY801=#9801h1r1my, 1app루=*51ㄹ1pp

| 2022매운전골Cset3인기준recipe8 |
| --- |

① @23202238ㅁㅇㅈㄱㅇㄱㅈcs2trecipe

② @23202238ㅁㅇㅈㄱㅇㄱㅈcs2tr2c3p2

③ *23202238ㅁㅇㅈㄱㅇㄱㅈcs2trecipe

④ *23202238ㅁㅇㅈㄱㅇㄱㅈcs2tr2c3p2

⑤ *23202238ㅁㅇㅈㄱㅇㄱㅈcsetrecipe

**38** I공사에서 다음 면접방식으로 면접을 진행할 때, 심층면접을 할 수 있는 최대 인원수와 마지막 심층면접자의 기본면접 종료 시각을 바르게 짝지은 것은?

〈면접방식〉

- 면접은 기본면접과 심층면접으로 구분된다. 기본면접실과 심층면접실은 각 1개이고, 면접대상자는 1명씩 입실한다.
- 기본면접과 심층면접은 모두 개별면접의 방식을 취한다. 기본면접은 심층면접의 진행 상황에 관계없이 10분 단위로 계속되고, 심층면접은 기본면접의 진행 상황에 관계없이 15분 단위로 계속된다.
- 기본면접을 마친 면접대상자는 순서대로 심층면접에 들어간다.
- 첫 번째 기본면접은 오전 9시 정각에 실시되고, 첫 번째 심층면접은 첫 번째 기본면접이 종료된 시각에 시작된다.
- 기본면접과 심층면접 모두 낮 12시부터 오후 1시까지 점심 및 휴식 시간을 가진다.
- 각각의 면접 도중에 점심 및 휴식 시간을 가질 수 없고, 1인을 위한 기본면접 시간이나 심층면접 시간이 확보되지 않으면 새로운 면접을 시작하지 않는다.
- 기본면접과 심층면접 모두 오후 1시에 오후 면접 일정을 시작하고, 기본면접의 일정과 관련 없이 심층면접은 오후 5시 정각에는 종료되어야 한다.

※ 면접대상자의 이동 및 교체 시간 등 다른 조건은 고려하지 않는다.

| | 최대 인원수 | 종료 시각 |
|---|---|---|
| ① | 27명 | 오후 2시 30분 |
| ② | 27명 | 오후 2시 40분 |
| ③ | 28명 | 오후 2시 30분 |
| ④ | 28명 | 오후 2시 40분 |
| ⑤ | 28명 | 오후 2시 50분 |

**39** **다음은 I회사 인트라넷에 올라온 컴퓨터의 비프음과 관련된 문제 해결 방법에 대한 공지사항이다. 이에 대한 설명으로 옳지 않은 것은?**

> 안녕하십니까.
> 최근 사용하시는 컴퓨터를 켤 때 비프음 소리가 평소와 다르게 들리는 경우가 종종 있습니다.
> 해당 비프음 소리별 해결원인과 방법을 공지하오니 참고해 주시기 바랍니다.
>
> **〈비프음으로 진단하는 컴퓨터 상태〉**
>
> – 짧게 1번 : 정상
> – 짧게 2번 : 바이오스 설정이 올바르지 않은 경우, 모니터에 오류 메시지가 나타나게 되므로 참고하여 문제 해결
> – 짧게 3번 : 키보드가 불량이거나 올바르게 꽂혀 있지 않은 경우
> – 길게 1번+짧게 1번 : 메인보드 오류
> – 길게 1번+짧게 2번 : 그래픽 카드의 접촉 점검
> – 길게 1번+짧게 3번 : 쿨러의 고장 등 그래픽 카드 접촉 점검
> – 길게 1번+짧게 9번 : 바이오스의 초기화, A/S 점검
> – 아무 경고음도 없이 모니터가 켜지지 않을 때 : 전원 공급 불량 또는 합선, 파워서플라이의 퓨즈 점검, CPU나 메모리의 불량
> – 연속으로 울리는 경고음 : 시스템 오류, 메인보드 점검 또는 각 부품의 접촉 여부와 고장 확인

① 비프음이 짧게 2번 울릴 때는 모니터에 오류 메시지가 뜨니 원인을 참고해 해결할 수 있다.
② 비프음이 길게 1번, 짧게 1번 울렸을 때 CPU를 교체해야 한다.
③ 비프음이 길게 1번, 짧게 9번 울리면 바이오스 ROM 오류로 바이오스의 초기화 또는 A/S가 필요하다.
④ 키보드가 올바르게 꽂혀 있지 않은 경우 짧게 3번 울린다.
⑤ 연속으로 울리는 경고음은 시스템 오류일 수 있다.

**40** A씨는 고객들의 주민등록번호 앞자리를 정리해 생년, 월, 일로 구분하고자 한다. 각 셀에 사용해야 할 함수식으로 옳은 것은?

| | A | B | C | D | E |
|---|---|---|---|---|---|
| 1 | 이름 | 주민등록번호 앞자리 | 생년 | 월 | 일 |
| 2 | 김천국 | 950215 | | | |
| 3 | 김지옥 | 920222 | | | |
| 4 | 박세상 | 940218 | | | |
| 5 | 박우주 | 630521 | | | |
| 6 | 강주변 | 880522 | | | |
| 7 | 홍시요 | 891021 | | | |
| 8 | 조자주 | 910310 | | | |

① [C2] : =LEFT(B2,2)
② [D3] : =LEFT(B3,4)
③ [E7] : =RIGHT(B7,3)
④ [D8] : =MID(B7,3,2)
⑤ [E4] : =MID(B4,4,2)

**41** C사원은 본사 이전으로 인해 집과 회사가 멀어져 회사 근처로 집을 구하려고 한다. L시에 있는 아파트와 빌라 총 세 곳의 월세를 알아본 C사원이 월세와 교통비를 생각해 집을 결정한다고 할 때, 옳은 것은?

〈주거정보〉

| 구분 | 월세 | 거리(편도) |
|---|---|---|
| A빌라 | 280,000원 | 2.8km |
| B빌라 | 250,000원 | 2.1km |
| C아파트 | 300,000원 | 1.82km |

※ 월 출근일 : 20일
※ 교통비 : 1km당 1,000원

① 월 예산 40만 원으로는 세 집 모두 불가능하다.
② B빌라에 살 경우 회사와 집만 왕복하면 한 달에 334,000원으로 살 수 있다.
③ C아파트의 교통비가 가장 많이 든다.
④ C아파트는 A빌라보다 한 달 금액이 20,000원 덜 든다.
⑤ B빌라에 두 달 살 경우, A빌라와 C아파트의 한 달 금액을 합친 것보다 비싸다.

## 42 다음은 우리나라 항공기 기종별 공항사용료에 대한 자료이다. 이에 대한 설명으로 옳지 않은 것은?

〈항공기 기종별 공항사용료〉

(단위 : 천 원)

| 구분 | | | B747 (395톤) | B777 (352톤) | A330 (230톤) | A300 (165톤) | B767 (157톤) | A320 (74톤) | B737 (65톤) |
|---|---|---|---|---|---|---|---|---|---|
| 착륙료 | 국제선 | 김포 | 3,141 | 2,806 | 1,854 | 1,340 | 1,276 | 607 | 533 |
| | | 김해, 제주 | 3,046 | 2,694 | 1,693 | 1,160 | 1,094 | 449 | 387 |
| | | 기타 공항 | 2,510 | 2,220 | 1,395 | 956 | 902 | 370 | 319 |
| | 국내선 | 김포, 김해, 제주 | 1,094 | 966 | 604 | 411 | 387 | 155 | 134 |
| | | 기타 공항 (군산 제외) | 901 | 796 | 498 | 339 | 319 | 128 | 110 |
| 조명료 | 국제선 | 김포 | 106 | 106 | 106 | 106 | 106 | 106 | 106 |
| | | 김해, 제주 | 52 | 52 | 52 | 52 | 52 | 52 | 52 |
| | | 기타 공항 | 43 | 43 | 43 | 43 | 43 | 43 | 43 |
| | 국내선 | 김포, 김해, 제주 | 52 | 52 | 52 | 52 | 52 | 52 | 52 |
| | | 기타 공항 | 43 | 43 | 43 | 43 | 43 | 43 | 43 |
| 정류료 | 국제선 | 김포 | 1,615 | 1,471 | 1,061 | 809 | 774 | 391 | 343 |
| | | 김해, 제주 | 441 | 397 | 271 | 205 | 196 | 105 | 93 |
| | | 기타 공항 | 364 | 327 | 224 | 169 | 162 | 86 | 77 |
| | 국내선 | 김포, 김해, 제주 | 291 | 262 | 179 | 135 | 130 | 69 | 62 |
| | | 기타 공항 | 241 | 217 | 148 | 112 | 107 | 57 | 51 |

※ (공항사용료)=(착륙료)+(조명료)+(정류료)

① 광주공항을 이용하는 시드니행 B747 항공기는 광주공항에 대하여 공항사용료로 250만 원 이상을 납부한다.

② 김해공항을 사용하는 항공기들은 기종과 상관없이 모두 동일한 조명료를 납부한다.

③ 김포공항을 사용하는 A300 항공기의 경우, 국제선을 사용하는 항공기는 국내선을 사용하는 항공기의 7배 이상의 정류료를 납부한다.

④ 항공기의 무게가 무거울수록 더 높은 착륙료와 정류료를 지불한다.

⑤ 가장 많은 공항사용료를 납부하는 국내선 항공기의 공항사용료는 가장 적은 공항사용료를 납부하는 국내선 항공기의 공항사용료의 5배 이상이다.

PART 3

※ I건설회사에서는 B시에 건물을 신축하고 있다. 다음 자료를 보고 이어지는 질문에 답하시오. **[43~44]**

B시에서는 친환경 건축물 인증제도를 시행하고 있다. 이는 건축물의 설계, 시공 등의 건설과정이 쾌적한 거주환경과 자연환경에 미치는 영향을 점수로 평가하여 인증하는 제도로, 건축물에 다음과 같이 인증등급을 부여한다.

〈평가점수별 인증등급〉

| 평가점수 | 인증등급 |
|---|---|
| 80점 이상 | 최우수 |
| 70점 이상 80점 미만 | 우수 |
| 60점 이상 70점 미만 | 우량 |
| 50점 이상 60점 미만 | 일반 |

또한, 친환경 건축물 최우수, 우수 등급이면서 건축물 에너지효율 1등급 또는 2등급을 추가로 취득한 경우, 다음과 같은 취·등록세액 감면 혜택을 받게 된다.

〈취·등록세액 감면 비율〉

| 구분 | 최우수 등급 | 우수 등급 |
|---|---|---|
| 에너지효율 1등급 | 12% | 8% |
| 에너지효율 2등급 | 8% | 4% |

## 43 다음 상황에 근거할 때, 〈보기〉에서 옳은 것을 모두 고르면?

〈상황〉

- I건설회사가 신축하고 있는 건물의 예상되는 친환경 건축물 평가점수는 63점이고 에너지효율은 3등급이다.
- 친환경 건축물 평가점수를 1점 높이기 위해서는 1,000만 원, 에너지효율 등급을 한 등급 높이기 위해서는 2,000만 원의 추가 투자비용이 든다.
- 신축 건물의 감면 전 취·등록세 예상액은 총 20억 원이다.
- I건설회사는 경제적 이익을 극대화하고자 한다.

※ 경제적 이익 또는 손실 : (취·등록세 감면액)−(추가 투자액)

※ 기타 비용과 이익은 고려하지 않는다.

보기

ㄱ. 추가 투자함으로써 경제적 이익을 얻을 수 있는 최소 투자금액은 1억 1천만 원이다.

ㄴ. 친환경 건축물 우수 등급, 에너지효율 1등급을 받기 위해 추가 투자할 경우 경제적 이익이 가장 크다.

ㄷ. 에너지효율 2등급을 받기 위해 추가 투자하는 것이 3등급을 받는 것보다 I건설회사에 경제적으로 더 이익이다.

① ㄱ
② ㄷ
③ ㄱ, ㄴ
④ ㄴ, ㄷ
⑤ ㄱ, ㄴ, ㄷ

## 44 다음 I건설회사의 직원들이 43번에 제시된 신축 건물에 대해 이야기를 나누고 있다. 다음 중 옳지 않은 말을 하는 사람은?

① 갑 : 현재 우리회사 신축 건물의 등급은 우량 등급이야.
② 을 : 신축 건물 예상평가결과 취·등록세액 감면 혜택을 받을 수 있어.
③ 병 : 추가 투자를 해서 에너지효율을 높일 필요가 있어.
④ 정 : 얼마만큼의 투자가 필요한지 계획하는 것은 예산 관리의 일환이야.
⑤ 무 : 추가 투자에 예산을 배정하기에 앞서 우선순위를 결정해야 해.

## 45 다음 글과 〈조건〉을 토대로 바르게 추론한 것을 〈보기〉에서 모두 고르면?

(가)~(마)팀이 현재 수행하고 있는 과제의 수는 다음과 같다.
- (가)팀 : 0개
- (나)팀 : 1개
- (다)팀 : 2개
- (라)팀 : 2개
- (마)팀 : 3개

이 과제에 추가하여 8개의 새로운 과제 a, b, c, d, e, f, g, h를 다음 〈조건〉에 따라 (가)~(마)팀에 배정한다.

**조건**

- 어느 팀이든 새로운 과제를 적어도 하나는 맡아야 한다.
- 기존에 수행하던 과제를 포함해서 한 팀이 맡을 수 있는 과제는 최대 4개이다.
- 기존에 수행하던 과제를 포함해서 4개 과제를 맡는 팀은 두 팀이다.
- a, b는 한 팀이 맡아야 한다.
- c, d, e는 한 팀이 맡아야 한다.

**보기**

ㄱ. a를 (나)팀이 맡을 수 없다.
ㄴ. f를 (가)팀이 맡을 수 있다.
ㄷ. 기존에 수행하던 과제를 포함해서 2개 과제를 맡는 팀이 반드시 있다.

① ㄱ
② ㄴ
③ ㄱ, ㄷ
④ ㄴ, ㄷ
⑤ ㄱ, ㄴ, ㄷ

## 46 I통신회사는 이동전화의 통화시간에 따라 월 2시간까지는 기본요금, 2시간 초과 3시간까지는 분당 $a$원, 3시간 초과부터는 $2a$원을 부과한다. 다음과 같이 요금이 청구되었을 때, $a$의 값은?

〈휴대전화 이용요금〉

| 구분 | 통화시간 | 요금 |
|---|---|---|
| 8월 | 3시간 30분 | 21,600원 |
| 9월 | 2시간 20분 | 13,600원 |

① 50
② 80
③ 100
④ 120
⑤ 150

## 47 다음 문단을 논리적 순서대로 바르게 나열한 것은?

(가) 고전주의 예술관에 따르면 진리는 예술 작품 속에 이미 완성된 형태로 존재한다. 독자는 작가가 담아 놓은 진리를 '원형 그대로' 밝혀내야 하고 작품에 대한 독자의 감상은 언제나 작가의 의도와 일치해야 한다. 결국 고전주의 예술관에서 독자는 작품의 의미를 수동적으로 받아들이는 존재일 뿐이다. 하지만 작품의 의미를 해석하고 작가의 의도를 파악하는 존재는 결국 독자이다. 특히 현대 예술에서는 독자에 따라 작품에 대한 다양한 해석이 가능하다고 여긴다. 바로 여기서 수용미학이 등장한다.

(나) 이저는 텍스트 속에 독자의 역할이 들어 있다고 보았다. 그러나 독자가 어떠한 역할을 수행할지는 정해져 있지 않기 때문에 독자는 텍스트를 읽는 과정에서 텍스트의 내용과 형식에 끊임없이 반응한다. 이러한 상호작용 과정을 통해 독자는 작품을 재생산한다. 텍스트는 다양한 독자에 따라 다른 작품으로 태어날 수 있으며, 같은 독자라도 시간과 장소에 따라 다른 작품으로 생산될 수 있는 것이다. 이처럼 텍스트와 독자의 상호작용을 강조한 이저는 작품의 내재적 미학에서 탈피하여 작품에 대한 다양한 해석의 가능성을 열어 주었다.

(다) 야우스에 의해 제기된 독자의 역할을 체계적으로 정리한 사람이 '이저'이다. 그는 독자의 능동적 역할을 밝히기 위해 '텍스트'와 '작품'을 구별했다. 텍스트는 독자와 만나기 전의 것을, 작품은 독자가 텍스트와의 상호작용을 통해 그 의미가 재생산된 것을 가리킨다. 그런데 이저는 텍스트에는 '빈틈'이 많다고 보았다. 이 빈틈으로 인해 텍스트는 '불명료성'을 가진다. 텍스트에 빈틈이 많다는 것은 부족하다는 의미가 아니라 독자의 개입에 의해 언제나 새롭게 해석될 수 있다는 것을 의미한다.

(라) 수용미학을 처음으로 제기한 사람은 '야우스'이다. 그는 "문학사는 작품과 독자 간의 대화의 역사로 쓰여야 한다."라고 주장했다. 이것은 작품의 의미는 작품 속에 갇혀 있는 것이 아니라 독자에 의해 재생산되는 것임을 말한 것이다. 이로부터 문학을 감상할 때 작품과 독자의 관계에서 독자의 능동성이 강조되었다.

① (가) – (다) – (라) – (나)
② (가) – (라) – (나) – (다)
③ (가) – (라) – (다) – (나)
④ (라) – (가) – (나) – (다)
⑤ (나) – (가) – (다) – (라)

※ 다음 자료를 보고 이어지는 질문에 답하시오. [48~50]

〈직원채용절차〉

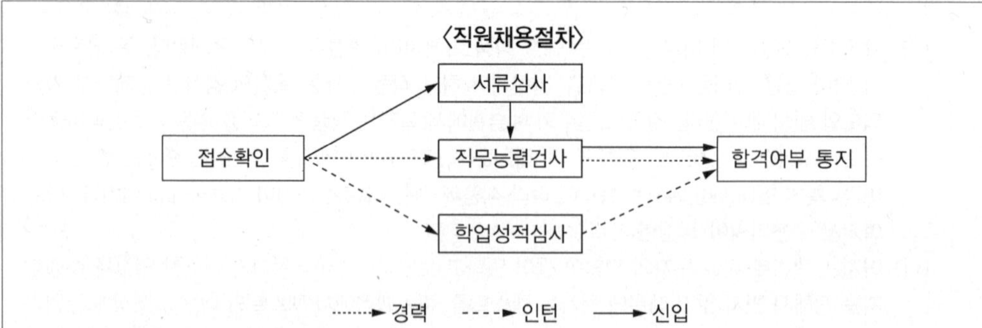


※ 직원채용절차에서 중도탈락자는 없음

〈지원유형별 접수 건수〉

| 지원유형 | 신입 | 경력 | 인턴 |
|---|---|---|---|
| 접수(건) | 20 | 18 | 16 |

※ 지원유형은 신입, 경력, 인턴의 세 가지 유형이 전부임

〈업무단계별 1건당 처리비용〉

| 업무단계 | 처리비용(원) |
|---|---|
| 접수확인 | 500 |
| 서류심사 | 2,000 |
| 직무능력검사 | 1,000 |
| 학업성적심사 | 1,500 |
| 합격여부 통지 | 400 |

※ 업무단계별 1건당 처리비용은 지원유형과 관계없이 같음

**48** **다음 중 직원채용에 대한 설명으로 적절하지 않은 것은?**

① 경력직의 직원채용절차에는 직무능력검사가 포함되어 있다.
② 직원채용절차에서 신입유형만이 유일하게 서류심사가 있다.
③ 접수 건수가 제일 많은 지원유형의 직원채용절차에는 학업성적심사가 포함되어 있다.
④ 1건당 가장 많은 처리비용이 드는 업무단계는 서류심사이다.
⑤ 접수 건수가 제일 적은 지원유형의 직원채용절차에는 서류심사가 포함되어 있지 않다.

PART 3

**49** **A는 신입직원채용에, B는 경력직원채용에 접수하였다. 다음 중 적절하지 않은 것은?**

① A가 접수한 유형의 직원채용절차를 처리하기 위해서는 3,900원의 비용이 필요하다.
② B가 접수한 유형의 직원채용절차를 처리하기 위해서는 2,900원의 비용이 필요하다.
③ A가 접수한 유형의 직원채용절차에는 B가 접수한 유형의 직원채용절차에 없는 절차가 있다.
④ 만약 유형별 모집인원이 같다면 A가 접수한 유형의 경쟁률이 더 높다.
⑤ A와 B가 접수한 직원채용절차에는 학업성적심사가 포함되어 있지 않다.

**50** **접수자 중에 지원유형별로 신입직원 5명, 경력직원 3명, 인턴직원 2명을 선발한다고 할 때, 적절하지 않은 것은?**

① 신입유형 지원자의 합격률은 25%이다.
② 인턴유형 지원자의 합격률은 신입유형 지원자 합격률의 절반이다.
③ 경력유형 지원자 중 불합격하는 사람의 비율은 6명 중 5명꼴이다.
④ 지원유형 중 가장 합격률이 낮은 유형은 경력유형이다.
⑤ 지원유형 중 가장 경쟁률이 높은 유형은 인턴유형이다.

## | 01 | 조직이해능력(사무직 / 관제직)

**51** 경영참가제도는 자본참가, 성과참가, 의사결정참가 유형으로 구분된다. 다음 중 '자본참가' 유형의 사례로 가장 적절한 것은?

① 임직원들에게 저렴한 가격으로 일정 수량의 주식을 매입할 수 있게 권리를 부여한다.
② 위원회제도를 활용하여 근로자의 경영참여와 개선된 생산의 판매가치를 기초로 성과를 배분한다.
③ 부가가치의 증대를 목표로 하여 이를 노사협력체제를 통해 달성하고, 이에 따라 증가된 생산성 향상분을 노사 간에 배분한다.
④ 천재지변의 대응, 생산성 하락, 경영성과 전달 등과 같이 단체교섭에서 결정되지 않은 사항에 대하여 노사가 서로 협력할 수 있도록 한다.
⑤ 노동자 또는 노동조합의 대표가 기업의 최고결정기관에 직접 참가해서 기업경영의 여러 문제를 노사 공동으로 결정한다.

**52** 다음 〈보기〉의 조직변화의 과정을 순서대로 바르게 나열한 것은?

| 보기 | |
|---|---|
| ㄱ. 환경변화 인지 | ㄴ. 변화결과 평가 |
| ㄷ. 조직변화 방향 수립 | ㄹ. 조직변화 실행 |

① ㄱ－ㄷ－ㄹ－ㄴ
② ㄱ－ㄹ－ㄷ－ㄴ
③ ㄴ－ㄷ－ㄹ－ㄱ
④ ㄹ－ㄱ－ㄷ－ㄴ
⑤ ㄹ－ㄴ－ㄷ－ㄱ

**53** 다음 중 조직문화가 갖는 특징으로 적절하지 않은 것은?

① 구성 요소에는 리더십 스타일, 제도 및 절차, 구성원, 구조 등이 있다.
② 조직구성원들에게 일체감과 정체성을 준다.
③ 조직의 안정성을 유지하는 데 기여한다.
④ 조직 몰입도를 향상시킨다.
⑤ 구성원들 개개인의 다양성을 강화해 준다.

**54** 다음 회의록을 참고할 때, 고객지원팀의 강대리가 해야 할 일로 적절하지 않은 것은?

〈회의록〉

| 회의일시 | 2023년 ○○월 ○○일 | 부서 | 기획팀, 시스템개발팀, 고객지원팀 |
|---|---|---|---|
| 참석자 | 기획팀 김팀장, 박대리 / 시스템개발팀 이팀장, 김대리 / 고객지원팀 유팀장, 강대리 | | |
| 회의안건 | 홈페이지 내 이벤트 신청 시 발생하는 오류로 인한 고객 불만에 따른 대처방안 | | |
| 회의내용 | • 홈페이지 고객센터 게시판 내 이벤트 신청 오류 관련 불만 글 확인<br>• 이벤트 페이지 내 오류 발생 원인에 대한 확인 필요<br>• 상담원의 미숙한 대응으로 고객들의 불만 증가(대응 매뉴얼 부재)<br>• 홈페이지 고객센터 게시판에 사과문 게시<br>• 고객 불만 대응 매뉴얼 작성 및 이벤트 신청 시스템 개선<br>• 추후 유사한 이벤트 기획 시 기획안 공유 필요 | | |

① 민원 처리 및 대응 매뉴얼 작성
② 상담원 대상으로 CS 교육 실시
③ 홈페이지 내 사과문 게시
④ 오류 발생 원인 확인 및 신청 시스템 개선
⑤ 고객센터 게시판 모니터링

PART 3

**55** 다음은 I회사에서 새롭게 개발한 립스틱에 대한 설명이다. 이를 읽고 효과적인 홍보대안으로 가장 적절한 것은?

I회사 립스틱의 특징은 지속력과 선명한 색상, 그리고 20대 여성을 타깃으로 한 아기자기한 디자인이다. 하지만 립스틱의 홍보가 안 되고 있어 매출이 좋지 않다. 조사결과 저가 화장품이라는 브랜드 이미지 때문인 것으로 드러났다.

① 블라인드 테스트를 통해 제품의 질을 인정받는다.
② 홍보비를 두 배로 늘려 더 많이 광고한다.
③ 브랜드 이름을 최대한 감추고 홍보한다.
④ 무료 증정 이벤트를 연다.
⑤ 타깃을 30대 여성으로 바꾼다.

## 56 다음 글에 제시된 조직의 특징으로 가장 적절한 것은?

> I공사의 사내 봉사 동아리에 소속된 70여 명의 임직원이 연탄 나르기 봉사활동을 펼쳤다. 이날 임직원들은 지역 주민들이 보다 따뜻하게 겨울을 날 수 있도록 연탄 총 3,000장과 담요를 직접 전달했다. 사내 봉사 동아리에 소속된 I공사 M대리는 "매년 진행하는 연말 연탄 나눔 봉사활동을 통해 지역사회에 도움의 손길을 전할 수 있어 기쁘다."라며 "오늘의 작은 손길이 큰 불씨가 되어 많은 분들이 따뜻한 겨울을 보내길 바란다."라고 말했다.

① 인간관계에 따라 형성된 자발적인 조직
② 이윤을 목적으로 하는 조직
③ 규모와 기능 그리고 규정이 조직화되어 있는 조직
④ 조직구성원들의 행동을 통제할 장치가 마련되어 있는 조직
⑤ 공익을 요구하지 않는 조직

## 57 다음 상황에서 근로자가 해야 하는 행동으로 적절한 것을 〈보기〉에서 모두 고르면?

> 담합은 경제에 미치는 악영향도 크고 워낙 은밀하게 이뤄지는 탓에 경쟁 당국 입장에서는 적발하기 어렵다는 현실적인 문제가 있다. 독과점 사업자는 시장에서 어느 정도 드러나기 때문에 부당행위에 대한 감시·감독을 할 수 있지만, 담합은 그 속성상 증거가 없으면 존재 여부를 가늠하기 힘들기 때문이다.

> **보기**
> ㄱ. 신고를 통해 개인의 이익을 얻고 사회적으로 문제를 해결한다.
> ㄴ. 내부에서 먼저 합리적인 절차에 따라 문제를 해결하고자 노력한다.
> ㄷ. 근로자 개인이 피해를 받을지라도 기업 활동의 해악이 심각하면 이를 신고한다.

① ㄱ　　② ㄴ
③ ㄱ, ㄷ　　④ ㄴ, ㄷ
⑤ ㄱ, ㄴ, ㄷ

**58** **다음 기사를 읽고 필리핀 EPS 센터에 근무 중인 S대리가 취할 행동으로 적절하지 않은 것은?**

> 최근 필리핀에서 한국인을 노린 범죄행위가 기승을 부리고 있다. 외교부 보고에 따르면 최근 5년간 해외에서 우리 국민을 대상으로 벌어진 살인 사건이 가장 많이 발생한 국가가 필리핀인 것으로 나타났다. 따라서 우리나라는 자국민 보호를 위해 한국인 대상 범죄 수사를 지원하는 필리핀 코리안 데스크에 직원을 추가 파견하기로 했다.

① 저녁에 이루어지고 있는 필리핀 문화 교육 시간을 오전으로 당긴다.
② 우리 국민이 늦은 시간에 혼자 다니지 않도록 한다.
③ 주필리핀 한국대사관과 연결하여 자국민 보호 정책을 만들 수 있도록 요청한다.
④ 우리나라에 취업하기 위해 들어오는 필리핀 사람들에 대한 규제를 강화한다.
⑤ 경찰과 연합해서 우리 국민 보호에 더 신경을 쓰도록 한다.

PART 3

**59** **I회사 직원들은 이번 달 신상품 홍보 방안을 모색하기 위해 회의를 하고 있다. 다음 중 회의에 임하는 태도가 적절하지 않은 직원은?**

> O부장 : 이번 달 실적을 향상시키기 위한 홍보 방안으로는 뭐가 있을까요? 의견이 있으면 주저하지 말고 뭐든지 말씀해 주세요.
> J사원 : 저는 조금은 파격적인 이벤트 같은 게 있었으면 좋겠어요. 예를 들면, 곧 추석이니까 지점 내부를 명절 분위기로 꾸민 다음에 제사상이나 한복 같은 걸 비치해 두고, 고객들이 인증샷을 찍으면 추가혜택을 주는 건 어떨까 싶어요.
> D주임 : 그건 좀 실현 가능성이 없지 싶은데요. 그보다는 SNS로 이벤트 응모를 받아서 기프티콘 사은품을 쏘는 이벤트가 현실적이겠어요.
> C과장 : 가능성 여부를 떠나서 아이디어는 많을수록 좋으니 반박하지 말고 이야기하세요.
> H사원 : 의견 주시면 제가 전부 받아 적었다가 한꺼번에 정리하도록 할게요.

① O부장 ② J사원
③ D주임 ④ C과장
⑤ H사원

**60** I회사에 근무하는 A씨가 다음 글을 읽고 기업의 사회적 책임에 대해 생각해 보았다고 할 때, A씨가 생각한 내용으로 적절하지 않은 것은?

> 세계 자동차 시장 점유율 1위를 기록했던 도요타 자동차는 2009년 11월 가속페달의 매트 끼임 문제로 미국을 비롯해 전 세계적으로 1,000만 대가 넘는 자동차를 회수하는 사상 초유의 리콜을 감행했다. 도요타 자동차의 리콜 사태에 대한 원인으로는 기계적 원인과 더불어 무리한 원가 절감, 과도한 해외생산 확대, 안일한 경영 등과 같은 경영상의 요인들이 제기되고 있다. 또 도요타 자동차는 급속히 성장하면서 제기된 문제들을 소비자의 관점이 아닌 생산자의 관점에서 해결하려고 했고, 리콜에 대한 늦은 대응 등 문제 해결에 미흡했다는 지적을 받고 있다. 이런 대규모 리콜 사태로 인해 도요타 자동차가 지난 수십 년간 세계적으로 쌓은 명성은 하루아침에 모래성이 됐다. 이와 반대인 사례로 존슨앤드존슨의 타이레놀 리콜 사건이 있다. 1982년 9월 말 미국 시카고 지역에서 존슨앤드존슨의 엑스트라 스트렝스 타이레놀 캡슐을 먹고 4명이 사망하는 사건이 발생했다. 이에 존슨앤드존슨은 즉각적인 대규모 리콜을 단행하여 빠른 문제해결에 초점을 맞췄다. 그 결과 존슨앤드존슨은 소비자들의 신뢰를 회복할 수 있었다.

① 상품에서 결함이 발견됐다면 기업은 그것을 인정하고 책임지는 모습이 필요하다.
② 기업은 문제를 인지한 즉시 문제를 해결하기 위해 노력해야 한다.
③ 이윤창출은 기업의 유지에 필요한 것이지만, 수익만을 위해 움직이는 것은 여러 문제를 일으킬 수 있다.
④ 존슨앤드존슨은 사회의 기대와 가치에 부합하는 윤리적 책임을 잘 이행하였다.
⑤ 소비자의 관점이 아닌 생산자의 관점에서 문제를 해결할 때 소비자들의 신뢰를 회복할 수 있다.

## | 02 | 기술능력(기술직)

**51** 다음은 기술의 특징을 설명하는 글이다. 이를 이해한 내용으로 적절하지 않은 것은?

> 일반적으로 기술에 대한 특징은 다음과 같이 정의될 수 있다.
> 첫째, 하드웨어나 인간에 의해 만들어진 비자연적인 대상, 혹은 그 이상을 의미한다.
> 둘째, 기술은 '노하우(Know－How)'를 포함한다. 즉, 기술을 설계하고, 생산하고, 사용하기 위해 필요한 정보, 기술, 절차를 갖는 데 노하우(Know－How)가 필요한 것이다.
> 셋째, 기술은 하드웨어를 생산하는 과정이다.
> 넷째, 기술은 인간의 능력을 확장시키기 위한 하드웨어와 그것의 활용을 뜻한다.
> 다섯째, 기술은 정의 가능한 문제를 해결하기 위해 순서화되고 이해 가능한 노력이다.
> 이와 같이 기술이 어떻게 형성되는가를 이해하는 것과 사회에 의해 형성되는 방법을 이해하는 것은 두 가지 원칙에 근거한다. 먼저 기술은 사회적 변화의 요인이다. 기술체계는 의사소통의 속도를 증가시켰으며, 이것은 개인으로 하여금 현명한 의사결정을 할 수 있도록 도와준다. 또한, 사회는 기술 개발에 영향을 준다. 사회적, 역사적, 문화적 요인은 기술이 어떻게 활용되는가를 결정한다.
> 기술은 두 개의 개념으로 구분될 수 있으며, 하나는 모든 직업 세계에서 필요로 하는 기술적 요소들로 이루어지는 광의의 개념이고, 다른 하나는 구체적 직무수행능력 형태를 의미하는 협의의 개념이다.

① 기술은 건물, 도로, 교량, 전자장비 등 인간이 만들어 낸 모든 물질적 창조물을 생산하는 과정으로 볼 수 있다.
② 전기산업기사, 건축산업기사, 정보처리산업기사 등의 자격 기술은 기술의 광의의 개념으로 볼 수 있을 것이다.
③ 영국에서 시작된 산업혁명 역시 기술 개발에 영향을 주었다고 볼 수 있다.
④ 컴퓨터의 발전은 기술체계가 개인으로 하여금 현명한 의사결정을 할 수 있게 하는 사례로 볼 수 있을 것이다.
⑤ 미래 산업을 위해 인간의 노동을 대체할 로봇을 활용하는 것 역시 기술이라고 볼 수 있을 것이다.

※ 다음은 I전자의 유・무상 수리 기준에 대한 자료이다. 이어지는 질문에 답하시오. **[52~53]**

〈I전자의 유・무상 수리 기준〉

1. 유・무상 수리 기준

| 구분 | | 적용 항목 |
|---|---|---|
| 무상 | | – 보증기간(1년) 이내에 정상적인 사용 상태에서 발생한 성능・기능상의 고장인 경우<br>– I전자 엔지니어의 수리 이후 12개월 이내 동일한 고장이 발생한 경우<br>– 품질보증기간 동안 정상적인 사용 상태에서 발생한 성능・기능상의 고장인 경우<br>※ 보증기간은 구입 일자를 기준으로 산정함 |
| 유상 | 보증기간 | 보증기간이 경과된 제품 |
| | 설치 / 철거 | – 이사나 가정 내 제품 이동으로 재설치를 요청하는 경우<br>– 제품의 초기 설치 이후 추가로 제품 연결을 요청하는 경우<br>– 홈쇼핑, 인터넷 등에서 제품 구입 후 설치를 요청하는 경우 |
| | 소모성 | – 소모성 부품의 보증기간 경과 및 수명이 다한 경우(배터리, 필터류, 램프류, 헤드, 토너, 드럼, 잉크 등)<br>– 당사에서 지정하지 않은 부품이나 옵션품으로 인해 고장이 발생한 경우 |
| | 천재지변 | 천재지변(지진, 풍수해, 낙뢰, 해일 등) 외 화재, 염해, 동파, 가스 피해 등으로 인해 고장이 발생한 경우 |
| | 고객 부주의 | – 사용자 과실로 인해 고장이 발생한 경우<br>– 사용설명서 내의 주의사항을 지키지 않아 고장이 발생한 경우<br>– I전자 서비스센터 외 임의 수리・개조로 인해 고장이 발생한 경우<br>– 인터넷, 안테나 등 외부 환경으로 인해 고장이 발생한 경우 |
| | 기타 | 제품 고장이 아닌 고객 요청에 의한 제품 점검(보증기간 이내라도 유상 수리) |

2. 서비스 요금 안내

서비스 요금은 부품비, 수리비, 출장비의 합계액으로 구성되며, 각 요금의 결정은 다음과 같다.

• 부품비 : 수리 시 부품 교체를 할 경우 소요되는 부품 가격

| 제품 | | 가격 |
|---|---|---|
| 전자레인지 | 마그네트론 | 20,000원 |
| 에어컨 | 콤프레셔 | 400,000원 |
| TV | LCD | 150,000원 |
| | PDP | 300,000원 |

• 수리비 : 유상 수리 시 부품비를 제외한 기술료로, 소요 시간, 난이도 등을 감안하여 산정된다.

• 출장비 : 출장 수리를 요구하는 경우 적용되며, 18,000원을 청구한다(단, 평일 18시 이후, 휴일 방문 시 22,000원).

3. 안내 사항

• 분쟁 발생 시 품목별 해결 기준

| 분쟁 유형 | | 해결 기준 |
|---|---|---|
| 구입 후 10일 이내에 정상적인 사용 상태에서 발생한 성능・기능상의 하자로 수리를 요할 때 | | 제품 교환 또는 구입가 환급 |
| 구입 후 1개월 이내에 정상적인 사용 상태에서 발생한 성능・기능상의 하자로 중요한 수리를 요할 때 | | 제품 교환 또는 무상수리 |
| 보증기간 이내에 정상적인 사용 상태에서 발생한 성능・기능상의 하자 | 수리 불가능 시 | 제품 교환 또는 구입가 환급 |
| | 교환 불가능 시 | 구입가 환급 |
| | 교환된 제품이 1개월 이내에 중요한 수리를 요할 때 | 구입가 환급 |

• 다음의 경우는 보증기간이 $\frac{1}{2}$로 단축 적용된다.

– 영업용도나 영업장에서 사용할 경우 예 비디오(비디오 SHOP), 세탁기(세탁소) 등
– 차량, 선박 등에 탑재하는 등 정상적인 사용 환경이 아닌 곳에서 사용할 경우
– 제품사용 빈도가 극히 많은 공공장소에 설치 사용할 경우 예 공장, 기숙사 등

• 휴대폰 소모성 액세서리(이어폰, 유선충전기, USB 케이블)는 I전자 유상 수리 후 2개월간 품질 보증

PART 3

**52** **다음은 LCD 모니터 수리에 대한 고객의 문의 사항이다. 고객에게 안내할 내용으로 가장 적절한 것은?**

> 안녕하세요. 3개월 전에 I전자에서 LCD 모니터를 구입한 사람입니다. 얼마 전에 모니터 액정이 고장나서 동네 전파상에서 급하게 수리를 하였는데 1개월도 안 돼서 다시 액정이 망가져 버렸습니다.

① 구입하신 지 아직 1년이 넘지 않으셨네요. 보증기간에 따라 무상 수리가 가능합니다.
② 무상 수리를 받으시려면 자사가 취급하는 액정인지 확인이 필요합니다. 교체하신 액정의 정보를 알려주실 수 있을까요?
③ 수리 이후에 1개월 이내에 동일한 고장이 발생하셨군요. 보증기간과 관계없이 제품의 구입가를 환불해 드리겠습니다.
④ 구입하시고 1년 이내에 수리를 받으셨군요. 더 이상 수리가 불가능하므로 새 제품으로 교환해 드리겠습니다.
⑤ 저희 서비스센터가 아닌 사설 업체에서 수리를 받았기 때문에 무상 수리는 어렵습니다. 유상 수리로 접수해 드릴까요?

**53** A씨는 사용하던 전자레인지가 고장이 나서 I전자 서비스센터에 전화하였고, 이틀 후인 수요일 오후 4시경에 엔지니어가 방문하기로 하였다. 방문한 엔지니어가 전자레인지의 부품 중 하나인 마그네트론을 교체하였고, A씨는 유상 수리 서비스 요금으로 총 53,000원의 금액을 납부하였다. 다음 중 전자레인지의 수리비로 옳은 것은?

① 10,000원
② 11,000원
③ 12,000원
④ 13,000원
⑤ 15,000원

**54** 다음 〈보기〉 중 지속가능한 기술의 사례로 적절한 것을 모두 고르면?

보기

㉠ A사는 카메라를 들고 다니지 않으면서도 사진을 찍고 싶어 하는 소비자들을 위해 일회용 카메라 대신 재활용이 쉽고, 재사용도 가능한 카메라를 만들어내는 데 성공했다.

㉡ 잉크, 도료, 코팅에 쓰이던 유기 용제 대신에 물로 대체한 수용성 수지를 개발한 B사는 휘발성 유기화합물의 배출이 줄어듦과 동시에 대기오염 물질을 줄임으로써 소비자들로부터 찬사를 받고 있다.

㉢ C사는 가구처럼 맞춤 제작하는 냉장고를 선보였다. 맞춤 양복처럼 가족수와 식습관, 라이프스타일, 주방 형태 등을 고려해 1도어부터 4도어까지 여덟 가지 타입의 모듈을 자유롭게 조합하고, 세 가지 소재와 아홉 가지 색상을 매치해 공간에 어울리는 나만의 냉장고를 꾸밀 수 있게 된 것이다.

㉣ D사는 기존에 소각처리해야 했던 석유화학 옥탄올 공정을 변경하여 폐수처리로 전환하고, 공정 최적화를 통해 화약 제조 공정에 발생하는 총 질소의 양을 원천적으로 감소시키는 공정 혁신을 이루었다. 이로 인해 연간 4천 톤의 오염 물질 발생량을 줄였으며, 약 60억 원의 원가도 절감했다.

㉤ 등산 중 갑작스러운 산사태를 만나거나 길을 잃어서 조난 상황이 발생한 경우 골든타임 확보가 무척 중요하다. 이를 위해 E사는 조난객의 상황 파악을 위한 5G 통신 모듈이 장착된 비행선을 선보였다. 이 비행선은 현재 비행거리와 시간이 짧은 드론과 비용과 인력 소모가 많이 드는 헬기에 비해 매우 효과적일 것으로 기대하고 있다.

① ㉠, ㉡, ㉤
② ㉠, ㉡, ㉣
③ ㉠, ㉢, ㉣
④ ㉡, ㉢, ㉣
⑤ ㉡, ㉢, ㉤

※ 다음 글을 읽고 이어지는 질문에 답하시오. [55~56]

- 인쇄기기 제조업체 A사는 타 업체에 시장점유율이 밀리자 해당 업체의 프린터기를 구입하여 분해한 뒤 분석하여, 성공요인을 도출하였다. 이러한 성공요인을 신제품 개발에 활용하거나 기존 제품에 적용함으로써 자사의 제품 경쟁력을 향상시켰다.
- 대형 유통판매업체 B사는 해외 대형 할인점을 따라 다수의 패션브랜드를 매장 안에 입점시킴으로써 매장의 분위기를 전환하였다. B사의 관계자는 해외 대형 할인점을 참고한 것은 맞으나, 구체적인 방법은 국내 현실 및 소비자 성향에 맞게 조정하였다고 밝혔다.
- 국내 금융업체인 C금융사의 본사에는 대형 디스플레이가 설치되어 있다. 이 디스플레이에는 C금융사 고객이 남긴 불만사항이 실시간으로 업데이트되고 있다. 이러한 방식은 뉴욕의 한 신문사에서 본사에 설치된 모니터의 독자의 댓글들이 실시간으로 나타나는 것을 보게 된 경영진이 C금융사에도 도입한 것이다. 그러나 디스플레이 도입 후, 직원들은 디스플레이가 부담스럽고 심리적 압박감을 유발한다고 불만사항을 제기하였다. 예상치 못한 결과에 C금융사의 경영진들은 직원들의 불만을 잠재우면서도 디스플레이의 설치 목적은 그대로 유지할 수 있는 방안을 마련하고자 한다.

PART 3

**55** 다음 중 A ~ C사가 수행한 기술선택의 방법에 대한 설명으로 옳지 않은 것은?

① 우수 기업이나 성공 사례의 장점을 자사에 그대로 적용하는 방법이다.
② 특정 분야에서 뛰어난 업체나 상품, 기술, 경영 방식 등을 배워 합법적으로 응용하는 것이다.
③ 계획 단계, 자료 수집 단계, 분석 단계, 개선 단계로 진행될 수 있다.
④ 비교대상에 따른 분류와 수행방식에 따른 분류로 그 종류를 나눌 수 있다.
⑤ 수행방식에 따른 분류에는 직·간접적 방법이 있다.

**56** 다음 중 C금융사가 수행한 기술선택의 방법으로 옳은 것을 〈보기〉에서 모두 고르면?

보기

㉠ 같은 기업 내의 다른 지역, 타 부서, 국가 간의 유사한 활용을 대상으로 하는 기술선택 방법이다.
㉡ 동일 업종에서 고객을 직접적으로 공유하는 경쟁기업을 대상으로 하는 기술선택 방법이다.
㉢ 제품, 서비스 및 프로세스의 단위 분야에 있어 가장 우수한 실무를 보이는 비경쟁적 기업 내의 유사 분야를 대상으로 하는 기술선택 방법이다.
㉣ 대상을 직접 방문하여 수행하는 기술선택 방법이다.
㉤ 인터넷 및 문서 형태의 자료를 통해서 수행하는 기술선택 방법이다.

① ㉠, ㉡
② ㉠, ㉤
③ ㉡, ㉢
④ ㉢, ㉣
⑤ ㉣, ㉤

**57** 다음은 LPG 차량의 동절기 관리 요령에 대한 자료이다. 이를 이해한 내용으로 적절하지 않은 것은?

〈LPG 차량의 동절기 관리 요령〉

LPG 차량은 가솔린이나 경유에 비해 비등점이 낮은 특징을 갖고 있기 때문에 대기온도가 낮은 겨울철에 시동성이 용이하지 못한 결점이 있습니다. 동절기 시동성 향상을 위해 다음 사항을 준수하시기 바랍니다.

▶ LPG 충전

- 동절기에 상시 운행지역을 벗어나 추운지방으로 이동할 경우에는 도착지 LPG 충전소에서 연료를 완전 충전하시면 다음날 시동이 보다 용이합니다. 이는 지역별로 상이한 외기온도에 따라 시동성 향상을 위해 LPG 내에 포함된 프로판 비율이 다르기 때문이며, 추운 지역의 LPG는 따뜻한 지역보다 프로판 비율이 높습니다(동절기에는 반드시 프로판 비율이 15 ~ 35%를 유지하도록 관련 법규에 명문화되어 있습니다).

▶ 주차 시 요령

- 가급적 건물 내 또는 주차장에 주차하는 것이 좋으나, 부득이 옥외에 주차할 경우에는 엔진 위치가 건물 벽 쪽을 향하도록 주차하거나, 차량 앞쪽을 해가 뜨는 방향으로 주차함으로써 태양열의 도움을 받을 수 있도록 하는 것이 좋습니다.

▶ 시동 요령

- 엔진 시동 전에 반드시 안전벨트를 착용하여 주십시오.
- 주차 브레이크 레버를 당겨 주십시오.
- 모든 전기장치는 OFF하여 주십시오.
- 점화스위치를 'ON' 위치로 하여 주십시오.
- 저온(혹한기) 조건에서는 계기판에 PTC 작동 지시등이 점등됩니다.
  - PTC 작동 지시등의 점등은 차량 시동성 향상을 위한 것으로 부품의 성능에는 영향이 없습니다.
  - 주행 후 단시간 시동 시에는 점등되지 않을 수 있습니다.
- PTC 작동 지시등이 소등되었는지 확인한 후, 엔진 시동을 걸어 주십시오.

▶ 시동 시 주의 사항

- 시동이 잘 안 걸리면 엔진 시동을 1회에 10초 이내로만 실시하십시오. 계속해서 엔진 시동을 걸면 배터리가 방전될 수 있습니다.

▶ 시동 직후 주의 사항

- 저온 시 엔진 시동 후 계기판에 가속방지 지시등이 점등됩니다.
- 가속방지 지시등의 점등은 주행성 향상을 위한 것으로 부품의 성능에는 영향이 없습니다.
- 가속방지 지시등 점등 시 고속 주행을 삼가십시오.
- 가속방지 지시등 점등 시 급가속, 고속주행은 연비 및 엔진 꺼짐 등의 문제가 발생할 수 있습니다.
- 가급적 가속방지 지시등 소등 후에 주행하여 주시길 바랍니다.

① 옥외에 주차할 경우 차량 앞쪽을 해가 뜨는 방향에 주차하는 것이 좋다.
② 추운 지역의 LPG는 따뜻한 지역보다 프로판 비율이 낮다.
③ 동절기에 LPG 충전소에서 연료를 완전 충전하면 다음날 시동이 용이하다.
④ 가속방지 지시등 점등 시 고속 주행을 삼가도록 한다.
⑤ 가속방지 지시등 점등 시 급가속은 엔진 꺼짐 등의 문제가 발생할 수 있다.

PART 3

**58 다음 글을 읽고 산업재해에 대한 원인으로 옳지 않은 것은?**

> 전선 제조 사업장에서 고장난 변압기 교체를 위해 K전력 작업자가 변전실에서 작업을 준비하던 중 특고압 배전반 내 충전부 COS 1차 홀더에 접촉 감전되어 치료 도중 사망하였다. 증언에 따르면 변전실 TR-5 패널의 내부는 협소하고, 피재해자의 키에 비하여 경첩의 높이가 높아 문턱 위에 서서 불안전한 작업자세로 작업을 실시하였다고 한다. 또한 피재해자는 전기 관련 자격이 없었으며, 복장은 일반 안전화, 면장갑, 패딩점퍼를 착용한 상태였다.

① 불안전한 행동
② 불안전한 상태
③ 작업 관리상 원인
④ 기술적 원인
⑤ 작업 준비 불충분

※ 다음은 I공사에서 발표한 전력수급 비상단계 발생 시 행동요령이다. 이어지는 질문에 답하시오. [59~60]

〈전력수급 비상단계 발생 시 행동요령〉

• 가정
1. 전기 냉난방기기의 사용을 중지합니다.
2. 다리미, 청소기, 세탁기 등 긴급하지 않은 모든 가전기기의 사용을 중지합니다.
3. TV, 라디오 등을 통해 신속하게 재난상황을 파악하여 대처합니다.
4. 안전, 보안 등을 위한 최소한의 조명을 제외한 실내외 조명은 모두 소등합니다.

• 사무실
1. 건물관리자는 중앙조절식 냉난방설비의 가동을 중지하거나 온도를 낮춥니다.
2. 사무실 내 냉난방설비의 가동을 중지합니다.
3. 컴퓨터, 프린터, 복사기, 냉온수기 등 긴급하지 않은 모든 사무기기 및 설비의 전원을 차단합니다.
4. 안전, 보안 등을 위한 최소한의 조명을 제외한 실내외 조명은 모두 소등합니다.

• 공장
1. 사무실 및 공장 내 냉난방기의 사용을 중지합니다.
2. 컴퓨터, 복사기 등 각종 사무기기의 전원을 일시적으로 차단합니다.
3. 꼭 필요한 경우를 제외한 사무실 조명은 모두 소등하고 공장 내부의 조명도 최소화합니다.
4. 비상발전기의 가동을 점검하고 운전 상태를 확인합니다.

• 상가
1. 냉난방설비의 가동을 중지합니다.
2. 안전·보안용을 제외한 모든 실내 조명등과 간판 등을 일시 소등합니다.
3. 식기건조기, 냉온수기 등 식재료의 부패와 관련 없는 가전제품의 가동을 중지하거나 조정합니다.
4. 자동문, 에어커튼의 사용을 중지하고 환기팬 가동을 일시 정지합니다.

**59** **다음 중 전력수급 비상단계 발생 시 행동요령에 대한 설명으로 옳지 않은 것은?**

① 가정에 있을 경우 대중매체를 통해 재난상황에 대한 정보를 파악할 수 있다.
② 사무실에 있을 경우 즉시 사용이 필요하지 않은 복사기, 컴퓨터 등의 전원을 차단하여야 한다.
③ 가정에 있을 경우 모든 실내외 조명을 소등하여야 한다.
④ 공장에 있을 경우 비상발전기 가동을 준비해야 한다.
⑤ 전력 회복을 위해 한동안 사무실의 업무가 중단될 수 있다.

**60** **다음 〈보기〉 중 전력수급 비상단계 발생 시 행동요령에 따른 행동으로 적절하지 않은 것을 모두 고르면?**

보기

㉠ 집에 있던 김사원은 세탁기 사용을 중지하고 실내조명을 최소화하였다.
㉡ 본사 전력관리실에 있던 이주임은 사내 중앙보안시스템의 전원을 즉시 차단하였다.
㉢ 공장에 있던 박주임은 즉시 공장 내부 조명 밝기를 최소화하였다.
㉣ 상가에서 횟집을 운영하는 최사장은 모든 냉동고의 전원을 차단하였다.

① ㉠, ㉡
② ㉠, ㉢
③ ㉡, ㉢
④ ㉡, ㉣
⑤ ㉢, ㉣

PART 3

# 제2회
# 최종점검 모의고사

※ 인천국제공항공사 최종점검 모의고사는 채용공고를 기준으로 구성한 것으로 실제 시험과 다를 수 있습니다.

※ 모바일 OMR 답안채점 / 성적분석 서비스

사무직(경영학)

사무직(경제학)

사무직(행정학)

관제직(NCS)

기술직(NCS)

## ■ 취약영역 분석

### NCS 직업기초능력평가

| 번호 | O/× | 영역 | 번호 | O/× | 영역 | 번호 | O/× | 영역 |
|---|---|---|---|---|---|---|---|---|
| 1 | | 정보능력 | 21 | | 의사소통능력 | 41 | | 자원관리능력 |
| 2 | | | 22 | | | 42 | | |
| 3 | | 자원관리능력 | 23 | | | 43 | | 문제해결능력 |
| 4 | | 의사소통능력 | 24 | | 자원관리능력 | 44 | | 수리능력 |
| 5 | | | 25 | | | 45 | | |
| 6 | | 자원관리능력 | 26 | | | 46 | | 문제해결능력 |
| 7 | | 문제해결능력 | 27 | | 수리능력 | 47 | | |
| 8 | | | 28 | | | 48 | | 정보능력 |
| 9 | | | 29 | | 정보능력 | 49 | | 의사소통능력 |
| 10 | | 수리능력 | 30 | | | 50 | | 정보능력 |
| 11 | | 문제해결능력 | 31 | | 수리능력 | 51 | | 조직이해능력 / 기술능력 |
| 12 | | 의사소통능력 | 32 | | 문제해결능력 | 52 | | |
| 13 | | | 33 | | | 53 | | |
| 14 | | 정보능력 | 34 | | 정보능력 | 54 | | |
| 15 | | 문제해결능력 | 35 | | | 55 | | |
| 16 | | | 36 | | 수리능력 | 56 | | |
| 17 | | | 37 | | 의사소통능력 | 57 | | |
| 18 | | 정보능력 | 38 | | 자원관리능력 | 58 | | |
| 19 | | 수리능력 | 39 | | | 59 | | |
| 20 | | 의사소통능력 | 40 | | 수리능력 | 60 | | |

### 전공 직무수행능력평가

경영학 / 경제학 / 행정학

| 평가문항 | 110문항 | 평가시간 | 125분 |
|---|---|---|---|
| 시작시간 | : | 종료시간 | : |
| 취약영역 | | | |

제 2 회

# 최종점검 모의고사

응시시간 : 125분 문항 수 : 110문항

정답 및 해설 p.079

## 01 직업기초능력평가

**01** I기업은 출근 시스템 단말기에 직원들이 카드로 출근 체크를 하면 엑셀 워크시트에 실제 출근시간(B4:B10) 데이터가 자동으로 전송되어 입력된다. 총무부에서 근무하는 귀하는 데이터에 따라 직원들의 근태상황을 체크하려고 할 때, [C8] 셀에 입력할 함수는?(단, 9시까지는 출근으로 인정한다)

〈출근시간 워크시트〉

| | A | B | C | D |
|---|---|---|---|---|
| 1 | | | 날짜 | 2023.03.09 |
| 2 | 〈직원별 출근 현황〉 | | | |
| 3 | 이름 | 체크시간 | 근태상황 | 비고 |
| 4 | 이청용 | 7:55 | | |
| 5 | 이하이 | 8:15 | | |
| 6 | 구자철 | 8:38 | | |
| 7 | 박지민 | 8:59 | | |
| 8 | 손흥민 | 9:00 | | |
| 9 | 박지성 | 9:01 | | |
| 10 | 홍정호 | 9:07 | | |

① =IF(B8>=TIME(9,1,0),“지각”,“출근”)

② =IF(B8>=TIME(9,1,0),“출근”,“지각”)

③ =IF(HOUR(B8)>=9,“지각”,“출근”)

④ =IF(HOUR(B8)>=9,“출근”,“지각”)

⑤ =IF(B8>=TIME(9,0,0),“지각”,“출근”)

**02** I사 인사팀에 근무하는 L주임은 다음과 같이 상반기 공채 지원자들의 PT면접 점수를 입력한 후 면접 결과를 정리하고자 한다. 이를 위해 [F3] 셀에 〈보기〉와 같은 함수를 입력하고, 채우기 핸들을 이용하여 [F6] 셀까지 드래그했을 때, [F3] ~ [F6] 셀에 나타나는 결괏값으로 옳은 것은?

| | A | B | C | D | E | F |
|---|---|---|---|---|---|---|
| 1 | | | | | | (단위 : 점) |
| 2 | 이름 | 발표내용 | 발표시간 | 억양 | 자료준비 | 결과 |
| 3 | 조재영 | 85 | 92 | 75 | 80 | |
| 4 | 박슬기 | 93 | 83 | 82 | 90 | |
| 5 | 김현진 | 92 | 95 | 86 | 91 | |
| 6 | 최승호 | 95 | 93 | 92 | 90 | |

**보기**

=IF(AVERAGE(B3:E3)>=90,"합격","불합격")

| | [F3] | [F4] | [F5] | [F6] |
|---|---|---|---|---|
| ① | 불합격 | 불합격 | 합격 | 합격 |
| ② | 합격 | 합격 | 불합격 | 불합격 |
| ③ | 합격 | 불합격 | 합격 | 불합격 |
| ④ | 불합격 | 합격 | 불합격 | 합격 |
| ⑤ | 불합격 | 불합격 | 불합격 | 합격 |

PART 3

**03** 다음은 직장문화에서 갑질 발생 가능성 정도를 점검하는 설문지이다. I부서의 직원 10명이 다음과 같이 체크를 했다면 가중치를 적용한 점수의 평균은 몇 점인가?

〈I부서 설문지 결과표〉

(단위 : 명)

| 점검 내용 | 전혀 아니다 (1점) | 아니다 (2점) | 보통이다 (3점) | 그렇다 (4점) | 매우 그렇다 (5점) |
|---|---|---|---|---|---|
| 1. 상명하복의 서열적인 구조로 권위주의 문화가 강하다. | | 3 | 7 | | |
| 2. 관리자(상급기관)가 직원(하급기관)들의 말을 경청하지 않고 자신의 의견만 주장하는 경우가 많다. | | 2 | 5 | 2 | 1 |
| 3. 관리자(상급기관)가 직원(하급기관)에게 지휘감독이라는 명목 하에 부당한 업무지시를 하는 사례가 자주 있다. | 7 | 3 | | | |
| 4. 업무처리 과정이나 결과가 투명하게 공개되지 않는다. | | 1 | 1 | 6 | 2 |
| 5. 기관의 부당한 행위에 대해 직원들이 눈치 보지 않고 이의 제기를 할 수 없다. | 6 | 3 | 1 | | |
| 6. 사회적으로 문제가 될 수 있는 부당한 행위가 기관의 이익 차원에서 합리화 및 정당화되는 경향이 있다. (예 협력업체에 비용전가 등) | 8 | 2 | | | |
| 7. 갑질 관련 내부신고 제도 등이 존재하더라도 신고하면 불이익을 당할 수 있다는 의식이 강하다. | | | | 8 | 2 |
| 8. 우리 기관은 민간업체에 대한 관리·감독, 인허가·규제 업무를 주로 수행한다. | | | 5 | 2 | 3 |
| 9. 우리기관이 수행하는 업무는 타 기관에 비해 업무적 독점성이 강한 편이다. | | 2 | 6 | 1 | 1 |
| 10. 우리 기관에 소속된 공직유관단체(투자·출연기관 등)의 수는 타 기관에 비해 많다. | | 2 | 7 | | 1 |

※ 갑질 가능성 정도는 점수와 비례한다.

〈질문 선택지별 가중치〉

| 전혀 아니다 | 아니다 | 보통이다 | 그렇다 | 매우 그렇다 |
|---|---|---|---|---|
| 0.2 | 0.4 | 0.6 | 0.8 | 1.0 |

① 25.7점
② 23.9점
③ 21.6점
④ 18.7점
⑤ 16.5점

## 04 다음 글을 통해 알 수 있는 내용으로 가장 적절한 것은?

상업 광고는 기업은 물론이고 소비자에게도 요긴하다. 기업은 마케팅 활동의 주요한 수단으로 광고를 적극적으로 이용하여 기업과 상품의 인지도를 높이려 한다. 소비자는 소비 생활에 필요한 상품의 성능, 가격, 판매 조건 등의 정보를 광고에서 얻으려 한다. 광고를 통해 기업과 소비자가 모두 이익을 얻는다면 이를 규제할 필요는 없을 것이다. 그러나 광고에서 기업과 소비자의 이익이 상충하는 경우도 있고 광고가 사회 전체에 폐해를 낳는 경우도 있어, 다양한 규제 방식이 모색되었다.

이때 문제가 된 것은 과연 광고로 인한 피해를 책임질 당사자로서 누구를 상정할 것인가였다. 초기에는 '소비자 책임 부담 원칙'에 따라 광고 정보를 활용한 소비자의 구매 행위에 대해 소비자가 책임을 져야 한다고 보았다. 여기에는 광고 정보가 정직한 것인지와는 상관없이 소비자는 이성적으로 이를 판단하여 구매할 수 있어야 한다는 전제가 있었다. 그래서 기업은 광고에 의존하여 물건을 구매한 소비자가 입은 피해에 대하여 책임을 지지 않았고, 광고의 기만성에 대한 입증 책임도 소비자에게 있었다.

책임 주체로 기업을 상정하여 '기업 책임 부담 원칙'이 부상하게 된 배경은 복합적이다. 시장의 독과점 상황이 광범위해지면서 소비자의 자유로운 선택이 어려워졌고, 상품에 응용된 과학 기술이 복잡해지고 첨단화되면서 상품 정보에 대한 소비자의 정확한 이해도 기대하기 어려워졌다. 또한 다른 상품 광고와의 차별화를 위해 통념에 어긋나는 표현이나 장면도 자주 활용되었다. 그리하여 경제적, 사회·문화적 측면에서 광고로부터 소비자를 보호해야 한다는 당위를 바탕으로 기업이 광고에 대해 책임을 져야 한다는 공감대가 확산되었다.

오늘날 행해지고 있는 여러 광고 규제는 이런 공감대에서 나온 것인데, 이는 크게 보아 법적 규제와 자율 규제로 나눌 수 있다. 구체적인 법 조항을 통해 광고를 규제하는 법적 규제는 광고 또한 사회적 활동의 일환이라는 점에 근거한다. 특히 자본주의 사회에서는 기업이 시장 점유율을 높여 다른 기업과의 경쟁에서 승리하기 위하여 사실에 반하는 광고나 소비자를 현혹하는 광고를 할 가능성이 높다. 법적 규제는 허위 광고나 기만 광고 등을 불공정 경쟁의 수단으로 간주하여 정부 기관이 규제를 가하는 것이다.

자율 규제는 법적 규제에 대한 기업의 대응책으로 등장했다. 법적 규제가 광고의 역기능에 따른 피해를 막기 위한 강제적 조치라면, 자율 규제는 광고의 순기능을 극대화하기 위한 자율적 조치이다. 광고에 대한 기업의 책임감에서 비롯된 자율 규제는 법적 규제를 보완하는 효과가 있다.

① 광고 주체의 자율 규제가 잘 작동될수록 광고에 대한 법적 규제의 역할도 커진다.

② 기업의 이익과 소비자의 이익이 상충하는 정도가 클수록 법적 규제와 자율 규제의 필요성이 약화된다.

③ 시장 독과점 상황이 심각해지면서 기업 책임 부담 원칙이 약화되고 소비자 책임부담 원칙이 부각되었다.

④ 첨단 기술을 강조한 상품의 광고일수록 소비자가 광고 내용을 정확히 이해하지 못한 채 상품을 구매할 가능성이 커진다.

⑤ 광고의 기만성을 입증할 책임을 소비자에게 돌리는 경우, 그 이유는 소비자에게 이성적 판단 능력이 있다는 전제를 받아들이지 않기 때문이다.

PART 3

**05** 다음 글의 제목으로 가장 적절한 것은?

요즘은 대체의학의 홍수시대라고 하여도 지나친 표현이 아니다. 우리가 먹거나 마시는 대부분의 비타민제나 건강음료 및 건강보조식품이 대체의학에서 나오지 않은 것이 없을 정도이니 말이다. 이러한 대체요법의 만연으로 한의학계를 비롯한 제도권 의료계는 많은 경제적 위협을 받고 있다.
대체의학에 대한 정의는 일반적으로 현대의학의 표준화된 치료 이외에 환자들이 이용하는 치료법으로서 아직 증명되지는 않았으나, 혹은 일반 의료의 보조요법으로 과학자나 임상의사의 평가에 의해 증명되지는 않았으나 현재 예방, 진단, 치료에 사용되는 어떤 검사나 치료법 등을 통틀어 지칭하는 용어로 알려져 있다.
그러나 요즈음 우리나라에서는 한마디로 정의하여 전통적인 한의학과 서양의학이 아닌 그 외의 의학을 통틀어 대체의학이라 부르고 있다. 원래는 1970년대 초반 동양의학의 침술이 미국의학계와 일반인들에게 유입되고 특별한 관심을 불러일으키면서 서양의학자들이 이들의 혼잡을 정리하기 위해 서양의학 이외의 다양한 전통의학과 민간요법을 통틀어 '대체의학'이라 부르기 시작했다. 그런 이유로 구미 각국에서는 한의학도 대체의학에 포함시키고 있으나 의료 이원화된 우리나라에서만은 한의학도 제도권 내의 공식 의학에 속하기 때문에 대체의학에서는 제외되고 있다.
서양에서 시작된 대체의학은 서양의 정통의학에서 부족한 부분을 보완하거나 대체할 새로운 치료의학에 대한 관심으로 시작하였으나 지금의 대체의학은 질병을 관찰함에 있어 부분적이기보다는 전일(全一)적이며, 질병 중심적이기보다는 환자 중심적이고 인위적이기보다는 자연적인 치료를 주장하는 인간중심의 한의학에 관심을 갖게 되면서 전반적인 상태나 영양 등은 물론 환자의 정신적, 사회적, 환경적인 부분까지 관찰하여 조화와 균형을 이루게 하는 치료법으로 거듭 진화하고 있으며 현재는 보완대체의학에서 보완통합의학으로, 다시 통합의학이라는 용어로 변모되어 가고 있다.
대체의학을 분류하는 방법은 다양하지만 서양에서 분류한 세 가지 유형으로 구분하여 대표적인 것들을 소개하자면 다음과 같다. 첫째, 동양의학적 보완대체요법으로 침술, 기공치료, 명상요법, 요가, 아유르베다 의학, 자연요법, 생약요법, 아로마요법, 반사요법, 봉침요법, 접촉요법, 심령치료법, 기도요법 등이 있으며 둘째, 서양의학적 보완대체요법으로는 최면요법, 신경 – 언어 프로그램 요법, 심상유도 요법, 바이오피드백 요법(생체되먹이 요법), 분자정형치료, 응용운동학, 중금속제거 요법, 해독요법, 영양보충 요법, 효소요법, 산소요법, 생물학적 치과치료법, 정골의학, 족부의학, 근자극요법, 두개천골자극 요법, 에너지의학, 롤핑요법, 세포치료법, 테이핑요법, 홍채진단학 등이 있고 셋째, 동서의학 접목형 보완대체요법으로는 동종요법, 양자의학, 식이요법, 절식요법, 주스요법, 장요법, 수치료, 광선요법, 뇨요법 등의 치료법이 있고, 요즘은 여기에다 미술치료, 음악치료 등의 새로운 치료법이 대두되고 있으며 이미 일부의 양·한방 의료계에서는 이들 중의 일부를 임상에 접목시키고 있다.
그러나 한의학으로 모든 질병을 정복하려는 우를 범해서는 아니 된다. 한의학으로 모든 질병이 정복된다면 서양의학이 존재할 수 없으며 대체의학이 새롭게 21세기를 지배할 이유가 없다. 한의학은 대체의학이 아니다. 마찬가지로 대체의학 역시 한의학이 아니며 서양의학도 아니다. 대체의학은 새로운 의학이다. 우리가 개척하고 정복해야 할 미지의 의학인 것이다.

① 대체의학의 의미와 종류
② 대체의학이 지니는 문제점
③ 대체의학에 따른 부작용 사례
④ 대체의학의 한계와 개선방향
⑤ 대체의학의 연구 현황과 미래

**06** 다음 자료는 I공사 인사팀의 하계휴가 스케줄이다. A사원은 휴가를 신청하기 위해 하계휴가 스케줄을 확인하였다. 〈조건〉을 참고할 때, A사원이 휴가를 쓸 수 있는 기간으로 가장 적절한 것은?

〈8월 휴가〉

| 구분 | 3 | 4 | 5 | 6 | 7 | 10 | 11 | 12 | 13 | 14 | 17 | 18 | 19 | 20 | 21 | 24 | 25 | 26 | 27 | 28 |
|---|---|---|---|---|---|---|---|---|---|---|---|---|---|---|---|---|---|---|---|---|
| | 월 | 화 | 수 | 목 | 금 | 월 | 화 | 수 | 목 | 금 | 월 | 화 | 수 | 목 | 금 | 월 | 화 | 수 | 목 | 금 |
| P부장 | | | | | | | | | | | | | | | | | | | | |
| K차장 | | | | | | | | | | | | | | | | | | | | |
| J과장 | | | | | | | | | | | | | | | | | | | | |
| H대리 | | | | | | | | | | | | | | | | | | | | |
| A주임 | | | | | | | | | | | | | | | | | | | | |
| B주임 | | | | | | | | | | | | | | | | | | | | |
| A사원 | | | | | | | | | | | | | | | | | | | | |
| B사원 | | | | | | | | | | | | | | | | | | | | |

**조건**

- A사원은 4일 이상 휴가를 사용해야 한다(토요일과 일요일은 제외한다).
- 25 ~ 28일은 하계워크숍 기간이므로 휴가 신청이 불가능하다.
- 하루에 6명 이상은 반드시 사무실에 있어야 한다.

① 7 ~ 11일
② 6 ~ 11일
③ 11 ~ 16일
④ 13 ~ 18일
⑤ 19 ~ 24일

**07** I공사는 5월 중에 진급심사를 하고자 한다. 인사관리과 A대리는 모든 진급심사 일정에 참여하면서도 5월 내에 남은 연차 2일을 사용해 가족들과 일본여행을 가고자 한다. 인사관리과의 진급심사가 〈조건〉에 따라 진행된다고 할 때, 다음 중 A대리가 연차로 사용가능한 날짜는?

〈2023년 5월 달력〉

| 일요일 | 월요일 | 화요일 | 수요일 | 목요일 | 금요일 | 토요일 |
|---|---|---|---|---|---|---|
| | 1 | 2 | 3 | 4 | 5 | 6 |
| 7 | 8 | 9 | 10 | 11 | 12 | 13 |
| 14 | 15 | 16 | 17 | 18 | 19 | 20 |
| 21 | 22 | 23 | 24 | 25 | 26 | 27 |
| 28 | 29 | 30 | 31 | | | |

조건

- 진급심사는 '후보자 선별 → 결격사유 심사 → 실적평가 → 인사고과 심사 → 임원진 면접 → 승진자 취합' 단계로 진행된다.
- 인사고과 심사에는 근무일 3일이 소요되며, 그 외 단계에는 근무일 2일이 소요된다.
- 인사관리과의 근무요일은 월요일부터 금요일까지이다.
- 진급심사의 각 단계는 연이어 진행할 수 없다.
- 후보자 선별은 5월 2일에 시작된다.
- 인사관리과장은 진급심사를 5월 26일까지 완료하여 발표하고자 한다.

① 2 ~ 3일
② 18 ~ 19일
③ 22 ~ 23일
④ 24 ~ 25일
⑤ 25 ~ 26일

※ K사원은 인터넷 쇼핑몰에서 회원가입을 하고 무선 이어폰을 구매하려고 한다. 다음은 구매하고자 하는 모델에 대하여 인터넷 쇼핑몰 세 곳의 가격과 조건을 조사한 자료이다. 이어지는 질문에 답하시오(단, 각 쇼핑몰의 혜택 적용 시 가장 낮은 가격으로 비교한다). **[8~9]**

〈A～C쇼핑몰 무선 이어폰 가격 및 조건〉

| 구분 | 정상가격 | 회원혜택 | 할인쿠폰 | 중복할인 | 배송비 |
|---|---|---|---|---|---|
| A쇼핑몰 | 129,000원 | 7,000원 할인 | 5% | 불가 | 2,000원 |
| B쇼핑몰 | 131,000원 | 3,500원 할인 | 3% | 가능 | 무료 |
| C쇼핑몰 | 130,000원 | 7% 할인 | 5,000원 | 불가 | 2,500원 |

※ 중복할인 시 할인쿠폰을 우선 적용한다.



**08** 자료에 있는 모든 혜택을 적용하였을 때, 무선 이어폰의 배송비를 포함한 실제 구매가격을 바르게 비교한 것은?

① A<B<C
② A<C<B
③ B<C<A
④ C<A<B
⑤ C<B<A

**09** 무선 이어폰의 배송비를 포함한 실제 구매가격이 가장 비싼 쇼핑몰과 가장 싼 쇼핑몰 간의 가격 차이는?

① 500원
② 550원
③ 600원
④ 650원
⑤ 700원

**10** I공사에서는 사업주의 직업능력개발훈련 시행을 촉진하기 위해 훈련방법과 기업규모에 따라 지원금을 차등 지급하고 있다. 다음 자료를 토대로 원격훈련으로 직업능력개발훈련을 시행하는 X～Z 세 기업과 각 기업의 원격훈련 지원금을 바르게 짝지은 것은?

〈기업규모별 지원 비율〉

| 기업 | 훈련 | 지원 비율 |
|---|---|---|
| 우선지원대상 기업 | 향상·양성훈련 등 | 100% |
| 대규모 기업 | 향상·양성훈련 | 60% |
| | 비정규직대상훈련 / 전직훈련 | 70% |
| 상시근로자 1,000인 이상 대규모 기업 | 향상·양성훈련 | 50% |
| | 비정규직대상훈련 / 전직훈련 | 70% |

〈원격훈련 종류별 지원금〉

| 심사등급 \ 훈련종류 | 인터넷 | 스마트 | 우편 |
|---|---|---|---|
| A등급 | 5,600원 | 11,000원 | 3,600원 |
| B등급 | 3,800원 | 7,400원 | 2,800원 |
| C등급 | 2,700원 | 5,400원 | 1,980원 |

※ 인터넷·스마트 원격훈련 : 정보통신매체를 활용하여 훈련이 시행되고 훈련생 관리 등이 웹상으로 이루어지는 훈련

※ 우편 원격훈련 : 인쇄매체로 된 훈련교재를 이용하여 훈련이 시행되고 훈련생 관리 등이 웹상으로 이루어지는 훈련

※ (원격훈련 지원금)=(원격훈련 종류별 지원금)×(훈련시간)×(훈련수료인원)×(기업규모별 지원 비율)

〈세 기업의 원격훈련 시행 내역〉

| 구분 | 기업규모 | 종류 | 내용 | 시간 | 등급 | 수료인원 |
|---|---|---|---|---|---|---|
| X기업 | 우선지원대상 기업 | 스마트 | 향상·양성훈련 | 6시간 | C등급 | 7명 |
| Y기업 | 대규모 기업 | 인터넷 | 비정규직대상훈련 / 전직훈련 | 3시간 | B등급 | 4명 |
| Z기업 | 상시근로자 1,000인 이상 대규모 기업 | 스마트 | 향상·양성훈련 | 4시간 | A등급 | 6명 |

① X기업 – 201,220원

② X기업 – 226,800원

③ Y기업 – 34,780원

④ Y기업 – 35,120원

⑤ Z기업 – 98,000원

**11** A씨는 녹색성장 추진의 일환으로 자전거 타기가 활성화되면서 자전거의 운동효과에 대해 조사하였다. 다음 〈조건〉을 참고할 때 〈보기〉의 운전자를 운동량이 많은 순서대로 바르게 나열한 것은?

**조건**

| 자전거 종류 | 바퀴 수 | 보조바퀴 여부 |
|---|---|---|
| 일반 자전거 | 2개 | 없음 |
| 연습용 자전거 | 2개 | 있음 |
| 외발 자전거 | 1개 | 없음 |

- 운동량은 자전거 주행 거리에 비례한다.
- 같은 거리를 주행하여도 자전거에 운전자 외에 한 명이 더 타면 운전자의 운동량은 두 배가 된다.
- 보조바퀴가 달린 자전거를 타면 같은 거리를 주행하여도 운동량이 일반 자전거의 80%밖에 되지 않는다.
- 바퀴가 1개인 자전거를 타면 같은 거리를 주행하여도 운동량이 일반 자전거보다 50% 더 많다.
- 이외의 다른 조건은 모두 같다.

**보기**

갑 : 1.4km의 거리를 뒷자리에 한 명을 태우고 일반 자전거로 주행하였다.
을 : 1.2km의 거리를 뒷자리에 한 명을 태우고 연습용 자전거로 주행하였다.
병 : 2km의 거리를 혼자 외발 자전거로 주행하였다.
정 : 2km의 거리를 혼자 연습용 자전거로 주행한 후에 이어서 1km의 거리를 혼자 외발 자전거로 주행하였다.
무 : 0.8km의 거리를 뒷자리에 한 명을 태우고 연습용 자전거로 주행한 후에 이어서 1.2km의 거리를 혼자 일반 자전거로 주행하였다.

① 병 > 정 > 갑 > 무 > 을
② 병 > 정 > 갑 > 을 > 무
③ 정 > 병 > 무 > 갑 > 을
④ 정 > 갑 > 병 > 을 > 무
⑤ 정 > 병 > 갑 > 무 > 을

※ 다음 글을 읽고 이어지는 질문에 답하시오. [12~13]

인지부조화는 한 개인이 가지는 둘 이상의 사고, 태도, 신념, 의견 등이 서로 일치하지 않거나 상반될 때 생겨나는 심리적인 긴장상태를 의미한다. 인지부조화는 불편함을 유발하기 때문에 사람들은 이것을 감소시키려고 한다. 인지부조화를 감소시키는 방법은 서로 모순관계에 있어서 양립할 수 없는 인지들 가운데 하나 이상의 인지가 갖는 내용을 바꾸어 양립할 수 있게 만들거나, 서로 모순되는 인지들 간의 차이를 좁힐 수 있는 새로운 인지를 추가하여 부조화된 인지상태를 조화된 상태로 전환하는 것이다.
그런데 실제로 부조화를 감소시키는 행동은 비합리적인 면이 있다. 그 이유는 그러한 행동들이 사람들로 하여금 중요한 사실을 배우지 못하게 하고 자신들의 문제에 대해서 실제적인 해결책을 찾지 못하도록 할 수 있기 때문이다. 부조화를 감소시키려는 행동은 자기방어적인 행동이고, 부조화를 감소시킴으로써 우리는 자신의 긍정적인 이미지, 즉 자신이 선하고 현명하며 상당히 가치 있는 인물이라는 긍정적인 측면의 이미지를 유지하게 된다. 비록 자기방어적인 행동이 유용한 것으로 생각될 수 있지만, 이러한 행동은 부정적인 결과를 초래할 수 있다.
한 실험에서 연구자는 인종차별 문제에 대해서 확고한 입장을 보이는 사람들을 선정하였다. 일부는 차별에 찬성하였고, 다른 일부는 차별에 반대하였다. 선정된 사람들에게 인종차별에 대한 찬성과 반대 의견이 실린 글을 모두 읽게 하였는데, 어떤 글은 지극히 논리적이고 그럴듯하였고, 다른 글은 터무니없고 억지스러운 것이었다. 실험에서는 참여자들이 과연 어느 글을 기억할 것인지에 관심이 있었다. 인지부조화 이론에 따르면, 사람들은 현명한 사람을 자기 편, 우매한 사람을 다른 편이라 생각할 때 마음이 편안해질 것이다. 그렇다면 이 실험에서 인지부조화 이론은 다음과 같은 ㉠ 결과를 예측할 것이다.

**12** 다음 중 윗글의 내용으로 가장 적절한 것은?

① 사람들은 인지부조화가 일어날 경우 이것을 무시하고 방치하려는 경향이 있다.
② 부조화를 감소시키는 행동은 합리적인 면과 비합리적인 면이 함께 나타난다.
③ 부조화를 감소시키는 행동의 비합리적인 면 때문에 문제에 대한 본질적인 해결책을 찾지 못할 수 있다.
④ 부조화의 감소는 사람들로 하여금 자신의 긍정적인 이미지를 유지할 수 있게 하고, 부정적인 이미지를 감소시킨다.
⑤ 부조화를 감소시키는 자기방어적인 행동은 사람들에게 긍정적인 결과를 가져온다.

**13** 다음 중 ㉠에 해당하는 내용으로 가장 적절한 것은?

① 참여자들은 자신의 의견과 동일한 주장을 하는 모든 글과 자신의 의견과 반대되는 주장을 하는 모든 글을 기억한다.

② 참여자들은 자신의 의견과 동일한 주장을 하는 모든 글과 자신의 의견과 반대되는 주장을 하는 모든 글을 기억하지 못한다.

③ 참여자들은 자신의 의견과 동일한 주장을 하는 형편없는 글과 자신의 의견과 반대되는 주장을 하는 형편없는 글을 기억한다.

④ 참여자들은 자신의 의견과 동일한 주장을 하는 논리적인 글과 자신의 의견과 반대되는 주장을 하는 형편없는 글을 기억한다.

⑤ 참여자들은 자신의 의견과 동일한 주장을 하는 형편없는 글과 자신의 의견과 반대되는 주장을 하는 논리적인 글을 기억한다.



**14** 다음 중 데이터 입력에 대한 설명으로 옳지 않은 것은?

① 셀 안에서 줄 바꿈을 하려면 〈Alt〉+〈Enter〉 키를 누른다.

② 한 행을 블록 설정한 상태에서 〈Enter〉 키를 누르면 블록 내의 셀이 오른쪽 방향으로 순차적으로 선택되어 행단위로 데이터를 쉽게 입력할 수 있다.

③ 여러 셀에 숫자나 문자 데이터를 한 번에 입력하려면 여러 셀이 선택된 상태에서 데이터를 입력한 후 바로 〈Shift〉+〈Enter〉 키를 누른다.

④ 열의 너비가 좁아 입력된 날짜 데이터 전체를 표시하지 못하는 경우 셀의 너비에 맞춰 '#'이 반복 표시된다.

⑤ 〈Ctrl〉+세미콜론(;)을 누르면 오늘 날짜, 〈Ctrl〉+〈Shift〉+세미콜론(;)을 누르면 현재 시각이 입력된다.

※ 다음은 I공사의 출입증규정 위반 시 제재 수준에 대한 자료이다. 이어지는 질문에 답하시오. [15~16]

〈출입증규정 위반 시 제재 수준〉

| 구분 | | 위반 사항 | 제재 수준 |
|---|---|---|---|
| 1 | 출입증 미패용 (미부착) | ① 보호구역 내에서 출입증을 상반신 잘 보이는 곳에 패용하지 않은 경우<br>② 정규출입증 소지자가 보호구역 내에서 출입증을 상반신에 패용하지 않은 자 또는 비인가지역을 출입하는 자를 인지하고도 신고하지 않은 경우<br>③ 보호구역 내에서 차량출입증을 앞유리 전면에 잘 보이는 곳에 부착하지 않은 경우 | • 1회 : 경고<br>• 2회 이상 : 3일 출입정지 |
| | | ④ 보호구역 내에서 출입증을 미소지한 경우 | • 5일 출입정지 |
| 2 | 타인 출입증 사용 | ① 출입증을 발급받은 자가 고의성 없이 타인의 출입증을 사용하여 보호구역에 출입한 경우 | • 출입증 사용자 및 소유자 : 5일 출입정지 |
| | | ② 출입증을 발급받은 자가 고의성을 가지고 타인의 허락을 얻어 타인의 출입증을 사용한 경우 | • 출입증 사용자 및 대여자 : 90일 출입정지 |
| | | ③ 출입증을 발급받은 자가 고의성을 가지고 타인의 허락을 얻지 아니하고 무단으로 타인출입증을 사용한 경우 | • 출입증 사용자 : 3년 출입정지<br>• 출입증 소유자 : 5일 출입정지 |
| | | ④ 출입증을 발급받지 않은 자가 타인의 출입증을 대여 받아 사용한 경우 | • 출입증 사용자 및 대여자 : 5년 출입정지 |
| | | ⑤ 분실 또는 도난 출입증을 타인이 무단으로 사용을 시도하거나 사용한 경우 | • 5년 출입정지 |
| 3 | 분실 | ① 임시출입증 발급확인서를 분실하거나 소지하지 않은 경우 | • 인솔자 : 1일 출입정지 |
| | | ② 분실신고 후 다시 찾은 출입증을 습득신고하지 않고 사용한 경우 | • 1회 : 경고<br>• 2회 이상 : 5일 출입정지 |
| | | ③ 출입증을 보호구역 외부에서 분실한 경우 | • 1회 : 5일 출입정지<br>• 2회 : 10일 출입정지<br>• 3회 이상 : 90일 출입정지 |
| | | ④ 출입증을 보호구역 내에서 분실한 경우 | • 1회 : 10일 출입정지<br>• 2회 : 30일 출입정지<br>• 3회 이상 : 180일 출입정지 |
| | | ⑤ 출입증을 분실자가 구두 분실신고를 지연한 경우 또는 구두 분실신고 후 7일 이내에 출입 중 신청시스템에 분실 신고를 하지 않은 경우 | • 분실자 : 5일 출입정지 |

## 15 다음 중 자료를 보고 이해한 내용으로 옳은 것은?

① 출입증규정은 사람뿐 아니라 차량에도 적용된다.

② 출입증규정을 위반하여 제재를 받는 사람은 사용자와 소유자, 대여자이다.

③ 출입증규정을 위반한 경우라도 항목에 따라 최대 2번까지 제재를 받지 않을 수 있다.

④ 출입증을 보호구역 외부에서 분실한 경우, 보호구역 내에서 분실한 경우보다 제재 수준이 높다.

⑤ 위반사항 중 가장 높은 제재를 받는 것은 출입증을 발급받지 않은 사람이 다른 사람의 출입증을 대여하여 사용한 경우만 해당한다.

PART 3

## 16 다음 중 〈보기〉의 사례와 제재 수준이 바르게 짝지어진 것은?

보기

가. A씨는 자신의 출입증인 줄 알고 동료 B씨의 출입증을 사용해 보호구역에 출입하였다.

나. C씨는 출입증을 잃어버리고 바로 분실신고를 하였으나, 되찾은 후 해당 출입증으로 1회 보호구역에 출입하였다.

다. D씨는 출근 첫날 정규출입증 소지자가 비인가지역에 출입하는 것을 보고 신고하였다.

| | 가 | 나 | 다 |
|---|---|---|---|
| ① | 90일 출입금지 | 경고 | 없음 |
| ② | 5일 출입정지 | 5일 출입정지 | 경고 |
| ③ | 90일 출입금지 | 10일 출입정지 | 3일 출입정지 |
| ④ | 5일 출입정지 | 경고 | 없음 |
| ⑤ | 5일 출입정지 | 경고 | 경고 |

**17** 다음 글을 근거로 판단할 때, 〈보기〉에서 옳은 것을 모두 고르면?

사슴은 맹수에게 계속 괴롭힘을 당하자 자신을 맹수로 바꾸어 달라고 산신령에게 빌었다. 사슴을 불쌍하게 여긴 산신령은 사슴에게 남은 수명 중 $n$년($n$은 자연수)을 포기하면 여생을 아래 5가지의 맹수 중 하나로 살 수 있게 해 주겠다고 했다.

사슴으로 살 경우의 1년당 효용은 40이며, 다른 맹수로 살 경우의 1년당 효용과 그 맹수로 살기 위해 사슴이 포기해야 하는 수명은 아래의 표와 같다. 예를 들어 사슴의 남은 수명이 12년일 경우 사슴으로 계속 산다면 12×40=480의 총효용을 얻지만, 독수리로 사는 것을 선택한다면 (12−5)×50=350의 총효용을 얻는다.

사슴은 여생의 총효용이 줄어드는 선택은 하지 않으며, 포기해야 하는 수명이 사슴의 남은 수명 이상인 맹수는 선택할 수 없다. 1년당 효용이 큰 맹수일수록, 사슴은 그 맹수가 되기 위해 더 많은 수명을 포기해야 한다. 사슴은 자신의 남은 수명과 표의 '?'로 표시된 수를 알고 있다.

| 맹수 | 1년당 효용 | 포기해야 하는 수명(년) |
|---|---|---|
| 사자 | 250 | 14 |
| 호랑이 | 200 | ? |
| 곰 | 170 | 11 |
| 악어 | 70 | ? |
| 독수리 | 50 | 5 |

보기

ㄱ. 사슴의 남은 수명이 13년이라면, 사슴은 곰을 선택할 것이다.

ㄴ. 사슴의 남은 수명이 20년이라면, 사슴은 독수리를 선택하지는 않을 것이다.

ㄷ. 호랑이로 살기 위해 포기해야 하는 수명이 13년이라면, 사슴의 남은 수명에 따라 사자를 선택했을 때와 호랑이를 선택했을 때 여생의 총효용이 같은 경우가 있다.

① ㄴ
② ㄷ
③ ㄱ, ㄴ
④ ㄴ, ㄷ
⑤ ㄱ, ㄴ, ㄷ

**18** 신입사원인 귀하는 선배로부터 엑셀을 활용하여 자료를 정리하는 일이 많다고 들었다. 그래서 귀하는 업무능률을 향상시키기 위해서 기초적인 함수부터 익히고자 한다. 다음에 제시된 함수식의 결괏값으로 옳지 않은 것은?

| | A | B | C | D | E | F |
|---|---|---|---|---|---|---|
| 1 | | | | | | |
| 2 | | 120 | 200 | 20 | 60 | |
| 3 | | 10 | 60 | 40 | 80 | |
| 4 | | 50 | 60 | 70 | 100 | |
| 5 | | | | | | |
| 6 | | 함수식 | | | 결괏값 | |
| 7 | | =MAX(B2:E4) | | | (A) | |
| 8 | | =MODE(B2:E4) | | | (B) | |
| 9 | | =LARGE(B2:E4,3) | | | (C) | |
| 10 | | =COUNTIF(B2:E4,E4) | | | (D) | |
| 11 | | =ROUND(B2,−1) | | | (E) | |
| 12 | | | | | | |

① (A)=200
② (B)=60
③ (C)=100
④ (D)=1
⑤ (E)=100

**19** 다음은 어느 기업의 콘텐츠 유형별 매출액에 대한 자료이다. 이에 대한 설명으로 옳지 않은 것은?

〈2015 ~ 2022년 콘텐츠 유형별 매출액〉

(단위 : 백만 원)

| 구분 | 게임 | 음원 | 영화 | SNS | 전체 |
|---|---|---|---|---|---|
| 2015년 | 235 | 108 | 371 | 30 | 744 |
| 2016년 | 144 | 175 | 355 | 45 | 719 |
| 2017년 | 178 | 186 | 391 | 42 | 797 |
| 2018년 | 269 | 184 | 508 | 59 | 1,020 |
| 2019년 | 485 | 199 | 758 | 58 | 1,500 |
| 2020년 | 470 | 302 | 1,031 | 308 | 2,111 |
| 2021년 | 603 | 411 | 1,148 | 104 | 2,266 |
| 2022년 | 689 | 419 | 1,510 | 341 | 2,959 |

① 2017년 이후 매출액이 매년 증가한 콘텐츠 유형은 영화뿐이다.
② 2022년에 전년 대비 매출액 증가율이 가장 큰 콘텐츠 유형은 SNS이다.
③ 영화 매출액은 매년 전체 매출액의 40% 이상이다.
④ 2016 ~ 2022년 동안 콘텐츠 유형별 매출액이 각각 전년보다 모두 증가한 해는 2022년뿐이다.
⑤ 2019 ~ 2022년 동안 매년 게임 매출액은 음원 매출액의 2배 이상이다.

PART 3

※ 다음 글을 읽고 이어지는 질문에 답하시오. [20~21]

사회 현상을 볼 때는 돋보기로 세밀하게 그리고 때로는 멀리 떨어져서 전체 속에 어떻게 위치하고 있는가를 동시에 봐야 한다. 숲과 나무는 서로 다르지만 따로 떼어 생각할 수 없기 때문이다.

현대 사회 현상의 최대 쟁점인 과학 기술에 대해 평가할 때도 마찬가지이다. 로봇 탄생의 숲을 보면, 그 로봇 개발에 투자한 사람과 로봇을 개발한 사람의 의도가 드러난다. 그리고 나무인 로봇을 세밀히 보면, 그 로봇이 생산에 이용되는지 아니면 감옥의 죄수들을 감시하기 위한 것인지 그 용도를 알 수가 있다. 이 광범위한 기술의 성격을 객관적이고 물질적이어서 가치관이 없다고 쉽게 생각하면 로봇에 당하기 십상이다.

자동화는 자본주의의 실업자를 늘려 실업자에 대해 생계의 위협을 가하는 측면뿐 아니라, 기존 근로자에 대한 감시를 더욱 효율적으로 해내는 역할도 수행한다. 자동화를 적용하는 기업 측에서는 자동화가 인간의 삶을 증대시키는 이미지로 일반 사람들에게 인식되기를 바란다. 그래야 자동화 도입에 대한 노동자의 반발을 무마하고 기업가의 구상을 관철할 수 있기 때문이다. 그러나 자동화나 기계화 도입으로 인해 실업을 두려워하고, 업무 내용이 바뀌는 것을 탐탁해 하지 않았던 유럽의 노동자들은 자동화 도입에 대해 극렬히 반대했던 경험이 있다.

지금도 자동화・기계화는 좋은 것이라는 고정관념을 가진 사람이 많고, 현실에서 이러한 고정관념이 가져오는 파급 효과는 의외로 크다. 예를 들어 은행에 현금을 자동으로 세는 기계가 등장하면 은행원이 현금을 세는 작업량은 줄어든다. 손님들도 기계가 현금을 재빨리 세는 것을 보고 감탄하면서 행원이 세는 것보다 더 많은 신뢰를 보낸다. 그러나 현금 세는 기계의 도입에는 이익 추구라는 의도가 숨어 있다. 현금 세는 기계는 행원의 수고를 덜어 준다. 그러나 현금 세는 기계를 들여옴으로써 실업자가 생기고 만다. 사람이 잘만 이용하면 잘 써먹을 수 있을 것만 같은 기계가 엄청나게 혹독한 성품을 지닌 프랑켄슈타인으로 돌변하는 것이다.

자동화와 정보화를 추진하는 핵심 조직이 기업이란 것에서도 알 수 있듯이 기업은 이윤 추구에 도움이 되지 않는 행위는 무가치하다고 판단한다. 그러므로 자동화는 그 계획 단계에서부터 기업의 의도가 스며들어 탄생한다. 또한, 그 의도대로 자동화나 정보화가 진행되면, 다른 한편으로 의도하지 않은 결과를 초래한다.

자동화와 같은 과학 기술이 풍요를 생산하는 수단이라고 생각하는 것은 하나의 ㉠ 고정관념에 불과하다.

채플린이 제작한 영화 〈모던 타임즈〉에 나타난 것처럼 초기 산업화 시대에는 기계에 종속된 인간의 모습이 가시적으로 드러날 수밖에 없었다. 그래서 이러한 종속에 저항하고자 하는 인간의 노력도 적극적인 모습을 보였다. 그러나 현대의 자동화기기는 그 선두가 정보 통신기기로 바뀌면서 문제가 질적으로 달라진다. 무인 생산까지 진전된 자동화나 정보통신화는 인간에게 단순 노동을 반복시키는 그런 모습을 보이지 않는다. 그 까닭에 정보 통신은 별 무리 없이 어느 나라에서나 급격하게 개발・보급되고 보편화되어 있다. 그런데 문제는 이 자동화기기가 생산에만 이용되는 것이 아니라, 노동자를 감시하거나 관리하는 데도 이용될 수 있다는 것이다. 궁극적으로 정보 통신의 발달로 인해 이전보다 사람들은 더 많은 감시와 통제를 받게 되었다.

**20** **다음 중 ㉠의 사례로 적절하지 않은 것은?**

① 부자는 누구나 행복할 것이라고 믿는 경우이다.
② 고가의 물건이 항상 우수하다고 믿는 경우이다.
③ 구구단이 실생활에 도움을 준다고 믿는 경우이다.
④ 절약이 언제나 경제 발전에 도움을 준다고 믿는 경우이다.
⑤ 아파트가 전통가옥보다 삶의 질을 높여준다고 믿는 경우이다.

**21** **다음 중 윗글에 대한 비판적 반응으로 가장 적절한 것은?**

① 기업의 이윤 추구가 사회 복지 증진과 직결될 수 있음을 간과하고 있어.
② 기계화・정보화가 인간의 삶의 질 개선에 기여하고 있음을 경시하고 있어.
③ 기계화를 비판하는 주장만 되풀이할 뿐, 구체적인 근거를 제시하지 않고 있어.
④ 화제의 부분적 측면에 관계된 이론을 소개하여 편향적 시각을 갖게 하고 있어.
⑤ 현대의 기술 문명이 가져다줄 수 있는 긍정적인 측면을 과장하여 강조하고 있어.

## 22 다음 문단을 논리적 순서대로 바르게 나열한 것은?

(가) '빅뱅 이전에 아무 일도 없었다.'는 말을 달리 해석하는 방법도 있다. 그것은 바로 빅뱅 이전에는 시간도 없었다고 해석하는 것이다. 그 경우 '빅뱅 이전'이라는 개념 자체가 성립하지 않으므로 그 이전에 아무 일도 없었던 것은 당연하다. 그렇게 해석한다면 빅뱅이 일어난 이유도 설명할 수 있게 된다. 즉 빅뱅은 '0년'을 나타내는 것이다. 시간의 시작은 빅뱅의 시작으로 정의되기 때문에 우주가 그 이전이든 이후이든 왜 탄생했느냐고 묻는 것은 이치에 닿지 않는다.

(나) 단지 지금 설명할 수 없다는 뜻이 아니라 설명 자체가 있을 수 없다는 뜻이다. 어떻게 설명이 가능하겠는가? 수도관이 터진 이유는 그전에 닥쳐온 추위로 설명할 수 있다. 공룡이 멸종한 이유는 그 전에 지구와 운석이 충돌했을 가능성으로 설명하면 된다. 바꿔 말해서, 우리는 한 사건을 설명하기 위해 그 사건 이전에 일어났던 사건에서 원인을 찾는다. 그러나 빅뱅의 경우에는 그 이전에 아무것도 없었으므로 어떠한 설명도 찾을 수 없는 것이다.

(다) 그런데 이런 식으로 사고하려면, 아무 일도 일어나지 않고 시간만 존재하는 것을 상상할 수 있어야 한다. 그것은 곧 시간을 일종의 그릇처럼 상상하고 그 그릇 안에 담긴 것과 무관하게 여긴다는 뜻이다. 시간을 이렇게 본다면 변화는 일어날 수 없다. 여기서 변화는 시간의 경과가 아니라 사물의 변화를 가리킨다. 이런 전제하에서 우리가 마주하는 문제는 이것이다. 어떤 변화가 생겨나기도 전에 영겁의 시간이 있었다면, 왜 우주가 탄생하게 되었는지를 설명할 수 없다.

(라) 우주론자들에 따르면 우주는 빅뱅으로부터 시작되었다고 한다. 빅뱅이란 엄청난 에너지를 가진 아주 작은 우주가 폭발하듯 갑자기 생겨난 사건을 말한다. 그게 사실이라면 빅뱅 이전에는 무엇이 있었느냐는 질문이 나오는 게 당연하다. 아마 아무것도 없었을 것이다. 하지만 빅뱅 이전에 아무것도 없었다는 말은 무슨 뜻일까? 영겁의 시간 동안 단지 진공이었다는 뜻이다. 움직이는 것도, 변화하는 것도 없었다는 것이다.

① (가) – (나) – (다) – (라)
② (가) – (다) – (나) – (라)
③ (가) – (라) – (나) – (다)
④ (라) – (다) – (나) – (가)
⑤ (라) – (가) – (나) – (다)

**23** 다음 글의 빈칸에 들어갈 내용으로 가장 적절한 것은?

상품을 만들어 파는 사람이 그 수고의 대가를 받고 이익을 누리는 것은 당연하다. 하지만 그 이익이 다른 사람의 고통을 무시하고 얻어진 경우에는 정당하지 않을 수 있다. 제3세계에 사는 많은 환자가 신약 가격을 개발국인 선진국의 수준으로 유지하는 거대 제약회사의 정책 때문에 고통 속에서 죽어가고 있다. 그 약값을 감당할 수 있는 선진국이 보기에도 이는 이익이란 명분 아래 발생하는 끔찍한 사례이다. 이러한 비난의 목소리가 높아지자 제약회사의 대규모 투자자 중 일부는 자신들의 행동이 윤리적인지 고민하기 시작했다. 사람들이 약값 때문에 약을 구할 수 없다는 것은 분명히 잘못된 일이다. 하지만 그렇다고 해서 국가가 제약회사들에게 손해를 감수하라는 요구를 할 수는 없다는 데 사태의 복잡성이 있다.
신약을 개발하는 일에는 막대한 비용과 시간이 들며, 그 안전성 검사가 법으로 정해져 있어서 추가 비용이 발생한다. 이를 상쇄하기 위해 제약회사들은 시장에서 최대한 이익을 뽑아내려 한다. 얼마나 많은 환자가 신약을 통해 고통에서 벗어나는가에 대한 관심을 이들에게 기대하긴 어렵다. 그러나 만약 제약회사들이 존재하지 않는다면 신약개발도 없을 것이다.
그렇다면 상업적 고려와 인간의 건강 사이에 존재하는 긴장을 어떻게 해소해야 할까? 제3세계의 환자를 치료하는 일은 응급사항이며, 제약회사들이 자선하리라고 기대하는 것은 비현실적이다. 그렇다면 그 대안은 명백하다. ______________________ 물론 여기에도 문제는 있다. 이 대안이 왜 실현되기 어려운 걸까? 그 이유가 무엇인지는 우리가 자신의 주머니에 손을 넣어 거기에 필요한 돈을 꺼내는 순간 분명해질 것이다.

① 제3세계에 제공되는 신약 가격을 선진국과 같게 해야 한다.

② 제3세계 국민에게 필요한 신약을 선진국 국민이 구매하여 전달해야 한다.

③ 선진국들은 자국의 제약회사가 제3세계에 신약을 저렴하게 공급하도록 강제해야 한다.

④ 각국 정부는 거대 제약회사의 신약 가격 결정에 자율권을 주어 개발 비용을 보상받을 수 있게 해야 한다.

⑤ 거대 제약회사들이 제3세계 국민을 위한 신약 개발에 주력하도록 선진국 국민이 압력을 행사해야 한다.

PART 3

**24** 독일인 A씨는 베를린에서 한국을 경유하여 일본으로 가는 비행기표를 구매하였다. A씨의 일정이 다음과 같을 때, A씨가 인천공항에 도착하는 한국시각과 A씨가 참여했을 환승투어를 바르게 짝지은 것은?(단, 제시된 조건 외에 고려하지 않는다)

〈A씨의 일정〉

| 한국행 출발시각<br>(독일시각 기준) | 비행시간 | 인천공항 도착시각 | 일본행 출발시각<br>(한국시각 기준) |
|---|---|---|---|
| 11월 2일 19:30 | 12시간 20분 | | 11월 3일 18:30 |

※ 독일은 한국보다 8시간 느리다.

〈환승투어코스 안내〉

| 구분 | 코스 | 소요시간 |
|---|---|---|
| 엔터테인먼트 | • 인천공항 → 파라다이스시티 아트테인먼트 → 인천공항 | 2시간 |
| 인천시티 | • 인천공항 → 송도한옥마을 → 센트럴파크 → 인천공항<br>• 인천공항 → 송도한옥마을 → 트리플 스트리트 → 인천공항 | 2시간 |
| 산업 | • 인천공항 → 광명동굴 → 인천공항 | 4시간 |
| 전통 | • 인천공항 → 경복궁 → 인사동 → 인천공항 | 5시간 |
| 해안관광 | • 인천공항 → 을왕리해변 또는 마시안해변 → 인천공항 | 1시간 |

| | 도착시각 | 환승투어 |
|---|---|---|
| ① | 11월 2일 23:50 | 산업 |
| ② | 11월 2일 15:50 | 엔터테인먼트 |
| ③ | 11월 3일 23:50 | 전통 |
| ④ | 11월 3일 14:50 | 해안관광 |
| ⑤ | 11월 3일 15:50 | 인천시티 |

※ I베이커리 사장은 새로운 직원을 채용하기 위해 아르바이트 공고문을 게재하였다. 지원한 사람이 다음과 같을 때, 이어지는 질문에 답하시오. **[25~26]**

■ 아르바이트 공고문

- 업체명 : I베이커리
- 업무내용 : 고객응대 및 매장관리
- 지원자격 : 경력, 성별, 학력 무관 / 나이 : 20 ~ 40세
- 근무조건 : 6개월 / 월 ~ 금요일 / 08:00 ~ 20:00(협의 가능)
- 급여 : 희망 임금
- 연락처 : 010-1234-1234

■ 아르바이트 지원자 명단

| 성명 | 성별 | 나이 | 근무가능시간 | 희망 임금 | 기타 |
|---|---|---|---|---|---|
| 김갑주 | 여자 | 28 | 08:00 ~ 16:00 | 시간당 8,000원 | • 1일 1회 출근만 가능함<br>• 최소 2시간 이상 연속 근무하여야 함 |
| 강을미 | 여자 | 29 | 15:00 ~ 20:00 | 시간당 7,000원 | |
| 조병수 | 남자 | 25 | 12:00 ~ 20:00 | 시간당 7,500원 | |
| 박정현 | 여자 | 36 | 08:00 ~ 14:00 | 시간당 8,500원 | |
| 최강현 | 남자 | 28 | 14:00 ~ 20:00 | 시간당 8,500원 | |
| 채미나 | 여자 | 24 | 16:00 ~ 20:00 | 시간당 7,500원 | |
| 한수미 | 여자 | 25 | 10:00 ~ 16:00 | 시간당 8,000원 | |

※ 근무시간은 지원자가 희망하는 근무시간대 내에서 조절 가능함

**25** I베이커리 사장은 최소비용으로 가능한 최대인원을 채용하고자 한다. 매장에는 항상 2명의 직원이 상주하고 있어야 하며, 기존 직원 1명은 오전 8시부터 오후 3시까지 근무를 하고 있다. 다음의 지원자 명단을 참고하였을 때, 누구를 채용하겠는가?

① 김갑주, 강을미, 조병수
② 김갑주, 강을미, 박정현, 채미나
③ 김갑주, 강을미, 조병수, 채미나, 한수미
④ 강을미, 조병수, 박정현, 최강현, 채미나
⑤ 강을미, 조병수, 박정현, 최강현, 채미나, 한수미

**26** 25번에서 결정한 인원을 채용했을 때, 급여를 한 주 단위로 지급한다면 사장이 지급해야 하는 임금은?(단, 기존 직원의 시급은 8,000원으로 계산한다)

① 805,000원
② 855,000원
③ 890,000원
④ 915,000원
⑤ 1,000,000원

**27** 다음은 2023년 9월 인천국제공항의 원인별 지연 및 결항 통계이다. 이에 대한 설명으로 옳은 것은?(단, 소수점 첫째 자리에서 반올림하여 계산한다)

〈2023년 9월 인천국제공항의 원인별 지연 및 결항 통계〉

(단위 : 편)

| 구분 | 기상 | A/C 접속 | A/C 정비 | 여객처리 및 승무원 관련 | 복합원인 | 기타 | 합계 |
|---|---|---|---|---|---|---|---|
| 지연 | 118 | 1,676 | 117 | 33 | 2 | 1,040 | 2,986 |
| 결항 | 17 | 4 | 10 | 0 | 0 | 39 | 70 |

① 기상으로 지연된 경우는 기상으로 결항된 경우의 약 5배이다.
② 기타를 제외하고 항공편 지연과 결항에서 가장 높은 비중을 차지하고 있는 원인은 동일하다.
③ 9월에 인천국제공항을 이용하는 비행기가 지연되었을 확률은 98%이다.
④ 9월 한 달간 인천국제공항의 날씨는 좋은 편이었다.
⑤ 항공기 지연 중 A/C 정비가 차지하는 비율은 결항 중 기상이 차지하는 비율의 $\frac{1}{6}$ 수준이다.

**28** I공사의 운영본부에서 근무 중인 귀하는 국토교통부에서 제공한 국제 여객 · 화물 수송량 및 분담률 통계자료를 확인하였으며, 여객서비스 및 화물운영에 필요한 자료를 추려 각 부서에 전달하고자 한다. 다음 자료를 이해한 내용으로 옳지 않은 것은?

〈국제 여객 · 화물 수송량 및 분담률〉

[단위 : 여객(천 명), 화물(천 톤), 분담률(%)]

| 구분 | | | 2018년 | 2019년 | 2020년 | 2021년 | 2022년 |
|---|---|---|---|---|---|---|---|
| 여객 | 해운 | 수송량 | 2,534 | 2,089 | 2,761 | 2,660 | 2,881 |
| | | 분담률 | 6.7 | 5.9 | 6.4 | 5.9 | 5.7 |
| | 항공 | 수송량 | 35,341 | 33,514 | 40,061 | 42,649 | 47,703 |
| | | 분담률 | 93.3 | 94.1 | 93.6 | 94.1 | 94.3 |
| 화물 | 해운 | 수송량 | 894,693 | 848,299 | 966,193 | 1,069,556 | 1,108,538 |
| | | 분담률 | 99.7 | 99.7 | 99.7 | 99.7 | 99.7 |
| | 항공 | 수송량 | 2,997 | 2,872 | 3,327 | 3,238 | 3,209 |
| | | 분담률 | 0.3 | 0.3 | 0.3 | 0.3 | 0.3 |

※ 수송분담률 : 여객 및 화물의 총수송량에서 분야별 수송량이 차지하는 비율

① 2018년부터 2022년까지 항공 여객 수송량의 평균은 약 39,853천 명이다.
② 여객 수송은 해운보다 항공이 차지하는 비중이 절대적인 반면, 화물 수송은 그 반대이다.
③ 여객 총수송량과 화물 총수송량은 2019년부터 꾸준히 증가하고 있다.
④ 2022년 해운 여객 수송량은 2019년 대비 37% 이상 증가하였다.
⑤ 2022년 항공 화물 수송량은 2020년 대비 4% 이상 감소하였다.

**29** 다음 워크시트에서 성별이 '남'인 직원들의 근속연수 합계를 구하는 수식으로 옳지 않은 것은?

| | A | B | C | D | E | F |
|---|---|---|---|---|---|---|
| 1 | 사원번호 | 이름 | 생년월일 | 성별 | 직위 | 근속연수 |
| 2 | E5478 | 이재홍 | 1980-02-03 | 남 | 부장 | 8 |
| 3 | A4625 | 박언영 | 1985-04-09 | 여 | 대리 | 4 |
| 4 | B1235 | 황준하 | 1986-08-20 | 남 | 대리 | 3 |
| 5 | F7894 | 박혜선 | 1983-12-13 | 여 | 과장 | 6 |
| 6 | B4578 | 이애리 | 1990-05-06 | 여 | 사원 | 1 |
| 7 | E4562 | 김성민 | 1986-03-08 | 남 | 대리 | 4 |
| 8 | A1269 | 정태호 | 1991-06-12 | 남 | 사원 | 2 |
| 9 | C4567 | 김선정 | 1990-11-12 | 여 | 사원 | 1 |

① =SUMIFS(F2:F9,D2:D9,남)
② =DSUM(A1:F9,F1,D1:D2)
③ =DSUM(A1:F9,6,D1:D2)
④ =SUMIF(D2:D9,D2,F2:F9)
⑤ =SUMIFS(F2:F9,D2:D9,D2)

PART 3

**30** 다음 중 파일 삭제 시 파일이 [휴지통]에 임시 보관되어 복원이 가능한 경우는?

① 바탕 화면에 있는 파일을 [휴지통]으로 드래그 앤 드롭하여 삭제한 경우
② USB 메모리에 저장된 파일을 〈Delete〉 키로 삭제한 경우
③ 네트워크 드라이브의 파일을 바로 가기 메뉴의 [삭제]를 클릭하여 삭제한 경우
④ [휴지통]의 크기를 0%로 설정한 후 [내 문서] 폴더 안의 파일을 삭제한 경우
⑤ 〈Shift〉+〈Delete〉 키로 삭제한 경우

**31** 다음은 5월 22일 당일을 기준으로 하여 5월 15일부터 일주일간 수박 1개의 판매가이다. 자료를 이해한 내용으로 옳지 않은 것은?

〈5월 15일～5월 22일 수박 판매가〉

(단위 : 원/개)

| 구분 | | 5/15 | 5/16 | 5/17 | 5/18 | 5/19 | 5/22(당일) |
|---|---|---|---|---|---|---|---|
| 평균 | | 18,200 | 17,400 | 16,800 | 17,000 | 17,200 | 17,400 |
| 최고값 | | 20,000 | 20,000 | 20,000 | 20,000 | 20,000 | 18,000 |
| 최저값 | | 16,000 | 15,000 | 15,000 | 15,000 | 16,000 | 16,000 |
| 등락률 | | −4.4% | 0.0% | 3.6% | 2.4% | 1.2% | − |
| 지역별 | 서울 | 16,000 | 15,000 | 15,000 | 15,000 | 17,000 | 18,000 |
| | 부산 | 18,000 | 17,000 | 16,000 | 16,000 | 16,000 | 16,000 |
| | 대구 | 19,000 | 19,000 | 18,000 | 18,000 | 18,000 | 18,000 |
| | 광주 | 18,000 | 16,000 | 15,000 | 16,000 | 17,000 | 18,000 |

① 대구의 경우 5월 16일까지는 가격 변동이 없었지만, 5일 전인 5월 17일에 감소했다.
② 5월 17일부터 전체 수박의 평균 가격은 200원씩 일정하게 증가하고 있다.
③ 5월 16일부터 증가한 서울의 수박 가격은 최근 높아진 기온의 영향을 받은 것이다.
④ 5월 15～19일 서울의 수박 평균 가격은 동기간 부산의 수박 평균 가격보다 낮다.
⑤ 5월 16～19일 나흘간 광주의 수박 평균 가격은 16,000원이다.

**32** 신제품의 설문조사를 위하여 홍보팀에서는 A～F를 2인 1조로 조직하여 파견을 보내려 한다. 팀 사정상 〈조건〉에 따라 2인 1조를 조직하게 되었을 때, 한 조가 될 수 있는 두 사람은?

**조건**

- A는 C나 D와 함께 갈 수 없다.
- B는 반드시 D 아니면 F와 함께 가야 한다.
- C는 반드시 E 아니면 F와 함께 가야 한다.
- A가 C와 함께 갈 수 없다면, A는 반드시 F와 함께 가야 한다.

① A, E
② B, D
③ B, F
④ C, D
⑤ C, F

**33** I건설 개발사업부에는 부장 1명, 과장 1명, 사원 2명, 대리 2명 총 6명이 근무하고 있다. 〈조건〉에 따라 5주 동안 개발사업부 전원이 여름휴가를 다녀오려고 한다. 휴가는 1번씩 2주 동안 다녀온다고 할 때, 다음 중 일어날 수 없는 상황은?(단, 모든 휴가의 시작은 월요일, 끝은 일요일이다)

조건

- 회사에는 세 명 이상 남아있어야 한다.
- 같은 직급의 직원은 동시에 휴가 중일 수 없다.
- 과장과 부장은 휴가가 겹칠 수 없다.
- 1주 차에는 과장과 사원만 휴가를 갈 수 있다.

① 1주 차에 아무도 휴가를 가지 않는다.
② 대리는 혼자 휴가 중일 수 있다.
③ 부장은 4주 차에 휴가를 출발한다.
④ 5주 차에는 1명만 휴가 중일 수 있다.
⑤ 대리 중 한 명은 3주 차에 휴가를 출발한다.

**34** 다음 중 「=VLOOKUP(SMALL(A2:A10,3),A2:E10,4,0)」의 결괏값으로 옳은 것은?

| | A | B | C | D | E |
|---|---|---|---|---|---|
| 1 | 번호 | 억양 | 발표 | 시간 | 자료준비 |
| 2 | 1 | 80 | 84 | 91 | 90 |
| 3 | 2 | 89 | 92 | 86 | 74 |
| 4 | 3 | 72 | 88 | 82 | 100 |
| 5 | 4 | 81 | 74 | 89 | 93 |
| 6 | 5 | 84 | 95 | 90 | 88 |
| 7 | 6 | 83 | 87 | 72 | 85 |
| 8 | 7 | 76 | 86 | 83 | 87 |
| 9 | 8 | 87 | 85 | 97 | 94 |
| 10 | 9 | 98 | 78 | 96 | 81 |

① 82
② 83
③ 86
④ 87
⑤ 88

**35** 다음 중 Windows 10에서 인터넷 익스플로러의 작업 내용과 단축키의 연결이 옳지 않은 것은?

① 현재 창 닫기 : 〈Ctrl〉+〈Q〉
② 홈페이지로 이동 : 〈Alt〉+〈Home〉
③ 현재 웹 페이지를 새로 고침 : 〈F5〉
④ 브라우저 창의 기본 보기와 전체 화면 간 전환 : 〈F11〉
⑤ 현재 창에서 단어나 문장 찾기 : 〈Ctrl〉+〈F〉

**36** 다음은 유아교육 규모에 대한 자료이다. 〈보기〉 중 옳지 않은 것을 모두 고르면?

〈유아교육 규모〉

| 구분 | 2016년 | 2017년 | 2018년 | 2019년 | 2020년 | 2021년 | 2022년 |
|---|---|---|---|---|---|---|---|
| 유치원 수(원) | 8,494 | 8,275 | 8,290 | 8,294 | 8,344 | 8,373 | 8,388 |
| 학급 수(학급) | 20,723 | 22,409 | 23,010 | 23,860 | 24,567 | 24,908 | 25,670 |
| 원아 수(명) | 545,263 | 541,603 | 545,812 | 541,550 | 537,822 | 537,361 | 538,587 |
| 교원 수(명) | 28,012 | 31,033 | 32,095 | 33,504 | 34,601 | 35,415 | 36,461 |
| 취원율(%) | 26.2 | 31.4 | 35.3 | 36.0 | 38.4 | 39.7 | 39.9 |
| 교원 1인당 원아 수(명) | 19.5 | 17.5 | 17.0 | 16.2 | 15.5 | 15.2 | 14.8 |

보기

㉠ 유치원 원아 수의 변동은 매년 일정한 흐름을 보이지는 않는다.
㉡ 교원 1인당 원아 수가 적어지는 것은 원아 수 대비 학급 수가 늘어나기 때문이다.
㉢ 취원율은 매년 증가하고 있는 추세이다.
㉣ 교원 수가 매년 증가하는 이유는 청년 취업과 관계가 있다.

① ㉠, ㉡
② ㉠, ㉢
③ ㉡, ㉣
④ ㉢, ㉣
⑤ ㉠, ㉢, ㉣

## 37 다음 글을 읽고 추론한 내용으로 적절하지 않은 것은?

다의어란 두 가지 이상의 의미를 가진 단어로, 기본이 되는 핵심 의미를 중심 의미라고 하고 중심 의미에서 확장된 의미를 주변 의미라고 한다. 중심 의미는 일반적으로 주변 의미보다 언어 습득의 시기가 빠르며 사용 빈도가 높다.

다의어가 주변 의미로 사용되었을 때는 문법적 제약이 나타나기도 한다. 예를 들어 '한 살을 먹다.'는 가능하지만, '한 살이 먹히다.'나 '한 살을 먹이다.'는 어법에 맞지 않는다. 또한 '손'이 '노동력'의 의미로 쓰일 때는 '부족하다, 남다' 등 몇 개의 용언과만 함께 쓰여 중심 의미로 쓰일 때보다 결합하는 용언의 수가 적다.

다의어의 주변 의미는 기존의 의미가 확장되어 생긴 것으로서, 새로 생긴 의미는 기존의 의미보다 추상성이 강화되는 경향이 있다. '손'의 중심 의미가 확장되어 '손이 부족하다.', '손에 넣다.'처럼 각각 '노동력', '권한이나 범위'로 쓰이는 것이 그 예이다.

다의어의 의미들은 서로 관련성을 갖는다. 예를 들어 '줄'의 중심 의미는 '새끼 따위와 같이 무엇을 묶거나 동이는 데 쓸 수 있는 가늘고 긴 물건'인데 길게 연결되어 있는 모양이 유사하여 '길이로 죽 벌이거나 늘여 있는 것'의 의미를 갖게 되었다. 또한, 연결이라는 속성이나 기능이 유사하여 '사회생활에서의 관계나 인연'의 뜻도 지니게 되었다.

그런데 다의어의 의미들이 서로 대립적 관계를 맺는 경우가 있다. 예를 들어 '앞'은 '향하고 있는 쪽이나 곳'이 중심 의미인데 '앞 세대의 입장', '앞으로 다가올 일'에서는 각각 '이미 지나간 시간'과 '장차 올 시간'을 가리킨다. 이것은 시간의 축에서 과거나 미래 중 어느 방향을 바라보는지에 따른 차이로서 이들 사이의 의미적 관련성은 유지된다.

① 동음이의어와 다의어는 단어의 문법적 제약이나 의미의 추상성 및 관련성 등으로 구분할 수 있을 것이다.

② '손에 넣다.'에서 '손'은 '권한이나 범위'의 의미로 사용될 수 있지만, '노동력'의 의미로는 사용될 수 없을 것이다.

③ '먹다'가 중심 의미인 '음식 따위를 입을 통하여 배 속에 들여보내다.'로 사용된다면 '먹히다', '먹이다'로 제약 없이 사용될 것이다.

④ 아이들은 '앞'의 '향하고 있는 쪽이나 곳'의 의미를 '장차 올 시간'의 의미보다 먼저 배울 것이다.

⑤ '줄'의 '사회생활에서의 관계나 인연'의 의미는 '길이로 죽 벌이거나 늘여 있는 것'의 의미보다 사용 빈도가 높을 것이다.

PART 3

※ I회사 직원인 정민, 혜정, 진선, 기영, 보람, 민영, 선호 일곱 사람은 오후 2시에 시작할 회의에 참석하기 위해 대중교통을 이용하여 거래처 내 회의장에 가고자 한다. 다음 〈조건〉을 참고하여 이어지는 질문에 답하시오. **[38~40]**

**조건**

- 이용가능한 대중교통은 버스, 지하철, 택시만 있다.
- 이용가능한 모든 대중교통의 I회사에서부터 거래처까지의 노선은 A, B, C, D지점을 거치는 직선 노선이다.
- I회사에서 대중교통을 기다리는 시간은 고려하지 않는다.
- 택시의 기본요금은 2,000원이다.
- 택시는 2km마다 100원씩 추가요금이 발생하며, 2km를 1분에 간다.
- 버스는 2km를 3분에 가고, 지하철은 2km를 2분에 간다.
- 버스와 지하철은 I회사, A, B, C, D 각 지점, 그리고 거래처에 있는 버스정류장 및 지하철역을 경유한다.
- 버스 요금은 500원, 지하철 요금은 700원이며 추가요금은 없다.
- 버스와 지하철 간에는 무료 환승이 가능하다.
- 환승할 경우 소요시간은 2분이다.
- 환승할 때 느끼는 번거로움 등을 비용으로 환산하면 1분당 400원이다.
- 거래처에 도착하여 회의장까지 가는 데에는 2분이 소요된다.
- 회의가 시작되기 전에 먼저 회의장에 도착하여 대기하는 동안의 긴장감 등을 비용으로 환산하면 1분당 200원이다.
- 회의에 지각할 경우 회사로부터 당하는 불이익 등을 비용으로 환산하면 1분당 10,000원이다.

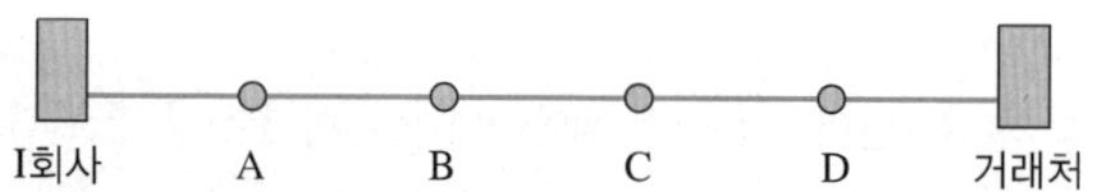


※ 각 구간의 거리는 모두 2km이다.

**38** 거래처에 도착한 이후의 비용을 고려하지 않을 때, I회사에서부터 거래처까지 최단시간으로 가는 방법과 최소비용으로 가는 방법 간의 비용 차는 얼마인가?

① 1,900원
② 2,000원
③ 2,100원
④ 2,200원
⑤ 2,300원

**39** 정민이는 I회사에서부터 B지점까지 버스를 탄 후, 택시로 환승하여 거래처의 회의장에 도착하고자 한다. 어느 시각에 출발하는 것이 비용을 최소화할 수 있는가?

① 오후 1시 42분
② 오후 1시 45분
③ 오후 1시 47분
④ 오후 1시 50분
⑤ 오후 1시 52분

**40** I공사에서는 신입사원을 채용하여 다음과 같이 부서별 배치를 진행하려고 한다. 전체 신입사원은 몇 명인가?(단, 신입사원 배치 부서는 인사, 총무, 연구, 마케팅 4개 부서만 있다)

> 전체 신입사원 중 $\frac{1}{5}$은 인사부서, $\frac{1}{4}$은 총무부서, $\frac{1}{2}$의 인원은 연구부서이며, 마케팅부서는 100명이다.

① 1,000명
② 1,200명
③ 1,500명
④ 2,000명
⑤ 2,100명



**41** 다음은 I기업의 재고 관리 사례이다. 금요일까지 부품 재고 수량이 남지 않게 완성품을 만들 수 있도록 월요일에 주문할 A ~ C부품 개수로 옳은 것은?(단, 주어진 조건 이외에는 고려하지 않는다)

〈부품 재고 수량과 완성품 1개당 소요량〉

| 부품명 | 부품 재고 수량 | 완성품 1개당 소요량 |
|---|---|---|
| A | 500 | 10 |
| B | 120 | 3 |
| C | 250 | 5 |

〈완성품 납품 수량〉

| 항목 \ 요일 | 월요일 | 화요일 | 수요일 | 목요일 | 금요일 |
|---|---|---|---|---|---|
| 완성품 납품 개수 | 없음 | 30 | 20 | 30 | 20 |

※ 부품 주문은 월요일에 한 번 신청하며, 화요일 작업 시작 전에 입고된다.
※ 완성품은 부품 A, B, C를 모두 조립해야 한다.

| | A | B | C |
|---|---|---|---|
| ① | 100 | 100 | 100 |
| ② | 100 | 180 | 200 |
| ③ | 500 | 100 | 100 |
| ④ | 500 | 150 | 200 |
| ⑤ | 500 | 180 | 250 |

**42** I은행 A지점은 M구의 신규 입주아파트 분양업자와 협약체결을 통하여 분양 중도금 관련 집단대출을 전담하게 되었다. A지점에 근무하는 귀하는 한 입주예정자로부터 평일에는 개인사정으로 인해 영업시간 내에 방문하지 못한다는 문의에 근처 다른 지점에 방문하여 대출신청을 진행할 수 있도록 안내하였다. 〈조건〉을 토대로 입주예정자의 대출신청을 완료하는 데까지 걸리는 최소시간은 얼마인가?[단, 각 지점 간 숫자는 두 영업점 간의 거리(km)를 의미한다]

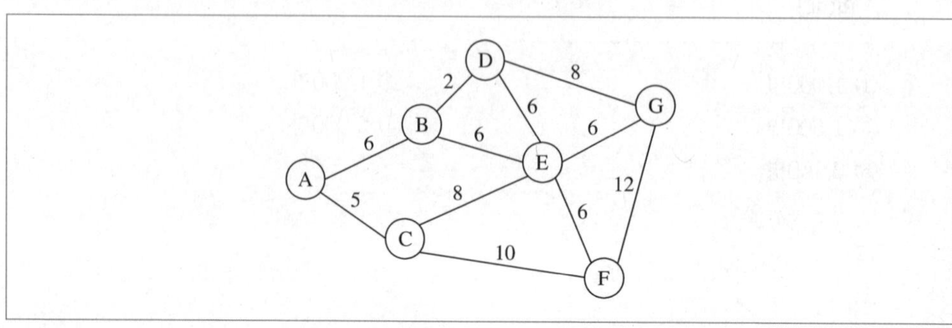


**조건**

- 입주예정자는 G지점 근처에서 거주하고 있어, 영업시간 내에 언제든지 방문 가능하다.
- 대출과 관련한 서류는 A지점에서 G지점까지 행낭을 통해 전달한다.
- 은행 영업점 간 행낭 배송은 시속 60km로 운행하며 요청에 따라 배송지 순서는 변경(생략)할 수 있다(단, 연결된 구간으로만 운행 가능).
- 대출신청서 등 대출 관련 서류는 입주예정자 본인 또는 대리인(대리인증명서 필요)이 작성하여야 한다(작성하는 시간은 총 30분이 소요됨).
- 대출신청 완료는 A지점에 입주예정자가 작성한 신청서류가 도착했을 때를 기준으로 한다.

① 46분
② 49분
③ 57분
④ 1시간 2분
⑤ 1시간 5분

**43** I항공사는 현재 신입사원을 모집하고 있으며, 지원자격은 다음과 같다. 〈보기〉의 지원자 중 K항공사 지원자격에 부합하는 사람은 모두 몇 명인가?

〈I항공사 대졸공채 신입사원 지원자격〉

• 4년제 정규대학 모집대상 전공 중 학사학위 이상 소지한 자(졸업예정자 지원 불가)
• TOEIC 750점 이상인 자(국내 응시 시험에 한함)
• 병역필 또는 면제자로 학업성적이 우수하고, 해외여행에 결격사유가 없는 자

※ 공인회계사, 외국어 능통자, 통계 전문가, 전공 관련 자격 보유자 및 장교 출신 지원자 우대

| 모집분야 | | 대상 전공 |
|---|---|---|
| 일반직 | 일반관리 | • 상경, 법정 계열<br>• 통계 / 수학, 산업공학, 신문방송, 식품공학(식품 관련 학과)<br>• 중국어, 러시아어, 영어, 일어, 불어, 독어, 서반아어, 포르투갈어, 아랍어 |
| | 운항관리 | • 항공교통, 천문기상 등 기상 관련 학과<br>– 운항관리사, 항공교통관제사 등 관련 자격증 소지자 우대 |
| 전산직 | | • 컴퓨터공학, 전산학 등 IT 관련 학과 |
| 시설직 | | • 전기부문 : 전기공학 등 관련 전공<br>– 전기기사, 전기공사기사, 소방설비기사(전기) 관련 자격증 소지자 우대<br>• 기계부문 : 기계학과, 건축설비학과 등 관련 전공<br>– 소방설비기사(기계), 전산응용기계제도기사, 건축설비기사, 공조냉동기사, 건설기계기사, 일반기계기사 등 관련 자격증 소지자 우대<br>• 건축부문 : 건축공학 관련 전공(현장 경력자 우대) |

보기

| 지원자 | 지원분야 | 학력 | 전공 | 병역사항 | TOEIC 점수 | 참고사항 |
|---|---|---|---|---|---|---|
| A | 전산직 | 대졸 | 컴퓨터공학 | 병역필 | 820점 | • 중국어, 일본어 능통자이다.<br>• 여권발급 제한 대상이다. |
| B | 시설직 (건축부문) | 대졸 | 식품공학 | 면제 | 930점 | • 건축현장 경력이 있다.<br>• 전기기사 자격증을 소지하고 있다. |
| C | 일반직 (운항관리) | 대재 | 항공교통학 | 병역필 | 810점 | • 전기공사기사 자격증을 소지하고 있다.<br>• 학업 성적이 우수하다. |
| D | 시설직 (기계부문) | 대졸 | 기계공학 | 병역필 | 745점 | • 건축설비기사 자격증을 소지하고 있다.<br>• 장교 출신 지원자이다. |
| E | 일반직 (일반관리) | 대졸 | 신문방송학 | 미필 | 830점 | • 소방설비기사 자격증을 소지하고 있다.<br>• 포르투갈어 능통자이다. |

① 1명
② 2명
③ 3명
④ 4명
⑤ 없음

**44** 다음은 2023년 1 ~ 7월 지하철 승차인원에 대한 자료이다. 이에 대한 설명으로 옳지 않은 것은?

〈2023년 1 ~ 7월 서울 지하철 승차인원〉

(단위 : 만 명)

| 구분 | 1월 | 2월 | 3월 | 4월 | 5월 | 6월 | 7월 |
|---|---|---|---|---|---|---|---|
| 1호선 | 818 | 731 | 873 | 831 | 858 | 801 | 819 |
| 2호선 | 4,611 | 4,043 | 4,926 | 4,748 | 4,847 | 4,569 | 4,758 |
| 3호선 | 1,664 | 1,475 | 1,807 | 1,752 | 1,802 | 1,686 | 1,725 |
| 4호선 | 1,692 | 1,497 | 1,899 | 1,828 | 1,886 | 1,751 | 1,725 |
| 5호선 | 1,796 | 1,562 | 1,937 | 1,910 | 1,939 | 1,814 | 1,841 |
| 6호선 | 1,020 | 906 | 1,157 | 1,118 | 1,164 | 1,067 | 1,071 |
| 7호선 | 2,094 | 1,843 | 2,288 | 2,238 | 2,298 | 2,137 | 2,160 |
| 8호선 | 548 | 480 | 593 | 582 | 595 | 554 | 566 |
| 합계 | 14,243 | 12,537 | 15,480 | 15,007 | 15,389 | 14,379 | 14,665 |

① 3월의 전체 승차인원이 가장 많았다.

② 4호선을 제외한 7월의 호선별 승차인원은 전월보다 모두 증가했다.

③ 8호선의 7월 승차인원은 1월 대비 3% 이상 증가했다.

④ 2호선과 8호선의 전월 대비 2 ~ 7월의 증감 추이는 같다.

⑤ 3호선과 4호선의 승차인원 차이는 5월에 가장 컸다.

**45** 제약회사에서 근무하는 귀하는 의약품 특허출원과 관련하여 다음과 같이 보고서를 작성하였고, 상사에게 보고서를 제출하기 전에 최종 검토를 하고자 한다. 보고서를 작성할 때 참고한 자료가 다음과 같다면, 보고서 내용 중 수정이 필요한 부분은 무엇인가?

〈보고서 내용 일부〉

2020년부터 2022년까지 의약품의 특허출원은 (A) 매년 감소하였다. 그러나 기타 의약품이 전체 의약품 특허출원에서 차지하는 비중은 매년 증가하여 2022년에는 전체 의약품 특허출원의 (B) 25% 이상을 차지하였다. 다국적기업의 의약품별 특허출원 현황을 살펴보면, 원료 의약품에서 다국적기업 특허출원이 차지하는 비중은 다른 의약품에 비해 매년 그 비중이 높아져 2022년에는 (C) 20% 이상을 차지하게 되었다. 한편 2022년 다국적기업에서 출원한 완제 의약품 특허출원 중 다이어트제 출원은 (D) 11%였다.

[참고자료]

〈의약품별 특허출원 현황〉

| 구분 \ 연도 | 2020년 | 2021년 | 2022년 |
|---|---|---|---|
| 완제 의약품 | 7,137건 | 4,394건 | 2,999건 |
| 원료 의약품 | 1,757건 | 797건 | 500건 |
| 기타 의약품 | 2,236건 | 1,517건 | 1,220건 |
| 합계 | 11,130건 | 6,708건 | 4,719건 |

〈의약품별 특허출원 중 다국적기업 출원 현황〉

| 구분 \ 연도 | 2020년 | 2021년 | 2022년 |
|---|---|---|---|
| 완제 의약품 | 404건 | 284건 | 200건 |
| 원료 의약품 | 274건 | 149건 | 103건 |
| 기타 의약품 | 215건 | 170건 | 141건 |
| 합계 | 893건 | 603건 | 444건 |

〈완제 의약품 특허출원 중 다이어트제 출원 현황〉

| 구분 | 2020년 | 2021년 | 2022년 |
|---|---|---|---|
| 출원 건수 | 53건 | 32건 | 22건 |

① (A) ② (B)
③ (C) ④ (D)
⑤ 없음

PART 3

**46** 다음 자료와 〈보기〉를 바탕으로 철수, 영희, 민수, 철호가 상품을 구입한 쇼핑몰을 바르게 연결한 것은?

〈이용약관의 주요내용〉

| 쇼핑몰 | 주문 취소 | 환불 | 배송비 | 포인트 적립 |
|---|---|---|---|---|
| A | 주문 후 7일 이내 취소 가능 | 10% 환불수수료, 송금수수료 차감 | 무료 | 구입 금액의 3% |
| B | 주문 후 10일 이내 취소 가능 | 환불수수료, 송금수수료 차감 | 20만 원 이상 무료 | 구입 금액의 5% |
| C | 주문 후 7일 이내 취소 가능 | 환불수수료, 송금수수료 차감 | 1회 이용 시 1만 원 | 없음 |
| D | 주문 후 당일에만 취소 가능 | 환불수수료, 송금수수료 차감 | 5만 원 이상 무료 | 없음 |
| E | 취소 불가능 | 고객 귀책 사유에 의한 환불 시에만 10% 환불수수료 | 1만 원 이상 무료 | 구입 금액의 10% |
| F | 취소 불가능 | 원칙적으로 환불 불가능 (사업자 귀책 사유일 때만 환불 가능) | 100g당 2,500원 | 없음 |

보기

ㄱ. 철수는 부모님의 선물로 등산용품을 구입하였는데, 판매자의 업무착오로 배송이 지연되어 판매자에게 전화로 환불을 요구하였다. 판매자는 판매금액 그대로를 통장에 입금해주었고, 구입 시 발생한 포인트도 유지하여 주었다.

ㄴ. 영희는 옷을 구매할 때 배송료를 고려하여 한 가지씩 여러 번에 나누어 구매하기보다는 가능한 한 한꺼번에 주문하곤 하였다.

ㄷ. 인터넷 사이트에서 영화티켓을 20,000원에 주문한 민수는 다음날 같은 티켓을 18,000원에 파는 가게를 발견하고 전날 주문한 물건을 취소하려 했지만 취소가 되지 않아 곤란을 겪은 적이 있다.

ㄹ. 가방을 10만 원에 구매한 철호는 도착한 물건의 디자인이 마음에 들지 않아 환불 및 송금수수료와 배송료를 감수하는 손해를 보면서도 환불할 수밖에 없었다.

| | 철수 | 영희 | 민수 | 철호 |
|---|---|---|---|---|
| ① | E쇼핑몰 | B쇼핑몰 | C쇼핑몰 | D쇼핑몰 |
| ② | F쇼핑몰 | E쇼핑몰 | D쇼핑몰 | B쇼핑몰 |
| ③ | E쇼핑몰 | D쇼핑몰 | F쇼핑몰 | C쇼핑몰 |
| ④ | F쇼핑몰 | C쇼핑몰 | E쇼핑몰 | B쇼핑몰 |
| ⑤ | E쇼핑몰 | C쇼핑몰 | B쇼핑몰 | D쇼핑몰 |

**47** 다음 〈조건〉을 통해 추론할 때, 서로 언어가 통하지 않는 사람끼리 짝지어진 것은?

조건

- A는 한국어와 영어만을 할 수 있다.
- B는 영어와 독일어만을 할 수 있다.
- C는 한국어와 프랑스어만을 할 수 있다.
- D는 중국어와 프랑스어만을 할 수 있다.

① A, B
② A, C
③ B, D
④ C, D
⑤ 없음

**48** 다음 시트에서 [E2:E7] 영역처럼 표시하려고 할 때, [E2] 셀에 입력할 수식으로 옳은 것은?

| | A | B | C | D | E |
|---|---|---|---|---|---|
| 1 | 순번 | 이름 | 주민등록번호 | 생년월일 | 백넘버 |
| 2 | 1 | 박민석 11 | 831121-1092823 | 831121 | 11 |
| 3 | 2 | 최성영 20 | 890213-1928432 | 890213 | 20 |
| 4 | 3 | 이형범 21 | 911219-1223457 | 911219 | 21 |
| 5 | 4 | 임정호 26 | 870211-1098432 | 870211 | 26 |
| 6 | 5 | 박준영 28 | 850923-1212121 | 850923 | 28 |
| 7 | 6 | 김민욱 44 | 880429-1984323 | 880429 | 44 |

① =MID(B2, 5, 2)
② =LEFT(B2, 2)
③ =RIGHT(B2, 5, 2)
④ =MID(B2, 5)
⑤ =LEFT(B2, 5, 2)

**49** **귀하는 점심식사 중 식당에 있는 TV에서 정부의 정책에 대한 뉴스가 나오는 것을 보았다. 함께 점심을 먹는 동료들과 뉴스를 보고 나눈 대화의 내용으로 적절하지 않은 것은?**

〈뉴스〉

앵커 : 저소득층에게 법률서비스를 제공하는 정책을 구상 중입니다. 정부는 무료로 법률자문을 하겠다고 자원하는 변호사를 활용하여 자원봉사제도와 정부에서 법률 구조공단 등의 기관을 신설하고 변호사를 유급으로 고용하여 법률서비스를 제공하는 유급법률구조제도, 정부가 법률서비스의 비용을 대신 지불하는 법률보호제도 등의 세 가지 정책대안 중 하나를 선택할 계획입니다.

이 정책대안을 비교하는 데 고려해야 할 정책목표는 비용저렴성, 접근용이성, 정치적 실현가능성, 법률서비스의 전문성입니다. 정책대안과 정책목표의 관계는 화면으로 보여드립니다. 각 대안이 정책목표를 달성하는 데 유리한 경우는 (+)로, 불리한 경우는 (−)로 표시하였으며, 유・불리 정도는 같습니다. 정책목표에 대한 가중치의 경우, '0'은 해당 정책목표를 무시하는 것을, '1'은 해당 정책목표를 고려하는 것을 의미합니다.

〈정책대안과 정책목표의 상관관계〉

| 정책목표 | 가중치 | | 정책대안 | | |
|---|---|---|---|---|---|
| | A안 | B안 | 자원봉사제도 | 유급법률구조제도 | 법률보호제도 |
| 비용저렴성 | 0 | 0 | + | − | − |
| 접근용이성 | 1 | 0 | − | + | − |
| 정치적 실현가능성 | 0 | 0 | + | − | + |
| 전문성 | 1 | 1 | − | + | − |

① A사원 : 아마도 전문성 면에서는 유급법률구조제도가 자원봉사제도보다 더 좋은 정책 대안으로 평가받게 되겠군.

② B사원 : A안에 가중치를 적용할 경우 유급법률구조제도가 가장 적절한 정책대안으로 평가받게 되지 않을까?

③ C사원 : 반대로 B안에 가중치를 적용할 경우 자원봉사제도가 가장 적절한 정책대안으로 평가받게 될 것 같아.

④ D사원 : A안과 B안 중 어떤 것을 적용하더라도 정책대안 비교의 결과는 달라지지 않을 것으로 보여.

⑤ E사원 : 비용저렴성을 달성하기에 가장 유리한 정책대안은 자원봉사제도로군.

## 50 다음 대화에서 S사원이 답변할 내용으로 적절하지 않은 것은?

P과장 : 자네, 마우스도 거의 만지지 않고 Window를 사용하다니, 신기하군. 방금 Window 바탕화면에 있는 창들이 모두 사라졌는데 어떤 단축키를 눌렀나?

S사원 : 네, 과장님. 〈Window〉 키와 〈D〉를 함께 누르면 바탕화면에 펼쳐진 모든 창이 최소화됩니다. 이렇게 주요한 단축키를 알아두면 업무에 많은 도움이 됩니다.

P과장 : 그렇군. 나도 자네에게 몇 가지를 배워서 활용해 봐야겠어.

S사원 : 우선 Window에서 자주 사용하는 단축키를 알려드리겠습니다. 첫 번째로 ＿＿＿＿＿＿

① 〈Window〉+〈E〉를 누르면 윈도 탐색기를 열 수 있습니다.

② 〈Window〉+〈Home〉을 누르면 현재 보고 있는 창을 제외한 나머지 창들이 최소화됩니다.

③ 잠시 자리를 비울 때 〈Window〉+〈L〉을 누르면 잠금화면으로 전환할 수 있습니다.

④ 여러 창을 띄어 놓고 작업할 때, 〈Alt〉+〈Tab〉을 사용하면 이전에 사용했던 창으로 쉽게 옮겨갈 수 있습니다.

⑤ 〈Window〉+〈K〉를 누르면 PC를 잠그거나 사용자 계정을 전환할 수 있습니다.

## | 01 | 조직이해능력(사무직 / 관제직)

**51** I공사의 항공교육팀은 항공보안실을 대상으로 다음과 같은 항공보안교육계획을 세웠다. 〈보기〉 중 항공보안교육을 반드시 이수해야 하는 팀을 모두 고르면?

〈2024년 항공보안교육계획〉

| 구분 | 과정명 | 비고 |
|---|---|---|
| 보안검색감독자 | 보안검색감독자 초기 / 정기 | 필수 |
| 보안검색요원 | 보안검색요원 초기 / 정기 | 필수 |
| | 보안검색요원 인증평가 | 필수 |
| | 보안검색요원 재교육 | 필요시 |
| 폭발물처리요원 | 폭발물 처리요원 직무 | 필요시 |
| | 폭발물 처리요원 정기 | 필요시 |
| | 폭발물위협분석관 초기 / 정기 | 필요시 |
| 장비유지보수요원 | 항공보안장비유지보수 초기 / 정기 | 필수 |

보기

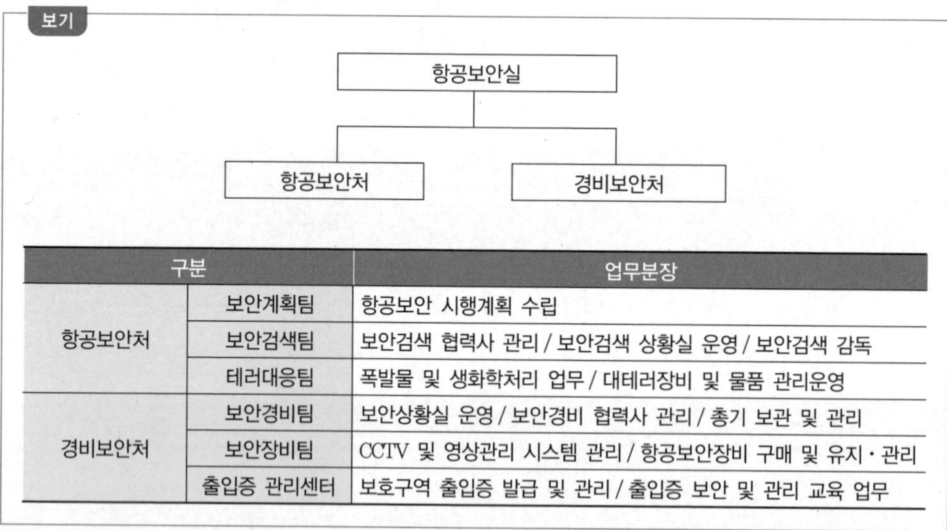


| 구분 | | 업무분장 |
|---|---|---|
| 항공보안처 | 보안계획팀 | 항공보안 시행계획 수립 |
| | 보안검색팀 | 보안검색 협력사 관리 / 보안검색 상황실 운영 / 보안검색 감독 |
| | 테러대응팀 | 폭발물 및 생화학처리 업무 / 대테러장비 및 물품 관리운영 |
| 경비보안처 | 보안경비팀 | 보안상황실 운영 / 보안경비 협력사 관리 / 총기 보관 및 관리 |
| | 보안장비팀 | CCTV 및 영상관리 시스템 관리 / 항공보안장비 구매 및 유지 · 관리 |
| | 출입증 관리센터 | 보호구역 출입증 발급 및 관리 / 출입증 보안 및 관리 교육 업무 |

① 보안계획팀, 보안검색팀
② 보안계획팀, 테러대응팀
③ 보안검색팀, 보안경비팀
④ 보안검색팀, 보안장비팀
⑤ 보안경비팀, 출입증 관리센터

**52** I공사는 경영진과 직원의 자유로운 소통, 부서 간 화합 등을 통해 참여와 열린 소통의 조직문화를 조성하고자 노력한다. 이러한 조직문화는 조직의 방향을 결정하고 조직을 존속하게 하는 데 중요한 요인 중의 하나이다. 다음 중 조직문화에 대한 설명으로 적절하지 않은 것은?

① 조직구성원들에게 일체감과 정체성을 부여하고, 결속력을 강화시킨다.
② 조직구성원들의 조직몰입을 높여준다.
③ 조직구성원의 사고방식과 행동양식을 규정한다.
④ 조직구성원들의 생활양식이나 가치를 의미한다.
⑤ 대부분의 조직들은 서로 비슷한 조직문화를 만들기 위해 노력한다.

PART 3

**53** 다음 지시사항에 대한 설명으로 적절하지 않은 것은?

> 은경씨, 금요일 오후 2시부터 인·적성검사 합격자 10명의 1차 면접이 진행될 예정입니다. 5층 회의실 사용 예약을 지금 미팅이 끝난 직후 해 주시고, 2명씩 다섯 조로 구성하여 10분씩 면접을 진행하니 지금 드리는 지원 서류를 참고하여 수요일 오전까지 다섯 조를 구성한 보고서를 저에게 주십시오. 그리고 2명의 면접위원님께 목요일 오전에 면접진행에 대해 말씀드려 미리 일정 조정을 완료해 주시기 바랍니다.

① 면접은 10분씩 진행된다.
② 은경씨는 수요일 오전까지 보고서를 제출해야 한다.
③ 면접은 금요일 오후에 10명을 대상으로 실시된다.
④ 인·적성검사 합격자는 본인이 몇 조인지 알 수 있다.
⑤ 은경씨는 면접위원님께 면접진행에 대해 말씀드려야 한다.

**54** 다음은 I회사의 직무전결표의 일부분이다. 이에 따라 문서를 처리하였을 경우 적절하지 않은 것은?

| 직무 내용 | 대표이사 | 위임 전결권자 | | |
|---|---|---|---|---|
| | | 전무 | 이사 | 부서장 |
| 정기 월례 보고 | | | | ○ |
| 각 부서장급 인수인계 | | ○ | | |
| 3천만 원 초과 예산 집행 | ○ | | | |
| 3천만 원 이하 예산 집행 | | ○ | | |
| 각종 위원회 위원 위촉 | ○ | | | |
| 해외 출장 | | | ○ | |

① 인사부장의 인수인계에 관하여 전무에게 결재받은 후 시행하였다.
② 인사징계위원회 위원을 위촉하기 위하여 대표이사 부재중에 전무가 전결하였다.
③ 영업팀장의 해외 출장을 위하여 이사에게 사인을 받았다.
④ 3천만 원에 해당하는 물품 구매를 위하여 전무 전결로 처리하였다.
⑤ 정기 월례 보고서를 작성한 후 부서장의 결재를 받았다.

**55** 다음 체크리스트의 성격을 볼 때, (A)에 추가적으로 들어갈 내용으로 가장 적절한 것은?

| No. | 항목 | 현재능력 | | | | |
|---|---|---|---|---|---|---|
| | | 매우 낮음 | 낮음 | 보통 | 높음 | 매우 높음 |
| 1 | 경쟁국 업체의 주요 현황을 알고 있다. | ① | ② | ③ | ④ | ⑤ |
| 2 | 다른 나라의 문화적 차이를 인정하고 이에 대해 개방적인 태도를 견지하고 있다. | ① | ② | ③ | ④ | ⑤ |
| 3 | 현재 세계의 정치적 이슈가 무엇인지 잘 알고 있다. | ① | ② | ③ | ④ | ⑤ |
| 4 | 업무와 관련된 최근 국제이슈를 잘 알고 있다. | ① | ② | ③ | ④ | ⑤ |
| 5 | (A) | ① | ② | ③ | ④ | ⑤ |

① 분기별로 고객 구매 데이터를 분석하고 있다.
② 업무와 관련된 국제적인 법규를 이해하고 있다.
③ 인사 관련 경영 자료의 내용을 파악하고 있다.
④ 자신의 연봉과 연차수당을 계산할 수 있다.
⑤ 구성원들의 제증명서를 관리하고 발급할 수 있다.

## 56 다음 중 경영전략 추진과정을 순서대로 바르게 나열한 것은?

① 경영전략 도출 → 환경분석 → 전략목표 설정 → 경영전략 실행 → 평가 및 피드백
② 경영전략 도출 → 경영전략 실행 → 전략목표 설정 → 환경분석 → 평가 및 피드백
③ 전략목표 설정 → 환경분석 → 경영전략 도출 → 경영전략 실행 → 평가 및 피드백
④ 전략목표 설정 → 경영전략 도출 → 경영전략 실행 → 환경분석 → 평가 및 피드백
⑤ 환경분석 → 전략목표 설정 → 경영전략 도출 → 경영전략 실행 → 평가 및 피드백

## 57 I건설의 박부장은 올해 1분기 영업실적을 정리하여 전자우편을 작성한 후 수신을 다음과 같이 설정하여 발송하였다. 다음 중 가장 적절하게 설명한 것은?

- 수신 : 김영철 상무, 최창대 상무
- 참조 : 전무이사
- 비밀참조 : 한상민 사장

① 이 전자우편을 받는 사람은 모두 3명이다.
② 김영철 상무는 한상민 사장이 자신과 동일한 전자우편을 받았다는 것을 알고 있다.
③ 전무이사는 한상민 사장이 동일한 전자우편을 받았다는 것을 알고 있다.
④ 최창대 상무는 이 전자우편을 받은 사람이 3명이라고 생각한다.
⑤ 이 전자우편을 받는 사람은 김영철 상무, 최창대 상무 2명이다.

## 58 I기업의 B대리는 업무상 미국인 C씨와 만나야 한다. B대리가 알아두어야 할 예절로 적절하지 않은 것은?

A부장 : B대리, K기업 C씨를 만날 준비는 다 되었습니까?
B대리 : 네, 부장님. 필요한 자료는 다 준비했습니다.
A부장 : 그래요. 우리 회사는 해외 진출이 경쟁사에 비해 많이 늦었는데 K기업과 파트너만 된다면 큰 도움이 될 겁니다. 아, 그런데 업무 관련 자료도 중요하지만 우리랑 문화가 다르니까 실수하지 않도록 준비 잘하세요.
B대리 : 네, 알겠습니다.

① 무슨 일이 있어도 시간은 꼭 지켜야 한다.
② 악수를 할 때 눈을 똑바로 보는 것은 실례이다.
③ 어떻게 부를 것인지 상대방에게 미리 물어봐야 한다.
④ 명함은 악수를 한 후 교환한다.
⑤ 인사를 하거나 이야기할 때 어느 정도의 거리(공간)를 두어야 한다.

**59** 다음은 어떤 부서의 분장업무를 나타낸 자료이다. 이를 통해서 유추할 수 있는 부서로 가장 적절한 것은?

| 분장업무 | |
|---|---|
| • 판매방침 및 계획 | • 외상매출금의 청구 및 회수 |
| • 판매예산의 편성 | • 제품의 재고 조절 |
| • 시장 조사 | • 견본품, 반품, 지급품, 예탁품 등의 처리 |
| • 판로의 개척, 광고 선전 | • 거래처로부터의 불만 처리 |
| • 거래처의 신용조사와 신용한도의 신청 | • 제품의 애프터서비스 |
| • 견적 및 계약 | • 판매원가 및 판매가격의 조사 검토 |
| • 제조지시서의 발행 | |

① 총무부
② 인사부
③ 기획부
④ 영업부
⑤ 자재부

**60** 다음 글의 밑줄 친 마케팅 기법에 대한 설명으로 적절한 것을 〈보기〉에서 모두 고르면?

> 기업들이 신제품을 출시하면서 한정된 수량만 제작 판매하는 한정판 제품을 잇따라 내놓고 있다. 이번 기회가 아니면 더 이상 구입할 수 없다는 메시지를 끊임없이 던지며 소비자의 호기심을 자극하는 마케팅 기법이다. ○○자동차 회사는 가죽 시트와 일부 외형을 기존 제품과 다르게 한 모델을 8,000대 한정 판매하였는데, 단기간에 매진을 기록하였다.

보기

ㄱ. 소비자의 충동 구매를 유발하기 쉽다.
ㄴ. 이윤 증대를 위한 경영 혁신의 한 사례이다.
ㄷ. 의도적으로 공급의 가격 탄력성을 크게 하는 방법이다.
ㄹ. 소장 가치가 높은 상품을 대상으로 하면 더 효과적이다.

① ㄱ, ㄴ
② ㄱ, ㄷ
③ ㄴ, ㄹ
④ ㄱ, ㄴ, ㄹ
⑤ ㄴ, ㄷ, ㄹ

## | 02 | 기술능력(기술직)

**51** B사원은 최근 I전자제품회사의 빔프로젝터를 구입하였으며, 빔프로젝터 고장 신고 전 확인사항 자료를 확인하였다. 이를 볼 때, 빔프로젝터의 증상과 그에 따른 확인 및 조치사항으로 옳은 것은?

〈빔프로젝터 고장 신고 전 확인사항〉

| 분류 | 증상 | 확인 및 조치사항 |
|---|---|---|
| 설치 및 연결 | 전원이 들어오지 않음 | • 제품 배터리의 충전 상태를 확인하세요.<br>• 만약 그래도 제품이 전혀 동작하지 않는다면 제품 옆면의 'Reset' 버튼을 1초간 누르시기 바랍니다. |
| | 전원이 자동으로 꺼짐 | • 본 제품은 약 20시간 지속 사용 시 제품의 시스템 보호를 위해 전원이 자동 차단될 수 있습니다. |
| | 외부기기가 선택되지 않음 | • 외부기기 연결선이 신호 단자에 맞게 연결되었는지 확인하고, 연결 상태를 점검해주시기 바랍니다. |
| 메뉴 및 리모컨 | 리모컨이 동작하지 않음 | • 리모컨의 건전지 상태 및 건전지가 권장 사이즈에 부합하는지 확인해 주세요.<br>• 리모컨 각도와 거리가(10m 이하) 적당한지, 제품과 리모컨 사이에 장애물이 없는지 확인해 주세요. |
| | 메뉴가 선택되지 않음 | • 메뉴의 글자가 회색으로 나와 있지 않은지 확인해 주세요. 회색의 글자 메뉴는 선택되지 않습니다. |
| 화면 및 소리 | 영상이 희미함 | • 리모컨 메뉴창의 초점 조절 기능을 이용하여 초점을 조절해 주세요.<br>• 투사거리가 초점에서 너무 가깝거나 멀리 떨어져 있지 않은지 확인해 주세요(권장거리 1 ~ 3m). |
| | 제품에서 이상한 소리가 남 | • 이상한 소리가 계속해서 발생할 경우 사용을 중지하고 서비스센터로 문의해 주시기 바랍니다. |
| | 화면이 안 나옴 | • 제품 배터리의 충전 상태를 확인해 주세요.<br>• 본체의 발열이 심할 경우 화면이 나오지 않을 수 있습니다. |
| | 화면에 줄, 잔상, 경계선 등이 나타남 | • 일정시간 정지된 영상을 지속적으로 표시하면 부분적으로 잔상이 발생합니다.<br>• 영상의 상・하・좌・우의 경계선이 고정되어 있거나 빛의 투과량이 서로 상이한 영상을 장시간 시청 시 경계선에 자국이 발생할 수 있습니다. |

① 영화를 보는 중에 갑자기 전원이 꺼진 것은 본체의 발열이 심해서 그런 것이므로 약 20시간 동안 사용을 중지하였다.

② 메뉴가 선택되지 않아 외부기기와 연결선이 제대로 연결되었는지 확인하였다.

③ 일주일째 이상한 소리가 나 제품 배터리가 충분히 충전된 상태인지 살펴보았다.

④ 언젠가부터 화면에 잔상이 나타나 제품과 리모콘 배터리의 충전 상태를 확인하였다.

⑤ 영상이 너무 희미해 초점과 투사거리를 확인하여 조절하였다.

PART 3

※ 다음은 I회사 사무실에 비치된 제습기의 사용설명서이다. 이어지는 질문에 답하시오. [52~53]

■ 안전하게 사용하기 위해서

- 전원코드를 무리하게 구부리기 비틀기, 잡아당기기 등을 하지 마십시오(코드가 파손되어 화재 및 감전의 원인이 됩니다).
- 하나의 콘센트에 여러 전원코드를 사용하지 마십시오(무리한 전력사용은 감전 및 화재의 원인이 됩니다).
- 가스가 샐 때는 제습기를 작동하기 전에 창문을 열어 환기시켜 주십시오(폭발 및 화재, 화상의 원인이 됩니다).
- 흡입구나 토출구를 막지 마십시오(능력 저하나 고장의 원인이 될 수 있습니다).
- 제습기를 이동할 때는 운전을 정지하고, 물통의 물을 버린 후 이동하십시오(물통 안의 물이 흘러넘쳐 가재도구 등을 적시거나 화재, 감전의 원인이 될 수 있습니다).
- 에어필터를 꼭 끼워 사용하십시오(필터 없이 사용할 경우 제품 수명이 짧아집니다).
- 안정되고 튼튼한 바닥 위에 설치하십시오(바닥이 약하면 진동이나 소음의 원인이 됩니다).

■ 다음과 같은 증상은 고장이 아닙니다.

| | |
|---|---|
| 사용 중 갑자기 소리가 커져요 | 압축기가 정지해 있다가 작동을 시작하면서 나는 소리입니다. |
| 소리의 크기가 변화합니다. | 루버의 각도에 따라 소리의 크기가 변화합니다. |
| 온풍이 나옵니다. | 실내 공기를 냉각시켜 제습한 공기를 응축기로 따뜻하게 하므로 나오는 바람은 온풍이 됩니다. |
| 배수 물통 내에 액체 또는 흰 증발 자국이 있습니다. | 공장에서의 제습 테스트에 의해 남은 물, 또는 물의 증발 자국으로 이상이 아닙니다. |
| 운전·정지 시 제품이 떨려요. | 압축기가 작동할 때 순간적으로 떨리는 정상적인 현상입니다. |
| 물통을 뺐는데 물이 떨어져요 | 제품 내부에 남아있는 잔여 응축수가 일부 떨어진 것이니 마른걸레로 제거 후 사용하시면 됩니다. |
| 물통 비움 표시 램프가 점등되지 않아요. | 제품 내부의 물을 모으기 위해 만수 후 3분 뒤에 램프가 점등됩니다. |
| 제품을 들 때나 이동 시 딸깍딸깍 소리가 납니다. | 압축기가 흔들려서 나는 정상적인 소리입니다. |

※ 다음과 같은 증상 외에 다른 문제가 있다면 즉시 서비스센터에 문의하시기 바라며, 절대 임의로 수리하지 마십시오.

**52** **사무실에 비치된 제습기를 안전하게 사용하기 위해 화재와 관련된 주의사항을 확인하고자 한다. 다음 중 화재 위험과 관련성이 가장 적은 것은?**

① 에어필터를 사용하지 않았다.
② 문어발식 콘센트를 사용하였다.
③ 가스경보기가 울릴 때 제습기를 작동시켰다.
④ 제습기를 옮길 때 물통의 물을 버리지 않았다.
⑤ 전원코드를 무리하게 구부려 콘센트에 연결하였다.

PART 3

**53** **제습기 사용 중 작동이 원활하지 않아 서비스센터에 수리를 요청하였다. 다음 중 서비스센터에 문의한 증상으로 가장 적절한 것은?**

① 운전 시 제품이 떨린다.
② 사용 중 갑자기 소리가 커진다.
③ 물통 비움 표시 램프가 점등되지 않는다.
④ 전원 버튼을 눌러도 작동하지 않는다.
⑤ 물통을 뺐는데 물이 떨어진다.

※ 다음 글을 읽고 이어지는 질문에 답하시오. [54~56]

컴퓨터를 제조 및 생산하는 회사의 생산기획부 김팀장은 기존에 판매하던 제품에 새로운 기술을 도입하여 새로운 버전의 컴퓨터를 생산하려고 한다. 기존에 판매했던 제품은 출시했을 때는 안정적인 매출을 보였으나, 다른 회사에서 유사한 제품들을 판매해 좋은 수익을 내지 못하였다. 그래서 김팀장은 최초의 기술력을 기존 컴퓨터에 도입하여 컴퓨터 회사 중 시장점유율 1위를 차지하려고 한다. 목표를 이루기 위해서 김팀장은 몇 가지 사항들을 고려해 적절히 기술을 도입해야 한다. 기술 발표는 10월 중순을 목표로 하고, 성과를 위해 수많은 인력들이 투입될 예정이다. 따라서 많은 인력들을 운용하는 김팀장은 기술경영자에게 필요한 능력을 갖추려고 노력해야 한다.

**54** 다음 중 컴퓨터 생산 시 선택한 기술을 그대로 적용하되, 불필요한 기술을 과감히 버리고 적용할 때의 상황에 대한 설명으로 옳지 않은 것은?

① 비용의 증가
② 시간 절약
③ 프로세스의 효율성 증가
④ 부적절한 기술 선택 시 실패할 수 있는 위험부담 존재
⑤ 과감히 버린 기술의 필요성에 대한 문제점 존재

**55** 다음 중 김팀장이 기존에 판매하던 컴퓨터에 최초의 기술을 적용할 때, 고려해야 할 사항으로 옳지 않은 것은?

① 기술적용에 따른 비용
② 기술의 수명주기
③ 기술의 전략적 중요도
④ 기술의 디자인
⑤ 기술의 잠재적 응용 가능성

**56** 다음 중 김팀장이 많은 인력들을 운용하기 위해 필요한 능력에 대한 설명으로 옳지 않은 것은?

① 기술 전문 인력을 운용할 수 있는 능력
② 빠르고 효과적으로 새로운 기술을 습득하고 기존의 기술에서 탈피하는 능력
③ 복잡하고 서로 다른 분야에 걸쳐 있는 프로젝트를 수행할 수 있는 능력
④ 조직 내의 기술을 이용할 수 있는 능력
⑤ 기업의 전반적인 전략 목표에 기술을 분리시키는 능력

**57** 다음은 벤치마킹의 절차를 나타낸 것이다. 다음 절차에 대한 설명으로 옳지 않은 것은?

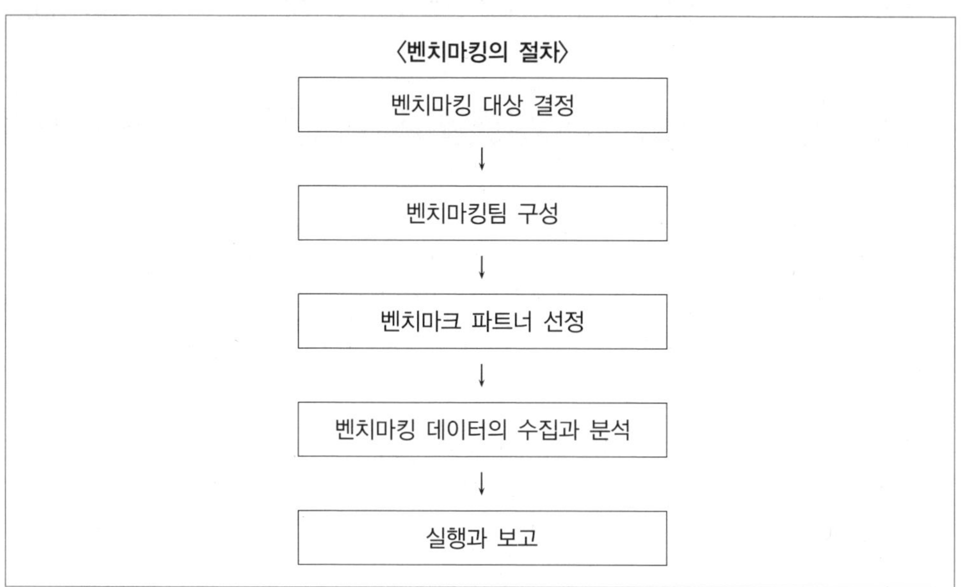


① 벤치마킹팀의 경우 관계자 모두에게 벤치마킹이 명확하게 할당되고 중심 프로젝트가 정해지는 것을 돕기 위한 프로젝트 관리 기구가 필요하다.
② 벤치마킹 대상이 결정되면 대상을 조사하기 위해 필요한 정보와 자원이 무엇인지 파악해야 한다.
③ 벤치마크 파트너 선정은 벤치마크 정보를 수집하는 데 이용될 정보의 원천을 확인하는 단계이다.
④ 벤치마킹팀 구성 시 구성원들 간의 의사소통이 원활하기 위한 네트워크 환경이 요구된다.
⑤ 벤치마킹 데이터를 수집·분석할 경우 문서 편집 시스템보다는 수기로 작업하는 것이 좋다.

※ PC방에서 아르바이트를 하는 P군은 모니터에 이상이 있다는 손님의 문의에 대응할 수 있도록 모니터 설명서를 찾아보았다. 다음 모니터 설명서를 보고 이어지는 질문에 답하시오. **[58~59]**

〈고장신고 전 확인사항〉

| 고장내용 | 확인사항 |
|---|---|
| 화면이 나오지 않아요. | • 모니터 전원 코드가 전원과 바르게 연결되어 있는지 확인해 주세요.<br>• 전원 버튼이 꺼져 있는지 확인해 주세요.<br>• [입력] 설정이 바르게 되어 있는지 확인해 주세요.<br>• PC와 모니터가 바르게 연결되어 있는지 확인해 주세요.<br>• 모니터가 절전모드로 전환되어 있는지 확인해 주세요. |
| "UNKNOWN DEVICE" 문구가 뜹니다. | • 자사 홈페이지의 모니터 드라이브를 설치해 주세요.<br>(http://www.*******.**.**) |
| 화면이 흐려요. | • 권장 해상도로 설정되어 있는지 확인해 주세요.<br>• 그래픽카드 성능에 따라 권장 해상도 지원이 불가능할 수 있으니 그래픽카드 제조사에 문의해 주세요. |
| 화면에 잔상이 남아 있어요. | • 모니터를 꺼도 잔상이 남으면 고장신고로 접수해 주세요.<br>(고정된 특정 화면을 장기간 사용하면 모니터에 손상을 줄 수 있습니다)<br>• 몇 개의 빨간색, 파란색, 초록색, 흰색, 검은색 점이 보이는 것은 정상이므로 안심하고 사용하셔도 됩니다. |
| 소리가 나오지 않아요. | • 모니터가 스피커 단자와 바르게 연결되어 있는지 확인해 주세요.<br>• 볼륨 설정이 낮거나 음소거 모드로 되어 있는지 확인해 주세요. |
| 모니터 기능이 잠겨 있어요. | • [메뉴] – [잠금 해제]를 통해 잠금을 해제해 주세요. |

**58** 다음 중 화면이 나오지 않는다는 손님의 문의를 받았을 때의 대응 방안으로 적절하지 않은 것은?

① 모니터 전원이 켜져 있는지 확인한다.
② 모니터 드라이브를 설치한다.
③ 모니터와 PC가 바르게 연결되어 있는지 확인한다.
④ 모니터가 전원에 연결되어 있는지 확인한다.
⑤ 모니터 입력 설정이 바르게 설정되어 있는지 확인한다.

**59** 다음 중 고장신고를 접수해야 하는 상황은?

① 특정 소프트웨어에서 소리가 나오지 않는다.
② 화면에 몇 개의 반점이 보인다.
③ 화면이 흐리게 보인다.
④ 모니터 일부 기능을 사용할 수 없다.
⑤ 모니터를 꺼도 잔상이 남아 있다.

**60** 다음은 기술 시스템의 발전 단계를 나타낸 것이다. 빈칸에 들어갈 단계로 가장 적절한 것은?

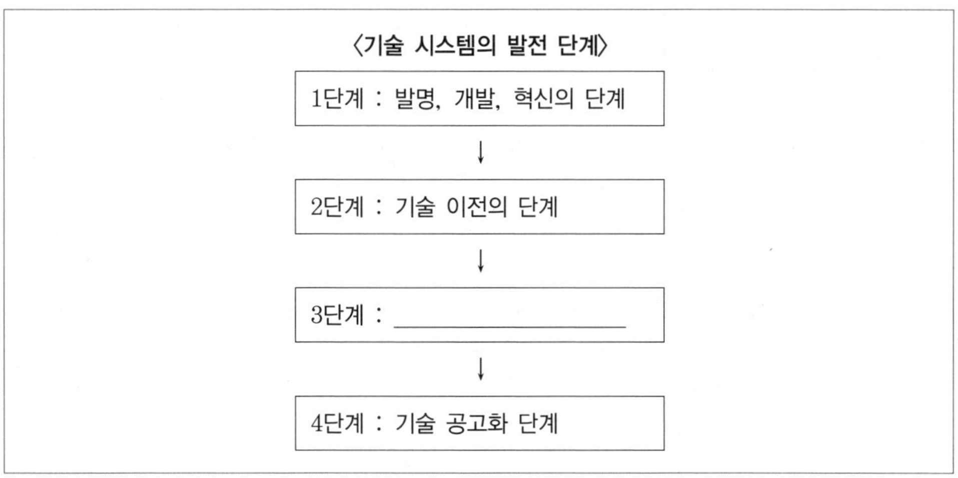


① 기술 협조의 단계
② 기술 경영의 단계
③ 기술 평가의 단계
④ 기술 경쟁의 단계
⑤ 기술 투자의 단계

PART 3

## | 01 | 경영학(사무직)

**61** 다음 〈보기〉 중 피들러(Fiedler)의 리더십 상황이론에 대한 설명으로 옳지 않은 것을 모두 고르면?

보기

㉠ 과업지향적 리더십과 관계지향적 리더십을 모두 갖춘 리더가 가장 높은 성과를 달성한다.
㉡ 리더의 특성을 LPC 설문에 의해 측정하였다.
㉢ 상황변수로서 리더 – 구성원 관계, 과업구조, 부하의 성숙도를 고려하였다.
㉣ 리더가 처한 상황이 호의적인 경우, 관계지향적 리더십이 적합하다.
㉤ 리더가 처한 상황이 비호의적인 경우, 과업지향적 리더십이 적합하다.

① ㉠, ㉢
② ㉠, ㉣
③ ㉡, ㉣
④ ㉠, ㉢, ㉣
⑤ ㉢, ㉣, ㉤

**62** I회사는 철물 관련 사업을 하는 중소기업이다. 이 회사는 수요가 어느 정도 안정된 소모품을 다양한 거래처에 납품하고 있으며, 내부적으로는 부서별 효율성을 추구하고 있다. 이러한 회사의 조직구조로 적합한 유형은?

① 기능별 조직
② 사업부제 조직
③ 프로젝트 조직
④ 매트릭스 조직
⑤ 다국적 조직

**63** I회사는 A상품을 연간 20,000개 정도 판매할 수 있을 것으로 예상하고 있다. A상품의 1회당 주문비가 200원, 연간 재고유지비용은 상품당 32원이라고 할 때, 경제적 주문량(EOQ)으로 옳은 것은?(단, 소수점 이하는 버린다)

① 500개
② 535개
③ 565개
④ 600개
⑤ 635개

## 64 다음 중 재무제표에 대한 설명으로 옳지 않은 것은?

① 재무제표는 재무상태표, 포괄손익계산서, 자본변동표, 현금흐름표, 주석으로 구성된다.
② 재무제표는 적어도 1년에 한 번은 작성한다.
③ 현금흐름에 대한 정보를 제외하고는 발생기준의 가정하에 작성한다.
④ 기업이 경영활동을 청산 또는 중단할 의도가 있더라도, 재무제표는 계속기업의 가정하에 작성한다.
⑤ 재무제표 요소의 측정기준은 역사적원가와 현행가치 등으로 구분된다.



## 65 다음 설명 중 옳지 않은 것은?

① 횡단 조사는 한 사람이 아닌 패널(여러 사람으로 구성된 집단)을 조사하는 것으로 시간 경과에 따라 패널의 특징 등을 반복적으로 측정한다.
② 시계열 조사는 조사 대상을 정하고, 여러 시점에 걸쳐 조사하면서 변화와 차이, 발생 원인 등을 분석한다.
③ 탐색 조사는 일종의 예비조사이다.
④ 확정적 조사는 확정된 문제나 가정의 참·거짓을 밝히기 위한 조사이다.
⑤ 종단 조사는 시간의 흐름에 따라 조사 대상이나 상황의 변화를 측정한다.

## 66 다음 중 과학적 경영 전략에 대한 설명으로 옳지 않은 것은?

① 테일러의 과학적 관리법은 시간연구와 동작연구를 통해 노동자의 심리상태와 보상심리를 적용한 효과적인 과학적 경영 전략을 제시하였다.
② 직무특성이론은 기술된 핵심 직무 특성이 종업원의 주요 심리 상태에 영향을 미치며, 이것이 다시 종업원의 직무 성과에 영향을 미친다고 주장한다.
③ 호손실험은 생산성에 비공식적 조직이 영향을 미친다는 사실을 밝혀낸 연구이다.
④ 목표설정이론은 인간이 합리적으로 행동한다는 기본적인 가정에 기초하여 개인이 의식적으로 얻으려고 설정한 목표가 동기와 행동에 영향을 미친다는 이론이다.
⑤ 포드 시스템은 노동자의 이동경로를 최소화하며 물품을 생산하거나 고정된 생산라인에서 노동자가 계속해서 생산하는 방식을 통하여 불필요한 절차와 행동 요소들을 없애 생산성을 향상시켰다.

**67** **다음 중 마이클 포터가 제시한 경쟁우위전략에 대한 설명으로 옳지 않은 것은?**

① 원가우위전략은 경쟁기업보다 낮은 비용에 생산하여 저렴하게 판매하는 것을 의미한다.
② 차별화전략은 경쟁사들이 모방하기 힘든 독특한 제품을 판매하는 것을 의미한다.
③ 집중화전략은 원가우위에 토대를 두거나 차별화우위에 토대를 둘 수 있다.
④ 원가우위전략과 차별화전략은 일반적으로 대기업에서 많이 수행된다.
⑤ 마이클 포터는 기업이 성공하기 위해서는 한 제품을 통하여 원가우위전략과 차별화전략 두 가지 전략을 동시에 추구해야 한다고 보았다.

**68** **다음 중 수요예측기법(Demand Forecasting Technique)에 대한 설명으로 옳은 것은?**

① 지수평활법은 평활상수가 클수록 최근 자료에 더 높은 가중치를 부여한다.
② 회귀분석법은 실제치와 예측치의 오차를 자승한 값의 총합계가 최대가 되도록 회귀계수를 추정한다.
③ 수요예측과정에서 발생하는 예측오차들의 합이 영(Zero)에 수렴하는 것은 옳지 않다.
④ 이동평균법은 이동평균의 계산에 사용되는 과거 자료의 수가 많을수록 수요예측의 정확도가 높아진다.
⑤ 시계열 분석법으로는 이동평균법과 회귀분석법이 있다.

**69** **강 상류에 위치한 A기업이 오염물질을 배출하고, 강 하류에서는 통조림을 생산하는 B기업이 어업활동을 영위하고 있다. 그런데 A기업은 자사의 오염배출이 B기업에 미치는 영향을 고려하지 않고 있다. 다음 중 옳지 않은 것은?**

① A기업의 생산량은 사회의 적정생산량보다 많다.
② B기업의 생산량은 사회의 적정생산량보다 적다.
③ A기업에게 적절한 피구세를 부과함으로써 사회적 최적 수준의 오염물질 배출량 달성이 가능하다.
④ 오염배출 문제는 A기업과 B기업의 협상을 통해 해결 가능하며, 이러한 경우 보상을 위한 필요자금 없이도 가능하다.
⑤ B기업의 생산비는 A기업의 생산량에 영향을 받는다.

## 70 다음 중 인사고과에 대한 설명으로 옳지 않은 것은?

① 인사고과란 종업원의 능력과 업적을 평가하여 그가 보유하고 있는 현재적 및 잠재적 유용성을 조직적으로 파악하는 방법이다.
② 인사고과의 수용성은 종업원이 인사고과 결과가 정당하다고 느끼는 정도이다.
③ 인사고과의 타당성은 고과내용이 고과목적을 얼마나 잘 반영하고 있느냐에 관한 것이다.
④ 후광효과(Halo Effect)는 피고과자의 어느 한 면을 기준으로 다른 것까지 함께 평가하는 경향을 말한다.
⑤ 대비오류(Contrast Error)는 피고과자의 능력을 실제보다 높게 평가하는 경향을 말한다.

PART 3

## 71 다음 중 경영정보시스템 관련 용어에 대한 설명으로 옳은 것은?

① 데이터베이스 관리시스템은 비즈니스 수행에 필요한 일상적인 거래를 처리하는 정보시스템이다.
② 전문가시스템은 일반적인 업무를 지원하는 정보시스템이다.
③ 전사적 자원관리시스템은 공급자와 공급기업을 연계하여 활용하는 정보시스템이다.
④ 의사결정지원시스템은 데이터를 저장하고 관리하는 정보시스템이다.
⑤ 중역정보시스템은 최고경영자층이 전략적인 의사결정을 하도록 도와주는 정보시스템이다.

## 72 다음 중 인간관계론에 대한 설명으로 옳은 것은?

① 과학적 관리법과 유사한 이론이다.
② 인간 없는 조직이란 비판을 들었다.
③ 심리요인과 사회요인은 생산성에 영향을 주지 않는다.
④ 비공식집단을 인식했으나 그 중요성을 낮게 평가했다.
⑤ 메이요(E. Mayo)와 뢰슬리스버거(F. Roethlisberger)를 중심으로 호손실험을 거쳐 정리되었다.

## 73 다음 중 평정척도법에 대한 설명으로 옳은 것은?

① 통계적 분포에 따라 인원을 강제적으로 할당하여 피평가자를 배열하고 서열을 정한다.
② 고과에 적당한 표준 행동을 평가 항목에 배열해 놓고 해당 항목을 체크하여 책정한다.
③ 일상생활에서 보여준 특별하게 효과적이거나 비효과적인 행동을 기록하여 활용한다.
④ 피평가자의 능력과 업적 등을 일련의 연속척도 또는 비연속척도로 평가한다.
⑤ 평소 부하직원의 직무 관련 행동에서 나타나는 강점과 약점을 기술한다.

**74** **다음 중 페이욜(Fayol)이 주장한 경영활동과 그 내용을 바르게 짝지은 것은?**

① 기술적 활동 – 생산, 제조, 가공
② 상업적 활동 – 계획, 조직, 지휘, 조정, 통제
③ 회계적 활동 – 구매, 판매, 교환
④ 관리적 활동 – 재화 및 종업원 보호
⑤ 재무적 활동 – 원가관리, 예산통제

**75** **다음 중 식스 시그마(6–sigma)에 대한 설명으로 옳지 않은 것은?**

① 프로세스에서 불량과 변동성을 최소화하면서 기업의 성과를 최대화하려는 종합적이고 유연한 시스템이다.
② 프로그램의 최고 단계 훈련을 마치고, 프로젝트 팀 지도를 전담하는 직원은 마스터 블랙벨트이다.
③ 통계적 프로세스 관리에 크게 의존하며, '정의 – 측정 – 분석 – 개선 – 통제(DMAIC)'의 단계를 걸쳐 추진된다.
④ 제조프로세스에서 기원하였지만 판매, 인적자원, 고객서비스, 재무서비스 부문으로 확대되고 있다.
⑤ 사무부분을 포함한 모든 프로세스의 질을 높이고 업무 비용을 획기적으로 절감하여 경쟁력을 향상시킴을 목표로 한다.

**76** **다음은 MOT의 중요성에 대한 설명이다. 빈칸에 들어갈 말로 옳은 것은?**

| 진실의 순간은 서비스 전체에서 어느 한 순간만은 아니며, 고객과 만나는 직간접의 순간순간들이 진실의 순간이 될 수 있으며, 어느 한 순간만 나빠도 고객을 잃게 되는 ____________이 적용된다. |
|---|

① 덧셈의 법칙 ② 뺄셈의 법칙
③ 곱셈의 법칙 ④ 나눗셈의 법칙
⑤ 제로섬의 원칙

**77** 다음 중 직무현장훈련(OJT)에 대한 설명으로 옳지 않은 것은?

① 실습장훈련, 인턴사원, 경영 게임법 등이 이에 속한다.
② 실제 현장에서 실제로 직무를 수행하면서 이루어지는 현직훈련이다.
③ 훈련내용의 전이정도가 높고 실제 업무와 직결되어 경제적인 장점을 가진다.
④ 훈련방식의 역사가 오래되며, 생산직에서 보편화된 교육방식이라 할 수 있다.
⑤ 지도자의 높은 자질이 요구되고, 교육훈련 내용의 체계화가 어렵다.

**78** 다음 중 생산합리화의 3S로 옳은 것은?

① 표준화(Standardization) – 단순화(Simplification) – 전문화(Specialization)
② 규격화(Specification) – 세분화(Segmentation) – 전문화(Specialization)
③ 단순화(Simplification) – 규격화(Specification) – 세분화(Segmentation)
④ 세분화(Segmentation) – 표준화(Standardization) – 단순화(Simplification)
⑤ 규격화(Specification) – 전문화(Specialization) – 표준화(Standardization)



**79** 다음 중 단위당 소요되는 표준작업시간과 실제작업시간을 비교하여 절약된 작업시간에 대한 생산성 이득을 노사가 각각 50 : 50의 비율로 배분하는 임금제도는?

① 임프로쉐어 플랜
② 스캔런 플랜
③ 럭커 플랜
④ 메리크식 복률성과급
⑤ 테일러식 차별성과급

**80** I회사는 2022년 초 토지, 건물 및 기계장치를 일괄하여 ₩20,000,000에 취득하였다. 취득일 현재 토지, 건물 및 기계장치의 판매회사 장부상 금액은 각각 ₩12,000,000, ₩3,000,000, ₩10,000,000이며, 토지, 건물 및 기계장치의 공정가치 비율은 7:1:2이다. I회사가 인식할 기계장치의 취득원가는?

① ₩4,000,000
② ₩5,000,000
③ ₩6,000,000
④ ₩7,000,000
⑤ ₩8,000,000

**81** 다음 중 직무평가에 있어서 미리 규정된 등급 또는 어떠한 부류에 대해 평가하려는 직무를 배정함으로써 직무를 평가하는 방법은?

① 서열법
② 분류법
③ 점수법
④ 요소비교법
⑤ 순위법

**82** 다음 중 숍 제도에서 기업에 대한 노동조합의 통제력이 강력한 순서대로 나열한 것은?

① 오픈 숍 – 클로즈드 숍 – 유니언 숍
② 클로즈드 숍 – 오픈 숍 – 유니언 숍
③ 유니언 숍 – 오픈 숍 – 클로즈드 숍
④ 클로즈드 숍 – 유니언 숍 – 오픈 숍
⑤ 유니언 숍 – 클로즈드 숍 – 오픈 숍

**83** 다음 중 원인과 결과를 설명하고 예측하려는 이론을 단순화하여 표현한 연구모형을 뜻하는 용어는?

① 인과모형
② 브레인스토밍법
③ 델파이법
④ 시계열분석법
⑤ 상관분석법

**84** 다음 중 주식의 발행시장과 유통시장에 대한 설명으로 옳지 않은 것은?

① 발행시장은 발행주체가 유가증권을 발행하고, 중간 중개업자가 인수하여 최종 자금 출자자에게 배분하는 시장이다.
② 유통시장은 투자자 간의 수평적인 이전기능을 담당하는 시장으로 채권의 매매가 이루어지는 시장이다.
③ 자사주 매입은 발행시장에서 이루어진다.
④ 50명 이하의 소수투자자와 사적으로 교섭하여 채권을 매각하는 방법을 사모라고 한다.
⑤ 유통시장은 채권의 공정한 가격을 형성하게 하는 기능이 있다.

**85** 다음 중 조직 설계에 대한 설명으로 옳지 않은 것은?

① 조직의 과업다양성이 높을수록 조직의 전반적인 구조는 더욱 유기적인 것이 바람직하다.
② 집권화의 수준은 유기적 조직에 비해 기계적 조직의 경우가 높다.
③ 조직의 규모가 커지고 더 많은 부서가 생겨남에 따라 조직구조의 복잡성은 증가한다.
④ 조직의 공식화 정도가 높을수록 직무담당자의 재량권은 줄어든다.
⑤ 전문화 수준이 높아질수록 수평적 분화의 정도는 낮아진다.

**86** 다음 〈보기〉 중 JIT시스템의 주요 요소를 모두 고르면?

보기
㉠ 부품의 표준화
㉡ 저품질
㉢ 가동준비 시간의 감소
㉣ 소규모 로트 사이즈
㉤ 사후관리

① ㉠, ㉡, ㉣
② ㉠, ㉢, ㉣
③ ㉡, ㉢, ㉣
④ ㉡, ㉣, ㉤
⑤ ㉢, ㉣, ㉤

**87** 다음 중 연구에 대한 구체적인 목적을 공식화하여, 조사를 수행하기 위한 순서와 책임을 구체화시키는 마케팅 조사의 과정은?

① 조사문제의 제기
② 마케팅 조사의 설계
③ 자료의 수집과 분석
④ 보고서 작성
⑤ 조사목적의 결정

**88** 다음 중 주로 자원이 한정된 중소기업이 많이 사용하는 마케팅 전략은?

① 마케팅믹스 전략
② 무차별적 마케팅 전략
③ 집중적 마케팅 전략
④ 차별적 마케팅 전략
⑤ 비차별적 마케팅 전략

**89** 다음 〈보기〉에서 설명하는 용어로 옳은 것은?

> **보기**
>
> 이 전략의 대표적인 예로는 전기, 전화, 수도 등의 공공요금 및 택시요금, 놀이공원 등이 있다.

① 2부제 가격 전략
② 부산품 전략
③ 묶음가격
④ 가격계열화
⑤ 심리적가격

**90** 다른 기업에게 수수료를 받는 대신 자사의 기술이나 상품 사양을 제공하고 그 결과로 생산과 판매를 허용하는 것은?

① 아웃소싱(Outsourcing)
② 합작투자(Joint Venture)
③ 라이선싱(Licensing)
④ 턴키프로젝트(Turn-key Project)
⑤ 그린필드투자(Green Field Investment)

**91** 다음 중 특정 작업계획으로 여러 부품들을 생산하기 위해 컴퓨터에 의해 제어 및 조절되며 자재취급 시스템에 의해 연결되는 작업장들의 조합은?

① 유연생산시스템
② 컴퓨터통합생산시스템
③ 적시생산시스템
④ 셀 제조시스템
⑤ 지능형생산시스템

**92** 다음 중 제품 및 제품계열에 대한 수년간의 자료 등을 수집하기 용이하고, 변화하는 경향이 비교적 분명하며 안정적일 경우에 활용되는 통계적인 예측방법은?

① 브레인스토밍법
② 시계열분석법
③ 인과모형
④ 델파이법
⑤ 회귀분석법

**93** 기업이 적정한 시간과 장소에서 알맞은 양의 제품과 서비스를 생산하기 위해 필요한 부품이나 자재를 확보할 수 있도록 보장해 주기 위해 설계된 기법은?

① MBO
② MPS
③ MRP
④ EOQ
⑤ JIT

**94** 다음 중 마케팅 믹스의 4P에 해당하지 않는 것은?

① Picture
② Price
③ Promotion
④ Place
⑤ Product

**95** 다음 중 호손(Hawthorne) 실험의 주요 결론에 대한 설명으로 옳지 않은 것은?

① 심리적 요인에 의해서 생산성이 좌우될 수 있다.
② 작업자의 생산성은 작업자의 심리적 요인 및 사회적 요인과 관련이 크다.
③ 비공식 집단이 자연적으로 발생하여 공식조직에 영향을 미칠 수 있다.
④ 노동환경과 생산성 사이에 반드시 비례관계가 존재하는 것은 아니다.
⑤ 일반 관리론의 이론을 만드는 데 가장 큰 영향을 미쳤다.

**96** 제품구매시점에서 소비자들이 느끼는 제품구매결과에 대한 불확실성 정도를 무엇이라고 하는가?

① 인지적 부조화
② 지각된 결과
③ 인지적 관여도
④ 지각된 위험
⑤ 투기적 위험

**97** 다음 〈보기〉에서 설명하고 있는 시장세분화의 요건은?

> 보기
>
> 장애인들은 버튼조작만으로 운전할 수 있는 승용차를 원하고 있지만, 그러한 시장의 규모가 경제성을 보증하지 못한다면 세분시장의 가치가 적은 것이다.

① 측정가능성
② 유지가능성
③ 접근가능성
④ 실행가능성
⑤ 기대가능성

**98** 다음 중 마케팅 전략 수립 단계를 순서대로 바르게 나열한 것은?

① 시장세분화 → 표적시장 선정 → 포지셔닝
② 표적시장 선정 → 포지셔닝 → 시장세분화
③ 포지셔닝 → 시장세분화 → 표적시장 선정
④ 시장세분화 → 포지셔닝 → 표적시장 선정
⑤ 표적시장 선정 → 시장세분화 → 포지셔닝

**99** 소비자들에게 타사 제품과 비교하여 자사 제품에 대한 차별화된 이미지를 심어주기 위한 계획적인 전략접근법을 무엇이라고 하는가?

① 포지셔닝 전략
② 시장세분화 전략
③ 가격차별화 전략
④ 제품차별화 전략
⑤ 비가격경쟁 전략

**100** 다음 중 포장의 목적에 해당하지 않는 것은?

① 제품의 소멸성
② 제품의 보호성
③ 제품의 편의성
④ 제품의 촉진성
⑤ 제품의 환경보호성

**101** 다음은 유통경로의 설계전략에 대한 내용이다. ㉠~㉢에 들어갈 용어를 바르게 짝지은 것은?

> • ___㉠___ 유통은 가능한 많은 중간상들에게 자사의 제품을 취급하도록 하는 것으로 과자, 저가 소비재 등과 같이 소비자들이 구매의 편의성을 중시하는 품목에서 채택하는 방식이다.
> • ___㉡___ 유통은 제품의 이미지를 유지하고 중간상들의 협조를 얻기 위해 일정 지역 내에서의 독점 판매권을 중간상에게 부여하는 방식이다.
> • ___㉢___ 유통은 앞의 두 유통대안의 중간 형태로 각 지역별로 복수의 중간상에게 자사의 제품을 취급할 수 있도록 하는 방식이다.

| | ㉠ | ㉡ | ㉢ |
|---|---|---|---|
| ① | 전속적 | 집약적 | 선택적 |
| ② | 집약적 | 전속적 | 선택적 |
| ③ | 선택적 | 집약적 | 전속적 |
| ④ | 전속적 | 선택적 | 집약적 |
| ⑤ | 집약적 | 선택적 | 전속적 |

PART 3

**102** 다음 중 하이더(Heider)의 균형이론에 대한 설명으로 옳지 않은 것은?

① 균형 상태란 자신 – 상대방 – 제3자의 세 요소가 내부적으로 일치되어 있는 것처럼 보이는 상태를 말한다.
② 사람들은 균형 상태가 깨어지면 자신의 태도를 바꾸거나 상대방의 태도를 무시하는 등의 태도를 보인다.
③ 심리적 평형에 대한 이론으로, 일반적으로 사람들은 불균형 상태보다는 안정적인 상태를 선호한다고 가정한다.
④ 각 관계의 주어진 값을 곱하여 +면 균형 상태, –면 불균형 상태로 본다.
⑤ 세 가지의 요소로만 태도 변화를 설명하기 때문에 지나치게 단순하고, 그 관계의 좋고 싫음의 강도를 고려하지 못한다는 한계를 갖는다.

**103** 다음 중 주로 편의품의 경우 많이 사용되는 유통경로 전략은?

① 집약적 유통　② 전속적 유통
③ 선택적 유통　④ 통합적 유통
⑤ 수직적 유통

**104** 다음 중 시계열분석기법의 시계열 구성요소에 해당하지 않는 것은?

① 추세(Trend)
② 회귀적 요인(Regressional Element)
③ 계절적 변동(Seasonal Variation)
④ 불규칙 변동(Irregular Variation)
⑤ 임의 변동(Random Variation)

**105** 동일한 목표를 달성하고 새로운 가치창출을 위해 공급업체들과 자원 및 정보를 협력하여 하나의 기업처럼 움직이는 생산시스템은?

① 공급사슬관리(SCM)
② 적시생산시스템(JIT)
③ 유연제조시스템(FMS)
④ 컴퓨터통합생산(CIM)
⑤ 전사적품질경영(TQM)

**106** 다음 중 경영관리 과정의 순서로 옳은 것은?

① 조직화 → 지휘 → 통제 → 계획수립
② 지휘 → 통제 → 계획수립 → 조직화
③ 계획수립 → 조직화 → 지휘 → 통제
④ 통제 → 계획수립 → 조직화 → 지휘
⑤ 통제 → 조직화 → 지휘 → 계획수립

**107** 다음 중 리더십의 상황적합이론에서 특히 하급자의 성숙도를 강조하는 리더십의 상황모형을 제시하는 이론은?

① 피들러의 상황적합이론
② 브롬과 예튼의 규범이론
③ 하우스의 경로 – 목표이론
④ 허시와 블랜차드의 3차원적 유효성이론
⑤ 베르탈란피의 시스템이론

**108** 상품매매기업인 A회사는 계속기록법과 실지재고조사법을 병행하고 있다. A회사의 2023년 기초재고는 ₩10,000(단가 ₩100)이고, 당기매입액은 ₩30,000(단가 ₩100), 2023년 말 현재 장부상 재고수량은 70개이다. A회사가 보유하고 있는 재고자산은 진부화로 인해 단위당 순실현가능가치가 ₩80으로 하락하였다. A회사가 포괄손익계산서에 매출원가로 ₩36,000을 인식하였다면, A회사의 2023년 말 현재 실제재고수량은?(단, 재고자산감모손실과 재고자산평가손실은 모두 매출원가에 포함한다)

① 40개
② 50개
③ 65개
④ 70개
⑤ 80개

PART 3

**109** 다음 〈보기〉에서 설명하는 가격정책은?

> 보기
>
> 유표품(Branded Goods)의 제조업자가 도매상 및 소매상과의 계약에 의하여 자기회사제품의 도소매 가격을 사전에 설정해 놓고, 이 가격으로 자사제품을 판매하는 전략으로 유표품이 도・소매상의 손실유인상품(Loss Leader)으로 이용되는 것을 방지하여, 가격안정과 명성유지를 도모하고자 하는 정책이다.

① 상대적 저가격전략
② 상대적 고가격전략
③ 상층흡수가격정책
④ 재판매가격 유지정책
⑤ 침투가격정책

**110** 다음 중 회수기간법에 대한 설명으로 옳은 것은?

① 회수기간법은 투자에 소요되는 자금을 그 투자안의 현금흐름으로 회수하는 기간이 짧은 투자안을 선택하게 된다.
② 단일 투자안의 투자의사결정은 기업이 미리 설정한 최단기간 회수기간보다 실제 투자안의 회수기간이 길면 선택하게 된다.
③ 화폐의 시간가치를 고려하고 있지만 회수기간 이후의 현금흐름을 무시하고 있다는 점에서 비판을 받고 있다.
④ 회수기간법은 투자안을 평가하는 데 있어 방법이 매우 복잡하면서 서로 다른 투자안을 비교하기 어렵고 기업의 자금 유동성을 고려하지 않았다는 단점을 가지고 있다.
⑤ 회수기간법과 회계적 이익률법은 전통적 분석기법으로 화폐의 시간가치를 고려한 기법이다.

## | 02 | 경제학(사무직)

**61** **정부가 상품 공급자에게 일정한 금액의 물품세를 부과하는 경우 조세부담의 귀착에 대한 설명으로 옳지 않은 것은?(단, 조세부과 이전의 균형 가격과 수급량은 모두 같고 다른 조건은 일정하다)**

① 공급곡선의 기울기가 가파를수록 정부의 조세수입은 더 증가한다.
② 공급곡선의 기울기가 완만할수록 공급자의 조세부담이 더 작아진다.
③ 수요곡선의 기울기가 가파를수록 정부의 조세수입은 더 작아진다.
④ 수요곡선의 기울기가 가파를수록 소비자의 조세부담이 더 커진다.
⑤ 조세가 부과되면 균형 수급량은 감소한다.

**62** **다음 중 무차별곡선에 대한 설명으로 옳지 않은 것은?**

① 무차별곡선은 동일한 효용 수준을 제공하는 상품묶음들의 궤적이다.
② 무차별곡선의 기울기는 한계대체율이며 두 재화의 교환비율이다.
③ 무차별곡선이 원점에 대해 오목하면 한계대체율은 체감한다.
④ 완전대체재관계인 두 재화에 대한 무차별곡선은 직선의 형태이다.
⑤ 모서리해를 제외하면 무차별곡선과 예산선이 접하는 점이 소비자의 최적점이다.

**63** **다음 중 오쿤의 법칙(Okun's Law)에 대한 설명으로 옳은 것은?**

① 어떤 시장을 제외한 다른 모든 시장이 균형 상태에 있으면 그 시장도 균형을 이룬다는 법칙이다.
② 실업률이 1% 늘어날 때마다 국민총생산이 2.5%의 비율로 줄어든다는 법칙이다.
③ 소득수준이 낮을수록 전체 생계비에서 차지하는 식료품 소비의 비율이 높아진다는 법칙이다.
④ 가난할수록 총지출에서 차지하는 주거비의 지출 비율이 점점 더 커진다는 법칙이다.
⑤ 악화(惡貨)는 양화(良貨)를 구축한다는 법칙이다.

**64** **다음 〈보기〉에서 밑줄 친 부분을 나타내는 용어가 바르게 연결된 것은?**

> 보기
>
> 국방은 한 국가가 현존하는 적국이나 가상의 적국 또는 내부의 침략에 대응하기 위하여 강구하는 다양한 방위활동을 말하는데 이러한 국방은 ㉠ 많은 사람들이 누리더라도 다른 사람이 이용할 수 있는 몫이 줄어들지 않는다. 또한 국방비에 대해 ㉡ 가격을 지급하지 않는 사람들이 이용하지 못하게 막기가 어렵다. 따라서 국방은 정부가 담당하게 된다.

| | ㉠ | ㉡ |
|---|---|---|
| ① | 공공재 | 외부효과 |
| ② | 배제성 | 경합성 |
| ③ | 무임승차 | 비배재성 |
| ④ | 비경합성 | 비배재성 |
| ⑤ | 공공재 | 비배재성 |

PART 3

**65** **사회보장제도 중 공공부조에 대한 설명으로 옳지 않은 것은?**

① 주어진 자원으로 집중적으로 급여를 제공할 수 있어 대상효율성이 높다.
② 기여 없이 가난한 사람에게 급여를 제공하기 때문에 소득재분배 효과가 크다.
③ 수급자의 근로의욕을 상승시킨다.
④ 정부가 투입하는 비용에 비해 빈곤해소의 효과가 크다.
⑤ 사회적으로 보호받아야 할 자에게 최소한의 인간다운 생활을 할 수 있도록 지원한다.

**66** **초기 노동자 10명이 생산에 참여할 때 1인당 평균생산량은 30단위였다. 노동자를 한 사람 더 고용하여 생산하니 1인당 평균생산량은 28단위로 줄었다. 이 경우 노동자의 한계생산량은 얼마인가?**

① 2단위
② 8단위
③ 10단위
④ 28단위
⑤ 30단위

**67** **다음의 내용으로부터 공통적으로 추론할 수 있는 경제현상은?**

- 채무자가 채권자보다 유리하다.
- 실물자산보유자가 금융자산보유자보다 유리하다.
- 현재 현금 10만 원은 다음 달에 받게 될 현금 10만 원보다 훨씬 가치가 있다.

① 높은 실업률
② 환율의 급속한 하락
③ 물가의 급속한 상승
④ 통화량의 급속한 감소
⑤ 이자율의 급속한 상승

**68** **I아파트 상가 내부에 위치한 음식점이 가격을 인상하자 매출도 증가하였다고 한다. 다음 〈보기〉 중 매출액 증가의 요인을 모두 고르면?**

보기

ㄱ. 아파트 주변 음식점의 가격이 더 큰 폭으로 상승하였다.
ㄴ. 아파트 단지를 추가적으로 건설하여 새로운 입주자들이 늘어났다.
ㄷ. 아파트 상가 내 음식점 이용자의 가격탄력성이 크다.
ㄹ. 아파트 주민들의 소득이 증가하였다.

① ㄱ, ㄴ
② ㄱ, ㄹ
③ ㄴ, ㄷ
④ ㄱ, ㄴ, ㄹ
⑤ ㄴ, ㄷ, ㄹ

**69** **물적자본의 축적을 통한 경제성장을 설명하는 솔로우(R. Solow)모형에서 수렴현상이 발생하는 원인은?**

① 자본의 한계생산체감
② 경제성장과 환경오염
③ 내생적 기술진보
④ 기업가 정신
⑤ 인적자본

**70** **A국의 2021년 명목 GDP는 100억 원이었고, 2022년 명목 GDP는 150억 원이었다. 기준년도인 2021년 GDP디플레이터가 100이고, 2022년 GDP디플레이터는 120인 경우, 2022년의 전년 대비 실질 GDP 증가율은?**

① 10%p
② 15%p
③ 20%p
④ 25%p
⑤ 30%p

**71** 다음 국제거래 중 우리나라의 경상수지 흑자를 증가시키는 것은?

① 외국인이 우리나라 기업의 주식을 매입하였다.
② 우리나라 학생의 해외유학이 증가하였다.
③ 미국 기업은 우리나라에 자동차 공장을 건설하였다.
④ 우리나라 기업이 중국 기업으로부터 특허료를 지급받았다.
⑤ 우리나라 기업이 외국인에게 주식투자에 대한 배당금을 지급하였다.

**72** 밀턴 프리드만은 '공짜 점심은 없다.'라는 말을 즐겨했다고 한다. 이 말을 설명할 수 있는 경제 원리는?

① 규모의 경제
② 긍정적 외부성
③ 기회비용
④ 수요공급의 원리
⑤ 한계효용 체감의 법칙

**73** 다음 〈보기〉 중 기혼여성의 경제활동참가율을 결정하는 요인이 될 수 있는 것을 모두 고르면?

보기
ㄱ. 배우자의 실질임금
ㄴ. 취학 이전 자녀의 수
ㄷ. 기혼여성의 교육수준

① ㄱ
② ㄱ, ㄴ, ㄷ
③ ㄱ, ㄷ
④ ㄴ
⑤ ㄴ, ㄷ

**74** 어느 기업이 생산요소로서 유일하게 노동만 보유했다고 가정할 때, (가)～(마)에 들어갈 내용으로 옳지 않은 것은?

| 요소투입량 | 총생산 | 한계생산 | 평균생산 |
|---|---|---|---|
| 1 | (가) | 90 | 90 |
| 2 | (나) | 70 | (다) |
| 3 | 210 | (라) | (마) |

① (가) – 90
② (나) – 160
③ (다) – 80
④ (라) – 60
⑤ (마) – 70

**75** **다음 중 국내외 여건에 유동적으로 대처하기 위해 수입품의 일정한 수량을 기준으로 부과하는 탄력관세는 무엇인가?**

① 상계관세　② 조정관세
③ 할당관세　④ 계정관세
⑤ 덤핑방지관세

**76** **물가상승률을 연 6%로 예상했으나 실제로는 7%에 달했다. 이와 같은 상황에서 이득을 얻는 경제주체를 〈보기〉에서 모두 고르면?**

보기

ㄱ. 채권자　ㄴ. 채무자
ㄷ. 국채를 발행한 정부　ㄹ. 국채를 구매한 개인
ㅁ. 장기 임금 계약을 맺은 회사　ㅂ. 은행 정기적금에 가입한 주부

① ㄱ, ㄷ, ㅁ　② ㄱ, ㄹ, ㅂ
③ ㄴ, ㄷ, ㅁ　④ ㄴ, ㄹ, ㅂ
⑤ ㄷ, ㅁ, ㅂ

**77** **다음 중 전통적인 케인스 소비함수의 특징이 아닌 것은?**

① 한계소비성향이 0과 1 사이에 존재한다.
② 평균소비성향은 소득이 증가함에 따라 감소한다.
③ 현재의 소비는 현재의 소득에 의존한다.
④ 이자율은 소비를 결정할 때 중요한 역할을 한다.
⑤ 단기소비곡선에서 평균소비성향은 한계소비성향보다 크다.

**78** **다음 중 루카스의 총공급곡선이 우상향하는 이유는?**

① 재화시장 가격의 경직성　② 기술진보
③ 실질임금의 경직성　④ 재화가격에 대한 불완전정보
⑤ 완전신축적인 가격결정

**79** 다음 (가) ~ (라)에 들어갈 용어를 바르게 짝지은 것은?

> • ___(가)___ : 구직활동 과정에서 일시적으로 실업 상태에 놓이는 것을 의미한다.
> • ___(나)___ : 실업률과 GDP 갭(국민생산손실)은 정(+)의 관계이다.
> • ___(다)___ : 실업이 높은 수준으로 올라가고 나면 경기확장정책을 실시하더라도 다시 실업률이 감소하지 않는 경향을 의미한다.
> • ___(라)___ : 경기침체로 인한 총수요의 부족으로 발생하는 실업이다.

| | (가) | (나) | (다) | (라) |
|---|---|---|---|---|
| ① | 마찰적 실업 | 오쿤의 법칙 | 이력현상 | 경기적 실업 |
| ② | 마찰적 실업 | 경기적 실업 | 오쿤의 법칙 | 구조적 실업 |
| ③ | 구조적 실업 | 이력현상 | 경기적 실업 | 마찰적 실업 |
| ④ | 구조적 실업 | 이력현상 | 오쿤의 법칙 | 경기적 실업 |
| ⑤ | 경기적 실업 | 오쿤의 법칙 | 이력현상 | 구조적 실업 |

PART 3

**80** 임금이 경직적이지 않음에도 불구하고 노동자들이 새로운 직장을 탐색하는 과정에서 겪는 실업만으로 이루어진 실업률을 자연실업률이라고 한다. 다음 중 자연실업률의 변화 방향이 다른 경우는?

① 취업정보 비공개
② 경제 불확실성의 증가
③ 실업보험, 최저임금제 등 정부의 사회보장 확대
④ 정부가 구직 사이트 등을 운영해 취업정보 제공
⑤ 정부가 쇠퇴하는 산업의 종사자에게 지급하던 보조금 삭감

**81** 다음 중 수요견인 인플레이션(Demand-pull Inflation)이 발생되는 경우로 옳은 것은?

① 가계 소비 증가
② 수입 자본재 가격의 상승
③ 임금의 삭감
④ 환경오염의 감소
⑤ 국제 원자재 가격의 상승

**82** **다음 중 조세부과에 대한 설명으로 옳지 않은 것은?(단, 수요곡선은 우하향하며, 공급곡선은 우상향한다)**

① 공급자에게 조세 납부의 책임이 있는 경우 소비자에게는 조세부담이 전혀 없다.
② 조세 부과로 인해 시장 가격은 상승한다.
③ 조세 부과로 인해 사회적 후생이 감소한다.
④ 가격탄력성에 따라 조세부담의 정도가 달라진다.
⑤ 우리나라 국세 중 비중이 가장 높은 세금은 부가가치세이다.

**83** **다음 중 정부실패(Government Failure)의 원인으로 옳지 않은 것은?**

① 이익집단의 개입
② 정책당국의 제한된 정보
③ 정책당국의 인지시차 존재
④ 민간부문의 통제 불가능성
⑤ 정책 실행시차의 부재

**84** **다음 중 수요의 가격탄력성에 대한 설명으로 옳은 것은?(단, 수요곡선은 우하향한다)**

① 수요의 가격탄력성이 1보다 작은 경우, 가격이 하락하면 총수입은 증가한다.
② 수요의 가격탄력성이 작아질수록 물품세 부과로 인한 경제적 순손실(Deadweight Loss)은 커진다.
③ 소비자 전체 지출에서 차지하는 비중이 큰 상품일수록 수요의 가격탄력성은 작아진다.
④ 직선인 수요곡선 상에서 수요량이 많아질수록 수요의 가격탄력성은 작아진다.
⑤ 대체재가 많을수록 수요의 가격탄력성은 작아진다.

**85** **다음 중 정부지출 증가의 효과가 가장 크게 나타나게 되는 상황은 언제인가?**

① 한계저축성향이 낮은 경우
② 한계소비성향이 낮은 경우
③ 정부지출의 증가로 물가가 상승한 경우
④ 정부지출의 증가로 이자율이 상승한 경우
⑤ 정부지출의 증가로 인해 구축효과가 나타난 경우

**86** **다음 중 케인스의 절약의 역설에 대한 설명으로 옳은 것은?**

① 케인스의 거시모형에서 소비는 미덕이므로 저축할 필요가 없고, 따라서 예금은행의 설립을 불허해야 하는 상황이 된다는 것이다.
② 모든 개인이 저축을 줄이는 경우 늘어난 소비로 국민소득이 감소하고, 결국은 개인의 저축을 더 늘릴 수 없는 상황이 된다는 것이다.
③ 모든 개인이 저축을 늘리는 경우 총수요의 감소로 국민소득이 줄어들고, 결국은 개인의 저축을 더 늘릴 수 없는 상황이 된다는 것이다.
④ 모든 개인이 저축을 늘리는 경우 늘어난 저축이 투자로 이어져 국민소득이 증가하고, 결국은 개인의 저축을 더 늘릴 수 있는 상황이 된다는 것이다.
⑤ 모든 개인이 저축을 늘리는 경우 늘어난 저축이 소비와 국민소득의 증가를 가져오고, 결국은 개인의 저축을 더 늘릴 수 있는 상황이 된다는 것이다.

PART 3

**87** **조세법이 대부자금(Loanable Funds)의 공급을 증가시키는 방향으로 개정되었다고 할 때, 이러한 법 개정이 대부자금 균형거래량 수준에 가장 큰 영향을 미칠 수 있는 상황은?**

① 대부자금 수요곡선이 매우 탄력적이며, 대부자금 공급곡선이 매우 비탄력적인 경우
② 대부자금 수요곡선이 매우 비탄력적이며, 대부자금 공급곡선이 매우 탄력적인 경우
③ 대부자금 수요곡선과 공급곡선 모두 매우 탄력적인 경우
④ 대부자금 수요곡선과 공급곡선 모두 매우 비탄력적인 경우
⑤ 알 수 없음

**88** **GDP는 특정 기간 동안 국가 내에서 생산된 최종재의 총합을 의미한다. 다음 〈보기〉 중 GDP 측정 시 포함되지 않는 것을 모두 고르면?**

보기

ㄱ. 예금 지급에 따른 이자
ㄴ. 법률자문 서비스를 받으면서 지불한 금액
ㄷ. 떡볶이를 만들어 팔기 위해 분식점에 판매된 고추장
ㄹ. 콘서트 티켓을 구입하기 위해 지불한 금액
ㅁ. 도로 신설에 따라 주변 토지의 가격이 상승하여 나타나는 자본이득

① ㄱ, ㄷ
② ㄴ, ㄹ
③ ㄴ, ㅁ
④ ㄷ, ㄹ
⑤ ㄷ, ㅁ

**89** 다음 〈보기〉 중 사회보험제도의 이점과 관계가 깊은 것을 모두 고르면?

보기

ㄱ. 도덕적 해이 완화
ㄴ. 역선택 완화
ㄷ. 주인－대리인 문제 완화
ㄹ. 규모의 경제 실현

① ㄱ
② ㄴ
③ ㄱ, ㄴ
④ ㄴ, ㄹ
⑤ ㄴ, ㄷ, ㄹ

**90** 다음 〈보기〉에서 디플레이션(Deflation)에 대한 설명으로 옳은 것을 모두 고르면?

보기

가. 명목금리가 마이너스(－)로 떨어져 투자수요와 생산 감소를 유발할 수 있다.
나. 명목임금의 하방경직성이 있는 경우 실질임금의 하락을 초래한다.
다. 기업 명목부채의 실질상환 부담을 증가시킨다.
라. 기업의 채무불이행 증가로 금융기관 부실화가 초래될 수 있다.

① 가, 나
② 가, 다
③ 나, 다
④ 나, 라
⑤ 다, 라

**91** 다음과 같은 현상의 발생을 방지하기 위해서는 어떠한 조치가 필요한가?

어부들에게 일일이 요금을 부과하는 것이 어렵기 때문에 바닷속 물고기는 배제성이 없다. 그러나 어떤 어부가 물고기를 잡으면 그만큼 다른 어부들이 잡을 수 있는 물고기가 줄어들기 때문에 바닷속 물고기는 경합성이 있다. 이로 인해 서해 바다의 어류들은 고갈되어 가고 돌고래와 같은 야생 동물은 점점 사라져가는 현상에 직면하고 있다.

① 물가의 안정
② 재정적자의 축소
③ 사유재산의 확립
④ 자유경쟁체제의 확립
⑤ 고용과 해고의 자유 보장

**92** 다음 〈보기〉의 사례 중 사적 경제활동이 사회적 최적 수준보다 과다하게 이루어질 가능성이 높은 경우를 모두 고르면?

보기

ㄱ. 과수원에 인접한 양봉업자의 벌꿀 생산량
ㄴ. 흡연으로 인한 질병과 길거리 청결 유지를 위해 드는 비용
ㄷ. 도심 교통체증과 공장 매연으로 인한 대기오염의 양
ㄹ. 폐수를 방류하는 강 상류 지역 제철공장의 철강 생산량
ㅁ. 인근 주민들도 이용 가능한 사업단지 내의 편의시설 규모

① ㄱ, ㅁ
② ㄴ, ㄷ
③ ㄴ, ㄹ
④ ㄱ, ㄷ, ㅁ
⑤ ㄴ, ㄷ, ㄹ

**93** 다음 빈칸에 들어갈 경제 용어로 옳은 것은?

__________(이)란 물건에 소유권이 분명하게 설정되고 그 소유권 거래에서 비용이 들지 않는다면, 그 권리를 누가 가지든 효율적 배분에는 영향을 받지 않는다는 것을 보여주는 이론이다.

① 코즈의 정리
② 헥셔 – 올린 정리
③ 리카도의 대등 정리
④ 토빈의 이론
⑤ 불가능성 정리

**94** 시간당 임금이 5,000원에서 6,000원으로 인상될 때, 노동수요량은 10,000에서 9,000으로 감소하였다면 노동수요의 임금탄력성은?(단, 노동수요의 임금탄력성은 절대값이다)

① 0.1%
② 0.3%
③ 0.5%
④ 1%
③ 2%

**95** 다음 중 시장실패(Market Failure)의 원인이라고 볼 수 없는 것은?

① 독과점의 존재
② 소비의 경합성
③ 외부경제의 존재
④ 비대칭 정보의 존재
⑤ 공유자원의 존재

**96** 다음 중 (가) ~ (라)에 들어갈 경제 개념으로 바르게 연결한 것은?

> 재화의 유형은 소비의 배제성(사람들이 재화를 소비하는 것을 막는 것)과 경합성(한 사람이 재화를 소비하면 다른 사람이 이 재화를 소비하는 데 제한되는 것)에 따라 구분할 수 있다. 공유자원은 재화를 소비함에 있어 (가) 은 있지만 (나) 은 없는 재화를 의미한다. 예를 들어 차량이 이용하는 도로의 경우 막히는 (다) 는 공유자원으로 구분할 수 있으며, (라) 현상이 나타나기 쉽다.

| | (가) | (나) | (다) | (라) |
|---|---|---|---|---|
| ① | 경합성 | 배제성 | 무료도로 | 공유지의 비극 |
| ② | 배제성 | 경합성 | 무료도로 | 공유지의 비극 |
| ③ | 경합성 | 배제성 | 유료도로 | 공유지의 비극 |
| ④ | 배제성 | 경합성 | 유료도로 | 무임승차 |
| ⑤ | 경합성 | 배제성 | 무료도로 | 무임승차 |

**97** 다음 중 역선택 문제를 완화하기 위해 고안된 장치와 거리가 먼 것은?

① 중고차 판매 시 책임수리 제공
② 민간의료보험 가입 시 신체검사
③ 보험가입 의무화
④ 사고에 따른 자동차 보험료 할증
⑤ 은행의 대출 심사

**98** **다음 중 내생적 성장이론에 대한 설명으로 옳지 않은 것은?**

① 지속적인 경제성장이 일어나게 만드는 요인을 모형 안에서 찾으려는 이론이다.
② 연구개발 투자 및 인적자본의 중요성을 강조하는 이론이다.
③ 선진국과 개도국 간의 생활수준 격차가 더 벌어질 가능성이 있다는 것을 설명한다.
④ 내생적 성장에 관한 학습효과(Learning-by-Doing)모형은 의도적인 교육투자의 중요성을 강조한다.
⑤ 저축률이 상승하면 경제성장률은 지속적으로 높아진다.

PART 3

**99** **다음 중 소득격차를 나타내는 지표가 아닌 것은?**

① 10분위 분배율
② 로렌츠 곡선
③ 지니계수
④ 엥겔지수
⑤ 앳킨슨지수

**100** **다음 사례에서 설명하는 임금결정이론은?**

> I기업이 직원채용 시 월 300만 원을 지급하여 10명을 채용할 경우 B등급의 인재가 100명 지원하고 A등급의 인재는 5명 지원한다고 가정하자. 합리적인 면접을 통하더라도 A등급 인재를 최대 5명밖에 수용하지 못할 것이다. 그러나 만약 급여를 월 400만 원으로 인상하여 지원자 수가 B등급 200명, A등급 50명으로 증가한다고 가정하면, A등급 50명 중에서 채용인원 10명을 모두 수용할 수 있다.

① 한계생산성이론
② 효율성임금이론
③ 보상적 임금격차이론
④ 임금생존비이론
⑤ 노동가치이론

**101** 제품 A만 생산하는 독점기업의 생산비는 생산량에 관계없이 1단위당 60원이고, 제품 A에 대한 시장수요곡선은 $P=100-2Q$이다. 다음 중 이 독점기업의 이윤극대화 가격($P$)과 생산량($Q$)을 바르게 연결한 것은?

| | P | Q | | P | Q |
|---|---|---|---|---|---|
| ① | 40원 | 30개 | ② | 50원 | 25개 |
| ③ | 60원 | 20개 | ④ | 70원 | 15개 |
| ⑤ | 80원 | 10개 | | | |

**102** 수요의 가격탄력성이 공급의 가격탄력성에 비해 상대적으로 작은 와인에 대해서 종량세를 올린다고 할 경우 세금 부담은 어떻게 전가되는가?

① 판매자가 모두 부담
② 소비자가 모두 부담
③ 판매자가 소비자에 비해 많이 부담
④ 소비자가 판매자에 비해 많이 부담
⑤ 판매자와 소비자가 균등하게 부담

**103** 다음 〈보기〉 중 돼지고기 값 급등의 요인으로 옳은 것을 모두 고르면?

| 보기 | |
|---|---|
| ㄱ. 돼지 사육두수 점차 감소 추세 | ㄴ. 소고기나 닭고기 소비의 급증 |
| ㄷ. 수입 돼지고기 관세 크게 인하 | ㄹ. 정부 예상보다 강한 경기 회복세 |

① ㄱ, ㄴ　　② ㄱ, ㄹ
③ ㄴ, ㄷ　　④ ㄴ, ㄹ
⑤ ㄷ, ㄹ

**104** **다음 중 변동환율제도 하에서 환율(원/달러 환율)을 하락시키는 요인이 아닌 것은?**

① 미국 달러 자본의 국내 투자 확대
② 미국산 제품의 국내 수입 증가
③ 미국 달러 자본의 국내 부동산 매입
④ 국내산 제품의 수출 증가
⑤ 미국 달러 자본의 국내 주식 매입

PART 3

**105** **다음 〈보기〉 중 시장경제의 특징에 해당하지 않는 것을 모두 고르면?**

보기

ㄱ. 자유로운 경쟁
ㄴ. 정부의 직접적인 서비스 공급
ㄷ. 가격기구 작동을 통한 신호 전달
ㄹ. 1인 1표
ㅁ. 계약의 자유와 자기 책임의 원칙

① ㄱ, ㄴ
② ㄱ, ㄷ
③ ㄴ, ㄹ
④ ㄷ, ㅁ
⑤ ㄹ, ㅁ

**106** **우상향하는 총공급곡선(AS)을 왼쪽으로 이동시키는 요인으로 옳은 것은?**

① 임금 상승
② 통화량 증가
③ 독립투자 증가
④ 정부지출 증가
⑤ 수입원자재 가격 하락

**107** 다음 중 국민경제 전체의 물가압력을 측정하는 지수로 사용되며, 통화량 목표설정에 있어서도 기준 물가상승률로 사용되는 것은?

① 소비자물가지수(CPI)
② 생산자물가지수(PPI)
③ 기업경기실사지수(BSI)
④ GDP 디플레이터(Deflator)
⑤ 구매력평가지수(Purchasing Power Parities)

**108** 완전경쟁시장에서 수요곡선과 공급곡선이 다음과 같을 때, 시장균형에서 공급의 가격탄력성은? (단, $P$는 가격, $Q$는 수량이다)

• 수요곡선 : $P=7-0.5Q$
• 공급곡선 : $P=2+2Q$

① 0.75
② 1
③ 1.25
④ 1.5
⑤ 2

**109** 다음 중 경기침체기에 경기를 부양하기 위해 취하였던 통화 공급과 감세 등과 같은 완화정책, 과도하게 풀린 자금을 경제회복의 조짐이 있는 상황에서 도로 거두어들이는 경제정책을 뜻하는 말은?

① 출구전략
② 통화 스와프
③ 입구전략
④ 긴축재정정책
⑤ 확대재정정책

**110** 다음 중 우리나라의 실업통계에서 실업률이 높아지는 경우는?

① 취업자가 퇴직하여 전업주부가 되는 경우
② 취업을 알아보던 해직자가 구직을 단념하는 경우
③ 직장인이 교통사고를 당해 2주간 휴가 중인 경우
④ 대학생이 군 복무 후 복학한 경우
⑤ 공부만 하던 대학생이 편의점에서 주당 10시간 아르바이트를 시작하는 경우

## | 03 | 행정학(사무직)

**61** **다음 중 시장실패 또는 정부실패를 야기하는 원인과 그에 대한 정부의 대응으로 옳은 것은?**

① 공공재 – 정부보조 삭감
② 정보의 비대칭성 – 정부규제
③ 자연독점 – 규제완화
④ 관료의 사적 목표의 설정 – 공적유도
⑤ 정부개입에 의한 파생적 외부효과 – 공적공급

PART 3

**62** **다음 중 지방자치법에서 규정하고 있는 지방의회의 권한으로 옳지 않은 것은?**

① 지방자치단체장에 대한 주민투표실시 청구권
② 지방의회 의장에 대한 불신임 의결권
③ 행정사무감사 및 조사권
④ 외국 지방자치단체와의 교류협력에 관한 사항
⑤ 소속의원의 사직허가

**63** **다음 중 책임운영기관에 대한 설명으로 옳지 않은 것은?**

① 기관의 자율성과 독립성을 보장하는 책임운영기관은 신공공관리론의 성과관리에 바탕을 둔 제도이다.
② 책임운영기관의 총 정원 한도는 대통령령으로 정하고 종류별·계급별 정원은 기본운영규정으로 정한다.
③ 소속책임운영기관은 중앙행정기관의 장 소속하에 소속책임운영기관운영심의회를 두고 행정안전부장관 소속하에 책임운영기관운영위원회를 둔다.
④ 중앙책임운영기관장은 국무총리와 성과계약을 체결하고, 소속책임운영기관장은 소속중앙행정기관의 장과 성과계약을 체결한다.
⑤ 소속책임운영기관장의 채용조건은 소속중앙행정기관의 장이 정한다.

**64** **다음 중 행태주의와 제도주의에 대한 설명으로 옳은 것은?**

① 행태주의에서는 인간의 자유와 존엄과 같은 가치를 강조한다.
② 제도주의에서는 사회과학도 엄격한 자연과학의 방법을 따라야 한다고 본다.
③ 행태주의에서는 시대적 상황에 적합한 학문의 실천력을 중시한다.
④ 각국에서 채택된 정책의 상이성과 효과를 역사적으로 형성된 제도에서 찾으려는 것은 제도주의 접근의 한 방식이다.
⑤ 제도의 변화와 개혁을 지향한다는 점에서 행태주의와 제도주의는 같다.

**65** **다음 중 국가공무원법 제1조, 지방공무원법 제1조, 그리고 지방자치법 제1조에서 공통적으로 규정하고 있는 우리나라의 기본적 행정가치로 옳은 것은?**

① 합법성과 형평성
② 형평성과 공정성
③ 공정성과 민주성
④ 민주성과 능률성
⑤ 능률성과 합법성

**66** **다음 중 국세이며 간접세인 것을 〈보기〉에서 모두 고르면?**

| 보기 | |
|---|---|
| ㄱ. 자동차세 | ㄴ. 주세 |
| ㄷ. 담배소비세 | ㄹ. 부가가치세 |
| ㅁ. 개별소비세 | ㅂ. 종합부동산세 |

① ㄱ, ㄴ, ㄷ
② ㄱ, ㄹ, ㅂ
③ ㄴ, ㄷ, ㅁ
④ ㄴ, ㄹ, ㅁ
⑤ ㄷ, ㄹ, ㅂ

**67** **다음 중 예산제도에 대한 설명으로 옳지 않은 것은?**

① 계획 예산제도(PPBS)는 기획, 사업구조화, 그리고 예산을 연계시킨 시스템적 예산제도이다.
② 계획 예산제도(PPBS)의 단점으로는 의사결정이 지나치게 집권화되고 전문화되어 외부통제가 어렵다는 점과 대중적인 이해가 쉽지 않아 정치적 실현가능성이 낮다는 점이 있다.
③ 품목별 예산제도(LIBS)는 정부의 지출을 체계적으로 구조화한 최초의 예산제도로서 지출대상별 통제를 용이하게 할 뿐 아니라 지출에 대한 근거를 요구하고 확인할 수 있다.
④ 성과 예산제도(PBS)는 사업별, 활동별로 예산을 편성하고, 성과평가를 통하여 행정통제를 합리화할 수 있다.
⑤ 품목별 예산제도(LIBS)는 왜 돈을 지출해야 하는지, 무슨 일을 하는지에 대하여 구체적인 정보를 제공하는 장점이 있다.

PART 3

**68** **다음 중 지방자치법 및 주민소환에 관한 법률상 주민소환제도에 대한 설명으로 옳지 않은 것은?**

① 시·도지사의 소환청구 요건은 주민투표권자 총수의 100분의 10 이상이다.
② 비례대표의원은 주민소환의 대상이 아니다.
③ 주민소환투표권자의 연령은 주민소환투표일 현재를 기준으로 계산한다.
④ 주민소환투표권자의 4분의 1 이상이 투표에 참여해야 한다.
⑤ 주민소환이 확정된 때에는 주민소환투표대상자는 그 결과가 공표된 시점부터 그 직을 상실한다.

**69** **다음 중 국회의 승인이나 의결을 얻지 않아도 되는 것은?**

① 명시이월
② 예비비 사용
③ 예산의 이용
④ 계속비
⑤ 예산의 이체

**70** **다음 중 균형성과표(Balanced Score Card)에서 강조하는 네 가지 관점으로 옳지 않은 것은?**

① 재무적 관점
② 프로그램적 관점
③ 고객 관점
④ 내부프로세스 관점
⑤ 학습과 성장 관점

**71** 다음 중 빈칸에 공통으로 들어갈 용어로 옳은 것은?

> • ______은/는 밀러(Gerald J. Miller)가 비합리적 의사결정모형을 예산에 적용하여 1991년에 개발한 예산이론(모형)이다.
> • ______은/는 독립적인 조직들이나 조직의 하위단위들이 서로 느슨하게 연결되어 독립성과 자율성을 누릴 수 있는 조직의 예산결정에 적합한 예산이론(모형)이다.

① 모호성 모형
② 단절적 균형 이론
③ 다중합리성 모형
④ 쓰레기통 모형
⑤ 무의사결정론

**72** 다음 중 옳은 것을 〈보기〉에서 모두 고르면?

> 보기
> ㄱ. 인간관계론에서 조직 참여자의 생산성은 육체적 능력보다 사회적 규범에 의해 좌우된다.
> ㄴ. 과학적 관리론은 과학적 분석을 통해 업무수행에 적용할 유일 최선의 방법을 발견할 수 있다고 전제한다.
> ㄷ. 체제론은 비계서적 관점을 중시한다.
> ㄹ. 발전행정론은 정치, 사회, 경제의 균형성장에 크게 기여하였다.

① ㄱ, ㄴ
② ㄱ, ㄹ
③ ㄴ, ㄷ
④ ㄴ, ㄹ
⑤ ㄷ, ㄹ

**73** 다음 중 베버(Weber)가 제시한 이념형 관료제에 대한 설명으로 옳지 않은 것은?

① 관료의 충원 및 승진은 전문적인 자격과 능력을 기준으로 이루어진다.
② 조직 내의 모든 결정행위나 작동은 공식적으로 확립된 법규체제에 따른다.
③ 하급자는 상급자의 지시나 명령에 복종하는 계층제의 원리에 따라 조직이 운영된다.
④ 민원인의 만족 극대화를 위해 업무처리 시 관료와 민원인과의 긴밀한 감정교류가 중시된다.
⑤ 조직 내의 모든 업무는 문서로 처리하는 것이 원칙이다.

**74** **다음 중 정책평가에서 인과관계의 타당성을 저해하는 여러 요인들에 대한 설명으로 옳지 않은 것은?**

① 성숙효과 : 정책으로 인하여 그 결과가 나타난 것이 아니라 그냥 가만히 두어도 시간이 지나면서 자연스럽게 변화가 일어나는 경우
② 회귀인공요소 : 정책대상의 상태가 정책의 영향력과는 관계없이 자연스럽게 평균값으로 되돌아가는 경향
③ 호손효과 : 정책효과가 나타날 가능성이 높은 집단을 의도적으로 실험집단으로 선정함으로써 정책의 영향력이 실제보다 과대평가되는 경우
④ 혼란변수 : 정책 이외에 제3의 변수도 결과에 영향을 미치는 경우 정책의 영향력을 정확히 평가하기 어렵게 만드는 변수
⑤ 허위변수 : 정책과 결과 사이에 아무런 인과관계가 없으나 마치 정책과 결과 사이에 인과관계가 존재하는 것처럼 착각하게 만드는 변수

PART 3

**75** **다음 중 근무성적평정제도에서 다면평가제도의 장점으로 옳지 않은 것은?**

① 직무수행 동기 유발
② 원활한 커뮤니케이션
③ 자기역량 강화
④ 미래 행동에 대한 잠재력 측정
⑤ 평가의 수용성 확보 가능

**76** **다음 중 〈보기〉의 ㉠에 해당하는 것은?**

보기

각 중앙관서의 장은 중기사업계획서를 매년 1월 31일까지 기획재정부 장관에게 제출하여야 하며, 기획재정부 장관은 국무회의 심의를 거쳐 대통령 승인을 얻은 다음 연도의 ___㉠___을/를 매년 3월 31일까지 각 중앙관서의 장에게 통보하여야 한다.

① 국가재정 운용계획
② 예산 및 기금운용계획 집행지침
③ 예산안편성지침
④ 총사업비 관리지침
⑤ 예산요구서

**77** **다음 중 신공공관리론에 대한 설명으로 옳은 것을 〈보기〉에서 모두 고르면?**

보기

ㄱ. 기업경영의 논리와 기법을 정부에 도입·접목하려는 노력이다.
ㄴ. 정부 내의 관리적 효율성에 초점을 맞추고, 규칙중심의 관리를 강조한다.
ㄷ. 거래비용이론, 공공선택론, 주인－대리인이론 등을 이론적 기반으로 한다.
ㄹ. 중앙정부의 감독과 통제의 강화를 통해 일선공무원의 책임성을 강화시킨다.
ㅁ. 효율성을 지나치게 강조하는 과정에서 민주주의의 책임성이 결여될 수 있다는 한계가 있다.

① ㄱ, ㄴ, ㄷ
② ㄱ, ㄷ, ㄹ
③ ㄱ, ㄷ, ㅁ
④ ㄴ, ㄷ, ㅁ
⑤ ㄴ, ㄹ, ㅁ

**78** **다음 중 〈보기〉에서 설명하는 이론으로 옳은 것은?**

보기

경제학적인 분석도구를 관료행태, 투표자 행태, 정당정치, 이익집단 등의 비시장적 분석에 적용함으로써 공공서비스의 효율적 공급을 위한 제도적 장치를 탐색한다.

① 과학적 관리론
② 공공선택론
③ 행태론
④ 발전행정론
⑤ 현상학

**79** **다음 중 재분배정책에 대한 설명으로 옳은 것은?**

① 정책 과정에서 이해당사자들 상호 간 이익이 되는 방향으로 협력하는 로그롤링(Log Rolling) 현상이 나타난다.
② 계층 간 갈등이 심하고 저항이 발생할 수 있어 국민적 공감대를 형성할 때 정책의 변화를 가져오게 된다.
③ 체제 내부를 정비하는 정책으로 대외적 가치배분에는 큰 영향이 없으나 대내적으로는 게임의 법칙이 발생한다.
④ 대체로 국민 다수에게 돌아가지만 사회간접시설과 같이 특정지역에 보다 직접적인 편익이 돌아가는 경우도 많다.
⑤ 법령에서 제시하는 광범위한 기준을 근거로 국민들에게 강제적으로 특정한 부담을 지우는 것이다.

## 80 다음 중 제도화된 부패의 특징으로 옳지 않은 것은?

① 부패저항자에 대한 보복
② 비현실적 반부패 행동규범의 대외적 발표
③ 부패행위자에 대한 보호
④ 공식적 행동규범의 준수
⑤ 부패의 타성화



## 81 다음 조직이론 중 동기부여 이론에 대한 설명으로 옳지 않은 것은?

① 앨더퍼(Alderfer)의 ERG이론 : 상위욕구가 만족되지 않거나 좌절될 때 하위 욕구를 더욱 충족시키고자 한다는 좌절 - 퇴행 접근법을 주장한다.
② 애덤스(Adams)의 형평성이론 : 자신의 노력과 그 결과로 얻어지는 보상과의 관계를 다른 사람의 것과 비교해 상대적으로 느끼는 공평한 정도가 행동동기에 영향을 준다고 주장한다.
③ 맥클리랜드(McClelland)의 성취동기이론 : 동기는 학습보다는 개인의 본능적 특성이 중요하게 작용하며 사회문화와 상호작용하는 과정에서 취득되는 것으로 친교욕구, 성취욕구, 성장욕구가 있다고 보았다.
④ 브룸(Vroom)의 기대이론 : 동기부여의 정도는 사람들이 선호하는 결과를 가져올 때, 자신의 특정한 행동이 그 결과를 가져오는 수단이 된다고 믿는 정도에 따라 달라진다고 본다.
⑤ 로크(Locke)의 목표설정이론 : 구체적이고 어려운 목표의 설정과 목표성취도에 대한 환류의 제공이 업무담당자의 동기를 유발하고 업무성취를 향상시킨다고 본다.

**82** 근무성적평정의 오류 중 강제배분법으로 방지할 수 있는 것을 〈보기〉에서 모두 고르면?

보기

ㄱ. 첫머리 효과
ㄴ. 집중화 경향
ㄷ. 엄격화 경향
ㄹ. 선입견에 의한 오류

① ㄱ, ㄴ
② ㄱ, ㄷ
③ ㄴ, ㄷ
④ ㄴ, ㄹ
⑤ ㄷ, ㄹ

**83** 다음 중 〈보기〉의 유형과 정책대상집단에 대한 순응확보전략을 바르게 짝지은 것은?

보기

ㄱ. 황무지를 초지로 개간하여 조사료(Bulky Food)를 재배하는 축산농가에 대해서는 개간한 초지 면적당 일정액의 보조금을 지급할 예정입니다.
ㄴ. 작업장에서의 안전장비 착용에 대한 중요성을 홍보하는 TV광고를 발주하도록 하겠습니다.
ㄷ. 일반용 쓰레기봉투에 재활용품을 담아서 배출하는 경우 해당 쓰레기봉투는 수거하지 않도록 하겠습니다.
ㄹ. 이번에 추진하는 신규사업에 보다 많은 주민들이 지원할 수 있도록 선발기준을 명료하게 명시한 안내문을 발송하고 필요시 직원들이 직접 찾아가서 관련 서류를 구비하는 것을 지원하도록 하겠습니다.

| | 설득전략 | 촉진전략 | 유인전략 | 규제전략 |
|---|---|---|---|---|
| ① | ㄴ | ㄱ | ㄹ | ㄷ |
| ② | ㄴ | ㄷ | ㄱ | ㄹ |
| ③ | ㄴ | ㄹ | ㄱ | ㄷ |
| ④ | ㄹ | ㄱ | ㄴ | ㄷ |
| ⑤ | ㄹ | ㄱ | ㄷ | ㄴ |

## 84 다음 중 정책결정 모형에 대한 설명으로 옳지 않은 것은?

① 사이먼(Simon)은 결정자의 인지능력의 한계, 결정상황의 불확실성 및 시간의 제약 때문에 결정은 제한적 합리성의 조건하에 이루어지게 된다고 주장한다.

② 점증모형은 이상적이고 규범적인 합리모형과는 대조적으로 실제의 결정상황에 기초한 현실적이고 기술적인 모형이다.

③ 혼합모형은 점증모형의 단점을 합리모형과의 통합으로 보완하려는 시도이다.

④ 쓰레기통모형에서 가정하는 결정상황은 불확실성과 혼란이 심한 상태로 정상적인 권위구조와 결정규칙이 작동하지 않는 경우이다.

⑤ 합리모형에서 말하는 합리성은 정치적 합리성을 의미한다.

PART 3

## 85 다음 중 코터(J. P. Kotter)의 변화관리 모형의 8단계를 순서대로 바르게 나열한 것은?

① 위기감 조성 → 변화추진팀 구성 → 비전 개발 → 비전 전달 → 임파워먼트 → 단기성과 달성 → 지속적 도전 → 변화의 제도화

② 위기감 조성 → 비전 개발 → 비전 전달 → 임파워먼트 → 단기성과 달성 → 변화의 제도화 → 변화추진팀 구성 → 지속적 도전

③ 단기성과 달성 → 위기감 조성 → 변화추진팀 구성 → 비전 개발 → 비전 전달 → 임파워먼트 → 지속적 도전 → 변화의 제도화

④ 변화추진팀 구성 → 비전 개발 → 비전 전달 → 임파워먼트 → 단기성과 달성 → 지속적 도전 → 위기감 조성 → 변화의 제도화

⑤ 위기감 조성 → 변화추진팀 구성 → 단기성과 달성 → 비전 개발 → 비전 전달 → 임파워먼트 → 지속적 도전 → 변화의 제도화

**86** 다음 중 매트릭스 조직에 대한 설명으로 옳지 않은 것은?

① 명령통일의 원리가 배제되고 이중의 명령 및 보고체제가 허용되어야 한다.
② 부서장들 간의 갈등해소를 위해 공개적이고 빈번한 대면기회가 필요하다.
③ 기능부서의 장들과 사업부서의 장들이 자원배분에 관한 권력을 공유할 수 있어야 한다.
④ 조직의 환경 영역이 단순하고 확실한 경우 효과적이다.
⑤ 조직의 성과를 저해하는 권력투쟁을 유발하기 쉽다.

**87** 다음 중 행정학의 접근방법에 대한 설명으로 옳지 않은 것은?

① 행태론적 접근방법은 현상에서 가치 문제가 많이 개입되어 있을수록 이론의 적합성이 떨어지기 때문에 의도적으로 이러한 문제를 연구 대상이나 범위에서 제외시킬 수 있다.
② 체제론적 접근방법은 자율적으로 목표를 설정하고 그 방향으로 체제를 적극적으로 변화시켜 나가려는 측면보다 환경 변화에 잘 적응하려는 측면을 강조한다.
③ 신제도주의는 행위 주체의 의도적이고 전략적인 행동이 제도에 영향을 미칠 수 있다는 점을 부정하고, 제도설계와 변화보다는 제도의 안정성 차원에 관심을 보이고 있다.
④ 논변적 접근방법의 진정한 가치는 각자 자신들의 주장에 대한 논리성을 점검하고 상호 타협과 합의를 도출하는 민주적 절차에 있다.
⑤ 법적·제도적 접근방법은 연구가 지나치게 기술적(Descriptive) 수준에 머물고 정태적이라는 비판에 부딪혔다.

**88** **다음 중 옴부즈만제도에 대한 설명으로 옳지 않은 것은?**

① 1800년대 초반 스웨덴에서 처음으로 채택되었다.

② 옴부즈만은 입법기관에서 임명하는 옴부즈만이었으나 국회의 제청에 의해 행정수반이 임명하는 옴부즈만도 등장하게 되었다.

③ 우리나라 지방자치단체는 시민고충처리위원회를 둘 수 있는데 이것은 지방자치단체의 옴부즈만이라고 할 수 있다.

④ 국무총리 소속으로 설치한 국민권익위원회는 행정체제 외의 독립통제기관이며, 대통령이 임명하는 옴부즈만의 일종이다.

⑤ 시정조치의 강제권이 없기 때문에 비행의 시정이 비행자의 재량에 달려 있는 경우가 많다.

PART 3

**89** **다음 중 현재 행정각부와 그 소속 행정기관으로 옳은 것을 〈보기〉에서 모두 고르면?**

보기

ㄱ. 산업통상자원부 – 관세청
ㄴ. 행정안전부 – 경찰청
ㄷ. 중소벤처기업부 – 특허청
ㄹ. 환경부 – 산림청
ㅁ. 기획재정부 – 조달청
ㅂ. 해양수산부 – 해양경찰청

① ㄱ, ㄴ, ㅁ
② ㄱ, ㄷ, ㄹ
③ ㄱ, ㄹ, ㅁ
④ ㄴ, ㄷ, ㅁ
⑤ ㄴ, ㅁ, ㅂ

**90** **다음 각종 지역사업 중 현행 지방공기업법에 규정된 지방공기업 대상사업(당연적용사업)이 아닌 것을 〈보기〉에서 모두 고르면?**

보기

ㄱ. 수도사업(마을상수도사업은 제외)
ㄴ. 주민복지사업
ㄷ. 공업용수도사업
ㄹ. 공원묘지사업
ㅁ. 주택사업
ㅂ. 토지개발사업

① ㄱ, ㄷ
② ㄴ, ㄹ
③ ㄷ, ㅁ
④ ㄹ, ㅂ
⑤ ㅁ, ㅂ

**91** 다음 중 조직이론에 대한 설명으로 옳은 것을 〈보기〉에서 모두 고르면?

보기

ㄱ. 베버(M. Weber)의 관료제론에 따르면, 규칙에 의한 규제는 조직에 계속성과 안정성을 제공한다.
ㄴ. 행정관리론에서는 효율적 조직관리를 위한 원리들을 강조한다.
ㄷ. 호손(Hawthorne)실험을 통하여 조직 내 비공식집단의 중요성이 부각되었다.
ㄹ. 조직군생태이론(Population Ecology Theory)에서는 조직과 환경의 관계를 분석함에 있어 조직의 주도적·능동적 선택과 행동을 강조한다.

① ㄱ, ㄴ
② ㄱ, ㄴ, ㄷ
③ ㄱ, ㄴ, ㄹ
④ ㄱ, ㄷ, ㄹ
⑤ ㄴ, ㄷ, ㄹ

**92** 정책집행에 관한 연구 중에서 하향적(Top－down) 접근방법이 중시하는 효과적 정책집행의 조건으로 옳은 것을 〈보기〉에서 모두 고르면?

보기

ㄱ. 일선관료의 재량권 확대
ㄴ. 지배기관들(Sovereigns)의 지원
ㄷ. 집행을 위한 자원의 확보
ㄹ. 명확하고 일관성 있는 목표

① ㄱ, ㄴ
② ㄱ, ㄷ
③ ㄴ, ㄹ
④ ㄱ, ㄷ, ㄹ
⑤ ㄴ, ㄷ, ㄹ

**93** 지식을 암묵지(Tacit Knowledge)와 형식지(Explicit Knowledge)로 구분할 경우, 암묵지에 해당하는 것을 〈보기〉에서 모두 고르면?

보기

ㄱ. 업무매뉴얼
ㄴ. 조직의 경험
ㄷ. 숙련된 기술
ㄹ. 개인적 노하우(Know-how)
ㅁ. 컴퓨터 프로그램
ㅂ. 정부 보고서

① ㄱ, ㄴ, ㄷ
② ㄴ, ㄷ, ㄹ
③ ㄴ, ㄷ, ㅁ
④ ㄷ, ㄹ, ㅂ
⑤ ㄹ, ㅁ, ㅂ

**94** 다음 〈보기〉 중 국회의 예산심의에 대한 설명으로 옳은 것을 모두 고르면?

보기

ㄱ. 상임위원회의 예비심사를 거친 예산안은 예산결산특별위원회에 회부된다.
ㄴ. 예산결산특별위원회의 심사를 거친 예산안은 본회의에 부의된다.
ㄷ. 예산결산특별위원회를 구성할 때에는 그 활동기한을 정하여야 한다. 다만, 본회의의 의결로 그 기간을 연장할 수 있다.
ㄹ. 예산결산특별위원회는 소관 상임위원회의 동의없이 새 비목을 설치할 수 있다.

① ㄱ, ㄴ
② ㄱ, ㄴ, ㄷ
③ ㄱ, ㄷ, ㄹ
④ ㄴ, ㄹ
⑤ ㄴ, ㄷ, ㄹ

PART 3

**95** 다음 중 신공공관리론(NPM)의 오류에 대한 반작용으로 대두된 신공공서비스론(NPS)에서 주장하는 원칙에 해당하는 것은?

① 지출보다는 수익 창출
② 노젓기보다는 방향잡기
③ 서비스 제공보다 권한 부여
④ 고객이 아닌 시민에 대한 봉사
⑤ 시장기구를 통한 변화 촉진

**96** 다음 중 빈칸에 공통으로 들어갈 용어로 옳은 것은?

- ______은/는 정부업무, 업무수행에 필요한 데이터, 업무를 지원하는 응용서비스 요소, 데이터와 응용시스템의 실행에 필요한 정보기술, 보안 등의 관계를 구조적으로 연계한 체계로서, 정보자원 관리의 핵심수단이다.
- ______은/는 정부의 정보시스템 간의 상호운용성 강화, 정보자원 중복투자 방지, 정보화 예산의 투자효율성 제고 등에 기여한다.

① 블록체인 네트워크
② 정보기술 아키텍처
③ 제3의 플랫폼
④ 클라우드 – 클라이언트 아키텍처
⑤ 스마트워크센터

**97** **다음 중 시민들의 가치관 변화가 행정조직 문화에 미친 영향으로 옳지 않은 것은?**

① 시민들의 프로슈머(Prosumer) 경향화는 관료주의적 문화와 적절한 조화를 형성할 것이다.
② 개인의 욕구를 중시하는 개인주의적 태도는 공동체적 가치관과 갈등을 빚기 시작했다.
③ 시민들의 가치관과 태도의 다양화에도 불구하고 행정기관들은 아직도 행정조직 고유의 가치관과 행동양식을 강조하고 있다고 볼 수 있다.
④ 1990년대 이전까지는 경제성장과 국가안보라는 뚜렷한 국가 목표가 있었다고 볼 수 있다.
⑤ 공공서비스 공급에서 행정조직 간 경쟁, 민간화가 활성화되고 있다.

**98** **다음 중 합리적 정책결정 과정에서 정책문제를 정의할 때의 주요 요인이라고 보기 어려운 것은?**

① 관련 요소 파악
② 관련된 사람들이 원하는 가치에 대한 판단
③ 정책대안의 탐색
④ 관련 요소 간의 인과관계 파악
⑤ 관련 요소 간의 역사적 맥락 파악

**99** **다음 중 윌슨(Wilson)이 주장한 규제정치모형에서 '감지된 비용은 좁게 집중되지만, 감지된 편익은 넓게 분산되는 경우'에 나타나는 유형은?**

① 대중 정치
② 이익집단 정치
③ 고객 정치
④ 기업가 정치
⑤ 네트워크 정치

**100** **다음 중 조직구성원의 동기유발 이론에 대한 설명으로 옳지 않은 것은?**

① 매슬로(A. Maslow)의 이론은 인간의 동기가 생리적 욕구, 안전의 욕구, 소속의 욕구, 존경의 욕구, 자아실현의 욕구라는 순서에 따라 순차적으로 유발된다고 본다.
② 앨더퍼(C. Alderfer)의 이론은 두 가지 이상의 욕구가 동시에 작용되기도 한다는 복합연결형의 욕구 단계를 설명한다.
③ 브룸(V. Vroom)의 이론은 동기부여의 방안을 구체적으로 제시하지 못하는 한계가 있다.
④ 맥그리거(D. McGregor)의 이론에서 X이론은 하위 욕구를, Y이론은 상위 욕구를 중시한다.
⑤ 허츠버그(F. Herzberg)의 이론은 실제의 동기유발과 만족 자체에 중점을 두고 있기 때문에 하위 욕구를 추구하는 계층에 적용하기가 용이하다.

PART 3

**101** **다음 중 정책집행에 대한 설명으로 옳지 않은 것은?**

① 정책의 희생집단보다 수혜집단의 조직화가 강하면 정책집행이 곤란하다.
② 집행은 명확하고 일관되게 이루어져야 한다.
③ 규제정책의 집행과정에서도 갈등은 존재한다고 본다.
④ 정책집행 유형은 집행자와 결정자와의 관계에 따라 달라진다.
⑤ 정책집행에는 환경적 요인도 작용한다.

**102** **다음 중 사회자본에 대한 설명으로 옳지 않은 것은?**

① 네트워크에 참여하는 당사자들이 공동으로 소유하는 자산이다.
② 한 행위자만이 배타적으로 소유권을 행사할 수 없다.
③ 협력적 행태를 촉진시키지만 혁신적 조직의 발전을 저해한다.
④ 행동의 효율성을 제고시킨다.
⑤ 사회적 관계에서 거래비용을 감소시켜 준다.

## 103 다음 중 책임운영기관에 대한 설명으로 옳지 않은 것은?

① 책임운영기관은 집행기능 중심의 조직이다.
② 책임운영기관의 성격은 정부기관이며 구성원은 공무원이다.
③ 책임운영기관은 융통성과 책임성을 조화시킬 수 있다.
④ 책임운영기관은 공공성이 강하고 성과관리가 어려운 분야에 적용할 필요가 있다.
⑤ 책임운영기관은 정부팽창의 은폐수단 혹은 민영화의 회피수단으로 사용될 가능성이 있다.

## 104 다음 중 조직구조에 대한 설명으로 옳은 것은?

① 매트릭스 조직은 수평적인 팀제와 유사하다.
② 정보통신기술의 발달로 통솔의 범위는 과거보다 좁아졌다고 판단된다.
③ 기계적 조직구조는 직무의 범위가 넓다.
④ 유기적인 조직은 안정적인 행정환경에서 성과가 상대적으로 높다.
⑤ 수평적 전문화 수준이 높을수록 업무는 단순해진다.

## 105 다음 중 비계량적 성격의 직무평가 방법으로 옳은 것을 〈보기〉에서 모두 고르면?

보기

ㄱ. 점수법　　ㄴ. 서열법
ㄷ. 요소비교법　　ㄹ. 분류법

① ㄱ, ㄴ　　② ㄱ, ㄷ
③ ㄴ, ㄷ　　④ ㄴ, ㄹ
⑤ ㄷ, ㄹ

**106** 다음의 근무성적평정상의 오류 중 '어떤 평정자가 다른 평정자들보다 언제나 좋은 점수 또는 나쁜 점수를 주게 됨'으로써 나타나는 것은?

① 집중화 경향
② 관대화 경향
③ 시간적 오류
④ 총계적 오류
⑤ 규칙적 오류



**107** 다음 중 행정기관에 대한 설명으로 옳은 것은?

① 다수 구성원으로 이루어진 합의제 행정청이 대표적인 행정청의 형태이며, 지방자치단체의 경우 지방의회가 행정청이다.
② 감사기관은 다른 행정기관의 사무나 회계처리를 검사하고 그 적부에 관해 감사하는 기관이다.
③ 자문기관은 행정청의 내부 실·국의 기관으로 행정청의 권한 행사를 보좌한다.
④ 의결기관은 행정청의 의사결정에 참여하는 권한을 가진 기관이지만 행정청의 의사를 법적으로 구속하지는 못한다.
⑤ 집행기관은 채권자의 신청에 의하여 강제집행을 실시할 직무를 갖지 못한다.

**108** 다음 중 다면평가제도의 장점에 대한 설명으로 옳지 않은 것은?

① 평가의 객관성과 공정성 제고에 기여할 수 있다.
② 계층제적 문화가 강한 사회에서 조직 간 화합을 제고해 준다.
③ 피평가자가 자기의 역량을 강화할 수 있는 기회를 제공해 준다.
④ 조직 내 상하 간, 동료 간, 부서 간 의사소통을 촉진할 수 있다.
⑤ 팀워크가 강조되는 현대 사회의 새로운 조직 유형에 부합한다.

**109** **다음 중 예산개혁의 경향이 시대에 따라 변화해 온 것을 순서대로 바르게 나열한 것은?**

① 통제 지향 – 관리 지향 – 기획 지향 – 감축 지향 – 참여 지향
② 통제 지향 – 감축 지향 – 기획 지향 – 관리 지향 – 참여 지향
③ 관리 지향 – 감축 지향 – 통제 지향 – 기획 지향 – 참여 지향
④ 관리 지향 – 기획 지향 – 통제 지향 – 감축 지향 – 참여 지향
⑤ 기획 지향 – 감축 지향 – 통제 지향 – 관리 지향 – 참여 지향

**110** **다음 중 예산의 원칙에 대한 설명으로 옳지 않은 것은?**

① 공개성의 원칙에는 예외가 있다.
② 사전의결의 원칙에는 예외가 있다.
③ 통일성의 원칙은 회계장부가 하나여야 한다는 원칙이다.
④ 목적세는 통일성의 원칙의 예외이다.
⑤ 총괄예산제도는 명확성의 원칙과 관련이 있다.

# PART 4

# 채용 가이드

CHAPTER

# 01 블라인드 채용 소개

## 1. 블라인드 채용이란?

채용 과정에서 편견이 개입되어 불합리한 차별을 야기할 수 있는 출신지, 가족관계, 학력, 외모 등의 편견요인은 제외하고, 직무능력만을 평가하여 인재를 채용하는 방식입니다.

## 2. 블라인드 채용의 필요성

- 채용의 공정성에 대한 사회적 요구
  - 누구에게나 직무능력만으로 경쟁할 수 있는 균등한 고용기회를 제공해야 하나, 아직도 채용의 공정성에 대한 불신이 존재
  - 채용상 차별금지에 대한 법적 요건이 권고적 성격에서 처벌을 동반한 의무적 성격으로 강화되는 추세
  - 시민의식과 지원자의 권리의식 성숙으로 차별에 대한 법적 대응 가능성 증가
- 우수인재 채용을 통한 기업의 경쟁력 강화 필요
  - 직무능력과 무관한 학벌, 외모 위주의 선발로 우수인재 선발기회 상실 및 기업경쟁력 약화
  - 채용 과정에서 차별 없이 직무능력중심으로 선발한 우수인재 확보 필요
- 공정한 채용을 통한 사회적 비용 감소 필요
  - 편견에 의한 차별적 채용은 우수인재 선발을 저해하고 외모·학벌 지상주의 등의 심화로 불필요한 사회적 비용 증가
  - 채용에서의 공정성을 높여 사회의 신뢰수준 제고

## 3. 블라인드 채용의 특징

편견요인을 요구하지 않는 대신 직무능력을 평가합니다.

※ 직무능력중심 채용이란?
기업의 역량기반 채용, NCS기반 능력중심 채용과 같이 직무수행에 필요한 능력과 역량을 평가하여 선발하는 채용방식을 통칭합니다.

## 4. 블라인드 채용의 평가요소

직무수행에 필요한 지식, 기술, 태도 등을 과학적인 선발기법을 통해 평가합니다.

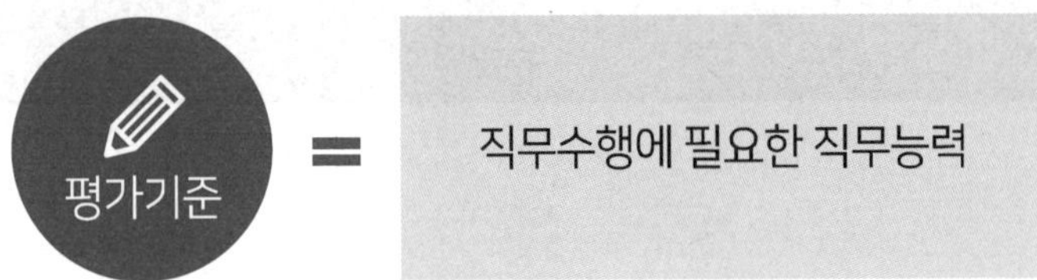


※ 과학적 선발기법이란?
직무분석을 통해 도출된 평가요소를 서류, 필기, 면접 등을 통해 체계적으로 평가하는 방법으로 입사지원서, 자기소개서, 직무수행능력평가, 구조화 면접 등이 해당됩니다.

## 5. 블라인드 채용 주요 도입 내용

• 입사지원서에 인적사항 요구 금지
 – 인적사항에는 출신지역, 가족관계, 결혼여부, 재산, 취미 및 특기, 종교, 생년월일(연령), 성별, 신장 및 체중, 사진, 전공, 학교명, 학점, 외국어 점수, 추천인 등이 해당
 – 채용 직무를 수행하는 데 있어 반드시 필요하다고 인정될 경우는 제외
  예 특수경비직 채용 시 : 시력, 건강한 신체 요구
  연구직 채용 시 : 논문, 학위 요구 등

• 블라인드 면접 실시
 – 면접관에게 응시자의 출신지역, 가족관계, 학교명 등 인적사항 정보 제공 금지
 – 면접관은 응시자의 인적사항에 대한 질문 금지

## 6. 블라인드 채용 도입의 효과성

• 구성원의 다양성과 창의성이 높아져 기업 경쟁력 강화
 – 편견을 없애고 직무능력 중심으로 선발하므로 다양한 직원 구성 가능
 – 다양한 생각과 의견을 통하여 기업의 창의성이 높아져 기업경쟁력 강화

• 직무에 적합한 인재선발을 통한 이직률 감소 및 만족도 제고
 – 사전에 지원자들에게 구체적이고 상세한 직무요건을 제시함으로써 허수 지원이 낮아지고, 직무에 적합한 지원자 모집 가능
 – 직무에 적합한 인재가 선발되어 직무이해도가 높아져 업무효율 증대 및 만족도 제고

• 채용의 공정성과 기업이미지 제고
 – 블라인드 채용은 사회적 편견을 줄인 선발 방법으로 기업에 대한 사회적 인식 제고
 – 채용과정에서 불합리한 차별을 받지 않고 실력에 의해 공정하게 평가를 받을 것이라는 믿음을 제공하고, 지원자들은 평등한 기회와 공정한 선발과정 경험

CHAPTER

# 02 서류전형 가이드

## 01 채용공고문

### 1. 채용공고문의 변화

| 기존 채용공고문 | 변화된 채용공고문 |
|---|---|
| • 취업준비생에게 불충분하고 불친절한 측면 존재<br>• 모집분야에 대한 명확한 직무관련 정보 및 평가기준 부재<br>• 해당분야에 지원하기 위한 취업준비생의 무분별한 스펙 쌓기 현상 발생 | • NCS 직무분석에 기반한 채용공고를 토대로 채용전형 진행<br>• 지원자가 입사 후 수행하게 될 업무에 대한 자세한 정보 공지<br>• 직무수행내용, 직무수행 시 필요한 능력, 관련된 자격, 직업기초능력 제시<br>• 지원자가 해당 직무에 필요한 스펙만을 준비할 수 있도록 안내 |
| • 모집부문 및 응시자격<br>• 지원서 접수<br>• 전형절차<br>• 채용조건 및 처우<br>• 기타사항 | • 채용절차<br>• 채용유형별 선발분야 및 예정인원<br>• 전형방법<br>• 선발분야별 직무기술서<br>• 우대사항 |

### 2. 지원 유의사항 및 지원요건 확인

채용 직무에 따른 세부사항을 공고문에 명시하여 지원자에게 적격한 지원 기회를 부여함과 동시에 채용과정에서의 공정성과 신뢰성을 확보합니다.

| 구성 | 내용 | 확인사항 |
|---|---|---|
| 모집분야 및 규모 | 고용형태(인턴 계약직 등), 모집분야, 인원, 근무지역 등 | 채용직무가 여러 개일 경우 본인이 해당되는 직무의 채용규모 확인 |
| 응시자격 | 기본 자격사항, 지원조건 | 지원을 위한 최소자격요건을 확인하여 불필요한 지원을 예방 |
| 우대조건 | 법정·특별·자격증 가점 | 본인의 가점 여부를 검토하여 가점 획득을 위한 사항을 사실대로 기재 |
| 근무조건 및 보수 | 고용형태 및 고용기간, 보수, 근무지 | 본인이 생각하는 기대수준에 부합하는지 확인하여 불필요한 지원을 예방 |
| 시험방법 | 서류·필기·면접전형 등의 활용방안 | 전형방법 및 세부 평가기법 등을 확인하여 지원전략 준비 |
| 전형일정 | 접수기간, 각 전형 단계별 심사 및 합격자 발표일 등 | 본인의 지원 스케줄을 검토하여 차질이 없도록 준비 |
| 제출서류 | 입사지원서(경력·경험기술서 등), 각종 증명서 및 자격증 사본 등 | 지원요건 부합 여부 및 자격 증빙서류 사전에 준비 |
| 유의사항 | 임용취소 등의 규정 | 임용취소 관련 법적 또는 기관 내부 규정을 검토하여 해당여부 확인 |

## 02 직무기술서

직무기술서란 직무수행의 내용과 필요한 능력, 관련 자격, 직업기초능력 등을 상세히 기재한 것으로 입사 후 수행하게 될 업무에 대한 정보가 수록되어 있는 자료입니다.

### 1. 채용분야

설명

NCS 직무분류 체계에 따라 직무에 대한 「대분류 – 중분류 – 소분류 – 세분류」 체계를 확인할 수 있습니다. 채용 직무에 대한 모든 직무기술서를 첨부하게 되며 실제 수행 업무를 기준으로 세부적인 분류정보를 제공합니다.

| 채용분야 | 분류체계 | | | |
|---|---|---|---|---|
| 사무행정 | 대분류 | 중분류 | 소분류 | 세분류 |
| 분류코드 | 02. 경영・회계・사무 | 03. 재무・회계 | 01. 재무 | 01. 예산 |
| | | | | 02. 자금 |
| | | | 02. 회계 | 01. 회계감사 |
| | | | | 02. 세무 |



### 2. 능력단위

설명

직무분류 체계의 세분류 하위능력단위 중 실질적으로 수행할 업무의 능력만 구체적으로 파악할 수 있습니다.

| 능력단위 | | | |
|---|---|---|---|
| 능력단위 | (예산) | 03. 연간종합예산수립<br>05. 확정예산 운영 | 04. 추정재무제표 작성<br>06. 예산실적 관리 |
| | (자금) | 04. 자금운용 | |
| | (회계감사) | 02. 자금관리<br>05. 회계정보시스템 운용<br>07. 회계감사 | 04. 결산관리<br>06. 재무분석 |
| | (세무) | 02. 결산관리<br>07. 법인세 신고 | 05. 부가가치세 신고 |

### 3. 직무수행내용

설명

세분류 영역의 기본정의를 통해 직무수행내용을 확인할 수 있습니다. 입사 후 수행할 직무내용을 구체적으로 확인할 수 있으며, 이를 통해 입사서류 작성부터 면접까지 직무에 대한 명확한 이해를 바탕으로 자신의 희망직무인지 아닌지, 해당 직무가 자신이 알고 있던 직무가 맞는지 확인할 수 있습니다.

| 직무수행내용 | |
|---|---|
| 직무수행내용 | (예산) 일정기간 예상되는 수익과 비용을 편성, 집행하며 통제하는 일 |
| | (자금) 자금의 계획 수립, 조달, 운용을 하고 발생 가능한 위험 관리 및 성과평가 |
| | (회계감사) 기업 및 조직 내・외부에 있는 의사결정자들이 효율적인 의사결정을 할 수 있도록 유용한 정보를 제공, 제공된 회계정보의 적정성을 파악하는 일 |
| | (세무) 세무는 기업의 활동을 위하여 주어진 세법범위 내에서 조세부담을 최소화시키는 조세전략을 포함하고 정확한 과세소득과 과세표준 및 세액을 산출하여 과세당국에 신고・납부하는 일 |

## 4. 직무기술서 예시

| 태도 | (예산) 정확성, 분석적 태도, 논리적 태도, 타 부서와의 협조적 태도, 설득력 |
|---|---|
| | (자금) 분석적 사고력 |
| | (회계 감사) 합리적 태도, 전략적 사고, 정확성, 적극적 협업 태도, 법률준수 태도, 분석적 태도, 신속성, 책임감, 정확한 판단력 |
| | (세무) 규정 준수 의지, 수리적 정확성, 주의 깊은 태도 |
| 우대 자격증 | 공인회계사, 세무사, 컴퓨터활용능력, 변호사, 워드프로세서, 전산회계운용사, 사회조사분석사, 재경관리사, 회계관리 등 |
| 직업기초능력 | 의사소통능력, 문제해결능력, 자원관리능력, 대인관계능력, 정보능력, 조직이해능력 |

## 5. 직무기술서 내용별 확인사항

| 항목 | 확인사항 |
|---|---|
| 모집부문 | 해당 채용에서 선발하는 부문(분야)명 확인 예 사무행정, 전산, 전기 |
| 분류체계 | 지원하려는 분야의 세부직무군 확인 |
| 주요기능 및 역할 | 지원하려는 기업의 전사적인 기능과 역할, 산업군 확인 |
| 능력단위 | 지원분야의 직무수행에 관련되는 세부업무사항 확인 |
| 직무수행내용 | 지원분야의 직무군에 대한 상세사항 확인 |
| 전형방법 | 지원하려는 기업의 신입사원 선발전형 절차 확인 |
| 일반요건 | 교육사항을 제외한 지원 요건 확인(자격요건, 특수한 경우 연령) |
| 교육요건 | 교육사항에 대한 지원요건 확인(대졸 / 초대졸 / 고졸 / 전공 요건) |
| 필요지식 | 지원분야의 업무수행을 위해 요구되는 지식 관련 세부항목 확인 |
| 필요기술 | 지원분야의 업무수행을 위해 요구되는 기술 관련 세부항목 확인 |
| 직무수행태도 | 지원분야의 업무수행을 위해 요구되는 태도 관련 세부항목 확인 |
| 직업기초능력 | 지원분야 또는 지원기업의 조직원으로서 근무하기 위해 필요한 일반적인 능력사항 확인 |

## 03 입사지원서

### 1. 입사지원서의 변화

| 기존지원서 | | 능력중심 채용 입사지원서 | |
|---|---|---|---|
| 직무와 관련 없는 학점, 개인신상, 어학점수, 자격, 수상경력 등을 나열하도록 구성 | VS | 해당 직무수행에 꼭 필요한 정보들을 제시할 수 있도록 구성 | |

| | | | |
|---|---|---|---|
| 직무기술서 | | 인적사항 | 성명, 연락처, 지원분야 등 작성 (평가 미반영) |
| 직무수행내용 | | 교육사항 | 직무지식과 관련된 학교교육 및 직업교육 작성 |
| 요구지식 / 기술 | → | 자격사항 | 직무관련 국가공인 또는 민간자격 작성 |
| 관련 자격증<br>사전직무경험 | | 경력 및 경험사항 | 조직에 소속되어 일정한 임금을 받거나(경력) 임금 없이(경험) 직무와 관련된 활동 내용 작성 |

### 2. 교육사항

- 지원분야 직무와 관련된 학교 교육이나 직업교육 혹은 기타교육 등 직무에 대한 지원자의 학습 여부를 평가하기 위한 항목입니다.
- 지원하고자 하는 직무의 학교 전공교육 이외에 직업교육, 기타교육 등을 기입할 수 있기 때문에 전공제한 없이 직업교육과 기타교육을 이수하여 지원이 가능하도록 기회를 제공합니다.
  (기타교육 : 학교 이외의 기관에서 개인이 이수한 교육과정 중 지원직무와 관련이 있다고 생각되는 교육내용)

| 구분 | 교육과정(과목)명 | 교육내용 | 과업(능력단위) |
|---|---|---|---|
| | | | |
| | | | |

PART 4

## 3. 자격사항

- 채용공고 및 직무기술서에 제시되어 있는 자격 현황을 토대로 지원자가 해당 직무를 수행하는 데 필요한 능력을 가지고 있는지를 평가하기 위한 항목입니다.
- 채용공고 및 직무기술서에 기재된 직무관련 필수 또는 우대자격 항목을 확인하여 본인이 보유하고 있는 자격사항을 기재합니다.

| 자격유형 | 자격증명 | 발급기관 | 취득일자 | 자격증번호 |
|---|---|---|---|---|
| | | | | |
| | | | | |

## 4. 경력 및 경험사항

- 직무와 관련된 경력이나 경험 여부를 표현하도록 하여 직무와 관련한 능력을 갖추었는지를 평가하기 위한 항목입니다.
- 해당 기업에서 직무를 수행함에 있어 필요한 사항만을 기록하게 되어 있기 때문에 직무와 무관한 스펙을 갖추지 않아도 됩니다.
- 경력 : 금전적 보수를 받고 일정기간 동안 일했던 경우
- 경험 : 금전적 보수를 받지 않고 수행한 활동

※ 기업에 따라 경력 / 경험 관련 증빙자료 요구 가능

| 구분 | 조직명 | 직위 / 역할 | 활동기간(년 / 월) | 주요과업 / 활동내용 |
|---|---|---|---|---|
| | | | | |
| | | | | |

**Tip**

입사지원서 작성 방법

○ 경력 및 경험사항 작성

- 직무기술서에 제시된 지식, 기술, 태도와 지원자의 교육사항, 경력(경험)사항, 자격사항과 연계하여 개인의 직무역량에 대해 스스로 판단 가능

○ 인적사항 최소화

- 개인의 인적사항, 학교명, 가족관계 등을 노출하지 않도록 유의

부적절한 입사지원서 작성 사례

- 학교 이메일을 기입하여 학교명 노출
- 거주지 주소에 학교 기숙사 주소를 기입하여 학교명 노출
- 자기소개서에 부모님이 재직 중인 기업명, 직위, 직업을 기입하여 가족관계 노출
- 자기소개서에 석·박사 과정에 대한 이야기를 언급하여 학력 노출
- 동아리 활동에 대한 내용을 학교명과 더불어 언급하여 학교명 노출

## 04 자기소개서

### 1. 자기소개서의 변화

- 기존의 자기소개서는 지원자의 일대기나 관심 분야, 성격의 장·단점 등 개괄적인 사항을 묻는 질문으로 구성되어 지원자가 자신의 직무능력을 제대로 표출하지 못합니다.
- 능력중심 채용의 자기소개서는 직무기술서에 제시된 직업기초능력(또는 직무수행능력)에 대한 지원자의 과거 경험을 기술하게 함으로써 평가 타당도의 확보가 가능합니다.

| 1. 우리 회사와 해당 지원 직무분야에 지원한 동기에 대해 기술해 주세요. |
|---|
| |

| 2. 자신이 경험한 다양한 사회활동에 대해 기술해 주세요. |
|---|
| |

| 3. 지원 직무에 대한 전문성을 키우기 위해 받은 교육과 경험 및 경력사항에 대해 기술해 주세요. |
|---|
| |

| 4. 인사업무 또는 팀 과제 수행 중 발생한 갈등을 원만하게 해결해 본 경험이 있습니까? 당시 상황에 대한 설명과 갈등의 대상이 되었던 상대방을 설득한 과정 및 방법을 기술해 주세요. |
|---|
| |

| 5. 과거에 있었던 일 중 가장 어려웠었던(힘들었었던) 상황을 고르고, 어떤 방법으로 그 상황을 해결했는지를 기술해 주세요. |
|---|
| |

PART 4

**Tip**

자기소개서 작성 방법

① 자기소개서 문항이 묻고 있는 평가 역량 추측하기

> 예시
>
> - 팀 활동을 하면서 갈등 상황 시 상대방의 니즈나 의도를 명확히 파악하고 해결하여 목표 달성에 기여했던 경험에 대해서 작성해 주시기 바랍니다.
> - 다른 사람이 생각해내지 못했던 문제점을 찾고 이를 해결한 경험에 대해 작성해 주시기 바랍니다.

② 해당 역량을 보여줄 수 있는 소재 찾기(시간×역량 매트릭스)

예시

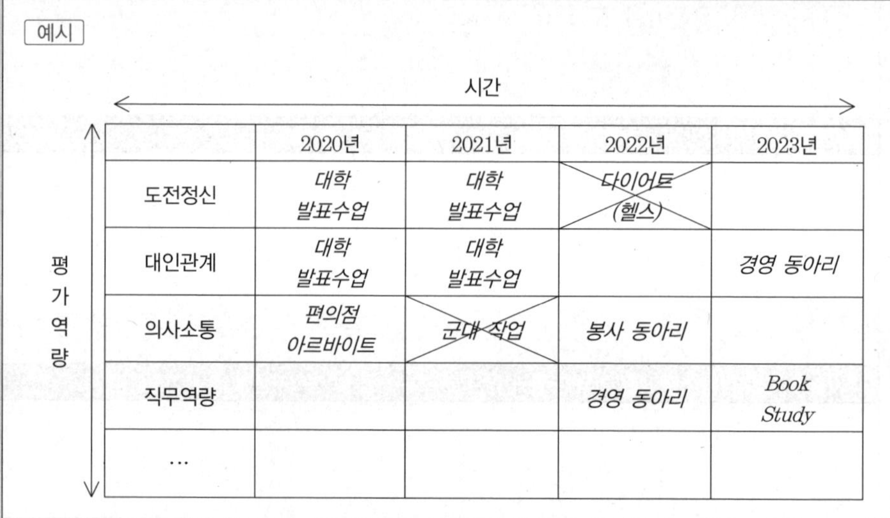

시간 →

| 평가역량 | 2020년 | 2021년 | 2022년 | 2023년 |
|---|---|---|---|---|
| 도전정신 | *대학 발표수업* | *대학 발표수업* | ~~*다이어트 (헬스)*~~ | |
| 대인관계 | *대학 발표수업* | *대학 발표수업* | | *경영 동아리* |
| 의사소통 | *편의점 아르바이트* | ~~*군대 작업*~~ | *봉사 동아리* | |
| 직무역량 | | | *경영 동아리* | *Book Study* |
| … | | | | |

③ 자기소개서 작성 Skill 익히기

- 두괄식으로 작성하기
- 구체적 사례를 사용하기
- '나'를 중심으로 작성하기
- 직무역량 강조하기
- 경험 사례의 차별성 강조하기

CHAPTER

# 03 인성검사 소개 및 모의테스트

## 01 인성검사 유형

인성검사는 지원자의 성격특성을 객관적으로 파악하고 그것이 각 기업에서 필요로 하는 인재상과 가치에 부합하는가를 평가하기 위한 검사입니다. 인성검사는 KPDI(한국인재개발진흥원), K-SAD(한국사회적성개발원), KIRBS(한국행동과학연구소), SHR(에스에이치알) 등의 전문기관을 통해 각 기업의 특성에 맞는 검사를 선택하여 실시합니다. 대표적인 인성검사의 유형에는 크게 다음과 같은 세 가지가 있으며, 채용 대행업체에 따라 달라집니다.

PART 4

### 1. KPDI 검사

조직적응성과 직무적합성을 알아보기 위한 검사로 인성검사, 인성역량검사, 인적성검사, 직종별 인적성검사 등의 다양한 검사 도구를 구현합니다. KPDI는 성격을 파악하고 정신건강 상태 등을 측정하고, 직무검사는 해당 직무를 수행하기 위해 기본적으로 갖추어야 할 인지적 능력을 측정합니다. 역량검사는 특정 직무 역할을 효과적으로 수행하는 데 직접적으로 관련 있는 개인의 행동, 지식, 스킬, 가치관 등을 측정합니다.

### 2. KAD(Korea Aptitude Development) 검사

K-SAD(한국사회적성개발원)에서 실시하는 적성검사 프로그램입니다. 개인의 성향, 지적 능력, 기호, 관심, 흥미도를 종합적으로 분석하여 적성에 맞는 업무가 무엇인가 파악하고, 직무수행에 있어서 요구되는 기초능력과 실무능력을 분석합니다.

### 3. SHR 직무적성검사

직무수행에 필요한 종합적인 사고 능력을 다양한 적성검사(Paper and Pencil Test)로 평가합니다. SHR의 모든 직무능력검사는 표준화 검사입니다. 표준화 검사는 표본집단의 점수를 기초로 규준이 만들어진 검사이므로 개인의 점수를 규준에 맞추어 해석·비교하는 것이 가능합니다. S(Standardized Tests), H(Hundreds of Version), R(Reliable Norm Data)을 특징으로 하며, 직군·직급별 특성과 선발 수준에 맞추어 검사를 적용할 수 있습니다.

## 02 인성검사와 면접

인성검사는 특히 면접질문과 관련성이 높습니다. 면접관은 지원자의 인성검사 결과를 토대로 질문을 하기 때문입니다. 일관적이고 이상적인 답변을 하는 것이 가장 좋지만, 실제 시험은 매우 복잡하여 전문가라 해도 일정 성격을 유지하면서 답변을 하는 것이 힘듭니다. 또한, 인성검사에는 라이 스케일(Lie Scale) 설문이 전체 설문 속에 교묘하게 섞여 들어가 있으므로 겉치레적인 답을 하게 되면 회답태도의 허위성이 그대로 드러나게 됩니다. 예를 들어 '거짓말을 한 적이 한 번도 없다.'에 '예'로 답하고, '때로는 거짓말을 하기도 한다.'에 '예'라고 답하여 라이 스케일의 득점이 올라가게 되면 모든 회답의 신빙성이 사라지고 '자신을 돋보이게 하려는 사람'이라는 평가를 받을 수 있으므로 주의해야 합니다. 따라서 모의테스트를 통해 인성검사의 유형과 실제 시험 시 어떻게 문제를 풀어야 하는지 연습해 보고 체크한 부분 중 자신의 단점과 연결되는 부분은 면접에서 질문이 들어왔을 때 어떻게 대처해야 하는지 생각해 보는 것이 좋습니다.

## 03 유의사항

### 1. 기업의 인재상을 파악하라!

인성검사를 통해 개인의 성격 특성을 파악하고 그것이 기업의 인재상과 가치에 부합하는지를 평가하는 시험이기 때문에 해당 기업의 인재상을 먼저 파악하고 시험에 임하는 것이 좋습니다. 모의테스트에서 인재상에 맞는 가상의 인물을 설정하고 문제에 답해 보는 것도 많은 도움이 됩니다.

### 2. 일관성 있는 대답을 하라!

짧은 시간 안에 다양한 질문에 답을 해야 하는데, 그 안에는 중복되는 질문이 여러 번 나옵니다. 이때 앞서 자신이 체크했던 대답을 잘 기억해뒀다가 일관성 있는 답을 하는 것이 중요합니다.

### 3. 모든 문항에 대답하라!

많은 문제를 짧은 시간 안에 풀려다 보니 다 못 푸는 경우도 종종 생깁니다. 하지만 대답을 누락하거나 끝까지 다 못했을 경우 좋지 않은 결과를 가져올 수도 있으니 최대한 주어진 시간 안에 모든 문항에 답할 수 있도록 해야 합니다.

## 04 KPDI 모의테스트

※ 모의테스트는 질문 및 답변 유형 연습을 위한 것으로 실제 시험과 다를 수 있습니다.
※ 인성검사는 정답이 따로 없는 유형의 검사이므로 결과지를 제공하지 않습니다.

| 번호 | 내용 | 예 | 아니요 |
|---|---|---|---|
| 001 | 나는 솔직한 편이다. | ☐ | ☐ |
| 002 | 나는 리드하는 것을 좋아한다. | ☐ | ☐ |
| 003 | 법을 어겨서 말썽이 된 적이 한 번도 없다. | ☐ | ☐ |
| 004 | 거짓말을 한 번도 한 적이 없다. | ☐ | ☐ |
| 005 | 나는 눈치가 빠르다. | ☐ | ☐ |
| 006 | 나는 일을 주도하기보다는 뒤에서 지원하는 것을 선호한다. | ☐ | ☐ |
| 007 | 앞일은 알 수 없기 때문에 계획은 필요하지 않다. | ☐ | ☐ |
| 008 | 거짓말도 때로는 방편이라고 생각한다. | ☐ | ☐ |
| 009 | 사람이 많은 술자리를 좋아한다. | ☐ | ☐ |
| 010 | 걱정이 지나치게 많다. | ☐ | ☐ |
| 011 | 일을 시작하기 전 재고하는 경향이 있다. | ☐ | ☐ |
| 012 | 불의를 참지 못한다. | ☐ | ☐ |
| 013 | 처음 만나는 사람과도 이야기를 잘 한다. | ☐ | ☐ |
| 014 | 때로는 변화가 두렵다. | ☐ | ☐ |
| 015 | 나는 모든 사람에게 친절하다. | ☐ | ☐ |
| 016 | 힘든 일이 있을 때 술은 위로가 되지 않는다. | ☐ | ☐ |
| 017 | 결정을 빨리 내리지 못해 손해를 본 경험이 있다. | ☐ | ☐ |
| 018 | 기회를 잡을 준비가 되어 있다. | ☐ | ☐ |
| 019 | 때로는 내가 정말 쓸모없는 사람이라고 느낀다. | ☐ | ☐ |
| 020 | 누군가 나를 챙겨주는 것이 좋다. | ☐ | ☐ |
| 021 | 자주 가슴이 답답하다. | ☐ | ☐ |
| 022 | 나는 내가 자랑스럽다. | ☐ | ☐ |
| 023 | 경험이 중요하다고 생각한다. | ☐ | ☐ |
| 024 | 전자기기를 분해하고 다시 조립하는 것을 좋아한다. | ☐ | ☐ |

| | | | |
|---|---|---|---|
| 025 | 감시받고 있다는 느낌이 든다. | ☐ | ☐ |
| 026 | 난처한 상황에 놓이면 그 순간을 피하고 싶다. | ☐ | ☐ |
| 027 | 세상엔 믿을 사람이 없다. | ☐ | ☐ |
| 028 | 잘못을 빨리 인정하는 편이다. | ☐ | ☐ |
| 029 | 지도를 보고 길을 잘 찾아간다. | ☐ | ☐ |
| 030 | 귓속말을 하는 사람을 보면 날 비난하고 있는 것 같다. | ☐ | ☐ |
| 031 | 막무가내라는 말을 들을 때가 있다. | ☐ | ☐ |
| 032 | 장래의 일을 생각하면 불안하다. | ☐ | ☐ |
| 033 | 결과보다 과정이 중요하다고 생각한다. | ☐ | ☐ |
| 034 | 운동은 그다지 할 필요가 없다고 생각한다. | ☐ | ☐ |
| 035 | 새로운 일을 시작할 때 좀처럼 한 발을 떼지 못한다. | ☐ | ☐ |
| 036 | 기분 상하는 일이 있더라도 참는 편이다. | ☐ | ☐ |
| 037 | 업무능력은 성과로 평가받아야 한다고 생각한다. | ☐ | ☐ |
| 038 | 머리가 맑지 못하고 무거운 느낌이 든다. | ☐ | ☐ |
| 039 | 가끔 이상한 소리가 들린다. | ☐ | ☐ |
| 040 | 타인이 내게 자주 고민상담을 하는 편이다. | ☐ | ☐ |

## 05 SHR 모의테스트

※ 모의테스트는 질문 및 답변 유형 연습을 위한 것으로 실제 시험과 다를 수 있습니다.
※ 인성검사는 정답이 따로 없는 유형의 검사이므로 결과지를 제공하지 않습니다.

**※ 이 성격검사의 각 문항에는 서로 다른 행동을 나타내는 네 개의 문장이 제시되어 있습니다. 이 문장들을 비교하여, 자신의 평소 행동과 가장 가까운 문장을 'ㄱ' 열에 표기하고, 가장 먼 문장을 'ㅁ' 열에 표기하십시오.**

**01** 나는 ______________________________

| | ㄱ | ㅁ |
|---|---|---|
| A. 실용적인 해결책을 찾는다. | ☐ | ☐ |
| B. 다른 사람을 돕는 것을 좋아한다. | ☐ | ☐ |
| C. 세부 사항을 잘 챙긴다. | ☐ | ☐ |
| D. 상대의 주장에서 허점을 잘 찾는다. | ☐ | ☐ |

**02** 나는 ______________________________

| | ㄱ | ㅁ |
|---|---|---|
| A. 매사에 적극적으로 임한다. | ☐ | ☐ |
| B. 즉흥적인 편이다. | ☐ | ☐ |
| C. 관찰력이 있다. | ☐ | ☐ |
| D. 임기응변에 강하다. | ☐ | ☐ |

**03** 나는 ______________________________

| | ㄱ | ㅁ |
|---|---|---|
| A. 무서운 영화를 잘 본다. | ☐ | ☐ |
| B. 조용한 곳이 좋다. | ☐ | ☐ |
| C. 가끔 울고 싶다. | ☐ | ☐ |
| D. 집중력이 좋다. | ☐ | ☐ |

**04** 나는 ______________________________

| | ㄱ | ㅁ |
|---|---|---|
| A. 기계를 조립하는 것을 좋아한다. | ☐ | ☐ |
| B. 집단에서 리드하는 역할을 맡는다. | ☐ | ☐ |
| C. 호기심이 많다. | ☐ | ☐ |
| D. 음악을 듣는 것을 좋아한다. | ☐ | ☐ |

**05** 나는 ____________________

| | ㄱ | ㅁ |
|---|---|---|
| A. 타인을 늘 배려한다. | ☐ | ☐ |
| B. 감수성이 예민하다. | ☐ | ☐ |
| C. 즐겨하는 운동이 있다. | ☐ | ☐ |
| D. 일을 시작하기 전에 계획을 세운다. | ☐ | ☐ |

**06** 나는 ____________________

| | ㄱ | ㅁ |
|---|---|---|
| A. 타인에게 설명하는 것을 좋아한다. | ☐ | ☐ |
| B. 여행을 좋아한다. | ☐ | ☐ |
| C. 정적인 것이 좋다. | ☐ | ☐ |
| D. 남을 돕는 것에 보람을 느낀다. | ☐ | ☐ |

**07** 나는 ____________________

| | ㄱ | ㅁ |
|---|---|---|
| A. 기계를 능숙하게 다룬다. | ☐ | ☐ |
| B. 밤에 잠이 잘 오지 않는다. | ☐ | ☐ |
| C. 한 번 간 길을 잘 기억한다. | ☐ | ☐ |
| D. 불의를 보면 참을 수 없다. | ☐ | ☐ |

**08** 나는 ____________________

| | ㄱ | ㅁ |
|---|---|---|
| A. 종일 말을 하지 않을 때가 있다. | ☐ | ☐ |
| B. 사람이 많은 곳을 좋아한다. | ☐ | ☐ |
| C. 술을 좋아한다. | ☐ | ☐ |
| D. 휴양지에서 편하게 쉬고 싶다. | ☐ | ☐ |

**09** 나는 ______________________

| | ㄱ | ㅁ |
|---|---|---|
| A. 뉴스보다는 드라마를 좋아한다. | ☐ | ☐ |
| B. 길을 잘 찾는다. | ☐ | ☐ |
| C. 주말엔 집에서 쉬는 것이 좋다. | ☐ | ☐ |
| D. 아침에 일어나는 것이 힘들다. | ☐ | ☐ |

**10** 나는 ______________________

| | ㄱ | ㅁ |
|---|---|---|
| A. 이성적이다. | ☐ | ☐ |
| B. 할 일을 종종 미룬다. | ☐ | ☐ |
| C. 어른을 대하는 게 힘들다. | ☐ | ☐ |
| D. 불을 보면 매혹을 느낀다. | ☐ | ☐ |

PART 4

**11** 나는 ______________________

| | ㄱ | ㅁ |
|---|---|---|
| A. 상상력이 풍부하다. | ☐ | ☐ |
| B. 예의 바르다는 소리를 자주 듣는다. | ☐ | ☐ |
| C. 사람들 앞에 서면 긴장한다. | ☐ | ☐ |
| D. 친구를 자주 만난다. | ☐ | ☐ |

**12** 나는 ______________________

| | ㄱ | ㅁ |
|---|---|---|
| A. 나만의 스트레스 해소 방법이 있다. | ☐ | ☐ |
| B. 친구가 많다. | ☐ | ☐ |
| C. 책을 자주 읽는다. | ☐ | ☐ |
| D. 활동적이다. | ☐ | ☐ |

CHAPTER

# 04 면접전형 가이드

## 01 면접유형 파악

### 1. 면접전형의 변화

기존 면접전형에서는 일상적이고 단편적인 대화나 지원자의 첫인상 및 면접관의 주관적인 판단 등에 의해서 입사 결정 여부를 판단하는 경우가 많았습니다. 이러한 면접전형은 면접 내용의 일관성이 결여되거나 직무 관련 타당성이 부족하였고, 면접에 대한 신뢰도에 영향을 주었습니다.

| 기존 면접(전통적 면접) | | 능력중심 채용 면접(구조화 면접) |
|---|---|---|
| • 일상적이고 단편적인 대화<br>• 인상, 외모 등 외부 요소의 영향<br>• 주관적인 판단에 의존한 총점 부여<br>⇩<br>• 면접 내용의 일관성 결여<br>• 직무관련 타당성 부족<br>• 주관적인 채점으로 신뢰도 저하 | VS | • 일관성<br>– 직무관련 역량에 초점을 둔 구체적 질문 목록<br>– 지원자별 동일 질문 적용<br>• 구조화<br>– 면접 진행 및 평가 절차를 일정한 체계에 의해 구성<br>• 표준화<br>– 평가 타당도 제고를 위한 평가 Matrix 구성<br>– 척도에 따라 항목별 채점, 개인 간 비교<br>• 신뢰성<br>– 면접진행 매뉴얼에 따라 면접위원 교육 및 실습 |

### 2. 능력중심 채용의 면접 유형

① 경험 면접
- 목적 : 선발하고자 하는 직무 능력이 필요한 과거 경험을 질문합니다.
- 평가요소 : 직업기초능력과 인성 및 태도적 요소를 평가합니다.

② 상황 면접
- 목적 : 특정 상황을 제시하고 지원자의 행동을 관찰함으로써 실제 상황의 행동을 예상합니다.
- 평가요소 : 직업기초능력과 인성 및 태도적 요소를 평가합니다.

③ 발표 면접
- 목적 : 특정 주제와 관련된 지원자의 발표와 질의응답을 통해 지원자 역량을 평가합니다.
- 평가요소 : 직무수행능력과 인지적 역량(문제해결능력)을 평가합니다.

④ 토론 면접
- 목적 : 토의과제에 대한 의견수렴 과정에서 지원자의 역량과 상호작용능력을 평가합니다.
- 평가요소 : 직무수행능력과 팀워크를 평가합니다.

## 02 면접유형별 준비 방법

### 1. 경험 면접

① 경험 면접의 특징

- 주로 직업기초능력에 관련된 지원자의 과거 경험을 심층 질문하여 검증하는 면접입니다.
- 직무능력과 관련된 과거 경험을 평가하기 위해 심층 질문을 하며, 이 질문은 지원자의 답변에 대하여 '꼬리에 꼬리를 무는 형식'으로 진행됩니다.

> - 능력요소, 정의, 심사 기준
>   - 평가하고자 하는 능력요소, 정의, 심사기준을 확인하여 면접위원이 해당 능력요소 관련 질문을 제시합니다.
> - Opening Question
>   - 능력요소에 관련된 과거 경험을 유도하기 위한 시작 질문을 합니다.
> - Follow-up Question
>   - 지원자의 경험 수준을 구체적으로 검증하기 위한 질문입니다.
>   - 경험 수준 검증을 위한 상황(Situation), 임무(Task), 역할 및 노력(Action), 결과(Result) 등으로 질문을 구분합니다.

PART 4

경험 면접의 형태

[면접관 1] [면접관 2] [면접관 3]

[지원자]

**〈일대다 면접〉**

[면접관 1] [면접관 2] [면접관 3]

[지원자 1] [지원자 2] [지원자 3]

**〈다대다 면접〉**

② 경험 면접의 구조

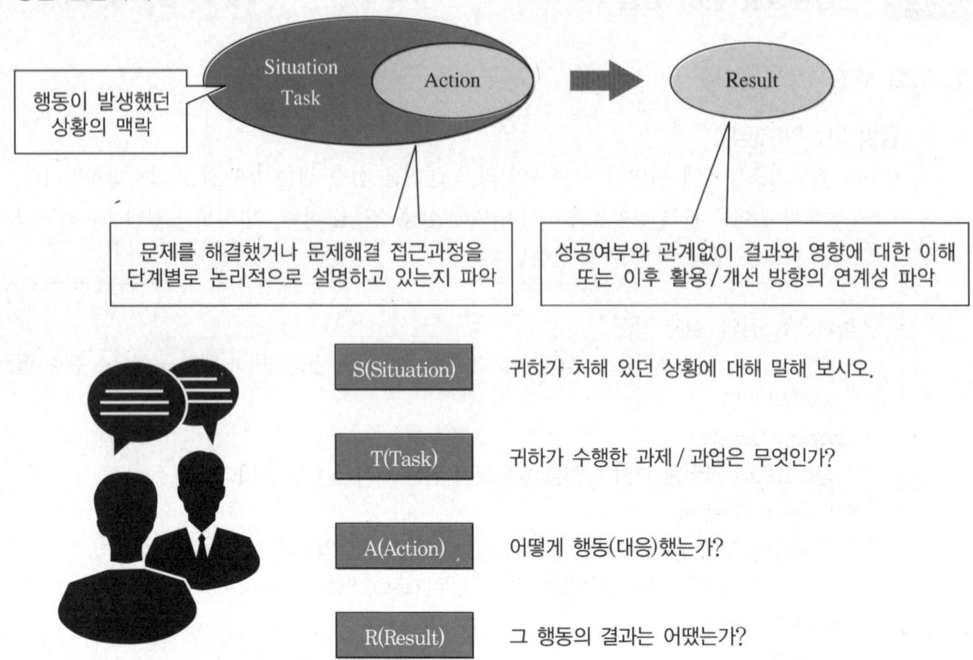


(　　　　　)에 관한 과거 경험에 대하여 말해 보시오.

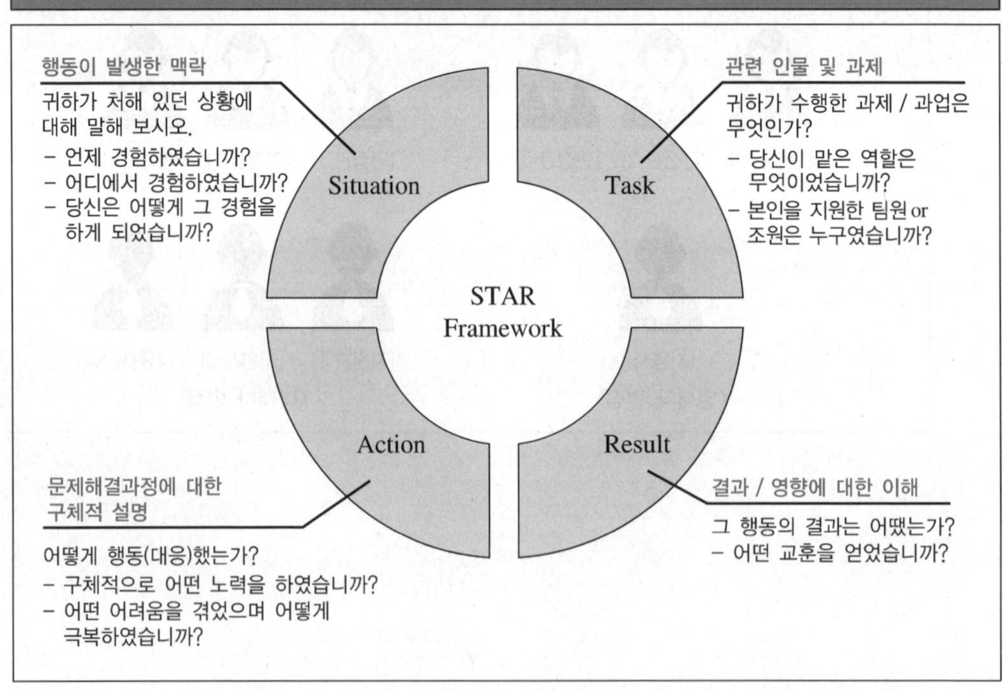

③ 경험 면접 질문 예시(직업윤리)

| 시작 질문 | |
|---|---|
| 1 | 남들이 신경 쓰지 않는 부분까지 고려하여 절차대로 업무(연구)를 수행하여 성과를 낸 경험을 구체적으로 말해 보시오. |
| 2 | 조직의 원칙과 절차를 철저히 준수하며 업무(연구)를 수행한 것 중 성과를 향상시킨 경험에 대해 구체적으로 말해 보시오. |
| 3 | 세부적인 절차와 규칙에 주의를 기울여 실수 없이 업무(연구)를 마무리한 경험을 구체적으로 말해 보시오. |
| 4 | 조직의 규칙이나 원칙을 고려하여 성실하게 일했던 경험을 구체적으로 말해 보시오. |
| 5 | 타인의 실수를 바로잡고 원칙과 절차대로 수행하여 성공적으로 업무를 마무리하였던 경험에 대해 말해 보시오. |

| 후속 질문 | | |
|---|---|---|
| 상황<br>(Situation) | 상황 | 구체적으로 언제, 어디에서 경험한 일인가? |
| | | 어떤 상황이었는가? |
| | 조직 | 어떤 조직에 속해 있었는가? |
| | | 그 조직의 특성은 무엇이었는가? |
| | | 몇 명으로 구성된 조직이었는가? |
| | 기간 | 해당 조직에서 얼마나 일했는가? |
| | | 해당 업무는 몇 개월 동안 지속되었는가? |
| | 조직규칙 | 조직의 원칙이나 규칙은 무엇이었는가? |
| 임무<br>(Task) | 과제 | 과제의 목표는 무엇이었는가? |
| | | 과제에 적용되는 조직의 원칙은 무엇이었는가? |
| | | 그 규칙을 지켜야 하는 이유는 무엇이었는가? |
| | 역할 | 당신이 조직에서 맡은 역할은 무엇이었는가? |
| | | 과제에서 맡은 역할은 무엇이었는가? |
| | 문제의식 | 규칙을 지키지 않을 경우 생기는 문제점 / 불편함은 무엇인가? |
| | | 해당 규칙이 왜 중요하다고 생각하였는가? |
| 역할 및 노력<br>(Action) | 행동 | 업무 과정의 어떤 장면에서 규칙을 철저히 준수하였는가? |
| | | 어떻게 규정을 적용시켜 업무를 수행하였는가? |
| | | 규정은 준수하는 데 어려움은 없었는가? |
| | 노력 | 그 규칙을 지키기 위해 스스로 어떤 노력을 기울였는가? |
| | | 본인의 생각이나 태도에 어떤 변화가 있었는가? |
| | | 다른 사람들은 어떤 노력을 기울였는가? |
| | 동료관계 | 동료들은 규칙을 철저히 준수하고 있었는가? |
| | | 팀원들은 해당 규칙에 대해 어떻게 반응하였는가? |
| | | 규칙에 대한 태도를 개선하기 위해 어떤 노력을 하였는가? |
| | | 팀원들의 태도는 당신에게 어떤 자극을 주었는가? |
| | 업무추진 | 주어진 업무를 추진하는 데 규칙이 방해되진 않았는가? |
| | | 업무수행 과정에서 규정을 어떻게 적용하였는가? |
| | | 업무 시 규정을 준수해야 한다고 생각한 이유는 무엇인가? |

| 결과 (Result) | 평가 | 규칙을 어느 정도나 준수하였는가? |
|---|---|---|
| | | 그렇게 준수할 수 있었던 이유는 무엇이었는가? |
| | | 업무의 성과는 어느 정도였는가? |
| | | 성과에 만족하였는가? |
| | | 비슷한 상황이 온다면 어떻게 할 것인가? |
| | 피드백 | 주변 사람들로부터 어떤 평가를 받았는가? |
| | | 그러한 평가에 만족하는가? |
| | | 다른 사람에게 본인의 행동이 영향을 주었다고 생각하는가? |
| | 교훈 | 업무수행 과정에서 중요한 점은 무엇이라고 생각하는가? |
| | | 이 경험을 통해 느낀 바는 무엇인가? |

## 2. 상황 면접

① 상황 면접의 특징

직무 관련 상황을 가정하여 제시하고 이에 대한 대응능력을 직무관련성 측면에서 평가하는 면접입니다.

- 상황 면접 과제의 구성은 크게 2가지로 구분
  - 상황 제시(Description) / 문제 제시(Question or Problem)
- 현장의 실제 업무 상황을 반영하여 과제를 제시하므로 직무분석이나 직무전문가 워크숍 등을 거쳐 현장성을 높임
- 문제는 상황에 대한 기본적인 이해능력(이론적 지식)과 함께 실질적 대응이나 변수 고려능력(실천적 능력) 등을 고르게 질문해야 함

상황 면접의 형태

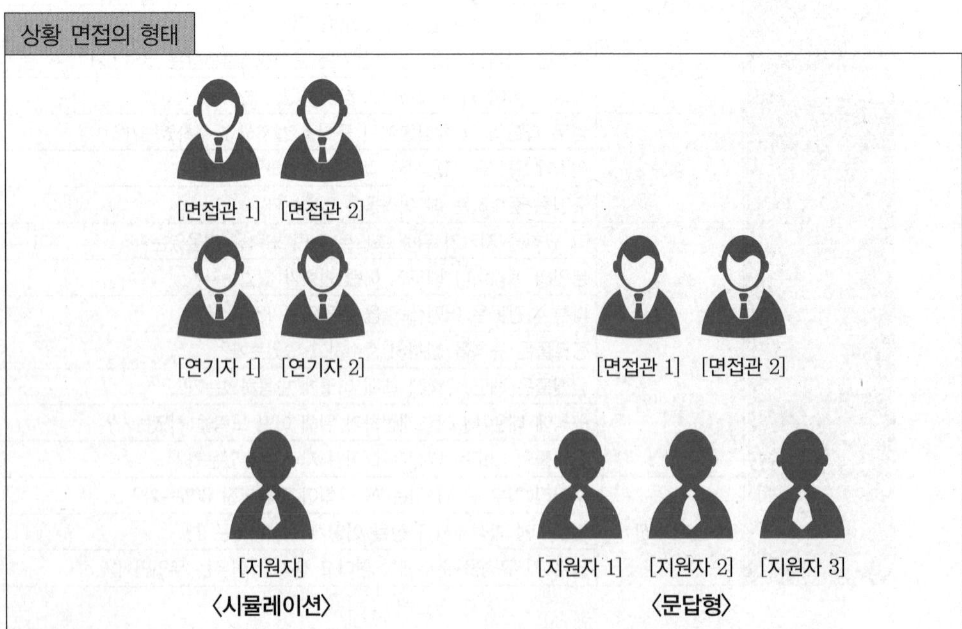

② 상황 면접 예시

| | | |
|---|---|---|
| 상황 제시 | 인천공항 여객터미널 내에는 다양한 용도의 시설(사무실, 통신실, 식당, 전산실, 창고 면세점 등)이 설치되어 있습니다. | 실제 업무 상황에 기반함 |
| | 금년에 소방배관의 누수가 잦아 메인 배관을 교체하는 공사를 추진하고 있으며, 당신은 이번 공사의 담당자입니다. | 배경 정보 |
| | 주간에는 공항 운영이 이루어져 주로 야간에만 배관 교체 공사를 수행하던 중, 시공하는 기능공의 실수로 배관 연결 부위를 잘못 건드려 고압배관의 소화수가 누출되는 사고가 발생하였으며, 이로 인해 인근 시설물에 누수에 의한 피해가 발생하였습니다. | 구체적인 문제 상황 |
| 문제 제시 | 일반적인 소방배관의 배관연결(이음)방식과 배관의 이탈(누수)이 발생하는 원인에 대해 설명해 보시오. | 문제 상황 해결을 위한 기본 지식 문항 |
| | 담당자로서 본 사고를 현장에서 긴급히 처리하는 프로세스를 제시하고, 보수완료 후 사후적 조치가 필요한 부분 및 재발방지 방안에 대해 설명해 보시오. | 문제 상황 해결을 위한 추가 대응 문항 |

## 3. 발표 면접

① 발표 면접의 특징

- 직무관련 주제에 대한 지원자의 생각을 정리하여 의견을 제시하고, 발표 및 질의응답을 통해 지원자의 직무능력을 평가하는 면접입니다.
- 발표 주제는 직무와 관련된 자료로 제공되며, 일정 시간 후 지원자가 보유한 지식 및 방안에 대한 발표 및 후속 질문을 통해 직무적합성을 평가합니다.

- 주요 평가요소
  - 설득적 말하기 / 발표능력 / 문제해결능력 / 직무관련 전문성
- 이미 언론을 통해 공론화된 시사 이슈보다는 해당 직무분야에 관련된 주제가 발표면접의 과제로 선정되는 경우가 최근 들어 늘어나고 있음
- 짧은 시간 동안 주어진 과제를 빠른 속도로 분석하여 발표문을 작성하고 제한된 시간 안에 면접관에게 효과적인 발표를 진행하는 것이 핵심

발표 면접의 형태

[면접관 1] [면접관 2]

[지원자]

**〈개별 과제 발표〉**

[면접관 1] [면접관 2]

[지원자 1] [지원자 2] [지원자 3]

**〈팀 과제 발표〉**

※ 면접관에게 시각적 효과를 사용하여 메시지를 전달하는 쌍방향 커뮤니케이션 방식

※ 심층면접을 보완하기 위한 방안으로 최근 많은 기업에서 적극 도입하는 추세

② 발표 면접 예시

1. 지시문

당신은 현재 A사에서 직원들의 성과평가를 담당하고 있는 팀원이다. 인사팀은 지난주부터 사내 조직문화관련 인터뷰를 하던 도중 성과평가제도에 관련된 개선 니즈가 제일 많다는 것을 알게 되었다. 이에 팀장님은 인터뷰 결과를 종합하려 성과평가제도 개선 아이디어를 A4용지에 정리하여 신속 보고할 것을 지시하셨다. 당신에게 남은 시간은 1시간이다. 자료를 준비하는 대로 당신은 팀원들이 모인 회의실에서 5분 간 발표할 것이며, 이후 질의응답을 진행할 것이다.

2. 배경자료

〈성과평가제도 개선에 대한 인터뷰〉

최근 A사는 회사 사세의 급성장으로 인해 작년보다 매출이 두 배 성장하였고, 직원 수 또한 두 배로 증가하였다. 회사의 성장은 임금, 복지에 대한 상승 등 긍정적인 영향을 주었으나 업무의 불균형 및 성과보상의 불평등 문제가 발생하였다. 또한 수시로 입사하는 신입직원과 경력직원, 퇴사하는 직원들까지 인원들의 잦은 변동으로 인해 평가해야 할 대상이 변경되어 현재의 성과평가제도로는 공정한 평가가 어려운 상황이다.

[생산부서 김상호]
우리 팀은 지난 1년 동안 생산량이 급증했기 때문에 수십 명의 신규인력이 급하게 채용되었습니다. 이 때문에 저희 팀장님은 신규 입사자들의 이름조차 기억 못할 때가 많이 있습니다. 성과평가를 제대로 하고 있는지 의문이 듭니다.

[마케팅 부서 김흥민]
개인의 성과평가의 취지는 충분히 이해합니다. 그러나 현재 평가는 실적기반이나 정성적인 평가가 많이 포함되어 있어 객관성과 공정성에는 의문이 드는 것이 사실입니다. 이러한 상황에서 평가제도를 재수립하지 않고, 인센티브에 계속 반영한다면, 평가제도에 대한 반감이 커질 것이 분명합니다.

[교육부서 홍경민]
현재 교육부서는 인사팀과 밀접하게 일하고 있습니다. 그럼에도 인사팀에서 실시하는 성과평가제도에 대한 이해가 부족한 것 같습니다.

[기획부서 김경호 차장]
저는 저의 평가자 중 하나가 연구부서의 팀장님인데, 일 년에 몇 번 같이 일하지 않는데 어떻게 저를 평가할 수 있을까요? 특히 연구팀은 저희가 예산을 배정하는데, 저에게는 좋지만….

## 4. 토론 면접

① 토론 면접의 특징

- 다수의 지원자가 조를 편성해 과제에 대한 토론(토의)을 통해 결론을 도출해가는 면접입니다.
- 의사소통능력, 팀워크, 종합인성 등의 평가에 용이합니다.

> • 주요 평가요소
>   – 설득적 말하기, 경청능력, 팀워크, 종합인성
> • 의견 대립이 명확한 주제 또는 채용분야의 직무 관련 주요 현안을 주제로 과제 구성
> • 제한된 시간 내 토론을 진행해야 하므로 적극적으로 자신 있게 토론에 임하고 본인의 의견을 개진할 수 있어야 함

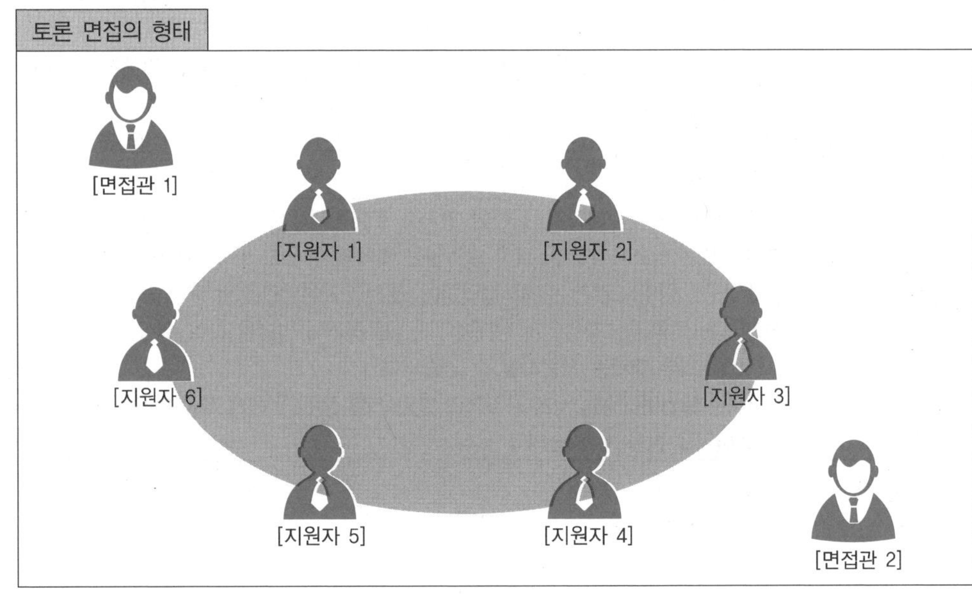


PART 4

② 토론 면접 예시

| 고객 불만 고충처리 |
|---|
| 1. 들어가며 |
| 최근 우리 상품에 대한 고객 불만의 증가로 고객고충처리 TF가 만들어졌고 당신은 여기에 지원해 배치받았다. 당신의 업무는 불만을 가진 고객을 만나서 애로사항을 듣고 처리해 주는 일이다. 주된 업무로는 고객의 니즈를 파악해 방향성을 제시해 주고 그 해결책을 마련하는 일이다. 하지만 경우에 따라서 고객의 주관적인 의견으로 인해 제대로 된 방향으로 의사결정을 하지 못할 때가 있다. 이럴 경우 설득이나 논쟁을 해서라도 의견을 관철시키는 것이 좋을지 아니면 고객의 의견대로 진행하는 것이 좋을지 결정해야 할 때가 있다. 만약 당신이라면 이러한 상황에서 어떤 결정을 내릴 것인지 여부를 자유롭게 토론해 보시오. |
| 2. 1분 자유 발언 시 준비사항 |
| • 당신은 의견을 자유롭게 개진할 수 있으며 이에 따른 불이익은 없습니다.<br>• 토론의 방향성을 이해하고, 내용의 장점과 단점이 무엇인지 문제를 명확히 말해야 합니다.<br>• 합리적인 근거에 기초하여 개선방안을 명확히 제시해야 합니다.<br>• 제시한 방안을 실행 시 예상되는 긍정적·부정적 영향요인도 동시에 고려할 필요가 있습니다. |
| 3. 토론 시 유의사항 |
| • 토론 주제문과 제공해드린 메모지, 볼펜만 가지고 토론장에 입장할 수 있습니다.<br>• 사회자의 지정 또는 발표자가 손을 들어 발언권을 획득할 수 있으며, 사회자의 통제에 따릅니다.<br>• 토론회가 시작되면, 팀의 의견과 논거를 정리하여 1분간의 자유발언을 할 수 있습니다. 순서는 사회자가 지정합니다. 이후에는 자유롭게 상대방에게 질문하거나 답변을 하실 수 있습니다.<br>• 핸드폰, 서적 등 외부 매체는 사용하실 수 없습니다.<br>• 논제에 벗어나는 발언이나 지나치게 공격적인 발언을 할 경우, 위에서 제시한 유의사항을 지키지 않을 경우 불이익을 받을 수 있습니다. |

## 03 면접 Role Play

### 1. 면접 Role Play 편성

- 교육생끼리 조를 편성하여 면접관과 지원자 역할을 교대로 진행합니다.
- 지원자 입장과 면접관 입장을 모두 경험해 보면서 면접에 대한 적응력을 높일 수 있습니다.

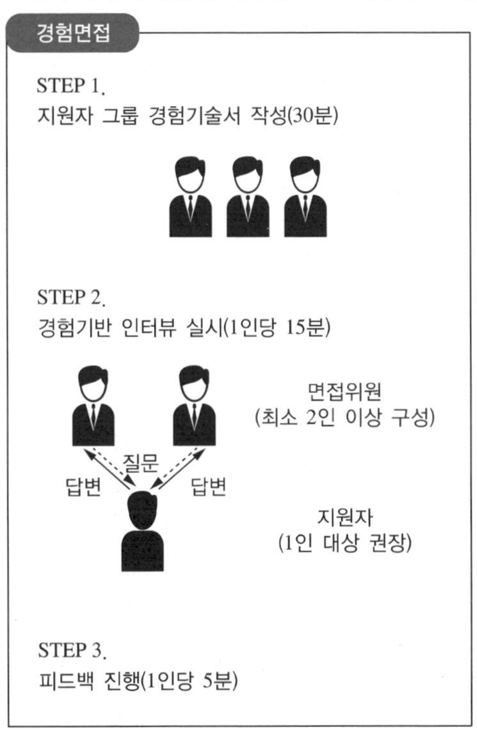


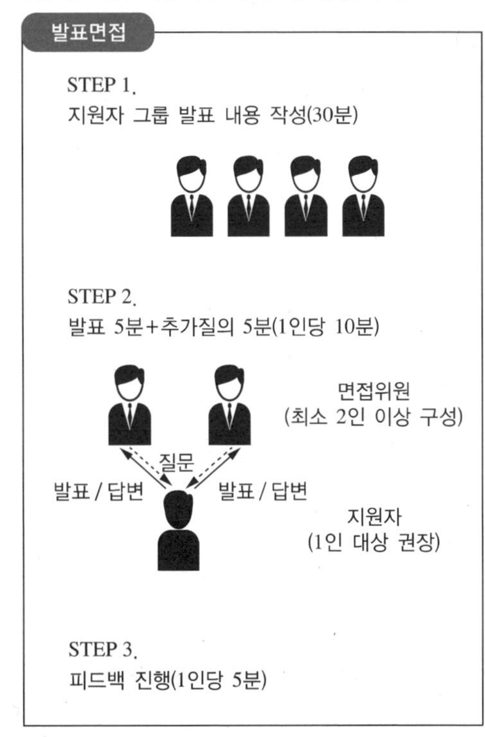


**Tip**

면접 준비하기

1. 면접 유형 확인 필수
   - 기업마다 면접 유형이 상이하기 때문에 해당 기업의 면접 유형을 확인하는 것이 좋음
   - 일반적으로 실무진 면접, 임원면접 2차례에 거쳐 면접을 실시하는 기업이 많고 실무진 면접과 임원 면접에서 평가요소가 다르기 때문에 유형에 맞는 준비방법이 필요
2. 후속 질문에 대한 사전 점검
   - 블라인드 채용 면접에서는 주요 질문과 함께 후속 질문을 통해 지원자의 직무능력을 판단 → STAR 기법을 통한 후속 질문에 미리 대비하는 것이 필요

CHAPTER

# 05 인천국제공항공사 면접 기출질문

## 01 1차 면접

### 1. 개별면접

#### (1) 상황 면접

상황 면접은 역할극 상황에 따른 영어 면접으로 구성되었고, 실제 배우를 섭외하는 등의 세심한 진행이 이루어졌다. 지원자는 배우의 민원 요청 상황에서 적절한 대응능력을 보여야 한다.

#### (2) PT 면접

PT 주제에 관한 자료는 발표 전에 주어지며 준비시간 동안 발표할 내용을 전지에 정리한다. 준비한 내용을 토대로 면접관 앞에서 발표하며, 발표가 끝난 후 이에 대한 면접관의 질문이 이어진다.

- 사회적 약자를 위해서 공항이 해야 할 일은 무엇인지 말해 보시오.
- 공항서비스 향상을 위한 방안을 말해 보시오.
- 악성 민원에 대해 어떻게 대처할 것인지 발표해 보시오.
- 공항에서 응급상황이 발생했을 때 대처 방안에 대해 말해 보시오.
- Wi-Fi 품질 저하에 대한 해결책과 원인을 말해 보시오.
- 공항에 적용할 만한 4차 산업혁명 기술을 말해 보시오.
- 인천공항의 스마트화를 위한 방안에 대해 발표해 보시오.
- 인천국제공항의 개선점을 말해 보시오.
- 공항의 수요정책을 확대하기 위해 메디컬 및 전통문화 체험관 등을 개발하여 환승고객의 유치를 증대시키는 방안을 제시해 보시오.
- 통신시설의 관리자로서 당황스러운 상황이 발생할 때 어떻게 대처할 것인가?
- 인천국제공항에 있는 기계설비에 대해 아는 대로 말해 보시오.
- BHS의 특징과 기능에 대해 말해 보시오.
- 귀하가 건설 및 설계 담당자가 되었다. BHS의 개선해야할 점과 이에 대한 프로젝트를 어떻게 진행할지 말해 보시오.
- 설계를 맡긴 곳에서 기대 이하의 설계를 해오면 어떻게 할 것인가?
- 여름철 공사 중 홍수 피해가 발생할 때 복구 대책에 대해 말해 보시오.
- 굴착공사 시 보강막이 붕괴할 때 복구 대책에 대해 말해 보시오.

### (3) 인성 면접

PT 면접이 끝난 후 그 자리에서 바로 이어서 진행된다. 자기소개서를 토대로 가치관과 인성을 평가하는 질문을 받게 된다.

- 자신의 강점을 바탕으로 인천국제공항공사에 기여할 수 있는 부분이 있다면 말해 보시오.
- 본인이 가장 자주 사용하는 언어에 대해 말해 보시오.
- 인천국제공항공사의 사업 중 가장 관심이 가는 사업에 대해 말해 보시오.
- 공부를 제외하고 본인이 열정을 다해서 한 일에 대해 말해 보시오.
- 본인의 약점에 대해 말해 보시오.
- 창의성을 발휘한 경험이 있다면 말해 보시오.
- 동료와 불협화음 시 극복할 수 있는 방법을 말해 보시오.
- 업무 중 상사와 의견이 다를 때 어떻게 설득할 것인지 말해 보시오.
- 자신의 인생관에 대해 말해 보시오.
- 동료와 협업한 경험과 협업 과정에서 어떠한 역할을 맡았는지 말해 보시오.
- 공기업 직원으로서 갖춰야 할 가장 중요한 덕목은 무엇이라고 생각하는가?
- 비정규직 문제에 대해 어떻게 생각하는가?
- 인천국제공항공사의 비전 두 가지는 무엇인가?
- 본인의 장점과 단점은 무엇인가?
- 인생에서 힘들었던 경험을 말해 보시오.
- 인천국제공항공사의 인재상 중 자신에게 맞는 인재상은 무엇인가?
- 인천국제공항의 고객서비스를 상승시킬 방안은 무엇인가?
- 인천국제공항의 조직 중 민간소방대의 역할은 무엇인가?
- 네트워크조직에 대해서 말해 보시오.
- 인천국제공항 수요의 분산정책은 무엇인가?
- 인천국제공항의 홍보대사에 대해서 알고 있는가?
- 본인은 10년 뒤 전문가와 관리자 중 어떤 것이 되고 싶은가?
- 업무를 수행함에 있어 본인의 가장 부족한 점과 그것을 보완하기 위한 계획은 무엇인가?
- 다른 지원자보다 나이가 있는데 졸업 후 무엇을 했는가?
- 공항의 운영에서 효율성, 안전성, 편의성 중 가장 중요한 것은 무엇이라고 생각하는가?
- 왜 이직을 하려고 하는가?
- 졸업을 하고 어떤 활동을 했는가?
- 아버지에게 어떤 점을 배웠는가? 또한 배우고 싶지 않은 점은 무엇인가?
- 갈등관계를 극복했던 사례에 대해 말해 보시오.
- 지금까지 살아오면서 인간관계에서 실패했던 혹은 성공한 경험을 말해 보시오.
- 어려웠던 일을 극복한 사례를 말해 보시오.
- 동료의 잘못된 행동을 봤을 때 어떻게 대처하겠는가?
- 만약 입사 후 인천국제공항공사가 자신의 기대와 다르다면 어떻게 할 것인가?
- 입사하면 어떤 일을 잘할 수 있는가?
- 업무 중에 본인이 생각하지 못했던, 전공과 무관한 일을 맡게 되면 어떻게 대처하겠는가?
- 인생을 한 단어로 표현하고 설명해 보시오.
- 해당 직무를 지원한 이유는 무엇인가?

### (4) 영어 면접

- 오늘 면접이 어땠는지 영어로 말해 보시오.
- 현재 면접 방을 영어로 묘사해 보시오.
- 오늘의 날씨를 영어로 표현해 보시오.
- 여행하고 싶은 나라에 대해 말해 보시오.
- 1분 자기소개를 해 보시오.
- 취미가 무엇인가?
- 입사 포부를 말해 보시오.
- 직무에 대한 동기를 말해 보시오.
- 외국의 어느 한 공항에서 인체국제공항의 ASQ 7연패에 대한 벤치마킹을 하기 위해 공항을 방문하려고 이메일을 보냈다. 자신이 인체국제공항공사의 홍보팀 매니저라 생각하고 아래의 내용이 포함되도록 답변 메일을 작성해 보시오.
  - ASQ 7연패 수상 축하에 대한 감사의 표현
  - 공항 방문을 허락하는 내용
  - 일정변경(2023. 2. 1. → 2023. 2. 30.)
  - 방문단 인원 및 세부 정보
  - 다른 부서와 협력이 필요하다는 내용
- 작성한 답변 메일을 요약해서 말해 보시오.
- 기상악화로 인한 항공기 결항으로 고객의 불만사항이 접수되었을 때, 다음과 같은 내용을 포함해서 고객에게 보낼 답변 메일을 작성해 보시오.
  - 연락처
  - 기상악화에 대한 상황
  - 자신의 신분(CS팀 매니저)
  - 홈페이지에 게재된 기상악화 상황에 대한 안내문
  - 해당 문의사항은 항공사의 소관
- 인천국제공항공사와 항공사의 관계에 대해 말해 보시오.
- 해외경험을 말해 보시오.
- 존경하는 인물은 누구인가?
- 학교생활에 대해 설명해 보시오.
- 본인의 장·단점은 무엇인가?
- 본인의 영어 실력은 어떠한지 말해 보시오.

## 2. 토론(토의) 면접

토의장에 들어가기 전 개인별로 주제에 대해 의견을 적고 제출한 뒤, 토의장에서 해결이 가장 시급한 것을 골라 해결방안을 도출해야 한다. 상황토의면접이 끝나고 개인별 질문을 받는다. 일반적으로 진행되는 토론 면접의 주제는 최근 사회적 이슈와 더불어 인천국제공항공사와 관련된 시사 주제가 출제되므로 평소 상식분야에 꾸준한 관심을 가질 필요가 있다.

- 고객 수요를 어떻게 하면 분산시키고 서비스를 향상시킬 수 있는가?
- 인천국제공항의 서비스 향상 혹은 개발과 사회적 공헌을 같이 할 수 있는 아이디어가 있는가?
- 인천국제공항의 매각에 대한 찬·반을 결정하고 찬성한다면 적절한 시기와 방법에 대해 말해 보시오.
- 세계적인 경기침체 속에서 인천국제공항공사가 겪게 될 위기상황은 무엇이며, 이를 극복할 수 있는 방안에 대해 토론해 보시오.
- SNS 사용이 늘어남에 따른 효과와 홍보방법 및 본인이 회사에 접목해서 사용할 수 있는 방법에 대해 토론해 보시오.
- 알몸투시기에 대해 토론해 보시오.
- 대형마트, 기업형 슈퍼마켓(SSM) 영업규제의 장·단점에 대해 토론해 보시오.
- 흡연자의 인사 불이익은 당연한 것인지에 대해 토론해 보시오.
- 안락사(존엄사)를 법으로 허용해야 하는지에 대해 토론해 보시오.

## 02 2차 면접

임원진면접으로 자기소개와 개인별로 간단한 질문을 통해 지원자의 자세와 태도를 종합적으로 검증한다.

- 성공하거나 실패한 경험에 대해 말해 보시오.
- 입사하기 위해 어떠한 준비를 해왔는지 말해 보시오.
- 입사 후 일하고 싶은 부서와 하고 싶은 업무에 대해 말해 보시오.
- 이직 사유를 말해 보시오.
- 가장 힘들었거나 어려웠던 경험을 말해 보시오.
- 평소에 스트레스가 쌓이면 어떻게 해소하는지 말해 보시오.
- 인천국제공항공사 사업에서 본인의 전공분야를 어떻게 살릴 수 있는가?
- 어떤 면접전형이 가장 어려웠는가?
- 면접을 위해 무엇을 준비했는가?
- 돈에 대한 귀하의 생각을 말해 보시오.
- 지금 머릿속에 떠오르는 것을 자유롭게 말해 보시오.
- 인천국제공항공사의 세계적인 입지에 대하여 말해 보시오.
- 인천국제공항에 있는 기계시설에 대해 말해 보시오.
- 인천국제공항이 개선해야 할 점을 말해 보시오.
- 인천국제공항공사 근무자로서 어떤 자세로 임해야 하는지 말해 보시오.
- 전공자로서 본인이 가진 역량은 얼마나 되는가?
- 본인의 군 생활에 대한 특별한 경험을 말해 보시오.
- 공백 기간 동안 무엇을 준비했는가?
- 입사 후 이루고 싶은 꿈이 있는가? 있다면 어떤 것인지 구체적으로 말해 보시오.
- 가장 성취감을 느꼈던 일을 말해 보시오.
- 창의력을 발휘한 경험을 말해 보시오.
- 본인이 CEO라면 회사를 어떻게 이끌겠는가?

현재 나의 실력을 객관적으로 파악해 보자!

# 모바일 OMR 답안채점 / 성적분석 서비스

도서에 수록된 모의고사에 대한 객관적인 결과(정답률, 순위)를 종합적으로 분석하여 제공합니다.

## OMR 입력

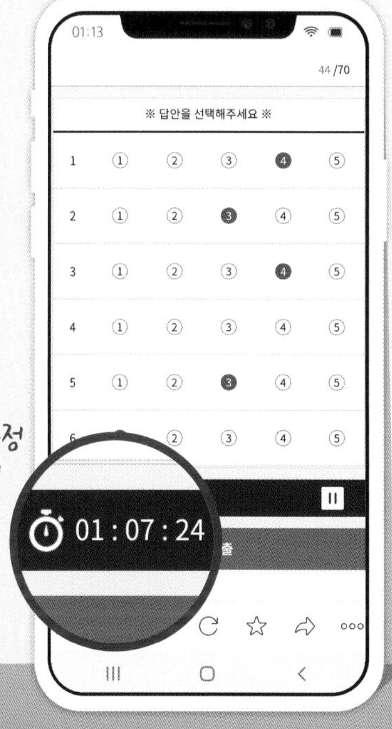

## 성적분석

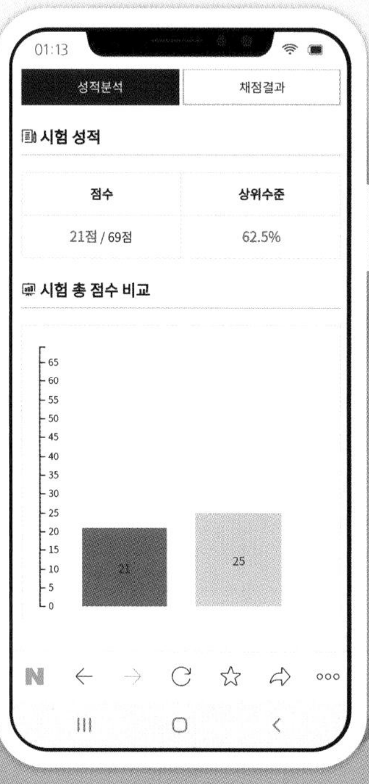

## 채점결과

※OMR 답안채점 / 성적분석 서비스는 등록 후 30일간 사용 가능합니다.

**참여 방법**

도서 내 모의고사 우측 상단에 위치한 QR코드 찍기

로그인 하기

'시작하기' 클릭

'응시하기' 클릭

나의 답안을 모바일 OMR 카드에 입력

'성적분석 & 채점결과' 클릭

현재 내 실력 확인하기

2024 최신판 All-New 100% 전면개정

# 인천국제공항공사

## 정답 및 해설

판매량 1위
인천국제공항공사
YES24
2023년

인국공
최종모의고사와
100%
다른 문제

합격의 별을 따자

2023년 공기업 기출복원문제

NCS 출제유형 + 전공

모의고사 4회

SDC

SDC는 SD에듀 데이터 센터의 약자로
약 30만 개의 NCS · 적성 문제 데이터를
바탕으로 최신출제경향을 반영하여
문제를 출제합니다.

# Add+

# 특별부록

CHAPTER

# 01 2023년 주요 공기업 NCS 기출복원문제

| 01 | 02 | 03 | 04 | 05 | 06 | 07 | 08 | 09 | 10 | 11 | 12 | 13 | 14 | 15 | 16 | 17 | 18 | 19 | 20 |
|---|---|---|---|---|---|---|---|---|---|---|---|---|---|---|---|---|---|---|---|
| ⑤ | ⑤ | ④ | ④ | ② | ⑤ | ④ | ① | ② | ④ | ④ | ① | ④ | ③ | ③ | ③ | ② | ② | ① | ④ |
| 21 | 22 | 23 | 24 | 25 | 26 | 27 | 28 | 29 | 30 | 31 | 32 | 33 | 34 | 35 | 36 | 37 | 38 | 39 | 40 |
| ① | ③ | ② | ③ | ④ | ① | ④ | ⑤ | ② | ④ | ④ | ① | ⑤ | ④ | ② | ④ | ⑤ | ③ | ① | ③ |
| 41 | 42 | 43 | 44 | 45 | 46 | 47 | 48 | 49 | 50 | | | | | | | | | | |
| ③ | ③ | ② | ③ | ② | ④ | ② | ⑤ | ④ | ④ | | | | | | | | | | |

## 01

정답 ⑤

제시문의 세 번째 문단에 따르면 스마트 글라스 내부 센서를 통해 충격과 기울기를 감지할 수 있어, 작업자에게 위험한 상황이 발생할 경우 통보 시스템을 통해 바로 파악할 수 있게 되었음을 알 수 있다.

오답분석

① 첫 번째 문단에 따르면 스마트 글라스를 통한 작업자의 음성인식만으로 철도시설물 점검이 가능해졌음을 알 수 있지만, 다섯 번째 문단에 따르면 아직 유지 보수 작업은 가능하지 않음을 알 수 있다.
② 첫 번째 문단에 따르면 스마트 글라스의 도입 이후에도 사람의 작업이 필요함을 알 수 있다.
③ 세 번째 문단에 따르면 스마트 글라스의 도입으로 추락 사고나 그 밖의 위험한 상황을 미리 예측할 수 있어 이를 방지할 수 있게 되었음을 알 수 있지만, 실제로 안전사고 발생 횟수가 감소하였는지는 알 수 없다.
④ 두 번째 문단에 따르면 여러 단계를 거치던 기존 작업 방식에서 스마트 글라스의 도입으로 작업을 한 번에 처리할 수 있게 된 것을 통해 작업 시간이 단축되었음을 알 수 있지만, 필요한 작업 인력의 감소 여부는 알 수 없다.

## 02

정답 ⑤

네 번째 문단에 따르면 인공지능 등의 스마트 기술 도입으로 까치집 검출 정확도는 95%까지 상승하였으므로 까치집 제거율 또한 상승할 것임을 예측할 수 있으나, 근본적인 문제인 까치집 생성의 감소를 기대할 수는 없다.

오답분석

① 세 번째 문단과 네 번째 문단에 따르면 정확도가 65%에 불과했던 인공지능의 까치집 식별 능력이 딥러닝 방식의 도입으로 95%까지 상승했음을 알 수 있다.
② 세 번째 문단에서 시속 150km로 빠르게 달리는 열차에서의 까치집 식별 정확도는 65%에 불과하다는 내용으로 보아, 빠른 속도에서는 인공지능의 사물 식별 정확도가 낮음을 알 수 있다.
③ 네 번째 문단에 따르면 작업자의 접근이 어려운 곳에는 드론을 띄워 까치집을 발견 및 제거하는 기술도 시범 운영하고 있다고 하였다.
④ 세 번째 문단에 따르면 실시간 까치집 자동 검출 시스템 개발로 실시간으로 위험 요인의 위치와 이미지를 작업자에게 전달할 수 있게 되었다.

## 03

정답 ④

제시문의 두 번째 문단에 따르면 CCTV는 열차 종류에 따라 운전실에서 실시간으로 상황을 파악할 수 있는 네트워크 방식과 각 객실에서의 영상을 저장하는 개별 독립 방식으로 설치된다고 하였다. 따라서 개별 독립 방식으로 설치된 일부 열차에서는 각 객실의 상황을 실시간으로 파악하지 못할 수 있다.

오답분석

① 첫 번째 문단에 따르면 2023년까지 현재 운행하고 있는 열차의 모든 객실에 CCTV를 설치하겠다는 내용으로 보아, 현재 모든 열차의 모든 객실에 CCTV가 설치되지 않았음을 유추할 수 있다.
② 첫 번째 문단에 따르면 2023년까지 모든 열차 승무원에게 바디 캠을 지급하겠다고 하였다. 이에 따라 승객이 승무원을 폭행하는 등의 범죄 발생 시 해당 상황을 녹화한 바디 캠 영상이 있어 수사의 증거자료로 사용할 수 있게 되었다.
③ 두 번째 문단에 따르면 CCTV는 사각지대 없이 설치되며 일부는 휴대 물품 보관대 주변에도 설치된다고 하였다. 따라서 인적 피해와 물적 피해 모두 예방할 수 있게 되었다.
⑤ 세 번째 문단에 따르면 CCTV 품평회와 시험을 통해 제품의 형태와 색상, 재질, 진동과 충격 등에 대한 적합성을 고려한다고 하였다.

## 04

정답 ④

작년 K대학교 재학생 수는 6,800명이고 남학생과 여학생의 비가 8 : 9이므로, 남학생은 $6{,}800\times\frac{8}{8+9}=3{,}200$명이고, 여학생은 $6{,}800\times\frac{9}{8+9}=3{,}600$명이다. 올해 줄어든 남학생과 여학생의 비가 12 : 13이므로 올해 K대학교에 재학 중인 남학생과 여학생의 비는 $(3{,}200-12k):(3{,}600-13k)=7:8$이다.

$7\times(3{,}600-13k)=8\times(3{,}200-12k)$

$25{,}200-91k=25{,}600-96k$

$5k=400 \rightarrow k=80$

따라서 올해 K대학교에 재학 중인 남학생은 $3{,}200-12\times80=2{,}240$명이고, 여학생은 $3{,}600-13\times80=2{,}560$명이므로 올해 K대학교의 전체 재학생 수는 $2{,}240+2{,}560=4{,}800$명이다.

## 05

정답 ②

마일리지 적립 규정에 회원 등급과 관련된 내용은 없으며, 마일리지 적립은 지불한 운임의 액수, 더블적립 열차 탑승 여부, 선불형 교통카드 Rail+ 사용 여부에 따라서만 결정된다.

오답분석

① KTX 마일리지는 KTX 열차 이용 시에만 적립된다.
③ 비즈니스 등급은 기업회원 여부와 관계없이 최근 1년간의 활동내역을 기준으로 부여된다.
④ 반기 동안 추석 및 설 명절 특별수송기간 탑승 건을 제외하고 4만 점을 적립하면 VIP 등급을 부여받는다.
⑤ VVIP 등급과 VIP 등급 고객은 한정된 횟수 내에서 무료 업그레이드 쿠폰으로 KTX 특실을 KTX 일반실 가격에 구매할 수 있다.

## 06

정답 ⑤

K공사를 통한 예약 접수는 온라인 쇼핑몰 홈페이지를 통해서만 가능하며, 오프라인(방문) 접수는 우리・농협은행의 창구를 통해서만 이루어진다.

오답분석

① 구매자를 대한민국 국적자로 제한한다는 내용은 없다.
② 단품으로 구매 시 1인당 화종별 최대 3장으로 총 9장, 세트로 구매할 때도 1인당 최대 3세트로 총 9장까지 신청이 가능하며, 세트와 단품은 중복신청이 가능하므로 1인당 구매 가능한 최대 개수는 18장이다.
③ 우리・농협은행의 계좌가 없다면, K공사 온라인 쇼핑몰을 이용하거나 우리・농협은행에 직접 방문하여 구입할 수 있다.
④ 총발행량은 예약 주문 이전부터 화종별 10,000장으로 미리 정해져 있다.

## 07

정답 ④

우리·농협은행 계좌 미보유자인 외국인 A씨가 예약 신청을 할 수 있는 방법은 두 가지이다. 하나는 신분증인 외국인등록증을 지참하고 우리·농협은행의 지점을 방문하여 신청하는 것이고, 다른 하나는 K공사 온라인 쇼핑몰에서 가상계좌 방식으로 신청하는 것이다.

오답분석

① A씨는 외국인이므로 창구 접수 시 지참해야 하는 신분증은 외국인등록증이다.
② K공사 온라인 쇼핑몰에서는 가상계좌 방식을 통해서만 예약 신청이 가능하다.
③ 홈페이지를 통한 신청이 가능한 은행은 우리은행과 농협은행뿐이다.
⑤ 우리·농협은행의 홈페이지를 통해 예약 접수를 하려면 해당 은행에 미리 계좌가 개설되어 있어야 한다.

## 08

정답 ①

3종 세트는 186,000원, 단품은 각각 63,000원이므로 5명의 구매 금액을 계산하면 다음과 같다.

- A : (186,000×2)+63,000=435,000원
- B : 63,000×8=504,000원
- C : (186,000×2)+(63,000×2)=498,000원
- D : 186,000×3=558,000원
- E : 186,000+(63,000×4)=438,000원

따라서 가장 많은 금액을 지불한 사람은 D이며, 구매 금액은 558,000원이다.

## 09

정답 ②

허리디스크는 디스크의 수핵이 탈출하여 생긴 질환이므로 허리를 굽히거나 앉아 있을 때 디스크에 가해지는 압력이 높아져 통증이 더 심해진다. 반면 척추관협착증의 경우 서 있을 때 척추관이 더욱 좁아지게 되어 통증이 더욱 심해진다.

오답분석

① 허리디스크는 디스크의 탄력 손실이나 갑작스런 충격으로 인해 균열이 생겨 발생하고, 척추관협착증은 오랜 기간 동안 황색인대가 두꺼워져 척추관에 변형이 일어나 발생하므로 허리디스크가 더 급작스럽게 증상이 나타난다.
③ 허리디스크는 자연치유가 가능하지만, 척추관협착증은 불가능하다. 따라서 허리디스크는 주로 통증을 줄이고 안정을 취하는 보존치료를 하지만, 척추관협착증은 변형된 부분을 제거하는 외과적 수술을 한다.
④ 허리디스크와 척추관협착증 모두 척추 중앙의 신경 다발(척수)이 압박받을 수 있으며, 심할 경우 하반신 마비 증세를 보일 수 있으므로 빠른 치료를 받는 것이 중요하다.

## 10

정답 ④

고령인 사람이 서 있을 때 통증이 나타난다면 퇴행성 척추질환인 척추관협착증(요추관협착증)일 가능성이 높다. 반면 허리디스크(추간판탈출증)는 젊은 나이에도 디스크에 급격한 충격이 가해지면 발생할 수 있고, 앉아 있을 때 통증이 심해진다. 따라서 ㉠에는 척추관협착증, ㉡에는 허리디스크가 들어가야 한다.

## 11

정답 ④

제시문은 장애인 건강주치의 시범사업을 소개하며 3단계 시범사업에서 기존과 달라지는 것을 위주로 설명하고 있다. 따라서 가장 처음에 와야 할 문단은 3단계 장애인 건강주치의 시범사업을 소개하는 (마) 문단이다. 이어서 장애인 건강주치의 시범사업 세부 서비스를 소개하는 문단이 와야 하는데, 서비스 종류를 소개하는 문장이 있는 (다) 문단이 이어지는 것이 가장 적절하다. 이어서 2번째 서비스인 주장애관리를 소개하는 (가) 문단이 와야 하며, 그 다음으로 3번째 서비스인 통합관리 서비스와 추가적으로 방문 서비스를 소개하는 (라) 문단이 오는 것이 적절하다. 마지막으로 장애인 건강주치의 시범사업에 신청하는 방법을 소개하며 글을 끝내는 것이 적절하므로 (나) 문단이 이어져야 한다. 따라서 글의 순서를 바르게 나열하면 (마)–(다)–(가)–(라)–(나)이다.

## 12

정답 ①

- 2019년 직장가입자 및 지역가입자 건강보험금 징수율
  - 직장가입자 : $\frac{6,698,187}{6,706,712} \times 100 ≒ 99.87\%$
  - 지역가입자 : $\frac{886,396}{923,663} \times 100 ≒ 95.97\%$
- 2020년 직장가입자 및 지역가입자 건강보험금 징수율
  - 직장가입자 : $\frac{4,898,775}{5,087,163} \times 100 ≒ 96.3\%$
  - 지역가입자 : $\frac{973,681}{1,003,637} \times 100 ≒ 97.02\%$
- 2021년 직장가입자 및 지역가입자 건강보험금 징수율
  - 직장가입자 : $\frac{7,536,187}{7,763,135} \times 100 ≒ 97.08\%$
  - 지역가입자 : $\frac{1,138,763}{1,256,137} \times 100 ≒ 90.66\%$
- 2022년 직장가입자 및 지역가입자 건강보험금 징수율
  - 직장가입자 : $\frac{8,368,972}{8,376,138} \times 100 ≒ 99.91\%$
  - 지역가입자 : $\frac{1,058,943}{1,178,572} \times 100 ≒ 89.85\%$

따라서 직장가입자 건강보험금 징수율이 가장 높은 해는 2022년이고, 지역가입자 건강보험금 징수율이 가장 높은 해는 2020년이다.

## 13

정답 ④

이뇨제의 1인 투여량은 60mL/일이고 진통제의 1인 투여량은 60mg/일이므로 이뇨제를 투여한 환자 수와 진통제를 투여한 환자 수의 비는 이뇨제 사용량과 진통제 사용량의 비와 같다.

- 2018년 : $3,000 \times 2 < 6,720$
- 2019년 : $3,480 \times 2 = 6,960$
- 2020년 : $3,360 \times 2 < 6,840$
- 2021년 : $4,200 \times 2 > 7,200$
- 2022년 : $3,720 \times 2 > 7,080$

따라서 2018년과 2020년에 진통제를 투여한 환자 수는 이뇨제를 투여한 환자 수의 2배보다 많다.

**오답분석**

① 2022년에 전년 대비 사용량이 감소한 의약품은 이뇨제와 진통제로 이뇨제의 사용량 감소율은 $\frac{3,720-4,200}{4,200} \times 100 ≒ -11.43\%$이고, 진통제의 사용량 감소율은 $\frac{7,080-7,200}{7,200} \times 100 ≒ -1.67\%$이다. 따라서 전년 대비 2022년 사용량 감소율이 가장 큰 의약품은 이뇨제이다.

② 5년 동안 지사제 사용량의 평균은 $\frac{30+42+48+40+44}{5} = 40.8$정이고, 지사제의 1인 1일 투여량은 2정이다. 따라서 지사제를 투여한 환자 수의 평균은 $\frac{40.8}{2} = 20.4$이므로 약 20명이다.

③ 이뇨제 사용량은 매년 '증가 – 감소 – 증가 – 감소'를 반복하였다.

## 14

정답 ③

분기별 사회복지사 인력의 합은 다음과 같다.

- 2022년 3분기 : 391+670+1,887=2,948명
- 2022년 4분기 : 385+695+1,902=2,982명
- 2023년 1분기 : 370+700+1,864=2,934명
- 2023년 2분기 : 375+720+1,862=2,957명

분기별 전체 보건인력 중 사회복지사 인력의 비율은 다음과 같다.

- 2022년 3분기 : $\frac{2,948}{80,828} \times 100 \fallingdotseq 3.65\%$
- 2022년 4분기 : $\frac{2,982}{82,582} \times 100 \fallingdotseq 3.61\%$
- 2023년 1분기 : $\frac{2,934}{86,236} \times 100 \fallingdotseq 3.40\%$
- 2023년 2분기 : $\frac{2,957}{86,707} \times 100 \fallingdotseq 3.41\%$

따라서 옳지 않은 것은 ③이다.

## 15

정답 ③

건강생활실천지원금제 신청자 목록에 따라 신청자별로 확인하면 다음과 같다.

- A : 주민등록상 주소지는 시범지역에 속하지 않는다.
- B : 주민등록상 주소지는 관리형에 속하지만, 고혈압 또는 당뇨병 진단을 받지 않았다.
- C : 주민등록상 주소지는 예방형에 속하고, 체질량지수와 혈압이 건강관리가 필요한 사람이므로 예방형이다.
- D : 주민등록상 주소지는 관리형에 속하고, 고혈압 진단을 받았으므로 관리형이다.
- E : 주민등록상 주소지는 예방형에 속하고, 체질량지수와 공복혈당 건강관리가 필요한 사람이므로 예방형이다.
- F : 주민등록상 주소지는 시범지역에 속하지 않는다.
- G : 주민등록상 주소지는 관리형에 속하고, 당뇨병 진단을 받았으므로 관리형이다.
- H : 주민등록상 주소지는 시범지역에 속하지 않는다.
- I : 주민등록상 주소지는 예방형에 속하지만, 필수조건인 체질량지수가 정상이므로 건강관리가 필요한 사람에 해당하지 않는다.

따라서 예방형 신청이 가능한 사람은 C, E이고, 관리형 신청이 가능한 사람은 D, G이다.

## 16

정답 ③

출산장려금 지급 시기의 가장 우선순위인 임신일이 가장 긴 임산부는 B, D, E임산부이다. 이 중에서 만 19세 미만인 자녀 수가 많은 임산부는 D, E임산부이고, 소득 수준이 더 낮은 임산부는 D임산부이다. 따라서 D임산부가 가장 먼저 출산장려금을 받을 수 있다.

## 17

정답 ②

제시문은 행위별수가제에 대해 환자, 의사, 건강보험 재정 등 많은 곳에서 한계점이 있다고 설명하면서 건강보험 고갈을 막기 위해 다양한 지불방식을 도입하는 등 구조적인 개편이 필요함을 설명하고 있다. 따라서 글의 주제로 '행위별수가제의 한계점'이 가장 적절하다.

## 18

정답 ②

- 구상(求償) : 무역 거래에서 수량·품질·포장 따위에 계약 위반 사항이 있는 경우, 매주(賣主)에게 손해 배상을 청구하거나 이의를 제기하는 일
- 구제(救濟) : 자연적인 재해나 사회적인 피해를 당하여 어려운 처지에 있는 사람을 도와줌

## 19

정답 ①

- (운동에너지)$=\frac{1}{2}\times$(질량)$\times$(속력)$^2=\frac{1}{2}\times 2\times 4^2=16$J
- (위치에너지)=(질량)$\times$(중력가속도)$\times$(높이)$=2\times 10\times 0.5=10$J
- (역학적 에너지)=(운동에너지)+(위치에너지)$=16+10=26$J

공의 역학적 에너지는 26J이고, 튀어 오를 때 가장 높은 지점에서 운동에너지가 0이므로 역학적 에너지는 위치에너지와 같다. 따라서 공이 튀어 오를 때 가장 높은 지점에서의 위치에너지는 26J이다.

## 20

정답 ④

출장지까지 거리는 $200\times 1.5=300$km이므로 시속 60km의 속력으로 달릴 때 걸리는 시간은 5시간이고, 약속시간보다 1시간 늦게 도착하므로 약속시간은 4시간 남았다. 300km를 시속 60km의 속력으로 달리다 도중에 시속 90km의 속력으로 달릴 때 약속시간보다 30분 일찍 도착했으므로, 이때 걸린 시간은 $4-\frac{1}{2}=\frac{7}{2}$시간이다.

시속 90km의 속력으로 달린 거리를 $x$km라 하면

$\frac{300-x}{60}+\frac{x}{90}=\frac{7}{2}$

$900-3x+2x=630$

$x=270$

따라서 A부장이 시속 90km의 속력으로 달린 거리는 270km이다.

## 21

정답 ①

상품의 원가를 $x$원이라 하면 처음 판매가격은 $1.23x$원이다.

여기서 1,300원을 할인하여 판매했을 때 얻은 이익은 원가의 10%이므로

$(1.23x-1,300)-x=0.1x$

$0.13x=1,300$

$x=10,000$

따라서 상품의 원가는 10,000원이다.

## 22

정답 ③

G와 B의 자리를 먼저 고정하고, 양 끝에 앉을 수 없는 A의 위치를 토대로 경우의 수를 계산하면 다음과 같다.

- G가 가운데에 앉고, B가 G의 바로 왼쪽에 앉는 경우의 수

| | A | B | G | | | |
|---|---|---|---|---|---|---|
| | | B | G | A | | |
| | | B | G | | A | |

$3\times 4!=72$가지

- G가 가운데에 앉고, B가 G의 바로 오른쪽에 앉는 경우의 수

| | A | | G | B | | |
|---|---|---|---|---|---|---|
| | | A | G | B | | |
| | | | G | B | A | |

$3\times 4!=72$가지

따라서 조건과 같이 앉을 때 가능한 경우의 수는 $72+72=144$가지이다.

## 23

정답 ②

유치원생이 11명일 때 평균 키는 113cm이므로 유치원생 11명의 키의 합은 113×11=1,243cm이다. 키가 107cm인 유치원생이 나갔으므로 남은 유치원생 10명의 키의 합은 1,243−107=1,136cm이다. 따라서 남은 유치원생 10명의 키의 평균은 $\frac{1,136}{10}=$ 113.6cm이다.

## 24

정답 ③

'우회수송'은 사고 등의 이유로 직통이 아닌 다른 경로로 우회하여 수송한다는 뜻이기 때문에 '우측 선로로의 변경'은 순화로 적절하지 않다.

오답분석

① '열차 시격'에서 '시격'이란 '사이에 뜬 시간'이라는 뜻의 한자어로, 열차와 열차 사이의 간격, 즉 '배차 간격'으로 순화할 수 있다.
② '전차선'이란 선로를 의미하고, '단전'은 전기의 공급이 중단됨을 말한다. 따라서 바르게 순화되었다.
④ '핸드레일(Handrail)'은 난간을 뜻하는 영어 단어로, 우리말로는 '안전손잡이'로 순화할 수 있다.
⑤ '키스 앤 라이드(Kiss and Ride)'는 헤어질 때 키스를 하는 영미권 문화에서 비롯된 용어로, '환승정차구역'을 지칭한다.

## 25

정답 ④

세 번째 문단을 통해 정부가 철도 중심 교통체계 구축을 위해 노력하고 있음을 알 수는 있으나, 구체적으로 시행된 조치는 언급되지 않았다.

오답분석

① 첫 번째 문단을 통해 전 세계적으로 탄소중립이 주목받자 이에 대한 방안으로 등장한 것이 철도 수송임을 알 수 있다.
② 첫 번째 문단과 두 번째 문단을 통해 철도 수송의 확대가 온실가스 배출량의 획기적인 감축을 가져올 것임을 알 수 있다.
③ 네 번째 문단을 통해 '중앙선 안동～영천 간 궤도' 설계 시 탄소 감축 방안으로 저탄소 자재인 유리섬유 보강근이 철근 대신 사용되었음을 알 수 있다.
⑤ 네 번째 문단을 통해 S철도공단은 철도 중심 교통체계 구축을 위해 건설 단계에서부터 친환경·저탄소 자재를 적용하였고, 탄소 감축을 위해 2025년부터는 모든 철도건축물을 일정한 등급 이상으로 설계하기로 결정하였음을 알 수 있다.

## 26

정답 ①

제시문을 살펴보면 먼저 첫 번째 문단에서는 이산화탄소로 메탄올을 만드는 곳이 있다며 관심을 유도하고, 두 번째 문단에서 메탄올을 어떻게 만들고 어디에서 사용하는지 구체적으로 설명함으로써 탄소 재활용의 긍정적인 측면을 부각하고 있다. 하지만 세 번째 문단에서는 앞선 내용과 달리 이렇게 만들어진 메탄올의 부정적인 측면을 설명하고, 네 번째 문단에서는 이와 같은 이유로 탄소 재활용에 대한 결론이 나지 않았다며 글이 마무리되고 있다. 따라서 글의 주제로 가장 적절한 것은 탄소 재활용의 이면을 모두 포함하는 내용인 ①이다.

오답분석

② 두 번째 문단에 한정된 내용이므로 제시문 전체를 다루는 주제로 보기에는 적절하지 않다.
③ 지열발전소의 부산물을 통해 메탄올이 만들어진 것은 맞지만, 새롭게 탄생된 연료로 보기는 어려우며, 글의 전체를 다루는 주제로 보기에도 적절하지 않다.
④·⑤ 제시문의 첫 번째 문단과 두 번째 문단에서는 버려진 이산화탄소 및 부산물의 재활용을 통해 '메탄올'을 제조함으로써 미래 원료를 해결할 수 있을 것처럼 보이지만, 이어지는 세 번째 문단과 네 번째 문단에서는 이렇게 만들어진 '메탄올'이 과연 미래 원료로 적합한지 의문점이 제시되고 있다. 따라서 글의 주제로 보기에는 적절하지 않다.

## 27

정답 ④

A～C철도사의 차량 1량당 연간 승차인원 수는 다음과 같다.

• 2020년

– A철도사 : $\frac{775,386}{2,751} \fallingdotseq 281.86$천 명/년/1량

– B철도사 : $\frac{26,350}{103} \fallingdotseq 255.83$천 명/년/1량

– C철도사 : $\frac{35,650}{185} \fallingdotseq 192.7$천 명/년/1량

• 2021년

– A철도사 : $\frac{768,776}{2,731} \fallingdotseq 281.5$천 명/년/1량

– B철도사 : $\frac{24,746}{111} \fallingdotseq 222.94$천 명/년/1량

– C철도사 : $\frac{33,130}{185} \fallingdotseq 179.08$천 명/년/1량

• 2022년

– A철도사 : $\frac{755,376}{2,710} \fallingdotseq 278.74$천 명/년/1량

– B철도사 : $\frac{23,686}{113} \fallingdotseq 209.61$천 명/년/1량

– C철도사 : $\frac{34,179}{185} \fallingdotseq 184.75$천 명/년/1량

따라서 3년간 차량 1량당 연간 평균 승차인원 수는 C철도사가 가장 적다.

오답분석

① 2020～2022년의 C철도사 차량 수는 185량으로 변동이 없다.

② 2020～2022년의 연간 승차인원 비율은 모두 A철도사가 가장 높다.

③ A～C철도사의 2020년의 전체 연간 승차인원 수는 775,386+26,350+35,650=837,386천 명, 2021년의 전체 연간 승차인원 수는 768,776+24,746+33,130=826,652천 명, 2022년의 전체 연간 승차인원 수는 755,376+23,686+34,179=813,241천 명으로 매년 감소하였다.

⑤ 2020～2022년의 C철도사 차량 1량당 연간 승차인원 수는 각각 192.7천 명, 179.08천 명, 184.75천 명이므로 모두 200천 명 미만이다.

## 28

정답 ⑤

2018년 대비 2022년에 석유 생산량이 감소한 국가는 C, F이며, 석유 생산량 감소율은 다음과 같다.

• C : $\frac{4,025,936-4,102,396}{4,102,396} \times 100 \fallingdotseq -1.9\%$

• F : $\frac{2,480,221-2,874,632}{2,874,632} \times 100 \fallingdotseq -13.7\%$

따라서 석유 생산량 감소율이 가장 큰 국가는 F이다.

오답분석

① 석유 생산량이 매년 증가한 국가는 A, B, E, H로 총 4개이다.

② 2018년 대비 2022년에 석유 생산량이 증가한 국가의 석유 생산량 증가량은 다음과 같다.

• A : 10,556,259−10,356,185=200,074bbl/day

• B : 8,567,173−8,251,052=316,121bbl/day

• D : 5,442,103−5,321,753=120,350bbl/day

- E : $335,371-258,963=76,408$bbl/day
- G : $1,336,597-1,312,561=24,036$bbl/day
- H : $104,902-100,731=4,171$bbl/day

따라서 석유 생산량 증가량이 가장 많은 국가는 B이다.

③ E국가의 연도별 석유 생산량을 H국가의 연도별 석유 생산량과 비교하면 다음과 같다.

- 2018년 : $\frac{258,963}{100,731} \fallingdotseq 2.6$
- 2019년 : $\frac{273,819}{101,586} \fallingdotseq 2.7$
- 2020년 : $\frac{298,351}{102,856} \fallingdotseq 2.9$
- 2021년 : $\frac{303,875}{103,756} \fallingdotseq 2.9$
- 2022년 : $\frac{335,371}{104,902} \fallingdotseq 3.2$

따라서 2022년 E국가의 석유 생산량은 H국가 석유 생산량의 약 3.2배이므로 옳지 않다.

④ 석유 생산량 상위 2개국은 매년 A, B이며, 매년 석유 생산량의 차이는 다음과 같다.

- 2018년 : $10,356,185-8,251,052=2,105,133$bbl/day
- 2019년 : $10,387,665-8,297,702=2,089,963$bbl/day
- 2020년 : $10,430,235-8,310,856=2,119,379$bbl/day
- 2021년 : $10,487,336-8,356,337=2,130,999$bbl/day
- 2022년 : $10,556,259-8,567,173=1,989,086$bbl/day

따라서 A와 B국가의 석유 생산량의 차이는 '감소 – 증가 – 증가 – 감소'를 보이므로 옳지 않다.

## 29

정답 ②

제시된 법에 따라 공무원인 친구가 받을 수 있는 선물의 최대 금액은 1회에 100만 원이다.

$12x<100 \rightarrow x<\frac{100}{12}=\frac{25}{3} \fallingdotseq 8.33$

따라서 A씨는 수석을 최대 8개 보낼 수 있다.

## 30

정답 ④

거래처로 가기 위해 C와 G를 거쳐야 하므로, C를 먼저 거치는 최소 이동거리와 G를 먼저 거치는 최소 이동거리를 비교해 본다.

- 본사 – C – D – G – 거래처
  $6+3+3+4=16$km
- 본사 – E – G – D – C – F – 거래처
  $4+1+3+3+3+4=18$km

따라서 최소 이동거리는 16km이다.

## 31

정답 ④

- 볼펜을 30자루 구매하면 개당 200원씩 할인되므로 $800\times30=24,000$원이다.
- 수정테이프를 8개 구매하면 $2,500\times8=20,000$원이지만, 10개를 구매하면 개당 1,000원이 할인되어 $1,500\times10=15,000$원이므로 10개를 구매하는 것이 더 저렴하다.
- 연필을 20자루 구매하면 연필 가격의 25%가 할인되므로 $400\times20\times0.75=6,000$원이다.
- 지우개를 5개 구매하면 $300\times5=1,500$원이며 지우개에 대한 할인은 적용되지 않는다.

따라서 총금액은 $24,000+15,000+6,000+1,500=46,500$원이고 3만 원을 초과했으므로 10% 할인이 적용되어 $46,500\times0.9=41,850$원이다. 또한 할인 적용 전 금액이 5만 원 이하이므로 배송료 5,000원이 추가로 부과되어 $41,850+5,000=46,850$원이 된다. 그런데 만약 비품을 3,600원어치 추가로 주문하면 $46,500+3,600=50,100$원이므로 할인 적용 전 금액이 5만 원을 초과하여 배송료가 무료가 되고, 총금액이 3만 원을 초과했으므로 지불할 금액은 10% 할인이 적용된 $50,100\times0.9=45,090$원이 된다. 그러므로 지불 가능한 가장 저렴한 금액은 45,090원이다.

## 32

정답 ①

A～E가 받는 성과급을 구하면 다음과 같다.

| 직원 | 직책 | 매출 순이익 | 기여도 | 성과급 비율 | 성과급 |
|---|---|---|---|---|---|
| A | 팀장 | 4,000만 원 | 25% | 매출 순이익의 5% | 1.2×4,000×0.05=240만 원 |
| B | 팀장 | 2,500만 원 | 12% | 매출 순이익의 2% | 1.2×2,500×0.02=60만 원 |
| C | 팀원 | 1억 2,500만 원 | 3% | 매출 순이익의 1% | 12,500×0.01=125만 원 |
| D | 팀원 | 7,500만 원 | 7% | 매출 순이익의 3% | 7,500×0.03=225만 원 |
| E | 팀원 | 800만 원 | 6% | – | 0원 |

따라서 가장 많은 성과급을 받는 사람은 A이다.

## 33

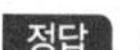

2023년 6월의 학교폭력 신고 누계 건수는 7,530+1,183+557+601=9,871건으로, 10,000건 미만이다.

오답분석

① • 2023년 1월의 학교폭력 상담 건수 : 9,652−9,195=457건
   • 2023년 2월의 학교폭력 상담 건수 : 10,109−9,652=457건
   따라서 2023년 1월과 2023년 2월의 학교폭력 상담 건수는 같다.

② 학교폭력 상담 건수와 신고 건수 모두 2023년 3월에 가장 많다.

③ 전월 대비 학교폭력 상담 건수가 가장 크게 감소한 때는 2023년 5월이지만, 학교폭력 신고 건수가 가장 크게 감소한 때는 2023년 4월이다.

④ 전월 대비 학교폭력 상담 건수가 증가한 월은 2022년 9월과 2023년 3월이고, 이때 학교폭력 신고 건수 또한 전월 대비 증가하였다.

## 34

연도별 전체 발전량 대비 유류·양수 자원 발전량은 다음과 같다.

• 2018년 : $\frac{6,605}{553,256} \times 100 \fallingdotseq 1.2\%$

• 2019년 : $\frac{6,371}{537,300} \times 100 \fallingdotseq 1.2\%$

• 2020년 : $\frac{5,872}{550,826} \times 100 \fallingdotseq 1.1\%$

• 2021년 : $\frac{5,568}{553,900} \times 100 \fallingdotseq 1\%$

• 2022년 : $\frac{5,232}{593,958} \times 100 \fallingdotseq 0.9\%$

따라서 2022년의 유류·양수 자원 발전량은 전체 발전량의 1% 미만이다.

오답분석

① 원자력 자원 발전량과 신재생 자원 발전량은 매년 증가하였다.

② 연도별 석탄 자원 발전량의 전년 대비 감소폭은 다음과 같다.
   • 2019년 : 226,571−247,670=−21,099GWh
   • 2020년 : 221,730−226,571=−4,841GWh
   • 2021년 : 200,165−221,730=−21,565GWh
   • 2022년 : 198,367−200,165=−1,798GWh
   따라서 석탄 자원 발전량의 전년 대비 감소폭이 가장 큰 해는 2021년이다.

③ 연도별 신재생 자원 발전량 대비 가스 자원 발전량은 다음과 같다.

- 2018년 : $\frac{135,072}{36,905} \times 100 \fallingdotseq 366\%$
- 2019년 : $\frac{126,789}{38,774} \times 100 \fallingdotseq 327\%$
- 2020년 : $\frac{138,387}{44,031} \times 100 \fallingdotseq 314\%$
- 2021년 : $\frac{144,976}{47,831} \times 100 \fallingdotseq 303\%$
- 2022년 : $\frac{160,787}{50,356} \times 100 \fallingdotseq 319\%$

따라서 연도별 신재생 자원 발전량 대비 가스 자원 발전량이 가장 큰 해는 2018년이다.

⑤ 전체 발전량이 증가한 해는 2020 ~ 2022년이며, 그 증가폭은 다음과 같다.

- 2020년 : 550,826－537,300＝13,526GWh
- 2021년 : 553,900－550,826＝3,074GWh
- 2022년 : 593,958－553,900＝40,058GWh

따라서 전체 발전량의 전년 대비 증가폭이 가장 큰 해는 2022년이다.

## 35

정답 ②

㉠ 퍼실리테이션(Facilitation)이란 '촉진'을 의미하며, 어떤 그룹이나 집단이 의사결정을 잘하도록 도와주는 일을 가리킨다. 최근 많은 조직에서는 보다 생산적인 결과를 가져올 수 있도록 그룹이 나아갈 방향을 알려 주고, 주제에 대한 공감을 이룰 수 있도록 능숙하게 도와주는 퍼실리테이터를 활용하고 있다. 퍼실리테이션에 의한 문제해결 방법은 깊이 있는 커뮤니케이션을 통해 서로의 문제점을 이해하고 공감함으로써 창조적인 문제해결을 도모한다. 소프트 어프로치나 하드 어프로치 방법은 타협점의 단순 조정에 그치지만, 퍼실리테이션에 의한 방법은 초기에 생각하지 못했던 창조적인 해결 방법을 도출한다. 동시에 구성원의 동기가 강화되고 팀워크도 한층 강화된다는 특징을 보인다. 이 방법을 이용한 문제해결은 구성원이 자율적으로 실행하는 것이며, 제3자가 합의점이나 줄거리를 준비해 놓고 예정대로 결론이 도출되어 가도록 해서는 안 된다.

㉡ 하드 어프로치에 의한 문제해결방법은 상이한 문화적 토양을 가지고 있는 구성원을 가정하여 서로의 생각을 직설적으로 주장하고 논쟁이나 협상을 통해 의견을 조정해 가는 방법이다. 이때 중심적 역할을 하는 것이 논리, 즉 사실과 원칙에 근거한 토론이다. 제3자는 이것을 기반으로 구성원에게 지도와 설득을 하고 전원이 합의하는 일치점을 찾아내려고 한다. 이러한 방법은 합리적이긴 하지만 잘못하면 단순한 이해관계의 조정에 그치고 말아서 그것만으로는 창조적인 아이디어나 높은 만족감을 이끌어 내기 어렵다.

㉢ 소프트 어프로치에 의한 문제해결방법은 대부분의 기업에서 볼 수 있는 전형적인 스타일로 조직 구성원들은 같은 문화적 토양을 가지고 이심전심으로 서로를 이해하는 상황을 가정한다. 코디네이터 역할을 하는 제3자는 결론으로 끌고 갈 지점을 미리 머릿속에 그려가면서 권위나 공감에 의지하여 의견을 중재하고, 타협과 조정을 통하여 해결을 도모한다. 결론이 애매하게 끝나는 경우가 적지 않으나, 그것은 그것대로 이심전심을 유도하여 파악하면 된다. 소프트 어프로치에서는 문제해결을 위해서 직접 표현하는 것이 바람직하지 않다고 여기며, 무언가를 시사하거나 암시를 통하여 의사를 전달하고 기분을 서로 통하게 함으로써 문제해결을 도모하려고 한다.

## 36

정답 ④

네 번째 조건을 제외한 모든 조건과 그 대우를 논리식으로 표현하면 다음과 같다.

- $\sim(D \vee G) \rightarrow F \,/ \sim F \rightarrow (D \wedge G)$
- $F \rightarrow \sim E \,/\, E \rightarrow \sim F$
- $\sim(B \vee E) \rightarrow \sim A \,/\, A \rightarrow (B \wedge E)$

네 번째 조건에 따라 A는 투표를 하였으므로, 세 번째 조건의 대우에 의해 B와 E 모두 투표를 하였다. 또한 E가 투표를 하였으므로, 두 번째 조건의 대우에 따라 F는 투표하지 않았으며, F가 투표하지 않았으므로 첫 번째 조건의 대우에 따라 D와 G는 모두 투표하였다. 따라서 A, B, D, E, G 5명이 투표하였으므로 네 번째 조건에 따라 C는 투표하지 않은 것이 되므로, 투표를 하지 않은 사람은 C와 F이다.

## 37

정답 ⑤

VLOOKUP 함수는 열의 첫 열에서 수직으로 검색하여 원하는 값을 출력하는 함수이다. 함수의 형식은 「=VLOOKUP(찾을 값,범위,열 번호,찾기 옵션)」이며 이 중 근사값을 찾기 위해서는 찾기 옵션에 1을 입력해야 하고, 정확히 일치하는 값을 찾기 위해서는 0을 입력해야 한다. 상품코드 S3310897의 값을 일정한 범위에서 찾아야 하는 것이므로 범위는 절대참조로 지정해야 하며, 크기 '중'은 범위 중 3번째 열에 위치하고, 정확히 일치하는 값을 찾아야 하므로 함수식은 「=VLOOKUP("S3310897",$B$2:$E$8,3,0)」로 입력해야 한다.

오답분석

①·② HLOOKUP 함수를 사용하려면 찾고자 하는 값은 '중'이고, [B2:E8] 범위에서 찾고자 하는 행 'S3310897'은 6번째 행이므로 「=HLOOKUP("중",$B$2:$E$8,6,0)」을 입력해야 한다.
③·④ '중'은 테이블 범위에서 3번째 열이다.

## 38

정답 ③

Windows Game Bar로 녹화한 영상의 저장 위치는 파일 탐색기를 사용하여 [내 PC] – [동영상] – [캡처] 폴더를 원하는 위치로 옮겨 변경할 수 있다.

## 39

정답 ①

RPS 제도 이행을 위해 공급의무자는 일정 비율 이상(의무공급비율)을 신재생에너지로 발전해야 한다. 하지만 의무공급비율은 매년 확대되고 있고, 여기에 맞춰 신재생에너지 발전설비를 계속 추가하는 것은 시간적, 물리적으로 어려우므로 공급의무자는 신재생에너지 공급자로부터 REC를 구매하여 의무공급비율을 달성한다.

오답분석

② 신재생에너지 공급자가 공급의무자에게 REC를 판매하기 위해서는 에너지관리공단 신재생에너지센터, 한국전력거래소 등 공급인증기관으로부터 공급 사실을 증명하는 공급인증서를 신청해 발급받아야 한다.
③ 2021년 8월 이후 에너지관리공단에서 운영하는 REC 거래시장을 통해 일반기업도 REC를 구매하여 온실가스 감축실적으로 인정받을 수 있게 되었다.
④ REC에 명시된 공급량은 발전방식에 따라 가중치를 곱해 표기하므로 실제 공급량과 다를 수 있다.

## 40

정답 ③

빈칸 ㉠의 앞 문장은 공급의무자가 신재생에너지 발전설비 확대를 통한 RPS 달성에는 한계점이 있음을 설명하고, 뒷 문장은 이에 대한 대안으로서 REC 거래를 설명하고 있다. 따라서 빈칸에 들어갈 접속부사는 '그러므로'가 가장 적절하다.

## 41

정답 ③

오답분석

① 인증서의 유효기간은 발급일로부터 3년이다. 2020년 10월 6일에 발급받은 REC의 만료일은 2023년 10월 6일이므로 이미 만료되어 거래할 수 없다.
② 천연가스는 화석연료이므로 REC를 발급받을 수 없다.
④ 기업에 판매하는 REC는 에너지관리공단에서 거래시장을 운영한다.

## 42

정답 ③

수소는 연소 시 탄소를 배출하지 않는 친환경에너지이지만, 수소혼소 발전은 수소와 함께 액화천연가스(LNG)를 혼합하여 발전하므로 기존 LNG 발전에 비해 탄소 배출량은 줄어들지만, 여전히 탄소를 배출한다.

오답분석

① 수소혼소 발전은 기존의 LNG 발전설비를 활용할 수 있기 때문에 화석연료 발전에서 친환경에너지 발전으로 전환하는 데 발생하는 사회적·경제적 충격을 완화할 수 있다.

② 높은 온도로 연소되는 수소는 공기 중의 질소와 반응하여 질소산화물(NOx)을 발생시키며, 이는 미세먼지와 함께 대기오염의 주요 원인으로 작용한다.

④ 수소혼소 발전에서 수소를 혼입하는 양이 많아질수록 발전에 사용하는 LNG를 많이 대체하므로 탄소 배출량은 줄어든다.

## 43

정답 ②

보기에 주어진 문장은 접속부사 '따라서'로 시작하므로 수소가 2050 탄소중립 실현을 위한 최적의 에너지원이 되는 이유 뒤에 와야 한다. 따라서 보기는 수소 에너지의 장점과 이어지는 (나)에 들어가는 것이 가장 적절하다.

## 44

정답 ③

- 총무팀 : 연필, 지우개, 볼펜, 수정액의 수량이 기준 수량보다 적다.
  - 최소 주문 수량 : 연필 15자루, 지우개 15개, 볼펜 40자루, 수정액 15개
  - 최대 주문 수량 : 연필 60자루, 지우개 90개, 볼펜 120자루, 수정액 60개
- 연구개발팀 : 볼펜, 수정액의 수량이 기준 수량보다 적다.
  - 최소 주문 수량 : 볼펜 10자루, 수정액 10개
  - 최대 주문 수량 : 볼펜 120자루, 수정액 60개
- 마케팅홍보팀 : 지우개, 볼펜, 수정액, 테이프의 수량이 기준 수량보다 적다.
  - 최소 주문 수량 : 지우개 5개, 볼펜 45자루, 수정액 25개, 테이프 10개
  - 최대 주문 수량 : 지우개 90개, 볼펜 120자루, 수정액 60개, 테이프 40개
- 인사팀 : 연필, 테이프의 수량이 기준 수량보다 적다.
  - 최소 주문 수량 : 연필 5자루, 테이프 15개
  - 최대 주문 수량 : 연필 60자루, 테이프 40개

따라서 비품 신청 수량이 바르지 않은 팀은 마케팅홍보팀이다.

## 45

정답 ②

N사에서 A지점으로 가려면 1호선으로 역 2개를 지난 후 2호선으로 환승하여 역 5개를 더 가야 한다.
따라서 편도로 이동하는 데 걸리는 시간은 $(2\times2)+3+(2\times5)=17$분이므로 왕복하는 데 걸리는 시간은 $17\times2=34$분이다.

## 46

정답 ④

- A지점 : $(900\times2)+(950\times5)=6,550$m
- B지점 : $900\times8=7,200$m
- C지점 : $(900\times2)+(1,300\times4)=7,000$m 또는 $(900\times5)+1,000+1,300=6,800$m
- D지점 : $(900\times5)+(1,000\times2)=6,500$m 또는 $(900\times2)+(1,300\times3)+1,000=6,700$m

따라서 N사로부터 이동거리가 가장 짧은 지점은 D지점이다.

## 47

정답 ②

- A지점 : 이동거리는 6,550m이고 기본요금 및 거리비례 추가비용은 2호선 기준이 적용되므로 1,500+100=1,600원이다.
- B지점 : 이동거리는 7,200m이고 기본요금 및 거리비례 추가비용은 1호선 기준이 적용되므로 1,200+50×4=1,400원이다.
- C지점 : 이동거리는 7,000m이고 기본요금 및 거리비례 추가비용은 4호선 기준이 적용되므로 2,000+150=2,150원이다.
  또는 이동거리가 6,800m일 때, 기본요금 및 거리비례 추가비용은 4호선 기준이 적용되므로 2,000+150=2,150원이다.
- D지점 : 이동거리는 6,500m이고 기본요금 및 거리비례 추가비용은 3호선 기준이 적용되므로 1,800+100×3=2,100원이다.
  또는 이동거리가 6,700m일 때, 기본요금 및 거리비례 추가비용은 4호선 기준이 적용되므로 2,000+150=2,150원이다.

따라서 이동하는 데 드는 비용이 가장 적은 지점은 B지점이다.

## 48

정답 ⑤

미국 컬럼비아 대학교에서 만들어낸 치즈케이크는 7겹으로, 7가지의 반죽형 식용 카트리지로 만들어졌다. 따라서 페이스트를 층층이 쌓아서 만드는 FDM 방식을 사용하여 제작하였음을 알 수 있다.

오답분석

① PBF / SLS 방식 3D 푸드 프린터는 설탕 같은 분말 형태의 재료를 접착제나 레이저로 굳혀 제작하는 것이므로 설탕 케이크 장식을 제작하기에 적절한 방식이다.
② 3D 푸드 프린터는 질감을 조정하거나, 맛을 조정하여 음식을 제작할 수 있으므로 식감 등으로 발생하는 편식을 줄일 수 있다.
③ 3D 푸드 프린터는 음식을 제작할 때 개인별로 필요한 영양소를 첨가하는 등 사용자 맞춤 식단을 제공할 수 있다는 장점이 있다.
④ 네 번째 문단에서 현재 3D 푸드 프린터의 한계점을 보면 디자인적 · 심리적 요소로 인해 3D 푸드 프린터로 제작된 음식에 거부감이 들 수 있다고 하였다.

## 49

정답 ④

(라) 문장이 포함된 세 번째 문단은 3D 푸드 프린터의 장점에 대해 설명하는 문단이며, 특히 대체육 프린팅의 장점에 대해 소개하고 있다. 그러나 (라) 문장은 대체육의 단점에 대해 서술하고 있으므로 네 번째 문단에 추가로 서술하거나 삭제하는 것이 적절하다.

오답분석

① (가) 문장은 컬럼비아 대학교에서 3D 푸드 프린터로 만들어 낸 치즈케이크의 특징을 설명하는 문장이므로 적절하다.
② (나) 문장은 현재 주로 사용되는 3D 푸드 프린터의 작동 방식을 설명하는 문장이므로 적절하다.
③ (다) 문장은 3D 푸드 프린터의 장점을 소개하는 세 번째 문단의 중심내용이므로 적절하다.
⑤ (마) 문장은 3D 푸드 프린터의 한계점인 '디자인으로 인한 심리적 거부감'을 서술하고 있으므로 적절하다.

## 50

정답 ④

네 번째 문단은 3D 푸드 프린터의 한계 및 개선점을 설명한 문단으로, 3D 푸드 프린터의 장점을 설명한 세 번째 문단과 역접관계에 있다. 따라서 '그러나'가 적절한 접속부사이다.

오답분석

① ㉠ 앞에서 서술된 치즈케이크의 특징이 대체육과 같은 다른 관련 산업에서 주목하게 된 이유가 되므로 '그래서'는 적절한 접속부사이다.
② ㉡ 앞의 문장은 3D 푸드 프린터의 장점을 소개하는 세 번째 문단의 중심내용이고 뒤의 문장은 이에 대한 예시를 설명하고 있으므로 '예를 들어'는 적절한 접속부사이다.
③ ㉢의 앞과 뒤는 다른 내용이지만 모두 3D 푸드 프린터의 장점을 나열한 것이므로 '또한'은 적절한 접속부사이다.
⑤ ㉤의 앞과 뒤는 다른 내용이지만 모두 3D 푸드 프린터의 단점을 나열한 것이므로 '게다가'는 적절한 접속부사이다.

CHAPTER

# 02 2023년 주요 공기업 전공 기출복원문제

## 01 경영학

| 01 | 02 | 03 | 04 | 05 | 06 | 07 | 08 | 09 | 10 | 11 | 12 | 13 | 14 | 15 | 16 | 17 | 18 | 19 | 20 |
|---|---|---|---|---|---|---|---|---|---|---|---|---|---|---|---|---|---|---|---|
| ⑤ | ② | ④ | ① | ④ | ③ | ① | ⑤ | ② | ① | ③ | ④ | ④ | ③ | ③ | ④ | ④ | ④ | ③ | ② |

### 01

정답 ⑤

페이욜은 기업활동을 기술활동, 영업활동, 재무활동, 회계활동, 관리활동, 보전활동 6가지 분야로 구분하였다.

오답분석

② 차별 성과급제, 기능식 직장제도, 과업관리, 계획부 제도, 작업지도표 제도 등은 테일러의 과학적 관리법을 기본이론으로 한다.
③ 포드의 컨베이어 벨트 시스템은 생산원가를 절감하기 위해 표준 제품을 정하고 대량생산하는 방식을 정립한 것이다.
④ 베버의 관료제 조직은 계층에 의한 관리, 분업화, 문서화, 능력주의, 사람과 직위의 분리, 비개인성의 6가지 특징을 가지며, 이를 통해 조직을 가장 합리적이고 효율적으로 운영할 수 있다고 주장한다.

### 02

정답 ②

논리적인 자료 제시를 통해 제품에 대한 높은 이해도를 이끌어 내는 것은 이성적 소구에 해당된다.

오답분석

① 감성적 소구는 감정전이형 광고라고도 하며, 브랜드 이미지 제고, 호의적 태도 등을 목표로 한다.
③ 감성적 소구 방법으로 유머 소구, 공포 소구, 성적 소구 등이 있다.
④ 이성적 소구는 자사 제품이 선택되어야만 하는 이유 또는 객관적 근거를 제시하고자 하는 방법이다.
⑤ 이성적 소구는 위험성이 있거나 새로운 기술이 적용된 제품 등의 지식과 정보를 제공함으로써 표적소비자들이 제품을 선택할 수 있게 한다.

### 03

정답 ④

㉡ 자동화 기계 도입에 따른 다기능공 활용이 늘어나면, 작업자는 여러 기능을 숙달해야 하는 부담이 증가한다.
㉣ 혼류 생산을 통해 공간 및 설비 이용률을 향상시킨다.

오답분석

㉠ 현장 낭비 제거를 통해 원가를 낮추고 생산성을 향상시킬 수 있다.
㉢ 소 LOT 생산을 통해 재고율을 감소시켜 재고비용, 공간 등을 줄일 수 있다.

## 04

정답 ①

가치사슬은 미시경제학 또는 산업조직론을 기반으로 하는 분석 도구이다.

오답분석

② 가치사슬은 기업의 경쟁우위를 강화하기 위한 기본적 분석 도구로, 기업이 수행하는 활동을 개별적으로 나누어 분석한다.
③ 구매, 제조, 물류, 판매, 서비스 등을 기업의 본원적 활동으로 정의한다.
④ 인적자원 관리, 인프라, 기술개발, 조달활동 등을 기업의 지원적 활동으로 정의한다.
⑤ 각 가치사슬의 이윤은 전체 수입에서 가치창출을 위해 발생한 모든 비용을 제외한 값이다.

## 05

정답 ④

주식회사 발기인의 인원 수는 별도의 제한이 없다.

오답분석

① 주식회사의 법인격에 대한 설명이다.
② 출자자의 유한책임에 대한 설명이다(상법 제331조).
③ 주식은 자유롭게 양도할 수 있는 것이 원칙이다.
⑤ 주식회사는 사원(주주)의 수가 다수인 경우가 많기 때문에 사원이 직접 경영에 참여하기보다는 이사회로 경영권을 위임한다.

## 06

정답 ③

단수가격은 심리학적 가격 결정으로, 1,000원, 10,000원의 단위로 가격을 결정하지 않고 900원, 990원, 9,900원 등 단수로 가격을 결정하여 상대적으로 저렴하게 보이게 하는 가격전략이다.

오답분석

① 명성가격 : 판매자의 명성이나 지위를 나타내는 제품을 수요가 증가함에 따라 높게 설정하는 가격이다.
② 준거가격 : 소비자가 상품 가격을 평가할 때 자신의 기준이나 경험을 토대로 생각하는 가격이다.
④ 관습가격 : 소비자들이 오랜 기간 동안 일정금액으로 구매해 온 상품의 특정 가격이다.
⑤ 유인가격 : 잘 알려진 제품을 저렴하게 판매하여 소비자들을 유인하기 위한 가격이다.

## 07

정답 ①

ELS는 주가연계증권으로, 사전에 정해진 조건에 따라 수익률이 결정되며 만기가 있다.

오답분석

② 주가연계파생결합사채(ELB)에 대한 설명이다.
③ 주가지수연동예금(ELD)에 대한 설명이다.
④ 주가연계신탁(ELT)에 대한 설명이다.
⑤ 주가연계펀드(ELF)에 대한 설명이다.

## 08

정답 ⑤

오답분석

①·② 파이프라인재고 또는 이동재고는 구매대금은 지급하였으나, 이동 중에 있는 재고를 말한다.
③ 주기재고는 주기적으로 일정한 단위로 품목을 발주함에 따라 발생하는 재고를 말한다.
④ 예비재고는 미래에 수요가 상승할 것을 기대하고 사전에 비축하는 재고를 말한다.

## 09

정답 ②

블룸의 기대이론에 대한 설명으로, 기대감, 수단성, 유의성을 통해 구성원의 직무에 대한 동기 부여를 결정한다고 주장하였다.

오답분석

① 허즈버그의 2요인이론에 대한 설명이다.
③ 매슬로의 욕구 5단계이론에 대한 설명이다.
④ 맥그리거의 XY이론에 대한 설명이다.
⑤ 로크의 목표설정이론에 대한 설명이다.

## 10

정답 ①

시장세분화 단계에서는 시장을 기준에 따라 세분화하고, 각 세분시장의 고객 프로필을 개발하여 차별화된 마케팅을 실행한다.

오답분석

②·③ 표적시장 선정 단계에서는 각 세분시장의 매력도를 평가하여 표적시장을 선정한다.
④ 포지셔닝 단계에서는 각각의 시장에 대응하는 포지셔닝을 개발하고 전달한다.
⑤ 재포지셔닝 단계에서는 자사와 경쟁사의 경쟁위치를 분석하여 포지셔닝을 조정한다.

## 11

정답 ③

- (당기순이익)=(총수익)−(총비용)=35억−20억=15억 원
- (기초자본)=(기말자본)−(당기순이익)=65억−15억=50억 원
- (기초부채)=(기초자산)−(기초자본)=100억−50억=50억 원

## 12

정답 ④

상위에 있는 욕구를 충족시키지 못하면 하위에 있는 욕구는 더욱 크게 증가하여, 하위욕구를 충족시키기 위해 훨씬 더 많은 노력이 필요하게 된다.

오답분석

① 심리학자 앨더퍼가 인간의 욕구에 대해 매슬로의 욕구 5단계설을 발전시켜 주장한 이론이다.
②·③ 존재욕구를 기본적 욕구로 정의하며, 관계욕구, 성장욕구로 계층화하였다.

## 13

정답 ④

사업 다각화는 무리하게 추진할 경우 수익성에 악영향을 줄 수 있다는 단점이 있다.

오답분석

① 지속적인 성장을 추구하여 미래 유망산업에 참여하고, 구성원에게 더 많은 기회를 줄 수 있다.
② 기업이 한 가지 사업만 영위하는 데 따르는 위험에 대비할 수 있다.
③ 보유자원 중 남는 자원을 활용하여 범위의 경제를 실현할 수 있다.

## 14

정답 ③

직무분석 → 직무기술서 / 직무명세서 → 직무평가 → 직무설계의 순서로 직무관리를 진행하며, 직무분석을 통해 업무특성과 업무담당자의 특성을 파악하고, 이를 토대로 어떤 직무가 적합할지 평가하여 대상자의 최종 직무를 설계한다.

## 15

정답 ③

종단분석은 시간과 비용의 제약으로 인해 표본 규모가 작을수록 좋으며, 횡단분석은 집단의 특성 또는 차이를 분석해야 하므로 표본이 일정 규모 이상일수록 정확하다.

## 16

정답 ④

채권이자율이 시장이자율보다 높아지면 채권가격은 액면가보다 높은 가격에 거래된다. 단, 만기에 가까워질수록 채권가격이 하락하여 가격위험에 노출된다.

오답분석

①·②·③ 채권이자율이 시장이자율보다 낮은 할인채에 대한 설명이다.

## 17

정답 ④

물음표(Question Mark) 사업은 신규 사업 또는 현재 시장점유율은 낮으나, 향후 성장 가능성이 높은 사업이다. 기업 경영 결과에 따라 개(Dog) 사업 또는 스타(Star) 사업으로 바뀔 수 있다.

오답분석

① 스타(Star) 사업 : 성장 가능성과 시장점유율이 모두 높아서 계속 투자가 필요한 유망 사업이다.
② 현금젖소(Cash Cow) 사업 : 높은 시장점유율로 현금창출은 양호하나, 성장 가능성은 낮은 사업이다.
③ 개(Dog) 사업 : 성장 가능성과 시장점유율이 모두 낮아 철수가 필요한 사업이다.

## 18

정답 ④

시험을 망쳤음에도 불구하고 난이도를 이유로 괜찮다고 생각하는 자기합리화의 사례로 볼 수 있다.

오답분석

①·②·③ 인지부조화의 사례로서 개인이 가지고 있는 신념, 태도, 감정 등에 대해 일관성을 가지지 못하고 다르게 행동하는 것을 의미한다.

## 19

정답 ③

M&A는 해외 직접투자에 해당하는 진출 방식이다.

오답분석

①·②·④ 계약에 의한 해외 진출 방식이다.

## 20

정답 ②

테일러의 과학적 관리법에서는 작업에 사용하는 도구 등을 표준화하여 관리 비용을 낮추고 효율성을 높이는 것을 추구한다.

오답분석

① 과학적 관리법의 특징 중 표준화에 대한 설명이다.
③ 과학적 관리법의 특징 중 동기부여에 대한 설명이다.
④ 과학적 관리법의 특징 중 통제에 대한 설명이다.

## 02 경제학

| 01 | 02 | 03 | 04 | 05 | 06 | 07 | 08 | 09 | 10 | 11 | 12 | 13 | 14 | 15 | | | | | |
|---|---|---|---|---|---|---|---|---|---|---|---|---|---|---|---|---|---|---|---|
| ⑤ | ② | ① | ④ | ⑤ | ① | ④ | ③ | ③ | ④ | ④ | ③ | ① | ③ | ④ | | | | | |

### 01

정답 ⑤

가격탄력성이 1보다 크면 탄력적이라고 할 수 있다.

오답분석

①·② 수요의 가격탄력성은 가격의 변화에 따른 수요의 변화를 의미하며, 분모는 상품가격의 변화량을 상품 가격으로 나눈 값이며, 분자는 수요량의 변화량을 수요량으로 나눈 값이다.

③ 대체재가 많을수록 해당 상품 가격 변동에 따른 수요의 변화는 더 크게 반응하게 된다.

### 02

정답 ②

GDP 디플레이터는 명목 GDP를 실질 GDP로 나누어 물가상승 수준을 예측할 수 있는 물가지수로, 국내에서 생산된 모든 재화와 서비스 가격을 반영한다. 따라서 GDP 디플레이터를 구하는 계산식은 (명목 GDP)÷(실질 GDP)×100이다.

### 03

정답 ①

한계소비성향은 소비의 증가분을 소득의 증가분으로 나눈 값으로, 소득이 1,000만 원 늘었을 때 현재 소비자들의 한계소비성향이 0.7이므로 소비는 700만 원이 늘었다고 할 수 있다. 따라서 소비의 변화폭은 700이다.

### 04

정답 ④

㉠ 환율이 상승하면 제품을 수입하기 위해 더 많은 원화를 필요로 하고, 이에 따라 수입이 감소하게 되므로 순수출이 증가한다.

㉡ 국내이자율이 높아지면 국내자산 투자수익률이 좋아져 해외로부터 자본유입이 확대되고, 이에 따라 환율은 하락한다.

㉢ 국내물가가 상승하면 상대적으로 가격이 저렴한 수입품에 대한 수요가 늘어나 환율은 상승한다.

### 05

정답 ⑤

독점적 경쟁시장은 광고, 서비스 등 비가격경쟁이 가격경쟁보다 더 활발히 진행된다.

### 06

정답 ①

케인스학파는 경기침체 시 정부가 적극적으로 개입하여 총수요의 증대를 이끌어야 한다고 주장하였다.

오답분석

② 고전학파의 거시경제론에 대한 설명이다.

③ 케인스학파의 거시경제론에 대한 설명이다.

④ 고전학파의 이분법에 대한 설명이다.

⑤ 케인스학파의 화폐중립성에 대한 설명이다.

## 07

 ④

오답분석

① 매몰비용의 오류 : 이미 투입한 비용과 노력 때문에 경제성이 없는 사업을 지속하여 손실을 키우는 것을 의미한다.
② 감각적 소비 : 제품을 구입할 때, 품질, 가격, 기능보다 디자인, 색상, 패션 등을 중시하는 소비 패턴을 의미힌다.
③ 보이지 않는 손 : 개인의 사적 영리활동이 사회 전체의 공적 이익을 증진시키는 것을 의미한다.
⑤ 희소성 : 사람들의 욕망에 비해 그 욕망을 충족시켜 주는 재화나 서비스가 부족한 현상을 의미한다.

## 08

정답 ③

- (실업률)=(실업자)÷(경제활동인구)×100
- (경제활동인구)=(취업자)+(실업자)

∴ 5,000÷(20,000+5,000)×100=20%

## 09

정답 ③

(한계비용)=(총비용 변화분)÷(생산량 변화분)

- 생산량이 50일 때 총비용 : 16(평균비용)×50(생산량)=800
- 생산량이 100일 때 총비용 : 15(평균비용)×100(생산량)=1,500

따라서 한계비용은 700÷50=14이다.

## 10

정답 ④

A국은 노트북을 생산할 때 기회비용이 더 크기 때문에 TV 생산에 비교우위가 있고, B국은 TV를 생산할 때 기회비용이 더 크기 때문에 노트북 생산에 비교우위가 있다.

| 구분 | 노트북 1대 | TV 1대 |
| --- | --- | --- |
| A국 | TV 0.75 | 노트북 1.33 |
| B국 | TV 1.25 | 노트북 0.8 |

## 11

정답 ④

다이내믹 프라이싱의 단점은 소비자 후생이 감소해 소비자의 만족도가 낮아진다는 것이다. 이로 인해 기업이 소비자의 불만에 직면할 수 있다는 리스크가 발생한다.

## 12

정답 ③

빅맥 지수는 동질적으로 판매되는 상품의 가치는 동일하다는 가정하에 나라별 화폐로 해당 제품의 가격을 평가하여 구매력을 비교하는 것이다.

맥도날드의 대표적 햄버거인 빅맥 가격을 기준으로 한 이유는 전 세계에서 가장 동질적으로 판매되고 있기 때문이며, 이처럼 품질, 크기, 재료가 같은 물건이 세계 여러 나라에서 팔릴 때 나라별 물가를 비교하기 수월하다.

오답분석

㉠ 빅맥 지수는 영국 경제지인 이코노미스트에서 최초로 고안하였다.
㉣ 빅맥 지수에 사용하는 빅맥 가격은 제품 가격만 반영하고 서비스 가격은 포함하지 않기 때문에 나라별 환율에 대한 상대적 구매력 평가 외에 다른 목적으로 사용하기에는 측정값이 정확하지 않다.

## 13

정답 ①

확장적 통화정책은 국민소득을 증가시켜 이에 따른 보험료 인상 등 세수확대 요인으로 작용한다.

오답분석

② 이자율이 하락하고, 소비 및 투자가 증가한다.
③·④ 긴축적 통화정책이 미치는 영향이다.

## 14

정답 ③

토지, 설비 등이 부족하면 한계 생산가치가 떨어지기 때문에 노동자를 많이 고용하는 게 오히려 손해이다. 따라서 노동 수요곡선은 왼쪽으로 이동한다.

오답분석

① 노동 수요는 재화에 대한 수요가 아닌 재화를 생산하기 위해 파생되는 수요이다.
② 상품 가격이 상승하면 기업은 더 많은 제품을 생산하기 위해 노동자를 더 많이 고용한다.
④ 노동에 대한 인식이 긍정적으로 변화하면 노동시장에 더 많은 노동력이 공급된다.

## 15

정답 ④

S씨가 달리기를 선택할 경우 (기회비용)=1(순편익)+8(암묵적 기회비용)=9로 기회비용이 가장 작다.

오답분석

① 헬스를 선택할 경우
(기회비용)=2(순편익)+8(암묵적 기회비용)=10
② 수영을 선택할 경우
(기회비용)=5(순편익)+8(암묵적 기회비용)=13
③ 자전거를 선택할 경우
(기회비용)=3(순편익)+7(암묵적 기회비용)=10

## 03 행정학

| 01 | 02 | 03 | 04 | 05 | 06 | 07 | 08 | 09 | 10 | 11 | 12 | 13 | 14 | 15 | 16 | 17 | 18 | 19 | 20 |
|---|---|---|---|---|---|---|---|---|---|---|---|---|---|---|---|---|---|---|---|
| ③ | ④ | ③ | ② | ④ | ② | ④ | ④ | ② | ⑤ | ② | ④ | ④ | ② | ② | ③ | ① | ② | ① | ② |

### 01

정답 ③

현대에는 민주주의의 심화 및 분야별 전문 민간기관의 성장에 따라 정부 등 공식적 참여자보다 비공식적 참여자의 중요도가 높아지고 있다.

오답분석

① 의회와 지방자치단체는 정부, 사법부 등과 함께 대표적인 공식적 참여자에 해당된다.
② 정당과 NGO, 언론 등은 비공식적 참여자에 해당된다.
④ 사회적 의사결정에서 정부의 역할이 줄어들면 비공식적 참여자가 해당 역할을 대체하므로 중요도가 높아진다.

### 02

정답 ④

효율 증대에 따른 이윤 추구라는 경제적 결정이 중심인 기업경영의 의사결정에 비해, 정책문제는 사회효율 등 수단적 가치뿐만 아니라 형평성, 공정성 등 목적적 가치들도 고려가 필요하므로 고려사항이 더 많고 복잡하다는 특성을 갖는다.

### 03

정답 ③

회사모형은 사이어트와 마치가 주장한 의사결정 모형으로, 준독립적이고 느슨하게 연결되어 있는 조직들의 상호 타협을 통해 의사결정이 이루어진다고 설명한다.

오답분석

① 드로어는 최적모형에 따른 의사결정 모형을 제시했다.
② 합리적 결정과 점증적 결정이 누적 및 혼합되어 의사결정이 이루어진다고 본 것은 혼합탐사모형이다.
④ 정책결정 단계를 초정책결정 단계, 정책결정 단계, 후정책결정 단계로 구분하여 설명한 것은 최적모형이다.

### 04

정답 ②

ㄱ. 호혜조직의 1차적 수혜자는 조직구성원이 맞으나, 은행, 유통업체는 사업조직에 해당되며, 노동조합, 전문가단체, 정당, 사교클럽, 종교단체 등이 호혜조직에 해당된다.
ㄷ. 봉사조직의 1차적 수혜자는 이들과 접촉하는 일반적인 대중이다.

### 05

정답 ④

특수한 경우를 제외하고 일반적으로 해당 구성원 간 동일한 인사 및 보수 체계를 적용받는 구분은 직급이다.

### 06

정답 ②

실적주의에서는 개인의 역량, 자격에 따라 인사행정이 이루어지기 때문에 정치적 중립성 확보가 강조되지만, 엽관주의에서는 정치적 충성심 및 기여도에 따라 인사행정이 이루어지기 때문에 조직 수반에 대한 정치적 정합성이 더 강조된다.

오답분석

① 공공조직에서 엽관주의적 인사가 이루어지는 경우 정치적 충성심에 따라 구성원이 변경되므로, 정치적 사건마다 조직구성원들의 신분유지 여부에 변동성이 생겨 불안정해진다.

## 07

정답 ④

ㄱ. 시군세에는 담배소비세, 주민세, 지방소득세, 자동차세와 함께 재산세가 포함된다.
ㄴ. 도세는 보통세, 목적세로 나뉘며, 시군세에는 보통세만 포함된다.
ㄷ. 취득세는 등록면허세, 레저세, 지방소비세와 함께 도세의 보통세에 포함된다.

## 08

정답 ④

행정지도는 상대방의 임의적 협력을 구하는 비강제적 행위로, 법적 분쟁을 사전에 회피할 수 있다는 장점이 있다.

오답분석

① 행정지도는 비권력적 사실행위에 해당된다.
② 행정지도는 비권력적 행위로, 강제력을 갖지 않는다.
③ 행정주체가 행정객체를 유도하는 행위이므로 행정환경의 변화에 대해 탄력적으로 적용이 가능하다는 것이 장점이다.
⑤ 강제력 없이 단순 유도하는 행위로, 행정주체는 감독권한을 갖지 못한다.

## 09

정답 ②

외부효과 발생 시 부정적 외부효과를 줄이도록 유도책 혹은 외부효과 감축 지원책을 도입하여 문제를 해결할 수도 있다.

## 10

정답 ⑤

정책참여자의 범위는 이슈네트워크, 정책공동체, 하위정부모형 순으로 넓다.

## 11

정답 ②

발생주의 회계는 거래가 발생한 기간에 기록하는 원칙으로, 영업활동 관련 기록과 현금 유출입이 일치하지 않지만, 수익 및 비용을 합리적으로 일치시킬 수 있다는 장점이 있다.

오답분석

①·③·④·⑤ 현금흐름 회계에 대한 설명이다.

## 12

정답 ④

ㄴ. X이론에서는 부정적인 인간관을 토대로 보상과 처벌, 권위적이고 강압적인 지도성을 경영전략으로 강조한다.
ㄹ. Y이론의 적용을 위한 대안으로 권한의 위임 및 분권화, 직무 확대, 업무수행능력의 자율적 평가, 목표 관리전략 활용, 참여적 관리 등을 제시하였다.

오답분석

ㄷ. Y이론에 따르면 인간은 긍정적이고 적극적인 존재이므로, 직접적 통제보다는 자율적 통제가 더 바람직한 경영전략이라고 보았다.

## 13

정답 ④

독립합의형 중앙인사기관의 위원들은 임기를 보장받으며, 각 정당의 추천인사나 초당적 인사로 구성되는 등 중립성을 유지하기 유리하다는 장점을 지닌다. 이로 인해 행정부 수반에 의하여 임명된 기관장 중심의 비독립단독형 인사기관에 비해 엽관주의 영향을 최소화하고, 실적 중심의 인사행정을 실현하기에 유리하다.

오답분석

① 독립합의형 인사기관의 개념에 대한 옳은 설명이다.
② 비독립단독형 인사기관은 합의에 따른 의사결정 과정을 거치지 않으므로, 의견 불일치 시 조율을 하는 시간이 불필요하여 상대적으로 의사결정이 신속히 이루어진다.
③ 비독립단독형 인사기관은 기관장의 의사가 강하게 반영되는 만큼 책임소재가 분명한 데 비해, 독립합의형 인사기관은 다수의 합의에 따라 의사결정이 이루어지므로 책임소재가 불분명하다.

## 14

 ②

㉠ 정부가 시장에 대해 충분한 정보를 확보하는 데 실패함으로써 정보 비대칭에 따른 정부실패가 발생한다.
㉢ 정부행정은 단기적 이익을 중시하는 정치적 이해관계의 영향을 받아 사회에서 필요로 하는 바보다 단기적인 경향을 보인다. 이처럼 정치적 할인율이 사회적 할인율보다 높기 때문에 정부실패가 발생한다.

오답분석

㉡ 정부는 독점적인 역할을 수행하기 때문에 경쟁에 따른 개선효과가 미비하여 정부실패가 발생한다.
㉣ 정부의 공공재 공급은 사회적 무임승차를 유발하여 지속가능성을 저해하기 때문에 정부실패가 발생한다.

## 15

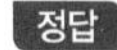 ②

공익, 자유, 복지는 행정의 본질적 가치에 해당한다.

**행정의 가치**
- 본질적 가치(행정을 통해 실현하려는 궁극적인 가치) : 정의, 공익, 형평, 복지, 자유, 평등
- 수단적 가치(본질적 가치 달성을 위한 수단적인 가치) : 합법성, 능률성, 민주성, 합리성, 효과성, 가외성, 생산성, 신뢰성, 투명성

## 16

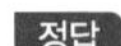 ③

영국의 대처주의와 미국의 레이거노믹스는 경쟁과 개방, 위임의 원칙을 강조하는 신공공관리론에 입각한 정치기조이다.

오답분석

① 신공공관리론은 정부실패의 대안으로 등장하였으며, 작고 효율적인 시장지향적 정부를 추구한다.
② 뉴거버넌스는 정부가 사회의 문제해결을 주도하는 것이 아니라, 민간 주체들이 논의를 주도할 수 있도록 조력자의 역할을 하는 것을 추구한다.
④ 뉴거버넌스는 시민 및 기업의 참여를 통한 공동생산을 지향하며, 민영화와 민간위탁을 통한 서비스의 공급은 뉴거버넌스가 제시되기 이전 거버넌스의 내용이다.

## 17

정답 ①

지방의회는 재적위원 3분의 1 이상의 출석으로 개의한다(지방자치법 제72조 제1항).

오답분석

② 지방의회는 매년 1회 그 지방자치단체의 사무에 대하여 시・도에서는 14일의 범위에서, 시・군 및 자치구에서는 9일의 범위에서 감사를 실시하고, 지방자치단체의 사무 중 특정 사안에 관하여 본회의 의결로 본회의나 위원회에서 조사하게 할 수 있다(지방자치법 제49조 제1항).
③ 행정사무 조사를 발의할 때에는 이유를 밝힌 서면으로 하여야 하며, 재적의원 3분의 1 이상의 찬성이 있어야 한다(지방자치법 제49조 제2항).
④ 지방의회는 매년 2회 정례회를 개최한다(지방자치법 제53조 제1항).

## 18

정답 ②

네트워크를 통한 기기 간의 연결을 활용하지 않으므로 사물인터넷을 사용한 것이 아니다.

오답분석

① 스마트 팜을 통해 각종 센서들을 기반으로 온도와 습도, 토양 등에 대한 정보를 정확하게 확인하고 필요한 영양분(물, 비료, 농약 등)을 시스템이 알아서 제공해 주는 것은 사물인터넷을 활용한 경우에 해당된다.
③ 커넥티드 카는 사물인터넷 기술을 통해 통신망에 연결된 차량으로, 가속기, 브레이크, 속도계, 주행 거리계, 바퀴 등에서 운행 데이터를 수집하여 운전자 행동과 차량 상태를 모두 모니터링할 수 있다.

## 19

정답 ①

ㄱ. 강임은 현재보다 낮은 직급으로 임명하는 것으로, 수직적 인사이동에 해당한다.
ㄴ. 승진은 직위가 높아지는 것으로, 수직적 인사이동에 해당한다.

오답분석

ㄷ. 전보는 동일 직급 내에서 다른 관직으로 이동하는 것으로, 수평적 인사이동에 해당한다.
ㄹ. 전직은 직렬을 변경하는 것으로, 수평적 인사이동에 해당한다.

## 20

정답 ②

국립공원 입장료는 2007년에 폐지되었다.

오답분석

ㄱ. 2023년 5월에 문화재보호법이 개정되면서 국가지정문화재 보유자 및 기관에 대해 정부 및 지방자치단체가 해당 비용을 지원할 수 있게 되어, 많은 문화재에 대한 관람료가 면제되었다. 그러나 이는 요금제가 폐지된 것이 아니라 법규상 유인책에 따라 감면된 것에 해당된다. 원론적으로 국가지정문화재의 소유자가 관람자로부터 관람료를 징수할 수 있음은 유효하기도 했다. 2023년 8월 새로운 개정을 통해 해당 법에서 칭하던 '국가지정문화재'가 '국가지정문화유산'으로 확대되었다.

# PART 1

# 직업기초능력평가

CHAPTER

# 01 의사소통능력

## 출제유형분석 01 실전예제

### 01

정답 ②

제시문에 따르면 능허대는 백제가 당나라와 교역했던 사실을 말해주는 대표적인 유적으로, 국내 교역이 아닌 외국과의 교역 증거이다.

### 02

정답 ③

통합허가 관련 서류는 통합환경 허가시스템을 통해 온라인으로도 제출할 수 있다.

오답분석

① 통합환경 관리제도는 대기, 수질, 토양 등 개별적으로 이루어지던 관리 방식을 하나로 통합해 환경오염물질이 다른 분야로 전이되는 것을 막기 위해 만들어졌다.
② 관리방식의 통합은 총 10종에 이르는 인허가를 통합허가 1종으로 줄였다.
④ 사업장별로 지역 맞춤형 허가기준을 부여해 5～8년마다 주기적으로 검토한다.
⑤ 사업장에 최적가용기법을 보급해 사업장이 자발적으로 환경관리와 허가에 사용할 수 있도록 한다.

### 03

정답 ⑤

제시문에 따르면 사회적 합리성을 위해서는 개인의 노력도 중요하지만 그것만으로는 안 되고 '공동'의 노력이 필수이다.

### 04

정답 ⑤

오답분석

ⓒ I공사는 온실가스를 많이 배출하고 에너지 소비가 큰 업체를 매년 관리대상 업체로 지정한다.
ⓔ 공공부문은 2030년까지 온실가스를 30% 이상 줄이는 것을 목표로 하고 있다.
ⓜ 관리대상으로 지정된 업체가 목표를 달성하지 못한 경우 상부 업체가 아닌 정부가 과태료를 부과한다.

### 05

정답 ④

컴퓨터로 야간작업을 할 때는 실내 전체 조명은 어둡게 하고 부분 조명을 사용하면 서로 다른 빛 방향으로 시력이 증진되므로 눈 건강을 위한 행동으로 적절하다.

오답분석

① 눈을 건조하지 않게 하려면 눈을 자주 깜빡거리는 게 좋다.
② 정기적으로 안과 검사를 하는 것이 좋지만 그 주기가 2년에 한 번인지는 알 수 없다.
③ 비타민 A와 C가 눈 건강에 좋은 것은 알 수 있지만 얼마나 섭취해야 하는지는 알 수 없다.
⑤ 모니터 글씨를 크게 하여 눈이 뚫어지게 집중하는 것을 피하는 것이 좋다.

## 출제유형분석 02 실전예제

### 01

정답 ③

'최고의 진리는 언어 이전, 혹은 언어 이후의 무언(無言)의 진리이다.', '동양 사상의 정수(精髓)는 말로써 말이 필요 없는 경지'라는 내용을 통해 동양 사상은 언어적 지식을 초월하는 진리를 추구한다는 것이 제시문의 핵심내용임을 알 수 있다. 따라서 제시문의 주제로 가장 적절한 것은 ③이다.

### 02

정답 ④

제시문의 첫 번째 문단에서 위계화의 개념을 설명하고, 이어지는 문단에서 이러한 불평등의 원인과 구조에 대해 살펴보고 있다. 따라서 제시문의 제목으로 가장 적절한 것은 ④이다.

### 03

정답 ④

제시된 기사는 대기업과 중소기업 간의 상생경영의 중요성을 강조하는 글로, 기존에는 대기업이 시혜적 차원에서 중소기업에게 베푸는 느낌이 강했지만, 현재는 협력사의 경쟁력 향상이 곧 기업의 성장으로 이어질 것으로 보고 상생경영의 중요성을 높이고 있다고 하였다. 또한 대기업이 지원해 준 업체의 기술력 향상으로 더 큰 이득을 보상받는 등 상생 협력이 대기업과 중소기업 모두에게 효과적임을 알 수 있다. 따라서 '시혜적 차원에서의 대기업 지원의 중요성'은 기사 제목으로 적절하지 않다.

## 출제유형분석 03 실전예제

### 01

정답 ①

제시문은 친환경 농업이 주목받는 이유에 대해 설명하면서 농약이 줄 수 있는 피해에 대해 다루고 있다. 따라서 (가) '친환경 농업은 건강과 직결되어 있기 때문에 각광받고 있다.' → (나) '병충해를 막기 위해 사용된 농약은 완전히 제거하기 어려우며 신체에 각종 손상을 입힌다.' → (다) '생산량 증가를 위해 사용한 농약과 제초제가 오히려 인체에 해를 입힐 수 있다.'의 순서로 나열해야 한다.

### 02

정답 ②

제시문은 가격을 결정하는 요인과 이를 통해 일반적으로 할 수 있는 예상을 언급하고, 현실적인 여러 요인으로 인해 '거품 현상'이 나타나기도 하며 '거품 현상'이란 구체적으로 무엇인지를 설명하는 글이다. 따라서 (가) 수요와 공급에 의해 결정되는 가격 → (마) 상품의 가격에 대한 일반적인 예상 → (다) 현실적인 가격 결정 요인 → (나) 이로 인해 예상치 못하게 나타나는 '거품 현상' → (라) '거품 현상'에 대한 구체적인 설명의 순서로 나열해야 한다.

## 출제유형분석 04 실전예제

### 01

정답 ④

'살쾡이'가 표준어가 된 것은 주로 서울 지역에서 그렇게 발음하기 때문이다. 따라서 가장 광범위하게 사용되기 때문이라는 설명은 적절하지 않다.

오답분석

① 제시문에서는 '삵'이라는 단어에 비해 '살쾡이'가 후대에 생겨난 단어라고 하였다. 이때, '호랑이'라는 단어도 이와 같은 식으로 생겨났다고 하였으므로 '호'라는 단어가 먼저 생겨나고 '호랑이'가 후대에 생겨난 단어였음을 알 수 있다.
② '삵'과 '괭이'라는 두 개의 단어가 합쳐져 '살쾡이'를 지시하고 있으며 '호'와 '랑'이 합쳐져 '호랑이'라는 하나의 대상을 지시하고 있다는 점에서 알 수 있는 내용이다.
③ 남한에서는 '살쾡이'를 표준어로 삼고 '살괭이'를 방언으로 처리한 반면, 북한에서는 '살괭이'만을 사전에 등재하고 '살쾡이'는 그렇지 않다는 점에서 알 수 있는 내용이다.
⑤ '살쾡이'는 지역에 따라 삵괭이, 삭괭이, 삭꽹이, 살꽹이 등의 방언으로 불리는데 이는 그 지역의 발음이 다르기 때문이다.

### 02

정답 ③

철학의 여인에 따르면 보에티우스의 건강을 회복할 방법은 병의 원인이 되는 잘못된 생각을 바로잡아 주는 것이다. 즉, 건강을 회복하기 위해서는 만물의 궁극적인 목적이 선을 지향하는 데 있다는 것과 세상이 정의에 의해 다스려진다는 것을 깨달아야 한다. 따라서 적절한 것은 ㄱ, ㄴ이다.

오답분석

ㄷ. 보에티우스가 모든 소유물을 박탈당했다고 생각하는 것은 운명의 본모습을 모르기 때문이라고 말하고 있다.

### 03

정답 ③

③은 교환되는 내용이 양과 질의 측면에서 정확히 대등하지 않기 때문에 비대칭적 상호주의의 예시이다.

### 04

정답 ⑤

LPG는 폭발 위험성이 크지만 가정용으로 사용되며, 대표적인 것으로 가스레인지 등에 사용되는 가스통 형태가 있다.

오답분석

① PNG, CNG, LNG 등은 천연가스로, 천연가스는 열량이 높은 청정에너지로서 친환경적이다.
② PNG는 생산지에서 배관으로 직접 가스를 공급하는 것으로, 북한과 통일된다면 천연가스가 풍부한 나라처럼 생산지에서 배관을 연결하여 PNG를 활용할 수 있을 것이다.
③ CNG는 LNG를 자동차 연료로 변환한 것으로, 부피는 LNG(천연가스 약 600배 압축)보다 3배 크지만, 천연가스보다는 부피가 작다. 현재 서울 시내버스는 대부분 CNG를 사용한다.
④ 천연가스를 냉각하여 액화한 것이 LNG이고, LNG를 기화시킨 후 다시 압축한 것이 CNG이다.

### 05

정답 ①

제시문은 진정한 자유란 무엇인지에 대한 대립적인 두 의견을 소개하고 있다. 벌린은 어떠한 간섭도 받지 않는 '소극적 자유'를 진정한 자유라고 보고 있고, 스키너는 간섭의 부재가 진정한 자유를 의미하지 않는다고 했다. 즉, 국민이든 국가의 조직체이든 원하는 목표를 실현하기 위해 그 의지에 따라 권력을 행사하는 데 제약을 받지 않는 것이 진정한 자유라고 했다. 따라서 스키너의 주장에 따르면 개인의 자유이든 공동선을 추구하는 국가이든 둘 다 제약을 받지 않고 목표를 실현하기 위해 노력할 것이므로 오히려 양립을 추구한다.

# 02 | 수리능력



## 출제유형분석 01 실전예제

### 01

 ③

장난감 A기차와 B기차가 터널을 완전히 지났을 때의 이동거리는 터널의 길이에 기차의 길이를 더한 값이다. A, B기차의 길이를 각각 $a$cm, $b$cm로 가정하고, 터널을 나오는 데 걸리는 시간에 대한 식을 세우면 다음과 같다.

- A기차 길이 : $12\times4=30+a \rightarrow 48=30+a \rightarrow a=18$
- B기차 길이 : $15\times4=30+b \rightarrow 60=30+b \rightarrow b=30$

따라서 A, B기차의 길이는 각각 18cm, 30cm이며, 합은 48cm이다.

### 02

정답 ④

흰색 카드에서 숫자 9를 두 번 뽑고, 빨간색 숫자 중 4를 뽑아 가장 큰 세 자리 수인 994를 만들 수 있고, 흰색 카드에서 숫자 1을 2번, 빨간색에서 2를 뽑으면 가장 작은 수인 112를 만들 수 있다.
따라서 가장 큰 수와 작은 수의 차이는 $994-112=882$이다.

### 03

정답 ③

수영장에 물이 가득 찼을 때의 일의 양을 1이라 하면, 수도관 A로는 1시간에 $\frac{1}{6}$만큼, B로는 $\frac{1}{4}$만큼을 채울 수 있다. A, B 두 수도관을 모두 사용하여 수영장에 물을 가득 채우는 데 걸리는 시간을 $x$시간이라고 하자.

$$\left(\frac{1}{6}+\frac{1}{4}\right)\times x=1 \rightarrow \frac{5}{12}x=1$$

$$\therefore x=\frac{12}{5}=2\frac{2}{5}$$

따라서 A, B 두 수도관을 모두 사용하면 물을 가득 채우는 데 $2\frac{2}{5}$시간, 즉 2시간 24분이 걸린다.

### 04

정답 ①

농도가 14%인 A설탕물 300g과 18%인 B설탕물 200g을 합친 후 100g의 물을 더 넣으면 600g의 설탕물이 되고, 이 설탕물에 녹아있는 설탕의 양은 $(300\times0.14)+(200\times0.18)=78$g이다. 여기에 C설탕물을 합치면 $600+150=750$g의 설탕물이 되고, 이 설탕물에 녹아있는 설탕의 양은 $78+(150\times0.12)=96$g이다. 따라서 마지막 200g의 설탕물에 들어있는 설탕의 질량은 $200\times\frac{96}{750}=200\times0.128=25.6$g이다.

## 출제유형분석 02 실전예제

### 01

정답 ④

제품군별 지급해야 할 보관료는 다음과 같다.

- A제품군 : 300억 원×0.01=3억 원
- B제품군 : 2,000CUBIC×20,000원=4천만 원
- C제품군 : 500톤×80,000원=4천만 원

따라서 I기업이 보관료로 지급해야 할 총금액은 3억 원+4천만 원+4천만 원=3억 8천만 원이다.

### 02

정답 ①

제시된 자료에서 50대의 해외·국내여행 평균횟수는 매년 1.2회씩 증가하는 것을 알 수 있다.
따라서 빈칸에 들어갈 수치는 31.2+1.2=32.4회이다.

### 03

정답 ①

(발생지역의 고사한 소나무 수)=(감염률)×(고사율)×(발생지역의 소나무 수)

- 거제 : 0.5×0.5×1,590=397.5
- 경주 : 0.2×0.5×2,981=298.1
- 제주 : 0.8×0.4×1,201=384.32
- 청도 : 0.1×0.7×279=19.53
- 포항 : 0.2×0.6×2,312=277.44

따라서 고사한 소나무 수가 가장 많은 발생지역은 거제이다.

### 04

정답 ⑤

L씨는 휴일 오후 3시에 택시를 타고 서울에서 경기도 맛집으로 이동 중이다. 택시요금 계산표에 따라 경기도 진입 전까지 기본요금으로 2km까지 3,800원이며, 4.64−2=2.64km는 주간 거리요금으로 계산하면 $\frac{2,640}{132}\times100=2,000$원이 나온다. 경기도에 진입한 후 맛집까지의 거리는 12.56−4.64=7.92km로 시계외 할증이 적용되어 심야 거리요금으로 계산하면 $\frac{7,920}{132}\times120=7,200$원이고, 경기도 진입 후 택시가 멈춰있었던 8분의 시간요금은 $\frac{8\times60}{30}\times120=1,920$원이다. 따라서 L씨가 가족과 맛집에 도착하여 지불하게 될 택시요금은 3,800+2,000+7,200+1,920=14,920원이다.

# 출제유형분석 03 실전예제

## 01

정답 ②

전 직원의 주 평균 야간근무 빈도는 직급별 사원수를 알아야 구할 수 있는 값이다. 따라서 단순히 직급별 주 평균 야간근무 빈도를 모두 더하여 평균을 구하는 것은 적절하지 않다.

오답분석

① 자료를 통해 알 수 있다.

③ 0.2시간은 60×0.2=12분이다. 따라서 4.2시간은 4시간 12분이다.

④ 대리는 주 평균 1.8일, 6.3시간의 야간근무를 한다. 야근 1회 시 평균 6.3÷1.8=3.5시간을 근무하므로 가장 긴 시간 동안 일한다.

⑤ 과장은 주 평균 60×4.8=288분(4시간 48분) 야간근무를 한다. 60분의 $\frac{2}{3}$(40분) 이상 채울 시 1시간으로 야간근무 수당을 계산하므로, 5시간으로 계산하여 50,000원을 받는다.

## 02

정답 ③

A국과 F국을 비교해 보면 참가선수는 A국이 더 많지만, 동메달 수는 F국이 더 많다.

## 03

정답 ④

같은 물질에 대한 각 기관의 실험오차율의 크기 비교는 실험오차의 크기 비교로 할 수 있다.
물질 2에 대한 각 기관의 실험오차를 구하면 다음과 같다.

- A기관 : |26−11.5|=14.5
- B기관 : |7−11.5|=4.5
- C기관 : |7−11.5|=4.5
- D기관 : |6−11.5|=5.5

B, C, D기관의 실험오차의 합은 4.5+4.5+5.5=14.5이다.
따라서 물질 2에 대한 A기관의 실험오차율은 물질 2에 대한 나머지 기관의 실험오차율 합과 같다.

오답분석

① • 물질 1에 대한 B기관의 실험오차 : |7−4.5|=2.5
  • 물질 1에 대한 D기관의 실험오차 : |2−4.5|=2.5
  즉, 두 기관의 실험오차와 유효농도가 동일하므로 실험오차율도 동일하다.

② 실험오차율이 크려면 실험오차가 커야 한다. 물질 3에 대한 각 기관의 실험오차를 구하면 다음과 같다.
  • A기관 : |109−39.5|=69.5
  • B기관 : |15−39.5|=24.5
  • C기관 : |16−39.5|=23.5
  • D기관 : |18−39.5|=21.5
  따라서 물질 3에 대한 실험오차율은 A기관이 가장 크다.

③ • 물질 1에 대한 B기관의 실험오차 : |7−4.5|=2.5
  • 물질 1에 대한 B기관의 실험오차율 : $\frac{2.5}{4.5}\times 100 ≒ 55.56\%$
  • 물질 2에 대한 A기관의 실험오차 : |26−11.5|=14.5
  • 물질 2에 대한 A기관의 실험오차율 : $\frac{14.5}{11.5}\times 100 ≒ 126.09\%$
  따라서 물질 1에 대한 B기관의 실험오차율은 물질 2에 대한 A기관의 실험오차율보다 작다.

⑤ 자료를 보면 A기관의 실험 결과는 모든 물질에 대해서 평균보다 높다. 따라서 A기관의 실험 결과를 제외한다면 유효농도 값(평균)은 제외하기 전보다 작아진다.

## 04

정답 ②

2019년과 2022년 처리 건수 중 인용 건수 비율은 2019년은 $\frac{3,667}{32,737}\times100≒11.20\%$, 2022년은 $\frac{3,031}{21,080}\times100≒14.38\%$로, 2022년과 2019년 처리 건수 중 인용 건수 비율의 차이는 14.38−11.20=3.18%p이다. 따라서 처리 건수 중 인용 건수 비율은 2022년이 2019년에 비해 3%p 이상 높다.

오답분석

ㄱ. 기타처리 건수의 전년 대비 감소율은 다음과 같다.

- 2020년 : $\frac{12,871-16,674}{16,674}\times100≒-22.81\%$
- 2021년 : $\frac{10,166-12,871}{12,871}\times100≒-21.02\%$
- 2022년 : $\frac{8,204-10,166}{10,166}\times100≒-19.30\%$

ㄷ. 처리 건수 대비 조정합의 건수의 비율은 2020년은 $\frac{2,764}{28,744}\times100≒9.62\%$로, 2021년의 $\frac{2,644}{23,573}\times100≒11.22\%$보다 낮다.

ㄹ. 조정합의 건수 대비 의견표명 건수 비율은 2019년에는 $\frac{467}{2,923}\times100≒15.98\%$, 2020년에는 $\frac{474}{2,764}\times100≒17.15\%$, 2021년에는 $\frac{346}{2,644}\times100≒13.09\%$, 2019년에는 $\frac{252}{2,567}\times100≒9.82\%$이다. 조정합의 건수 대비 의견표명 건수 비율이 높은 순서로 나열하면 2020년 → 2019년 → 2021년 → 2022년이다. 또한, 평균처리일이 짧은 순서로 나열하면 2020년 → 2022년 → 2019년 → 2021년이다. 따라서 평균처리일 기간과 조정합의 건수 대비 의견표명 건수 비율의 순서는 일치하지 않는다.

## 05

정답 ③

2021년 E강사의 수강생 만족도는 3.2점이므로 2022년 E강사의 시급은 2021년과 같은 48,000원이다. 2022년 시급과 수강생 만족도를 참고하여 2023년 강사별 시급과 2022년과 2023년의 시급 차이를 구하면 다음과 같다.

| 강사 | 2023년 시급 | (2023년 시급)−(2022년 시급) |
|---|---|---|
| A | 55,000(1+0.05)=57,750원 | 57,750−55,000=2,750원 |
| B | 45,000(1+0.05)=47,250원 | 47,250−45,000=2,250원 |
| C | 54,600(1+0.1)=60,060원 → 60,000원(∵ 시급의 최대) | 60,000−54,600=5,400원 |
| D | 59,400(1+0.05)=62,370원 → 60,000원(∵ 시급의 최대) | 60,000−59,400=600원 |
| E | 48,000원 | 48,000−48,000=0원 |

따라서 2022년과 2023년의 시급 차이가 가장 큰 강사는 C이다.

오답분석

① E강사의 2022년 시급은 48,000원이다.

② 2023년 D강사의 시급과 C강사의 시급은 60,000원으로 같다(∵ 강사가 받을 수 있는 최대 시급 60,000원).

④ 2022년 C강사의 시급 인상률을 $a\%$라고 하면 다음 식이 성립한다.

$52,000\left(1+\frac{a}{100}\right)=54,600 \rightarrow 520a=2,600$

$\therefore a=5$

즉, 2022년 C강사의 시급 인상률은 5%이므로, 2021년 수강생 만족도 점수는 4.0점 이상 4.5점 미만이다.

⑤ 2023년 A강사와 B강사의 시급 차이는 57,750−47,250=10,500원이다.

## 06

정답 ①

㉠ 분류기준에 따라 위험도와 경제성 점수 중 하나는 3.0점 초과, 다른 하나는 2.5점 초과 3.0점 이하여야 주시광종으로 분류된다. 이 기준을 만족하는 광종은 아연광으로 1종류뿐이다.

㉢ 모든 광종의 위험도와 경제성 점수가 각각 20% 증가했을 때를 정리하면 다음과 같다.

| 구분 | 금광 | 은광 | 동광 | 연광 | 아연광 | 철광 |
|---|---|---|---|---|---|---|
| 위험도 | 2.5×1.2=3 | 4×1.2=4.8 | 2.5×1.2=3 | 2.7×1.2=3.24 | 3×1.2=3.6 | 3.5×1.2=4.2 |
| 경제성 | 3×1.2=3.6 | 3.5×1.2=4.2 | 2.5×1.2=3 | 2.7×1.2=3.24 | 3.5×1.2=4.2 | 4×1.2=4.8 |

이때 비축필요광종으로 분류되는 광종은 은광, 연광, 아연광, 철광으로 4종류이다.

오답분석

㉡ 분류기준에 따라 위험도와 경제성 점수 모두 3.0점을 초과해야 비축필요광종으로 분류된다. 이 기준을 만족하는 광종은 은광, 철광이다.

㉣ 주시광종의 분류기준을 위험도와 경제성 점수 중 하나는 3.0점 초과, 다른 하나는 2.5점 이상 3.0점 이하로 변경한다면 아연광은 주시광종으로 분류되지만, 금광은 비축제외광종으로 분류된다.

## 07

정답 ④

㉠ 제시된 자료를 보면 2022년에 공개경쟁채용을 통해 채용이 이루어진 직렬은 5급, 7급, 9급, 연구직으로 총 4개이다.

㉡ • 2022년 우정직 채용 인원 : 599명

• 2022년 7급 채용 인원 : 1,148명

따라서 1,148÷2=574<599이므로 옳은 설명이다.

㉣ • 2023년 9급 공개경쟁채용 인원 : 3,000×(1+0.1)=3,300명

• 2024년 9급 공개경쟁채용 인원 : 3,300×(1+0.1)=3,630명

• 2022년 대비 2024년 9급 공개경쟁채용 인원의 증가폭 : 3,630−3,000=630명

나머지 채용 인원은 2022년과 같게 유지하여 채용한다고 하였으므로, 2024년 전체 공무원 채용 인원은 9,042+630=9,672명이다. 따라서 2024년 전체 공무원 채용 인원 중 9급 공개경쟁 채용인원의 비중은 $\frac{3,630}{9,672}\times100 \fallingdotseq 37.53\%$이다.

오답분석

㉢ 5급, 7급, 9급의 경우 공개경쟁채용 인원이 경력경쟁채용 인원보다 많다. 그러나 연구직의 경우 공개경쟁채용 인원이 경력경쟁채용 인원보다 적다.

CHAPTER

# 03 문제해결능력

## 출제유형분석 01 실전예제

### 01

정답 ⑤

세 번째와 네 번째 조건에 의해 종열이와 지훈이는 춤을 추지 않았다. 또한, 두 번째 조건의 대우에 의해 재현이가 춤을 추었고, 첫 번째 조건에 따라 서현이가 춤을 추었다.

### 02

정답 ④

주어진 조건을 정리하면 다음과 같다.

| 구분 | 영어(3명) | 중국어(2명) | 일본어(1명) | 프랑스어(1명) | 독일어(1명) |
|---|---|---|---|---|---|
| A | ○ | × | × | × | ○ |
| B | ○ | ○ | × | | × |
| C | × | ○ | ○ | × | × |
| D | ○ | × | × | | × |

따라서 D 또는 B 둘 중 한 명이 프랑스어를 능통하게 하는데, 제시된 조건으로는 확정할 수 없어 D가 어느 국가로 파견 근무를 떠나는지는 알 수 없다.

오답분석

① A는 영어와 독일어 두 개의 외국어를 능통하게 할 수 있다.
② B는 영어와 중국어를 능통하게 하지만, 프랑스어도 능통하게 하는지 알 수 없다.
③ C만 일본어를 능통하게 하므로 C는 일본으로 파견 근무를 떠난다.
⑤ A는 영어, 독일어를 능통하게 하고, C는 중국어, 일본어를 능통하게 하기 때문에 동일하게 능통하게 하는 외국어는 없다.

## 출제유형분석 02 실전예제

### 01

정답 ②

서울 지점의 C씨에게 배송할 제품과 경기남부 지점의 B씨에게 배송할 제품에 대한 기호를 모두 기록해야 한다.

• C씨 : MS11EISS
  - 재료 : 연강(MS)
  - 판매량 : 1box(11)
  - 지역 : 서울(E)
  - 윤활유 사용 : 윤활작용(I)
  - 용도 : 스프링(SS)

• B씨 : AHSS00SSST
- 재료 : 초고강도강(AHSS)
- 판매량 : 1set(00)
- 지역 : 경기남부(S)
- 윤활유 사용 : 밀폐작용(S)
- 용도 : 타이어코드(ST)

## 02

정답 ②

A/S 접수 현황에서 잘못 기록된 일련번호는 총 7개이다.

| | |
|---|---|
| 분류 1 | • ABE1C6100121 → 일련번호가 09999 이상인 것은 없음<br>• MBE1DB001403 → 제조월 표기기호 중 'B'는 없음 |
| 분류 2 | • MBP2CO120202 → 일련번호가 09999 이상인 것은 없음<br>• ABE2D0001063 → 제조월 표기기호 중 '0'은 없음 |
| 분류 3 | • CBL3S8005402 → 제조연도 표기기호 중 'S'는 없음 |
| 분류 4 | • SBE4D5101483 → 일련번호가 09999 이상인 것은 없음<br>• CBP4D6100023 → 일련번호가 09999 이상인 것은 없음 |

## 03

정답 ④

제조연도는 시리얼 번호 중 앞에서 다섯 번째 알파벳으로 알 수 있다. 2019년도는 'A', 2020년도는 'B'로 표기되어 있으며, A/S 접수 현황에서 찾아보면 총 9개이다.

## 04

정답 ③

A/S 접수 현황에서 제품 시리얼 번호를 보면 네 번째 자리의 숫자가 분류 1에는 '1', 분류 2에는 '2', 분류 3에는 '3', 분류 4에는 '4'로 나눠져 있음을 알 수 있다. 따라서 네 번째 자리가 의미하는 메모리 용량이 시리얼 번호를 분류하는 기준이다.

## 05

정답 ①

조건에 따라 소괄호 안에 있는 부분을 순서대로 풀이하면 다음과 같다.
'1 A 5'에서 A는 좌우의 두 수를 더하는 것이지만, 더한 값이 10 미만이면 좌우에 있는 두 수를 곱해야 한다. $1+5=6$으로 10 미만이므로 두 수를 곱하여 5가 된다.
'3 C 4'에서 C는 좌우의 두 수를 곱하는 것이지만 곱한 값이 10 미만일 경우 좌우에 있는 두 수를 더한다. 이 경우 $3\times4=12$로 10 이상이므로 12가 된다.
중괄호를 풀어보면 '5 B 12'이다. B는 좌우에 있는 두 수 가운데 큰 수에서 작은 수를 빼는 것이지만, 두 수가 같거나 뺀 값이 10 미만이면 두 수를 곱한다. $12-5=7$로 10 미만이므로 두 수를 곱해야 한다. 따라서 60이 된다.
'60 D 6'에서 D는 좌우에 있는 두 수 가운데 큰 수를 작은 수로 나누는 것이지만, 두 수가 같거나 나눈 값이 10 미만이면 두 수를 곱해야 한다. 이 경우 나눈 값이 10이 되므로 답은 10이다.

## 출제유형분석 03 실전예제

### 01

정답 ④

을·정·무 : 정이 운전을 하고 을이 차장이며, 부상 중인 사람이 없기 때문에 17:00에 도착하므로 정의 당직 근무에도 문제가 없다. 따라서 가능한 조합이다.

오답분석

① 갑·을·병 : 갑이 부상인 상태이므로 B지사에 17시 30분에 도착하는데, 을이 17시 15분에 계약업체 면담을 진행해야 하므로 가능하지 않은 조합이다.
② 갑·병·정 : 갑이 부상인 상태이므로 B지사에 17시 30분에 도착하는데, 정이 17시 10분부터 당직 근무가 예정되어 있으므로 가능하지 않은 조합이다.
③ 을·병·무 : 1종 보통 운전면허를 소지하고 있는 사람이 없으므로 가능하지 않은 조합이다.
⑤ 병·정·무 : 책임자로서 차장 직급이 한 명은 포함되어야 하므로 가능하지 않은 조합이다.

### 02

정답 ④

ㄴ. B씨의 사전평가 총점은 42점이지만 구술이 3점 미만이므로 기초과정에 배정된다.
ㄹ. 사전평가에 응시하지 않으면 자동 면제로 처리되어 기초과정부터 참여한다.

오답분석

ㄱ. A씨의 사전평가 총점은 40점이므로 초급 2 과정에 배정된다.
ㄷ. 이수정지 신청 후 2년 이내에 재등록했기 때문에 과거 이수사항이 승계되어 초급 1 과정에 참여할 수 있다.

### 03

정답 ④

불가피한 사유(출산)로 이수정지 신청을 한 경우, 이수정지 후 2년 이내에 재등록하면 과거 이수사항 및 이수시간이 계속 승계되어 해당 과정에 참여할 수 있다.

### 04

정답 ⑤

ㄷ. 보조금 신청서는 온라인은 복지로 홈페이지, 오프라인은 읍면동 주민센터에서 작성한 후 제출하면 되며, 카드사의 홈페이지에서는 보조금 신청서 작성이 불가능하다.
ㄹ. 읍면동 주민센터 또는 해당 카드사를 방문하여 카드를 발급받을 수 있다.

오답분석

ㄱ. 어린이집 보육료 및 유치원 학비는 신청자가 별도로 인증하지 않아도 보조금 신청 절차에서 인증된다.
ㄴ. 오프라인과 온라인 신청 모두 연회비가 무료임이 명시되어 있다.

### 05

정답 ④

I공사의 구매 담당자는 기계의 성능을 모두 같다고 보는데 E사 제품이 성능 면에서 뒤처진다고 설득하는 내용이므로 적절하지 않다.

CHAPTER

# 04 자원관리능력



## 출제유형분석 01 실전예제

### 01

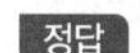 ④

선택지에서 요일은 두 요일씩 짝지어져 있으므로 8시간의 윤리교육을 같은 요일에 이수하기 위해서는 해당 요일의 오전 일정이 4일간 비워져 있어야 한다. 월요일에는 14일 최과장 연차로 가능한 날이 3일뿐이고, 화요일에는 8일 오전 워크숍, 29일 오전 성대리 외근으로 가능한 날이 3일뿐이라 수강할 수 없다. 또한 목요일도 3일 오전 본사 회장 방문으로 가능한 날이 3일뿐이다. 수요일에는 30일 오전 임원진 간담회가 있지만, 이 날을 제외하고도 4일 동안 윤리교육 수강이 가능하며, 금요일에는 25일에 김대리 반차가 있지만 오후이므로 4일 동안 윤리교육 수강이 가능하다. 따라서 윤리교육이 가능한 요일은 수요일과 금요일이다.

### 02

정답 ①

• 인천에서 아디스아바바까지 소요 시간

(인천 → 광저우) 3시간 50분
(광저우 경유시간) +4시간 55분
(광저우 → 아디스아바바) +11시간 10분
=19시간 55분

• 아디스아바바에 도착한 현지 날짜 및 시각

한국시각 8월 5일 오전 8시 40분
소요시간 +19시간 55분
시차 −6시간
=8월 5일 오후 10시 35분

### 03

정답 ④

• 인천에서 말라보까지 소요 시간

(인천 → 광저우) 3시간 50분
(광저우 경유시간) +4시간 55분
(지연출발) +2시간
(광저우 → 아디스아바바) +11시간 10분
(아디스아바바 경유시간) +6시간 10분
(아디스아바바 → 말라보) +5시간 55분
=34시간

• 말라보에 도착한 현지 날짜 및 시각

한국시각 8월 5일 오전 8시 40분
소요시간 +34시간
시차 −8시간
=8월 6일 오전 10시 40분

## 04

정답 ②

각국에서 출발한 직원들이 국내(대한민국)에 도착하는 시간을 계산하기 위해서는 먼저 시차를 구해야 한다. 동일 시점에서의 각국의 현지시각을 살펴보면 국내의 시각이 가장 빠르다는 점을 알 수 있다. 즉, 국내의 현지시각을 기준으로 각국의 현지시각을 빼면 시차를 구할 수 있다. 시차는 계산 편의상 24시를 기준으로 한다.

| 구분 | 계산식 | 시차 |
|---|---|---|
| 대한민국 ~ 독일 | 25일 06:20−24일 23:20 | 7시간 |
| 대한민국 ~ 인도 | 25일 06:20−25일 03:50 | 2시간 30분 |
| 대한민국 ~ 미국 | 25일 06:20−24일 17:20 | 13시간 |

각국의 직원들이 국내에 도착하는 시간은 출발지 기준 이륙시각에서 비행시간과 시차를 더하여 구할 수 있다. 계산 편의상 24시를 기준으로 한다.

| 구분 | 계산식 | 대한민국 도착시각 |
|---|---|---|
| 독일 | 25일 16:20+11:30+7:00 | 26일 10:50 |
| 인도 | 25일 22:10+08:30+2:30 | 26일 09:10 |
| 미국 | 25일 07:40+14:00+13:00 | 26일 10:40 |

따라서 인도에서 출발하는 직원이 가장 먼저 도착하고, 미국, 독일 순서로 도착하는 것을 알 수 있다.

# 출제유형분석 02 실전예제

## 01

정답 ⑤

우선 면적이 가장 큰 교육시설과 면적이 2번째로 작은 교육시설을 각각 3시간 대관한다고 했다. 면적이 가장 큰 교육시설은 강의실(대)이며 면적이 2번째로 작은 교육시설은 강의실(중)이다.

- 강의실(대)의 대관료 : (129,000+64,500)×1.1=212,850원(∵ 3시간 대관, 토요일 할증)
- 강의실(중)의 대관료 : (65,000+32,500)×1.1=107,250원(∵ 3시간 대관, 토요일 할증)

다목적홀, 이벤트홀, 체육관 중 이벤트홀은 토요일에 휴관이므로 다목적홀과 체육관의 대관료를 비교하면 다음과 같다.

- 다목적홀 : 585,000×1.1=643,500원(∵ 토요일 할증)
- 체육관 : 122,000+61,000=183,000원(∵ 3시간 대관)

즉, 다목적홀과 체육관 중 저렴한 가격으로 이용할 수 있는 곳은 체육관이다.
따라서 K주임에게 안내해야 할 대관료는 212,850+107,250+183,000=503,100원이다.

## 02

정답 ⑤

- 1월 8일
  출장지는 I시이므로 출장수당은 10,000원이고, 교통비는 20,000원이다. 그러나 법인차량을 사용했으므로 교통비에서 10,000원이 차감된다. 즉, 1월 8일의 출장여비는 10,000+(20,000−10,000)=20,000원이다.
- 1월 16일
  출장지는 S시이므로 출장수당은 20,000원이고, 교통비는 30,000원이다. 그러나 출장 시작 시각이 14시이므로 10,000원이 차감된다. 즉, 1월 16일의 출장여비는 (20,000−10,000)+30,000=40,000원이다.
- 1월 19일
  출장지는 B시이므로 출장비는 20,000원이고, 교통비는 30,000원이다. 이때, 업무추진비를 사용했으므로 10,000원이 차감된다. 즉, 1월 19일의 출장여비는 (20,000−10,000)+30,000=40,000원이다.

따라서 K사원이 1월 출장여비로 받을 수 있는 총액은 20,000+40,000+40,000=100,000원이다.

## 03

정답 ①

B기업에서 오후 회의실 사용을 취소한다고 하였으므로, 오전 회의실 사용에 관해서는 고려하지 않아도 된다.

i ) B기업에서 오후에 예약한 회의실

조건에서 예약 시 최소 인원은 수용 인원의 $\frac{1}{2}$ 이상이어야 한다고 하였으므로 충족하는 회의실은 세미나 3·4이다. 또한, 예약 가능한 회의실 중 비용이 저렴한 쪽을 선택한다고 하였으므로 세미나 3과 세미나 4의 사용료를 구하면 다음과 같다.

- 세미나 3 : 74,000(기본임대료)+37,000(추가임대료)+20,000(노트북 대여료)+50,000( 빔프로젝터 대여료)=181,000원
- 세미나 4 : 110,000(기본임대료)+55,000(추가임대료)+20,000(노트북 대여료)+50,000(빔프로젝터 대여료)=235,000원

그러므로 B기업에서 오후에 예약한 회의실은 세미나 3이다.

ii) B기업이 환불받을 금액

B기업에서는 이용일 4일 전에 사용을 취소했으므로 환불규칙에 의해 취소수수료 10%가 발생한다. 따라서 환불받을 금액을 구하면 181,000×0.9=162,900원이다.

PART 1

## 출제유형분석 03 실전예제

## 01

정답 ③

8월 11일에 있는 햇빛새싹발전소 발전사업 대상지 방문 일정에는 3명이 참가한다. 짐 무게 3kg당 탑승인원 1명으로 취급하므로, 총 4명의 인원이 탈 수 있는 렌터카가 필요하다. 최대 탑승인원을 만족하는 A, B, C, D렌터카 중 가장 저렴한 것은 A렌터카이지만 8월 1～12일에 여름휴가 할인행사로 휘발유 차량을 30% 할인하므로 B렌터카의 요금이 60,000×(1−0.3)=42,000원으로 가장 저렴하다. 따라서 B렌터카를 선택한다.

8월 18일 보령 본사 방문에 참여하는 인원은 4명인데, 짐 무게 6kg은 탑승인원 2명으로 취급하므로 총 6명이 탈 수 있는 렌터카가 필요하다. 최대 탑승인원을 만족하는 C와 D렌터카는 요금이 동일하므로 조건에 따라 최대 탑승인원이 더 많은 C렌터카를 선택한다.

## 02

정답 ①

업체들의 항목별 가중치 미반영 점수를 도출한 후, 가중치를 적용하여 선정점수를 도출하면 다음과 같다.

(단위 : 점)

| 구분 | 납품품질 점수 | 가격 경쟁력 점수 | 직원규모 점수 | 가중치 반영한 선정점수 |
|---|---|---|---|---|
| A업체 | 90 | 90 | 90 | (90×0.4)+(90×0.3)+(90×0.3)=90 |
| B업체 | 80 | 100 | 90 | (80×0.4)+(100×0.3)+(90×0.3)=89 |
| C업체 | 70 | 100 | 80 | (70×0.4)+(100×0.3)+(80×0.3)=82 |
| D업체 | 100 | 70 | 80 | (100×0.4)+(70×0.3)+(80×0.3)=85 |
| E업체 | 90 | 80 | 100 | (90×0.4)+(80×0.3)+(100×0.3)=90 |

따라서 선정점수가 가장 높은 업체는 90점을 받은 A업체와 E업체이며, 이 중 가격 경쟁력 점수가 더 높은 A업체가 선정된다.

## 03

정답 ③

가장 수수료가 적은 여권은 단수여권으로 20,000원이다. 하지만 단수여권은 1년 이내에 1회만 사용할 수 있는 여권이므로 여행 출발일이 1년 2개월 남은 시점에 발급받기에는 적절하지 않다. 따라서 복수여권 중 5년, 10년 이내 여권을 발급받을 수 있으며 성인이기 때문에 기간이 10년인 여권을 선택한다. 발급수수료가 최소여야 한다는 조건에 따라 10년 이내, 24면을 선택하면 발급수수료 총액은 50,000원이다.

## 출제유형분석 04 실전예제

### 01

정답 ③

먼저 모든 면접위원의 입사 후 경력은 3년 이상이어야 한다는 조건에 따라 A, E, F, H, I, L직원은 면접위원으로 선정될 수 없다. 이사 이상의 직급으로 6명 중 50% 이상 구성되어야 하므로 자격이 있는 C, G, N은 반드시 면접위원으로 포함한다. 다음으로 인사팀을 제외한 부서는 두 명 이상 구성할 수 없으므로 이미 N이사가 선출된 개발팀은 더 선출할 수 없고, 인사팀은 반드시 2명을 포함해야 하므로 D과장은 반드시 선출된다. 이를 정리하면 다음과 같다.

| 구분 | 1 | 2 | 3 | 4 | 5 | 6 |
|---|---|---|---|---|---|---|
| 경우 1 | C이사 | D과장 | G이사 | N이사 | B과장 | J과장 |
| 경우 2 | C이사 | D과장 | G이사 | N이사 | B과장 | K대리 |
| 경우 3 | C이사 | D과장 | G이사 | N이사 | J과장 | K대리 |

따라서 B과장이 면접위원으로 선출됐더라도 K대리가 선출되지 않는 경우도 있다.

### 02

정답 ④

B동의 변학도 씨는 매주 월, 화 오전 8시부터 오후 3시까지 하는 카페 아르바이트로 화~금 오전 9시 30분부터 오후 12시까지 진행되는 '그래픽 편집 달인 되기'를 수강할 수 없다.

### 03

정답 ②

- 본부에서 36개월 동안 연구원으로 근무 → 0.03×36=1.08점
- 지역본부에서 24개월 근무 → 0.015×24=0.36점
- 특수지에서 12개월 동안 파견근무(지역본부 근무경력과 중복되어 절반만 인정) → 0.02×12÷2=0.12점
- 본부로 복귀 후 현재까지 총 23개월 근무 → 0.03×23=0.69점
- 현재 팀장(과장) 업무 수행 중
  - 내부평가결과 최상위 10% 총 12회 → 0.012×12=0.144점
  - 내부평가결과 차상위 10% 총 6회 → 0.01×6=0.06점
  - 금상 2회, 은상 1회, 동상 1회 수상 → (0.25×2)+(0.15×1)+(0.1×1)=0.75점 → 0.5점(∵ 인정 범위 조건)
  - 시행결과평가 탁월 2회, 우수 1회 → (0.25×2)+(0.15×1)=0.65점 → 0.5점(∵ 인정 범위 조건)

따라서 K과장에게 부여해야 할 가점은 3.454점이다.

CHAPTER

# 05 정보능력

## 출제유형분석 01 실전예제

### 01

정답 ④

전략정보시스템은 기업의 전략을 실현하여 경쟁우위를 확보하기 위한 목적으로 사용되는 정보시스템으로, 기업의 궁극적 목표인 이익에 직접 영향을 줄 수 있는 시장점유율 향상, 매출신장, 신상품 전략, 경영전략 등의 전략계획에 도움을 준다.

오답분석

① 비지니스 프로세스 관리 : 기업 내외의 비즈니스 프로세스를 실제로 드러나게 하고, 비즈니스의 수행과 관련된 사람 및 시스템을 프로세스에 맞게 실행·통제하며, 전체 비즈니스 프로세스를 효율적으로 관리하고 최적화할 수 있는 변화 관리 및 시스템 구현 기법이다.
② 전사적자원관리 : 인사·재무·생산 등 기업의 전 부문에 걸쳐 독립적으로 운영되던 각종 관리시스템의 경영자원을 하나의 통합시스템으로 재구축함으로써 생산성을 극대화하려는 경영혁신기법이다.
③ 경영정보시스템 : 기업의 경영정보를 총괄하는 시스템으로, 의사결정 등을 지원하는 종합시스템이다.
⑤ 의사결정지원시스템 : 컴퓨터의 데이터베이스 기능과 모델 시뮬레이션 기능을 이용하여 경영의 의사결정을 지원하는 시스템이다.

### 02

정답 ①

빈칸 ㉠에 들어갈 내용으로 옳은 것은 '여러 개의 연관된 파일'이며, 빈칸 ㉡에 들어갈 내용으로 옳은 것은 '한 번에 한 개의 파일'이다.

## 출제유형분석 02 실전예제

### 01

정답 ③

㉮ 영어점수가 평균을 초과하는 것을 추출할 때는 AVERAGE 함수의 범위에 반드시 절대참조가 들어가야 한다.
㉯ 성명의 두 번째 문자가 '영'인 데이터를 추출해야 하므로 '?영*'이 들어가야 한다.

### 02

정답 ③

PROPER 함수는 단어의 첫 글자만 대문자로 나타내고 나머지는 소문자로 나타내주는 함수이다. 따라서 'Republic Of Korea'로 나와야 한다.

## 03

정답 ⑤

「=INDEX(범위, 행, 열)」는 해당하는 범위 안에서 지정한 행, 열의 위치에 있는 값을 출력한다. 따라서 [B2:D9]의 범위에서 2행 3열에 있는 값 23,200,000이 결괏값이 된다.

## 04

정답 ①

SUMPRODUCT 함수는 배열 또는 범위의 대응되는 값끼리 곱한 후 그 합을 구하는 함수이다.
그러므로 「=SUMPRODUCT(B4:B10, C4:C10, D4:D10)」은 (B4×C4×D4)+(B5×C5×D5)+ …… +(B10×C10×D10)의 값으로 나타난다. 따라서 (가) 셀에 나타나는 값은 2,610이다.

## 05

정답 ①

엑셀 고급 필터 조건 범위의 해석법은 다음과 같다. 먼저 같은 행의 값은 '이고'로 해석한다(AND 연산 처리). 다음으로 다른 행의 값은 '거나'로 해석한다(OR 연산 처리). 또한, 엑셀에서는 AND 연산이 OR 연산에 우선한다(행 우선).
그리고 [G3] 셀의 「=C2>=AVERAGE($C$2:$C$8)」는 [C2]~[C8]의 실적이 [C2:C8]의 실적 평균과 비교되어 그 이상이 되면 TRUE(참)를 반환하고, 미만이라면 FALSE(거짓)를 반환하게 된다. 따라서 부서가 '영업1팀'이고 이름이 '수'로 끝나거나, 부서가 '영업2팀'이고 실적이 평균 이상인 데이터가 나타난다.

# 출제유형분석 03 실전예제

## 01

정답 ③

for 반복문은 i 값이 0부터 1씩 증가하면서 10보다 작을 때까지 수행하므로 i 값은 각 배열의 인덱스(0~9)를 가리키게 되고, num에는 i가 가르키는 배열 요소 값의 합이 저장된다. arr 배열의 크기는 10이고 초기값들은 배열의 크기 10보다 작으므로 나머지 요소들은 0으로 초기화된다. 따라서 배열 arr는 {1, 2, 3, 4, 5, 0, 0, 0, 0, 0}으로 초기화되므로 이 요소들의 합 15와 num의 초기값 10에 대한 합은 25이다.

## 02

정답 ④

1부터 100까지의 값은 변수 x에 저장한다. 1, 2, 3, …에서 초기값은 1이고, 최종값은 100이며, 증분값은 1씩 증가시키면 된다. 즉, 1부터 100까지를 덧셈하려면 99단계를 반복 수행해야 하므로 결과는 5050이 된다.

CHAPTER

# 06 조직이해능력

PART 1

## 출제유형분석 01 실전예제

### 01

정답 ⑤

전략목표를 먼저 설정하고 환경을 분석해야 한다.

### 02

정답 ①

㉠ 원가우위 : 원가절감을 통해 해당 산업에서 우위를 점하는 전략이다.
㉡ 차별화 : 조직이 생산품이나 서비스를 차별화하여 고객에게 가치가 있고 독특하게 인식되도록 하는 전략이다.
㉢ 집중화 : 한정된 시장을 원가우위나 차별화 전략을 사용하여 집중적으로 공략하는 전략이다.

## 출제유형분석 02 실전예제

### 01

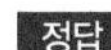 

비영리조직이면서 대규모조직인 학교에서 5시간 있었다.

- 학교 : 공식조직, 비영리조직, 대규모조직
- 카페 : 공식조직, 영리조직, 대규모조직
- 스터디 : 비공식조직, 비영리조직, 소규모조직

오답분석

① 비공식적이면서 소규모조직인 스터디에서 2시간 있었다.
② 공식조직인 학교와 카페에서 8시간 있었다.
④ 영리조직인 카페에서 3시간 있었다.
⑤ 비공식적이면서 비영리조직인 스터디에서 2시간 있었다.

### 02

정답 ②

②는 업무의 내용이 유사하고 관련성이 있는 업무들을 결합해서 구분한 것으로, 기능식 조직 구조의 형태로 볼 수 있다. 기능식 조직 구조의 형태는 재무부, 영업부, 생산부, 구매부 등으로 구분된다.

## 01

정답 ②

①·③·④·⑤는 인터뷰 준비를 위한 업무처리 내용이고, ②는 인터뷰 사후처리에 대한 내용이므로, 인터뷰 영상 내용을 자료로 보관하는 업무를 가장 마지막에 처리한다.

## 02

정답 ①

ㄱ. 조직의 업무는 원칙적으로 업무분장에 따라 이루어져야 하지만, 실제 수행 시에는 상황에 따라 효율성을 극대화시키기 위해 변화를 주는 것이 바람직하다.

ㄴ. 구성원 개인이 조직 내에서 책임을 수행하고 권한을 행사할 때 기반이 되는 것은 근속연수가 아니라 직급이다.

오답분석

ㄷ. 업무는 관련성, 동일성, 유사성, 수행시간대 등 다양한 기준에 따라 통합 혹은 분할하여 수행하는 것이 효율적이다.

ㄹ. 직위는 조직의 각 구성원들에게 수행해야 할 일정 업무가 할당되고, 그 업무를 수행하는 데 필요한 권한과 책임이 부여된 조직상의 위치이다.

## 03

정답 ③

| 담당 | 과장 | 부장 | 상무이사 | 전무이사 |
|---|---|---|---|---|
| 아무개 | 최경옥 | 김석호 | 대결<br>최수영 | 전결 |

ㄱ. 최수영 상무이사가 결재한 것은 대결이다. 대결은 결재권자가 출장, 휴가, 기타 사유로 상당기간 부재중일 때 긴급한 문서를 처리하고자 할 경우에 결재권자의 차하위 직위의 결재를 받아 시행하는 것을 말한다.

ㄴ. 대결 시에는 기안문의 결재란 중 대결한 자의 란에 '대결'을 표시하고 서명 또는 날인한다.

ㄹ. 대결의 경우 원결재자가 문서의 시행 이후 결재하는데 이를 후결이라 하며, 전결 사항은 전결권자에게 책임과 권한이 위임되었으므로 중요한 사항이라면 원결재자에게 보고하는 데 그친다.

## 04

정답 ⑤

최팀장 책상의 서류 읽어 보기(박과장 방문 전) → 박과장 응대하기(오전) → 최팀장에게 서류 갖다 주기(점심시간) → 회사로 온 연락 최팀장에게 알려 주기(오후) → 이팀장에게 전화달라고 전하기(퇴근 전)

## 05

정답 ⑤

홍보용 보도 자료 작성은 홍보팀의 업무이며, 물품 구매는 총무팀의 업무이다. 즉, 영업팀이 아닌 홍보팀이 홍보용 보도 자료를 작성해야 하며, 홍보용 사은품 역시 직접 구매하는 것이 아니라 홍보팀이 총무팀에 업무협조를 요청하여 총무팀이 구매하도록 하여야 한다.

CHAPTER

# 07 기술능력

PART 1

## 출제유형분석 01 실전예제

### 01

정답 ①

상향식 기술선택(Bottom Up Approach)은 기술자들로 하여금 자율적으로 기술을 선택하게 함으로써 기술자들의 흥미를 유발할 수 있고, 이를 통해 그들의 창의적인 아이디어를 활용할 수 있는 장점이 있다.

오답분석

② 하향식 기술선택은 먼저 기업이 직면하고 있는 외부환경과 기업의 보유 자원에 대한 분석을 통해 기업의 중장기적인 사업목표를 설정하고, 이를 달성하기 위해 확보해야 하는 핵심고객층과 그들에게 제공하고자 하는 제품과 서비스를 결정한다.
③ 상향식 기술선택은 기술자들이 자신의 과학기술 전문 분야에 대한 지식과 흥미만을 고려하여 기술을 선택하게 함으로써, 시장의 고객들이 요구하는 제품이나 서비스를 개발하는 데 부적합한 기술이 선택될 수 있다.
④ 하향식 기술선택은 기술에 대한 체계적인 분석을 한 후, 기업이 획득해야 하는 대상기술과 목표기술수준을 결정한다.
⑤ 상향식 기술선택은 기술자들로 하여금 자율적으로 기술을 선택하게 함으로써 시장에서 불리한 기술이 선택될 수 있다.

### 02

정답 ①

기술 개발을 통해 석유자원을 대체하고 에너지의 효율성을 높이는 것은 기존 기술에서 탈피하고 새로운 기술을 습득하는 기술경영자의 능력으로 볼 수 있다.

**기술경영자의 능력**
- 기술을 기업의 전반적인 전략 목표에 통합시키는 능력
- 빠르고 효과적으로 새로운 기술을 습득하고 기존의 기술에서 탈피하는 능력
- 기술을 효과적으로 평가할 수 있는 능력
- 기술 이전을 효과적으로 할 수 있는 능력
- 새로운 제품개발 시간을 단축할 수 있는 능력
- 크고 복잡하며 서로 다른 분야에 걸쳐 있는 프로젝트를 수행할 수 있는 능력
- 조직 내의 기술 이용을 수행할 수 있는 능력
- 기술 전문 인력을 운용할 수 있는 능력

## 출제유형분석 02 실전예제

### 01

정답 ④

세부절차 설명 항목 중 '(2) 공유기의 DHCP 서버 기능 중지'에서 DHCP 서버 기능을 중지하도록 안내하고 있다. 그리고 안내 항목에서도 DHCP 서버 기능을 중단하도록 알려주고 있다.

### 02

정답 ⑤

세부절차 설명 항목 중 '(3) 스위치(허브)로 변경된 공유기의 연결' 단계를 살펴보면 스위치로 동작하는 공유기 2의 WAN 포트에 아무것도 연결하지 않도록 안내하고 있으므로, WAN 포트에 연결하라는 답변은 적절하지 않다.

### 03

정답 ②

제품설명서 중 A/S 신청 전 확인 사항을 살펴보면, 기능이 작동하지 않을 경우 수도필터가 막혔거나 착좌센서 오류가 원인이라고 제시되어 있다. 따라서 K사원으로부터 접수받은 현상(문제점)의 원인을 파악하려면 수도필터의 청결 상태를 확인하거나 비데의 착좌센서의 오류 여부를 확인해야 한다. 따라서 ②가 가장 적절하다.

### 04

정답 ①

03번의 문제에서 확인한 사항(원인)은 '수도필터의 청결 상태'이다. 이때, 수도필터의 청결 상태가 원인이 되는 또 다른 현상(문제점)으로는 수압이 약해지는 것이 있다. 따라서 ①이 가장 적절한 행동이다.

# PART 2

# 직무수행능력평가

CHAPTER

# 01 경영학(사무직) 적중예상문제

| 01 | 02 | 03 | 04 | 05 | 06 | 07 | 08 | 09 | 10 | 11 | 12 | 13 | 14 | 15 | 16 | 17 | 18 | 19 | 20 |
|---|---|---|---|---|---|---|---|---|---|---|---|---|---|---|---|---|---|---|---|
| ⑤ | ④ | ① | ① | ① | ① | ① | ③ | ① | ② | ② | ④ | ③ | ① | ③ | ④ | ① | ③ | ④ | ① |

## 01

정답 ⑤

에이전시 숍은 근로자들 중에서 조합가입의 의사가 없는 자에게는 조합가입이 강제되지 않지만, 조합가입에 대신하여 조합에 조합비를 납부함으로써 조합원과 동일한 혜택을 받을 수 있도록 하는 제도이다.

## 02

정답 ④

근로자가 스스로 계획하고 실행하여 그 결과에 따른 피드백을 수집하고 수정해 나가며, 일에 자부심과 책임감을 가지고 자발성을 높이는 기법은 직무충실화 이론에 해당한다. 직무충실화 이론은 직무확대보다 더 포괄적으로 구성원들에게 더 많은 책임과 더 많은 선택의 자유를 요구하기 때문에 수평적 측면으로는 질적 개선에 따른 양의 증가, 수직적 측면으로는 본래의 질적 개선의 증가로 볼 수 있다.

## 03

정답 ①

오답분석

② 준거가격 : 소비자가 과거의 경험이나 기억, 정보 등으로 제품의 구매를 결정할 때 기준이 되는 가격이다.
③ 명성가격 : 소비자가 가격에 의하여 품질을 평가하는 경향이 특히 강하여 비교적 고급품질이 선호되는 상품에 설정되는 가격이다.
④ 관습가격 : 일용품의 경우처럼 장기간에 걸친 소비자의 수요로 인해 관습적으로 형성되는 가격이다.
⑤ 기점가격 : 제품을 생산하는 공장의 입지 조건 등을 막론하고 특정 기점에서 공장까지의 운임을 일률적으로 원가에 더하여 형성되는 가격이다.

## 04

정답 ①

오답분석

② 논리적 오류에 대한 설명이다.
③ 초기효과에 대한 설명이다.
④ 후광 효과(현혹 효과)에 대한 설명이다.
⑤ 중심화 경향에 대한 설명이다.

## 05

정답 ①

순할인채의 듀레이션은 만기와 일치한다.

## 06

정답 ①

슈퍼 리더십은 다른 사람들이 자기 스스로 자신을 이끌어갈 수 있게 도와주는 리더십으로, 리더 육성에 초점을 두고 부하직원들이 셀프 리더십을 발휘할 수 있도록 영향력을 행사한다.

오답분석

② 셀프 리더십에 대한 설명이다.
③ 서번트 리더십에 대한 설명이다.
④ 임파워링 리더십에 대한 설명이다.
⑤ 변혁적 리더십에 대한 설명이다.

## 07

정답 ①

기능 조직(Functional Structure)은 기능별 전문화의 원칙에 따라 공통의 전문지식과 기능을 지닌 부서단위로 묶는 조직 구조를 의미한다.

PART 2

## 08

정답 ③

오답분석

① 전시 효과 : 개인이 사회의 영향을 받아 타인의 소비행동을 모방하려는 소비성향을 의미한다.
② 플라시보 효과 : 약효가 전혀 없는 가짜 약을 진짜 약으로 속여 환자에게 복용하도록 했을 때 환자의 병세가 호전되는 효과를 의미한다.
④ 베블런 효과 : 과시욕구 때문에 재화의 가격이 비쌀수록 수요가 늘어나는 수요증대 효과를 의미한다.
⑤ 데킬라 효과 : 한 국가의 금융·통화 위기가 주변의 다른 국가로 급속히 확산되는 현상을 의미한다.

## 09

정답 ①

콘체른(Konzern)은 기업결합이라고 하며, 법률상으로 독립되어 있으나 지분 결합 등의 방식으로 경영상 실질적으로 결합되어 있는 기업결합형태를 말한다. 일반적으로는 거대기업이 여러 산업의 다수의 기업을 지배할 목적으로 형성된다.

오답분석

② 카르텔 : 한 상품 또는 상품군의 생산이나 판매를 일정한 형태로 제한하고자 경제적, 법률적으로 서로 독립성을 유지하며, 기업 간 상호 협정에 의해 결합하는 담합 형태이다.
③ 트러스트 : 카르텔보다 강력한 집중의 형태로서, 시장독점을 위해 각 기업체가 개개인의 독립성을 상실하고 합동한다.
④ 콤비나트 : 기술적으로 연관성 있는 생산부문이 가까운 곳에 입지하여 형성된 기업의 지역적 결합형태이다.
⑤ 조인트 벤처 : 특정 경제적 목적을 달성하기 위해 2인 이상의 업자가 공동으로 결성한 사업체이다.

## 10

정답 ②

- (영업이익)=₩2,500,000×10%=₩250,000
- (잔여이익)=₩250,000−₩2,500,000×(최저필수수익률)=₩25,000
- (최저필수수익률)=9%

## 11

정답 ②

침투가격정책은 수요가 가격에 대하여 민감한 제품(수요의 가격탄력성이 높은 제품)에 많이 사용하는 방법이다.

## 12

정답 ④

오답분석

① 자기자본비용은 기업이 조달한 자기자본의 가치를 유지하기 위해 최소한 벌어들어야 하는 수익률이다.
② 새로운 투자안의 선택에 있어서 투자수익률은 자기자본비용을 넘어야만 한다.
③ 기업이 주식발행을 통해 자금조달을 할 경우 자본이용의 대가로 얼마의 이용 지급료를 산정해야 하는지는 명확하지가 않다.
⑤ 베타와 증권시장선을 계산해서 미래의 증권시장선으로 사용하였는데 이는 과거와 비슷한 현상이 미래에도 발생할 수 있다는 가정하에서만 타당한 방법이다.

## 13

정답 ③

균형성과표(BSC)는 재무관점, 고객관점, 내부 프로세스관점, 학습 및 성장관점 등의 4가지 관점으로 성과를 측정한다.

## 14

정답 ①

델파이(Delphi) 기법은 예측하려는 현상에 대하여 관련 있는 전문가나 담당자들로 구성된 위원회를 구성하고 개별적 질의를 통해 의견을 수집하여 종합・분석・정리하고 의견이 일치될 때까지 개별적 질의 과정을 되풀이하는 예측기법이다.

## 15

정답 ③

유한책임회사는 2012년 개정된 상법에 도입된 회사의 형태이다. 내부관계에 관하여는 정관이나 상법에 다른 규정이 없으면 합명회사에 관한 규정을 준용한다. 이는 신속하고 유연하며 탄력적인 지배구조를 가지고 있고, 출자자가 직접 경영에 참여할 수 있다. 또한, 각 사원이 출자금액만을 한도로 책임지므로 초기 상용화에 어려움을 겪는 청년 벤처 창업에 적합하다.

## 16

정답 ④

차량을 200만 원에 구입하여 40만 원을 지급한 상태이므로 총자산은 증가하였다고 볼 수 있다. 그리고 아직 치르지 않은 잔액 160만 원이 외상으로 존재하므로 총부채 역시 증가하였다고 볼 수 있다.

## 17

정답 ①

직무분석의 결과물 가운데 직무수행요건, 즉 기능, 능력, 자격 등에 초점을 맞추고 있는 것은 직무명세서이다.

## 18

정답 ③

(영업권)=30,000,000−(9,000,000+8,000,000)=₩13,000,000

## 19

정답 ④

인적자원관리는 조직의 목표를 이루기 위해 사람의 확보, 개발, 활용, 보상 및 유지를 하며, 이와 더불어 계획, 조직, 지휘, 통제 등의 관리체제를 이룬다.

## 20

정답 ①

**소비자의 구매의사결정 과정**

- 문제인식 : 내외부 자극에 의해 구매욕구가 발생한다.
- 정보탐색 : 정보 원천에서 제품들에 대한 정보를 수집한다.
- 대안평가 : 대안별로 그 속성들을 평가한다.
- 구매 : 평가된 제품들 중 가장 선호하는 것을 실제로 구매한다.
- 구매 후 행동 : 구매 후 사용 시 만족 또는 불만족을 행동화한다.

CHAPTER

# 02 경제학(사무직) 적중예상문제

| 01 | 02 | 03 | 04 | 05 | 06 | 07 | 08 | 09 | 10 | 11 | 12 | 13 | 14 | 15 | 16 | 17 | 18 | 19 | 20 |
|---|---|---|---|---|---|---|---|---|---|---|---|---|---|---|---|---|---|---|---|
| ① | ② | ④ | ④ | ③ | ② | ② | ② | ② | ④ | ④ | ⑤ | ② | ⑤ | ⑤ | ⑤ | ① | ④ | ④ | ④ |

## 01

정답 ①

• 리카도 대등정리의 개념
  정부지출수준이 일정할 때, 정부지출의 재원조달 방법(조세 또는 채권)의 변화는 민간의 경제활동에 아무 영향도 주지 못한다는 것을 보여주는 이론이다.

• 리카도 대등정리의 가정
  - 저축과 차입이 자유롭고 저축 이자율과 차입 이자율이 동일해야 한다.
  - 경제활동인구 증가율이 0%이어야 한다.
  - 합리적이고 미래지향적인 소비자이어야 한다.
  - 정부지출수준이 일정해야 한다.

## 02

정답 ②

개별 기업의 수요곡선을 수평으로 합한 시장 전체의 수요곡선은 우하향하는 형태이다. 그러나 완전경쟁산업에서는 시장에서 결정된 시장가격으로 원하는 만큼 판매하는 것이 가능하므로 개별 기업이 직면하는 수요곡선은 수평선으로 도출된다.

## 03

정답 ④

고전학파에 따르면 임금이 완전 신축적이므로 항상 완전고용을 달성한다. 그러므로 고전학파는 실업문제 해소를 위한 정부의 개입은 불필요하다고 주장한다. 반면 케인스학파는 실업문제 해소를 위해 재정정책이 금융정책보다 더 효과적이라고 주장한다.

## 04

정답 ④

수요곡선과 공급곡선의 일반적인 형태란 우하향하는 수요곡선과 우상향하는 공급곡선을 의미한다. 이때, 공급곡선이 상방으로 이동하면, 생산량($Q$)이 감소하고 가격($P$)이 상승한다.

오답분석

① 수요곡선이 하방으로 이동하면 생산량이 감소하고 가격도 하락한다.
② 공급곡선이 하방으로 이동하면 생산량이 증가하고 가격이 하락한다.
③ 수요곡선이 상방으로 이동하면 생산량이 증가하고 가격도 상승한다.
⑤ 수요곡선과 공급곡선이 모두 하방으로 이동하면 가격은 하락한다. 이때 생산량은 두 곡선의 하방이동폭에 따라서 증가할 수도, 불변일 수도, 감소할 수도 있다.

## 05

정답 ③

독점적 경쟁시장의 장기균형에서는 $P>SMC$가 성립한다.

오답분석

①·② 독점적 경쟁시장의 장기균형은 수요곡선과 단기평균비용곡선, 장기평균비용곡선이 접하는 점에서 달성된다.
④ 균형생산량은 단기평균비용의 최소점보다 왼쪽에서 달성된다.
⑤ 가격과 평균비용이 같은 지점에서 균형이 결정되므로, 장기 초과이윤은 0이다.

## 06

정답 ②

표에 제시된 'A국 통화로 표시한 B국 통화 1단위의 가치'란 A국 통화의 명목환율을 의미한다. 명목환율을 $e$, 실질환율을 $\varepsilon$, 외국 물가를 $P_f$, 국내 물가를 $P$라고 할 때, 실질환율은 $\varepsilon=\frac{e\times P_f}{P}$로 표현된다.

이를 각 항목의 변화율에 대한 식으로 바꾸면 $\frac{\Delta\varepsilon}{\varepsilon}=\frac{\Delta e}{e}+\frac{\Delta P_f}{P_f}-\frac{\Delta P}{P}$이 된다. 제시된 자료에서 명목환율은 15%, A국(자국)의 물가지수는 7%, B국(외국)의 물가지수는 3% 증가하였으므로, 식에 대입하면 실질환율($\varepsilon$)의 변화율은 $15+3-7=11$%(상승)이다. 실질환율이 상승하면 수출품의 가격이 하락하게 되므로 수출량은 증가한다.

## 07

정답 ②

구조적 실업은 일부 산업의 사양화 등으로 인하여 발생하는 실업을 말한다.

오답분석

① 마찰적 실업 : 일시적으로 직장을 옮기는 과정에서 발생하는 실업이다.
③ 계절적 실업 : 생산 또는 수요의 계절적 변화에 따라 발생하는 실업이다.
④ 경기적 실업 : 경기침체로 인해 발생하는 대량의 실업이다.
⑤ 만성적 실업 : 만성적 불황기에 발생하는 실업이다.

## 08

정답 ②

중국은 의복과 자동차 생산에 있어 모두 절대우위를 갖는다. 그러나 리카도는 비교우위론에서 양국 중 어느 한 국가가 절대우위에 있는 경우라도 상대적으로 생산비가 낮은 재화 생산에 특화하여 무역을 한다면 양국 모두 무역으로부터 이익을 얻을 수 있다고 보았다.

이때 생산하는 재화를 결정하는 것은 재화의 국내생산비로 재화생산의 기회비용을 말한다. 문제에서 주어진 표를 바탕으로 각 재화 생산의 기회비용을 구하면 다음과 같다.

| 구분 | 의복(벌) | 자동차(대) |
|---|---|---|
| 중국 | 0.75 | 1.33 |
| 인도 | 0.5 | 2 |

중국은 자동차의 기회비용이 의복의 기회비용보다 낮고, 인도는 의복의 기회비용이 자동차의 기회비용보다 낮다.
따라서 중국은 자동차, 인도는 의복에 비교우위가 있다.

## 09

정답 ②

기업 B의 광고 여부에 관계없이 기업 A는 광고를 하는 것이 우월전략이다. 또한, 기업 A의 광고 여부에 관계없이 기업 B도 광고를 하는 것이 우월전략이다. 따라서 두 기업이 모두 광고를 하는 것이 우월전략이므로 우월전략균형에서 두 기업의 이윤은 (55, 75)이다. 이때 우월전략균형은 내쉬균형에 포함되므로 내쉬균형에서의 기업 A의 이윤은 55이고, 기업 B의 이윤은 75이다.

## 10

정답 ④

명목임금은 150만 원 인상되었으므로 10% 증가했지만, 인플레이션율 12%를 고려한 실질임금은 12－10=2% 감소하였다.

## 11

정답 ④

A국에서 해외 유학생과 외국인 관광객이 증가하면 달러 공급이 늘어나 A국 화폐의 가치가 상승하므로 환율은 하락한다. 환율이 하락하면 수출은 줄고, 수입은 늘어나서 경상수지가 악화될 것이다. 반면 B국에서는 해외 투자가 증가하고 외국인 투자자들이 자금을 회수하므로 달러 수요가 늘어나 B국 화폐의 가치는 하락한다.

## 12

정답 ⑤

물은 우리 삶에 필수적으로 필요한 유용하고 사용가치가 높은 재화이지만 다이아몬드의 가격이 더 비싸다. 이는 다이아몬드가 물보다 희소성이 크기 때문이다. 여기서 희소성이란 인간의 욕망에 비해 그것을 충족시키는 수단이 질적으로나 양적으로 한정되어 있거나 부족한 상태를 의미한다.

## 13

정답 ②

유동성 함정은 금리가 한계금리 수준까지 낮아져 통화량을 늘려도 소비・투자 심리가 살아나지 않는 현상을 말한다.

오답분석

① 화폐 환상 : 화폐의 실질적 가치에 변화가 없는데도 명목단위가 오르면 임금이나 소득도 올랐다고 받아들이는 현상이다.
③ 구축 효과 : 정부의 재정적자 또는 확대 재정정책으로 이자율이 상승하여 민간의 소비와 투자활동이 위축되는 효과이다.
④ J커브 효과 : 환율의 변동과 무역수지와의 관계를 나타낸 것으로, 무역수지 개선을 위해 환율상승을 유도하면 초기에는 무역수지가 오히려 악화되다가 상당 기간이 지난 후에야 개선되는 현상이다.
⑤ 피셔 방정식 : 명목이자율은 실질이자율과 인플레이션율의 합으로 나타나는 공식이다.

## 14

정답 ⑤

보상적 임금격차는 선호하지 않는 조건을 가진 직장은 불리한 조건을 임금으로 보상해 줘야 한다는 것이다. 대부분의 사람들은 3D 작업환경에서 일하기 싫어하기 때문에 이런 직종에서 필요한 인력을 충원하기 위해서는 작업환경이 좋은 직종에 비해 더 높은 임금을 제시해야 한다. 이러한 직업의 비금전적인 특성을 보상하기 위한 임금의 차이를 보상적 격차 또는 평등화 격차라고 한다. 보상적 임금격차의 발생 원인에는 노동의 난이도, 작업환경, 명예, 주관적 만족도, 불안전한 급료 지급, 교육훈련의 차이, 고용의 안정성 여부, 작업의 쾌적성, 책임의 정도, 성공・실패의 가능성 등이 있다.

## 15

정답 ⑤

독점시장에서의 이윤극대화 조건은 $MR=MC$, 즉 한계수입과 한계비용이 일치하는 점에서 이윤이 극대화된다는 것이다.

## 16

정답 ⑤

유량이란 일정기간 동안 측정된 변수를 말한다. 유량 변수로는 (국민)소득, 가계소득, 수출, 수입, 소비, 투자, 국민총생산량, 당기순이익 등을 들 수 있다. 반도체에 대한 수요량, 쌀의 공급량, 국내총생산, 핸드폰 수출량 등은 유량 변수이나, 통화량은 저량 변수(일정 시점에 측정된 변수)에 해당한다.

## 17

정답 ①

광공업 생산지수는 경기동행지수에 속하는 변수이다.

## 18

정답 ④

일물일가의 법칙을 가정하는 구매력평가이론에 따르면 두 나라에서 생산된 재화의 가격이 동일하므로 명목환율은 두 나라의 물가수준의 비율로 나타낼 수 있다. 한편, 구매력평가이론이 성립하면 실질환율은 불변한다.

## 19

정답 ④

A씨가 실망실업자가 되면서 실업자에서 비경제활동인구로 바뀌게 되었다. 실업률은 경제활동인구에 대한 실업자의 비율이므로 분자인 실업자보다 분모의 경제활동인구가 큰 상황에서 실업자와 경제활동인구가 동일하게 줄어든다면 실업률은 하락하게 된다. 한편, 고용률은 생산가능인구에 대한 취업자의 비율이므로 분자인 취업자와 분모의 생산가능인구에 아무런 변화가 없다면 고용률은 변하지 않는다.

PART 2

## 20

정답 ④

오답분석

ㅁ. 환불 불가한 숙박비는 회수 불가능한 매몰비용이므로 선택 시 고려하지 않은 ⓒ의 행위는 합리적 선택 행위의 일면이라고 할 수 있다.

CHAPTER

# 03 행정학(사무직) 적중예상문제

| 01 | 02 | 03 | 04 | 05 | 06 | 07 | 08 | 09 | 10 | 11 | 12 | 13 | 14 | 15 | 16 | 17 | 18 | 19 | 20 |
|---|---|---|---|---|---|---|---|---|---|---|---|---|---|---|---|---|---|---|---|
| ③ | ② | ⑤ | ⑤ | ③ | ① | ③ | ③ | ③ | ② | ④ | ② | ① | ② | ⑤ | ⑤ | ④ | ③ | ⑤ | ① |

## 01

정답 ③

등급은 직무의 종류는 상이하지만 직무 수행의 책임도와 자격 요건이 유사하여 동일한 보수를 지급할 수 있는 횡적 군을 말한다.

**직위분류제와 계급제의 비교**

| 구분 | 직위분류제 | 계급제 |
|---|---|---|
| 분류기준 | 직무의 종류 · 곤란도 · 책임도 | 개인의 자격 · 신분 · 능력 |
| 초점 | 직무중심 | 인간 · 조직중심 |
| 추구하는 인재상 | 전문행정가 | 일반행정가 |
| 보수정책 | 직무급 | 생활급 · 자격급 |
| 인사배치 | 비신축적 | 신축적 |
| 신분보장 | 약함 | 강함 |
| 인사운용 | 탄력성이 낮음 | 탄력성이 높음 |
| 능력 발전 | 불리 | 유리 |

## 02

정답 ②

잘 개발된 BSC(균형성과관리)는 조직구성원들에게 조직의 전략과 목적 달성에 필요한 성과가 무엇인지 알려주기 때문에 조직전략의 해석지침으로 적합하다.

## 03

정답 ⑤

신공공관리론은 폭넓은 행정재량권을 중시하고, 신공공서비스론은 재량의 필요성은 인정하나 제약과 책임이 수반된다고 본다. 또한 신공공관리론은 시장의 책임을 중시하고, 신공공서비스론은 행정책임의 복잡성과 다면성을 강조한다.

## 04

정답 ⑤

**위원회의 구성(행정규제기본법 제25조 제1항)**

위원회는 위원장 2명을 포함한 20명 이상 25명 이하의 위원으로 구성한다.

오답분석

① 행정규제기본법 제4조 제1항
② 행정규제기본법 제5조 제1항
③ 행정규제기본법 제8조 제2항
④ 행정규제기본법 제12조 제1항

## 05

정답 ③

품목별 분류는 지출대상별 분류이기 때문에 사업의 성과와 결과에 대한 측정이 곤란하다.

오답분석

① 기능별 분류는 시민을 위한 분류라고도 하며, 행정수반의 재정정책을 수립하는 데 도움을 준다.
② 조직별 분류는 부처 예산의 전모를 파악할 수 있지만 사업의 우선순위 파악이나 예산의 성과 파악이 어렵다.
④ 경제 성질별 분류는 국민소득, 자본형성 등에 관한 정부활동의 효과를 파악하는 데 유리하다.
⑤ 품목별 분류는 예산집행기관의 신축성을 저해한다.

## 06

정답 ①

형평성이론(Equity Theory)에서 공정성의 개념은 아리스토텔레스의 정의론, 페스팅거의 인지 부조화이론, 호만즈(G. Homans) 등의 교환이론에 그 근거를 둔 것으로 애덤스(J. S. Adams)가 개발하였다. 이 이론은 모든 사람이 공정하게 대접받기를 원한다는 전제에 기초를 두고 있으며 동기 부여, 업적의 평가, 만족의 수준 등에서 공정성이 중요한 영향을 미친다고 본다.

오답분석

②·③·④·⑤ 모두 내용이론으로, 욕구와 동기유발 사이의 관계를 설명하고 있다.

## 07

정답 ③

ㄱ. 행정통제는 통제시기의 적시성과 통제내용의 효율성이 고려되어야 한다(통제의 비용과 통제의 편익 중 편익이 더 커야 한다).
ㄴ. 옴부즈만 제도는 사법통제의 한계를 보완하기 위해 도입되었다.
ㄷ. 선거에 의한 통제와 이익집단에 의한 통제 등은 외부통제에 해당한다.

오답분석

ㄹ. 합법성을 강조하는 통제는 사법통제이다. 사법통제에서는 부당한 행위에 대한 통제가 제한된다.

## 08

정답 ③

소극적 대표성은 관료의 출신성분이 태도를 결정하는 것이며, 적극적 대표성은 태도가 행동을 결정하는 것을 말한다. 그러나 대표관료제는 소극적 대표성이 반드시 적극적 대표성으로 이어져 행동하지 않을 수도 있는 한계성이 제기된다. 따라서 ③은 옳지 않다.

## 09

정답 ③

NPM(신공공관리)과 뉴거버넌스 모두 방향잡기(Steering) 역할을 중시하며, NPM에서는 정부를 방향잡기 중심에 둔다.

**신공공관리와 뉴거버넌스의 비교**

| 구분 | 신공공관리(NPM) | 뉴거버넌스 |
| --- | --- | --- |
| 기초 | 신공공관리·신자유주의 | 공동체주의·참여주의 |
| 공급주체 | 시장 | 공동체에 의한 공동생산 |
| 가치 | 결과(효율성·생산성) | 과정(민주성·정치성) |
| 관료의 역할 | 공공기업가 | 조정자 |
| 작동원리 | 시장매커니즘 | 참여매커니즘 |
| 관리방식 | 고객 지향 | 임무 중심 |

## 10

정답 ②

3종 오류(메타오류)는 정책문제 자체를 잘못 인지한 상태에서 계속 해결책을 모색하여 정책문제가 해결되지 못하고 남아있는 상태를 말한다. 1종 오류는 옳은 가설을 틀리다고 판단하고 기각하는 오류이고, 2종 오류는 틀린 가설을 옳다고 판단하여 채택하는 오류를 말한다.

## 11

정답 ④

사회적 자본은 동조성(Conformity)을 요구하면서 개인의 행동이나 사적 선택을 제약하는 경우도 있다.

오답분석

⑤ 특정 집단의 내부적인 결속과 신뢰는 다른 집단에 대한 부정적인 인식을 초래하여 갈등과 분열, 사회적 불평등을 야기할 수 있다.

## 12

정답 ②

보기는 자율적 규제에 대한 설명이다. 정부에 의한 규제를 직접규제라 한다면 민간기관에 의한 규제(자율적 규제)는 간접규제에 해당한다.

**직접규제와 간접규제**

- 직접규제(명령지시적 규제) : 법령이나 행정처분, 기준설정(위생기준, 안전기준) 등을 통해 직접적으로 규제하는 것으로, 가격승인, 품질규제, 진입규제 등이 해당한다.
- 간접규제(시장유인적 규제) : 인센티브나 불이익을 통해 규제의 목적을 달성하는 것으로, 조세의 중과 또는 감면, 벌과금 또는 부담금의 부과 등이 해당한다.
  예 정부지원, 행정지도, 유인책, 품질 및 성분표시규제 등 정보공개규제

| 외부 효과성 / 규제의 종류 | | 직접규제 | 간접규제 |
|---|---|---|---|
| | | 명령지시 규제<br>(행정처분, 행정명령, 행정기준의 설정) | 시장유인적 규제(부담금, 부과금, 예치금),<br>행정지도, 조세지출, 보조금, 공해배출권 |
| 외부 경제 | 과소공급 | 공급을 강제화 | 공급을 유인 |
| 외부 불경제 | 과다공급 | 공급을 금지 | 공급억제를 유인 |

## 13

정답 ①

오답분석

ㄴ. 성과주의 예산제도(PBS)는 예산배정 과정에서 필요사업량이 제시되므로 사업계획과 예산을 연계할 수 있으며 (세부사업별 예산액)=(사업량)×(단위원가)이다.

ㅁ. 목표관리제도(MBO)는 기획예산제도(PPBS)와 달리 예산결정 과정에 관리자의 참여가 이루어져 분권적·상향적인 예산편성이 이루어진다.

## 14

정답 ②

구조적 요인의 개편이란 조직 합병, 인사교류 등을 말하는 것으로, 이는 갈등해소 방법 중 하나이다.

오답분석

③ 행태론적 갈등론은 갈등의 순기능론으로서 갈등을 불가피하거나 정상적인 현상으로 보고, 문제해결과 조직발전의 계기로 보는 적극적 입장이다.

## 15

정답 ⑤

정책결정이란 다양한 대안이나 가치들 간의 우선순위를 고려하거나 그중 하나를 선택하는 행동이다. 그런데 대안이나 가치들이 서로 충돌하여 우선순위를 정할 수 없는 경우 행위자는 선택상의 어려움에 직면하게 된다. 특히 두 개의 대안이나 가치가 팽팽히 맞서고 있다면 선택의 어려움은 증폭된다. 이처럼 두 가지 대안 가운데 무엇을 선택할지 몰라 망설이는 상황을 일반적으로 딜레마라고 한다. 딜레마 모형의 구성개념으로는 문제(딜레마 상황), 행위자, 행위 등이 있다. 딜레마 이론은 이를 규명함으로써 행정이론 발전에 기여하였다.

오답분석

① 신공공관리론에 대한 설명이다.
② 신공공서비스론에 대한 설명이다.
③ 사회적 자본이론에 대한 설명이다.
④ 시차이론에 대한 설명이다.

## 16

정답 ⑤

크리밍(Creaming) 효과, 호손(Hawthorne) 효과는 외적 타당도를 저해하는 요인이다.

**내적 · 외적 타당도 저해 요인**

| 내적 타당도 저해 요인 | 외적 타당도 저해 요인 |
|---|---|
| • 선발요소<br>• 성숙효과<br>• 회귀인공요소(통계적 회귀)<br>• 측정요소(검사요소)<br>• 역사적요소(사건효과)<br>• 상실요소<br>• 측정도구의 변화<br>• 모방효과(오염효과) | • 호손(Hawthrone) 효과<br>• 크리밍(creaming) 효과<br>• 실험조작과 측정의 상호작용<br>• 표본의 비대표성<br>• 다수적 처리에 의한 간섭 |

## 17

정답 ④

책임경영 방식은 정부가 시장화된 방식을 이용하여 직접 공급하는 것을 말한다.

**민간위탁 방식**

| 구분 | 내용 |
|---|---|
| 계약<br>(Contracting Out) | 정부의 책임하에 민간이 서비스를 생산하는 방식 |
| 면허<br>(Franchise) | 민간조직에게 일정한 구역 내에서 공공서비스를 제공하는 권리를 인정하는 협정을 체결하는 방식으로, 시민 · 이용자는 서비스 제공자에게 비용을 지불하며, 정부는 서비스 수준과 질을 규제함 |
| 보조금<br>(Grants) | 민간의 서비스 제공 활동 촉진을 위해 정부가 재정 및 현물을 지원하는 방식 |
| 바우처<br>(Vouchers) | 금전적 가치가 있는 쿠폰 또는 카드를 제공하는 방식 |
| 자원봉사<br>(Volunteer) | 직접적인 보수를 받지 않으면서 정부를 위해 봉사하는 사람들을 활용하는 방식 |
| 자조활동<br>(Self-help) | 공공서비스의 수혜자와 제공자가 같은 집단에 소속되어 서로 돕는 형식으로 활동하는 방식 |

## 18

정답 ③

**예산성과금의 지급(국가재정법 제49조 제2항)**

각 중앙관서의 장은 성과금을 지급하거나 절약된 예산을 다른 사업에 사용하고자 하는 때에는 예산성과금심사위원회의 심사를 거쳐야 한다.

## 19

정답 ⑤

국가채무관리계획은 예산안에 첨부하여야 하는 서류가 아니다.

**국가재정법상 정부가 국회에 제출하는 예산안에 첨부하여야 하는 서류(국가재정법 제34조)**

- 세입세출예산 총계표 및 순계표
- 세입세출예산사업별 설명서
- 계속비에 관한 전년도말까지의 지출액 또는 지출추정액, 해당 연도 이후의 지출예정액과 사업전체의 계획 및 그 진행상황에 관한 명세서
- 국고채무부담행위 설명서
- 국고채무부담행위로서 다음 연도 이후에 걸치는 것인 경우 전년도말까지의 지출액 또는 지출추정액과 해당 연도 이후의 지출예정액에 관한 명세서
- 예산정원표와 예산안편성기준단가
- 국유재산의 전전년도 말 기준 현재액과 전년도말과 해당 연도 말 기준 현재액 추정에 관한 명세서
- 성과계획서
- 성인지 예산서
- 조세지출예산서
- 독립기관의 세출예산요구액을 감액하거나 감사원의 세출예산요구액을 감액한 때에는 그 규모 및 이유와 감액에 대한 해당 기관의 장의 의견
- 회계와 기금 간 또는 회계 상호 간 여유재원의 전입·전출 명세서 그 밖에 재정의 상황과 예산안의 내용을 명백히 할 수 있는 서류
- 국유재산특례지출예산서
- 예비타당성조사를 실시하지 아니한 사업의 내역 및 사유
- 지방자치단체 국고보조사업 예산안에 따른 분야별 총 대응지방비 소요 추계서

## 20

정답 ①

①은 합리모형에 대한 설명이다. 회사모형은 환경의 불확실성으로 인해 단기적인 대응을 통해 불확실성을 회피·통제한다.

**회사모형의 특징**

- 갈등의 준해결 : 받아들일 만한 수준의 의사결정
- 표준운영절차(SOP) 중시
- 불확실성 회피 : 단기적 대응, 단기적 환류를 통한 불확실성 회피
- 휴리스틱적 학습(도구적 학습)

# PART 3

# 최종점검 모의고사

# 제 1 회 최종점검 모의고사

| 01 | 02 | 03 | 04 | 05 | 06 | 07 | 08 | 09 | 10 | 11 | 12 | 13 | 14 | 15 | 16 | 17 | 18 | 19 | 20 |
|---|---|---|---|---|---|---|---|---|---|---|---|---|---|---|---|---|---|---|---|
| ② | ③ | ③ | ① | ② | ① | ① | ② | ④ | ⑤ | ③ | ③ | ⑤ | ① | ④ | ① | ⑤ | ④ | ④ | ④ |
| 21 | 22 | 23 | 24 | 25 | 26 | 27 | 28 | 29 | 30 | 31 | 32 | 33 | 34 | 35 | 36 | 37 | 38 | 39 | 40 |
| ② | ① | ① | ④ | ① | ⑤ | ③ | ④ | ⑤ | ① | ③ | ④ | ④ | ④ | ④ | ③ | ④ | ① | ② | ① |
| 41 | 42 | 43 | 44 | 45 | 46 | 47 | 48 | 49 | 50 | | | | | | | | | | |
| ② | ③ | ③ | ② | ③ | ② | ③ | ③ | ② | ④ | | | | | | | | | | |

## 01

정답 ②

권위를 제한적으로 사용한다면 구성원들의 자발적인 복종을 가져올 수 있으므로 권위를 전혀 사용하지 않는 것은 적절하지 않다.

오답분석

① 리더가 덕을 바탕으로 행동하면 구성원들은 마음을 열고 리더의 편이 된다.
③ 리더의 강압적인 행동이나 욕설은 구성원들의 '침묵 효과'나 무엇을 해도 소용이 없을 것이라 여겨 저항 없이 시키는 일만 하는 '학습된 무기력'의 증상을 야기할 수 있다.
④ 덕으로 조직을 이끄는 것은 구성원들의 행동에 긍정적인 효과를 미친다.
⑤ 조직에서 성과를 끌어내기 위한 가장 좋은 방법은 구성원들 스스로 맡은 일에 전념하게 하는 것이다. 지속적으로 권위적인 행동을 하는 것은 권위없이 움직일 수 없는 비효율적인 집단이 되게 만들므로 적절하지 않다.

## 02

정답 ③

제시문에서는 법조문과 관련된 '반대 해석'과 '확장 해석'의 개념을 일상의 사례를 들어 설명하고 있다.

## 03

정답 ③

제시문에 따르면 얼굴을 맞대고 하는 접촉이 매체를 통한 접촉보다 결정적인 영향력을 미치며, 이에 따라 매체를 통해서 보다 자주 접촉하는 사람들을 통해 언어 변화가 진전된다. 따라서 빈칸에는 직접 접촉과 간접 접촉 즉, 접촉의 형식에 따라 언어 변화의 영향력의 차이가 있다는 내용이 들어가는 것이 가장 적절하다.

## 04

정답 ①

메달 및 상별 점수는 다음과 같다.

| 구분 | 금메달 | 은메달 | 동메달 | 최우수상 | 우수상 | 장려상 |
|---|---|---|---|---|---|---|
| 총개수(개) | 40 | 31 | 15 | 41 | 26 | 56 |
| 개당 점수(점) | 3,200÷40=80 | 2,170÷31=70 | 900÷15=60 | 1,640÷41=40 | 780÷26=30 | 1,120÷56=20 |

따라서 금메달은 80점, 은메달은 70점, 동메달은 60점임을 알 수 있다.

오답분석

② 경상도가 획득한 메달 및 상의 총개수는 $4+8+12=24$개이며, 획득한 메달 및 상의 총개수가 가장 많은 지역은 $13+1+22=36$개인 경기도이다.
③ 전국기능경기대회 결과표에서 동메달이 아닌 장려상이 56개로 가장 많다.
④ 울산에서 획득한 메달 및 상의 총점은 $(3\times80)+(7\times30)+(18\times20)=810$점이다.
⑤ 장려상을 획득한 지역은 대구, 울산, 경기도이며, 세 지역 중 금·은·동메달 총개수가 가장 적은 지역은 금메달만 2개인 대구이다.

## 05

정답 ②

민철이가 걸린 시간을 $x$분, 현민이가 걸린 시간을 $y$분이라고 하자.

$x=y+24$ … ㉠

$50x=200y$ … ㉡

㉠, ㉡을 연립하면

$50(y+24)=200y$

$150y=1,200$

$\therefore\ y=8$

따라서 민철이가 도서관까지 가는 데 걸린 시간은 $x=8+24=32$이므로 32분이다.

## 06

정답 ①

• 네 번째 조건
2012년 대비 2022년 독신 가구 실질세 부담률이 가장 큰 폭으로 증가한 국가는 (C)이다. 즉, (C)는 포르투갈이다.
• 첫 번째 조건
2022년 독신 가구와 다자녀 가구의 실질세 부담률 차이가 덴마크보다 큰 국가는 (A), (C), (D)이다. 네 번째 조건에 의하여 (C)는 포르투갈이므로 (A), (D)는 캐나다, 벨기에 중 한 곳이다.
• 두 번째 조건
2022년 독신 가구 실질세 부담률이 전년 대비 감소한 국가는 (A), (B), (E)이다. 즉, (A), (B), (E)는 벨기에, 그리스, 스페인 중 한 곳이다. 첫 번째 조건에 의하여 (A)는 벨기에, (D)는 캐나다이다. 그러므로 (B), (E)는 그리스와 스페인 중 한 곳이다.
• 세 번째 조건
(E)의 2022년 독신 가구 실질세 부담률은 B의 2022년 독신 가구 실질세 부담률보다 높다. 즉, (B)는 그리스, (E)는 스페인이다.

따라서 (A)는 벨기에, (B)는 그리스, (C)는 포르투갈, (D)는 캐나다, (E)는 스페인이다.

## 07

정답 ①

LEN 함수는 문자열의 문자 수를 구하는 함수이므로 숫자를 반환한다. 「=LEN(A2)」는 '서귀포시'로 문자 수가 4이며 이때 −1을 하면 [A2] 열의 3번째 문자까지를 지정하는 것이므로 [C2] 셀과 같이 나온다. 따라서 텍스트 문자열의 시작지점부터 지정한 수만큼의 문자를 반환하는 LEFT 함수를 사용하면 「=LEFT(A2,LEN(A2)−1)」가 옳다.

## 08

정답 ②

• 예상수입 : $40,000\times50=2,000,000$원
• 공연 준비비 : 500,000원
• 공연장 대여비 : $6\times200,000\times0.9=1,080,000$원
• 소품 대여비 : $50,000\times3\times0.96=144,000$원
• 보조진행요원 고용비 : $50,000\times4\times0.88=176,000$원
• 총비용 : $500,000+1,080,000+144,000+176,000=1,900,000$원

총비용이 150만 원 이상이므로 공연 준비비에서 10%가 할인되어 50,000원이 할인된다. 따라서 할인이 적용된 비용은 $1,900,000-50,000=1,850,000$원이다.

## 09

정답 ④

전자제품의 경우 관세와 부가세의 합이 18%로 모두 동일하며, 전자제품의 가격이 다른 가격보다 월등하게 높기 때문에 대소비교는 전자제품만 비교하면 된다. 이 중 A의 TV와 B의 노트북은 가격이 동일하기 때문에 굳이 계산할 필요가 없고 TV와 노트북을 제외한 휴대폰과 카메라를 비교해야 한다. B의 카메라가 A의 휴대폰보다 비싸기 때문에 B가 더 많은 관세를 낸다.

| 구분 | 전자제품 | 전자제품 외 |
|---|---|---|
| A | TV(110만), 휴대폰(60만) | 화장품(5만), 스포츠용 헬멧(10만) |
| B | 노트북(110만), 카메라(80만) | 책(10만), 신발(10만) |

B가 내야 할 세금을 계산해 보면, 우선 카메라와 노트북의 부가세를 포함한 관세율은 18%로, 190만×0.18=34.2만 원이다. 이때, 노트북은 100만 원 이상 전자제품에 해당하므로 특별과세 110만×0.5=55만 원이 더 과세된다. 나머지 품목들의 세금은 책이 10×0.1=1만 원, 신발이 10만×0.23=2.3만 원이다. 따라서 B가 내야 할 관세 총액은 34.2만+55만+1만+2.3만=92.5만 원이다.

## 10

정답 ⑤

바깥쪽 i-for문이 4번 반복되고 안쪽 j-for문이 6번 반복되므로 j-for문 안에 있는 문장은 총 24번이 반복된다.

## 11

정답 ③

네 번째와 다섯 번째 조건에 의해 A와 C는 각각 2종류의 동물을 키운다. 또한 첫 번째와 두 번째, 세 번째 조건에 의해 A는 토끼를 키우지 않는다. 따라서 A는 개와 닭, C는 고양이와 토끼를 키운다. 첫 번째 조건에 의해 D는 닭을 키우므로 C는 키우지 않지만 D가 키우는 동물은 닭이다.

오답분석

① 세 번째 조건에 의해 B는 개를 키운다.
② B가 토끼는 키우지 않지만, 고양이는 키울 수도 있다. 하지만 주어진 조건만 가지고 정확히 알 수 없다.
④ A, B, D 또는 B, C, D가 같은 동물을 키울 수 있다.
⑤ B 또는 D는 3가지 종류의 동물을 키울 수 있다.

## 12

정답 ③

주어진 조건에 따라 점수를 표로 정리하면 다음과 같다.

| 대상자 | 총점(점) | 해외 및 격오지 근무경력 | 선발여부 |
|---|---|---|---|
| A | 27 | 2년 | |
| B | 25 | | |
| C | 25 | | |
| D | 27 | 5년 | 선발 |
| E | 24.5 | | |
| F | 25 | | |
| G | 25 | | |
| H | 27 | 3년 | |
| I | 27.5 | | 선발 |

총점이 27.5로 가장 높은 I는 우선 선발된다. A, D, H는 총점이 27점으로 같으므로, 해외 및 격오지 근무경력이 가장 많은 D가 선발된다.

## 13

정답 ⑤

주어진 조건에 따라 해외 및 격오지 근무경력이 4년 이상인 대상자들의 점수를 표로 정리하면 다음과 같다.

| 대상자 | 해외 및 격오지 근무경력 점수(점) | 외국어능력(점) | 필기(점) | 면접(점) | 총점(점) | 선발여부 |
|---|---|---|---|---|---|---|
| C | 4 | 9 | 9 | 7 | 29 | |
| D | 5 | 10 | 8.5 | 8.5 | 32 | |
| E | 5 | 7 | 9 | 8.5 | 29.5 | |
| F | 4 | 8 | 7 | 10 | 29 | |
| G | 7 | 9 | 7 | 9 | 32 | 선발 |
| I | 6 | 10 | 7.5 | 10 | 33.5 | 선발 |

총점이 33.5로 가장 높은 I는 우선 선발된다. D와 G는 총점이 32점으로 같으므로, 해외 및 격오지 근무경력이 가장 많은 G가 선발된다.

## 14

정답 ①

(가) 문단에서는 인류가 바람을 에너지원으로 사용한 지 1만 년이 넘었다고 제시되어 있을 뿐이므로 이를 통해 풍력에너지가 인류에서 가장 오래된 에너지원인지는 추론할 수 없다.



## 15

정답 ④

(라) 문단은 비행선 등을 활용하여 고고도풍(High Altitude Wind)을 이용하는 발전기 회사의 사례를 제시하고 있지만, 그 기술의 한계에 대한 내용은 언급하고 있지 않다. 따라서 ④는 (라) 문단에 대한 주제로 적절하지 않다.

## 16

정답 ①

제시문에 따르면 똑같은 일을 똑같은 노력으로 했을 때, 돈을 많이 받으면 과도한 보상을 받아 부담을 느낀다. 또한 적게 받으면 충분히 받지 못했다고 느끼므로 만족하지 못한다. 따라서 공평한 대우를 받을 때 더 행복함을 느낀다는 것을 추론할 수 있다.

## 17

정답 ⑤

해외출장 일정을 고려해 이동수단별 비용을 구하면 다음과 같다.

- 렌터카 : $(50+10)\times3=\$180$
- 택시 : $1\times(100+50+50)=\$200$
- 대중교통 : $40\times4=\$160$

따라서 경제성에서 대중교통, 렌터카, 택시 순서로 상, 중, 하로 평가된다.
두 번째 조건에 따라 이동수단별 평가표를 점수로 환산한 후 최종점수를 구하면 다음과 같다.

| 이동수단 | 경제성 | 용이성 | 안전성 | 최종점수 |
|---|---|---|---|---|
| 렌터카 | 2 | 3 | 2 | 7 |
| 택시 | 1 | 2 | 4 | 7 |
| 대중교통 | 3 | 1 | 4 | 8 |

따라서 총무팀이 선택하게 될 이동수단은 최종점수가 가장 높은 대중교통이고, 비용은 \$160이다.

## 18

정답 ④

RANK 함수에서 0은 내림차순, 1은 오름차순이다. 따라서 [F8] 셀의 「=RANK(D8,D4:D8,0)」 함수의 결괏값은 4이다.

## 19

정답 ④

POWER 함수는 밑수를 지정한 만큼 거듭제곱한 결과를 나타내는 함수이다. 따라서 $6^3=216$이 옳다.

오답분석

① ODD 함수는 주어진 수에서 가장 가까운 홀수로 변환해 주는 함수이며, 양수인 경우 올림하고 음수인 경우 내림한다.
② EVEN 함수는 주어진 수에서 가장 가까운 짝수로 변환해 주는 함수이며, 양수인 경우 올림하고 음수인 경우 내림한다.
③ MOD 함수는 나눗셈의 나머지를 구하는 함수이다. 40을 −6으로 나눈 나머지는 −2이다.
⑤ QUOTIENT 함수는 나눗셈 몫의 정수 부분을 구하는 함수이다. 19를 6으로 나눈 몫의 정수는 3이다.

## 20

정답 ④

농업에 종사하는 고령근로자 수는 600×0.2=120명이고, 교육 서비스업은 48,000×0.11=5,280명, 공공기관은 92,000×0.2=18,400명이다. 따라서 총 120+5,280+18,400=23,800명으로, 과학 및 기술업에 종사하는 고령근로자 수인 160,000×0.125=20,000명보다 많다.

오답분석

① 건설업에 종사하는 고령근로자 수는 97,000×0.1=9,700명으로 외국기업에 종사하는 고령근로자 수의 3배인 12,000×0.35×3=12,600명보다 적다.
② 국가별 65세 이상 경제활동 조사 인구가 같을 경우 그래프에 나와 있는 비율로 비교하면 된다. 따라서 미국의 고령근로자 참가율 17.4%는 영국의 참가율의 2배인 8.6×2=17.2%보다 높다.
③ 모든 업종의 전체 근로자 수에서 제조업에 종사하는 전체 근로자 비율은 $\frac{1,080}{(0.6+1,080+97+180+125+160+48+92+12)}$ ×100≒60.2%로 80% 미만이다.
⑤ 독일, 네덜란드와 아이슬란드의 65세 이상 경제활동 참가율의 합은 4.0+5.9+15.2=25.1%이고, 한국은 29.4%이다. 세 국가의 참가율 합은 한국의 참가율 합의 $\frac{25.1}{29.4}$×100≒85.4%로 90% 미만이다.

## 21

정답 ②

(A) 한국 경제활동 고령근로자 수 : 750만×0.294=220.5만 명
(B) 스웨덴 경제활동 고령근로자 수 : 5,600만×0.32=1,792만 명

## 22

정답 ①

세대당 월평균 사용량은 400÷2÷4=50$m^3$이다. 이를 토대로 각 요금을 구하면 다음과 같다.

i) 상수도요금
- 사용요금
  1세대 1개월 요금은 사용요금 요율표를 적용하면 (30×360)+(20×550)=21,800원이다.
  즉, 사용요금은 21,800×4×2=174,400원이다.
- 기본요금
  계량기 구경이 20mm이므로, 3,000×2=6,000원이다.

그러므로 상수도요금은 사용요금과 기본요금을 합한 174,400+6,000=180,400원이다.

ii) 하수도요금
1세대 1개월 요금은 사용요금 요율표를 적용하면 (30×360)+(20×850)=27,800원이다.
그러므로 하수도요금은 27,800×4×2=222,400원이다.

iii) 물이용부담금

1세대 1개월 요금은 사용요금 요율표를 적용하면 50×170=8,500원이다.

그러므로 물이용부담금은 8,500×4×2= 68,000원이다.

따라서 K씨 건물의 요금총액은 180,400+222,400+68,000=470,800원이다.

## 23

정답 ①

3만 원 초과 10만 원 이하 소액통원의료비를 청구할 경우 진단서 없이 보험금 청구서와 병원영수증, 질병분류기호(질병명)가 기재된 처방전만으로 접수가 가능하다.

## 24

정답 ④

제시문의 핵심 내용은 '기본 모델'에서는 증권시장에서 주식의 가격이 '기업의 내재적인 가치'라는 객관적인 기준에 근거하여 결정된다고 보지만 '자기참조 모델'에서는 주식의 가격이 증권시장에 참여한 사람들의 여론에 의해, 즉 인간의 주관성에 의해 결정된다고 본다는 것이다. 따라서 제시문은 주가 변화의 원리에 초점을 맞추어 다른 관점들을 대비하고 있다.

## 25

정답 ①

제시문에서 객관적인 기준을 중시하는 기본 모델은 주가 변화를 제대로 설명하지 못하지만, 인간의 주관성을 중시하는 자기참조 모델은 주가 변화를 제대로 설명하고 있다고 보고 있다. 따라서 증권시장의 객관적인 기준이 인간의 주관성보다 합리적임을 보여준다는 ①은 적절하지 않다.

## 26

정답 ⑤

'자기참조 모델'에서는 투자자들이 객관적인 기준에 따르기보다는 여론을 모방하여 주식을 산다고 본다. 그 모방은 합리적이라고 인정되는 다수의 비전인 '묵계'에 의해 인정된다. 증권시장은 이러한 묵계를 조성하고 유지해 가면서 경제를 자율적으로 평가할 수 있는 힘을 가진다. 따라서 증권시장은 '투자자들이 묵계를 통해 자본의 가격을 산출해 내는 제도적 장치'인 것이다.

## 27

정답 ③

제시된 조건을 항목별로 정리하면 다음과 같다.

• 부서배치
  - 성과급 평균은 48만 원이므로, A는 영업부 또는 인사부에서 일한다.
  - B와 D는 비서실, 총무부, 홍보부 중에서 일한다.
  - C는 인사부에서 일한다.
  - D는 비서실에서 일한다.

  따라서 A－영업부, B－총무부, C－인사부, D－비서실, E－홍보부에서 일한다.

• 휴가
  - A는 D보다 휴가를 늦게 간다. 따라서 C－D－B－A 또는 D－A－B－C 순으로 휴가를 간다.

• 성과급
  - D사원 : 60만 원
  - C사원 : 40만 원

오답분석

① A : 20만×3=60만 원, C : 40만×2=80만 원

② C가 제일 먼저 휴가를 갈 경우, A가 제일 마지막으로 휴가를 가게 된다.

④ 휴가를 가지 않은 E는 두 배의 성과급을 받기 때문에 총 120만 원의 성과급을 받게 되고, D의 성과급은 60만 원이기 때문에 두 사람의 성과급 차이는 두 배이다.

⑤ C가 제일 마지막에 휴가를 갈 경우, B는 A보다 늦게 출발한다.

PART 3

## 28

정답 ④

회사 근처 모텔에서 숙박 후 버스 타고 공항 이동 : 40,000원(모텔요금)+20,000원(버스요금)+30,000원(시간요금)=90,000원

오답분석

① 공항 근처 모텔로 버스 타고 이동 후 숙박 : 20,000원(버스요금)+30,000원(시간요금)+80,000원(모텔요금)=130,000원
② 공항 픽업 호텔로 버스 타고 이동 후 숙박 : 10,000원(버스요금)+10,000원(시간요금)+100,000원(호텔요금)=120,000원
③ 공항 픽업 호텔로 택시 타고 이동 후 숙박 : 20,000원(택시요금)+5,000원(시간요금)+100,000원(호텔요금)=125,000원
⑤ 회사 근처 모텔에서 숙박 후 택시 타고 공항 이동 : 40,000원(모텔요금)+40,000원(택시요금)+15,000원(시간요금)=95,000원

## 29

정답 ⑤

2022년 3분기의 이전 분기 대비 수익 변화량(−108)이 가장 크다.

오답분석

① 수익은 2022년 2분기에 유일하게 증가하였다.
② 재료비를 제외한 금액은 2022년 4분기가 2021년 4분기보다 낮다.
③ 수익의 변화량은 제품가격의 변화량과 밀접한 관계가 있다.
④ 조사 기간에 수익이 가장 높을 때는 2022년 2분기이고, 재료비가 가장 낮을 때는 2022년 1분기이다.

## 30

정답 ①

2023년 1분기의 재료비는 (1.6×70,000)+(0.5×250,000)+(0.15×200,000)=267,000원이다.
2023년 1분기의 제품가격은 (2023년 1분기 수익)+(2023년 1분기 재료비)이며, 2023년 1분기의 수익은 2022년 4분기와 같게 유지된다고 하였으므로 291,000원이다. 따라서 2023년 1분기 제품가격은 267,000+291,000=558,000원이다.

## 31

정답 ③

서식지정자 lf는 double형 실수형 값을 표시할 때 쓰이며, %.2lf의 .2는 소수점 2자리까지 표시한다는 의미이다.

## 32

정답 ④

UPPER 함수는 알파벳 소문자를 대문자로 변경하며, TRIM 함수는 불필요한 공백을 제거하므로 'MNG-002-KR'이 결괏값으로 출력된다.

## 33

정답 ④

담수 동물은 육상 동물과 같이 오줌 배출을 통해 몸 밖으로 수분을 내보내지만, 육상 동물의 경우에는 수분 유지를 위한 것이 아니라 체내 수분이 빠져나가는 방법의 일종이므로 오줌 배출을 통한 체내 수분 유지는 공통점이 아니다.

## 34

정답 ④

- (가) : 빈칸 (가)의 다음 문장에서 사회의 기본 구조를 통해 이것을 공정하게 분배해야 된다고 했으므로 ⓒ이 가장 적절하다.
- (나) : '원초적 상황'에서 합의 당사자들은 인간의 심리, 본성 등에 대한 지식 등 사회에 대한 일반적인 지식은 알고 있지만, 이것에 대한 정보를 모르는 무지의 베일 상태에 놓인다고 했으므로 사회에 대한 일반적인 지식과 반대되는 개념, 즉 개인적 측면의 정보인 ㉠이 가장 적절하다.
- (다) : 빈칸 (다)에 대하여 사회에 대한 일반적인 지식이라고 하였으므로 ⓒ이 가장 적절하다.

## 35

정답 ④

제시된 당직 근무 규칙과 근무 일정을 정리하면 다음과 같다.

| 구분 | 월 | 화 | 수 | 목 | 금 | 토 | 일 |
|---|---|---|---|---|---|---|---|
| 오전 | 공주원<br>지한준<br>김민정 | 이지유<br>최유리 | 강리환<br>이영유 | 공주원<br>강리환<br>이건율 | 이지유<br>지한준 | 김민정<br>최민관<br>강지공 | 이건율<br>최민관 |
| 오후 | 이지유<br>최민관 | 최민관<br>이영유<br>강지공 | 공주원<br>지한준<br>강지공<br>김민정 | 최유리 | 이영유<br>강지공 | 강리환<br>최유리<br>이영유 | 이지유<br>김민정 |

당직 근무 규칙에 따르면 오후 당직의 경우 최소 2명이 근무해야 한다. 그러나 목요일 오후에 최유리 1명만 근무하므로 최소 1명의 근무자가 더 필요하다. 이때, 한 사람이 같은 날 오전·오후 당직을 모두 할 수 없으므로 목요일 오전 당직 근무자인 공주원, 강리환, 이건율은 제외된다. 또한 당직 근무는 주당 5회 미만이므로 이번 주에 4번의 당직 근무가 예정된 근무자 역시 제외된다. 따라서 지한준의 당직 근무 일정을 추가해야 한다.

## 36

정답 ③

2016 ~ 2021년의 KTX 부정승차 적발 건수 평균이 70,000건이라고 하였으므로 2016년 부정승차 적발 건수를 $a$건이라고 하면

$$\frac{a+65,000+70,000+82,000+62,000+67,000}{6}=70,000 \rightarrow a+346,000=420,000 \rightarrow a=74,000$$

그러므로 2016년 부정승차 적발 건수는 74,000건이다.

또한 2017 ~ 2022년 부정승차 적발 건수 평균이 65,000건이라고 하였으므로 2022년 부정승차 적발 건수를 $b$건이라고 하면

$$\frac{65,000+70,000+82,000+62,000+67,000+b}{6}=65,000 \rightarrow 346,000+b=390,000 \rightarrow b=44,000$$

그러므로 2022년 부정승차 적발 건수는 44,000건이다.

따라서 2016년 부정승차 적발 건수와 2022년 부정승차 적발 건수의 차이는 74,000−44,000=30,000건이다.

## 37

정답 ④

파일 이름에 주어진 규칙을 적용하여 암호를 구하면 다음과 같다.

1. 비밀번호 중 첫 번째 자리에는 파일 이름의 첫 문자가 한글일 경우 @, 영어일 경우 #, 숫자일 경우 *로 특수문자를 입력한다.
   - 2022매운전골Cset3인기준recipe8 → *
2. 두 번째 자리에는 파일 이름의 총 자리 개수를 입력한다.
   - 2022매운전골Cset3인기준recipe8 → *23
3. 세 번째 자리부터는 파일 이름 내에 숫자를 순서대로 입력한다. 숫자가 없을 경우 0을 두 번 입력한다.
   - 2022매운전골Cset3인기준recipe8 → *23202238
4. 그 다음 자리에는 파일 이름 중 한글이 있을 경우 초성만 순서대로 입력한다. 없다면 입력하지 않는다.
   - 2022매운전골Cset3인기준recipe8 → *23202238ㅁㅇㅈㄱㅇㄱㅈ
5. 그 다음 자리에는 파일 이름 중 영어가 있다면 뒤에 덧붙여 순서대로 입력하되, a, e, I, o, u만 'a=1, e=2, I=3, o=4, u=5'로 변형하여 입력한다(대문자·소문자 구분 없이 모두 소문자로 입력한다).
   - 2022매운전골Cset3인기준recipe8 → *23202238ㅁㅇㅈㄱㅇㄱㅈcs2tr2c3p2

따라서 주어진 파일 이름의 암호는 '*23202238ㅁㅇㅈㄱㅇㄱㅈcs2tr2c3p2'이다.

## 38

정답 ①

오전 심층면접은 9시 10분에 시작하므로, 12시까지 170분의 시간이 있다. 한 명당 15분씩 면접을 볼 때, 가능한 면접 인원은 170÷15≒11명이다. 오후 심층면접은 1시부터 바로 진행할 수 있으므로, 종료시간인 5시까지 240분의 시간이 있다. 한 명당 15분씩 면접을 볼 때 가능한 인원은 240÷15=16명이다. 즉, 심층면접을 할 수 있는 최대 인원수는 11+16=27명이다. 27번째 면접자의 기본면접이 끝나기까지 걸리는 시간은 10분×27명+60분(점심·휴식 시간)=330분이다. 따라서 마지막 심층면접자의 기본면접 종료 시각은 오전 9시+330분=오후 2시 30분이다.

## 39

정답 ②

비프음이 길게 1번, 짧게 1번 울릴 때는 메인보드의 오류이므로 메인보드를 교체하거나 A/S 점검을 해야 한다.

## 40

정답 ①

오답분석

② [D3] : =MID(B3,3,2)
③ [E7] : =RIGHT(B7,2)
④ [D8] : =MID(B8,3,2)
⑤ [E4] : =RIGHT(B4,2)

## 41

정답 ②

(B빌라 월세)+(한 달 교통비)=250,000+(2.1×2×20×1,000)=334,000원
따라서 B빌라에서 살 경우 334,000원으로 살 수 있다.

오답분석

① A빌라는 392,000원, B빌라는 334,000원, C아파트는 372,800원으로 모두 40만 원으로 가능하다.
③ C아파트가 편도 거리 1.82km로 교통비가 가장 적게 든다.
④ C아파트의 한 달 금액은 372,800원으로 A빌라보다 19,200원 덜 든다.
⑤ B빌라에 두 달 살 경우 668,000원이고, A빌라와 C아파트의 한 달 금액을 합하면 764,800원이므로 적절하지 않다.

## 42

정답 ③

김포공항을 사용하는 A300 항공기의 정류료 납부의 경우, 국제선은 809천 원, 국내선은 135천 원을 납부하여야 한다. 따라서 $\frac{809}{135}$≒5.99이므로 옳지 않은 설명이다.

오답분석

① 광주공항을 이용하는 시드니행 B747 항공기는 광주공항에 대하여 공항사용료로 착륙료 2,510천 원, 조명료 43천 원, 정류료 364천 원을 납부하여야 한다. 총 291만 7천 원이기 때문에 옳은 설명이다.
② 김해공항을 사용하는 항공기들은 국제선과 국내선 모두 기종과 상관없이 동일하게 52천 원의 조명료를 납부한다.
④ 자료를 보면 착륙료와 정류료 모두 무게가 무거운 기종일수록 더 높은 금액을 납부하여야 한다는 것을 알 수 있다.
⑤ 가장 많은 공항사용료를 납부하는 국내선 항공기는 김포·김해·제주공항을 사용하는 국내선 B747항공기이며, 공항사용료는 1,094+52+291=1,437천 원이다. 가장 적은 공항사용료를 납부하는 국내선 항공기는 기타 국내공항을 사용하는 B737항공기이고, 공항사용료는 110+43+51=204천 원이다. 이때 204천 원×5=1,020천 원으로, B747항공기 국내선 김포·김해·제주공항사용료(1,437천 원)가 더 높으므로 옳은 설명이다.

## 43

정답 ③

제시된 자료와 상황을 바탕으로 투자액에 따른 득실을 정리하면 다음과 같다.

| 구분 | | 투자액 | 감면액 | 득실 |
|---|---|---|---|---|
| 1등급 | 최우수 | 2억 1천만 원 | 2억 4천만 원 | +3천만 원 |
| | 우수 | 1억 1천만 원 | 1억 6천만 원 | +5천만 원 |
| 2등급 | 최우수 | 1억 9천만 원 | 1억 6천만 원 | −3천만 원 |
| | 우수 | 9천만 원 | 8천만 원 | −1천만 원 |

오답분석

ㄷ. 에너지효율 2등급을 받기 위해 투자하는 경우, 최소 1천만 원에서 최대 3천만 원의 경제적 손실을 입는다.

## 44

정답 ②

예상되는 평가점수는 63점이고, 에너지효율이 3등급이기 때문에 취・등록세액 감면 혜택을 얻을 수 없다. 추가 투자를 통해서 평가점수와 에너지효율을 높여야 취・등록세액 감면 혜택을 받게 된다.

오답분석

① 현재 신축 건물의 예상되는 친환경 건축물 평가점수는 63점으로 우량 등급이다.
③ 친환경 건축물 우수 등급, 에너지효율 1등급을 받을 때 경제적 이익이 극대화된다.
④・⑤ 예산 관리는 활동이나 사업에 소요되는 비용을 산정하고, 예산을 편성하는 것뿐만 아니라 예산을 통제하는 것 모두를 포함한다고 볼 수 있다.

## 45

정답 ③

조건에 따르면 각 팀이 새로운 과제를 3, 2, 1, 1, 1개로 나눠서 맡아야 한다. 기존에 수행하던 과제를 포함해서 한 팀이 맡을 수 있는 과제가 최대 4개라는 점을 고려하면 다음과 같이 정리할 수 있다.

| 구분 | 기존 과제 수 | 새로운 과제 수 | | |
|---|---|---|---|---|
| (가)팀 | 0 | 3 | 3 | 2 |
| (나)팀 | 1 | 1 | 1 | 3 |
| (다)팀 | 2 | 2 | 1 | 1 |
| (라)팀 | 2 | 1 | 2 | 1 |
| (마)팀 | 3 | 1 | | |

ㄱ. a는 새로운 과제 2개를 맡는 팀이 수행해야 하므로 (나)팀이 맡을 수 없다.
ㄷ. 기존에 수행하던 과제를 포함해서 과제 2개를 맡을 수 있는 팀은 기존 과제의 수가 0개인 (가)팀과 1개인 (나)팀인데 위의 세 경우 모두 2개 과제를 맡는 팀이 반드시 있다.

오답분석

ㄴ. f는 새로운 과제 1개를 맡는 팀이 수행해야 하므로 (가)팀이 맡을 수 없다.

## 46

정답 ②

I통신회사의 기본요금을 $x$원이라 하면 8월과 9월의 요금 계산식은 각각 다음과 같다.

$x+60a+30\times2a=21,600 \rightarrow x+120a=21,600$ … ㉠

$x+20a=13,600$ … ㉡

㉠−㉡을 하면

$100a=8,000$

$\therefore a=80$

## 47

정답 ③

제시문은 고전주의의 예술관을 설명한 후 이에 반하는 수용미학의 등장을 설명하고, 수용미학을 처음 제시한 야우스의 주장에 대해 설명한다. 이어서 수용미학을 체계화한 이저의 주장을 소개하고 이저가 생각한 독자의 역할을 제시한 뒤 이것의 의의에 대해 설명하고 있는 글이다. 따라서 (가) '고전주의 예술관과 이에 반하는 수용미학의 등장' → (라) '수용미학을 제기한 야우스의 주장' → (다) '야우스의 주장을 정리한 이저' → (나) '이저의 이론 속 텍스트와 독자의 상호작용의 의의'의 순서로 나열해야 한다.

## 48

정답 ③

접수 건수가 제일 많은 지원유형은 신입유형으로, 직원채용절차에 학업성적심사가 포함되어 있지 않다.

## 49

정답 ②

경력직원채용절차를 처리하기 위한 비용은 500(∵ 접수확인)+1,000(∵ 직무능력검사)+400(∵ 합격여부 통지)=1,900원이다.

## 50

정답 ④

지원유형 중 가장 합격률이 낮은 유형은 인턴유형으로 합격률이 12.5%이다. 경력유형의 합격률은 약 16.67%이다.

# | 01 | 조직이해능력(사무직 / 관제직)

| 51 | 52 | 53 | 54 | 55 | 56 | 57 | 58 | 59 | 60 | | | | | | | | | | |
|---|---|---|---|---|---|---|---|---|---|---|---|---|---|---|---|---|---|---|---|
| ① | ① | ⑤ | ④ | ① | ① | ④ | ④ | ③ | ⑤ | | | | | | | | | | |

## 51

정답 ①

스톡옵션제도에 대한 설명으로 자본참가 유형에 해당한다.

오답분석

② 스캔론플랜에 대한 설명으로 성과참가 유형에 해당한다.
③ 럭커플랜에 대한 설명으로 성과참가 유형에 해당한다.
④ 노사협의제도에 대한 설명으로 의사결정참가 유형에 해당한다.
⑤ 노사공동결정제도에 대한 설명으로 의사결정참가 유형에 해당한다.

## 52

정답 ①

**조직변화의 과정**

1. 환경변화 인지
2. 조직변화 방향 수립
3. 조직변화 실행
4. 변화결과 평가

## 53

정답 ⑤

조직문화는 구성원 개개인의 개성을 인정하고 그 다양성을 강화하기보다는 구성원들의 행동을 통제하는 기능을 한다. 즉, 구성원을 획일화·사회화시킨다.

## 54

정답 ④

시스템 오류 발생 원인 확인 및 시스템 개선 업무는 고객지원팀이 아닌 시스템개발팀이 담당하는 업무이다.

## 55

정답 ①

제품의 질은 우수하나 브랜드의 저가 이미지 때문에 매출이 좋지 않은 것이므로, 선입견을 제외하고 제품의 우수성을 증명할 수 있는 블라인드 테스트를 통해 인정을 받는다. 그리고 그 결과를 홍보의 수단으로 사용하는 것이 가장 적절하다.

## 56

정답 ①

I동사의 사내 봉사 동아리이기 때문에 공식이 아닌 비공식조직에 해당한다. 비공식조직의 특징에는 인간관계에 따라 형성된 자발적인 조직, 내면적·비가시적·비제도적·감정적, 사적 목적 추구, 부분적 질서를 위한 활동 등이 있다.

오답분석

② 영리조직에 대한 설명이다.
③·④ 공식조직에 대한 설명이다.
⑤ 비영리조직에 대한 설명이다.

## 57

정답 ④

기업이 공익을 침해할 경우 우선 합리적인 절차에 따라 문제 해결을 해야 하며, 기업 활동의 해악이 심각할 경우 근로자 자신이 피해를 볼지라도 신고해야 할 윤리적 책임이 있다.

오답분석

ㄱ. 신고자의 동기가 사적인 욕구나 이익을 충족시켜서는 안 된다.

## 58

정답 ④

필리핀에서 한국인을 대상으로 범죄가 이루어지고 있다는 것은 심각하게 고민해야 할 사회문제이지만, 우리나라로 취업하기 위해 들어오려는 필리핀 사람들을 규제하는 것은 적절하지 않은 행동이다.

## 59

정답 ③

회의의 내용으로 보아 의사결정방법 중 브레인스토밍 기법을 사용하고 있다. 브레인스토밍은 문제에 대한 제안이 자유롭게 이어질수록, 아이디어는 많을수록 좋으며, 제안한 모든 아이디어를 종합하여 해결책을 내는 방법이다. 따라서 다른 직원의 의견에 대해 반박을 한 D주임의 태도는 브레인스토밍에 적절하지 않다.

## 60

정답 ⑤

도요타 자동차는 소비자의 관점이 아닌 생산자의 관점에서 문제를 해결하려다 소비자들의 신뢰를 잃게 됐다. 따라서 기업은 생산자가 아닌 소비자의 관점에서 문제를 해결하기 위해 노력해야 한다.

## | 02 | 기술능력(기술직)

| 51 | 52 | 53 | 54 | 55 | 56 | 57 | 58 | 59 | 60 | | | | | | | | | | |
|---|---|---|---|---|---|---|---|---|---|---|---|---|---|---|---|---|---|---|---|
| ② | ⑤ | ⑤ | ② | ① | ④ | ② | ④ | ③ | ④ | | | | | | | | | | |

### 51

정답 ②

전기산업기사, 건축산업기사, 정보처리산업기사 등의 자격 기술은 구체적 직무수행능력 형태를 의미하는 기술의 협의의 개념으로 볼 수 있다.

오답분석

① 기술은 하드웨어를 생산하는 과정이며, 하드웨어는 소프트웨어에 대비되는 용어로, 건물, 도로, 교량, 전자장비 등 인간이 만들어 낸 모든 물질적 창조물을 뜻한다.
③ 사회가 기술 개발에 영향을 준다는 점을 볼 때, 산업혁명과 같은 사회적 요인은 기술 개발에 영향을 주었다고 볼 수 있다.
④ 컴퓨터의 발전으로 개인이 정보를 효율적으로 활용 / 관리하게 됨으로써 현명한 의사결정이 가능해졌음을 알 수 있다.
⑤ 로봇은 인간의 능력을 확장시키기 위한 하드웨어로 볼 수 있으며, 기술은 이러한 하드웨어와 그것의 활용을 뜻한다.

### 52

정답 ⑤

유·무상 수리 기준에 따르면 I전자 서비스센터 외에서 수리한 후 고장이 발생한 경우 고객 부주의에 해당하므로 무상 수리를 받을 수 없다. 따라서 해당 고객이 수리를 요청할 경우 유상 수리 건으로 접수해야 한다.

### 53

정답 ⑤

서비스 요금 안내에 따르면 서비스 요금은 부품비, 수리비, 출장비의 합계액으로 구성된다. 전자레인지 부품인 마그네트론의 가격은 20,000원이고, 출장비는 평일 18시 이전에 방문하였으므로 18,000원이 적용된다. 따라서 전자레인지의 수리비는 53,000−(20,000+18,000)=15,000원이다.

### 54

정답 ②

지속가능한 기술은 이용 가능한 자원과 에너지를 고려하고, 자원의 사용과 그것이 재생산되는 비율의 조화를 추구하며, 자원의 질을 생각하고, 자원이 생산적인 방식으로 사용되는가에 주의를 기울이는 기술이라고 할 수 있다. 즉, 지속가능한 기술은 되도록 태양 에너지와 같이 고갈되지 않는 자연 에너지를 활용하며, 낭비적인 소비 형태를 지양하고, 기술적 효용만이 아닌 환경효용(Eco−Efficiency)을 추구하는 것이다. ㉠, ㉡, ㉣의 사례는 낭비적인 소비 형태를 지양하고, 환경효용도 추구하므로 지속가능한 기술의 사례로 볼 수 있다.

오답분석

㉢·㉤ 환경효용이 아닌 생산수단의 체계를 인간에게 유용하도록 발전시키는 사례로, 기술발전에 해당한다.

## 55

정답 ①

제시문에서 나타난 A, B, C사가 수행한 기술선택 방법은 벤치마킹이다.

**기술선택**

기업이 어떤 기술을 외부로부터 도입하거나 자체 개발하여 활용할 것인가를 결정하는 것으로, 기술을 선택할 경우에는 주어진 시간과 자원의 제약하에서 선택 가능한 대안들 중 최적이 아닌 최선의 대안을 선택하는 합리적 의사결정을 추구해야 한다.

**벤치마킹**

단순한 모방과는 달리 특정 분야에서 우수한 기업이나 성공한 상품, 기술, 경영 방식 등의 장점을 충분히 익힌 후 자사의 환경에 맞추어 재창조하는 것을 의미한다.

오답분석

④ 비교대상에 따른 벤치마킹의 종류

| 비교대상에 따른 분류 | 내용 |
|---|---|
| 내부 벤치마킹 | 같은 기업 내의 다른 지역, 타 부서, 국가 간의 유사한 활용을 비교 대상으로 함 |
| 경쟁적 벤치마킹 | 동일 업종에서 고객을 직접적으로 공유하는 경쟁기업을 대상으로 함 |
| 비경쟁적 벤치마킹 | 제품, 서비스 및 프로세스의 단위 분야에 있어 가장 우수한 실무를 보이는 비경쟁적 기업 내의 유사 분야를 대상으로 함 |
| 글로벌 벤치마킹 | 프로세스에 있어 최고로 우수한 성과를 보유한 동일업종의 비경쟁적 기업을 대상으로 함 |

⑤ 수행방식에 따른 벤치마킹의 종류

| 수행방식에 따른 분류 | 내용 |
|---|---|
| 직접적 벤치마킹 | 벤치마킹 대상을 직접 방문하여 수행하는 방법 |
| 간접적 벤치마킹 | 인터넷 검색 및 문서 형태의 자료를 통해서 수행하는 방법 |

## 56

정답 ④

C금융사는 ㉢ 비경쟁적 관계에 있는 신문사를 대상으로 한 비경쟁적 벤치마킹과 ㉣ 직접 방문을 통한 직접적 벤치마킹을 수행하였다.

오답분석

㉠ 내부 벤치마킹에 대한 설명이다.
㉡ 경쟁적 벤치마킹에 대한 설명이다.
㉤ 간접적 벤치마킹에 대한 설명이다.

## 57

정답 ②

추운 지역의 LPG는 따뜻한 지역보다 프로판 비율이 높다.

## 58

정답 ④

'피재해자는 전기 관련 자격이 없었으며, 복장은 일반 안전화, 면장갑, 패딩점퍼를 착용한 상태였다.'는 문장에서 불안전한 행동·상태, 작업 관리상 원인, 작업 준비 불충분이란 것을 확인할 수 있다. 그러나 기술적 원인은 제시문에서 찾을 수 없다.

오답분석

① 불안전한 행동 : 위험 장소 접근, 안전장치 기능 제거, 보호 장비의 미착용 및 잘못 사용, 운전 중인 기계의 속도 조작, 기계·기구의 잘못된 사용, 위험물 취급 부주의, 불안전한 상태 방치, 불안전한 자세와 동작, 감독 및 연락 잘못 등이 해당된다.
② 불안전한 상태 : 시설물 자체 결함, 전기 시설물의 누전, 구조물의 불안정, 소방기구의 미확보, 안전 보호 장치 결함, 복장·보호구의 결함, 시설물의 배치 및 장소 불량, 작업 환경 결함, 생산 공정의 결함, 경계 표시 설비의 결함 등이 해당된다.
③ 작업 관리상 원인 : 안전 관리 조직의 결함, 안전 수칙 미제정, 작업 준비 불충분, 인원 배치 및 작업 지시 부적당 등이 해당된다.
⑤ 작업 준비 불충분 : 작업 관리상 원인의 하나이며, 피재해자는 경첩의 높이가 높음에도 불구하고 작업 준비에 필요한 자재를 준비하지 않은 채 불안전한 자세로 일을 시작하였다.

## 59

정답 ③

가정에 있을 경우 전력수급 비상단계를 신속하게 극복하기 위해 전력기기 등의 전원을 차단하거나 사용을 중지하는 것이 필요하나, 4번 항목에 따르면 안전, 보안 등을 위한 최소한의 조명까지 소등할 필요는 없다.

오답분석

① 가정에 있을 경우, TV, 라디오 등을 통해 재난상황을 파악하여 대처하라고 하였으므로, 전력수급 비상단계 발생 시 대중매체를 통해 재난상황에 대한 정보를 파악할 수 있다는 것을 알 수 있다.
② 사무실에 있을 경우 즉시 사용이 필요하지 않은 사무기기의 전원을 차단하여야 한다.
④ 공장에서는 비상발전기의 가동을 점검하여 가동을 준비해야 한다.
⑤ 전력수급 비상단계가 발생할 경우, 컴퓨터, 프린터 등 긴급하지 않은 모든 사무기기의 전원을 차단하여야 하므로 한동안 사무실의 업무가 중단될 수 있다.

## 60

정답 ④

㉡ 사무실에서의 행동요령에 따르면 본사의 중앙보안시스템은 긴급한 설비로 볼 수 있다. 따라서 3번 항목의 예외에 해당하므로 중앙보안시스템의 전원을 즉시 차단해버린 이주임의 행동은 적절하지 않다고 볼 수 있다.
㉣ 상가에서의 행동요령에 따르면 식재료의 부패와 관련 없는 가전제품의 가동을 중지하거나 조정하도록 설명되어 있다. 하지만 최사장은 횟감을 포함한 식재료를 보관 중인 모든 냉동고의 전원을 차단하였으므로 이는 적절하지 않은 행동이다.

오답분석

㉠ 김사원이 집에 있던 중 세탁기 사용을 중지하고 실내조명을 최소화한 것은 행동요령에 따른 것으로 적절한 행동이다.
㉢ 공장에 있던 중 공장 내부 조명 밝기를 최소화한 박주임의 행동은 적절하다.

# 제 2 회 최종점검 모의고사

## 01 직업기초능력평가

| 01 | 02 | 03 | 04 | 05 | 06 | 07 | 08 | 09 | 10 | 11 | 12 | 13 | 14 | 15 | 16 | 17 | 18 | 19 | 20 |
|---|---|---|---|---|---|---|---|---|---|---|---|---|---|---|---|---|---|---|---|
| ① | ① | ④ | ④ | ① | ② | ② | ⑤ | ③ | ② | ⑤ | ③ | ④ | ③ | ① | ④ | ④ | ⑤ | ⑤ | ③ |
| 21 | 22 | 23 | 24 | 25 | 26 | 27 | 28 | 29 | 30 | 31 | 32 | 33 | 34 | 35 | 36 | 37 | 38 | 39 | 40 |
| ② | ④ | ② | ⑤ | ③ | ④ | ⑤ | ⑤ | ① | ① | ③ | ② | ⑤ | ① | ① | ③ | ⑤ | ① | ③ | ④ |
| 41 | 42 | 43 | 44 | 45 | 46 | 47 | 48 | 49 | 50 | | | | | | | | | | |
| ⑤ | ④ | ⑤ | ⑤ | ④ | ③ | ③ | ① | ③ | ⑤ | | | | | | | | | | |

PART 3

### 01

정답 ①

오답분석

② 결괏값이 출근과 지각이 바뀌어 나타난다.
③·⑤ 9시 정각에 출근한 손흥민이 지각으로 표시된다.

### 02

정답 ①

'AVERAGE(B3:E3)'는 [B3:E3] 범위의 평균을 나타낸다. 또한, IF 함수는 논리 검사를 수행하여 TRUE나 FALSE에 해당하는 값을 반환해주는 함수이다. 즉, 「=IF(AVERAGE(B3:E3)>=90,"합격","불합격")」 함수는 [B3:E3] 범위의 평균이 90 이상일 경우 '합격'이, 그렇지 않을 경우 '불합격'이 입력된다. [F3]~[F6]의 각 셀에 나타나는 [B3:E3], [B4:E4], [B5:E5], [B6:E6]의 평균값은 83, 87, 91, 92.5이므로 [F3]~[F6] 셀에 나타나는 결괏값은 ①이다.

### 03

정답 ④

항목별 직원 수에 따른 원점수는 다음 표와 같다.

| 구분 | 전혀 아니다 | 아니다 | 보통이다 | 그렇다 | 매우 그렇다 |
|---|---|---|---|---|---|
| 원점수 | 21×1=21점 | 18×2=36점 | 32×3=96점 | 19×4=76점 | 10×5=50점 |
| 가중치 적용 점수 | 21×0.2=4.2점 | 36×0.4=14.4점 | 96×0.6=57.6점 | 76×0.8=60.8점 | 50×1.0=50점 |

따라서 10명의 직원이 선택한 설문지 가중치를 적용한 점수의 평균은 $\frac{4.2+14.4+57.6+60.8+50}{10}=18.7$점이다.

### 04

정답 ④

세 번째 문단에서 '상품에 응용된 과학 기술이 복잡해지고 첨단화되면서 상품 정보에 대한 소비자의 정확한 이해도 기대하기 어려워졌다.'는 내용과 일맥상통한다.

## 05

정답 ①

일반적인 의미와 다른 나라의 사례를 통해 대체의학의 정의를 설명하고, 크게 세 가지 유형으로 대체의학의 종류를 설명하고 있기 때문에 '대체의학의 의미와 종류'가 제목으로 가장 적절하다.

오답분석

② 대체의학의 문제점은 언급되지 않았다.
③ 대체의학으로 인한 부작용 사례는 언급되지 않았다.
④ 대체의학이 무엇인지 설명하고 있지 개선방향에 대해 언급하지 않았다.
⑤ 대체의학의 종류 등은 살명하였지만 연구 현황과 미래를 언급하지 않았다.

## 06

 ②

조건에 따르면 하루에 6명 이상 근무해야 하므로 2명까지만 휴가를 중복으로 쓸 수 있다. 따라서 하계워크숍 기간을 제외하고 A사원이 4일 이상 휴가를 쓰면서 1일 최대 휴가 인원이 2명을 초과하지 않으려면 A사원이 휴가를 쓸 수 있는 기간은 6 ~ 11일이다.

오답분석

① A사원은 4일 이상 휴가를 사용해야 하므로, 기간이 3일인 7 ~ 11일은 적절하지 않다.
③ 12일, 14일은 5명이 근무하게 되므로 11 ~ 16일은 적절하지 않다.
④ 14일, 17일, 18일은 5명이 근무하게 되므로 13 ~ 18일은 적절하지 않다.
⑤ 19일, 20일은 5명이 근무하게 되므로 19 ~ 24일은 적절하지 않다.

## 07

 ②

2 ~ 3일에 후보자 선별, 5일과 8일에 결격사유 심사, 10 ~ 11일에 실적평가, 15 ~ 17일에 인사고과 심사, 22 ~ 23일에 임원진 면접, 25 ~ 26일에 승진자 취합을 하는 경우 A대리는 모든 진급심사 일정에 참여하면서도 18 ~ 19일에 연차를 사용하여 가족과 여행을 다녀올 수 있다.

오답분석

① 진급심사의 첫 단계인 후보자 선별이 2일부터 시작되므로 적절하지 않다.
③ 최대한 진급심사 완료를 위해 일정을 조정하더라도 2 ~ 3일에 후보자 선별, 5일과 8일에 결격사유 심사, 10 ~ 11일에 실적평가, 15 ~ 17일에 인사고과 심사, 19일과 24일에 임원진 면접을 하게 된다. 이때, 진급심사 완료일 26일 이후 승진자 취합을 위해 근무일이 1일 더 필요하므로 적절하지 않다.
④ 최대한 진급심사 완료를 위해 일정을 조정하더라도 2 ~ 3일에 후보자 선별, 5일과 8일에 결격사유 심사, 10 ~ 11일에 실적평가, 15 ~ 17일에 인사고과 심사, 19일과 22일에 임원진 면접을 한 후 24 ~ 25일 동안 여행을 다녀온다면 진급심사 완료일 26일 이후 승진자 취합을 위해 근무일이 1일 더 필요하므로 적절하지 않다.
⑤ ④와 같이 22일에 임원진 면접을 끝내고, 연이어 승진자 취합 단계를 진행하여 24일에 진급심사가 완료되면 가능하지만 조건에 따라 진급심사의 각 단계는 연이어 진행할 수 없으므로 적절하지 않다.

## 08

정답 ⑤

회원 간 쇼핑몰별 중복할인 여부에 따라 배송비를 포함한 실제 구매가격을 정리하면 다음과 같다.

<table>
<tr><th>구분</th><th>할인쿠폰 적용</th><th>회원혜택 적용</th></tr>
<tr><td>A쇼핑몰</td><td>$129,000\times\left(1-\frac{5}{100}\right)+2,000=124,550$원</td><td>$129,000-7,000+2,000=124,000$원</td></tr>
<tr><td>B쇼핑몰</td><td colspan="2">$131,000\times\left(1-\frac{3}{100}\right)-3,500=123,570$원</td></tr>
<tr><td>C쇼핑몰</td><td>$130,000-5,000+2,500=127,500$원</td><td>$130,000\times\left(1-\frac{7}{100}\right)+2,500=123,400$원</td></tr>
</table>

따라서 배송비를 포함한 무선 이어폰의 실제 구매가격을 비교하면 C<B<A이다.

## 09

정답 ③

실제 구매가격이 가장 비싼 A쇼핑몰은 124,000원이며, 가장 싼 C쇼핑몰은 123,400원으로 가격 차이는 124,000−123,400=600원이다.

## 10

정답 ②

제시된 자료를 이용해 원격훈련 지원금 계산에 필요한 수치를 정리하면 다음과 같다.

| 구분 | 원격훈련 종류별 지원금 | 시간 | 수료인원 | 기업 규모별 지원 비율 |
|---|---|---|---|---|
| X기업 | 5,400원 | 6시간 | 7명 | 100% |
| Y기업 | 3,800원 | 3시간 | 4명 | 70% |
| Z기업 | 11,000원 | 4시간 | 6명 | 50% |

세 기업의 원격훈련 지원금을 계산하면 다음과 같다.

- X기업 : 5,400×6×7×1=226,800원
- Y기업 : 3,800×3×4×0.7=31,920원
- Z기업 : 11,000×4×6×0.5=132,000원

따라서 바르게 짝지어진 것은 ②이다.

## 11

정답 ⑤

보기에 주어진 각 운전자의 운동량을 계산해 보면 다음과 같다.

- 갑 : 1.4×2=2.8
- 을 : 1.2×2×0.8=1.92
- 병 : 2×1.5=3
- 정 : (2×0.8)+(1×1.5)=3.1
- 무 : (0.8×2×0.8)+1.2=2.48

따라서 5명의 운전자를 운동량이 많은 순서대로 나열하면 정>병>갑>무>을이다.

## 12

정답 ③

두 번째 문단에서 부조화를 감소시키는 행동은 비합리적인 면이 있는데, 그러한 행동들이 자신들의 문제에 대해 실제적인 해결책을 찾지 못하도록 할 수 있다고 하였다.

오답분석

① 인지부조화는 불편함을 유발하기 때문에 사람들은 이것을 감소시키려고 한다.
② 제시문에는 부조화를 감소시키는 행동의 합리적인 면이 나타나 있지 않다.
④ 부조화를 감소시키는 행동으로 사람들은 자신의 긍정적인 측면의 이미지를 유지하게 되는데, 이를 통해 부정적인 이미지를 감소시키는지는 알 수 없다.
⑤ 제시문에서 부조화를 감소시키려는 자기방어적인 행동은 부정적인 결과를 초래한다고 하였다.

## 13

정답 ④

앞의 내용에 따르면 인지부조화 이론에서 '사람들은 현명한 사람을 자기 편, 우매한 사람을 다른 편이라 생각할 때 마음이 편안해질 것이다.'라고 하였다. 따라서 자신의 의견과 동일한 주장을 하는 글로는 논리적인 글을 기억하고, 자신의 의견과 반대되는 주장을 하는 글로는 형편없는 글을 기억할 것이라 예측할 수 있다.

## 14

정답 ③

여러 셀에 숫자, 문자 데이터 등을 한 번에 입력하려면 여러 셀이 선택된 상태에서 〈Ctrl〉+〈Enter〉 키를 눌러서 입력해야 한다.

## 15

정답 ①

출입증 미패용(미부착) 항목의 ③을 보면 '차량출입증'이라고 명시되어 있으므로 사람뿐 아니라 차량에도 적용됨을 알 수 있다.

**오답분석**

② 출입증규정을 위반하였을 때 제재를 받는 사람은 사용자, 소유자, 대여자, 분실자, 인솔자이다.
③ 출입증규정을 위반한 경우 항목에 따라 규정 위반 횟수만큼 제재 수준이 높아진다. 또한, 위반 시 2번까지 제재를 받지 않는 경우는 없다.
④ 출입증을 보호구역 내에서 분실했을 때의 제재 수준이 외부에서 분실했을 때보다 높다.
⑤ 위반사항 중 가장 높은 제재 수준은 5년 출입정지이고, 이는 타인 출입증 사용 항목의 ④와 ⑤에 해당한다.

## 16

정답 ④

- 가 : 타인 출입증 사용 항목의 ①을 위반한 경우로 출입증 사용자 및 소유자는 5일 출입정지 제재를 받는다.
- 나 : 분실 항목의 ②를 위반한 경우에 해당하며, 1회 사용하였으므로 경고를 받는다.
- 다 : 출입증 미패용(미부착) 항목의 ②의 경우지만, 위반한 자를 보고 신고하였으므로 제재를 받지 않는다.

## 17

정답 ④

ㄴ. 사슴의 남은 수명이 20년인 경우, 사슴으로 계속 살아갈 경우의 총효용은 $20\times40=800$인 반면, 독수리로 살 경우의 효용은 $(20-5)\times50=750$이다. 따라서 사슴은 총효용이 줄어드는 선택은 하지 않는다고 하였으므로 독수리를 선택하지 않을 것이다.
ㄷ. 사슴의 남은 수명을 $x$년이라 할 때, 사자를 선택했을 때의 총효용은 $(x-14)\times250$이며, 호랑이를 선택했을 때의 총효용은 $(x-13)\times200$이다. 이 둘을 연립하면 $x=18$이다. 따라서 사슴의 남은 수명이 18년일 때 둘의 총효용이 같게 된다.

**오답분석**

ㄱ. 사슴의 남은 수명이 13년인 경우, 사슴으로 계속 살아갈 경우의 총효용은 $13\times40=520$인 반면, 곰으로 살 경우의 효용은 $(13-11)\times170=340$이다. 따라서 사슴은 총효용이 줄어드는 선택은 하지 않는다고 하였으므로 곰을 선택하지 않을 것이다.

## 18

정답 ⑤

ROUND 함수는 지정한 자릿수를 반올림하는 함수이다. 함수식에서 '−1'의 의미는 일의 자리를 뜻하며 '−2'는 십의 자리를 뜻한다. 여기서 '−'기호를 빼면 소수점 자리로 인식한다. 따라서 일의 자리를 반올림하기 때문에 결괏값은 120이다.

**오답분석**

① MAX 함수는 지정된 범위 내에서 최댓값을 찾는 함수이다.
② MODE 함수는 지정된 범위 내에서 최빈값을 찾는 함수이다.
③ LARGE 함수는 지정된 범위 내에서 몇 번째 큰 값을 찾는 함수이다.
④ COUNTIF 함수는 특정값이 몇 개가 있는지 세는 함수이다.

## 19

정답 ⑤

2019 ~ 2022년 음원 매출액의 2배를 구한 뒤 게임 매출액과 비교하면 다음과 같다.

- 2019년 : $199\times2=398$백만 원 $<$ 485백만 원
- 2020년 : $302\times2=604$백만 원 $>$ 470백만 원
- 2021년 : $411\times2=822$백만 원 $>$ 603백만 원
- 2022년 : $419\times2=838$백만 원 $>$ 689백만 원

즉, 2019년 게임 매출액은 음원 매출액의 2배 이상이나, 2020 ~ 2022년 게임 매출액은 음원 매출액의 2배 미만이다.

오답분석

① · ④ 제시된 자료를 통해 확인할 수 있다.

② 유형별로 전년 대비 2022년 매출액 증가율을 구하면 다음과 같다.

- 게임 : $\frac{689-603}{603}\times100 \fallingdotseq 14.26\%$
- 음원 : $\frac{419-411}{411}\times100 \fallingdotseq 1.95\%$
- 영화 : $\frac{1,510-1,148}{1,148}\times100 \fallingdotseq 31.53\%$
- SNS : $\frac{341-104}{104}\times100 \fallingdotseq 227.88\%$

따라서 2022년의 전년 대비 매출액 증가율이 가장 큰 콘텐츠 유형은 SNS이다.

③ 2015 ~ 2022년 전체 매출액에서 영화 매출액이 차지하는 비중을 구하면 다음과 같다.

- 2015년 : $\frac{371}{744}\times100 \fallingdotseq 49.87\%$
- 2016년 : $\frac{355}{719}\times100 \fallingdotseq 49.37\%$
- 2017년 : $\frac{391}{797}\times100 \fallingdotseq 49.06\%$
- 2018년 : $\frac{508}{1,020}\times100 \fallingdotseq 49.80\%$
- 2019년 : $\frac{758}{1,500}\times100 \fallingdotseq 50.53\%$
- 2020년 : $\frac{1,031}{2,111}\times100 \fallingdotseq 48.84\%$
- 2021년 : $\frac{1,148}{2,266}\times100 \fallingdotseq 50.66\%$
- 2022년 : $\frac{1,510}{2,959}\times100 \fallingdotseq 51.03\%$

따라서 영화 매출액은 매년 전체 매출액의 40% 이상이다.

PART 3

## 20

정답 ③

자동화와 같이 과학 기술의 이면을 바라보지 못하고 장점만을 생각하는 것을 고정관념이라고 한다. 구구단의 경우 실생활에 도움이 되며, 그것이 고정관념이라고 할 만한 뚜렷한 반례는 없다.

오답분석

① 행복은 물질과 비례하는 것이 아닌데 비례할 것이라고 믿고 있는 경우이다.
② 저가의 물건보다 고가의 물건이 반드시 질이 좋다고 할 수 없다.
④ 경제 상황에 따라 저축보다 소비가 미덕이 되는 경우도 있다.
⑤ 아파트가 전통가옥보다 삶의 편의는 제공할 수 있지만 반드시 삶의 질을 높여 준다고 보기는 힘들다.

## 21

정답 ②

제시문은 기계화 · 정보화의 긍정적인 측면보다는 부정적인 측면을 부각하고 있으며, 이것은 기계화 · 정보화가 인간의 삶의 질 개선에 기여하고 있는 점을 경시하는 것이다.

## 22

정답 ④

먼저 '빅뱅 이전에는 아무것도 없었다.'는 '영겁의 시간 동안 우주는 단지 진공이었을 것이다.'를 의미한다는 (라) 문단이 오는 것이 적절하며, 다음으로 '이런 식으로 사고하려면', 즉 우주가 단지 진공이었다면 왜 우주가 탄생하게 되었는지를 설명할 수 없다는 (다) 문단이 오는 것이 적절하다. 그 뒤를 이어 우주 탄생 원인을 설명할 수 없는 이유를 이야기하는 (나) 문단과 이와 달리 아예 다른 방식으로 해석하는 (가) 문단이 차례로 오는 것이 적절하다.

## 23

정답 ②

빈칸을 채우는 문제는 빈칸 앞뒤의 진술에 유의할 필요가 있다. 빈칸 앞에서는 제3세계 환자들과 제약회사 간의 신약 가격에 대한 딜레마를 이야기하며 제3의 대안이 필요하다고 한다. 빈칸 뒤에서는 그 대안이 실현되기 어려운 이유는 '자신의 주머니에 손을 넣어 거기에 필요한 비용을 꺼내는 순간 알게 될 것'이라고 하였으므로 개인 차원의 대안을 제시했음을 추측할 수 있다. 따라서 ②가 적절하다.

## 24

정답 ⑤

- 인천공항에 도착 시 한국 날짜 및 시각

| | |
|---|---|
| 독일시각 | 11월 2일 19시 30분 |
| 소요시간 | +12시간 20분 |
| 시차 | +8시간 |
| | =11월 3일 15시 50분 |

인천공항에 도착한 시각은 한국시각으로 11월 3일 15시 50분이고, A씨는 2시간 40분 뒤에 일본으로 가는 비행기를 타야 한다. 따라서 참여 가능한 환승투어코스는 소요시간이 2시간 이내인 엔터테인먼트, 인천시티, 해안관광이며, A씨의 인천공항 도착시각과 환승투어코스가 바르게 짝지어진 것은 ⑤이다.

## 25

정답 ③

사장은 최소비용으로 최대인원을 채용하고자 한다. 이를 위해서는 가장 낮은 임금의 인원을 최우선으로 배치하되, 같은 임금의 인원은 가용시간 내에 분배하여 배치하는 것이 적절하다. 이를 적용하면 다음과 같이 인원을 배치할 수 있다.
8시부터 근무는 김갑주가 임금이 가장 낮다. 이후 10시부터는 임금이 같은 한수미도 근무할 수 있으므로, 최대인원을 채용하는 목적에 따라 한수미가 근무한다. 그다음 중복되는 12시부터는 조병수가 임금이 더 낮으므로 조병수가 근무하며, 임금이 가장 낮은 강을미는 15시부터 20시까지 근무한다. 조병수 다음으로 중복되는 14시부터 가능한 최강현은 임금이 비싸므로 근무하지 않는다(∵ 최소비용이 최대인원보다 우선하기 때문). 다음으로 중복되는 16시부터는 채미나가 조병수와 임금이 같으므로 채미나가 근무한다.

<table>
<tr><th>구분</th><th colspan="2">월요일</th><th colspan="2">화요일</th><th colspan="2">수요일</th><th colspan="2">목요일</th><th colspan="2">금요일</th></tr>
<tr><td>08:00</td><td rowspan="7">기존 직원</td><td rowspan="2">김갑주</td><td rowspan="7">기존 직원</td><td rowspan="2">김갑주</td><td rowspan="7">기존 직원</td><td rowspan="2">김갑주</td><td rowspan="7">기존 직원</td><td rowspan="2">김갑주</td><td rowspan="7">기존 직원</td><td rowspan="2">김갑주</td></tr>
<tr><td>09:00</td></tr>
<tr><td>10:00</td><td rowspan="2">한수미</td><td rowspan="2">한수미</td><td rowspan="2">한수미</td><td rowspan="2">한수미</td><td rowspan="2">한수미</td></tr>
<tr><td>11:00</td></tr>
<tr><td>12:00</td><td rowspan="4">조병수</td><td rowspan="4">조병수</td><td rowspan="4">조병수</td><td rowspan="4">조병수</td><td rowspan="4">조병수</td></tr>
<tr><td>13:00</td></tr>
<tr><td>14:00</td></tr>
<tr><td>15:00</td><td rowspan="5">강을미</td><td rowspan="5">강을미</td><td rowspan="5">강을미</td><td rowspan="5">강을미</td><td rowspan="5">강을미</td></tr>
<tr><td>16:00</td><td rowspan="4">채미나</td><td rowspan="4">채미나</td><td rowspan="4">채미나</td><td rowspan="4">채미나</td><td rowspan="4">채미나</td></tr>
<tr><td>17:00</td></tr>
<tr><td>18:00</td></tr>
<tr><td>19:00</td></tr>
</table>

## 26

정답 ④

하루에 지출되는 직원별 급여액은 다음과 같다.

- 기존 직원 : 8,000×7=56,000원
- 김갑주, 한수미 : 8,000×2=16,000원
- 조병수, 채미나 : 7,500×4=30,000원
- 강을미 : 7,000×5=35,000원

→ 56,000+(16,000×2)+(30,000×2)+35,000=183,000원
∴ (임금)=183,000×5=915,000원

## 27

정답 ⑤

• 지연 중 A/C 정비가 차지하는 비율 : $\frac{117}{2,986}\times100 \fallingdotseq 4$(∵ 소수점 첫째 자리에서 반올림)

• 결항 중 기상이 차지하는 비율 : $\frac{17}{70}\times100 \fallingdotseq 24$(∵ 소수점 첫째 자리에서 반올림)

∴ $\frac{4}{24}=\frac{1}{6}$

오답분석

① 17×5=85<118이므로 옳지 않다. 118÷17≒7로, 약 7배이다(∵ 소수점 첫째 자리에서 반올림).
② 기타를 제외하고 지연이 발생한 원인 중 가장 높은 비중을 차지하고 있는 것은 A/C 접속이며, 결항이 발생한 원인 중 가장 높은 비중을 차지하고 있는 것은 기상이다.
③ 9월 동안 운항된 전체 비행기 수를 알 수 없으므로 구할 수 없다.
④ 기상 원인으로 지연 및 결항된 비행기는 모두 135편이다. 하지만 이 비행기가 모두 같은 날 지연 및 결항이 되었을 수도 있고, 모두 다른 날 지연 및 결항되었을 수도 있으므로 제시된 자료만으로는 날씨를 예측할 수 없다.

## 28

정답 ⑤

2020년 대비 2022년 항공 화물 수송량 변동비율은 $\frac{3,209-3,327}{3,327}\times100 \fallingdotseq -3.55$%이다. 따라서 4% 미만으로 감소하였으므로 옳지 않은 내용이다.

오답분석

① 2018년부터 2022년 항공 여객 수송량의 평균은 (35,341+33,514+40,061+42,649+47,703)÷5≒39,853천 명이다.
② 주어진 표에서 분담률을 비교하면, 여객 수송은 항공이 절대적인 비중을 차지하고, 화물 수송은 해운이 절대적인 비중을 차지한다.
③ 총수송량은 해운과 항공의 수송량의 합으로 구할 수 있으며, 여객과 화물의 총수송량은 2019년부터 꾸준히 증가하고 있다.
④ 2019년 대비 2022년 해운 여객 수송량 변동비율은 $\frac{2,881-2,089}{2,089}\times100 \fallingdotseq 37.91$%이므로, 37% 이상 증가하였다는 설명은 옳은 내용이다.

## 29

정답 ①

SUMIFS 함수는 주어진 조건에 의해 지정된 셀들의 합을 구하는 함수로, 「=SUMIFS(합계범위,조건범위,조건 값)」로 구성된다. 이때 '조건 값'으로 숫자가 아닌 텍스트를 직접 입력할 경우에는 반드시 큰따옴표를 이용해야 한다. 따라서 「=SUMIFS(F2:F9,D2:D9,"남")」으로 입력해야 한다.

## 30

정답 ①

[휴지통]에 들어 있는 자료는 언제든지 복원할 수 있다. 단, [휴지통] 크기를 0%로 설정한 후, 파일을 삭제하면 복원할 수 없다.

## 31

정답 ③

서울의 수박 가격은 5월 16일에 감소했다가 5월 19일부터 다시 증가하고 있으며, 수박 가격 증가의 원인이 높은 기온 때문인지는 주어진 조건만으로는 알 수 없다.

## 32

정답 ②

첫 번째·네 번째 조건에 의해 A는 F와 함께 가야 한다. 따라서 두 번째 조건에 의해 B는 D와 함께 가야 하고, 세 번째 조건에 의해 C는 E와 함께 가야 한다.

## 33

정답 ⑤

마지막 조건에 의해 대리는 1주 차에 휴가를 갈 수 없다. 따라서 2～5주 차, 즉 4주 동안 대리 2명이 휴가를 다녀와야 한다. 두 번째 조건에 의해 한 명은 2～3주 차, 다른 한 명은 4～5주 차에 휴가를 간다. 그러므로 대리는 3주 차에 휴가를 출발할 수 없다.

오답분석

①·③

| 1주 차 | 2주 차 | 3주 차 | 4주 차 | 5주 차 |
|---|---|---|---|---|
| | 사원 1 | 사원 1 | 사원 2 | 사원 2 |
| | 대리 1 | 대리 1 | 대리 2 | 대리 2 |
| | 과장 | 과장 | 부장 | 부장 |

②

| 1주 차 | 2주 차 | 3주 차 | 4주 차 | 5주 차 |
|---|---|---|---|---|
| 사원 1 | 사원 1 | | 사원 2 | 사원 2 |
| | 대리 1 | 대리 1 | 대리 2 | 대리 2 |
| 과장 | 과장 | | 부장 | 부장 |

④

| 1주 차 | 2주 차 | 3주 차 | 4주 차 | 5주 차 |
|---|---|---|---|---|
| 사원 1 | 사원 1 | 사원 2 | 사원 2 | |
| | 대리 1 | 대리 1 | 대리 2 | 대리 2 |
| 과장 | 과장 | 부장 | 부장 | |

## 34

정답 ①

「VLOOKUP(SMALL(A2:A10,3),A2:E10,4,0)」을 해석해 보면, 우선 SMALL(A2:A10,3)은 [A2:A10]의 범위에서 3번째로 작은 숫자이므로 그 값은 '3'이 된다. VLOOKUP 함수는 VLOOKUP(첫 번째 열에서 찾으려는 값, 찾을 값과 결과로 추출할 값들이 포함된 데이터 범위, 값이 입력된 열의 열 번호, 일치 기준)로 구성되므로 VLOOKUP(3,A2:E10,4,0) 함수는 A열에서 값이 3인 4번째 행 그리고 4번째 열에 위치한 '82'가 옳다.

## 35

정답 ①

현재 창 닫기의 단축키는 〈Ctrl〉+〈W〉이다.

## 36

정답 ③

㉡ (교원 1인당 원아 수)$=\frac{(\text{원아 수})}{(\text{교원 수})}$이다. 따라서 교원 1인당 원아 수가 적어지는 것은 원아 수 대비 교원 수가 늘어나기 때문이다.

㉣ 제시된 자료만으로는 알 수 없다.

오답분석

㉠ 유치원 원아 수는 감소, 증가가 뒤섞여 나타나므로 옳은 설명이다.

㉢ 취원율은 2016년 26.2%를 시작으로 매년 증가하고 있다.

## 37

정답 ⑤

제시문에 따르면 일반적으로 다의어의 중심 의미는 주변 의미보다 사용 빈도가 높다. 다만, '사회생활에서의 관계나 인연'의 의미와 '길이로 죽 벌이거나 늘여 있는 것'의 의미는 모두 '줄'의 주변 의미에 해당하므로 두 가지 의미의 사용 빈도는 서로 비교하기 어렵다.

오답분석

① 문법적 제약이나 의미의 추상성·관련성 등은 제시문에서 설명하는 다의어의 특징이므로 이를 통해 동음이의어와 다의어를 구분할 수 있음을 추론할 수 있다.
② '손'이 '노동력'의 의미로 쓰일 때는 '부족하다, 남다' 등의 용언과만 함께 쓰일 수 있으므로 '넣다'와는 사용될 수 없다.
③ 다의어의 문법적 제약은 주변 의미로 사용될 때 나타나며, 중심 의미로 사용된다면 '물을 먹이다.' '물이 먹히다.'와 같이 제약 없이 사용될 수 있다.
④ 일반적으로 중심 의미는 주변 의미보다 언어의 습득 시기가 빠르므로 아이들은 '앞'의 중심 의미인 '향하고 있는 쪽이나 곳'의 의미를 주변 의미인 '장차 올 시간'보다 먼저 배울 것이다.

## 38

정답 ①

최단시간으로 가는 방법은 택시만 이용하는 방법이고, 최소비용으로 가는 방법은 버스만 이용하는 방법이다.

- 최단시간으로 가는 방법의 비용 : 2,000(∵ 기본요금)+100×4(∵ 추가요금)=2,400원
- 최소비용으로 가는 방법의 비용 : 500원

∴ (최단시간으로 가는 방법의 비용)−(최소비용으로 가는 방법의 비용)=2,400−500=1,900원

## 39

정답 ③

대중교통 이용 방법이 정해져 있을 경우, 비용을 최소화하기 위해서는 회의장에서의 대기시간을 최소화하는 동시에 지각하지 않아야 한다. 거래처에서 회의장까지 2분이 소요되므로 정민이는 오후 1시 58분에 거래처에 도착해야 한다. I회사에서 B지점까지는 버스를, B지점에서 거래처까지는 택시를 타고 이동한다고 하였으므로 환승시간을 포함하여 걸리는 시간은 3×2(∵ 버스 소요시간)+2(∵ 환승 소요시간)+1×3(∵ 택시 소요시간)=11분이다. 따라서 오후 1시 58분−11분=오후 1시 47분에 출발해야 한다.

## 40

정답 ④

전체 신입사원 인원을 $x$명이라 하자.

$$\frac{1}{5}x+\frac{1}{4}x+\frac{1}{2}x+100=x \rightarrow x-(0.2x+0.25x+0.5x)=100 \rightarrow 0.05x=100$$

$\therefore\ x=2{,}000$

따라서 전체 신입사원은 2,000명이다.

## 41

정답 ⑤

완성품 납품 수량은 총 100개이다. 완성품 1개당 부품 A는 10개가 필요하므로 총 1,000개가 필요하고, B는 300개, C는 500개가 필요하다. 이때, 각 부품의 재고 수량에서 A는 500개를 가지고 있으므로 필요한 1,000개에서 가지고 있는 500개를 빼면 500개의 부품을 주문해야 한다. 이와 같이 계산하면 부품 B는 180개, 부품 C는 250개를 주문해야 한다.

## 42

정답 ④

행낭 배송 운행속도는 시속 60km로 일정하므로 A지점에서 G지점까지의 최단거리를 구한 뒤 소요시간을 구하면 된다. 우선 배송 요청에 따라 지점 간의 순서 변경과 생략을 할 수 있으므로 거치는 지점을 최소화하여야 한다. 앞서 언급한 조건들을 고려하여 구한 최단거리는 다음과 같다.

A → B → D → G ⇒ 6+2+8=16 ⇒ 16분(∵ 60km/h=1km/min)

따라서 대출신청 서류가 A지점에 다시 도착할 최소시간은 16(A → G)+30(작성)+16(G → A)=62분=1시간 2분이다.

## 43

정답 ⑤

• A : 해외여행에 결격사유가 있다.
• B : 지원분야와 전공이 맞지 않다.
• C : 대학 재학 중이므로 지원이 불가능하다.
• D : TOEIC 점수가 750점 이상이 되지 않는다.
• E : 병역 미필로 지원이 불가능하다.

따라서 A~E 5명 모두 지원자격에 부합하지 않는다.

## 44

정답 ⑤

3호선과 4호선의 7월 승차인원은 같으므로 1~6월 승차인원을 비교하면 다음과 같다.

• 1월 : 1,692−1,664=28만 명
• 2월 : 1,497−1,475=22만 명
• 3월 : 1,899−1,807=92만 명
• 4월 : 1,828−1,752=76만 명
• 5월 : 1,886−1,802=84만 명
• 6월 : 1,751−1,686=65만 명

따라서 3호선과 4호선의 승차인원 차이는 3월에 가장 컸다.

오답분석

①·② 제시된 자료를 통해 확인할 수 있다.

③ 8호선 7월 승차인원의 1월 대비 증가율 : $\frac{566-548}{548}\times100≒3.28\%$

④ • 2호선의 2~7월의 전월 대비 증감 추이 : 감소 – 증가 – 감소 – 증가 – 감소 – 증가
  • 8호선의 2~7월의 전월 대비 증감 추이 : 감소 – 증가 – 감소 – 증가 – 감소 – 증가

## 45

정답 ④

다국적기업에서 출원한 완제 의약품 특허출원 중 다이어트제 출원 비중은 제시된 자료에서 확인할 수 없다.

오답분석

① 의약품별 특허출원 현황의 합계를 살펴보면 매년 감소하고 있음을 확인할 수 있다.

② 2022년 전체 의약품 특허출원에서 기타 의약품이 차지하는 비중 : $\frac{1,220}{4,719}\times100≒25.85\%$

③ • 2022년 원료 의약품 특허출원건수 : 500건
  • 2022년 다국적기업의 원료 의약품 특허출원건수 : 103건
  ∴ 2022년 원료 의약품 특허출원에서 다국적기업 특허출원이 차지하는 비중 : $\frac{103}{500}\times100=20.6\%$

## 46

정답 ③

• 철수 : C, D, F는 포인트 적립이 안 되므로 해당 사항이 없다.
• 영희 : A는 배송비가 없으므로 해당 사항이 없다.
• 민수 : A, B, C는 주문 취소가 가능하므로 해당 사항이 없다.
• 철호 : A, D는 배송비, E는 송금수수료, F는 환불 및 송금수수료가 없으므로 해당 사항이 없다.

## 47

정답 ③

오답분석

A와 B는 영어, A와 C는 한국어, C와 D는 프랑스어로 서로 대화할 수 있다.

## 48

정답 ①

「=MID(데이터를 참조할 셀 번호, 왼쪽을 기준으로 시작할 기준 텍스트, 기준점을 시작으로 가져올 자릿수)」로 표시되기 때문에 「=MID(B2,5,2)」가 옳다.

## 49

정답 ③

B안의 가중치는 전문성인데 자원봉사제도는 정책목표를 달성하는 데 불리하므로 적절하지 않은 판단이다.

오답분석

① 전문성 면에서는 유급법률구조제도가 (+), 자원봉사제도가 (−)로 올바른 설명이다.
② A안에 가중치를 적용할 경우 접근용이성과 전문성에 가중치를 적용하므로 두 정책목표 모두에서 (+)를 보이는 유급법률구조제도가 가장 적절한 정책대안으로 평가받는다.
④ A안에 가중치를 적용할 경우 접근용이성과 전문성에 가중치를 적용하므로 유급법률구조제도가 가장 적절하고, B안 역시 가중치를 적용할 경우 전문성에 가중치를 적용하므로 (+)를 보이는 유급법률구조제도가 가장 적절하다. 따라서 어떤 것을 적용하더라도 결과는 같다.
⑤ 비용저렴성을 달성하려면 (+)를 보이는 자원봉사제도가 가장 유리하다.

## 50

정답 ⑤

〈Window〉+〈L〉을 누르면 PC를 잠금 상태로 만들거나 계정을 전환할 수 있다.

## | 01 | 조직이해능력(사무직 / 관제직)

| 51 | 52 | 53 | 54 | 55 | 56 | 57 | 58 | 59 | 60 | | | | | | | | | | |
|---|---|---|---|---|---|---|---|---|---|---|---|---|---|---|---|---|---|---|---|
| ④ | ⑤ | ④ | ② | ② | ③ | ④ | ② | ④ | ④ | | | | | | | | | | |

### 51

정답 ④

항공보안교육에 반드시 이수해야 하는 교육대상자는 보안검색감독자, 보안검색요원, 장비유지보수요원이다. 보안검색팀의 경우 보안검색 협력사를 관리하고, 보안검색을 감독하는 업무를 담당하고 있으므로 보안검색요원은 보안검색요원교육을, 보안검색감독자는 보안검색감독자교육을 반드시 이수해야 한다. 또한, 보안장비팀은 항공보안장비를 구매하고 유지・관리하는 업무를 담당하므로 장비유지보수요원은 반드시 장비유지보수교육을 이수해야 한다. 따라서 항공보안교육을 반드시 이수해야 하는 팀은 보안검색팀과 보안장비팀이다.

### 52

정답 ⑤

조직문화는 조직의 안정성을 가져오므로 많은 조직들은 그 조직만의 독특한 조직문화를 만들기 위해 노력한다.

### 53

정답 ④

인・적성검사 합격자의 조 구성은 은경씨가 하지만, 합격자에게 몇 조인지 미리 공지하는지는 알 수 없다.

### 54

정답 ②

각종 위원회 위원 위촉에 관한 전결규정은 없다. 따라서 정답은 ②가 된다. 단, 대표이사의 부재중에 부득이하게 위촉을 해야 하는 경우가 발생했다면 차하위자(전무)가 대결을 할 수는 있다.

### 55

정답 ②

체크리스트 항목의 내용을 볼 때, 국제감각 수준을 점검할 수 있는 체크리스트임을 알 수 있다. 따라서 국제적인 법규를 이해하고 있는지를 확인하는 ②가 가장 적절하다.

**국제감각 수준 점검항목**
- 다음 주에 혼자서 해외에 나가게 되더라도, 영어를 통해 의사소통을 잘할 수 있다.
- VISA가 무엇이고 왜 필요한지 잘 알고 있다.
- 각종 매체(신문, 잡지, 인터넷 등)를 활용하여 국제적인 동향을 파악하고 있다.
- 최근 미달러화(US$), 엔화(￥)와 비교한 원화 환율을 구체적으로 알고 있다.
- 영미권, 이슬람권, 중국, 일본 사람들과 거래 시 주의해야 할 사항들을 숙지하고 있다.

### 56

정답 ③

**경영전략 추진과정**

1. 전략목표 설정 : 비전설정, 미션설정
2. 환경분석 : 내부 환경분석, 외부 환경분석
3. 경영전략 도출 : 조직전략, 사업전략 등
4. 경영전략 실행 : 경영목적 달성
5. 평가 및 피드백 : 경영전략 결과, 전략목표 및 경영전략 재조정

## 57

정답 ④

오답분석

①·⑤ 수신 2명, 참조 1명, 비밀참조 1명으로 모두 4명이 전자우편을 받게 된다.

②·③ 한상민 사장은 비밀참조이므로 김영철 상무와 전무이사는 그 사실을 알 수 없다.

## 58

정답 ②

미국에서는 악수를 할 때 상대의 눈이나 얼굴을 봐야 한다. 눈을 피하는 태도를 진실하지 않은 것으로 보기 때문이다. 상대방과 시선을 마주보며 대화하는 것을 실례라고 생각하는 나라는 아프리카이다.

## 59

정답 ④

제시된 분장업무는 영리를 목적으로 하는 영업과 관련된 업무로 볼 수 있다. 따라서 영업부가 가장 적절하다.

오답분석

① 총무부 : 전체적이며 일반적인 행정 실무를 맡아보는 부서로, 분장업무로는 문서 및 직인관리, 주주총회 및 이사회개최 관련 업무, 의전 및 비서업무, 사무실 임차 및 관리, 사내외 행사 관련 업무, 복리후생 업무 등을 볼 수 있다.

② 인사부 : 구성원들의 인사, 상벌, 승진 등의 일을 맡아보는 부서로, 분장업무로는 조직기구의 개편 및 조정, 업무분장 및 조정, 인력수급계획 및 관리, 노사관리, 상벌관리, 인사발령, 평가관리, 퇴직관리 등을 볼 수 있다.

③ 기획부 : 조직의 업무를 계획하여 일을 맡아보는 부서로, 분장업무로는 경영계획 및 전략 수립·조정, 전사기획업무 종합 및 조정, 경영정보 조사 및 기획 보고, 종합예산수립 및 실적관리, 사업계획, 손익추정, 실적관리 및 분석 등을 볼 수 있다.

⑤ 자재부 : 필요한 재료를 구입하고 마련하는 일을 맡아보는 부서로, 구매계획 및 구매예산의 편성, 시장조사 및 구입처 조사 검토, 견적의뢰 및 검토, 구입계약 및 발주, 재고조사 및 재고통제, 보관 및 창고관리 등의 업무를 볼 수 있다.

## 60

정답 ④

한정 판매 마케팅 기법은 한정판 제품의 공급을 통해 의도적으로 공급의 가격탄력성을 0에 가깝게 조정한 것이다. 이 기법은 판매 기업의 입장에서는 이윤 증대를 위한 경영 혁신이지만 소비자의 합리적 소비를 저해할 수 있다.

## | 02 | 기술능력(기술직)

| 51 | 52 | 53 | 54 | 55 | 56 | 57 | 58 | 59 | 60 | | | | | | | | | | |
|---|---|---|---|---|---|---|---|---|---|---|---|---|---|---|---|---|---|---|---|
| ⑤ | ① | ④ | ① | ④ | ⑤ | ⑤ | ② | ⑤ | ④ | | | | | | | | | | |

### 51

정답 ⑤

영상이 희미한 경우 리모컨 메뉴창의 초점 조절 기능을 이용하여 초점을 조절하거나 투사거리가 초점에서 너무 가깝거나 멀리 떨어져 있지 않은지 확인해야 한다.

### 52

정답 ①

에어필터 없이 사용할 경우 제품 수명이 단축되는 것으로 화재 위험과 관련성이 적다.

### 53

정답 ④

설명서에서 제시된 증상 외에 다른 문제가 있다면 서비스센터로 문의하여야 한다. 전원 버튼을 눌러도 작동하지 않는다는 내용은 고장이 아닌 증상 외의 다른 문제로 서비스센터로 문의하여야 한다.

### 54

정답 ①

기술적용 형태 중 선택한 기술을 그대로 적용하되, 불필요한 기술을 과감히 버리고 적용할 때에는 시간 및 비용을 절감할 수 있다.

**불필요한 기술은 과감히 버리고 선택한 기술을 그대로 적용할 때의 상황**
- 시간 및 비용 절감
- 프로세스의 효율성 증가
- 부적절한 기술을 선택할 경우 실패할 수 있는 위험부담 존재
- 과감하게 버린 기술이 과연 불필요한가에 대한 문제점 존재

### 55

정답 ④

기술적용 시 고려사항에는 기술적용에 따른 비용 문제, 기술의 수명 주기, 기술의 전략적 중요도, 기술의 잠재적 응용 가능성 등이 있다.

### 56

정답 ⑤

김팀장과 같은 기술경영자에게 필요한 능력은 기업의 전반적인 전략 목표에 기술을 분리하는 것이 아닌 통합시키는 능력이다.

**기술경영자에게 필요한 능력**

- 기술을 기업의 전반적인 전략 목표에 통합시키는 능력
- 기술 전문 인력을 운용할 수 있는 능력
- 빠르고 효과적으로 새로운 기술을 습득하고 기존의 기술에서 탈피하는 능력
- 조직 내의 기술 이용을 수행할 수 있는 능력
- 복잡하고 서로 다른 분야에 걸쳐 있는 프로젝트를 수행할 수 있는 능력
- 효과적으로 평가할 수 있는 능력
- 기술 이전을 효과적으로 할 수 있는 능력
- 제품 개발 시간을 단축할 수 있는 능력

## 57

정답 ⑤

벤치마킹 데이터 수집하고 분석하는 과정에서는 여러 보고서를 동시에 보고, 붙이고 자르는 작업을 용이하게 해주는 문서 편집 시스템을 이용하는 것이 매우 유용하다.

## 58

정답 ②

모니터 드라이브를 설치하는 것은 'UNKNOWN DEVICE' 문구가 뜰 때이다.

## 59

정답 ⑤

모니터의 전원을 끈 상태에서도 잔상이 남아 있으면 먼저 고장신고를 해야 한다.

## 60

정답 ④

기술 시스템의 발전 단계를 보면 먼저 기술 시스템이 탄생하고 성장하며(발명, 개발 혁신의 단계), 이후 성공적인 기술이 다른 지역으로 이동하고(기술 이전의 단계), 기술 시스템 사이의 경쟁이 발생하며(기술 경쟁의 단계), 경쟁에서 승리한 기술 시스템의 관성화(기술 공고화 단계)로 나타난다.

# | 01 | 경영학(사무직)

| 61 | 62 | 63 | 64 | 65 | 66 | 67 | 68 | 69 | 70 | 71 | 72 | 73 | 74 | 75 | 76 | 77 | 78 | 79 | 80 |
|---|---|---|---|---|---|---|---|---|---|---|---|---|---|---|---|---|---|---|---|
| ④ | ① | ① | ④ | ① | ① | ⑤ | ① | ④ | ⑤ | ⑤ | ⑤ | ④ | ① | ② | ③ | ① | ① | ① | ① |
| 81 | 82 | 83 | 84 | 85 | 86 | 87 | 88 | 89 | 90 | 91 | 92 | 93 | 94 | 95 | 96 | 97 | 98 | 99 | 100 |
| ② | ④ | ① | ③ | ⑤ | ② | ② | ③ | ① | ③ | ① | ② | ③ | ① | ⑤ | ④ | ② | ① | ① | ① |
| 101 | 102 | 103 | 104 | 105 | 106 | 107 | 108 | 109 | 110 | | | | | | | | | | |
| ② | ① | ① | ② | ① | ③ | ④ | ② | ④ | ① | | | | | | | | | | |

## 61

 ④

㉠ 피들러(Fiedler)의 리더십 상황이론에 따르면 리더십 스타일은 리더가 가진 고유한 특성으로 한 명의 리더가 과업지향적 리더십과 관계지향적 리더십을 모두 가질 수 없다. 그렇기 때문에 어떤 상황에 어떤 리더십이 어울리는가를 분석한 것이다.

㉢ 상황이 호의적인지 비호의적인지를 판단하는 상황변수로 리더 – 구성원 관계, 과업구조, 리더의 직위권력을 고려하였다.

㉣ 상황변수들을 고려하여 총 8가지 상황을 분류하였고, 이를 다시 호의적인 상황, 보통의 상황, 비호의적인 상황으로 구분하였다. 상황이 호의적이거나 비호의적인 경우, 과업지향적 리더십이 적합하다. 그리고 상황이 보통인 경우에는 관계지향적 리더십이 적합하다.

오답분석

㉡ LPC 설문을 통해 리더의 특성을 측정하였다. LPC 점수가 낮으면 과업지향적 리더십, 높으면 관계지향적 리더십으로 정의한다.

㉤ 리더가 처한 상황이 호의적이거나 비호의적인 경우, 과업지향적 리더십이 적합하다.

## 62

 ①

기능별 조직은 전체 조직을 기능별 분류에 따라 형성시키는 조직의 형태이다. 해당 회사는 수요가 비교적 안정된 소모품을 납품하는 업체이기 때문에 환경적으로도 안정되어 있으며, 부서별 효율성을 추구하므로 기능별 조직이 이 회사의 조직구조로 적합하다.

**기능별 조직**

| 구분 | 내용 |
|---|---|
| 적합한 환경 | • 조직구조 : 기능조직<br>• 환경 : 안정적<br>• 기술 : 일상적이며 낮은 상호의존성<br>• 조직규모 : 작거나 중간 정도<br>• 조직목표 : 내적 효율성, 기술의 전문성과 질 |
| 장점 | • 기능별 규모의 경제 획득<br>• 기능별 기술개발 용이<br>• 기능 목표 달성 가능<br>• 중간 이하 규모의 조직에 적합<br>• 소품종 생산에 유리 |
| 단점 | • 환경변화에 대한 대응이 늦음<br>• 최고경영자의 의사결정이 지나치게 많음<br>• 부문 간 상호조정 곤란<br>• 혁신이 어려움<br>• 전체 조직목표에 대한 제한된 시각 |

## 63

정답 ①

$EOQ=\sqrt{\frac{2\times D\times S}{H}}$ ($D$=연간 수요량, $S$=1회 주문비, $H$=연간단위당 재고유지비용)

$D=20,000$, $S=200$, $H=32$

따라서 $EOQ=\sqrt{\frac{2\times 20,000\times 200}{32}}=\sqrt{\frac{8,000,000}{32}}=\sqrt{250,000}=500$개이다.

## 64

정답 ④

계속기업의 가정이란 보고기업이 예측 가능한 미래에 영업을 계속하여 영위할 것이라는 가정이다. 따라서 기업이 경영활동을 청산 또는 중단할 의도가 있다면, 계속기업의 가정이 아닌 청산가치 등을 사용하여 재무제표를 작성해야 한다.

오답분석

① 재무제표는 재무상태표, 포괄손익계산서, 자본변동표, 현금흐름표, 주석으로 구성된다. 법에서 이익잉여금처분계산서 등의 작성을 요구하는 경우 주석으로 공시한다.
② 재무제표는 원칙적으로 최소 1년에 한 번씩은 작성해야 한다.
③ 현금흐름표 등 현금흐름에 관한 정보는 현금주의에 기반한다.
⑤ 역사적원가는 측정일의 조건을 반영하지 않고, 현행가치는 측정일의 조건을 반영한다. 이때 현행가치는 다시 현행원가, 공정가치, 사용가치(이행가치)로 구분된다.

## 65

정답 ①

①은 기술 조사 중 패널 조사에 대한 설명이다. 횡단 조사는 보편적으로 사용되는 조사로, 조사 대상을 특정한 시점에서 분석·조사하여 차이점을 비교·분석하는 조사이다.

## 66

정답 ①

테일러(Tailor)의 과학적 관리법은 노동자의 심리상태와 인격은 무시하고, 노동자를 단순한 숫자 및 부품으로 바라본다는 한계점이 있다. 이러한 한계점으로 인해 직무특성이론과 목표설정이론이 등장하게 되었다.

## 67

정답 ⑤

마이클 포터는 원가우위전략과 차별화전략을 동시에 추구하는 것을 이도저도 아닌 어정쩡한 상황이라고 언급하였으며, 둘 중 한 가지를 선택하여 추구하는 것이 효과적이라고 주장했다.

## 68

정답 ①

지수평활법은 가장 최근 데이터에 가장 큰 가중치가 주어지고 시간이 지남에 따라 가중치가 기하학적으로 감소되는 가중치 이동평균 예측 기법으로, 평활상수가 클수록 최근 자료에 더 높은 가중치를 부여한다.

오답분석

② 회귀분석법은 실제치와 예측치의 오차를 자승한 값의 총합계가 최소화가 되도록 회귀계수를 추정한다.
③ 수요예측과정에서 발생하는 예측오차들의 합은 영(Zero)에 수렴하는 것이 바람직하다.
④ 이동평균법에서 과거 자료 수를 증가시키면 예측치를 평활하는 효과는 크지만, 예측의 민감도는 떨어뜨려서 수요예측의 정확도는 오히려 낮아진다.
⑤ 회귀분석법은 인과관계 분석법에 해당한다.

## 69

정답 ④

A기업이 폐기물을 배출하여 B기업에 나쁜 영향을 미치는 외부불경제가 발생하는 상황이다. 이 경우 A기업은 폐기물 처리비용을 부담하지 않으므로 생산량이 사회적 적정생산량보다 많아지고, B기업은 강물을 정화하기 위한 비용을 부담해야 하므로 생산량이 사회적 적정생산량보다 적어진다. 코즈의 정리에 따르면 외부성에 대한 소유권이 적절히 설정되면 A기업과 B기업의 협상을 통해 오염물질 배출량이 사회적인 최적수준으로 감소할 수 있고, 이처럼 협상을 통해 외부성 문제가 해결되기 위해서는 반드시 한 당사자가 다른 당사자에게 보상을 하여야 한다.

## 70

정답 ⑤

대비오류(Contrast Error)는 대조효과라고도 하며, 연속적으로 평가되는 두 피고과자 간의 평가점수 차이가 실제보다 더 큰 것으로 느끼게 되는 오류를 말한다. 면접 시 우수한 후보의 바로 뒷 순서에 면접을 보는 평범한 후보가 중간 이하의 평가점수를 받는 경우가 바로 그 예라고 할 수 있다.

## 71

정답 ⑤

오답분석

① 데이터베이스 관리시스템은 데이터의 중복성을 최소화하면서 조직에서의 다양한 정보요구를 충족시킬 수 있도록 상호 관련된 데이터를 모아놓은 데이터의 통합된 집합체이다.
② 전문가시스템은 특정 전문분야에서 전문가의 축적된 경험과 전문지식을 시스템화하여 의사결정을 지원하거나 자동화하는 정보시스템이다.
③ 전사적 자원관리시스템은 구매, 생산, 판매, 회계, 인사 등 기업의 모든 인적·물적 자원을 효율적으로 관리하여 기업의 경쟁력을 강화시켜 주는 통합정보시스템이다.
④ 의사결정지원시스템은 경영관리자의 의사결정을 도와주는 시스템이다.

## 72

정답 ⑤

인간관계론은 메이요(E. Mayo)와 뢰슬리스버거(F. Roethlisberger)를 중심으로 호손실험을 거쳐 정리된 것으로, 과학적 관리법의 비인간적 합리성과 기계적 도구관에 대한 반발로 인해 발생한 조직이론이다. 조직 내의 인간적 요인을 조직의 주요 관심사로 여겼으며, 심리요인을 중시하고, 비공식 조직이 공식 조직보다 생산성 향상에 더 중요한 역할을 한다고 생각했다.

## 73

정답 ④

오답분석

① 강제할당법에 대한 설명이다.
② 대조표법에 대한 설명이다.
③ 중요사건기술법에 대한 설명이다.
⑤ 에세이평가법에 대한 설명이다.

## 74

정답 ①

페이욜은 일반관리론에서 어떠한 경영이든 '경영의 활동'에는 다음 6가지 종류의 활동 또는 기능이 있다고 보았다.

- 기술적 활동(생산, 제조, 가공)
- 상업적 활동(구매, 판매, 교환)
- 재무적 활동(자본의 조달과 운용)
- 보호적 활동(재화와 종업원의 보호)
- 회계적 활동(재산목록, 대차대조표, 원가, 통계 등)
- 관리적 활동(계획, 조직, 명령, 조정, 통제)

## 75

정답 ②

프로그램의 최고 단계 훈련을 마치고, 프로젝트 팀 지도를 전담하는 직원은 블랙벨트이다. 마스터 블랙벨트는 식스 시그마 최고과정에 이른 사람으로 블랙벨트가 수행하는 프로젝트를 전문적으로 관리한다.

## 76

정답 ③

곱셈의 법칙이란 각 서비스 항목에 있어서 처음부터 점수를 우수하게 받았어도, 마지막 단계의 마무리에서 0이면 결과는 0으로서 형편없는 서비스가 되는 것을 의미한다. 즉 처음부터 끝까지 단계마다 잘해야 한다는 뜻이다.

## 77

정답 ①

직무현장훈련(OJT)이란 업무와 훈련을 겸하는 교육훈련 방법을 의미한다. 실습장훈련, 인턴사원, 경영 게임법 등은 Off the Job Training에 해당한다.

## 78

정답 ①

미국의 경영자 포드는 부품의 표준화, 제품의 단순화, 작업의 전문화 등 '3S 운동'을 전개하고 컨베이어 시스템에 의한 이동조립방법을 채택해 작업의 동시 관리를 꾀하여 생산능률을 극대화했다.

## 79

정답 ①

임프로쉐어 플랜은 단위당 소요되는 표준노동시간과 실제노동시간을 비교하여 절약된 노동시간만큼 시간당 임률을 노사가 1 : 1로 배분하는 것으로, 개인별 인센티브 제도에 쓰이는 성과측정방법을 집단의 성과측정에 이용한 방식이다. 산업공학의 원칙을 이용하여 보너스를 산정한다는 특징이 있다.

오답분석

② 스캔런 플랜 : 노사협력에 의한 생산성 향상에 대한 대가를 지불하는 방식의 성과배분계획 모형이다.
③ 럭커 플랜 : 매출액에서 각종 비용을 제한 일종의 부가가치 개념인 생산가치로부터 임금상수를 도출하여, 실제 부가가치 발생규모를 표준부가가치와 비교하여 그 절약분에 임금상수를 곱한 만큼 종업원에게 배분하는 방식이다.
④ 메리크식 복률성과급 : 표준작업량의 83%와 100%선을 기준으로 하여 83% 미만의 성과자들에게는 낮은 임률을 적용하지만 83 ~ 100% 사이의 성과자들에게는 표준임금률을 약간 상회하는 수준을, 100% 이상의 성과자들에게는 더 높은 수준의 임률을 제공하여 중간 정도의 목표를 달성하는 종업원을 배려하고 있다.
⑤ 테일러식 차별성과급 : 표준작업량을 기준으로 임금률을 고저로 나누는 방식이다.

## 80

정답 ①

(기계장치의 취득원가)=20,000,000×2÷10(공정가치 비율)=₩4,000,000

## 81

정답 ②

분류법은 직무평가의 방법 중 정성적 방법으로, 등급법이라고도 한다.

## 82

정답 ④

노조가입의 강제성의 정도에 따른 것이므로 '클로즈드 숍 – 유니언 숍 – 오픈 숍' 순서이다.

## 83

정답 ①

인과모형은 예측방법 중 가장 정교한 방식으로 관련된 인과관계를 수학적으로 표현하고 있다.

## 84

정답 ③

주식시장은 발행시장과 유통시장으로 나누어진다. 발행시장이란 주식을 발행하여 투자자에게 판매하는 시장이고, 유통시장은 발행된 주식이 제3자 간에 유통되는 시장을 의미한다. 자사주 매입은 유통시장에서 이루어지며, 주식배당, 주식분할, 유·무상증자, 기업공개 등은 발행시장과 관련이 있다.

## 85

정답 ⑤

수평적 분화는 조직 내 직무나 부서의 개수를 의미하며, 전문화의 수준이 높아질수록 직무의 수가 증가하므로 수평적 분화의 정도는 높아지는 것이 일반적이다.

## 86

정답 ②

JIT의 주요 요소는 부품의 표준화, 고품질, 가동준비 시간의 감소, 소규모 로트 사이즈, 예방관리가 있다.

## 87

정답 ②

**마케팅 조사의 과정**

- 1단계 : 조사문제의 제기와 조사목적의 결정
  통상적으로 마케팅 조사를 수행하기 위해서는 먼저 조사문제를 정확하게 정의해야 한다. 마케팅 조사는 특정한 의사결정을 위해 수행되는 것이므로, 의사결정 문제에서부터 조사문제가 결정된다.
- 2단계 : 마케팅 조사의 설계
  연구에 대한 구체적인 목적을 공식화하여, 조사를 수행하기 위한 순서와 책임을 구체화시켜야 한다. 보통 연구조사의 주체, 대상, 시점, 장소 및 방법 등을 결정하는 단계이다.
- 3단계 : 자료의 수집과 분석
  자료의 수집방법, 설문지의 작성, 조사대상에 대한 선정 및 실사 등을 통해 자료를 수집하고 통계적 집계를 수행하여 분석한다.
- 4단계 : 보고서 작성
  나온 결과에 대해 의미 있는 정보를 추출하여 보고서를 작성한다.

## 88

정답 ③

집중적 마케팅 전략은 전체 세분시장 중에서 특정 세분시장을 목표시장으로 삼아 집중 공략하는 전략으로, 해당 시장의 소비자 욕구를 보다 정확히 이해하여 그에 걸맞은 제품과 서비스를 제공함으로써 전문화의 명성을 얻을 수 있으며, 그로 인해 생산·판매 및 촉진활동을 전문화함으로써 비용을 절감시킬 수 있다.

## 89

정답 ①

2부제 가격(이중요율) 전략은 제품의 가격체계를 기본가격과 사용가격으로 구분하여 2부제로 부가하는 가격정책을 말한다. 다시 말해, 이 방식은 제품의 구매량과는 상관없이 기본가격과 단위가격이 적용되는 가격시스템을 의미한다.

## 90

정답 ③

오답분석

① 아웃소싱 : 일부의 자재, 부품, 노동, 서비스를 외주업체에 이전해 전문성과 비용 효율성을 높이는 것을 말한다.

② 합작투자 : 2개 이상의 기업이 공동으로 투자하여 새로운 기업을 설립하는 것을 말한다.
④ 턴키프로젝트 : 공장이나 여타 생산설비를 가동 직전까지 준비한 후 인도해 주는 방식을 말한다.
⑤ 그린필드투자 : 해외 진출 기업이 투자 대상국에 생산시설이나 법인을 직접 설립하여 투자하는 방식으로, 외국인직접투자(FDI)의 한 유형이다.

## 91

정답 ①

유연생산시스템(FMS)은 소량의 다품종 제품을 짧은 납기로 해서 수요변동에 대한 재고를 지니지 않고 대처하면서 생산 효율의 향상 및 원가절감을 실현할 수 있는 생산시스템이다.

## 92

정답 ②

시계열분석법은 제품 및 제품계열에 대한 수년간의 자료 등을 수집하기 용이하고, 변화하는 경향이 비교적 분명하며 안정적일 경우에 활용되는 통계적인 예측방법이다.

PART 3

## 93

정답 ③

부품수요를 관리하기 위한 기법은 자재소요계획(MRP; Material Requirement Planning)이다.

## 94

정답 ①

4P : Product, Price, Place, Promotion

## 95

정답 ⑤

테일러(Tailor)의 과학적 관리법에 해당하는 내용으로, 일반 관리론은 앙리 페이욜이 경영관리를 경영자와 경영실무자의 입장에서 주장하였다. 반면 호손 실험으로는 인간관계론이 등장하였다.

## 96

정답 ④

제품구매시점에서 소비자들이 느끼는 제품구매결과에 대한 불확실성 정도를 지각된 위험이라고 한다.

## 97

정답 ②

유지가능성이란 세분시장이 충분한 규모이거나 이익을 낼 수 있는 정도의 크기가 되어야 함을 말한다. 즉, 각 세분시장 내에는 특정 마케팅 프로그램을 지속적으로 실행할 가치가 있을 만큼의 가능한 한 동질적인 수요자들이 존재해야 한다.

## 98

정답 ①

마케팅 전략을 수립하는 순서는 STP, 즉 시장세분화(Segmentation) → 표적시장 선정(Targeting) → 포지셔닝(Positioning)이다.

## 99

정답 ①

포지셔닝 전략은 자사제품의 큰 경쟁우위를 찾아내어 이를 선정된 목표시장의 소비자들의 마음 속에 자사의 제품을 자리잡게 하는 전략이다.

## 100

정답 ①

포장의 목적은 제품의 보호성, 편의성, 촉진성 외에 제품의 환경보호성 등이 있다.

## 101

정답 ②

- 집약적 유통은 가능한 많은 중간상들에게 자사의 제품을 취급하도록 하는 것이다.
- 전속적 유통은 일정 지역 내에서의 독점판매권을 중간상에게 부여하는 방식이다.
- 선택적 유통은 집약적 유통과 전속적 유통의 중간 형태이다.

## 102

정답 ①

균형 상태란 자신 – 상대방 – 관련 사물의 세 요소가 내부적으로 일치되어 있는 것처럼 보이는 상태를 말한다. 균형이론은 개인(자신), 태도 대상(상대방), 관련 대상(자신 – 상대방과 관련된 사물) 3가지 삼각관계에 대한 이론으로, 이 관계들에 대한 값(−1 또는 +1)을 곱한 결과 양의 값이 나오면 균형 상태이고, 음의 값이 나오면 불균형 상태이다. 값이 음일 경우 사람들은 심리적 불균형 상태가 되어 균형으로 맞추려고 하는 경향이 있다고 본다.

## 103

정답 ①

집약적 유통은 포괄되는 시장의 범위를 확대시키려는 전략으로, 소비자는 제품 구매를 위해 많은 노력을 기울이지 않기 때문에 주로 편의품이 이에 속한다.

## 104

정답 ②

시계열분석기법의 구성요소에는 추세(Trend), 주기(Cycle), 계절적 변동(Seasonal Variation), 임의 변동(Random Variation), 불규칙 변동(Irregular Variation) 등이 있다.

## 105

정답 ①

공급사슬관리(SCM)는 공급업체, 구매 기업, 유통업체 그리고 물류회사들이 주문, 생산, 재고수준 그리고 제품과 서비스의 배송에 관한 정보를 공유하도록 하여 제품과 서비스를 효율적으로 구매, 생산, 배송할 수 있도록 지원하는 시스템이다.

## 106

정답 ③

경영관리 과정은 '계획수립 → 조직화 → 지휘 → 통제' 순서이다.

## 107

정답 ④

허시와 블랜차드의 3차원적 유효성이론에 따르면 부하의 성숙수준이 증대됨에 따라 리더는 부하의 성숙수준이 중간 정도일 때까지 보다 더 관계지향적인 행동을 취하며, 과업지향적인 행동은 덜 취해야 한다.

## 108

정답 ②

- 저가재고(4,000)=실제수량×80(순실현가능가치)
- 실제수량=50개

## 109

정답 ④

보기는 재판매가격 유지정책에 대한 설명이다.

## 110

정답 ①

오답분석

② 단일 투자안의 투자의사결정은 기업이 미리 설정한 최장기간 회수기간보다 실제 투자안의 회수기간이 짧으면 선택하게 된다.
③ 화폐의 시간가치를 고려하지 못하고 회수기간 이후의 현금흐름을 무시하고 있다는 점에서 비판을 받고 있다.
④ 투자안을 평가하는 데 있어 방법이 매우 간단하면서 서로 다른 투자안을 비교하기 쉽고 기업의 자금 유동성을 고려하였다는 장점을 가지고 있다.
⑤ 두 기법 모두 화폐의 시간가치를 고려하지 않고 있다.

## | 02 | 경제학(사무직)

| 61 | 62 | 63 | 64 | 65 | 66 | 67 | 68 | 69 | 70 | 71 | 72 | 73 | 74 | 75 | 76 | 77 | 78 | 79 | 80 |
|---|---|---|---|---|---|---|---|---|---|---|---|---|---|---|---|---|---|---|---|
| ③ | ③ | ② | ④ | ③ | ② | ③ | ④ | ① | ④ | ④ | ③ | ② | ④ | ③ | ③ | ④ | ④ | ① | ④ |
| 81 | 82 | 83 | 84 | 85 | 86 | 87 | 88 | 89 | 90 | 91 | 92 | 93 | 94 | 95 | 96 | 97 | 98 | 99 | 100 |
| ① | ① | ⑤ | ④ | ① | ③ | ① | ⑤ | ④ | ⑤ | ③ | ⑤ | ① | ③ | ② | ① | ④ | ④ | ④ | ② |
| 101 | 102 | 103 | 104 | 105 | 106 | 107 | 108 | 109 | 110 | | | | | | | | | | |
| ⑤ | ④ | ② | ② | ③ | ① | ④ | ④ | ① | ① | | | | | | | | | | |

### 61

정답 ③

수요곡선의 기울기가 가파를수록 정부의 조세수입은 더 커진다.

### 62

정답 ③

일반적으로 한계대체율 체감과 무차별곡선의 볼록성은 같은 의미이다. 무차별곡선이 볼록할 경우 무차별곡선의 기울기는 X재 소비 증가에 따라 점점 평평해지며, 이는 X재를 많이 소비할수록 Y재 단위로 나타낸 X재의 상대적 선호도가 감소한다는 의미이므로 한계대체율 체감을 의미한다.

### 63

정답 ②

오쿤의 법칙(Okun's Law)에 따르면 경기 회복기에는 고용의 증가 속도보다 국민총생산의 증가 속도가 더 크고, 불황기에는 고용의 감소 속도보다 국민총생산의 감소 속도가 더 크다. 구체적으로 실업률이 1% 늘어날 때마다 국민총생산은 2.5%의 비율로 줄어드는데, 이와 같은 실업률과 국민총생산의 밀접한 관계를 오쿤의 법칙이라 한다.

오답분석

① 왈라스의 법칙(Walars' Law)에 대한 설명이다.
③ 엥겔의 법칙(Engel's Law)에 대한 설명이다.
④ 슈바베의 법칙(Schwabe's Law)에 대한 설명이다.
⑤ 그레샴의 법칙(Gresham's Law)에 대한 설명이다.

### 64

정답 ④

배제성이란 어떤 특정한 사람이 재화나 용역을 사용하는 것을 막을 수 있는 가능성을 말한다. 반대로 그렇지 못한 경우는 비배제성이 있다고 한다. 경합성이란 재화나 용역을 한 사람이 사용하게 되면 다른 사람의 몫은 그만큼 줄어든다는 것으로 희소성의 가치에 의해 발생하는 경제적인 성격의 문제이다. 일반적으로 접하는 모든 재화나 용역이 경합성이 있으며, 반대로 한 사람이 재화나 용역을 소비해도 다른 사람의 소비를 방해하지 않는다면 비경합성에 해당한다. 비경합성과 비배제성 모두 동시에 가지고 있는 재화나 용역은 국방, 치안 등 공공재가 있다.

### 65

정답 ③

공공부조란 빈곤자 · 장애자 · 노령자 등 사회적으로 보호해야 할 자에게 최소한의 인간다운 생활을 할 수 있도록 국가가 원조해 주는 사회보장제도를 말한다. 수급권자의 근로의욕을 저하시키고 수치심을 유발할 수 있다는 단점이 있다.

## 66

정답 ②

노동자가 10명일 때 1인당 평균생산량이 30단위이므로 총생산량은 10×30=300단위이다. 노동자가 11명일 때 1인당 평균생산량이 28단위이므로 총생산량은 11×28=308이다. 그러므로 11번째 노동자의 한계생산량은 8단위이다.

## 67

정답 ③

물가가 급속하게 상승하는 인플레이션이 발생하면 화폐가치가 하락하게 되므로 채무자나 실물자산보유자는 채권자나 금융자산보유자보다 유리해진다.

## 68

정답 ④

오답분석

ㄷ. 수요의 가격탄력성이 크면 가격 인상률보다 수요 감소율이 더 크므로 매출은 감소하게 된다.

## 69

정답 ①

솔로우모형은 규모에 대한 보수불변 생산함수를 가정하며, 시간이 흐름에 따라 노동량이 증가하며 기술이 진보하는 것을 고려한 성장모형이다. 솔로우모형은 장기 균형상태에서 더 이상 성장이 발생하지 않으며 자본의 한계생산체감에 의해 일정한 값을 갖게 되는 수렴현상이 발생한다고 설명한다.

## 70

정답 ④

• (2021년 GDP디플레이터) $=\frac{(\text{명목 GDP}_{2021})}{(\text{실질 GDP}_{201})}\times100=\frac{100}{(\text{실질 GDP}_{2021})}\times100=100$ → 2021년 실질 GDP=100

• (2022년 GDP디플레이터) $=\frac{(\text{명목 GDP}_{2022})}{(\text{실질 GDP}_{2022})}\times100=\frac{150}{(\text{실질 GDP}_{2022})}\times100=120$ → 2022년 실질 GDP=125

따라서 2022년의 전년 대비 실질 GDP 증가율은 $\frac{125-100}{100}\times100=25\%\text{p}$이다.

## 71

정답 ④

특허료 수취는 서비스수지(경상수지)를 개선하는 사례이다.

오답분석

①·③ 투자수지(자본수지) 개선에 대한 사례이다.
② 서비스수지(경상수지) 악화에 대한 사례이다.
⑤ 소득수지(경상수지) 악화의 요인이다.

## 72

정답 ③

'공짜 점심은 없다.'라는 의미는 무엇을 얻고자 하면 보통 그 대가로 무엇인가를 포기해야 한다는 뜻으로 해석할 수 있다. 즉, 어떠한 선택에는 반드시 포기하게 되는 다른 가치가 존재한다는 의미이다. 시간이나 자금의 사용은 다른 활동에의 시간 사용, 다른 서비스나 재화의 구매를 불가능하게 만들어 기회비용을 유발한다. 정부의 예산배정, 여러 투자상품 중 특정 상품의 선택, 경기활성화와 물가안정 사이의 상충관계 등이 기회비용의 사례가 될 수 있다.

## 73

정답 ②

ㄱ. 배우자의 실질임금이 낮을수록 기혼여성의 경제활동참가율은 높아진다.
ㄴ. 취학 이전의 자녀의 수가 많을수록 기혼여성의 경제활동참가율은 낮아진다.
ㄷ. 기혼여성의 교육수준이 높을수록 기혼여성의 경제활동참가율은 높아진다.

## 74

정답 ④

1단위의 노동을 투입할 때 총생산물은 그때까지의 한계생산물을 합하여 계산한다. 따라서 (가)=90, (나)=90+70=160, (라)=210−160=50이다. 평균생산은 투입된 생산요소 한 단위당 생산량을 의미하므로 (다)=$\frac{160}{2}$=80, (마)=$\frac{210}{3}$=70이다.

## 75

정답 ③

할당관세는 물자수급을 원활하게 하기 위해 특정물품을 적극적으로 수입하거나, 반대로 수입을 억제하고자 할 때 사용된다.

## 76

정답 ③

예측하지 못한 인플레이션은 부의 재분배 효과를 가져온다. 즉, 예상한 인플레이션보다 실제 물가가 더 많이 상승하면 화폐의 실질가치가 하락하게 되므로 채권자는 손해를 보고 채무자는 이득을 본다. 보기에서 국채를 발행한 정부와 장기 임금 계약을 맺은 회사는 채무자로 볼 수 있다.

## 77

정답 ④

케인스에 따르면 현재소비는 현재의 가처분소득에 의해서만 결정되므로 이자율은 소비에 아무런 영향을 미치지 않는다.

## 78

정답 ④

루카스의 공급곡선 공식은 $Y=Y_N+\alpha(p-p^e)(\alpha>0)$이므로 물가예상이 부정확한 경우 단기 총공급곡선은 우상향하게 된다. 즉, 루카스의 불완전정보모형에서는 재화가격에 대한 정보불완전성 때문에 단기총공급곡선이 우상향한다.

## 79

정답 ①

(가) 마찰적 실업이란 직장을 옮기는 과정에서 일시적으로 실업상태에 놓이는 것을 의미하며, 자발적 실업으로서 완전고용상태에서도 발생한다.
(나) 오쿤의 법칙이란 한 나라의 산출량과 실업 간에 경험적으로 관찰되는 안정적인 음(−)의 상관관계가 존재한다는 것을 의미한다.
(다) 이력현상이란 경기침체로 인해 한번 높아진 실업률이 일정기간이 지난 이후에 경기가 회복되더라도 낮아지지 않고 계속 일정한 수준을 유지하는 현상을 의미한다.
(라) 경기적 실업이란 경기침체로 유효수요가 부족하여 발생하는 실업을 의미한다.

## 80

정답 ④

자연실업률이란 마찰적 실업만 존재하는 완전고용상태의 실업률을 의미한다. 정부가 구직 사이트 등을 운영하여 취업정보를 제공하는 경우에는 자연실업률이 하락하지만 경제 불확실성의 증가, 정부의 사회보장제도 확대 등은 자연실업률을 상승시키는 요인이다.

## 81

정답 ①

정부의 확장적 재정정책, 독립적인 민간 투자의 증가, 가계의 소비 증가, 확대금융정책으로 인한 통화량의 증가 등은 총수요곡선을 오른쪽으로 이동시키는 수요견인 인플레이션의 요인이다.

오답분석

②·⑤ 수입 자본재나 국제 원자재 가격의 상승은 총공급곡선을 왼쪽으로 이동시켜 비용인상 인플레이션이 발생하게 된다.
③ 임금이 하락하면 총공급곡선이 오른쪽으로 이동하므로 물가는 하락하게 된다.
④ 환경오염의 감소는 인플레이션과 직접적인 관계가 없다.

## 82

정답 ①

공급자에게 조세가 부과되더라도 일부는 소비자에게 전가되므로 소비자도 조세의 일부를 부담하게 된다.

## 83

정답 ⑤

정책 실행시차의 존재로 인해 바람직하지 않은 결과를 초래하므로 정책 실행시차의 존재가 정부실패의 원인이 된다.



## 84

정답 ④

오답분석

① 수요의 가격탄력성이 1보다 작은 경우, 가격이 하락하면 총수입은 감소한다.
② 수요의 가격탄력성이 커질수록 물품세 부과로 인한 경제적 순손실은 커진다.
③ 소비자 전체 지출에서 차지하는 비중이 큰 상품일수록 수요의 가격탄력성은 커진다.
⑤ 대체재가 많을수록 수요의 가격탄력성은 커진다.

## 85

정답 ①

정부지출의 효과가 크기 위해서는 승수효과가 커져야 한다. 승수효과란 확대재정정책에 따른 소득의 증가로 인해 소비지출이 늘어나게 되어 총수요가 추가적으로 증가하는 현상을 말한다. 즉, 한계소비성향이 높을수록 승수효과는 커진다. 한계소비성향이 높다는 것은 한계저축성향이 낮다는 것과 동일한 의미이다.

## 86

정답 ③

케인스가 주장한 절약의 역설은 개인이 소비를 줄이고 저축을 늘리는 경우 저축한 돈이 투자로 이어지지 않기 때문에 사회 전체적으로 볼 때 오히려 소득의 감소를 초래할 수 있다는 이론이다. 저축을 위해 줄어든 소비로 인해 생산된 상품은 재고로 남게 되고 이는 총수요 감소로 이어져 국민소득이 줄어들 수 있다.

## 87

정답 ①

저축에 대한 비과세 도입과 같은 대부자금의 공급을 증가시키는 방향으로 세법이 개정되면 대부자금의 공급곡선이 오른쪽으로 이동한다. 대부자금의 공급곡선이 오른쪽으로 이동할 때 대부자금의 거래량이 크게 증가하는 것은 공급곡선이 매우 급경사이고 수요곡선이 매우 완만할 때이다. 즉, 대부자금의 공급곡선이 매우 비탄력적이고 대부자금의 수요곡선이 매우 탄력적일 때 대부자금의 균형거래량이 가장 크게 증가한다.

## 88

정답 ⑤

국내총생산(GDP)에 포함되는 것은 최종재의 가치이다. 최종재란 생산된 후 소비자에게 최종 소비되는 재화를 의미하므로 최종재 생산에 투입되는 중간재의 가치는 포함되지 않는다. 분식점에 판매된 고추장은 최종재인 떡볶이를 만드는 재료로 쓰이는 중간재이므로 GDP 측정 시 포함되지 않는다. 또한 토지가격 상승에 따른 자본이득은 아무런 생산과정이 없기 때문에 토지가 매매되기 전까지는 GDP에 포함되지 않는다.

## 89

정답 ④

사회보험은 국가가 가입을 강제하는 것으로, 역선택 문제의 해결을 꾀할 수 있으며, 가입자 수가 많아 규모의 경제가 실현될 수 있다.

## 90

정답 ⑤

다. 디플레이션이 발생하면 기업의 실질적인 부채부담이 증가한다.
라. 기업의 채무불이행이 증가하면 금융기관 부실화가 초래된다.

오답분석

가. 피셔효과에 따르면 '(명목이자율)=(실질이자율)+(예상인플레이션율)'의 관계식이 성립하므로 예상인플레이션율이 명목이자율을 상회할 경우 실질이자율은 마이너스(−) 값이 될 수 있다. 하지만 명목이자율은 마이너스(−) 값을 가질 수 없다.
나. 명목임금이 하방경직적일 때 디플레이션으로 인해 물가가 하락하면 실질임금은 상승하게 된다.

## 91

정답 ③

바닷속 물고기는 소유권이 어떤 특정한 개인에게 있지 않고 사회전체에 속하는 공유자원이라고 보아 과다하게 소비되어 결국 고갈되는 사례가 많다. 이를 공유자원의 비극이라고 한다. 공유자원은 공공재처럼 소비에서 배제성은 없지만 경합성은 갖고 있다. 즉, 원하는 사람은 모두 무료로 사용할 수 있지만 한 사람이 공유자원을 사용하면 다른 사람이 사용에 제한을 받는다. 공유자원의 비극을 방지하기 위해서는 공유지의 소유권을 확립하여 자원을 낭비하는 일을 줄여야 한다.

## 92

정답 ⑤

외부불경제에 해당하는 사례를 고르는 문제이다. 외부효과란 한 사람의 행위가 제3자의 경제적 후생에 영향을 미치지만 그에 대한 금전적 보상이 이뤄지지 않는 현상을 의미한다. 공해와 같은 외부불경제는 재화 생산의 사적 비용이 사회적 비용보다 작기 때문에 사적 생산이 사회적 최적 생산량보다 과다하게 이루어진다. 외부불경제로 인한 자원배분의 비효율성을 해결하기 위해 정부는 세금·벌금 등을 부과하거나 규제를 가하게 된다. 반면, 외부경제는 사적 비용이 사회적 비용보다 크기 때문에 사적 생산이 사회적 최적 생산량보다 작게 이뤄진다.

## 93

정답 ①

코즈의 정리란 민간 경제주체들이 자원 배분 과정에서 거래비용 없이 협상할 수 있다면 외부효과로 인해 발생하는 비효율성을 시장 스스로 해결할 수 있다는 이론이다. 한편, 코즈의 정리에 따르면 재산권이 누구에게 부여되는지는 경제적 효율성 측면에서 아무런 차이가 없지만 소득분배 측면에서는 차이가 발생한다.

## 94

정답 ③

$$(\text{노동수요의 임금탄력성})=\frac{(\text{노동수요량의 변화율})}{(\text{임금의 변화율})}$$

$$(\text{노동수요량의 변화율})=\frac{10{,}000-9{,}000}{10{,}000}\times100=10\%$$

(임금의 변화율)$=\frac{5,000-6,000}{5,000}\times 100=|-20|=20\%$

따라서 노동수요의 임금탄력성은 $\frac{10\%}{20\%}=0.5\%$이다.

## 95

정답 ②

소비의 경합성은 사적 재화의 특징으로, 시장에서 효율적 자원배분이 가능한 조건이다.

## 96

정답 ①

공동소유 목초지와 같은 공동자원은 한 사람이 소비하면 다른 사람이 소비할 수 없으므로 경합성은 있으나 다른 사람이 소비하는 것을 막을 수는 없으므로 배제성은 없다. 유료도로는 통행료를 내지 않은 차량은 배제가 가능하므로 공유자원이 아닌데 비해, 막히는 무료도로는 누구나 이용할 수 있으나 소비가 경합적이므로 공유자원으로 볼 수 있다. 공유자원의 이용을 개인의 자율에 맡길 경우 서로의 이익을 극대화함에 따라 자원이 남용되거나 고갈되는 공유지의 비극이 발생할 수 있다.

PART 3

## 97

정답 ④

자동차 사고가 발생하면 보험료를 할증하는 것은 보험가입 후에 태만을 방지하기 위한 것이므로 도덕적 해이를 줄이기 위한 방안에 해당된다.

## 98

정답 ④

학습효과(R&D)모형은 의도적인 교육투자가 아니라 통상적인 생산과정에서 나타나는 학습효과의 중요성을 강조하는 모형이므로, 의도적인 교육투자를 강조하는 모형은 인적자본모형이다.

## 99

정답 ④

엥겔지수는 전체 소비지출 중에서 식료품비가 차지하는 비중을 표시하는 지표로, 특정 계층의 생활 수준만을 알 수 있다.

## 100

정답 ②

효율성임금이론이란 평균임금보다 높은 임금을 지급해 주는 것을 유인으로 생산성 높은 노동자를 채용하여 생산성을 결정짓는 이론이다.

## 101

정답 ⑤

$TR=P\times Q=(100-2Q)\times Q=100Q-2Q^2$

이윤극대화의 조건은 한계수입과 한계비용이 같아야 하기 때문에 $MR=MC$가 된다.

이때 한계비용은 1단위당 60원이므로 $MC=60$이 된다.

$MR=\frac{\Delta TR}{\Delta Q}=100-4Q$이므로

$100-4Q=60$

$4Q=40$

$\therefore\ Q=10$

이 값을 시장수요곡선식인 $P=100-2Q$에 대입하면 $P=80$이다.

따라서 이 독점기업의 이윤극대화 가격은 80원이고, 생산량은 10개이다.

## 102

정답 ④

조세부담의 전가란 조세가 부과되었을 때 세금이 납세의무자에게 부담되지 않고 각 경제주체의 가격조정 과정을 통해 조세부담이 다른 경제주체에게 이전되는 현상을 말한다. 한편, 조세부담의 전가는 해당 재화의 시장에서 수요와 공급의 가격탄력성에 따라 결정된다. 즉, 수요의 가격탄력성이 작으면 소비자가 조세를 더 많이 부담하고, 공급의 가격탄력성이 작으면 판매자가 조세를 더 많이 부담한다.

## 103

정답 ②

돼지고기 값이 상승하는 경우는 돼지고기에 대한 수요가 늘거나, 공급이 줄거나, 대체재 소비가 줄어들 때이다. 돼지 사육두수가 점차 감소하면 공급이 줄어들어 돼지고기 값이 상승하고, 정부 예상보다 경기 회복세가 강한 경우에도 돼지고기에 대한 수요가 증가하여 돼지고기 값이 상승한다.

## 104

정답 ②

환율의 하락은 외환시장에서 외환의 초과공급 또는 국내통화의 수요증가를 의미한다. 미국 달러 자본의 국내 투자 확대, 국내 부동산 매입, 국내 주식 매입, 국내산 제품의 수출 증가는 모두 외환의 초과공급과 국내통화의 초과수요라는 결과를 가져오므로 국내통화의 가치가 상승하면서 환율은 하락하게 된다.

## 105

정답 ③

정부의 직접적인 서비스 공급은 혼합경제체제에서 시장경제체제의 시장실패를 보완하기 위한 것이며, 1인 1표가 아닌 1원 1표이다. 참고로 사회보험제도는 '보이지 않는 손'에 맡기는 것이 아닌 온정적 정책, 규모의 경제를 꾀하는 정부의 개입에 해당하는 것으로 시장경제 구성 원리가 아니다.

## 106

정답 ①

우상향하는 총공급곡선이 왼쪽으로 이동하는 경우는 부정적인 공급충격이 발생하는 경우이다. 따라서 임금이 상승하는 경우 기업의 입장에서는 부정적인 공급충격이므로 총공급곡선이 왼쪽으로 이동하게 된다.

오답분석

②·③·④ 총수요곡선을 오른쪽으로 이동시키는 요인이다.
⑤ 총공급곡선을 오른쪽으로 이동시키는 요인이다.

## 107

정답 ④

GDP 디플레이터(Deflator)는 명목GDP와 실질GDP 간의 비율로서 국민경제 전체의 물가압력을 측정하는 지수로 사용되며, 통화량 목표설정에 있어서도 기준 물가상승률로 사용된다.

## 108

정답 ④

시장균형점은 수요곡선과 공급곡선이 만나는 지점이므로

$7-0.5Q=2+2Q$

$2.5Q=5$

$\therefore\ Q=2,\ P=6$

공급의 탄력성은 가격이 1% 변할 때, 공급량이 몇 %가 변하는지를 나타낸다.

$$\text{공급탄력성}(\eta)=\frac{\frac{\Delta Q}{Q}}{\frac{\Delta P}{P}}=\frac{\Delta Q}{\Delta P}\times\frac{P}{Q}=\frac{1}{2}\times\frac{6}{2}=\frac{3}{2}=1.5$$

$$\left(\because \text{ 공급곡선 } P=2+2Q\text{에서 } Q=\frac{1}{2}P-1 \quad \therefore \frac{\Delta Q}{\Delta P}=\frac{1}{2}\right)$$

## 109

정답 ①

출구전략이란 경제에서는 경기를 부양하기 위하여 취하였던 각종 완화정책을 정상화하는 것을 말한다. 경기가 침체되면 기준 금리를 내리거나 재정지출을 확대하여 유동성 공급을 늘리는 조치를 취해 경기가 회복되는 과정에서 유동성이 과도하게 공급되면 물가가 상승하고 인플레이션을 초래할 수 있다. 따라서 경제에 미칠 후유증을 최소화하면서 재정 건전성을 강화해 나가는 것을 출구전략이라 한다.

오답분석

② 통화 스와프 : 두 나라가 자국통화를 상대국 통화와 맞교환하는 방식으로, 외환위기가 발생하면 자국통화를 상대국에게 맡기고 외국통화를 단기 차입하는 중앙은행 간 신용계약이다.

PART 3

## 110

정답 ①

$$(\text{실업률})=\frac{(\text{실업자 수})}{(\text{경제활동인구})}\times100=\frac{(\text{실업자 수})}{(\text{취업자 수})+(\text{실업자 수})}\times100$$

실업자는 경제활동인구 중 일할 뜻이 있는 데도 일자리를 갖지 못한 사람이다. 따라서 일할 능력이 있어도 의사가 없다면 실업률 계산에서 제외되며, 학생이나 주부는 원칙적으로 실업률 통계에서 빠지지만 수입을 목적으로 취업하면 경제활동인구에 포함된다. 또한, 군인, 수감자 등은 대상에서 제외한다. 따라서 취업자가 퇴직하여 전업주부가 되는 경우는 취업자가 빠져나가 경제활동인구가 감소, 즉 분모 값이 작아지게 되는 것을 의미하므로 실업률이 높아지게 된다.

## | 03 | 행정학(사무직)

| 61 | 62 | 63 | 64 | 65 | 66 | 67 | 68 | 69 | 70 | 71 | 72 | 73 | 74 | 75 | 76 | 77 | 78 | 79 | 80 |
|---|---|---|---|---|---|---|---|---|---|---|---|---|---|---|---|---|---|---|---|
| ② | ① | ② | ④ | ④ | ④ | ⑤ | ④ | ⑤ | ② | ① | ① | ④ | ③ | ④ | ③ | ③ | ② | ② | ④ |
| 81 | 82 | 83 | 84 | 85 | 86 | 87 | 88 | 89 | 90 | 91 | 92 | 93 | 94 | 95 | 96 | 97 | 98 | 99 | 100 |
| ③ | ③ | ③ | ⑤ | ① | ④ | ③ | ④ | ⑤ | ② | ② | ⑤ | ② | ① | ④ | ② | ① | ③ | ④ | ⑤ |
| 101 | 102 | 103 | 104 | 105 | 106 | 107 | 108 | 109 | 110 | | | | | | | | | | |
| ① | ③ | ④ | ⑤ | ④ | ⑤ | ② | ② | ① | ③ | | | | | | | | | | |

### 61

정답 ②

정보의 비대칭성에 의한 시장실패는 보조금이나 정부규제로 대응한다.

오답분석

① 공공재로 인한 시장실패는 공적공급으로 대응한다.
③ 자연독점은 공적공급 또는 정부규제로 대응한다.
④ 관료의 사적 목표의 설정은 정부실패의 원인으로 민영화가 필요하다.
⑤ 파생적 외부효과 역시 정부실패의 원인으로서 정부보조금 삭감 또는 규제완화가 필요하다.

**시장실패와 정부실패의 원인별 대응방법**

| 시장실패 원인 | 공적공급(조직) | 공적유도(유인, 보조금) | 공적(정부)규제 |
|---|---|---|---|
| 공공재의 존재 | ○ | | |
| 자연독점 | ○ | | ○ |
| 외부효과의 발생 | | ○ | ○ |
| 정보의 비대칭성 | | ○ | ○ |
| 불완전 경쟁 | | | ○ |

| 정부실패 원인 | 민영화 | 정부보조 삭감 | 규제완화 |
|---|---|---|---|
| 내부성(사적목표 추구) | ○ | | |
| X－비효율(비용체증) | ○ | ○ | ○ |
| 파생적 외부효과 | | ○ | ○ |
| 권력의 편재 | ○ | | ○ |

### 62

정답 ①

지방의회의 지방자치단체장에 대한 주민투표실시 청구권은 주민투표법에 규정되어 있다.

오답분석

② 지방자치법 제62조 제1항
③ 지방자치법 제49조 제1항
④ 지방자치법 제193조
⑤ 지방자치법 제89조

**주민투표의 실시요건(주민투표법 제9조 제1항)**
지방자치단체의 장은 주민 또는 지방의회의 청구에 의하거나 직권에 의하여 주민투표를 실시할 수 있다.

## 63

정답 ②

**공무원의 정원(책임운영기관법 제16조 제1항)**

소속책임운영기관에 두는 공무원의 총 정원 한도는 대통령령으로 정하고 공무원의 종류별·계급별 정원은 총리령 또는 부령으로 정하되, 대통령령으로 정하는 바에 따라 통합하여 정할 수 있다.

**공무원의 정원(책임운영기관법 시행령 제16조 제2항)**

소속책임운영기관에 두는 공무원의 직급별 정원은 기본운영규정으로 정한다.

**일반행정기관과 책임운영기관**

| 구분 | 일반행정기관 | 책임운영기관 |
|---|---|---|
| 정원관리 | 종류와 정원을 대통령령으로 규정 | • 총정원만 대통령령으로 규정<br>• 종류별·계급별 정원 : 총리령 또는 부령<br>• 직급별 정원 : 기관장이 기본운영규정으로 정함 |
| 하부조직 | 대통령령으로 규정 | • 소속기관 : 대통령령<br>• 하부조직 : 기본운영규정 |

## 64

정답 ④

역사학적 신제도주의는 각국에서 채택된 정책의 상이성과 효과를 역사적으로 형성된 제도에서 찾으려는 접근방법을 말한다.

오답분석

① 행태론은 인간을 사물과 같은 존재로 인식하기 때문에 인간의 자유와 존엄을 강조하기보다는 인간을 수단적 존재로 인식한다.
② 자연현상과 사회현상을 동일시하여 자연과학적인 논리실증주의를 강조한 것은 행태론적 연구의 특성이다.
③ 후기 행태주의의 입장이다.
⑤ 행태주의는 보수성이 강한 이론이며, 제도변화와 개혁을 지향하지 않는다.

**행태론과 신제도론의 비교**

| 비교 | 행태론 | 신제도론 |
|---|---|---|
| 차이점 | 방법론적 개체주의, 미시주의 | 거시와 미시의 연계 |
| | 제도의 종속변수성<br>(제도는 개인행태의 단순한 집합) | 제도의 독립변수성<br>(제도와 같은 집합적 선호가 개인의 선택에 영향을 줌) |
| | 정태적 | 동태적(제도의 사회적 맥락과 영속성 강조) |
| 공통점 | 제한된 합리성 인정, 공식적 구조(제도)에 대한 반발 | |

## 65

정답 ④

제시된 3가지 법 조항은 행정의 양대가치인 민주성과 능률성에 대해 규정하고 있다.

**목적(국가공무원법 제1조)**

각급 기관에서 근무하는 모든 국가공무원에게 적용할 인사행정의 근본 기준을 확립하여 그 공정을 기함과 아울러 국가공무원에게 국민 전체의 봉사자로서 행정의 민주적이며 능률적인 운영을 기하게 하는 것을 목적으로 한다.

**목적(지방공무원법 제1조)**

지방자치단체의 공무원에게 적용할 인사행정의 근본 기준을 확립하여 지방자치행정의 민주적이며 능률적인 운영을 도모함을 목적으로 한다.

**목적(지방자치법 제1조)**

지방자치단체의 종류와 조직 및 운영, 주민의 지방자치행정 참여에 관한 사항과 국가와 지방자치단체 사이의 기본적인 관계를 정함으로써 지방자치행정을 민주적이고 능률적으로 수행하고, 지방을 균형 있게 발전시키며, 대한민국을 민주적으로 발전시키려는 것을 목적으로 한다.

## 66

정답 ④

주세, 부가가치세, 개별소비세는 국세이며, 간접세이다.

오답분석

ㄱ. 자동차세는 지방세이며, 직접세이다.
ㄷ. 담배소비세는 지방세이며, 간접세이다.
ㅂ. 종합부동산세는 국세이며, 직접세이다.

**직접세와 간접세**

| 구분 | 직접세 | 간접세 |
|---|---|---|
| 과세 대상 | 소득이나 재산<br>(납세자=담세자) | 소비 행위<br>(납세자≠담세자) |
| 세율 | 누진세 | 비례세 |
| 조세 종류 | 소득세, 법인세, 종합부동세 등 | 부가가치세, 개별소비세, 주세(담배소비세) 등 |
| 장점 | 소득 재분배 효과, 조세의 공정성 | 조세 징수의 간편, 조세 저항이 작음 |
| 단점 | 조세 징수가 어렵고 저항이 큼 | 저소득 계층에게 불리함 |

## 67

정답 ⑤

품목별 예산제도는 지출대상 중심으로 분류를 사용하기 때문에 지출의 대상은 확인할 수 있으나, 지출의 주체나 목적은 확인할 수 없다.

## 68

정답 ④

**주민소환투표결과의 확정(주민소환법 제22조 제1항)**
주민소환투표권자 총수의 3분의 1 이상의 투표와 유효투표 총수 과반수의 찬성으로 확정된다.

오답분석

① 시·도지사의 주민소환투표의 청구 서명인 수는 해당 지방자치단체 주민소환청구권자 총수의 100분의 10 이상이다.
② 주민이 직선한 공직자가 주민소환투표 대상이다.
③ 주민소환투표권자는 주민소환투표인명부작성기준일 현재 해당 지방자치단체의 장과 지방의회의원에 대한 선거권을 가지고 있는 자로 한다.
⑤ 주민소환이 확정된 때에는 주민소환투표대상자는 그 결과가 공표된 시점부터 그 직을 상실한다.

**주민소환투표의 청구요건**
- 특별시장·광역시장·도지사 : 해당 지방자치단체의 주민소환투표청구권자 총수의 100분의 10 이상
- 시장·군수·자치구의 구청장 : 해당 지방자치단체의 주민소환투표청구권자 총수의 100분의 15 이상
- 지역구 시·도의회의원 및 지역구 자치구·시·군의회의원 : 해당 지방의회의원의 선거구 안의 주민소환투표청구권자 총수의 100분의 20 이상

## 69

정답 ⑤

예산의 이체는 정부조직 등에 관한 법령의 제정·개정 또는 폐지로 인하여 그 직무와 권한에 변동이 있는 경우 관련되는 예산의 귀속을 변경하여 예산집행의 신축성을 부여하는 제도이다. 사업내용이나 규모 등에 변경을 가하지 않고 해당 예산의 귀속만 변경하는 것으로써, 어떤 과목의 예산부족을 다른 과목의 금액으로 보전하기 위하여 당초 예산의 내용을 변경시키는 예산의 이·전용과는 구분된다.
이체의 절차는 기획재정부장관이 중앙관서의 장의 요구에 따라 예산을 이체할 수 있도록 규정하고 있다. 정부조직법 개편 시 국회의 의결을 얻었기 때문에 이체 시 별도의 국회의 의결을 받을 필요는 없다.

오답분석

① 명시이월은 세출예산 중 경비의 성질상 연도내 지출을 끝내지 못할 것으로 예견되는 경우, 다음 연도로 이월할 수 있다는 취지를 명백히 하여 미리 국회의 의결을 거쳐 다음 연도에 이월하는 제도이다.

② 정부가 예비비로 사용한 금액의 총괄명세서를 다음 연도 5월 31일까지 국회에 제출하여 승인을 얻도록 한다(총액으로 사전에 의결을 받지만, 구체적인 사용 용도는 사후승인을 받는다. 이런 이유로 견해에 따라 사전의결의 원칙에 예외로 보는 견해도 있고, 예외가 아니라고 보는 견해도 있다).

③ 예산의 이용은 예산이 정한 장・관・항 간(입법과목)에 각각 상호 융통하는 것을 말한다. 예산 이용제도는 국가재정법 제45조에 따른 예산의 목적 외 사용금지 원칙의 예외로서, 예산집행에 신축성을 부여하여 예산집행주체가 집행과정에서 발생한 여건변화에 탄력적으로 대응할 수 있도록 미리 국회의 의결을 받은 경우에 한하여 허용되고 있다.

④ 계속비는 완성에 수년도를 요하는 공사나 제조 및 연구개발사업은 그 경비의 총액과 연부액(年賦額)을 정하여 미리 국회의 의결을 얻은 범위 안에서 수년도에 걸쳐서 지출할 수 있는 제도로, 수년간의 예산이 안정적으로 집행되어 재정투자의 효율성을 높일 수 있는 제도이다.

## 70

정답 ②

BSC 방법론은 성과평가 시스템으로, 현재 세계적으로 각광을 받고 있는 새로운 경영방법론으로써, Renaissance Solutions사의 David. P Norton 박사와 Havard 경영대학의 Robert S. Kaplan 교수가 공동으로 개발한 균형 성과측정 기록표를 의미한다. BSC는 독창적인 4가지 관점(재무적, 고객, 내부 비즈니스 프로세스, 그리고 학습과 성장의 관점)에 의하여 조직의 전략과 비전을 가시화하고, 목표를 달성할 수 있게끔 이끌어 준다. 프로그램적 관점은 균형성과지표의 요소에 포함되지 않는다.

오답분석

① 재무적 관점 : 우리 조직은 주주들에게 어떻게 보일까?(매출신장률, 시장점유율, 원가절감률, 자산보유 수준, 재고 수준, 비용 절감액 등)

③ 고객 관점 : 재무적으로 성공하기 위해서는 고객들에게 어떻게 보여야 하나?(외부시각 / 고객확보율, 고객만족도, 고객유지율, 고객 불만 건수, 시스템 회복시간 등)

④ 내부프로세스 관점 : 프로세스와 서비스의 질을 높이기 위해서는 어떻게 해야 하나?(전자결재율, 화상회의율, 고객 대응 시간, 업무처리시간, 불량률, 반품률 등)

⑤ 학습과 성장 관점 : 우리 조직은 지속적으로 가치를 개선하고 창출할 수 있는가?(미래시각 / 성장과 학습지표, 업무숙련도, 사기, 독서율, 정보시스템 활용력, 교육훈련 투자 등)

## 71

정답 ①

밀러(Miller)의 모호성 모형은 대학조직(느슨하게 연결된 조직), 은유와 해석의 강조, 제도와 절차의 영향(강조) 등을 특징으로 한다. 밀러는 목표의 모호성, 이해의 모호성, 역사의 모호성, 조직의 모호성 등을 전제로 하며, 예산결정은 해결해야 할 문제, 그 문제에 대한 해결책, 결정에 참여해야 할 참여자, 결정의 기회 등 결정의 요소가 우연히 서로 잘 조화되어 합치될 때 이루어지며 그렇지 않은 경우 예산결정이 이루어지지 않는다고 주장한다.

## 72

정답 ①

ㄱ. 인간관계론은 인간을 사회적・심리적 존재로 가정하기 때문에 사회적 규범이 생산성을 좌우한다고 본다.

ㄴ. 과학적 관리론은 과학적 분석을 통해 업무수행에 적용할 유일 최선의 방법을 발견할 수 있다고 전제한다.

오답분석

ㄷ. 체제론은 하위의 단순 체제는 복잡한 상위의 체제에 속한다고 이해함으로써 계서적 관점을 지지한다.

ㄹ. 발전행정론은 정치・사회・경제를 균형적으로 발전시키기보다는 행정체제가 다른 분야의 발전을 이끌어 나가는 불균형적인 접근법을 중시한다.

## 73

정답 ④

관료제는 업무의 수행은 안정적이고 세밀하게 이루어져야 하며 규칙과 표준화된 운영절차에 따라 이루어지도록 되어 있다. 따라서 이념형으로서의 관료는 직무를 수행하는 데 증오나 애정과 같은 감정을 갖지 않는 비정의적(Impersonality)이며 형식 합리성의 정신에 따라 수행해야 한다.

오답분석

①·②·③·⑤ 모두 관료제에 대한 옳은 설명이다.

## 74

정답 ③

크리밍효과에 대한 설명이다. 크리밍효과는 정책효과가 나타날 가능성이 높은 집단을 의도적으로 실험집단으로 선정함으로써 정책의 영향력이 실제보다 과대평가된다. 호손효과는 실험집단 구성원이 실험의 대상이라는 사실로 인해 평소와 달리 특별한 심리적 또는 감각적 행동을 보이는 현상으로 외적타당도를 저해하는 대표적 요인이다. 실험조작의 반응효과라고도 하며 1927년 호손실험 결과로 발견되었다.

## 75

정답 ④

근무성적평정은 과거의 실적과 능력에 대한 평가이며, 미래 잠재력까지 측정한다고 볼 수 없다. 미래 행동에 대한 잠재력 측정이 가능한 평가는 역량평가이다.

## 76

정답 ③

**중기사업계획서의 제출(국가재정법 제28조), 예산안편성지침의 통보(국가재정법 제29조)**

기획재정부 장관은 국무회의 심의를 거쳐 대통령 승인을 얻은 다음 연도의 예산안편성지침을 매년 3월 31일까지 각 중앙관서의 장에게 통보하여야 한다.

## 77

정답 ③

ㄱ. 신공공관리론은 기업경영의 논리와 기법을 정부에 도입·접목하려는 노력이다.
ㄷ. 신공공관리론은 거래비용이론, 공공선택론, 주인 – 대리인이론 등을 이론적 기반으로 한다.
ㅁ. 신공공관리론은 가격과 경쟁에 의한 행정서비스 공급으로 공공서비스의 생산성을 강조하기 때문에 민주주의의 책임성이 결여될 수 있다.

오답분석

ㄴ. 신공공관리론은 법규나 규칙중심의 관리보다는 임무와 사명중심의 관리를 강조한다.
ㄹ. 중앙정부의 감독과 통제를 강화하는 것은 전통적인 관료제 정부의 특징이다. 반면 신공공관리론은 분권을 강조한다.

## 78

정답 ②

공공선택론은 유권자, 정치가, 관료를 포함하는 정치제도 내에서 자원배분과 소득분배에 대한 결정이 어떻게 이루어지는지를 분석하고, 이를 기초로 하여 정치적 결정의 예측 및 평가를 목적으로 한다.

오답분석

① 과학적 관리론 : 최소의 비용으로 최대의 성과를 달성하고자 하는 민간기업의 경영합리화 운동으로, 객관화된 표준과업을 설정하고 경제적 동기 부여를 통하여 절약과 능률을 달성하고자 하였던 고전적 관리연구이다.
③ 행태론 : 면접이나 설문조사 등을 통해 인간행태에 대한 규칙성과 유형성·체계성 등을 발견하여 이를 기준으로 종합적인 인간관리를 도모하려는 과학적·체계적인 연구를 말한다.
④ 발전행정론 : 환경을 의도적으로 개혁해 나가는 행정인의 창의적·쇄신적인 능력을 중요시한다. 또한, 행정을 독립변수로 간주해 행정의 적극적 기능을 강조한 이론이다.

⑤ 현상학 : 사회적 행위의 해석에 있어서 이러한 현상 및 주관적 의미를 파악하여 이해하는 철학적 · 심리학적 · 주관주의적 접근(의식적 지향성 중시)으로, 실증주의 · 행태주의 · 객관주의 · 합리주의를 비판하면서 등장하였다.

## 79

정답 ②

오답분석

①·④ 분배정책에 대한 설명이다.
③ 구성정책에 대한 설명이다.
⑤ 규제정책에 대한 설명이다.

## 80

정답 ④

제도화된 부패란 부패가 관행화되어버린 상태로서 부패가 실질적 규범이 되면서, 조직 내의 공식적 규범은 준수하지 않는 상태가 만연한 경우이다. 이러한 조직에서는 지켜지지 않는 비현실적 반부패 행동규범의 대외적 발표를 하게 되며, 부패에 저항하는 자에 대한 보복이 뒤따르게 된다.



## 81

정답 ③

맥클리랜드(McClelland)는 인간의 욕구는 사회문화적으로 학습되는 것이라고 규정하면서 욕구를 권력욕구, 친교욕구, 성취욕구로 분류하였다.

오답분석

① 앨더퍼(Alderfer)는 ERG이론에서 매슬로의 욕구 5단계를 줄여서 생존욕구, 대인관계욕구, 성장욕구의 3단계를 제시하였다. 욕구 발로의 점진적 · 상향적 진행만을 강조한 매슬로와 달리 앨더퍼는 욕구의 퇴행을 주장하였다.
② 애덤스(Adams)의 형평성이론은 형평성에 대한 사람들의 지각과 신념이 직무 행동에 영향을 미친다고 보는 동기부여 이론이다. 인간은 타인과 비교해서 정당한 보상이 주어진다고 기대했을 때, 직무수행 향상을 가져온다고 보았다.
④ 브룸(Vroom)의 기대이론에서 동기부여의 힘은 개인의 능력이나 노력이 성과를 가져올 수 있는지에 대한 기대나 확률(Expectation), 그리고 성과가 보상을 가져올 수 있는 충분한 수단이 되는지의 여부(Instrumentality), 그리고 보상에 대한 주관적 가치(Valence)가 상호 작용하여 결정된다. 전체적인 동기부여는 '$\sum${(기대)×(수단성)×(유인가)}'로 결정된다고 제시한다.
⑤ 로크(Locke)의 목표설정이론은 사람들은 일을 할 때 자기욕구의 충족여부 등을 따지지 않고 설정된 목표를 달성하기 위해 열심히 일을 하며, 목표가 곤란성(난도)과 구체성을 띨수록 성취의도를 더욱 유인하여 직무성과를 제고할 수 있다는 것이 그 핵심적인 내용이다.

**맥클리랜드의 성취동기이론(1962)**

- 권력욕구 : 타인의 행동에 영향력을 미치거나 통제하려는 욕구
- 친교욕구 : 타인과 우호적 관계를 유지하려는 욕구
- 성취욕구 : 높은 기준을 설정하고 이를 달성하려는 욕구, 자신의 능력을 스스로 성공적으로 발휘함으로써 자부심을 높이려는 욕구

## 82

정답 ③

강제배분법은 점수의 분포비율을 정해놓고 평가하는 상대평가 방법으로 집중화, 엄격화, 관대화 오차를 방지하기 위해 도입되었다.

오답분석

ㄱ. 시간적 오차를 방지하기 위한 것이다.
ㄹ. 고정관념에 기인한 오차를 방지하기 위한 것이다.

## 83

정답 ③

ㄱ. 보조금을 지급하는 것은 유인전략이다.
ㄴ. 안전장비 착용에 대한 중요성을 홍보하는 것은 설득전략이다.
ㄷ. 일반용 쓰레기봉투에 재활용품을 담지 못하도록 하는 것은 규제전략이다.
ㄹ. 주민지원을 촉진하는 전략이다.

## 84

정답 ⑤

합리모형에서 말하는 합리성은 경제적 합리성을 말한다. 정치적 합리성은 점증모형에서 중시하는 합리성이다.

**합리모형과 점증모형의 비교**

| 구분 | 합리모형 | 점증모형 |
|---|---|---|
| 합리성 최적화 정도 | • 경제적 합리성(자원배분의 효율성)<br>• 전체적 · 포괄적 분석 | • 정치적 합리성(타협 · 조정과 합의)<br>• 부분적 최적화 |
| 목표와 수단 | • 목표 – 수단 분석을 함<br>• 목표는 고정됨(목표와 수단은 별개)<br>• 수단은 목표에 합치 | • 목표 – 수단 분석을 하지 않음<br>• 목표는 고정되지 않음<br>• 목표는 수단에 합치 |
| 정책결정 | • 근본적 · 기본적 결정<br>• 비분할적 · 포괄적결정<br>• 하향적 결정<br>• 단발적 결정(문제의 재정의가 없음) | • 지엽적 · 세부적 결정<br>• 분할적 · 한정적 결정<br>• 상향적 결정<br>• 연속적 결정(문제의 재정의 빈번) |
| 정책특성 | 비가분적 정책에 적합 | 가분적 정책에 적합 |
| 접근방식과 정책 변화 | • 연역적 접근<br>• 쇄신적 · 근본적 변화<br>• 매몰비용은 미고려 | • 귀납적 접근<br>• 점진적 · 한계적 변화<br>• 매몰비용 고려 |
| 적용국가 | 상대적으로 개도국에 적용 용이 | 다원화된 선진국에 주로 적용 |
| 배경이론 및 참여 | • 엘리트론<br>• 참여 불인정(소수에 의한 결정) | • 다원주의<br>• 참여 인정(다양한 이해관계자 참여) |

## 85

정답 ①

코터(J. P. Kotter)는 변화관리 모형을 '위기감 조성 → 변화추진팀 구성 → 비전 개발 → 비전 전달 → 임파워먼트 → 단기 성과 달성 → 지속적 도전 → 변화의 제도화' 8단계로 제시하였다.

**변화관리 모형**

| 단계 | | 내용 |
|---|---|---|
| 제1단계 | 위기감 조성 | 현실에 만족 · 안주하지 않고 변화를 위해 위기감을 조성 |
| 제2단계 | 변화추진팀 구성 | 저항하는 힘을 이기기 위해 변화 선도자들로 팀을 구성 |
| 제3단계 | 비전 개발 | 비전을 정립하고 구체화시킴 |
| 제4단계 | 비전 전달 | 구성원 모두에게 공감대를 형성해 참여를 유도 |
| 제5단계 | 임파워먼트 | 비전에 따라 행동하기 위해 구성원에게 권한을 부여 |
| 제6단계 | 단기성과 달성 | 눈에 띄는 성과를 단기간에 달성 유도 |
| 제7단계 | 지속적 도전 | 지속적인 변화를 위해 변화의 속도를 유지 |
| 제8단계 | 변화의 제도화 | 변화가 조직에 잘 정착하도록 제도화하는 과정 |

## 86

정답 ④

매트릭스 조직은 환경의 불확실성과 복잡성이 높은 경우 효과적이다.

## 87

정답 ③

신제도주의는 행위 주체의 의도적이고 전략적인 행동이 제도에 영향을 미칠 수 있다는 점을 인정하고, 제도의 안정성보다는 제도설계와 변화 차원에 관심을 보이고 있다.

## 88

정답 ④

국무총리 소속으로 설치한 국민권익위원회는 행정부 내에 소속한 독립통제기관이며, 대통령이 임명하는 옴부즈만의 일종이다.

## 89

정답 ⑤

오답분석

ㄱ. 관세청은 기획재정부 소속이다.
ㄷ. 특허청은 산업통상자원부 소속이다.
ㄹ. 산림청은 농림축산식품부 소속이다.

PART 3

## 90

정답 ②

주민복지사업과 공원묘지사업은 대상사업이 아니다.

## 91

정답 ②

ㄱ. 베버의 관료제론은 규칙과 규제가 조직에 계속성을 제공하여 조직을 예측 가능성 있는 조직, 안정적인 조직으로 유지시킨다고 보았다.
ㄴ. 행정관리론은 모든 조직에 적용시킬 수 있는 효율적 조직관리의 원리들을 연구하였다.
ㄷ. 호손실험으로 인간관계에서의 비공식적 요인이 업무의 생산성에 큰 영향을 끼친다는 것이 확인되었다.

오답분석

ㄹ. 조직군생태이론은 조직과 환경의 관계에서 조직군이 환경에 의해 수동적으로 결정된다는 환경결정론적 입장을 취한다.

**거시조직 이론의 유형**

| 구분 | 결정론 | 임의론 |
| --- | --- | --- |
| 조직군 | • 조직군 생태론<br>• 조직경제학(주인 – 대리인이론, 거래비용 경제학)<br>• 제도화이론 | 공동체 생태론 |
| 개별조직 | 구조적 상황론 | • 전략적 선택론<br>• 자원의존이론 |

## 92

정답 ⑤

오답분석

ㄱ. 일선관료의 재량권을 확대하는 것은 하향적 접근방법이 아닌 상향적 접근방법에 해당한다. 하향적 접근방법은 상급자가 정책을 일방적으로 결정하여 하급 구성원의 재량권을 축소시키는 접근방법이다.

## 93

정답 ②

암묵적 지식인 '암묵지'는 언어로 표현하기 힘든 개인적 경험, 주관적 지식 등을 이르는 말이다. 여기에는 제시문의 조직의 경험, 숙련된 기술, 개인적 노하우 등이 해당된다. 형식지는 객관화된 지식, 언어를 통해 표현 가능한 지식을 말하는데, 여기에는 업무매뉴얼, 컴퓨터 프로그램, 정부 보고서 등이 포함된다.

**암묵지와 형식지의 비교**

| 구분 | 암묵지 | 형식지 |
|---|---|---|
| 정의 | 주관적인 지식으로 언어로 표현하기 힘듦 | 객관적 지식으로 언어로 표현이 가능함 |
| 획득 | 경험을 통한 지식 | 언어를 통한 지식 |
| 전달 | 은유를 통해 전달<br>(타인에게 전수하는 것이 어려움) | 언어를 통해 전달<br>(타인에게 전수하는 것이 상대적으로 용이) |

## 94

정답 ①

오답분석

ㄷ. 예산결산특별위원회는 상설특별위원회이기 때문에 따로 활동기한을 정하지 않는다.

ㄹ. 예산결산특별위원회는 소관 상임위원회가 삭감한 세출예산의 금액을 증액하거나 새 비목을 설치하려는 경우에는 소관 상임위원회의 동의를 얻어야 한다.

## 95

정답 ④

고객이 아닌 시민에 대한 봉사는 신공공서비스론의 원칙이다. 신공공관리론은 경쟁을 바탕으로 한 고객 서비스의 질 향상을 지향한다.

오답분석

①·②·③·⑤ 신공공관리론의 특징이다.

## 96

정답 ②

정보기술 아키텍처는 건축물의 설계도처럼 조직의 정보화 환경을 정확히 묘사한 밑그림으로서, 조직의 비전, 전략, 업무, 정보기술 간 관계에 대한 현재와 목표를 문서화한 것이다.

오답분석

① 블록체인 네트워크 : 가상화폐를 거래할 때 해킹을 막기 위한 기술망에서 출발한 개념이며, 블록에 데이터를 담아 체인형태로 연결, 수많은 컴퓨터에 동시에 이를 복제해 저장하는 분산형 데이터 저장 기술을 말한다.

③ 제3의 플랫폼 : 전통적인 ICT 산업인 제2플랫폼(서버, 스토리지)과 대비되는 모바일, 빅데이터, 클라우드, 소셜네트워크 등으로 구성된 새로운 플랫폼을 말한다.

④ 클라우드 – 클라이언트 아키텍처 : 인터넷에 자료를 저장하여 사용자가 필요한 자료 등을 자신의 컴퓨터에 설치하지 않고도 인터넷 접속을 통해 언제나 이용할 수 있는 서비스를 말한다.

⑤ 스마트워크센터 : 공무용 원격 근무 시설로, 여러 정보통신기기를 갖추고 있어 사무실로 출근하지 않아도 되는 유연근무시스템 중 하나를 말한다.

## 97

정답 ①

프로슈머는 생산자와 소비자를 합한 의미로서 소비자가 단순한 소비자에서 나아가 생산에 참여하는 역할도 함께 수행하는 것을 말한다. 시민들이 프로슈머화 경향을 띠게 될수록 시민들이 공공재의 생산자인 관료의 행태를 쇄신하려 하고 시민 자신들의 의견을 투입시키려 할 것이기 때문에, 이러한 경향은 현재의 관료주의적 문화와 마찰을 빚게 될 것이다. 따라서 프로슈머와 관료주의적 문화가 적절한 조화를 이루게 될 것이라는 설명은 옳지 않다.

## 98

정답 ③

정책대안의 탐색은 정책문제를 정의하는 단계가 아니라 정책목표설정 다음에 이루어진다.

**정책문제의 정의**
- 관련 요소 파악
- 가치 간 관계의 파악
- 인과관계의 파악
- 역사적 맥락 파악

## 99

정답 ④

비용이 소수 집단에게 좁게 집중되고 편익은 넓게 분산되는 것은 기업가 정치에 해당한다.

**Wilson의 규제정치이론**

| 구분 | | 감지된 편익 | |
|---|---|---|---|
| | | 넓게 분산됨 | 좁게 집중됨 |
| 감지된 비용 | 넓게 분산됨 | 다수의 정치(대중 정치)<br>(Majoritarian Politics) | 고객 정치<br>(Client Politics) |
| | 좁게 집중됨 | 기업가 정치(Entrepreneurial Politics) | 이익집단 정치(Interest-group Politics) |

## 100

정답 ⑤

허츠버그(F. Herzberg)의 동기유발에 관심을 두는 것이 아니라 만족 자체에 중점을 두고 있기 때문에 하위 욕구를 추구하는 계층에게는 적용하기가 어렵고 상위 욕구를 추구하는 계층에 적용하기가 용이하다.

## 101

정답 ①

정책의 수혜집단이 강하게 조직되어 있는 집단이라면 정책집행은 용이해진다.

오답분석

② 집행의 명확성과 일관성이 보장되어야 한다.
③ 규제정책의 집행과정에서 실제로 불이익을 받는 자가 생겨나게 되는데 이때 정책을 시행하는 과정에서 격렬한 갈등이 발생할 수 있다.
④ '정책집행 유형은 집행자와 결정자와의 관계에 따라 달라진다.'는 나카무라(Nakamura)와 스몰우드(Smallwood)의 주장이다.
⑤ 정책의 집행에는 대중의 지지, 매스컴의 반응, 정책결정기관의 입장, 정치·경제·사회·문화적 흐름 등 많은 환경적 요인들이 영향을 끼친다.

## 102

정답 ③

사회자본은 사회 구성원들의 신뢰를 바탕으로 사회 구성원의 협력적 행태를 촉진시켜 공동목표를 효율적으로 달성할 수 있게 하는 자본을 말한다. 사회적자본은 구성원의 창의력을 증진시켜 조직의 혁신적 발전을 이끌어낼 수 있다.

오답분석

①·② 네트워크에 참여하는 당사자들이 공동으로 소유하는 자산이므로 한 행위자가 배타적으로 소유권을 주장할 수 없다.
④·⑤ '신뢰'를 기본으로 하기 때문에 사회적 관계에서 일어나는 불필요한 가외의 비용을 감소시켜 거래비용을 감소시켜 준다.

## 103

정답 ④

책임운영기관은 정책기능으로부터 분리된 집행 및 서비스 기능을 수행하는 기관을 말한다. 주로 경쟁원리에 따라 움직일 수 있고 성과관리가 용이한 분야에서 이루어지며, 기관운영상에 상당한 자율권을 부여한다는 것이 특징이다. 책임운영기관은 성과관리가 용이한 분야에 주로 적용된다.

## 104

정답 ⑤

오답분석

① 매트릭스 조직은 기능구조와 사업구조를 절충한 형태로 두 조직의 화학적 결합을 시도한 구조이다. 팀제와 유사한 조직에는 수평조직이 있다.
② 정보통신의 발달은 통솔범위의 확대를 가져온다.
③ 기계적 조직구조는 직무범위가 좁다.
④ 유기적인 조직은 환경의 변화에 유려하게 적응할 수 있도록 설계된 조직이다. 안정적인 환경에서 더 높은 성과를 내는 조직은 기계적 조직이다.

## 105

정답 ④

직무평가란 직무의 각 분야가 기업 내에서 차지하는 상대적 가치의 결정으로, 크게 비계량적 평가 방법과 계량적 평가 방법으로 나눌 수 있다. 비계량적 평가 방법에는 서열법과 분류법이 있으며, 계량적 평가 방법에는 점수법과 요소비교법이 있다.

**직무평가 방법**

| 구분 | | 설명 |
|---|---|---|
| 계량적 | 점수법 | 직무를 구성 요소별로 나누고, 각 요소에 점수를 매겨 평가하는 방법 |
| | 요소비교법 | 직무를 몇 개의 중요 요소로 나누고, 이들 요소를 기준직위의 평가 요소와 비교하여 평가하는 방법 |
| 비계량적 | 서열법 | 직원들의 근무 성적을 평정함에 있어 평정 대상자(직원)들을 서로 비교하여 서열을 정하는 방법 |
| | 분류법 | 미리 작성한 등급기준표에 따라 평가하고자 하는 직위의 직무를 어떤 등급에 배치할 것인가를 결정하는 방법 |

## 106

정답 ⑤

규칙적 오류는 어떤 평정자가 다른 평정자들보다 언제나 좋은 점수 혹은 나쁜 점수를 주는 것을 말한다.

**근무평정상의 대표적 착오**

| | |
|---|---|
| 연쇄효과 | 피평정자의 특정 요소가 다른 평정요소의 평가에까지 영향을 미치는 것 |
| 집중화의 오류 | 무난하게 중간치의 평정만 일어나는 것 |
| 규칙적 오류 | 한 평정자가 지속적으로 낮은 혹은 높은 평정을 보이는 것 |
| 시간적 오류 | 시간적으로 더 가까운 때에 일어난 사건이 평정에 더 큰 영향을 끼치는 것 |
| 상동적 오류 | 피평정자에 대한 선입견이나 고정관념이 다른 요소의 평정에 영향을 끼치는 것 |

## 107

정답 ②

오답분석

① 독임제 행정청이 원칙적인 형태이고, 지자체의 경우 지자체장이 행정청에 해당한다.
③ 자문기관은 행정기관의 자문에 응하여 행정기관에 전문적인 의견을 제공하거나 자문을 구하는 사항에 관하여 심의·조정·협의하는 등 행정기관의 의사결정에 도움을 주는 행정기관을 말한다.
④ 의결기관은 의사결정에만 그친다는 점에서 외부에 표시할 권한을 가지는 행정관청과 다르고, 행정관청을 구속한다는 점에서 단순한 자문적 의사의 제공에 그치는 자문기관과 다르다.
⑤ 집행기관은 의결기관 또는 의사기관에 대하여 그 의결 또는 의사결정을 집행하는 기관이나 행정기관이며, 채권자의 신청에 의하여 강제집행을 실시할 직무를 가진 국가기관이다.

## 108

정답 ②

다면평가제는 경직된 분위기의 계층제적 사회에서는 부하의 평정, 동료의 평정을 받는 것이 조직원들의 강한 불쾌감을 불러올 수 있고, 이로 인해 조직 내 갈등상황이 불거질 수 있다.

## 109

정답 ①

예산개혁의 경향은 '통제 지향 → 관리 지향 → 기획 지향 → 감축 지향 → 참여 지향'의 순서로 발달하였다.

## 110

정답 ③

회계장부가 하나여야 한다는 원칙은 '단일성의 원칙'을 말한다. '통일성의 원칙'은 특정한 세입과 세출이 바로 연계됨이 없이 국고가 하나로 통일되어야 한다는 원칙이다.

오답분석

① 공개성의 원칙의 예외로는 국방비와 국가정보원 예산 등 기밀이 필요한 예산이 있다.
② 사전의결의 원칙의 예외는 사고이월, 준예산, 전용, 예비비지출, 긴급명령, 선결처분이 있다.
④ 목적세는 통일성의 원칙의 예외이다.
⑤ 총괄예산제도는 명확성의 원칙의 예외이다.

교육은 우리 자신의 무지를 점차 발견해 가는 과정이다.

– 윌 듀란트 –

# 인천국제공항공사 필기전형 답안카드

| 성 명 |
| --- |
| |

| 지원 분야 |
| --- |
| |

| 문제지 형별기재란 | |
| --- | --- |
| (　　　)형 | Ⓐ Ⓑ |

| 수 험 번 호 | | | | | | |
| --- | --- | --- | --- | --- | --- | --- |
| | | | | | | |
| ⓪ | ⓪ | ⓪ | ⓪ | ⓪ | ⓪ | ⓪ |
| ① | ① | ① | ① | ① | ① | ① |
| ② | ② | ② | ② | ② | ② | ② |
| ③ | ③ | ③ | ③ | ③ | ③ | ③ |
| ④ | ④ | ④ | ④ | ④ | ④ | ④ |
| ⑤ | ⑤ | ⑤ | ⑤ | ⑤ | ⑤ | ⑤ |
| ⑥ | ⑥ | ⑥ | ⑥ | ⑥ | ⑥ | ⑥ |
| ⑦ | ⑦ | ⑦ | ⑦ | ⑦ | ⑦ | ⑦ |
| ⑧ | ⑧ | ⑧ | ⑧ | ⑧ | ⑧ | ⑧ |
| ⑨ | ⑨ | ⑨ | ⑨ | ⑨ | ⑨ | ⑨ |

| 감독위원 확인 |
| --- |
| ㊞ 인 |

| 번호 | | | | | | 번호 | | | | | | 번호 | | | | | |
| --- | --- | --- | --- | --- | --- | --- | --- | --- | --- | --- | --- | --- | --- | --- | --- | --- | --- |
| 1 | ① | ② | ③ | ④ | ⑤ | 21 | ① | ② | ③ | ④ | ⑤ | 41 | ① | ② | ③ | ④ | ⑤ |
| 2 | ① | ② | ③ | ④ | ⑤ | 22 | ① | ② | ③ | ④ | ⑤ | 42 | ① | ② | ③ | ④ | ⑤ |
| 3 | ① | ② | ③ | ④ | ⑤ | 23 | ① | ② | ③ | ④ | ⑤ | 43 | ① | ② | ③ | ④ | ⑤ |
| 4 | ① | ② | ③ | ④ | ⑤ | 24 | ① | ② | ③ | ④ | ⑤ | 44 | ① | ② | ③ | ④ | ⑤ |
| 5 | ① | ② | ③ | ④ | ⑤ | 25 | ① | ② | ③ | ④ | ⑤ | 45 | ① | ② | ③ | ④ | ⑤ |
| 6 | ① | ② | ③ | ④ | ⑤ | 26 | ① | ② | ③ | ④ | ⑤ | 46 | ① | ② | ③ | ④ | ⑤ |
| 7 | ① | ② | ③ | ④ | ⑤ | 27 | ① | ② | ③ | ④ | ⑤ | 47 | ① | ② | ③ | ④ | ⑤ |
| 8 | ① | ② | ③ | ④ | ⑤ | 28 | ① | ② | ③ | ④ | ⑤ | 48 | ① | ② | ③ | ④ | ⑤ |
| 9 | ① | ② | ③ | ④ | ⑤ | 29 | ① | ② | ③ | ④ | ⑤ | 49 | ① | ② | ③ | ④ | ⑤ |
| 10 | ① | ② | ③ | ④ | ⑤ | 30 | ① | ② | ③ | ④ | ⑤ | 50 | ① | ② | ③ | ④ | ⑤ |
| 11 | ① | ② | ③ | ④ | ⑤ | 31 | ① | ② | ③ | ④ | ⑤ | 51 | ① | ② | ③ | ④ | ⑤ |
| 12 | ① | ② | ③ | ④ | ⑤ | 32 | ① | ② | ③ | ④ | ⑤ | 52 | ① | ② | ③ | ④ | ⑤ |
| 13 | ① | ② | ③ | ④ | ⑤ | 33 | ① | ② | ③ | ④ | ⑤ | 53 | ① | ② | ③ | ④ | ⑤ |
| 14 | ① | ② | ③ | ④ | ⑤ | 34 | ① | ② | ③ | ④ | ⑤ | 54 | ① | ② | ③ | ④ | ⑤ |
| 15 | ① | ② | ③ | ④ | ⑤ | 35 | ① | ② | ③ | ④ | ⑤ | 55 | ① | ② | ③ | ④ | ⑤ |
| 16 | ① | ② | ③ | ④ | ⑤ | 36 | ① | ② | ③ | ④ | ⑤ | 56 | ① | ② | ③ | ④ | ⑤ |
| 17 | ① | ② | ③ | ④ | ⑤ | 37 | ① | ② | ③ | ④ | ⑤ | 57 | ① | ② | ③ | ④ | ⑤ |
| 18 | ① | ② | ③ | ④ | ⑤ | 38 | ① | ② | ③ | ④ | ⑤ | 58 | ① | ② | ③ | ④ | ⑤ |
| 19 | ① | ② | ③ | ④ | ⑤ | 39 | ① | ② | ③ | ④ | ⑤ | 59 | ① | ② | ③ | ④ | ⑤ |
| 20 | ① | ② | ③ | ④ | ⑤ | 40 | ① | ② | ③ | ④ | ⑤ | 60 | ① | ② | ③ | ④ | ⑤ |

※ 본 답안지는 마킹연습용 모의 답안지입니다.

# 인천국제공항공사 필기전형 답안카드

| 성 명 |
|---|
| |

| 지원 분야 |
|---|
| |

| 문제지 형별기재란 | |
|---|---|
| (　　　)형 | Ⓐ<br>Ⓑ |

| 수 험 번 호 | | | | | | |
|---|---|---|---|---|---|---|
| | | | | | | |
| ⓪ | ⓪ | ⓪ | ⓪ | ⓪ | ⓪ | ⓪ |
| ① | ① | ① | ① | ① | ① | ① |
| ② | ② | ② | ② | ② | ② | ② |
| ③ | ③ | ③ | ③ | ③ | ③ | ③ |
| ④ | ④ | ④ | ④ | ④ | ④ | ④ |
| ⑤ | ⑤ | ⑤ | ⑤ | ⑤ | ⑤ | ⑤ |
| ⑥ | ⑥ | ⑥ | ⑥ | ⑥ | ⑥ | ⑥ |
| ⑦ | ⑦ | ⑦ | ⑦ | ⑦ | ⑦ | ⑦ |
| ⑧ | ⑧ | ⑧ | ⑧ | ⑧ | ⑧ | ⑧ |
| ⑨ | ⑨ | ⑨ | ⑨ | ⑨ | ⑨ | ⑨ |

| 감독위원 확인 |
|---|
| ㊞ 인 |

| | | | | | | | | | | | |
|---|---|---|---|---|---|---|---|---|---|---|---|
| 1 | ①②③④⑤ | 21 | ①②③④⑤ | 41 | ①②③④⑤ | 61 | ①②③④⑤ | 81 | ①②③④⑤ | 101 | ①②③④⑤ |
| 2 | ①②③④⑤ | 22 | ①②③④⑤ | 42 | ①②③④⑤ | 62 | ①②③④⑤ | 82 | ①②③④⑤ | 102 | ①②③④⑤ |
| 3 | ①②③④⑤ | 23 | ①②③④⑤ | 43 | ①②③④⑤ | 63 | ①②③④⑤ | 83 | ①②③④⑤ | 103 | ①②③④⑤ |
| 4 | ①②③④⑤ | 24 | ①②③④⑤ | 44 | ①②③④⑤ | 64 | ①②③④⑤ | 84 | ①②③④⑤ | 104 | ①②③④⑤ |
| 5 | ①②③④⑤ | 25 | ①②③④⑤ | 45 | ①②③④⑤ | 65 | ①②③④⑤ | 85 | ①②③④⑤ | 105 | ①②③④⑤ |
| 6 | ①②③④⑤ | 26 | ①②③④⑤ | 46 | ①②③④⑤ | 66 | ①②③④⑤ | 86 | ①②③④⑤ | 106 | ①②③④⑤ |
| 7 | ①②③④⑤ | 27 | ①②③④⑤ | 47 | ①②③④⑤ | 67 | ①②③④⑤ | 87 | ①②③④⑤ | 107 | ①②③④⑤ |
| 8 | ①②③④⑤ | 28 | ①②③④⑤ | 48 | ①②③④⑤ | 68 | ①②③④⑤ | 88 | ①②③④⑤ | 108 | ①②③④⑤ |
| 9 | ①②③④⑤ | 29 | ①②③④⑤ | 49 | ①②③④⑤ | 69 | ①②③④⑤ | 89 | ①②③④⑤ | 109 | ①②③④⑤ |
| 10 | ①②③④⑤ | 30 | ①②③④⑤ | 50 | ①②③④⑤ | 70 | ①②③④⑤ | 90 | ①②③④⑤ | 110 | ①②③④⑤ |
| 11 | ①②③④⑤ | 31 | ①②③④⑤ | 51 | ①②③④⑤ | 71 | ①②③④⑤ | 91 | ①②③④⑤ | | |
| 12 | ①②③④⑤ | 32 | ①②③④⑤ | 52 | ①②③④⑤ | 72 | ①②③④⑤ | 92 | ①②③④⑤ | | |
| 13 | ①②③④⑤ | 33 | ①②③④⑤ | 53 | ①②③④⑤ | 73 | ①②③④⑤ | 93 | ①②③④⑤ | | |
| 14 | ①②③④⑤ | 34 | ①②③④⑤ | 54 | ①②③④⑤ | 74 | ①②③④⑤ | 94 | ①②③④⑤ | | |
| 15 | ①②③④⑤ | 35 | ①②③④⑤ | 55 | ①②③④⑤ | 75 | ①②③④⑤ | 95 | ①②③④⑤ | | |
| 16 | ①②③④⑤ | 36 | ①②③④⑤ | 56 | ①②③④⑤ | 76 | ①②③④⑤ | 96 | ①②③④⑤ | | |
| 17 | ①②③④⑤ | 37 | ①②③④⑤ | 57 | ①②③④⑤ | 77 | ①②③④⑤ | 97 | ①②③④⑤ | | |
| 18 | ①②③④⑤ | 38 | ①②③④⑤ | 58 | ①②③④⑤ | 78 | ①②③④⑤ | 98 | ①②③④⑤ | | |
| 19 | ①②③④⑤ | 39 | ①②③④⑤ | 59 | ①②③④⑤ | 79 | ①②③④⑤ | 99 | ①②③④⑤ | | |
| 20 | ①②③④⑤ | 40 | ①②③④⑤ | 60 | ①②③④⑤ | 80 | ①②③④⑤ | 100 | ①②③④⑤ | | |

※ 본 답안지는 마킹연습용 모의 답안지입니다.

# 인천국제공항공사 필기전형 답안카드

| 성 명 |
| --- |
| |

| 지원 분야 |
| --- |
| |

| 문제지 형별기재란 | |
| --- | --- |
| (   )형 | Ⓐ Ⓑ |

| 수 험 번 호 | | | | | | |
| --- | --- | --- | --- | --- | --- | --- |
| | | | | | | |
| ⓪ | ⓪ | ⓪ | ⓪ | ⓪ | ⓪ | ⓪ |
| ① | ① | ① | ① | ① | ① | ① |
| ② | ② | ② | ② | ② | ② | ② |
| ③ | ③ | ③ | ③ | ③ | ③ | ③ |
| ④ | ④ | ④ | ④ | ④ | ④ | ④ |
| ⑤ | ⑤ | ⑤ | ⑤ | ⑤ | ⑤ | ⑤ |
| ⑥ | ⑥ | ⑥ | ⑥ | ⑥ | ⑥ | ⑥ |
| ⑦ | ⑦ | ⑦ | ⑦ | ⑦ | ⑦ | ⑦ |
| ⑧ | ⑧ | ⑧ | ⑧ | ⑧ | ⑧ | ⑧ |
| ⑨ | ⑨ | ⑨ | ⑨ | ⑨ | ⑨ | ⑨ |

| 감독위원 확인 |
| --- |
| ㉑ 인 |

| | | | | | | | | | | | | | | | | | |
| --- | --- | --- | --- | --- | --- | --- | --- | --- | --- | --- | --- | --- | --- | --- | --- | --- | --- |
| 1 | ① | ② | ③ | ④ | ⑤ | 21 | ① | ② | ③ | ④ | ⑤ | 41 | ① | ② | ③ | ④ | ⑤ |
| 2 | ① | ② | ③ | ④ | ⑤ | 22 | ① | ② | ③ | ④ | ⑤ | 42 | ① | ② | ③ | ④ | ⑤ |
| 3 | ① | ② | ③ | ④ | ⑤ | 23 | ① | ② | ③ | ④ | ⑤ | 43 | ① | ② | ③ | ④ | ⑤ |
| 4 | ① | ② | ③ | ④ | ⑤ | 24 | ① | ② | ③ | ④ | ⑤ | 44 | ① | ② | ③ | ④ | ⑤ |
| 5 | ① | ② | ③ | ④ | ⑤ | 25 | ① | ② | ③ | ④ | ⑤ | 45 | ① | ② | ③ | ④ | ⑤ |
| 6 | ① | ② | ③ | ④ | ⑤ | 26 | ① | ② | ③ | ④ | ⑤ | 46 | ① | ② | ③ | ④ | ⑤ |
| 7 | ① | ② | ③ | ④ | ⑤ | 27 | ① | ② | ③ | ④ | ⑤ | 47 | ① | ② | ③ | ④ | ⑤ |
| 8 | ① | ② | ③ | ④ | ⑤ | 28 | ① | ② | ③ | ④ | ⑤ | 48 | ① | ② | ③ | ④ | ⑤ |
| 9 | ① | ② | ③ | ④ | ⑤ | 29 | ① | ② | ③ | ④ | ⑤ | 49 | ① | ② | ③ | ④ | ⑤ |
| 10 | ① | ② | ③ | ④ | ⑤ | 30 | ① | ② | ③ | ④ | ⑤ | 50 | ① | ② | ③ | ④ | ⑤ |
| 11 | ① | ② | ③ | ④ | ⑤ | 31 | ① | ② | ③ | ④ | ⑤ | 51 | ① | ② | ③ | ④ | ⑤ |
| 12 | ① | ② | ③ | ④ | ⑤ | 32 | ① | ② | ③ | ④ | ⑤ | 52 | ① | ② | ③ | ④ | ⑤ |
| 13 | ① | ② | ③ | ④ | ⑤ | 33 | ① | ② | ③ | ④ | ⑤ | 53 | ① | ② | ③ | ④ | ⑤ |
| 14 | ① | ② | ③ | ④ | ⑤ | 34 | ① | ② | ③ | ④ | ⑤ | 54 | ① | ② | ③ | ④ | ⑤ |
| 15 | ① | ② | ③ | ④ | ⑤ | 35 | ① | ② | ③ | ④ | ⑤ | 55 | ① | ② | ③ | ④ | ⑤ |
| 16 | ① | ② | ③ | ④ | ⑤ | 36 | ① | ② | ③ | ④ | ⑤ | 56 | ① | ② | ③ | ④ | ⑤ |
| 17 | ① | ② | ③ | ④ | ⑤ | 37 | ① | ② | ③ | ④ | ⑤ | 57 | ① | ② | ③ | ④ | ⑤ |
| 18 | ① | ② | ③ | ④ | ⑤ | 38 | ① | ② | ③ | ④ | ⑤ | 58 | ① | ② | ③ | ④ | ⑤ |
| 19 | ① | ② | ③ | ④ | ⑤ | 39 | ① | ② | ③ | ④ | ⑤ | 59 | ① | ② | ③ | ④ | ⑤ |
| 20 | ① | ② | ③ | ④ | ⑤ | 40 | ① | ② | ③ | ④ | ⑤ | 60 | ① | ② | ③ | ④ | ⑤ |

※ 본 답안지는 마킹연습용 모의 답안지입니다.

# 인천국제공항공사 필기전형 답안카드

| 성 명 |
|---|
| |

| 지원 분야 |
|---|
| |

| 문제지 형별기재란 | |
|---|---|
| ( )형 | Ⓐ Ⓑ |

| 수 험 번 호 | | | | | | |
|---|---|---|---|---|---|---|
| | | | | | | |
| ⓪ | ⓪ | ⓪ | ⓪ | ⓪ | ⓪ | ⓪ |
| ① | ① | ① | ① | ① | ① | ① |
| ② | ② | ② | ② | ② | ② | ② |
| ③ | ③ | ③ | ③ | ③ | ③ | ③ |
| ④ | ④ | ④ | ④ | ④ | ④ | ④ |
| ⑤ | ⑤ | ⑤ | ⑤ | ⑤ | ⑤ | ⑤ |
| ⑥ | ⑥ | ⑥ | ⑥ | ⑥ | ⑥ | ⑥ |
| ⑦ | ⑦ | ⑦ | ⑦ | ⑦ | ⑦ | ⑦ |
| ⑧ | ⑧ | ⑧ | ⑧ | ⑧ | ⑧ | ⑧ |
| ⑨ | ⑨ | ⑨ | ⑨ | ⑨ | ⑨ | ⑨ |

| 감독위원 확인 |
|---|
| ㉣인 |

| | | | | | | | | | | | |
|---|---|---|---|---|---|---|---|---|---|---|---|
| 1 | ①②③④⑤ | 21 | ①②③④⑤ | 41 | ①②③④⑤ | 61 | ①②③④⑤ | 81 | ①②③④⑤ | 101 | ①②③④⑤ |
| 2 | ①②③④⑤ | 22 | ①②③④⑤ | 42 | ①②③④⑤ | 62 | ①②③④⑤ | 82 | ①②③④⑤ | 102 | ①②③④⑤ |
| 3 | ①②③④⑤ | 23 | ①②③④⑤ | 43 | ①②③④⑤ | 63 | ①②③④⑤ | 83 | ①②③④⑤ | 103 | ①②③④⑤ |
| 4 | ①②③④⑤ | 24 | ①②③④⑤ | 44 | ①②③④⑤ | 64 | ①②③④⑤ | 84 | ①②③④⑤ | 104 | ①②③④⑤ |
| 5 | ①②③④⑤ | 25 | ①②③④⑤ | 45 | ①②③④⑤ | 65 | ①②③④⑤ | 85 | ①②③④⑤ | 105 | ①②③④⑤ |
| 6 | ①②③④⑤ | 26 | ①②③④⑤ | 46 | ①②③④⑤ | 66 | ①②③④⑤ | 86 | ①②③④⑤ | 106 | ①②③④⑤ |
| 7 | ①②③④⑤ | 27 | ①②③④⑤ | 47 | ①②③④⑤ | 67 | ①②③④⑤ | 87 | ①②③④⑤ | 107 | ①②③④⑤ |
| 8 | ①②③④⑤ | 28 | ①②③④⑤ | 48 | ①②③④⑤ | 68 | ①②③④⑤ | 88 | ①②③④⑤ | 108 | ①②③④⑤ |
| 9 | ①②③④⑤ | 29 | ①②③④⑤ | 49 | ①②③④⑤ | 69 | ①②③④⑤ | 89 | ①②③④⑤ | 109 | ①②③④⑤ |
| 10 | ①②③④⑤ | 30 | ①②③④⑤ | 50 | ①②③④⑤ | 70 | ①②③④⑤ | 90 | ①②③④⑤ | 110 | ①②③④⑤ |
| 11 | ①②③④⑤ | 31 | ①②③④⑤ | 51 | ①②③④⑤ | 71 | ①②③④⑤ | 91 | ①②③④⑤ | | |
| 12 | ①②③④⑤ | 32 | ①②③④⑤ | 52 | ①②③④⑤ | 72 | ①②③④⑤ | 92 | ①②③④⑤ | | |
| 13 | ①②③④⑤ | 33 | ①②③④⑤ | 53 | ①②③④⑤ | 73 | ①②③④⑤ | 93 | ①②③④⑤ | | |
| 14 | ①②③④⑤ | 34 | ①②③④⑤ | 54 | ①②③④⑤ | 74 | ①②③④⑤ | 94 | ①②③④⑤ | | |
| 15 | ①②③④⑤ | 35 | ①②③④⑤ | 55 | ①②③④⑤ | 75 | ①②③④⑤ | 95 | ①②③④⑤ | | |
| 16 | ①②③④⑤ | 36 | ①②③④⑤ | 56 | ①②③④⑤ | 76 | ①②③④⑤ | 96 | ①②③④⑤ | | |
| 17 | ①②③④⑤ | 37 | ①②③④⑤ | 57 | ①②③④⑤ | 77 | ①②③④⑤ | 97 | ①②③④⑤ | | |
| 18 | ①②③④⑤ | 38 | ①②③④⑤ | 58 | ①②③④⑤ | 78 | ①②③④⑤ | 98 | ①②③④⑤ | | |
| 19 | ①②③④⑤ | 39 | ①②③④⑤ | 59 | ①②③④⑤ | 79 | ①②③④⑤ | 99 | ①②③④⑤ | | |
| 20 | ①②③④⑤ | 40 | ①②③④⑤ | 60 | ①②③④⑤ | 80 | ①②③④⑤ | 100 | ①②③④⑤ | | |

※ 본 답안지는 마킹연습용 모의 답안지입니다.

**2024 최신판 SD에듀 All-New 인천국제공항공사(인국공) NCS + 전공 + 모의고사 4회 + 무료NCS특강**


| | |
|---|---|
| 개정18판1쇄 발행 | 2024년 03월 20일 (인쇄 2024년 01월 17일) |
| 초 판 발 행 | 2013년 01월 07일 (인쇄 2012년 10월 10일) |
| 발 행 인 | 박영일 |
| 책 임 편 집 | 이해욱 |
| 편 저 | SDC(Sidae Data Center) |
| 편 집 진 행 | 김재희 · 김미진 |
| 표지디자인 | 조혜령 |
| 편집디자인 | 최미란 · 곽은슬 |
| 발 행 처 | (주)시대고시기획 |
| 출 판 등 록 | 제10-1521호 |
| 주 소 | 서울시 마포구 큰우물로 75 [도화동 538 성지 B/D] 9F |
| 전 화 | 1600-3600 |
| 팩 스 | 02-701-8823 |
| 홈 페 이 지 | www.sdedu.co.kr |
| I S B N | 979-11-383-6615-1 (13320) |
| 정 가 | 25,000원 |

# 인천국제 공항공사

## 정답 및 해설